개정판

교육법

–이론 · 정책 · 판례–

표 시 열

EDUCATIONAL LAW

博 英 社

Educational Law

– Theory · Policy · Cases –

Si-yeol Pyo Ph.D.

Professor,
School of Public Administration
Korea University

2008

Pakyoung Publishing Co.
Seoul, Korea

전면 개정판 머리말

동서고금을 막론하고 교육은 가장 중요한 정책이슈였다. 특히 한국은 최근에 국민 모두가 '자녀교육'에 모든 것을 거는 것 같다. 긍정적인 면도 있지만 정도를 넘어서 많은 갈등과 부작용을 일상생활에서 겪게 된다. 그 결과 많은 교육관련 주제들(예컨대 학교폭력, 입시와 사교육, 사립학교 개방이사, 총장선거, 가짜학위와 표절 등)이 사회적 쟁점이 되고 법적인 판단이 따르게 된다. 그리고 많은 교육관련 법령들이 새로 제정되고 빈번히 개정되며, 관련 판례와 논문들도 증가하고 있다.

이 책은 2002년에 발행된 「교육정책과 법」의 전면 개정판이다. 이번 전면 개정판에서는 위에서 언급된 많은 변화를 반영하였다. 첫째, 그동안 새로 제정 또는 개정된 교육법관련 법령들을 수정·보완하였고, 출판 후의 새로운 판례들을 추가하였다. 둘째, 최근의 교육법관련 논문들을 최대한 검토하였고, 미국의 교육법관련 새로운 쟁점들도 부분적으로 다루었다. 셋째, 매장마다 연습문제로 토론 주제들을 제시하여 학습 후 창의적이고 비판적인 안목을 갖게 하였으며, 관련 법 원리와 법적 기준들을 교육현장에서 응용할 수 있도록 하였다. 넷째, '교육법'과 '교육권'의 개념정의를 다시 하는 등 부족했던 부분을 보완·수정하며, 부분적인 체계변경도 하였고 누락된 부분과 오류도 정정하였다.

개정된 주요 내용을 간략히 언급하면 다음과 같다. 제1장 인간의 존엄과 가치의 경우 판례분석의 중요성 분야에서 1986년 이후의 헌법재판소의 교육관련 심판현황을 살펴보고 중요사건 목록도 제시하였으며, 대법원의 교육관련 판례의 주제들도 소개하여 판례분석의 중요성 내지 교육정책에서의 법적 접근의 필요성을 알 수 있도록 하였다. 제2장 법의 이념과 체계의 경우 사법부의 구성과 운영 분야에서 한국은 아직 사법적극주의가 필요하지만 사법부의 정책관여의 한계 문제를 추가하였다. 제3장 헌법과 교육에서는 헌법재판소에서 자주 인용하는 기본권 제한에 관한 일반법률유보, 특히 과잉금지의 원리를 다루었다

제4장 교육법의 개념과 주요내용의 경우 교육법학 분야에서 한국과 미국 그리고 일본의 교육법학 학술단체의 활동과 최근의 주요 관심주제 등을 소개하였다. 교육법의 주요내용 분야에서 교육기본법, 초중등교육법, 고등교육법의 개정 내용을 반영하였고, 유아교육법 내용을 추가하였다. 제5장 교육의 기회균등의 경우 한국의 판례 분야에서 남녀 성차별 문제를 추가하였다. 제6장 교육의 자주성과 중립성 원리의 경우 종교적 중립성 분야에서 최근 미국에서 쟁점이 되고 있는 진화론과 지능설계론(ID)자간의 다툼을 소개하였다. 제7장 교육영역에서의 권리구제의 경우 불법행위책임 분야에서 교사의 감독책임에 관련된 대법원 판례를 추가하였다.

제8장 교육당사자의 교육권의 경우 교사의 교육권 분야에서 교사의 표현의 자유와 관련이 있는 한국의 판례를 추가하여 미국의 피커링 판례와 비교할 수 있게 하였다. 제9장 학생의 주요 기본권과 생활지도 분야에서는 심각한 당면과제로 되어 있는 학교환경의 안전성과 학교폭력문제를 한 항목 추가하여 다루었다. 제10장 교사의 법적 지위의 경우 전문가로서의 지위 분야에서 교권의 침해현황과 교권의 보호방안을 추가하였다.

제11장 교육정책기구 및 교육자치제도의 법적 측면에서는 지방교육자치에 관한 법률의 개정 내용을 반영하고, 개정된 법률의 문제점을 지적하고 관련 헌법소원건도 다루었다. 제12장 인사정책의 법적 측면에서는 교원의 인사(고용)에서의 차별항목을 추가하여 관련 법령과 판례를 소개하였다. 제13장 교육시설·재정 및 정보관리의 법적 측면의 경우 교육재정 분야에서 교육재정법제의 체계를 소개하고 지방교육재정교부금법의 개정내용을 반영하였다. 그리고 정보관리 분야에서 정보화관련 법제와 판례를 다루고, 저작권 분야도 관련 법률의 내용을 보완하였다. 제14장 학사정책 및 교육평가의 법적 측면에서는 시험과 평가문제를 추가하고, 학사정책과 관련하여 정책적 배려가 요청되고 있는 특수교육문제를 추가하였다. 장애인은 물론이고 학습곤란자에 대한 정부의 정책도 소개했지만 미국의 학습지체아극복법이라 할 수 있는 NCLB의 내용과 법적 쟁점을 다루었다.

제15장 사립학교와 법에서는 사립학교의 법적 성격에 관한 여러 견해를 종합적으로 살펴보았다. 1년 6개월 만에 다시 개정된 사립학교법의 개정내용을 다루었고, 쟁점이 되어 온 개방이사제의 위헌성 문제도 언급하였다. 제16장 대

학과 법에서는 국립대학 법인화, 대학평가, 대학정보공시에 관한 새로운 입법안 예고를 소개하였다. 제17장 평생교육과 법에서는 국가인적자원개발 정책과 관련하여 인적자원의 개념, 인적자원개발회의, 인적자원개발기본계획에 관하여 내용을 추가하였고, 인적자원개발기본법을 소개하였다.

한국에서는 최초의 체계적인 교육법 교재라고 자부하며 「교육정책과 법」을 출판한 것이 엊그제 같은데 벌써 5년이 지났다. 오래 전에 절판되어 개정판을 내자는 출판사의 요청이 있었지만 관련 법령들이 많이 바뀌었고, 나의 비재(非才)와 게으름으로 이제야 개정판을 내게 되니 독자들께 죄송한 마음뿐이다. 좀 더 부지런히 공부하여야 함을 깨닫게 하는 계기가 된다. 나의 사표(師表)이신 이문영 선생님과 김형배 선생님의 뛰어나신 학문적 활동을 생각하면 부끄러울 뿐이다. 소품이지만 이 책은 교육법 지도교수이셨던 미국 Iowa 대학의 Bartlett 교수님을 포함한 많은 훌륭하신 은사님들의 큰 지도의 결과물이라고 생각하며, 은사님들께 늘 감사한다. 개정출판에 박영사의 마찬옥 부장님과 고려대 법과대학 박사과정 최병우 군이 많은 고생을 하였다. 도움을 주신 여러분들께 감사드린다.

2007년 11월 15일
연구실에서
저 자

머 리 말

저자는 텔레비전 프로그램 중 '동물의 세계'를 즐겨본다. 동물의 세계에도 일정한 자기영역 설정과 같은 나름대로의 규율이 있다고 하지만, 이는 기본적으로 약육강식의 세계이다. 그러면 인간의 세계는 어떠한가? 인간도 동물에 속하고 밑바탕에는 역시 약육강식이 지배하는 것 같다. 특히 자본주의 체제에서는 경제적 강자가 지배하는 세상이라고 느껴진다.

그러나 인간의 사회가 동물의 세계와 구별되는 특징은 힘만이 지배하는 세상이 아니라 공동생활을 유지하며 문화적 발전을 가능하게 하고 "정의"와 "질서"를 추구하는 일정한 규율이 준수되는 것이다. 이는 궁극적으로 개개인의 존엄성과 가치가 인정되고 실현되는 제도와 관련된다.

이 중 가장 대표적인 제도가 교육과 법 체제라고 할 수 있다. 교육은 적극적으로 인간의 잠재력을 일깨워 문화발전에 기여하게 하는 제도라면, 법은 소극적으로 최소한의 공동규율을 설정하고 그 준수를 강제하는 제도라 할 수 있다.

교육법은 인간 사회의 양대 축인 교육과 법을 함께 연구하는 학문이므로 그 중요성을 새삼 강조할 필요가 없다. 그러나 한국에서 교육법에 관한 체계적인 연구는 다른 학문에 비하여 상대적으로 미흡하다. 교육학자들은 법을 멀리하고, 법학자들은 형식논리 강조로 법의 실질적인 내용과 정책에 소홀히 한 탓이라고 생각된다.

저자는 오래 전에 미국에서 교육법을 공부하였지만 타고난 재주가 없고, 교육법을 적극 강의할 기회를 갖지 못한 핑계로 이제야 독자적인 학술서를 펴내니 부끄러울 뿐이다. 더 보완하고 다듬어야 되겠다고 생각하면서도, 우선 출판하여야 비판을 받게 되고 책임감도 느껴 수정 보완할 것 같아 오랫동안 미뤄왔던 숙제를 내는 마음으로 책을 낸다. 글을 내기까지 대한교육법학회가 꾸준히 발간하고 있는 「교육법학연구」지에 게재된 다양한 많은 논문들이 큰 도움이 되었다.

교육법의 연구대상은 매우 넓으나 좁은 의미의 교육법을 교육기본법, 초·중등교육법, 고등교육법을 중심으로 한 학교 교육법으로 정의하고 여기에 연구의 초점을 맞추었다. 이 책의 중심적 내용은 교육법의 기본원리 연구, 교육당사자의 교육권 연구, 교육정책에 관한 법적 측면으로 구성되었으며 각 주제를 제2부, 제3부, 제4부로 분류하여 전개하였다.

교육법의 기본원리로 중요한 것이 교육을 받을 권리 내지 교육의 기회균등, 교육의 자주성과 중립성, 교육영역에서의 권리구제라고 생각한다. 교육당사자의 교육권에서는 특히 학생의 권리와 생활지도 그리고 교사의 법적 지위에 연구의 초점을 두었다. 교육정책을 과정중심으로 이해하여 제도·조직, 인사, 시설·재정·정보, 그리고 학사관리 및 교육평가로 분류하여 각각의 법적 측면을 살펴보았다.

본론에 앞서 교육법 연구의 배경이 되는 인간의 존엄성과 가치, 법의 일반이론, 헌법과 교육을 제1부에서 간략히 언급하였으며, 제5부에서 교육법 관련 기타 주제로 사립학교와 법, 대학과 법, 평생교육과 법을 다루었다. 유아교육과 법 그리고 국제교육과 법 분야도 중요하나 다음 기회로 미루었다.

이 책은 원칙적으로 국·공립의 초·중등학교를 대상으로 분석하였고, 사립학교와 대학은 제15장과 제16장에서 별도로 다루었다. 그러나 사립학교의 공공성 때문에 본문의 많은 주제들이 사립학교에도 적용된다. 또 대학의 경우에도 초·중등학교와 마찬가지로 교육기관이므로 교육법의 기본원리 등 많은 주제들이 적용됨을 유의할 필요가 있다. 문맥상 명백히 초·중등학교에만 적용되는 경우, 대학에만 적용되는 경우, 사립학교에만 적용되는 경우도 있지만, 기본적인 이론들은 대부분 공통적으로 적용되며, 어느 정도 특수성이 인정되느냐의 문제라고 생각된다.

본 연구는 교육법의 체계화에 의의를 두었고 분석의 틀을 기본적인 이론과 법률규정의 언급, 주요 쟁점의 제시, 그리고 관련 판례의 소개로 하였다. 판례분석에서 한국의 대법원 및 헌법재판소의 판례 그리고 미국·독일·일본의 외국판례가 다루어지는데, 많은 판례들이 법제처와 교육인적자원부의 홈페이지에 게재된 내용 또는 선행연구자들의 분석을 직접 인용하였음을 밝힌다. 학습과정에서는 판례 원문이 분석되고 토론되길 바라는 바이다.

이 책은 교육행정 내지 교육정책을 전공하는 대학학부와 대학원생을 위한 교재이지만, 교육이 국민 모두의 관심사인 점을 생각하여 쉽게 서술하였으므로 일선 교사들과 교육행정가들은 물론 교육정책에 관심이 있는 학부모들도 부담 없이 읽을 수 있다고 생각된다.

이 책이 묵묵히 교육에 헌신하고 있는 많은 일선 교사들과 교육정책 담당자들에게 조금이라도 도움이 되었으면 하는 바람이다. 교육법 원리가 학생들에게 실습되고 내면화되어야 민주주의의 발전도 가능하다는 것이 저자의 신념이다. 본 연구가 교육현장에서 교육법을 친숙히 접하고, 학계에서 교육법을 발전시키는 계기를 이루는 데 조금이라도 이바지할 수 있다면 커다란 영광이 아닐 수 없다.

부족한 책이지만 많은 분들의 정성스런 도움이 있었다. 교육인적자원부의 정기언 국장(청와대), 김경회 국장(고려대 초빙교수), 박백범 과장(청와대), 황홍규 서기관, 홍민식 서기관, 박춘란 서기관(버클리 법대 연수), 나향욱 사무관, 오헌석 사무관, 신익현 사무관, 박철현 법무관이 정책 실무에 관한 유익한 자료와 검토 의견을 주시었다. 행정법 전공의 최봉석 동료 교수가 법 이론적 측면을 보완하여 주시었고, 버클리대학 한국학연구소 강양원 교학부장께서 문장을 다듬어 주시었다. 김미나 박사와 홍성만 박사 그리고 박근 군이 원고 수정작업에 고생하였다. 이들 모두에게 진심으로 고마움을 표하며, 출판을 쾌히 허락하신 박영사 안종만 회장님과 이구만 부장님, 송일근 주간님, 이경희 씨의 편집노고에 감사드린다. 은사님들의 바른 인도와 동료들의 격려, 그리고 따뜻한 가족의 뒷받침으로 오늘의 내가 있음을 늘 감사한다.

2002년 6월 30일
버클리 대학 연구실에서
저 자

목 차

제1부

교육법 연구의 배경

제 1 장 인간의 존엄과 가치

제 2 장 법의 이념과 체계

제 3 장 헌법과 교육

제 2 부

교육법의 개념과 교육법의 기본원리

제 4 장 교육법의 개념과 주요내용

제 7 장 교육영역에서의 권리구제

제 3 부

교육당사자의 교육권

제 8 장 교육당사자의 교육권

제 9 장 학생의 주요 기본권과 생활지도

제10장 교사의 법적 지위

제 4 부

교육정책과 법

제11장 교육정책기구 및 교육자치제도의 법적 측면

제12장 인사정책의 법적 측면

제14장 학사정책 및 교육평가의 법적 측면

제 5 부

교육법관련 기타의 주제

제15장 사립학교와 법

제16장 대학과 법

제17장 평생교육과 법

제 1 부

교육법 연구의 배경

제1부에서는 교육법 연구의 배경이 되는 인간의 존엄과 가치, 법의 이념과 체계, 헌법과 교육을 간략하게 다룬다. 교육법이 추구하는 궁극적인 가치는 인간의 존엄과 가치를 구현하는 데 있다. 그리고 교육법 문제를 다루기 위하여서는 먼저 그 배경으로 법 일반에 관한 이해가 필요하다. 교육법도 한국의 법체계와 법문화 속에서 운영되고 있기 때문이다. 또 교육법은 헌법 원리를 교육영역에서 구현하는 것이라고 할 수 있다. 한국헌법의 기본원리와 주요 기본권의 이해는 교육법 연구의 전제가 된다.

제1장 인간의 존엄과 가치 / 제2장 법의 이념과 체계 / 제3장 헌법과 교육

헌법재판소 중앙홀(헌법재판소 자료)

제 1 장

인간의 존엄과 가치

본 장에서는 민주주의의 궁극적 이념이 인간의 존엄과 가치에 있음을 지적하고, 그 구체적 내용을 살펴보고 관련판례도 예시한다. 인간의 존엄과 가치를 구체적으로 실현하는 제도적 장치가 교육과 법체계임을 강조하며 민주정치 교육의 필요성을 언급한다. 본장에서는 인간의 존엄과 가치의 구체적인 내용을 이해시키고 그 실현의 중요성을 인식하는 것이다. 그 실현의 한 방법으로 공공정책 내지 교육정책에 대한 법적 접근방법을 소개하며, 관리적·정치적 접근방법과의 차이를 설명한다. 그리고 헌법재판소의 교육관련 심판현황과 중요 사건 목록을 제시하여 교육정책에서 법적 접근의 중요성을 강조한다.

1. 민주주의의 양대 축 : 교육과 법

1.1 민주주의 이념 : 인간의 존엄과 가치

민주주의는 모든 국민으로 하여금 인간으로서의 존엄과 가치를 누리며, 각자의 행복을 추구할 수 있도록 하는 제도이다. 우리나라는 해방직후 법치주의를 표방하고 나라의 기본법인 「헌법」을 제정하였다. 이는 단순히 법규에 의하여 나라를 통치한다는 형식적 의미의 법치주의가 아니고, 인간의 존엄과 가치의 실현을 목적으로 하는 실질적 의미의 법치주의를 의미한다. 따라서 한국 헌법은 "모든 국민은 인간으로서의 존엄과 가치를 가지며, 행복을 추구할 권리를 가진다"고 규정하고 있다(동법 제10조).

교육자는 물론 국민 모두가 인간의 존엄과 가치는 무슨 의미이며, 왜 헌법의 가장 핵심적인 기본정신인가를 이해하고 생활화하여야 한다. 인간의 존엄과 가치는 인간이 고유한 가치의 주체로서 인정되는 존귀함, 즉 하나의 인격주체성을 갖는다는 의미이다. 인격주체성이란 인간을 비인격체인 자연과 구별하여 자기 자신을 의식하고 자기 자신의 결단에 의하여 스스로를 규정하며 자신과 주변세계를 형성할 수 있는 능력을 뜻한다.1)

칸트(Kant)에 의하면 각 인간이 지니는 인간의 존엄성으로부터 자기 자신에 대한 존중의무와 타인에 대한 존중의무가 도출되고, 그것이 개인윤리와 사회윤리의 바탕이 된다고 한다. 자기 자신에 대한 존중의무는 자기보존 의무와 자기발전 의무를 내용으로 한다. 자기보존 의무는 "너 자신을 자연이 창조한 대로 완전하게 보존하라"는 것이고, 자기발전 의무는 "너 자신을 자연이 창조한 것보다 더 완전하게 만들라"는 것이다.

오늘날 같이 위험한 교통체제와 오염된 환경 속에서 자신의 건강을 온전히 보존하고 발전시켜 나간다는 것은 쉬운 일이 아니다. 자기보존 의무는 헌법에 신체의 자유, 재산권 보장, 직업선택의 자유 등으로 보장된다. 또한 자기발전 의무는 헌법에 양심의 자유, 학문·예술의 자유, 표현의 자유, 교육을 받을 권리 등으로 보장된다.

한편 인간은 자기 자신의 권리를 존중해야 하는 것과 같이, 타인의 권리도 존중해야 한다. 타인의 인권을 존중하는 것은 동시에 그 타인으로부터 자기의 인권을 존중받는다는 것을 뜻하기 때문이다. 따라서 인간은 결코 타인의 목적을 위한 단순한 수단으로 전락되어서는 아니 되고, 인간 상호관계에 있어서 항상 목적자체로서 존중되어야 한다는 것이다. 이러한 '상호존중의 원칙'이 인간질서에서 있어야 할 제일의 존재양식이 된다.2)

밀(Mill)도 진정한 의미의 자유란 타인의 권리와 타인이 행복해지려는 노력을 방해하지 않는 한도 내에서, 자기가 하고 싶은 대로 자기 행복을 추구하는 것으로 정의하여 타인에 대한 존중의무를 지적하고 있다.3)

---

1) Maunz-Dürig-Herʒog-Scholʒ, aaO, Rdnr. 18zu Art. 1: Wintri·J., Grundrechte, ss.6.15. 권영성, 「헌법학원론」, 법문사, 2007, p. 324 재인용.

2) 심재우, "인간존엄의 법리와 국가윤리", 「현대사회와 전통윤리」, 고려대학교 민족문제연구소, 1986, pp. 352-355.

3) J. Mill, C. Shilelds, ed., *On Liberty,* Indianapolis : Bobbs-Merill, 1956, p. 16.

민주주의가 궁극적인 목표로 하고 있는 인간의 존엄과 가치는 개개 인간이 하나의 인격적 주체로서 자기보존과 자기발전 의무를 지는 것을 내용으로 한다. 또한 인간의 존엄과 가치는 타인에 대한 의무로서 타인의 자기완성을 방해하여서는 아니 된다는 의무도 동시에 내포하게 된다. 따라서 인간의 존엄과 가치는 국가윤리의 기본 바탕이며 헌법정신의 핵심을 이룬다.

최근에 독일의 요나스(Jonas)는 환경의 파괴위험과 관련하여 자연환경 보존의무를 강조하고 있다. 요나스는 윤리의 대상을 인간과 인간과의 관계에서 자연으로 확장시켜 환경윤리를 확립한다. 즉 인간이 과학기술을 통하여 자연을 지배하고 이용하되 자연을 파괴하여서는 아니 된다는 것이다.

자연은 우리 인간에게 단순한 도구가 아니라 인간과 공생·공존 관계에 있어야 할 존재이다. 자연과 인간은 분리되어 있는 존재가 아니라 불가분리의 생태학적 유기체로 묶여 있다. 자연은 인간 없이도 살아 남겠지만 인간은 자연 없이는 살아 남을 수 없으므로 유기체적 관계의 종속성은 오히려 인간 쪽에 있다. 자연은 인간이 마음대로 처분할 수 있는 대상적 존재가 아니라 더불어 사는 존재이다.

자연을 파괴할 경우에는 환경윤리 위반에서 나오는 책임, 즉 후손들의 삶의 가능성에 대한 책임을 져야 한다. 따라서 어떤 행위의 결과가 미래의 후손들의 삶에 대한 가능성을 파괴하지 않도록 행동하여야 하며, 국가는 미래세대의 후손들을 위한 입법을 통하여 자연적 삶의 터전을 보호할 책임이 있다.[4)]

1.2 인간의 존엄과 가치에 관련된 판례

인간의 존엄과 가치에 직접 관련되는 가장 대표적인 법적 쟁점은 사형제도이다. 한국 헌법재판소는 생명권의 절대적 가치를 인정하면서도, 생명권의 완전한 박탈인 사형제도는 비례의 원칙에 따라 최소한 동등한 가치가 있는 다른 생명 또는 그와 같은 비중의 공공의 이익을 보호하기 위해 불가피성이 충족되는 예외적인 경우에만 적용되는 한, 그것이 비록 생명을 빼앗는 형벌이라 하더라도 「헌법」 제10조 인간의 존엄과 가치, 「헌법」 제37조 제2항 단서인 기본권의 본질적인 내용침해에 위반되는 것으로 볼 수 없다고 합헌 판결한 바 있다.

4) 심재우, "환경윤리와 책임의 원칙", 고대법대소식 제23호, 2001. 7.

반대의견을 낸 김진우 재판관은 입법자가 인간의 존엄성을 유린한 악법의 제정을 통하여 국민의 생명과 자유를 박탈 내지 제한하는 것이나, 사형과 같은 잔인하고 비인간적인 형벌제도를 채택하는 것은 「헌법」 제10조 인간의 존엄과 가치에 반한다는 의견을 제시하였다. 또 그는 사형제도가 법률규정에 따라 사형을 언도하여야 하는 법관과 직무상 어쩔 수 없이 사형을 집행하는 자의 양심의 자유도 침해한다고 주장하였다.

조승현 재판관은 사형제도가 생명권의 본질적 내용을 침해하는 생명권의 제한이므로 「헌법」 제37조 제2항 단서에 위반된다고 반대의견을 제시하였다. 그는 사형은 형벌의 목적인 범죄의 예방과 범죄인의 개선이라는 목적달성에 필요한 정도를 넘은 것으로 목적의 정당성, 그 수단의 적정성, 피해의 최소성 등 기본권 제한의 제 원칙에도 반한다고 주장하였다.[5)]

헌법상의 인간의 존엄과 가치에 직접 관련되는 주요 쟁점에는 사형제도 이외에도 낙태, 안락사, 학살, 고문, 인간의 생체실험, 잔인하고 가혹한 형벌, 유전자 정보의 악용, 인간의 복제, 성적 착취 등이 있다. 「생명 윤리 및 안전에 관한 법률」은 인간을 복제하기 위하여 체세포복제배아를 자궁에 착상·유지 또는 출산하는 행위를 금지하고 있으며, 희귀·난치병 등의 질병치료를 위한 연구목적 외에는 체세포 액의 이식행위를 금지하고 있다(동법 제11조, 제22조).

헌법재판소는 성적 착취를 목적으로 인간의 자유의지에 반하여 인간의 몸을 상품화하여 매매하는 것은 한 인간의 인격적 가치를 파괴하는 것으로 어떠한 경우에도 허용될 수 없는 인간의 존엄과 가치에 반하는 행위라는 점에서 그 죄질이 매우 무겁고, 그 근절을 위하여 엄벌할 필요성이 인정되며, 따라서 이 사건 법률조항의 법정형이 범죄의 죄질 및 행위자의 책임에 비하여 지나치게 가혹하다고 보기 어렵다고 판결한 바 있다.[6)]

독일의 경우에는 교도소에서의 과밀수용, 은밀한 녹음, 타인의 성명도용, 명예훼손, 수형자의 인물과 죄상(罪狀) 및 그 사생활의 공개까지도 인간의 존엄성을 침해한 것이라고 판결한 바 있다.[7)]

5) 헌재 1996. 11. 28, 95헌바1.

6) 헌재 2006. 5. 25, 2005헌바4.

7) 권영성, 전게서, p. 378.

1.3 법과 교육제도

민주주의의 목표인 인간과 존엄을 구체적으로 실현시키는 제도적 장치는 크게 두 가지로 분류된다. 첫 번째 장치는 국가권력에 의하여 강제할 수 있는 법규범, 특히 헌법상의 중요 기본권 보장이다. 자기보존과 자기발전에 필요한 최소한의 기본권을 국가가 헌법에 보장하고 있는 것이다. 또 형법 등 개별 법률에서도 구체적으로 규정하고 있다. 두 번째 장치는 교육제도인바, 교육은 인간에 내재하는 양심과 도덕성을 계발시켜 부당한 이익추구를 스스로 절제하게 함은 물론이고 자기 잠재력을 일깨우는 자기 발전의 적극적인 수단이다.

최근의 급속한 한국 경제발전도 교육중시의 오랜 유교전통에서 그 요인을 찾을 수 있다. 조선시대의 유교에서는 사람의 본성이 악하다면 그것을 개선하기 위하여 교육을 중요시하였고, 반대로 사람의 본성이 선하다면 그러한 잠재력을 이끌어내기 위하여 또한 교육을 중요시하였다. 교육은 자기잠재능력을 계발시켜 주는 중요수단으로서 인간의 존엄과 가치실현에 필수불가결의 수단이 된다고 보았던 것이다.

그 밖에도 교육은 민주정치 실현에 필요한 시민의 자질을 배양시켜 주는 기초가 되며, 오늘날 같은 산업사회에서는 전문적인 직업훈련의 역할을 하여 개인에게 생존수단을 제공해 줌으로 자기보존을 위한 필수적 수단이 된다. 따라서 민주주의 실현을 가능하게 하는 양대 지주는 헌법상의 기본권 보장과 교육제도라 할 수 있다.

그러나 헌법상의 기본권 보장은 흔히 가식적 또는 명목적 선언규정으로 인간의 존엄과 가치의 실현이라는 원래의 목적을 달성하지 못하는 경우도 있다. 교육제도도 기득권 세력이 정한 의제에 따라 보수적 가치관을 수동적으로 수용 내지 전달할 경우 기득권 세력의 옹호 수단에 지나지 않을 수 있다.

따라서 법과 교육이 민주주의에 기여하기 위하여서는 인간의 존엄과 가치, 즉 자기보존과 자기발전이라는 이념에 맞게 운영되어야 한다. 그러기 위해서는 교육의 영역에서 구성원들에게 헌법의 기본원리를 실습시켜야 한다. 학생에게 헌법상의 기본정신을 가르치고 실습시킬 경우, 그들이 사회에 진출하면 헌법원리를 생활화할 수 있기 때문이다. 학생의 경우에는 자기 발전을 위한 최적의 시기이므로 그들에게 민주주의의 기본원리, 즉 헌법정신에 나타난 중요 기본권의 존중과 권리에 따르는 의무 내지 책임의 준수를 실습시켜야 한다. 이것이 민주주의를 실현시킬 수 있는 가장 빠른 길이라고 생각된다.

1.4 민주정치 교육의 필요성과 과제

21세기 한국 발전의 기본적인 바탕은 민주주의 교육 내지 민주정치 교육을 통한 국민대통합과 인류공동체 정신의 실현이라고 할 수 있다. 민주주의 내지 민주정치 교육의 핵심은 민주주의를 생활화하는 것이며, 궁극적으로 "인간의 존엄과 가치"를 실현하는 것이다. 이는 인간성 회복을 위한 인성교육과도 관련이 되며, 교육내용이 민주주의 제도에 대한 지식에 국한되지 않고 사람들 간의 양보와 겸양, 관용과 아량, 화합과 연대의 심성을 개발하는 것이다.

한국의 초·중등학교에서 민주주의 교육이 '국민윤리' 교육으로 이루어지고 있으나 지식전달 차원의 형식적 내용이라 할 수 있다. 교육영역에서 민주주의 교육이 깊이 있고 실질적으로 이루어지지 못하고 있다 하겠다. 일반시민들은 선거와 정치적 문제에 관한 언론보도에 의하여 막연하게 민주주의 교육을 받고 있는바, 학습되지 않은 이러한 비체계적인 민주주의 교육으로는 지역·계층 간의 심각한 갈등, 만연한 정치불신과 부정부패를 극복하는 데는 한계가 있다. 다행히 최근에는 시민단체들의 활발한 활동이 민주정치교육의 역할을 하고 있다.

앞으로 한국에서는 인간의 존엄과 가치에 관한 구체적 내용을 이해하고, 그러한 내용을 체계적인 민주주의 교육으로 실천하여야 한다. 이러한 민주주의 교육은 초·중등·대학의 교육내용과 사회진출 후의 평생교육으로 연결되어 시행되어야 하는데, 교사들이 우선적으로 여기에 관한 지식과 인격을 갖도록 교사교육이 이루어져야 한다. 이를 위하여 교육대학과 사범대학에서 헌법과 교육법 과목을 이수하도록 하는 것이 시급한 과제이다.

미국은 '다양성 속의 통일성'을 위한 시민교육을 강조한 대표적인 국가이다. 민주주의를 늦게 시작하여 빠른 시일 안에 정착시킨 독일의 경우에도 학교에서의 민주정치교육을 체계적으로 실시하여 왔다.[8]

---

8) 조병훈, "21세기 한국교육의 원칙과 방향", 한국교육법학회 학술대회자료집, 1999, pp. 4-15.

2. 정책결정 과정에서 법적 시각의 중요성

2.1 행정국가의 등장

오랜 전제군주를 타파하고 시민계층이 주체가 되어 국민주권주의 원리를 수립한 것을 우리는 근대 입헌주의라 한다. 근대 입헌주의는 국민의 기본권 보장을 기본목적으로 하며 국가권력의 집중과 남용을 방지하기 위하여 권력분립의 원리를 통치의 기본수단으로 한다. 국가권력을 입법부·사법부·행정부에 분할하고 상호 견제와 균형(check and balance)을 내용으로 하는 권력분립의 원리는 민주주의를 실현하기 위한 기본원리이다.

그러나 이러한 원리가 최근에는 행정부에의 권력집중으로 크게 도전을 받고 있다. 행정부가 사실상의 입법기능을 하고 있으며 국회는 '통법부'(通法部)로 전락된 셈이다. 또한 행정부는 행정과정에서 발생하는 많은 분쟁에 대한 재결활동을 통하여 사실상의 사법적 기능도 행사하고 있다. 이러한 현상을 행정국가의 등장이라 한다.

우리나라의 경우 전통적으로 대통령에게 권력이 집중되어 있어 행정부 위주의 정부라고 할 수 있다. 더욱이 입법부와 사법부가 헌법상의 제 기능을 다 해보기도 전에 행정의 전문화로 행정국가화의 현상이 가속화되고 있는 실정이다. 이제 우리나라도 행정에 대한 새로운 내용의 법적 접근, 즉 국민의 기본권 보장을 통한 행정부의 권력남용 견제가 행정의 중심과제가 되어야 한다.

2.2 정책에 대한 관리적 · 정치적 · 법적 접근방법

종래에는 공공정책의 주요 내용들이 국회의원의 입법 활동으로 결정되었으나, 최근에는 행정의 전문화에 따른 행정국가화의 현상으로 주요 공공정책이 실질적으로 행정부 공무원에 의하여 결정되고 있다. 이는 권력분립 원리와 기본권 보장을 내용으로 하는 근대 입헌주의에 대한 중대한 위협이 아닐 수 없으며, 공공정책에 대한 법적 시각이 필요한 이유가 된다.

로젠블룸(Rosenbloom)은 행정 내지 공공정책에 대한 법적 접근방법을 강조하면서, 행정이 추구하고 있는 궁극적인 목표는 헌법에 규정된 개인의 기본권 특히 표현의 자유, 적법절차, 그리고 평등권을 보호하는 것이라고 주장한다. 미국의 경우에도 공공정책에 대한 법적 접근방법은 관리적·정치적 접근방법에 가려져 최근까지 빛을 보지 못하다가, 1946년 「행정절차법」(The Administrative Procedure Act)의 제정으로 인한 행정의 사법화(司法化) 경향과 1950년대 이후 사법부의 적극적인 개인권리 보호조치를 배경으로 최근에 강조되고 있다.

공공정책에 대한 법적 접근방법은 행정조직에 있어서 상대방에게 법적 시비를 다툴 수 있도록 하는 반대변론 절차를 최대한 보장한다. 이 접근방법은 개인을 특별한 상황 속에 있는 구체적인 사람으로 고려하여 반대변론 절차에서 자기의 특수한 상황과 동기 등을 설명할 수 있도록 한다. 예컨대 임신한 교사는 무조건 휴직하여야 되는 것이 아니고, 개인의 건강상태에 따라 본인이 원하면 휴직을 아니할 수도 있는 등이다. 행정에서의 법적 접근 방법은 분쟁해결의 수단으로 재결(adjudication) 내지 대체분쟁제도(alternative dispute resolution)를 선호한다.

공공정책에 대한 관리적 접근방법은 공행정과 사행정의 구별을 극소화하는 입장이다. 즉, 행정은 본질적으로 사기업체의 경영관리와 같으며, 경영원리나 가치에 따라 운영되어야 한다는 것이다. 따라서 행정이 추구하는 기본가치는 효율성 내지 경제성이다. 이 접근방법은 효율성을 극대화하기 위하여, 조직구조를 분업과 전문화를 내용으로 하는 관료제로 발전시키며, 개인에 대한 시각이 몰 개인적이어서 개인 근로자는 거대한 조직의 한 톱니바퀴로 취급된다. 이 접근방법에서는 과학적 방법을 강조한다.

행정에 대한 정치적 접근방법은 행정을 궁극적으로 정치이론의 문제로 보는 입장이다. 이 접근방법은 시민과 선거직의 공무원에 대한 행정부 관료들의 대표성, 반응성, 그리고 책임성을 중요가치로 추구한다. 이 접근방법은 행정조직 내부의 정치적 다원주의를 강조한다. 이 접근방법은 개인을 집단의 부품으로 취급하여 개개인의 이익을 소속집단의 이익과 동일시하며, 여론조사와 시민청원의 분석 등의 기법을 활용한다.[9)]

행정에 대한 관리적·정치적·법적 접근방법의 기본이념과 특성은 삼권분립

---

9) David H. Rosenbloom, *Public Administration : Understanding Management, Politics, and Law in the Public Sector,* 2nd ed., New York : McGraw-Hill, 1989, pp. 14-27.

의 원리와 깊은 관련이 있다고 보고 있다. 즉 관리적 접근방법은 법률의 효율적 집행을 주된 역할로 하고 있는 집행부와 관련되고, 정치적 접근방법은 국민의 대표성 내지 반응성을 강조하는 입법부와 관련되며, 법적 접근방법은 개인의 권리보호와 형평에 관심을 갖고 있는 사법부와 긴밀히 관련된다.

최근에는 행정국가화의 현상으로 행정부가 실질적인 입법과 사법기능도 행사하므로 삼권분립의 원리를 행정부 내의 행정기능에도 적용시켜 볼 필요가 있다. 즉 단순한 집행사무에는 관리적 접근방법, 준 입법적 기능에는 정치적 접근방법, 준 사법적 기능에는 법적 접근방법을 특히 강조할 필요가 있다.

공무원이 행정의 대상인 국민을 대하는 태도도 상술한 세 가지 접근방법과 관련이 있다. 특히 국민의 헌법상 권리를 보호하는 법적 접근방법이 강조되고 있다. 국민의 헌법상 권리를 중요시하는 태도는 행정의 중심과제가 되어야 하며, 최근 미국 행정학계의 새로운 변화라 할 수 있다.

특히 롤(Rohr)은 행정국가의 정당성을 헌법가치의 준수에서 찾고 있다. 그는 공무원들이 좁게 자기조직의 생존문제에만 몰두하여, 행정이 추구해야 할 좀 더 본질적인 이념, 즉 헌법적인 원리나 가치에는 눈을 감고 있다고 지적한다. 따라서 공무원은 정책을 결정할 경우에 헌법운영자라는 자각과 넓은 시야를 갖고 헌법 원리를 바탕으로 공익을 판단할 수 있어야 한다고 주장하고 있다.

롤은 공무원이 재량권을 행사할 경우 사법부를 중요한 경쟁자로 고려하여야 한다고 한다. 많은 개인의 기본권들이 행정부에서 다루어지고 행정부에서 종결되기 때문에 공무원들은 법원의 판결에 소극적으로 따르는 것만으로는 불충분하고, 법원의 판결이유에 나타난 사법적 가치를 신중히 고려하여야 한다는 것이다. 공무원은 법률의 집행관이며 실질적인 입법관일 뿐만 아니라, 재판관처럼 생각하고 행동해야 한다는 롤의 주장은 공무원이 헌법해석의 변호사가 되어야 한다는 로젠블룸의 지적과 같은 의미이다.[10)]

이러한 법적 접근방법이 한국 행정에 주는 시사점은 크게 두 가지로 생각된다. 첫째, 효율성 추구의 관리적 접근방법을 주된 내용으로 하는 한국행정학 연구방법에 대하여 반성의 계기를 준다. 물론, 해방 후 행정학이 소개된 초기에

---

10) John A. Rohr, *To Run A Constitution : The Legitimacy of the Administrative State*, Lawrence : University of Kansas, 1986, pp. 181-183.

는 행정학 고유의 체계적 연구 영역이 확립되지 못하고 주로 공법학의 내용을 강조하였다. 그러나 이는 형식적 법치주의이었기에 개인의 권리보호를 핵심으로 하는 실질적 의미의 법적 접근방법이라고 말할 수는 없다.

우리나라 정치체계가 전통적으로 행정부 우위였고 최근에 가속화되는 행정국가화의 현상을 생각하면, 1960년대 이후 행정학 연구의 주된 방법인 관리적 시각을 보완하는 의미에서 법적 접근방법의 중요성을 인식하고 그 주요 내용을 한국 행정의 연구방법에도 응용하여야 할 것이다.

둘째, 법적 접근방법은 한국의 행정실무 분야에도 중요한 시사점을 던져주고 있다. 그동안 한국 공무원들의 습관화된 능률위주의 사고방식을 지양하게 하고 민주주의 헌법의 기본가치를 실현하게 함으로써 입헌주의를 조속히 정착시키게 하는 시각을 제시하고 있기 때문이다.

이러한 법적 시각을 뒷받침하는 제도적·문화적 개혁은 미래행정의 과제이다. 예컨대, 공무원의 책무성 확보수단으로 위헌법령에 대한 불복종 내지 호각불기(whistle blowing)가 보장되어 내부 정보의 폭로에 대하여 보호 장치가 마련되어야 하고, 단체교섭을 통한 참여를 실질화하기 위하여 관리자는 감독자 내지 상급자라기보다는 조정자 내지 동료로 인식되어야 하며, 행정부의 중요 정보를 공개하여 시민의 알 권리를 충족시키는 등의 변화가 있어야 한다.

구체적 실천과제로 「행정절차법」과 「공공기관의 정보공개에 관한 법률」을 행정과정에서 정착시키고, 헌법재판소의 판례에 나타난 법 원리를 행정 내지 정책에 반영하며, 헌법은 물론 자기업무와 관련된 법률의 내용을 숙지하여 실현하는 것이다. 공무원 스스로에게 이러한 개혁을 하도록 기대하기보다는 외부의 압력, 특히 사법부의 적극적인 헌법가치의 준수요구가 미국의 경우 결정적인 역할을 하였음은 우리에게 주는 시사점이 크다 하겠다.

2.3 판례분석의 중요성

일반 행정 및 정책영역은 물론 교육정책에 있어서도 법적 시각이 강조되어야 한다. 그동안 당연히 받아들인 많은 중요 교육정책이 헌법 원리와 상위 법률에 상치되는 경우가 없는지 점검해 보고 앞으로의 교육정책 수립 시 항상 법적 시각에서 검토할 필요가 있다. 따라서 본서에서는 헌법재판소가 최근에 위헌 또는 합헌 판결한 중요 교육정책들을 분석·소개된다.

헌법재판소 및 대법원의 교육관련 심판 현황을 살펴보면 다음과 같다.

2.3.1 헌법재판소의 교육관련 심판 현황[11)]

2.3.1.1 헌법재판소의 심판 현황

〈표 1-1〉 헌법재판소의 심판 누계표에 따르면 위헌법률심판에서 위헌결정 수가 173건, 합헌 214건, 각하 29건으로 위헌결정비율이 42%나 된다. 헌법소원의 경우 권리구제형 심판은 인용 254건, 위헌 71건, 기각 4575건(합헌 3건 포함), 각하 6153건, 기타 3건이다. 인용 및 위헌결정 비율이 3%정도이다. 위헌심사형 헌법소원은 위헌심판이 226건, 합헌 787건, 각하 316건, 기타 1건으로 위헌심판비율이 17%이다.

권리구제형 헌법소원은 신청건수도 많지만 각하 비율이 56%나 된다. 각하

〈표 1-1〉 헌법재판소의 심판 누계표(2007. 2. 28)[12)]

구 분		접수	처 리												미제
			합계	결 정										취하	
				계	위헌	헌법불합치	한정위헌	한정합헌	인용	합헌	기각	각하	기타		
합 계		14256	13311	12827 <316>	298 <198>	96 <55>	48 <34>	28 <29>	259	1004	4582	6508 (5292)	4	484	945
위헌법률		551	521	416 <162>	113 <117>	38 <22>	15 <9>	7 <14>		214		29		105	30
탄 핵		1	1	1							1				
정당해산															
권한쟁의		42	27	24					5		9	10		3	15
헌법소원	계	13662	12762	12386 <154>	185 <81>	58 <33>	33 <25>	21 <15>	254	790	4572	6469 (5292)	4	376	900
	§68①	12142	11393	11056 <59>	48 <39>	13 <12>	10 <8>		254	3	4572	6153 (5117)	3	337	749
	§68②	1520	1369	1330 <95>	137 <42>	45 <21>	23 <17>	21 <15>		787		316 (175)	1	39	151

11) 표시열, "교육정책에 관한 사법부의 권한과 주요 결정", 「한국교육행정학보」 제25권 제2호, 1997, pp. 189-211.

12) http://www.ccourt.go.kr

되는 사유는 「헌법재판소법」 제72조 제3항에 규정된 청구기간이 경과된 경우, 대리인 선임이 없는 경우, 법원의 재판에 대하여 청구된 경우 다른 구제절차를 모두 거치지 않은 경우 기타 청구가 부적절하고 그 흠절을 보정할 수 없는 경우 등이다.

2.3.1.2 헌법재판소의 교육관련 사건의 심판 현황

이렇게 위헌법률심판과 헌법소원 심판에서 적극적인 결정을 한 헌법재판소가 교육관련 사건을 얼마나 다루었으며 어떻게 결정하였는가를 간단히 살펴보고, 위헌 결정한 사례 중에서 교육계 내지 한국 사회에 영향력이 컸던 사건의 목록을 제시한다.

1988년에서 2007년 3월 29일까지 헌법재판소가 결정한 교육관련 사건은 총 누계가 약 113건으로 집계되었다. 그 내용을 분류해 보면 〈표 1-2〉와 같다.

〈표 1-2〉 헌법재판소의 교육관련 사건의 심판 누계표[13)]

	위헌(변형결정포함)	합헌	기각	각하	합계
위헌법률심사 (헌가)	4	5		1	10
권리구제형헌법소원 (헌마)	7 (인용)	1	25	38	71
위헌심사형헌법소원 (헌바)	3	20		7	30
권한쟁의 (헌라)			2		2
합 계	14	26	27	46	113

분석 결과 위헌법률심판의 위헌결정률은 40%, 권리구제형 헌법소원의 위헌 및 인용비율은 9.9%, 위헌심사형 헌법소원의 위헌결정률은 10% 정도이다. 헌법재판소의 전체 심판 누계표와 비교해 볼 때 위헌법률심판의 위헌결정률은 비슷하다. 권리구제형 헌법소원은 인용률이 높으나, 위헌심사형 헌법소원의 위헌 결정률은 낮게 나타났다.

13) 본 누계표는 1988년에서 2003년까지는 교육인적자원부가 발행한 「헌법재판소 교육판례집 Ⅰ, Ⅱ, Ⅲ권」에서, 2004-2007년 3월은 헌법재판소 홈페이지에 게시된 「최근 주요결정」의 내용 중에서 교육관련 사건을 선정하였다. 「최근 주요결정」에는 각하되거나 기각된 경미한 사건이 누락될 수도 있고, '교육관련' 여부에 관한 판단이 다소 주관적이어서 관련 건수는 약간의 차이가 나타날 수 있다.

2.3.1.3 헌법재판소의 교육관련 위헌결정 사건의 목록

헌법재판소가 교육관련 사건에서 위헌결정을 한 것은 위헌법률심사와 헌법소원 심판에서 1990년에서 2007년 3월 말까지 총 14건이다. 그 14건의 목록은 다음과 같다.

가. 「교육공무원법」 제11조 제1항(국공립 사범대출신 우선임용)의 위헌 결정[14)]

나. 「학교보건법」 제6조 제1항 2호(학교환경위생정화구역 안에서의 당구장 시설 제한)의 위헌 결정[15)]

다. 구「국가공무원법」 제73조의2 제1항 단서(형사사건 기소시 필요적 직위해제 처분)의 위헌 결정[16)]

라. 구「초·중등교육법」 제18조(학생의 징계)와 관련, 교사의 체벌이 징계권 범위내인지에 대한 수사 없이 폭행혐의를 인정한 검사의 기소유예 처분이 기본권을 침해한다는 인용결정[17)]

마. 「학원의 설립·운영에 관한 법률」 제3조(학원과 대학재학생의 경우 이외에는 누구든지 과외교습을 하여서는 아니 됨), 제22조(제3조 위반자에 대한 벌금)의 위헌 결정[18)]

바. 「공무원 연금법」 제64조 제3항(내란의 죄 등 일정범죄 경우 퇴직금의 제한)이 퇴직 후의 범죄에도 적용할 경우 한정 위헌 결정[19)]

사. 「지방 공무원법」 제31조 제5호(금고 이상의 형의 선고를 받은 경우 공직에서의 당연퇴직)의 헌법위배 결정[20)]

아. 구「사립학교법」 제53조의2 제3항(대학교원은 학교법인의 정관이 정하는 바에 따라 기간을 정하여 임면할 수 있음)의 헌법불합치 결정[21)]

자. 「교원지위 향상을 위한 특별법」 제9조 제1항(교원이 징계처분, 기타 그

14) 헌재 1990. 10. 8, 89헌마89.
15) 헌재 1997. 3. 27, 94헌마196·225, 97헌마83 병합.
16) 헌재 1998. 5. 28, 96헌가12.
17) 헌재 2001. 1. 27, 99헌마481.
18) 헌재 2000. 4. 27, 98헌가16.
19) 헌재 2002. 7. 18, 2000헌바57.
20) 헌재 2002. 8. 29, 2001헌마783, 2002헌마173.
21) 헌재 2003. 2. 27, 2000헌바26.

의사에 반하는 불리한 처분에 대하여 30일 이내에 재심위원회에 재심 청구할 수 있음)의 헌법불합치 결정[22]

차. 「2002학년도 대전광역시 공립중등학교 교사 임용후보자 선정경쟁시험 시행요강」(대전, 충남지역 소재 사범대학 졸업자, 2002년 2월 졸업예정자 등에 5% 가산점 부여 등)의 위헌 결정[23]

카. 「학교보건법」 제6조 제1항 제2조(학교환경 위생 정화구역 내 극장 금지)의 헌법불합치 결정[24]

타. 구「학교용지 확보에 관한 특례법」 제5조 제1항(공동주택을 분양받은 자에게 학교용지 확보를 위하여 부담금을 부과·징수할 수 있음)의 부분 위헌 결정[25]

파. 「교육지위 향상을 위한 특별법」 제10조 제3항(교원소청심사회의 결정에 불복이 있을 시 소송제기를 학교법인에게는 금지함)의 위헌 결정[26]

하. 「대학 기간임용제 탈락자구제를 위한 특별법」 제9조 제1항(사립학교법인의 제소를 금지함)의 위헌 결정[27]

이들 사건의 구체적인 내용은 관련된 부분에서 언급된다.

2.3.2 교육관련 대법원 판례의 주요 주제

사회가 전문화, 복잡화되면서 새로운 분쟁이 발생하며, 민주화가 진전되고 국민들의 권리의식도 향상되어 법적 절차에 호소하는 경향 때문에 법적 소송건수가 급증하고 있다. 교육영역에서도 마찬가지로 법원에서 다루는 교육관련 민사, 행정, 형사재판 건수도 매우 많다. 교육인적자원부가 2004년 2월에 발간한 「대법원 교육판례집 Ⅲ」에 수록된 대법원의 교육관련 판례가 교육행정의 모든 영역에서 다양한 주제로 588건이나 된다.

교육관련 대법원 판례를 주제별로 살펴보면 채용(34), 승진(5), 신분보장 및 면직(38), 보수(8), 공무원의 의무 및 징계(128), 징계재심위의 결정(7), 연금(54)으로 구성되는 인사에 관한 사건이 274건이다. 법인의 설립과 해산(4), 이사회

22) 헌재 2003. 12. 18, 2002헌바14 · 32 병합.

23) 헌재 2004. 3. 25, 2001헌마882.

24) 헌재 2004. 5. 27, 2003헌가1.

25) 헌재 2005. 3. 31, 2003헌가20.

26) 헌재 2006. 2. 23, 2005헌가7, 2005헌마1163 병합.

27) 헌재 2006. 4. 27, 2005헌마1119.

운영 및 임원선임(30), 재산관리 및 사학회계(45)로 구성되는 법인의 운영에 관한 것이 79건이다. 교육 자치에 관한 것이 4건, 학교설립 및 폐지에 관한 것이 3건, 학사 9건, 학생징계 5건, 안전사고 및 체벌에 관한 것이 18건이다. 위법한 직무행위로 인한 손해배상이 32건, 영조물설치관리상의 하자로 인한 손해배상이 4건이다. 학원의 설립운영 7건, 학교보건 8건, 교과서관련이 4건이다. 행정소송관련 50건, 행정심판 관련 21건, 행정처분 관련이 25건이나 된다. 그 밖에 국유재산 27건, 정보공개 5건, 기타 13건으로 총합이 588건이다.

대법원에서 다룬 전체 588건 중 인사행정영역이 274건으로 47%가 되어 거의 반 정도를 차지한다. 인사 분야 중에서도 다툼의 반 정도는 징계에 관한 다툼이다. 행정 중에서도 인사행정의 중요성을 알 수 있으며, 특히 징계 경우에는 법적 절차나 법적 준비가 철저하여야 함을 암시해 준다. 그 다음의 높은 빈도수를 보이는 것은 79건의 법인운영으로 사학재단의 재산관리 등에 많은 문제가 있음을 알 수 있다. 행정심판과 행정소송건도 상당히 많다. 교육행정 내지 학교행정 영역에서 교육관련 대법원의 판례분류표에서 나타난 주제들을 일상적으로 경험한다.

[토론 주제]

1. 민주주의의 양대 축인 교육과 법이 공통적으로 추구하는 이념은 '인간의 존엄과 가치'이다. 인간의 존엄과 가치의 구체적 내용은 무엇인가? 어떻게 자기의 존엄과 가치를, 나아가 타인의 존엄과 가치를 인식할 수 있는가? 학교생활영역에서 인간의 존엄과 가치를 실천할 수 있는 방안에는 어떤 것이 있는가?
2. 인간의 존엄과 가치에 관련되는 사형, 안락사, 낙태, 인간의 복제 등 사회적·법적 중요 쟁점들에 관하여 찬반논거를 제시할 수 있는가?
3. 행정 또는 정책연구에서 관리적·정치적·법적 접근방법은 추구하는 이념, 조직형태, 개인에 대한 태도, 학문 인식수단에서 차이가 있다. 한국행정 또는 학교행정에서는 주로 어떤 접근방법이 강조되는지 구체적 사례를 들어 설명할 수 있는가?

제 2 장

법의 이념과 체계

교육법도 일반 법체계의 한 분야에 속한다. 교육법을 제대로 이해하기 위해서는 법에 관한 일반적인 이해가 선행되어야 하므로 본 장에서는 법의 개념과 이념(목적), 법의 존재형태와 효력 등의 법에 관한 기본적인 이론을 소개한다. 그리고 정부조직의 원리와 법기관인 입법부, 행정부, 사법부의 주요권한과 운영을 간략히 살펴본다. 국회의 입법과정과 사법부의 정책관여의 한계문제도 언급한다. 한국 법문화의 일반적 특징 및 변화방향에 관하여서도 간략히 개관하여 본다.

1. 법의 개념

인간은 사회적 동물로서 타인과 관계를 맺고 살아가게 된다. 타인과의 공동생활을 위하여서는 지켜야 할 일정한 사회규범이 있게 된다. 예컨대 관습, 종교 의식, 예(禮), 도덕, 법 등이다. 이 중 법이란 무엇인가에 관한 물음은 법의 본질과 관련되는 매우 어려운 법철학의 문제이다.

우선 법의 어원을 살펴본다. 법(法)은 해태 치(氵+廌+去)의 약자로, 물과 해태가 간다라는 뜻인데, 해태라는 전설적인 동물이 죄인한테 다가가 뿔을 댄다는 의미에서 유래하였다고 한다. 따라서 동양에서의 법은 형벌, 곡직(曲直)의 판단, 공정 내지 정의의 판단이 내포되어 있다.[1] 서양에서는 법(law)의 어원이 '옳

1) 중국의 순시대에 고요라는 재판관이 재판할 적에 해태를 재판석에 끌고 오면 성질이 사납고 분이를 찬을 수 없는 성질의 해태가 죄지은 자에게로 가서 하나뿐인 뿔로 떠받는다는

은' 또는 '바른'의 뜻이 내포되어 있으며 개인의 권리를 의미하기도 한다.[2)]

우리나라에서는 본받을 법으로 해석하여 말본, 셈본, 본보기 등의 예에서 쓰이는 '본'의 뜻도 있다. 법과 동일한 뜻으로 쓰이는 용어에 법률(法律)이란 말이 있다. 엄격히 구분하면 법률은 형식에 있어 국회의 의결을 거쳐 대통령이 서명·공포한 법을 의미하고, 법은 보다 추상적·포괄적 개념으로 사용된다.

법의 개념을 간단히 정의하면 "질서와 정의(正義)를 추구하는 강제성을 띤 하나의 문화규범"이라고 할 수 있다. 법의 개념요소를 상설하면 다음과 같다.

첫째, 법은 질서와 정의를 추구한다. 법이 존재하는 목적 내지 법이 추구하는 궁극적인 이념은 독일의 법학자 라드브르흐에 의하면 법적 안정성(질서유지), 정의, 그리고 합목적성(合目的性)이다. 질서와 정의에 관하여서는 다음 절 법의 이념에서 상설한다. 합목적성이란 목적에 맞추어 방향을 결정하는 원리인바, 법에서 합목적성이란 어느 국가의 법질서가 어떠한 표준과 가치관에 의하여 구체적으로 제정·실시되는 원리라 할 수 있다. 예컨대 개인주의적 세계관에 기초한 민주주의 국가에서는 개인의 자유와 권리 보장을 법이 추구하는 목적으로 보지만, 사회주의적 세계관에 기초한 사회주의 국가에서는 사회적 불평등을 제거하고 배분적 정의를 실천하는 것을 법의 목적 또는 정의의 실현으로 보고 있다.[3)]

둘째, 법은 스스로를 관철시키기 위하여 강제하는 수단을 갖고 있는 규범이다. 강제는 법의 본질적 속성이라고 할 수 있다. 법이란 한번 제정되면 좋으나 싫으나 따를 수밖에 없고, 여기에 법규범의 강력함과 권위, 그에 대한 책임이 생기게 된다.

법의 강제성은 다른 사회규범, 특히 도덕과 구별되는 특성이기도 하다. 그러나 법과 도덕의 관계는 명확히 구별되는 쉬운 개념이 아니다. 자연법주의자들은 법은 도덕에 기초하고 도덕에 합치되어야 법으로서의 효력을 갖는다는 입장이고, 법실증주의자들은 법의 내용이 도덕에 반하더라도 법은 법이라는 입장에서 법과 도덕을 이원적으로 구분한다. 일반적으로 법은 타인을 지향한 타율

고사가 있다. 그래서 법이란 글자는 물과 같은 공평성과 초자연적인 권위를 종합적으로 담고 있는 것이다. 최종고, 「법상징학이란 무엇인가?」, 아카넷, 2000, p. 194.

2) 서양에서는 법(law)의 어원이 라틴어의 jus, justum인데 정의의 개념이며, 독일어의 recht나 프랑스어의 droit도 '옳은' 또는 '바른'의 뜻이 있으며 개인의 권리를 의미하기도 한다. 최종고, 「법학통론」, 박영사, 1994, pp. 30-31.

3) 최종고, 「법학통론」, 박영사, 2005, pp. 55-56.

적 규범이며 관심방향이 외부형태에 있다면, 도덕은 자기 자신에 관한 자율적 규범으로 관심방향이 내면적 형태에 있다고 구분한다.

일상생활에서 법과 도덕의 경계선에 있는 어려운 예를 들어 본다.

- 자기가 위험에 빠지지 않음에도 위난에 처한 사람을 구조하지 않을 경우 처벌할 것인가?(The Good Samaritan Clause)
- 배우자가 있는 자가 간통한 때에는 2년 이하의 징역에 처한다는 형법 제 241조는 꼭 필요한 규정인가?
- 안락사를 인정할 것인가? 의사가 환자의 안정을 위하여 거짓말을 할 수 있는가?
- 남편과 자식에게 돌아가기 위하여 강제수용소에서 간음한 경우, 법으로 처벌할 수 있는가, 윤리적으로 정당한가?
- 다수생명을 구하기 위하여 소수의 희생을 강요한 경우 법으로 처벌한 것인가?

일상생활에서 발생하는 많은 문제들이 도덕적 판단에 맡겨 놓아야 하는지, 아니면 국가권력이 개입하여 법의 영역으로 편입시켜 강제하여야 하는지의 도덕과 법의 미묘한 경계선에 놓여 있다고 할 수 있다. 또한 윤리적으로 비난받지 않는다고 법적 책임을 모면할 수 없는 안타까운 문제도 있다. 위에서 제시된 예들은 법과 도덕과 상황의 관계에 관한 매우 어려운 주제이다.

셋째, 법은 문화규범이다. 인간은 현실에 발을 딛고 살면서도 그것에 만족하지 아니하고 더 나은 미래를 향하여 끊임없이 노력하는 존재이다. 미래의 가치를 향하여 노력하는 가운데 생성된 업적을 문화라고 할 수 있다. 법은 정의 자체는 아니지만 정의라는 법 가치를 향하여 노력하고 있는 문화개념이다.

자연의 왕국은 가치 맹목적 현실(sein)의 세계라면, 가치의 왕국은 의미(sinn)를 대상으로 하는 이상의 세계다. 현실의 세계를 이상의 세계로 연결하는 데는 가치 평가적 문화의 다리와 가치 초월적인 종교의 세계가 있다. 요컨대, 법은 현실세계의 질서를 유지하면서, 다른 한편으로는 이상세계의 정의라는 가치를 실현하는 하나의 문화규범이라 할 수 있다.[4)]

4) 최종고, 상게서, pp. 42-46.

2. 법의 이념

법이 궁극적으로 추구하는 법의 이념에는 크게 분류하면 질서의 유지와 정의의 실현이라고 할 수 있다. 하버드 대학의 법철학자 보덴하이머(Bodenheimer)가 질서와 정의에 관하여 깊이 있게 분석한 내용을 간단히 소개한다.[5)]

2.1 질 서

질서(order)는 법체계의 공식적 구조로 일반적 규칙이나 기준을 통하여 인간의 법률행위를 규제하는 것이다. 이러한 질서의 특징은 통일성(uniformity), 계속성(continuity), 그리고 일관성(consistency) 내지 반복성이다. 인간이 사회조직을 형성하거나 정치를 하는 곳에서는 늘 규제받지 않는 무질서를 피하고 생동력이 있는 질서를 형성하려고 노력하여 왔다.

인간이 질서를 선호하게 된 근본적인 배경을 살펴보면 다음과 같다. 첫째, 인간의 생활에 영향을 주는 외부 자연세계를 보면 무질서보다는 질서가, 비정규성보다는 정규성(正規性)이 지배한다. 예컨대, 우주천체의 움직임, 인간을 비롯한 생명체의 구조나 움직임(인간 게놈의 구조), 물리·화학의 제 법칙 등이 그러하다. 수학적으로 계산이 가능한 일정한 특성의 자연법칙이 존재하므로 인간은 그것을 찾아내 오늘날의 문명을 이룬 것이다. 요컨대, 자연 현상에서 보이고 있는 정규성과 질서적인 움직임은 인간의 생활 활동에 유익한 영향을 미쳤고, 질서를 선호하는 배경이 된다.

둘째, 자연 질서와 마찬가지로 인간의 사회생활에서도 질서는 선호되는데 대표적인 예가 규칙적인 생활이다. 습관의 중요성이 강조되는 것도 인간이 반복적인 규칙적인 생활을 선호하기 때문이다. 사회의 조직설계도 매우 체계적으로 질서 있게 구성된다. 산업사회가 될수록 전문적인 활동영역에서 전문화가 이루어지고 분업구조로 분화되며 조직분석도 체계적으로 이루어진다.

사회생활에서 인간의 질서선호는 법 위반, 전쟁 등으로 자주 방해받기도

---

5) Edgar Bodenheimer, *Jurisprudence: The Philosophy and Method of Law,* Cambridge : Harvard University, 1974.

한다. 또 인간생활에서 질서선호가 개인적으로 또는 사회적으로 바람직한 가치라고 확신할 수는 없다. 군인처럼 획일화된 제복과 머리스타일이 창의력과는 비례하지 않는다. 훌륭한 문학·예술가들이 자유분방한 무질서한 생활을 하는 경우도 많다. 그러나 역사적으로 보면, 인간의 사회생활에서 무질서보다는 질서가 더 지배적 현상이었다. 습관과 전통, 그리고 제 사회규범들이 공동생활의 근거를 이루어 왔다.

셋째, 질서선호의 세 번째 근거는 인간의 심리와 신경조직과도 관련된다. 인간은 과거에 만족스러웠던 경험을 반복하려는 성향이 있으며, 심리적으로 새로운 긴장을 피하려는 속성이 있고, 자의적인 또는 변덕스러운 것보다는 합리적이고 안정적인 것을 선호한다. 매슬로(Maslow)의 욕구의 계층이론에서도 인간의 안전선호 본능이 지적되고 있다. 물론 영화 '빠삐온'처럼 위험이 따르는 결단이 있어야 자유로운 삶을 쟁취할 수도 있지만 일반적인 평균인들은 위험과 도박보다는 안전을 선호한다고 할 수 있다.

2.2 정 의

상술한 질서 개념은 조직구조 또는 인간 행태의 유형과 관련된다. 이러한 질서는 인간생활에서 임의성과 불예측성을 막아 주어 안정을 가져오지만, 내용적으로 만족할 만한 생활양식을 제공해 주는 것은 아니다. 이에 반하여 정의의 개념은 사회의 규칙이나 기준의 내용이 공정하고 합리적인가를 다루는 문제이다. 정의는 법의 내용과 인간의 행복에 미치는 영향 내지 가치의 문제에 초점을 둔다.

무엇이 정의인가에 관한 개념 논의는 오랫동안 매우 다양하게 다루어지고 있다. 플라톤(Platon)은 모든 시민이 각자의 의무를 다하는 사회가 정의로운 사회라 하였고, 아리스토텔레스(Aristotle)는 '평등한 것은 평등하게, 불평등한 것은 불평등하게'(equal to equal, unequal to unequal)의 개념으로 비례적 평등을 정의의 요소로 보았다. 이때 평등의 궁극적인 기준은 실적 내지 문화에 대한 기여도가 된다.

워드(Ward)는 기회균등이 보장되는 사회가 정의로운 사회라고 주장한 바 있다. 특히 교육의 기회균등이 사회정의 실현에 중요하다고 주장하였다. 스펜서

(Spencer)는 자유를 정의의 핵심요소로 보았다. 소레리(Sorely)는 사회 속에서 자유와 평등의 조화로 정의가 달성된다고 주장하였다.

롤즈(Rawls)는 정의를 기본적인 자유와 사회적·경제적 가치의 배분에 관한 문제로 보았다. 즉, 개인은 다른 사람들과 양립될 수 있는 광범위한 기본적 자유에 관하여 동등한 권리를 가져야 한다. 사회적·경제적 불평등은 다음 조건이 충족되도록 조정되어야 한다. 그 불평등이 모든 사람을 위하여 이익이 되리라는 것을 합리적으로 기대할 수 있어야 하며, 그 불균형의 모체가 되는 지위와 직무가 모든 사람에게 공개되어야 한다. 홉스(Hobbes)는 생명·재산의 안전을 보호하는 것이 법질서의 최우선 과제이고 평화유지가 정의라고 하였다.

정의에 관하여 이렇게 다양한 주장을 하는 것을 보면 정의에 관한 판단은 의심할 수 없는 확실한 지식에 근거하거나 모든 사실적 측면을 완전히 고려한 합리적 판단을 하기가 어렵기 때문이 아닌가 한다. 정의의 기준에 관한 판단에는 감정, 종교적 신념 등 비합리적 요소도 작용한다. 정의의 기준에 관하여 의견이 갈리는 경우 현실적인 해결책은 경험적 증거자료, 역사적 경험, 문화적 전통, 미래의 효과예측, 인간 공통의 심성 내지 통찰력에 의존하게 된다.

정의의 기준에 관하여서 다양한 견해가 예시되었지만, 정의의 구체적 내용에 관하여 많은 학자들의 공통적 견해는 자격 있는 사람에게 '자기 몫을 주는 것'(to each, his own)이다. 키케로(Cicero)는 모든 사람에게 자기 몫을 주려는 의지를 정의의 주관적 요소라고 하였다. 이 주관적 요소는 자기 종업원 또는 남에 대한 관심을 의미한다.

현실적으로 정의로운 사회가 되기 위하여서는 주관적인 의지만으로는 부족하고 실질적인 제도화가 필요하다. 예컨대 몫을 나누는 관습, 남녀고용평등법 등이다. 아리스토텔레스의 배분적 정의 개념도 이에 해당한다. 즉 문화에의 기여도와 능력에 따라 공직의 권리와 의무가 배분되어야 한다는 것이다. 구체적인 입법행위와 사법부의 해석으로 그러한 정의가 실현된다.

이러한 내용의 정의는 법체계에 있어서 불합리한 입법과 불합리한 차별을 억제하고, 기본적 인권을 보장하였으며 생존과 발전에 필요한 기회를 제공하고, 정부의 기능을 효율적으로 수행하게 하였으며, 보상과 벌과금 부과에 있어 공정한 체계의 수립을 가능하게 하였다.

3. 법의 존재형태와 효력

3.1 법원과 법체계

법이 구체적으로 어떤 모습으로 나타나고 있는가, 즉 법의 존재형식을 법원(法源)이라고 한다. 법원은 크게 성문법과 불문법으로 구분한다. 법의 생성에서는 불문법인 관습법이 먼저 시작되었으나, 사회규모가 확대되고 복잡해지면서 질서유지를 위한 의도적이고 기술적인 성문법이 제정되었다. 성문법에는 헌법, 법률, 명령, 자치법규(조례, 규칙), 조약이 있다.

불문법에는 관습법, 판례법, 조리가 있다. 관습법은 사회의 자연발생적 규범으로 국가에 의하여 법으로 승인을 받았거나, 다수 사회인으로부터 어떤 관습이 법이라는 확신을 얻어야 한다. 관습법은 일반적으로 성문법의 규정이 없는 경우에 보충적 효력을 인정받고 있으나, 「상법」 제1조는 상행위에 관하여 상법에 규정이 없으면 상관습법에 의하고 상관습법이 없으면 「민법」의 규정에 의한다고 상관습법의 민법규정에 대한 우선효력을 인정하는 경우도 있다.

판례법이란 일정한 법률문제에 동일취지의 판결이 반복됨으로써 방향이 대체로 확정된 경우에 성문법화되지 않고 법적 규범이 되는 법이다. 판례법은 관습법의 특수한 형태인데, 법원(法院)에서 형성된 것이라는 점에서 일반적 관습법과는 다르다. 영국과 미국에서는 상급법원이 어떤 법률문제에 관하여 판결을 내리면 그 후 그 법원이나 하급 법원은 동일한 법률문제에 관해서는 앞선 판결과 다르게 판결할 수 없게 된다. 따라서 같은 법률문제에 관하여서는 같은 취지의 판결을 반복하게 되는 것이며, 이리하여 판례법의 형성이 가능하게 된다.

이와 반대로 유럽 대륙에서는 법전주의에 입각하기 때문에 법원은 동급 및 상급법원의 판결에 구속받지 않는 것이 원칙이다. 그러나 하급법원이 다르게 판결할 경우에는 상고심에 가서 파기될 염려가 있기 때문에 특별한 이유가 없는 한 상급법원의 판례에 따르게 되는 것이다. 그러므로 법적으로는 구속력이 없는 판례가 사실상으로는 구속력을 갖게 된다.

조리(條理) 또는 사물의 본성이란 국가가 법적 규범의식으로서 승인한 사회생활의 원리를 말한다. 민법 제103조의 공서양속(公序良俗)도 조리의 개념이다.

법원은 특정한 구체적 사건에서 이에 적용할 법규가 없다 하여 재판을 거부할 수는 없으므로 이러한 경우 법원은 조리의 개념을 통하여 그 법의 결함을 보충하여 판결할 수 있다.

실정법과 자연법의 개념을 간단히 살펴본다. 실정법은 특정시대와 특정사회에서 효력을 갖는 법규범으로 보통 성문법 형식이지만 예외적으로 불문법도 있다. 법의 궁극적인 정당성 여부는 시·공을 초월한 영원한 객관적 질서에 의하여야 하는바, 이것이 자연법의 개념이다.

자연법이 구체적으로 어떤 내용이냐에 관하여 많은 논란이 있다. 자연 질서, 신의 뜻, 인간의 본성에 기초한 시공을 초월한 보편타당한 객관적 질서 등으로 주장된다. 자연법은 실정법의 정당성의 기초가 된다. "악법도 법으로 준수하여야 하는가?"의 문제에 실정법주의자들과 자연법주의자들이 대립한다. 저항권의 초실정법성에 관하여서도 양자의 입장이 다르다.

법규범은 다음과 같은 통일성을 갖는 하나의 체제를 이루고 있다.

〈표 2-1〉 법규범의 체계

- 국내법
  - 공법
    - 실체법 : 헌법, 행정법, 형법
    - 절차법 : 민사소송법, 형사소송법
  - 사법 — 민법, 상법
  - 사회법(제3의 영역) : 노동법, 경제법, 사회보장법, 교육법
- 국제법 — 조약, 국제관습법

3.2 법의 효력

실정법은 시간, 공간, 인적으로 한정된 범위 안에서 효력을 가지는바 이를 법의 형식적 효력이라 한다. 법은 특별규정이 없는 한 공표한 날부터 20일 경과로 시행되며, 시행일부터 폐지일까지 효력이 발생한다. 명시적 폐지가 없어도 신법과 구법이 상충되는 경우에는 저촉범위 안에서 구법이 묵시적으로 폐지된 것으로 본다. 새로 제정된 법률은 원칙적으로 그 이전에 발생된 사실에 소급하여 적용되지 아니한다. 법의 장소적 효력에는 속지주의와 속인주의가 있다. 법

의 인적 효력에는 예외도 있다. 예컨대, 대통령과 국회의원의 특권, 국제법상의 치외법권 등이다.

법규범이 구속력을 가질 수 있는 근거가 무엇이냐를 법의 타당성이라 하고, 어떤 행위규범이 실현되지 않을 때 그 위반자에게 강제력을 발동하는 것을 법의 실효성이라 하며, 양자를 법의 실질적 효력문제라 한다. 법의 타당성에 관하여서는 계층적 법단계를 내용으로 하는 법학적 효력설이 있고, 실력설·여론설·승인설을 포함한 사회학적 효력설, 그리고 법의 목적 내지 초현실적 가치에서 찾는 법철학적 효력설이 있다. 법의 실효성은 국가권력에 의하여 보장된다. 우리나라의 경우 낙태, 교통법규 위반 및 탈세 등에서 법의 실효성에 문제가 많다고 할 수 있다.

4. 정부조직의 원리와 법기관

4.1 정부조직의 원리

자유민주주의 체제에서 정부조직의 기본이념은 기본권실현, 민주적 정당성 확보, 그리고 권력통제라 할 수 있다. 국가권력은 기본권 실현을 위한 수단이며, 민주적 정당성 내지 국민적 합의에 의하여 성립되어야 하고 그 행사방법과 과정에 대한 절차적 정당성을 확보하여야 한다. 정부조직의 원리를 약술하면 다음과 같다.[6)]

4.1.1 국민주권주의와 대의제 원리

자유민주주의 체제하의 정부조직은 국민주권주의를 이념적 기반으로 한다. 국가의사를 최종적이고 전반적으로 결정할 수 있는 최고권력 담당자는 국민이라는 국민주권주의는 대의제 원리를 통하여 구현된다. 대의제는 치자에게 국가의사를 결정하는 권한을 주고, 피치자에게 국가기관을 구성하는 권한을 부여한다. 치자의 의사나 행위가 피치자의 의사나 행위로 효과를 갖는다. 이러한 대의제는 선거의 공정성이 확립되고 토론문화가 성숙되어야 제대로 구현될 수 있다.

6) 권영성, 「헌법학원론」, 법문사, 2007 참조.

최근에는 정당정치의 발달과 관료집단의 비대화로 대의제가 위기에 처해 있는바, 국민표결제, 국민소환제, 국민발안제 같은 직접민주주의적 요소도 부분적으로 도입되고 있다. 현행 한국 헌법은 대의제를 원칙으로 하고(헌법 제40조, 제41조, 제66조 제4항, 제67조), 예외로서 직접민주제(헌법 제130조 제2항, 제72조, 지방자치법 제13조의2)를 채택하고 있다.

4.1.2 권력분립주의(separation of power)

권력분립은 개인의 기본권을 보장하기 위하여 국가의 통치작용을 기능면에서 입법권, 집행권, 사법권으로 분할하고, 이들 작용을 각각 독립 분리된 입법부, 집행부, 사법부에 귀속시킴으로써 이들 기관 상호간의 견제와 균형을 통하여 어떤 기관도 국가권력을 독점할 수 없게 한 제도이다. 권력분립원리는 권력을 행사하는 인간에 대한 불신과 회의에서 출발하였다. 권력분립원리는 권력남용을 막는 소극적 원리로 집행과 사법이 국민의 대표기관인 국회에서 제정한 법률에 따르게 한 국민주권주의의 실현원리이다. 정당정치의 발전과 권력통합현상, 경제위기의 극복과 사회국가이념의 실현 등의 이유로 행정입법이 증가되어 권력분립주의는 위기를 맞고 있다.

한국 헌법은 입법권은 국회에(동법 제40조), 행정권은 대통령을 수반으로 하는 행정부에(동법 제66조 제4항), 사법권은 법관으로 구성된 법원에(동법 제101조 제1항) 분할하고 있다. 입법권이란 국가기관이 일반적(불특정다수인)이고 추상적(불특정경우)인 성문법규를 정립하는 작용으로, 입법권의 구체적 내용에는 헌법개정발의 및 의결, 법률안의결, 조약체결비준권, 국회규칙제정권이 있다. 행정입법의 증가로 입법권이 약화되는 경향이며, 입법과정의 공개를 통한 국민여론의 형성이 중요하다.

행정권이란 법 아래서 법의 규제를 받으며 현실적으로 국가목적 또는 공익을 실현하기 위하여 하는 능동적이고 적극적인 형성적 국가작용이다. 구체적으로는 헌법이 다른 국가기관의 소관으로 한 것을 제외한 모든 집행 작용이다. 넓은 의미에서는 통치행위 내지 정치적 행위(political questions)도 포함된다. 사법권이란 구체적 법적 분쟁이 발생한 경우 당사자로부터 쟁송의 제기를 기다려 독립적 지위를 가진 기관이 제3자적 입장에서 무엇이 법인가를 판단하고 선언하는 작용으로 민사재판권, 형사재판권, 행정재판권이 구체적 내용이다.

행정부에 대한 국회의 견제권한으로 국무총리와 국무의원의 국회출석답변요구권 및 해임건의권, 정부예산 심의권, 정부재정행위 의결권, 국무총리 및 감사원장의 임명동의권, 국회의장의 법률안 공포권, 고위공무원 탄핵소추권, 국정감사조사권, 계엄해제 요구권, 일반사면 동의권이 있다. 한편 국회에 대한 행정부의 견제권한으로는 임시국회소집 요구권, 법률안제출 및 공포권, 예산안편성제출권, 의견표시권, 행정입법권, 헌법개정의 국민투표회부권, 긴급재정경제 처분권, 법률안 거부권, 중요정책의 국민투표회부권이 있다.

사법부에 대한 국회의 견제권한으로는 법원의 설치·조직에 관한 법률제정권, 대법원장과 대법관 임명의 동의권, 법원의 예산에 대한 심의권, 국정감사·조사권, 탄핵소추권이 있다. 한편 국회에 대한 사법부의 견제권한으로는 법원의 위헌법률심사 제청권과 헌법재판소의 위헌법률심사권이 있다. 사법부에 대한 행정부의 견제권한으로는 대통령의 사면·감형·복권이 있으며, 행정부에 대한 사법부의 견제권한에는 명령규칙처분의 위헌위법심사권이 있다.

4.1.3 법치주의

자유민주주의 정부는 법치주의에 근거하며 법치주의에 의하여 운영된다. 국가가 국민의 자유와 권리를 제한할 때에는 반드시 의회가 제정한 법률에 근거하여야 한다는 것을 형식적 법치주의라 한다면, 법률의 목적이나 내용이 정의나 헌법 등 상위법령에 합치되어야 한다는 것을 실질적 법치주의라고 한다. 실질적 법치주의는 위헌법률심사제를 통하여 구현된다.

4.1.4 책임정치

책임정치원리는 내각책임제하에서 의회의 내각불신임권과 내각의 의회해산권으로 이루어진다. 대통령제에서도 국회의 국무위원해임건의 및 국회출석답변요구권, 탄핵소추권, 선거권 등을 통하여 책임정치가 이루어진다. 한국 정부의 형태는 1960년 헌법에서 고전적 의원내각제를 일시적으로 시행한 경우를 제외하고 기본적으로 변형된 대통령제 형태라고 할 수 있다. 즉, 부통령이 아닌 국무총리제도를 채택하고 정부의 법률안제출권 등 내각책임제 요소를 가미한 대통령제라고 하겠다.

4.2 입법부

4.2.1 의회의 기능과 헌법상의 지위

의회는 국민의 다양한 의사와 이해관계를 통합·조정하며, 국민의 정치적 관심과 판단력을 제고하는 정치교육기능을 수행하고, 집행부의 활동을 감시·통제·비판하는 역할을 한다. 이러한 의회는 국민주권주의를 구현하는 기본적인 제도로 토론의 원리에 기초한다. 최근에 의회주의는 국민적 동질성의 상실과 계층간의 갈등, 그리고 행정국가화 경향에 따른 의회의 기능적 정체로 위기를 맞고 있다. 의회주의 위기의 극복방안으로 사회적 시장경제질서 구현으로 계층간의 대립과 갈등을 해소하여 국민적·사회적 동질성을 회복하여야 하며, 국회의원의 전문성을 높이고 의회의 운영에서 효율성을 제고하여야 한다. 국회의 헌법상의 지위는 국민대표기관, 입법기관, 국정통제기관, 그리고 국가 최고기관으로서의 지위를 갖는다.

4.2.2 국회입법의 원칙

국민의 권리의무에 관한 중요사항은 국민의 대표기관인 국회에서 법률로 정한다. 대한민국「헌법」제40조에서 국회입법의 원칙을 규정하고 있다. 대통령은 법률에서 구체적으로 범위를 정하여 위임받은 사항과 법률을 집행하기 위해서 필요한 사항에 관하여 대통령령을 발할 수 있다(동법 제75조). 국무총리와 행정 각부의 장은 소관 사무에 관하여 법률이나 대통령령의 위임에 의하여 또는 직권으로 총리령 또는 부령을 발할 수 있다(동법 제95조). 지방자치단체도 법령의 범위 안에서 자치에 관한 규정(조례 및 규칙)을 제정할 수 있다(동법 제117조).

국회의원과 정부가 법률안을 제출할 수 있으나(동법 제52조), 많은 입법이 행정부 공무원들에 의하여 제출된다. 행정부 공무원들의 전문성에 의한 행정국가화의 현상이며, 상대적으로 입법권에 대한 국회의 고유기능이 약화되고 있다. 그러나 입법이 필요한 정부의 중요정책은 국회의 의결을 거쳐야 하므로 국회의 입법권은 행정부 견제에 아주 유효한 수단이 된다 하겠다.

4.2.3 입법과정

입법과정은 매우 동태적(動態的)인 과정으로 이해관계인들의 정치적 영향력이 크게 작용한다. 입법과정은 크게 세 과정으로 나눌 수 있는바, 첫째는 투입과정인 정부 또는 의원의 법률안 제출, 둘째는 전환과정인 국회에서의 심의와 의결, 그리고 셋째는 산출물인 법률안을 대통령이 공포하는 것이다.

정부의 법률안 준비과정을 살펴본다. 정부의 입법 계획 수립은 국무총리 훈령 제237호인 「정부입법계획 운영규정」에 의하여 법률안, 대통령안 등에 대한 입법계획의 수립 및 정책 결정과 입안, 심의 및 공포 등 입법 활동의 전 과정에 대한 협조체제를 구성하여 효율적인 입법을 하도록 되어 있다.[7]

정부 제출 법률안은 주로 정부 고위 당국자나 정당, 특히 여당의 정책적 지시에 의하여 입안된다. 법률안의 개정은 감사원이나 각 부처의 요청 또는 관련 단체, 이해 관계인의 건의, 실무자나 일선 기관의 건의에 의하여 이루어지는 경우가 많다. 때로는 법원의 판결이나 헌법재판소의 결정에 의해서 이루어지는 경우도 있으며, 헌법상 규정된 청원권 행사에 의해서 입안되는 경우도 있다.

이러한 여러 경로를 통하여 발생한 정책의제는 소관 부처의 주무부서가 실무자 회의를 통하여 입안 여부를 결정하고 법률안 요강 및 분석서를 작성한다. 법률안의 요강 및 분석서에는 제정·개정 및 폐지 이유, 주요 골자, 입법 효과, 주요 검토 과제(찬성, 반대의견 등), 관련 부처와 기관 및 단체, 관련 부처와의 협의가 필요한 사항, 예산 조치 등을 기재한다.

입법안의 제안을 주관하는 원·부·처·청의 장은 학사 제도, 공중위생, 환경 보전, 농지 기타 국민의 일상생활과 관련되는 중요 분야의 사항에 대한 법령을 제정 또는 폐지하고자 하는 경우 반드시 이를 예고하도록 하고 있다(동 규정 제3조).

정부제출 법률안의 경우에는 여당과 당정협의회의 협의 과정을 거쳐 의견 조정을 기한다. 당정협의는 정부와 여당간의 입법 정책 및 활동 방향의 사전 협의를 의미하며, 정부 각 부처와 여당 정책부서의 소관분과별로 이루어지는 실무 당정협의회와 정부의 내각 및 여당 대표자 및 정책부서 책임자 단위로

7) 입법과정에 관한 자세한 내용은 박영도, 입법과정의 이론과 실제, 한국법제연구원, 1994 참고.

이루어지는 고위 당정협의회 등이 있다.

주무부처에서 확정된 법률안은 정부의 법제 기구인 법제처에 심사를 의뢰한다. 법제처의 심사가 완료된 법률안은 차관회의에 상정한다. 차관회의에서 가결된 의안은 그 의결결과를 첨부하여 국무회의에 상정하고 국무회의를 통과한 법률안은 국무총리와 관계 국무위원의 부서를 받아 대통령의 결재를 받는다. 법률안에 대한 대통령의 서명이 있으면 법제처에서는 법률안을 지체 없이 국회에 제출한다.[8)]

국회에 제출된 법률안은 국회법에 따라 심의 의결된다. 해당 상임위원회에서 심의하기 전에 통상 소위원회에서 사전 심사한다. 소위원회의 역할이 매우 크다 하겠다. 상임위원회에서 통과되면 본회의에서 의결하게 된다. 국회에서의 법률안 심의 의결과정은 매우 정치적이므로 이익집단의 로비가 중요한 역할을 하게 된다.

국회에서 의결된 법률안은 정부에 이송되어 15일 이내에 국무회의의 심의를 거친 후 대통령이 공포한다. 법률안에 이의(異議)가 있을 때에는 대통령은 15일 기간 내에 이의서를 붙여 국회로 환부(還付)하고, 그 재의를 요구할 수 있다. 국회의 폐회 중에도 또한 같다. 대통령은 법률안의 일부에 대하여 또는 법률안을 수정하여 재의를 요구할 수 없다. 재의 요구가 있을 때에는 국회는 재의에 붙이고, 재적의원 과반수의 출석과 출석의원 3분의 2 이상의 찬성으로 전과 같은 의결을 하면 그 법률안은 법률로서 확정되며, 대통령이 15일의 기간 내에 공포나 재의 요구를 하지 아니한 때에도 그 법률안은 법률로서 확정된다.

대통령은 확정된 법률을 지체 없이 공포하여야 한다. 공포나 재의 요구를 하지 아니하여 법률이 확정된 후 또는 국회의 재의 의결로 확정법률이 정부에 이송된 후 5일 이내에 대통령이 공포하지 아니할 때에는 국회의장이 이를 공포한다. 법률은 특별한 규정이 없는 한 공포한 날로부터 20일을 경과함으로써 효력을 발생한다(헌법 第53조).

---

8) 대통령령의 제정과정도 앞서 살펴본 법률의 입법과정과 기본적으로 동일하다. 즉, 성안 → 관계부처와의 협의 → 입법예고 → 경제장, 차관회의 → 법제처심사 → 국무회의 심의 → 국무총리 및 관계 국무위원의 부서 → 대통령의 재가 → 관보게재 → 대통령령 성립 순이다.

4.2.4 국회의 주요 권한과 운영

4.2.4.1 국회의 주요 권한

국회의 권한은 입법에 관한 권한, 재정에 관한 권한, 헌법기관 구성에 관한 권한, 국정통제에 관한 권한으로 분류된다. 입법에 관한 권한에는 헌법 개정에 관한 권한, 법률 제정에 관한 권한, 조약의 체결·비준에 대한 동의권, 국회규칙 제정에 관한 권한이 있다. 재정에 관한 권한에는 예산심의·확정권, 결산심사권, 그 밖의 정부재정행위에 대한 권한으로 긴급재정경제처분·명령에 대한 승인권, 예비비 지출에 대한 승인권, 기채동의권, 예산 외에 국가의 부담이 될 계약결정에 대한 동의권, 재정적 부담을 지우는 조약의 체결·비준에 대한 동의권, 세입세출예산외의 기금에 대한 국회통제권이 있다.

헌법기관 구성에 관한 권한으로는 최고득표자가 2인 이상시 대통령선거권, 헌재 재판관 9인 중 3인과 중앙선거관리위원 9인 중 3인의 헌법기관 선출권, 헌법기관(국무총리, 대법원장과 대법관, 헌재소장, 감사원장)구성에 대한 동의권이 있다. 국정통제에 관한 권한으로 탄핵소추권, 국정감사·조사권, 긴급명령과 긴급재정경제처분·명령에 대한 승인권, 계엄해제요구권, 국방 및 외교정책에 대한 동의권, 일반사면에 대한 동의권, 국무총리·국무위원의 해임건의권, 국무총리·국무위원 등의 국회출석요구권 및 질문권이 있다. 국회의 자율권으로 집회 등에 관한 자율권, 내부조직에 관한 자율권, 국회규칙의 자율적 제정권, 의사에 관한 자율권, 질서유지에 관한 자율권, 의원의 신분에 관한 자율권이 있다.

4.2.4.2 국회의 구성과 운영

국회의 구성방법에는 양원제와 단원제가 있다. 현행 한국 헌법은 단원제이며 국회의원의 정수는 법률로 정하되 200인 이상으로 하고, 비례대표제를 가미하도록 되었다. 현재 국회는 지역구 243명, 비례대표 56명으로 구성되어 있다. 국회의원의 선거권자는 선거일 현재 만19세 이상이며 국회의원 피선거권은 만 25세 이상이다.

국회는 국회의장, 2명의 부의장, 그리고 17개의 상임위원회,[9] 특별위원회,

9) 17개 위원회는 다음과 같다. 국회운영위원회, 법제사법위원회, 정무위원회, 재정경제위원회, 통일외교통상위원회, 국방위원회, 행정자치위원히, 교육위원회, 과학기술정보통신위원

전원위원회, 인사청문특별위원회로 구성되어 운영되고 있다. 국회의 행정조직에는 사무처와 예산정책처, 그리고 입법조사처가 있다. 정기회기는 100일, 임시회의 회기는 30일을 초과할 수 없다. 국회의 의사절차에 관한 원칙으로 의사공개의 원칙과 회기중 의결 못한 의안은 다음회기로 넘어가는 회기계속(會期繼續)의 원칙, 그리고 부결된 의안은 동일회기 중 다시 발의 심의하지 못한다는 일사부재의(一事不再議)의 원칙이 있다. 헌법상의 의사정족수와 의결정족수를 결여한 국회의결은 위헌무효이다. 일반정족수는 재적의원 과반수의 출석과 출석의원 과반수의 찬성이며, 가부동수인 때에는 부결된 것으로 본다. 특별정족수는 헌법에 따로 규정되어 있다.

4.3 행정부

4.3.1 행정부의 조직과 행정의 이념

행정권은 대통령을 수반으로 하는 정부에 속한다(헌법 제66조 제4항). 정부란 광의로는 입법부, 사법부, 행정부(집행부)를 포함한 모든 국가기관을 의미하기도 하지만, 현행 헌법하에서는 협의의 정부로 대통령을 포함한 행정부(집행부)를 의미한다. 이때의 정부는 대통령을 정점으로 국무총리, 국무위원, 행정각부 및 감사원으로 구성되고 집행에 관한 주요정책을 심의하는 기관으로 국무회의를 둔다.

국가정책을 수립 집행하며 평가하는 일련의 행정과정에서 준수하여야 하는 일반적인 기준 내지 원리를 행정의 이념이라고 하는바, 민주성, 합법성, 능률성, 사회적 형평성 등이 이에 해당한다. 행정 이념의 구체적 내용과 이념간의 갈등에 관하여서는 제3장에서 다루어진다.

4.3.2 대통령선거와 주요 권한

4.3.2.1 대통령선거와 지위

현행 헌법상 대통령은 국민의 직접선거로 이루어진다. 대통령은 선거를 통

회, 문화관광위원회, 농림해양수산위원회, 산업자원위원회, 보건복지위원회, 환경노동위원회, 건설교통위원회, 정보위원회, 여성가족위원회.

하여 정당성을 확보하며 임기동안 의회에 책임을 지지 않는다. 대통령 선거는 임기만료일 70일-40일 전에 실시된다. 대통령의 임기는 5년이며, 내란 또는 외환의 비리를 범한 경우를 제외하고 재직중 형사상의 소추를 받지 아니하는 특권을 가진다. 대통령이 사망, 탄핵결정으로 파면, 판결로 자격 상실, 사임으로 궐위(闕位)된 경우에는 60일내 선거하며 새임기가 개시된다. 탄핵소추의결로 탄핵결정까지 권한 행사가 정지되거나 신병 또는 장기여행 등으로 직무수행을 할 수 없는 경우는 사고로 권한이 대행된다.

대통령의 헌법상 지위는 정부형태에 따라 다르나 현행 한국 헌법상 국가원수로서의 지위와 행정부 수반으로서의 지위를 가진다. 국가원수로서의 지위는 "대통령은 국가의 원수이며 외국에 대하여 국가를 대표한다"(헌법 제66조 제1항)에 근거한다. 행정부 수반으로서의 지위는 "행정권은 대통령을 수반으로 하는 정부에 속한다"(헌법 제66조 제4항)에 근거한다. 대통령은 집행에 관한 실질적인 최고지휘권과 최종결정권을 갖고, 집행부의 조직권자이며 국무회의의 의장이다.

4.3.2.2 대통령의 주요 권한

대통령의 권한은 권한의 실질적 성질에 따라 집행에 관한 권한, 국회에 관한 권한, 사법부에 관한 권한, 비상적 권한으로 분류된다. 집행에 관한 권한은 법률집행권(위임명령, 집행명령), 국군통수권(군정권, 군령권), 예산안 편성 등의 재정에 관한 권한, 정부구성 및 공무원 임명권, 국가대표 및 외교에 관한 권한 등이다. 국회에 관한 권한은 임시회 소집 요구권, 국회 출석발언권, 헌법개정안 제안권, 법률안 제출권, 법률안 거부권, 법률안 공포권, 행정입법에 관한 권한 등이 있다. 사법부에 대한 권한은 위헌정당해산 제소권, 사면·감형·복권, 대법원장과 대법관 임명권, 법원의 예산 심의권 등이 있다.

대통령의 비상적 권한에는 중대한 재정경제상의 위기가 발생하였고 국회집회를 기다릴 여유가 없을 때 발동되는 긴급재정 경제처분권, 국가안위에 관계되는 중대한 교전상태 또는 이에 준하는 사변이나 내란이 발생하였고 국회의 집회가 불가능한 경우 발동되는 긴급명령권, 전시나 사변 이에 준하는 국가비상사태가 발생하여 병력으로 군사상의 필요에 응하거나 공공안녕질서유지의 필요성이 있을 때 발동되는 계엄권이 있다.

대통령 권한 행사의 방법은 문서로 하여야 하며, 국무총리 및 관계국무위원의 부서가 있어야 하고 국무회의 심의사항(헌법 제89조)은 심의절차를 거쳐야 한다.

4.3.3 행정부의 구성과 운영

대통령을 수반으로 한 행정부는 18부 4처 17청으로 구성되어 있다. 각 부처의 권한과 기능에 대한 설명은 생략한다. 교육인적자원부의 조직 내지 권한은 제11장 교육정책기구에서 설명된다.

4.4 사법부(법원과 헌법재판소)

4.4.1 법원사법의 원칙

구체적인 법적 분쟁이 발생한 경우에 궁극적으로 독립적 지위를 가진 기관이 제 3자적 입장에서 무엇이 법인가를 판단하고 선언하게 되는바, 이러한 작용을 사법(司法)작용이라 한다. 우리나라는 헌법 제101조 제1항에서 "사법권은 법관으로 구성된 법원에 속한다"고 법원사법의 원칙을 규정하고 있다. 법원이 담당하고 있는 사법권은 사인 간의 생활 관계에 관한 분쟁인 민사재판권, 범죄를 인정하고 형벌을 과하는 형사재판권, 행정법규의 적용에 관한 행정재판권이 있다.

헌법소송에 관한 헌법재판권에는 위헌법률심사, 명령·규칙심사, 탄핵심판, 정당위헌심판, 권한쟁의심판, 헌법소원심판, 선거소송심판이 있다. 한국 헌법은 이중 명령·규칙심사권과 선거소송심판권만 법원의 권한으로 하고 나머지는 헌법재판소의 권한으로 하고 있다. 명령·규칙이 헌법이나 법률에 위반되는 여부가 재판의 전제가 된 경우에는 대법원은 이를 최종적으로 심사할 권한을 가진다(헌법 제107조 제2항).

명령·규칙에 대한 위헌·위법심사는 대법원 전원합의부에서 심리하여 과반수로 결정하나(법원조직법 제7조 제1항) 합헌·합법은 대법관 3인 이상으로 구성된 부(部)에서 심판한다. 명령·규칙이 헌법이나 법률에 위반된다고 결정하면 법원은 그 명령·규칙을 무효선언을 할 수 없고 당해사건에 적용하는 것을 거부할 수 있을 뿐이다.

법률이 헌법에 위반되는 여부가 재판의 전제가 된 경우에 법원은 헌법재판소에 제청하여 그 심판에 의하여 재판하도록 되어 있다(헌법 제107조 제1항). 위헌법률심판제청의 요건은 재판의 전제성이며 그 밖에 구체적 권리성, 당사자적격성, 소의 이익 등 사법권 발동의 요건도 충족되어야 한다. 법원이 위헌심판을 제청한 때에는 당해 소송사건의 재판은 헌법재판소의 위헌결정이 있을 때까지 정지된다(헌법재판소법 제42조 제1항).

4.4.2 사법권의 독립

사법권의 행사는 공정하고 정당한 재판제도의 확립에 근거한다. 형식적으로는 사법부가 입법부 및 행정부로부터 독립되어야 하는바, '법원의 독립'을 말한다. 실질적으로는 법관이 구체적 사건을 재판함에 있어 헌법과 법률에 의하여 그 양심에 따라 독립하여 심판하는 것인데, '법관의 독립', 또는 '직무상의 독립'이라고 한다. 법관의 독립을 위하여 법관의 자격과 임기를 법률로 규정하고 있다.

4.4.3 사법부의 구성과 운영

법원에는 대법원, 고등법원, 특허법원, 지방법원, 가정법원, 행정법원의 6종이 있고, 그 관할 구역 안에 지원을 둘 수 있다. 대법원은 고등법원 또는 항소법원, 특허법원의 판결에 대한 상고(上告)사건과 결정·명령에 대한 재항고사건, 그리고 일정한 선거소송사건을 관할한다. 대법원의 심판은 14명으로 구성된 대법관 전원의 3분의 2 이상의 합의체에서 행하며 헌법과 법률에 다른 규정이 없으면 과반수로 결정한다. 고등법원[10]은 판사 3인으로 구성된 합의부에서 행하는데, 1심 판결에 대한 항소사건과 1심 심판·결정·명령에 대한 항고사건을 다룬다. 지방법원은 단독판사가 심판하며, 합의심판을 요하는 일정한 사건은 판사 3인으로 구성된 합의부에서 행한다. 지방법원본원합의부는 지방법원 단독판사의 판결에 대한 상소사건과 결정·명령에 대한 항고사건을 제 2심으로

10) 고등법원에는 서울고등법원, 대전고등법원, 대구고등법원, 부산고등법원, 광주고등법원이 있다. 서울고등법원은 서울행정법원, 서울가정법원, 서울중앙지방법원, 서울동부지방법원, 서울남부지방법원, 서울북부지방법원, 서울서부지방법원, 의정부지방법원, 인천지방법원, 수원지방법원, 춘천지방법원을 관할한다.

심판한다.

헌법재판소는 법관의 자격을 가진 9인의 재판관으로 구성되며, 대통령이 임명한다. 이 중 3인은 국회에서 선출한 자를, 3인은 대법원장이 지명하는 자를 임명한다. 헌법재판관은 법관의 자격을 가져야 하며 일정한 경력이 요구되고, 직무상 독립과 신분보장을 받는다. 심판은 재판관 전원으로 구성된 재판부에서 관장하며, 7인 이상의 출석으로 사건을 심리한다. 종국결정은 법률의 위헌결정, 탄핵결정, 정당해산결정, 헌법소원의 인용결정, 종전의 심판을 변경하는 경우에는 6인 이상의 찬성이 있어야 하고, 이외의 결정은 종국심리에 관여한 재판관의 과반수 찬성으로 한다.

헌법재판소가 종국결정을 할 때에는 사건 번호와 사건 명, 당사자와 심판 수행자 또는 대리인, 주문(主文), 이유, 결정일자, 심판에 관여한 재판관의 서명·날인이 포함된 결정서를 작성한다. 결정의 형식은 부적법한 경우에는 각하(却下)결정을, 적법하지만 이유가 없을 때에는 기각(棄却)결정을, 적법하고 이유가 있을 때에는 인용(認容)결정을 한다. 다만 위헌법률 심판의 경우에는 합헌결정, 위헌결정, 변형결정을 하게 된다. 변형결정에는 헌법불합치결정, 입법촉구결정, 한정합헌결정, 한정위헌결정이 있다.[11)]

4.4.4 사법부의 정책 관여와 그 한계

사법부의 적극적 역할이 민주주의 발전에 필수적으로 요청되며, 우리나라의 경우 문민정부 이후에 특히 헌법재판소가 그러한 역할을 하여 왔다고 평가된다. 그러나 한편으로 사법부의 적극적 역할이 남용될 경우 그것을 견제할 수단이 없고, 사회적 갈등이 심화되는 부작용도 매우 크다.

미국의 경우 교육, 낙태, 형사 문제 같은 국가적인 중요 정책적 쟁점주제에 관하여 미국연방대법원의 판결이 결정적인 영향력을 갖고 있어 미국은 지금 연방대법원이 통치한다는 말이 나올 정도이다. 사법부가 행정부의 재정상황을 고려하지 않고 정부재정 재분배 정책에 관여하거나 공공정책에 대한 지나친 간섭

---

11) 헌법재판소는 심판유형의 사건번호를 다음과 같이 구분하고 있다. 헌가: 위헌법률심판사건. 헌나: 탄핵심판사건. 헌다: 정당해산심판사건. 헌라: 권한쟁의심판사건. 헌마: 헌법재판소법 제68조 제1항에 의한 헌법소원심판사건(권리구제형헌법소원사건). 헌바: 헌법재판소법 제68조 제2항에 의한 헌법소원심판사건(위헌심사형헌법소원사건). 헌사: 각종 신청사건(국선대리인선임신청, 가처분신청, 기피신청 등). 헌아: 각종 특별사건(재심 등).

으로 사법부를 독재자(imperial judiciary)로 부르기도 한다.[12] 한국의 경우 전통적으로 또 아직도 기본적으로 사법소극주의라 할 수 있지만 신행정수도건설특별법의 위헌결정[13]은 한계를 넘은 결정이라는 비판을 면하기 어렵다.

사법부의 적극적 역할 과정에서 가장 큰 쟁점은 사법부의 정당성(legitimacy)과 능력(capacity) 문제이다. 정책결정 과정에 사법부가 어느 정도 개입하고 영향을 미치는 것은 불가피하고 '정당성'(국민의 신뢰)도 인정받는다. 그러나 정당성을 인정받아도 얼마나 깊이 관여할 수 있는지는 복잡한 문제이다.[14] 사법본질상·실정법상·국제법상·권력분립상의 사법권의 한계가 적절히 준수되어야 할 것이다.

사법부 개입의 정당성이 인정되어도 사법부가 유능하게 그러한 일을 할 수 있느냐의 '능력'문제가 또 있다. 사법부는 신분이 보장된 독립성을 갖는 기구로 중립적인 입장에서 공정한 결정을 한다는 인식이 되어 있다. 그러나 복잡한 정책이슈를 법률문제로만 좁혀 생각하는 단점이 있다. 그러므로 고도의 '정치적 문제'에 관하여서는 사법부가 그 개입을 자제하여야 한다. '통치행위' 내지 '정치적 문제'의 구체적인 기준으로 제시된 브렌넨(Brennan) 미국연방대법관의 판단기준을 염두에 둘 필요가 있다.[15] 특히, 사법부가 분배적 정의나 정책적 정의 문제를 다룰 때는 왜 통상의 정치적 과정으로 해당 문제를 해결할 수 없는가? 또는 왜 법원에 의존하여야 하는가를 설명할 수 있어야 한다는 지적도 매우 유용한 기준이 된다.[16]

우리나라는 1960-1970년대 이룩한 비약적인 경제발전에 비하여 정치발전은 부진하였다는 비평을 들어 왔으나, 문민정부가 들어선 1990년대 이후에는 민주주의에 필수적인 행정절차법 등 많은 법적 장치가 보완되어 법형식이나 제도로는 충분할 정도로 갖추어졌다고 생각한다. 앞으로의 과제는 이러한 민주적

12) Aryeh Neier, *Only Judgement: the Limits of Litigation in Social Change,* Wesleyan University Press, 1982, p. 3.

13) 헌재 2004. 10. 21, 2004헌마554·2004헌마566 병합.

14) Christopher E. Smith, *Courts and Public Policy,* Nelson-Hall Publishers, 1991, pp. 20-37.

15) 적절한 사법적 기준이 결여된 경우, 사법부의 판단으로 입법부나 행정부의 권위가 크게 손상되는 경우, 입법부·행정부·사법부가 서로 다른 판단을 하여 정책적 혼란이 야기될 가능성이 있는 경우 등이다. Baker v. Carr. 369 U.S. 217, 1962.

16) Aryeh Neier, *op. cit.,* p. 244.

개혁입법을 어떻게 구체적으로 실천하느냐이다. 우리나라 행정부 공무원들도 이제는 국가의 중요 정책을 결정하는 과정에서 입법부뿐 아니라 사법부도 동반자라는 생각을 하여야 할 때가 되었다.

5. 한국의 법문화[17)]

5.1 한국 법문화의 일반적 특징

개방체제에서는 환경이 중요시된다. 어떤 정책도 효과적으로 집행되기 위하여서는 환경의 영향을 고려하여야 한다. 법, 정치, 경제, 사회 환경 등 많은 환경 중에서 정책은 법문화 환경의 영향을 크게 받는다. 아래에 한국 법문화의 특징을 살펴본다.

한국의 법문화의 특징은 첫째, 오랜 유교의 전통으로 법보다는 도덕에 국민들이 친숙하다. 둘째, 한국 사회에서는 정의와 권리보다는 질서와 의무가 더 강조된다. 셋째, 한국의 근대 법체계가 독일법체계를 모법으로 하고 있어 영미법계에서 강조하고 있는 법의 지배원리와 천부인권 등의 권리개념보다 형식적 의미의 법치주의와 국가에 대한 의무를 강조하는 경향이 있다. 넷째, 노네트(Nonet)와 셀즈닉(Selznick)의 법의 3단계 유형에[18)] 따르면 억압적인 법의 속성을 아직도 많이 갖고 있다.

5.1.1 도덕과 법 : 한국 사회에서는 법보다는 도덕의 준수가 더 요구된다

사람들이 공동생활을 하는데 지켜야 할 대표적인 행위규범이 도덕과 법이다. 도덕과 법은 지나친 이기심이나 상호 파멸적인 투쟁을 지양시켜 사회적 조화를 이루려는 점에서 차이가 없다. 그러나 도덕은 관심방향이 내부 지향적이어서 인간 내심의 요청인 양심에 호소하고 동기를 중요시하는 자기 자신에 대한 자율적 규범이다. 한편 법은 관심방향이 외부 지향적이며 밖에서 의무를 강

17) 표시열, “한국의 민주주의와 법문화: 동서양의 법문화 비교시각에서”, 「한국의 도전과 선택」, 1996, pp. 108-127.

18) Phillippe Nonet and Phillip Selznick, *Law and Society in Trasition : Toward Responsive Law,* New York: Harper and Row Publishers, 1978.

요하는 타율적 규범이다.

도덕과 법은 이러한 본질적 차이가 있지만, 도덕이 법규화되면 강제력에 의하여 도덕의 실효성을 최대한 보장받게 된다는 점에서 '법은 도덕의 최대한'이라고 할 수 있다. 그러나 법은 도덕의 전부를 법규화할 수는 없으므로 영역에 있어 "법은 도덕의 최소한"이라고 할 수 있다. 그런데 어떤 사항을 도덕영역에 놓아야 하는지 아니면 법 영역에 편입할 것인지는 법의 목적에서 지적되었듯이 판단이 쉽지 않다. 따라서 법과 도덕 또는 윤리를 판단함에 있어서 상황(狀況)이 중요한 요소가 되기도 한다.

일반적으로 한국 국민은 법보다는 도덕에 더 관심을 갖고 있다. 공무원의 뇌물사건이 있거나, 교사의 촌지사례를 접할 때 「국가공무원법」에서 규정하고 있는 청렴의 의무(동법 제61조)에 반한다고 처벌을 요구하기보다는 도덕성 결여를 문제 삼는다. 법은 도덕의 최소화이므로 우선 법적 의무를 잘 지킬 것이 요구되어야 한다. 사회구성원, 특히 공무원들이 헌법이나 법령만 잘 준수하면 우리 사회는 성숙한 민주주의국가라 할 수 있다.

한국 국민이 법보다 도덕에 더 관심을 갖고 있는 배경은 유교문화에 그 근거를 두고 있는 것 같다. 유교에서는 국가가 수치심을 피하려는 개인의 도덕성에 기반을 두고 유지될 수 있다고 보았다. 따라서 유교사회에서는 도덕성이 행위의 제일차적 규범이고, 법은 도덕성을 기대할 수 없는 서민들이나 준수하여야 하는 행위의 제이차적 규범으로 보았다.

이러한 전통은 인(仁)을 강조한 왕도정치 내지는 인치주의(人治主義)로 표현되기도 한다. 그러나 인치주의의 한계는 인간의 자의성 내지 변덕성에 있다. 조선시대의 이러한 도덕 우선 관례는 해방 후 법규범 우선을 내용으로 하는 법치주의를 생활화하는 데 장애요소로 되고 있다고 생각된다. 이러한 지적은 도덕을 경시하자는 것은 아니다. 도덕과 윤리는 법의 밑바탕이 되므로 법문화 발전에서 중요한 역할을 한다. 그러나 우선은 도덕의 최소한의 요구인 법의 준수를 강조하여야 한다.

5.1.2 질서와 정의 : 한국 사회에서는 정의와 권리보다는 질서와 의무가 강조된다

어느 시대, 어느 국가를 막론하고 질서와 정의는 법이 추구하는 양대 이념이다. 그러나 한국 사회에서는 그동안 정의보다 질서가 더 강조되어 온 것 같다. 유교에서는 개인의 역할에 혼돈이 생길 때 사회에 문제가 생긴다고 보고, 삼강오륜을 통하여 개인의 역할 내지 의무를 강조하였다. 자기가 속한 계층 내에서 자기역할을 다하라는 강조는 권위주의적 정치풍토를 가져왔고 아직도 우리 사회에서는 충효개념의 잘못된 해석으로 의무와 복종이 중요한 덕목으로 여겨지고 있다.

한국 사회에서 안정성 내지 안보의 강조는 끊임없는 강대국들의 침략과 남북한의 대립이라는 환경적 영향도 크다 하겠다. 생존이 수시로 위협받는 상황에서 개인은 혈통유지를 위해 남아를 선호하게 되고 국가는 안보와 질서를 강조하게 되었다.

동양사회에서는 자연질서에서 발견되는 자연법칙을 그대로 인간관계의 윤리법칙으로 옮겨놓는 데 그쳤으나, 서양사회에서는 인간의 이성에서 자연법사상의 근거를 찾고 시민혁명을 통하여 천부인권, 자연권, 사회계약론, 법치주의 등의 개념을 확립하였다.[19] 특히 미국에서는 자연권의 개념이 미국독립선언의 철학적 근거였으며 '권리'를 중요시하는 계기가 되었으며 미국인 사고방식의 근원이 되고 있다.[20]

5.1.3 법률의 지배와 법의 지배

: 한국에서는 법치주의가 형식적 의미의 법률의 지배로 운영되고 있다
: 사법부의 인권보장보다 행정부의 능률이 더 강조되고 있다
: 한국에서는 법이 빈번히 개정되어 법에 대한 신뢰성이 낮다

법문화는 법계(legal family)와 밀접한 관련이 있다. 세계의 법계는 대륙법계, 영미법계, 사회주의법계로 분류된다. 대륙법계는 로마·게르만법을 기초로 발전하였으며, 가장 광범위하게 분포되었고 성문법주의를 특징으로 하며 추상적 일반 법규범을 해석하는 법학자들의 역할이 중요시된다. 대륙법계 특히 독일에서는 법치주의가 '법률'에 의한 지배를 의미하였다. 형식적으로 의회에서 제정된 법률이기만 하면 그 내용의 타당성 여부를 묻지 않았으므로 기본권 보장은 장

19) 장경학, 「법률춘향전」, 을유문고, 1986, p. 218.
20) Michael J. Lacey and K. Haakonsen, ed., *A Culture of Right,* New York : Cambridge University Press, 1992.

식적이었고 법에 의한 독재도 가능하였다.

영미법계는 영국에서 형성·발전된 보통법(common law)이 영국식민지 국가들에 전수된 체계이다. 영미법계는 구체적인 분쟁소송의 해결책을 찾는 데 중점을 두고 소송절차·증거절차 등 절차법규를 중요시하였고, 불문법주의를 특징으로 하며 법관의 역할이 중요시된다. 영미법계에서는 법치주의가 법의 지배(rule of law)를 의미하였고, 판례법을 통하여 개인의 인권보장과 자연적 정의에 합당하여야 하는 실질적 법치주의를 일찍부터 확립하였다. 최근에는 대륙법계에서도 실질적 법치주의의 내용인 법의 지배를 수용 내지 강조하고 있으며, 영미법계에서도 형식적 법치주의의 내용인 법률의 지배 내지 성문법 제정을 강화하고 있어 상호 수렴되는 경향이다.

사회주의법계는 원래 로마·게르만법계에 속하며 러시아를 위시하여 공산국가들에 전파된 체계이다. 사회주의법계는 생산수단의 공유화를 내용으로 하므로 사법이 위축되고 공법이 주가 된다. 법규범이 지배계급의 지배수단으로 이용되고 있다. 사회주의 체제의 최근 변화는 실정법규에도 자본주의적 요소들이 가미되고 있는 것이다.

한국의 법계는 대륙법계에 속한다. 독일의 법체계가 일본을 경유하여 한국에 전수되었다. 독일법의 계수는 법치주의의 의미를 '법률의 지배'라는 형식적 이해로 만들었다. 특히 행정부는 법령에 근거를 두기만 하면 법치주의에 충실하다고 생각하였기에 해당 법령의 내용이 상위법령, 특히 헌법가치에 일치하는지 여부의 내용상의 타당성은 검토하지 않았기 때문에 기본권 보장은 허구에 불과하였다.

물론 위헌법률심사제를 도입하여 헌법이념에 적합한 실질적 의미의 법치주의가 확립될 법적 근거는 있었지만 건국헌법의 헌법위원회에서 위헌결정이 2건에 불과하였다. 또한 1972년대 헌법위원회와 1980년의 헌법위원회는 단 한 건의 위헌법률심사도 하지 않았다. 이는 정치권력의 독재 영향도 있었지만 독일모법의 형식적 법치주의 전통도 한 요인이라고 생각된다.

대륙법계는 행정부의 능률을 강조하는 행정국가 형태이고, 영미법계는 국가의 능률도 중요하지만 개인의 기본권 보장과 공무원의 봉사정신을 강조하는 사법국가 형태라 할 수 있다. 한국은 전통적인 중앙집권적 정치체제였는데 대륙법계의 영향, 그리고 해방 후 정부주도의 경제발전 추구로 더욱 능률을 강조하는 행정국가 형태를 유지하고 있다.

한국법계는 대륙법계로 성문법주의이다. 성문법은 법의 내용을 비교적 명확하게 하여 주고 법체계의 통일성과 법질서의 안정성을 확보해 주는 장점이 있으나, 법의 내용이 법조문 형식으로 고정되어 있으므로 사회현실과 거리가 멀어 법 집행에 어려움이 있다. 이러한 이유 또는 핑계로 많은 한국의 법령들은 빈번한 개정을 하게 된다. 주로 정치적 이유였지만 한국 헌법의 제정 역사가 불과 50년인데 9차례나 개정되었으니 하위 법령들의 개정 빈도는 더 말할 필요도 없다.

미국연방헌법이 200년이 넘도록 원문은 하나도 개정되지 않고 수정부록(Amendment)으로 27개 조항만 추가되고 있는 것과 너무 대조적이다. 한국에서는 법령의 해석을 통한 합리적인 운영보다 문제만 있으면 법령의 개정부터 생각하는 경향이 있다. 물론 성문법주의에서 해석론에 치우치면 법치주의가 아닌 인치(人治)주의로 흐를 우려도 있지만, 조령모개(朝令暮改)란 말이 생길 정도로 법령의 빈번한 개정은 성문법의 장점인 법질서의 안정성과 국민의 법에 대한 신뢰감을 실추시키는 한 요인이 된다.

한국에서 성문법령들이 자주 개정되는 것은 법규범의 내용이 현실과 거리가 먼 이상적인 내용이어서 그 실효성이 없기 때문이기도 하다. 근대 법체계가 완비되지 못한 상태에서 짧은 시일 안에 근대 법체계를 수용할 경우 성문법주의를 취하게 되는데, 전통적인 법문화 내지 법 인식과 거리가 있게 되고 국가의 재정 상태나 현실은 무시한 이상적인 법 내용이 되어 실효성을 잃게 되며 국민들은 법을 하나의 장식으로 생각하게 된다. 특히 한국 헌법의 제 기본권 조항, 선거운동의 규제 및 선거사범의 처벌에 관한 「공직선거법」 등이 그러한 예이다. 이러한 특징은 법 집행의 엄정성과 형평성의 문제이기도 하지만 법을 위반하고도 잘못했다고 생각하기보다는 재수가 없어 억울하게 처벌받는다고 생각하게 한다.

성문법은 일반·추상적인 표현을 하게 되어 법을 집행하는 공무원들이 해석에 있어 많은 재량권을 갖게 된다. 특히 오늘날 같이 행정기능이 확대·전문화됨에 따라 법률이 모든 경우를 예상하여 일의적·확정적으로 규정할 수 없기 때문에 재량권은 불가피하다고 할 것이다. 이러한 재량권이 한계를 일탈하거나 남용되는 경우가 많으며 공무원의 부정부패와 연계될 가능성이 크다는 것이 문제이다. 재량행위에 대한 통제방안이 법치국가적 요청과 행정국가적인 요청의 조화 차원에서 강구되어야 할 것이다.

5.1.4 억압적인 법과 자율적인 법: 한국법령에는 억압적인 법의 요소가 아직 많다

근대 자유민주주의의 특징 중 하나는 한 나라의 법체계가 억압적인 법체계(repressive law)에서 자율적인 법체계(autonomous law)로 발전하는 것이다. 억압적인 법체계에서는 법이 피치자의 이해를 무시하는 치자 본위의 통치수단으로 쓰인다. 그러나 자율적인 법체계에서는 법이 정치로부터 분리되는 엄격한 '법의 지배'를 특징으로 하며, 특히 법의 핵심을 절차에 두고 절차의 공정성을 강조한다. 영미법계에서는 일찍이 적법절차(due process of law)의 원리를 통하여 이러한 절차적 공정성을 법적으로 제도화하였다.

한국의 법은 억압적인 법체계의 요소를 아직 많이 가지고 있다. 억압적인 법의 특징은 법과 정치의 일원화 내지 법의 권력에의 종속현상이다. 법은 권력을 강화하고 그에 권위를 부여한다. 그동안 한국의 법은 정치권력, 특히 대통령의 권력에 직접적인 영향을 받아 왔다. 사법부 내지 법관의 독립을 통하여 법이 권력에 대립하여 국민의 자유와 권리를 수호하지 못한 것이다. 이러한 현상은 국민들이 법을 자기의 권리를 지켜주는 수단으로 보기보다는 탄압의 수단으로 생각하는 '법에 대한 불신'으로 나타난다. 이러한 법에 대한 불신은 예컨대 세법을 지키면 자기만 손해라는 생각까지 갖게 한다.

억압적인 법체계는 치자 본위의 법을 특징으로 한다. 행정부 공무원들은 전문능력이라는 이유로 폭넓은 재량권이 부여되는 법률을 실질적으로 자기들이 입법하며, 그 입법과정도 불투명하다. 국민들의 법에 대한 접근이나 요구는 행정상의 편의, 정부의 과중한 부담, 불필요한 자원낭비방지 등의 이유로 제한된다. 관존민비(官尊民卑)라는 오랜 악습이 법령의 제정에서 운영과정까지 국민들의 참여와 접근을 막고 있다. 관존민비의 악습과 1960년 이후의 정부주도의 개발행정은 한국을 행정규제의 왕국으로 만들었다. 민간부문에 대한 공공부문의 통제를 의미하는 행정규제는 기업의 역할이 활발해졌고, 국제경쟁력 강화가 당면과제인 오늘날의 국제화시대에서는 최소화되어야 한다.

5.2 한국 법문화의 변화 방향

민주주의는 법적 측면에서 볼 때 법치주의인바, 보다 나은 법제도의 설계와 운영은 민주주의의 발전 내지 성숙을 촉진한다. 법제도의 설계와 운영은 그 나라의 오랜 법문화에 직·간접으로 영향을 받는다. 법치주의는 한국의 전통적인 법문화에 잘 맞는 제도라고 할 수는 없다. 해방 후 서구의 법치주의 원리와 전통적인 법문화간에 많은 갈등을 겪었으니 이제는 '조화'의 지혜를 찾을 때이다.

앞에서 지적된 한국 법문화의 일반적 특징은 법문화 변화의 방향을 암시한다. 첫째, 도덕도 중요시되어야 하지만 국민들한테 특히 일반 공무원에게는 도덕의 최소한 요구인 법적 의무의 준수만을 기대하고 요구·감시하여야겠다. 둘째, 질서·법적 안정성·의무도 중요한 법의 목적이지만, 정의·자연권·권리가 강조되고 존중되어야 하겠다. 민주주의는 권리와 의무의 쌍무적 관계를 특징으로 한다.

셋째, 형식적 법치주의를 지양하여 실질적 법치주의 내지 법의 지배를 구현하여야겠다. 사법부의 실질적 독립과 진보적 판결이 요구된다. 지금까지 추구해 온 능률위주의 행정국가보다는 개인의 권리를 보호하는 사법국가를 지향하여야 하겠다. 또한 법령 제정 시 현실과 거리가 먼 실효성 없는 법을 만들지 말고, 일단 제정되었으면 반드시 준수하도록 집행하고, 불가피한 경우가 아니면 가능한 한 빈번한 개정을 억제하여야 하겠다.

넷째, 억압적인 법 체제를 청산하고 자율적인 또는 응답적(應答的)인 법체계를 지향하여야 되겠다. 법이 정치 내지 권력으로부터 분리되어야 하는바 사법부의 독립이 필수적이다. 준칙(rule)에 따라 공무원 권한의 범위와 권한행사의 기준이 명확하여야 하고, 적어도 적법절차의 원리가 행정과정에서 적극 활용되어야 한다. 행정편의 위주의 많은 행정규제가 대폭 축소되어야 하며, 국민의 법접근이 용이하도록 행정과정이 개방되어야 한다. 정보공개법의 정착은 물론 회의공개법도 제정되어 행정의 투명성이 보장되어야 한다. 미국의 경우 교육위원회의 모든 회의는 공개를 원칙으로 하며 이를 위하여 많은 경우 일반인의 참석이 가능한 야간에 소집되고 있음을 참고할 필요가 있다.

법문화의 변화는 한 나라의 언어와 마찬가지로 오랜 시간을 요구한다. 법

영역에 종사하는 법 전문가들의 개혁노력은 물론 국민 모두가 위에서 지적된 내용 등을 가정, 학교, 사회, 정부 모든 영역에서 작은 일부터 실천하는 것이 그 출발점이다. 예컨대 아이들과 길 건널 때 신호등을 지키는 등 모든 부문에서 준법정신의 교육이 강조되어야 한다.

우리나라 대학생들한테 만약 네가 경찰관인데 아주 친한 친구가 현상 수배범임을 알았을 때 어떻게 할 것이냐고 질문한다면 70-80%가 범인이라는 것을 모르는 척하거나 도망가라고 알려 준다고 한다. 즉시 체포한다는 응답은 20-30%밖에 안 된다. 이는 한국의 문화가 정(情)의 문화임을 암시하는 것이다. 포청천의 전조같이 아무리 은혜를 입은 친구라도 범인이면 일단 체포하고 사적으로 도울 수 있는 것은 최대한 돕는다는 공선사후(公先私後)의 준법교육이 시급하다.

마지막으로 본 장에서는 한국의 법문화에 대하여 부정적인 면이 강조된 경향이 있으나, 실제 많은 긍정적인 면도 있다 하겠다. 조선시대의 사간원의 역할과 독대제도는 중요 정책결정에 있어서 이견을 존중하는 전통이었고, 정치지도자들에 대한 높은 수준의 도덕률 기대는 법 준수의 바탕이 된다 하겠다. 충효사상도 맹목적이고 권위주의적인 복종이 아니라 헌법가치에 대한 충성과 바른 삶에 대한 조상의 기대에 반하지 않는 의미로 바르게 해석될 때 민주주의에 긍정적인 전통문화가 된다.

특히 우리의 전통문화에 대한 새로운 민주주의적 시각의 연구가 필요하다. 서구의 개인주의가 오늘날 '가정의 파괴' 조짐으로 나타나 사회적 쟁점이 되고 있으며, 지나치게 소송에 의존하는 미국인들의 법적 다툼도 사회적 문제가 되고 있음은 우리에게 서구문화에 대한 맹목적인 수용을 경고하고 있다. 동·서양의 법률문화와 제도를 합목적적으로 조화시키는 지혜가 필요한 시점이다.

[토론 주제]

1. 도덕과 법 같은 사회적 규범은 왜 필요한가? 법과 도덕과 상황의 관계에 관한 예시된 사례에서 어떤 논거로 어떤 입장을 갖고 있는가?
2. 보덴하이머가 제시한 질서선호의 철학적 배경은 무엇이며, 학교생활에

서 질서선호의 구체적 예를 들 수 있는가?

3. 정의의 구체적 내용은 무엇이며, 학교생활에서 정의를 구현할 수 있는 구체적 방법에는 어떤 것이 있는가?
4. 국회 입법은 매우 중요하다. 교육관련 입법과정에서 교육당사자들과 교원단체들의 의견 반영이 어떻게 이루어지고 있는가? 국회의 교육위원회는 어떻게 구성되었고 구체적으로 어떤 활동을 하고 있는가?
5. 중요 교육정책에서의 사법부(법원과 헌법재판소)는 어떤 역할을 하며 그 한계는 무엇인가?
6. 우리나라에서 공선사후가 잘 준수되지 않는 이유는 무엇이며, 학교생활에서 공선사후의 준법정신을 실천할 수 있는 방안에는 어떤 것이 있는가?

제 3 장

헌법과 교육

본 장은 교육법 이해의 전제가 되는 헌법의 핵심내용에 대한 간략한 설명이다. 우선, 헌법의 개념과 헌법상의 교육조항을 언급한다. 둘째, 한국 헌법의 기본원리를 소개한다. 셋째, 한국 헌법의 이념을 언급하고, 중요 기본권으로 표현의 자유, 적법절차, 평등권의 원리를 분석한다. 마지막으로, 이들 3대 중요 기본권과 관련된 한국과 미국의 판례를 소개한다. 그리고 기본권 제한의 법원리도 간략히 소개한다.

1. 헌법의 개념과 교육조항

1.1 헌법의 개념

헌법은 모든 법규범의 최상위에 있는 최고의 법규범으로 교육법의 궁극적인 법원이 된다. 헌법은 그 내용에 있어서 국가의 구성·조직·작용에 관한 기본사항을 정하고 있다. 이러한 내용의 헌법은 국가가 존재하는 경우에는 늘 존재하는 '고유한 의미의 헌법'이라 한다.

그러나 전제 군주제를 타파한 시민계급이 새로이 제정한 헌법 즉 '근대 입헌주의(立憲主義)헌법'에서는 국민주권주의와 법치주의를 바탕으로 국민의 기본권 보장을 핵심내용으로 하게 되었다. 입헌주의 헌법은 또한 국가권력의 집중과 남용을 방지할 목적으로 권력분립의 원리를 통치원리로 규정하고 있다.

이러한 근대 입헌주의 헌법은 자본주의의 파행적 발전과 제1·2차 세계대전을 계기로 새로운 내용들이 추가된다. 즉 시민의 실질적 자유와 평등을 보장하기 위하여 생존권적 기본권이 보장되고, 경제활동에 국가가 규제와 조정을 하게 되며, 국제평화주의를 선언하고 있다. 이러한 의미의 헌법을 '현대적 복지국가의 헌법' 또는 '사회적 법치국가의 헌법'이라고 한다. 한국의 헌법은 현대적 복지국가의 헌법에 해당된다.

1.2 헌법상의 교육조항과 교육제도 등의 법정주의

국가의 근본법인 한국 헌법에서 교육에 관하여 어떤 규정을 하고 있는지 살펴본다. 헌법의 교육에 관한 조항은 교육에 대한 길잡이가 되며 교육관계법의 직접적인 법원(法源)이 된다. 한국 헌법은 교육에 관하여 다른 어느 나라보다 상세한 규정을 두어 교육의 중요성을 강조하고 있다.

1948년 7월 17일 제정된 건국헌법 이전의 홍범14조와 상해 임시정부의 대한민국 임시헌장에서도 교육에 관한 규정을 하고 있다. 1894년의 홍범14조에서는 "총명하고 뛰어난 자제를 파견하여 외국의 학술과 기예를 전해 배워 들일 것"과 '군인의 교육'에 관한 규정을 두고 있다. 홍범14조에 근거하여 1895년에 발표된 조칙(詔勅)에서 교육이 국가보존의 근간이기 때문에 나라 국민을 '지식이 개명(開明)'하도록 학교를 널리 세워 국민을 가르침으로 국가의 중흥을 기하겠다고 밝히고 있다.[1)]

1919년의 「대한민국 임시헌장」 제6조에서도 "대한민국의 인민은 교육, 납세, 병역의 의무가 있다"고 규정하여 의무교육 제도를 명시하고 있다. 동 헌장에서는 "남녀, 귀천, 빈부의 계급이 없고 일체 평등"하다는 규정을 두어 교육에서의 평등도 간접적으로 표명되고 있다.

1948년에 제정된 대한민국 「헌법」은 제16조에서 "모든 국민은 균등하게 교육을 받을 권리가 있다. 적어도 초등교육은 의무적이며, 무상으로 한다. 보통교육기관은 국가의 감독을 받으며 교육 권리는 법률로 정한다"고 규정하였다. 이 조항은 9차에 걸친 헌법 개정에서 다소 수정은 되었으나 기본적인 내용에는 변함이 없다.

---

1) 헌법의 교육에 관한 규정의 역사적 변천과정에 관한 자세한 내용은 안기성, "헌법과 교육", 「교육법학연구」 창간호, 1988, pp. 27-74 참고.

현행 헌법의 교육에 관한 직접적인 조항인「헌법」제31조의 내용은 다음과 같다.

「헌법」제31조 : ① 모든 국민은 능력에 따라 균등하게 교육을 받을 권리를 가진다.
② 모든 국민은 그 보호하는 자녀에게 적어도 초등교육과 법률이 정하는 교육을 받게 할 의무를 진다.
③ 의무교육은 무상으로 한다.
④ 교육의 자주성·전문성·정치적 중립성 및 대학의 자율성은 법률이 정하는 바에 의하여 보장된다.
⑤ 국가는 평생교육을 진흥하여야 한다.
⑥ 학교교육 및 평생교육을 포함한 교육제도와 그 운영, 교육재정 및 교원의 지위에 관한 기본적인 사항은 법률로 정한다.

헌법상의 교육에 관한 위와 같은 내용은 앞으로 관련 장에서 상설되는바, 교육의 기회균등 내지 의무교육은 제5장에서, 교육의 자주성·중립성은 제6장에서, 국가의 평생교육진흥의무는 제17장에서 다루어진다.

「헌법」 제31조 제6항의 교육제도 등의 법정주의에 관하여서만 이곳에서 간단히 언급한다.「헌법」 제31조 제6항은 국가에 의한 교육의 자의적인 규제를 배제하기 위하여 교육제도, 교육재정, 교원의 지위에 관한 기본적인 사항을 국회의 법률로 정하도록 한 것이다. 교육제도 등의 법정주의는 행정부의 명령에 의한 자의적인 지배를 예방하는 것이 목적이지만, 기본적인 사항만 법률로 정하고 세부적인 사항은 교육 자치에 맡기는 교육의 자주성 원리와도 관련된다. 교육의 자주성 원리는 제6장에서 설명된다.

교육제도·교육재정·교원지위의 법정주의는 교육중시의 선언이며, 교육제도와 교육재정은 교육의 물적 기반으로, 교권의 지위는 교육의 인적기반으로 교육의 핵심을 이루는 요소라 하겠다.

교육제도에 관한 기본법으로「교육기본법」과「초·중등교육법」,「교육공무원법」 등이 있으며, 교육재정에 관한 기본법으로「지방교육재정교부금법」 등이 있다. 그리고 교원지위의 법정주의와 관련되는 기본법으로「교육공무원법」,「사립학교법」,「교원지위향상을 위한 특별법」 등이 있다.[2)]

2) 권영성,「헌법학원론」, 법문사, 2000, p. 258.

헌법재판소는 교원지위의 법정주의가 단순히 교원의 권익을 보장하기 위한 규정이거나, 교원의 지위를 행정 권력에 의한 부당한 침해로부터 보호하는 것만을 목적으로 한 것이 아니고, 국민의 교육을 받을 기본권을 실효성 있게 보장하기 위한 것까지 포함하여 교원의 지위를 법률로 정하도록 한 것으로 해석하여 사립대학 교수의 기간제 임명을 합헌 결정한 바 있다.[3] 그러나 헌법재판소는 최근에 교수의 기간제 임명에 관한 종전의 합헌 결정을 번복하여 헌법불합치 결정을 하였다.[4] 이에 관한 자세한 내용은 제10장에서 다루어진다.

2. 한국 헌법의 기본원리

헌법의 기본원리란 헌법의 이념적 기초로 헌법을 총체적으로 지배하는 지도 원리이다. 헌법의 기본원리는 헌법과 모든 법령의 해석기준이 되며, 입법권의 한계가 된다. 또 국민과 국가기관이 준수해야 할 최고의 가치규범으로 헌법 개정의 한계도 된다. 아래에 한국 헌법의 기본원리라 할 수 있는 민주주의, 사회적 시장경제주의, 문화주의, 그리고 평화주의에 관하여 간단히 살펴본다.

2.1 민주주의

민주주의 어원은 평민(demos) + 지배하다(cratia)로 평민이 지배하는 정치체제이다. 민주주의 내지 민주적 기본질서는 인간의 존엄과 가치를 구현하기 위하여 자유와 평등을 핵심이념으로 한다. 자유를 강조할 때 자유민주주의, 평등을 강조할 때 사회민주주의라고 한다.[5] 민주주의의 실천 정도를 알 수 있는 주요지표는 개개인의 다양성 인정, 자유 내지 자율 또는 자기표현과 자기주장의 보장, 의사결정에의 참여, 갈등의 조정과 타협, 다수결 원리의 실천 등이다.

민주주의는 제도적으로 확립되는바, 국민주권의 원리, 기본권 보장, 권력분립주의, 법치주의, 사법권의 독립 등이 민주주의의 주요제도이다. 국민주권주의

3) 헌재 1998. 7. 16, 96헌바33.
4) 헌재 2003. 2. 27, 2000헌바26.
5) Demos의 어원이 분배(daio)에서 유래한바, 민주주의 개념에 평등도 포함된다.

는 의회주의와 지방자치제, 그리고 정당의 발전을 통하여 구현되고 있다. 법치주의는 법률의 지배를 강조하는 형식적 법치주의와 법의 지배를 강조하는 실질적 법치주의가 있다. 위헌법률심사제도가 실질적 법치주의를 확립하는 중요수단이 된다.

2.2 사회적 시장경제주의

민주주의가 정치적 공동체로서의 한국 헌법의 원리라면 사회적 시장경제주의 또는 복지국가의 원리는 경제적 공동체로서의 한국 헌법의 원리이다. 근대 시민적 법치국가에서는 자본주의의 발전과 함께 국민의 자유와 권리를 보장하기 위하여 자유 시장경제질서를 기반으로 하였다. 자유 시장경제주의는 계약자유를 내용으로 한 사적자치의 원리와 개인의 재산권 보장이 중심내용이었다. 그러나 자본주의의 발전과 더불어 부의 편재와 경쟁위주의 황금만능주의 등의 부작용이 생겨 경제에 대한 국가의 규제와 조정이 불가피하게 되었다.

한국 「헌법」 제119조에서 경제 질서는 개인의 경제상의 자유와 창의를 바탕으로 하되, 사회정의를 위하여 국가가 경제에 규제와 조정을 한다는 규정을 두어 사회적 시장경제원칙을 선언하고 있다. 구체적으로는 「헌법」 제23조의 재산권 보장과 제15조의 직업선택의 자유가 시장경제주의 실천의 핵심 내용이고, 제120조에서 제127조까지가 국가의 규제와 조정을 내용으로 하는 사회주의 경제 원리의 실천규범이다.

2.3 문화주의

문화주의 내지 문화국가주의라 함은 국가로부터 문화 활동의 자유가 보장되고 문화가 국가로부터 보호·지원되는 원리이다. 20세기에 들어와 문화가 경제에 종속되며, 계층간의 문화에 불평등이 생기고, 제3세계의 문화가 선진국 문화에 종속되는 현상이 나타나자 국가의 문화기능의 중요성이 강조되고 있다.

문화국가의 원리는 1966년에 유엔의 「경제적·사회적 및 문화적 권리에 관한 국제규약」을 통하여 문화적 권리의 보편성이 선언되었으며, 몇몇 나라의 헌법에서 명문화되었다. 우리 헌법에서도 전문에 전통문화의 계승, 민족문화의 창달, 평생교육의 진흥을 명기하고 있다. 「헌법」 제34조의 '인간다운 생활'의 보장규정이 문화주의의 이념적 규정이며, 학문과 예술의 자유를 포함한 헌법상의 제 정신적 자유권과 교육을 받을 권리가 그 구체적 내용이다.

백범은 백범일지의 「내가 원하는 우리나라」에서 다음과 같이 문화를 강조하고 있다.

> 나는 우리나라가 세계에서 가장 아름다운 나라가 되기를 원한다. 가장 부강한 나라가 되기를 원하는 것은 아니다. 우리의 부력은 우리의 생활을 풍족히 할 만하고, 우리의 강력은 남이 침략을 막을 만하면 족하다, 오직 한없이 가지고 싶은 것은 높은 문화의 힘이다. 문화의 힘은 우리자신을 행복하게 하고 나아가서 남에게 행복을 주겠기 때문이다. 인류가 현재에 불행한 근본이유는 인의가 부족하고 사랑이 부족하기 때문이다. 이 정신을 배양하는 것은 오직 문화뿐이다. 나는 우리나라가 이러한 높고 새로운 문화의 근원이 되고 목표가 되고 모범이 되기를 원한다. 홍익인간이라는 우리 국조 단군의 이상이 바로 이것이라고 믿는다.[6)]

칠십 평생을 한결같은 마음으로 나라사랑에 모든 것을 바쳤던 민족주의자 백범 김구, 그는 우리 민족 모두가 인의와 사랑을 나누는 참다운 문화민족으로서 세계의 모범이 되기를 열망하였던 것이다.

2.4 평화주의

평화주의 내지 국제질서 존중주의는 우리나라 대외정책의 기본원리이다. 양차 세계대전을 경험하고 또 오늘날의 지구촌 시대를 맞아 대부분의 나라에서 헌법에 평화주의 내지 국제질서 존중주의를 선언하고 있다.

우리 「헌법」도 제5조에서 국제평화유지에 노력하며 침략전쟁을 부인하는 평화주의를 천명하고 있는바, 이 원리는 한반도의 통일에도 적용된다. 또 제6조 제1항에서는 헌법에 의하여 체결·공포된 조약과 일반적으로 승인된 국제법규는 국내법률과 동일한 효력을 가진다고 국제질서 존중주의를 선언하고 있다.

6) 김구, 김신 편, 「백범일지」, 백범김구선생기념사업회, 1971.

조약이 유효하게 성립하기 위하여서는 문서에 의한 국가 간의 진정한 합의가 이루어지고 일정한 절차를 거쳐 체결되어야 한다. 「헌법」 제60조 제1항에 규정된 국민의 권리·의무에 관련되는 일정한 사항은 조약의 체결·비준 전에 국회의 동의를 요한다. 외국인의 법적 지위에 관하여서 우리 「헌법」 제6조 제2항은 상호주의 원칙을 채택하고 있다.

3. 한국 헌법의 이념과 중요 기본권

롤(Rohr)은 관료들이 헌법정신을 생각하고 그에 일치하는 노선으로 자기들의 재량권을 행사할 것을 강조하며 미국 공무원들이 준수해야 할 헌법가치로 평등권, 자유권, 그리고 재산권을 들고 있다.[7] 로젠브룸도 헌법은 한 나라의 정치문화, 사회적 공동체의 성격, 그리고 역사에 내재된 가치의 함축적인 표현이므로 행정은 이러한 헌법정신에 기초하여야 한다고 주장한다. 그는 공무원들이 준수해야 할 헌법가치 또는 정신으로 정당성, 다양성, 자유, 절차적 적법절차, 개인주의, 그리고 형평성을 들고 있다.[8]

이러한 주장을 고려하고 한국의 실정 헌법을 분석할 때 저자는 민주행정을 위하여 공무원들에게 요구되는 제일차적 헌법가치는 민주주의의 궁극적인 이념인 '인간의 존엄과 가치', 공무원의 국민에 대한 기본자세인 '공무원의 국민전체에 대한 봉사와 책임', 그리고 헌법에 보장된 국민의 기본권을 존중하는 것이라고 믿는다. 이들의 구체적 내용을 살펴본다.

3.1 한국 헌법의 이념

3.1.1 인간의 존엄과 가치

인간의 존엄과 가치에 관한 설명은 이미 제1장 인간의 존엄과 가치에서 다

7) John A. Rohr, *To Run a Constitution : The Legitimacy of the Administrative State,* Lawrence : University of Kansas, 1989, pp. 59-279 참고.

8) David H. Rosenbloom, *Public Administration : Understanding Management, Politics and Law in the Public Sector,* New York : Harper & Row, 1983, pp. 385-388

루어졌으므로 여기에서는 생략한다.

3.1.2 공무원의 국민 전체에 대한 봉사와 책임

우리나라 「헌법」은 민주적 공무원제도의 원칙규범으로 '공무원은 국민 전체에 대한 봉사자'임을 명시하고 있다(동법 제7조 제1항 전단). 국민 전체에 대한 봉사자란 특정인이나 특정 정당·종교·지역·계층 등의 부분적 이익을 지양하고 공공복리를 추구해야 한다는 의미이다. 공공이익 또는 공공복리 개념을 어떻게 정의하고 추구하는가 하는 문제는 매우 어려운 과제이다.

공공이익 또는 공공복리의 개념을 일의적으로 정의하기는 어렵다. 스탈(Stahl)은 다음과 같이 공무원의 공익 추구 자세를 설명하고 있다. 첫째, 공무원은 자기 앞에 나타난 특정인 또는 특정 단체만을 만족시켜 주려는 유혹을 벗어나 자기 앞에 나타나지 않은 반대적인 이해관계인, 나아가 국민 전체의 이익과 장기적 효과를 생각하여야 한다. 어떤 정책결정을 최종적으로 하기 전에 "내가 만약 공개적으로 비평을 받더라도 지금과 같은 방법으로 지금과 같은 내용의 결정을 했어야 했다고 생각하는가?"를 자문해봄도 도움이 된다.

둘째, 공무원은 민주적 동의절차를 존중해야 한다. 공무원들은 일단 자리를 차지하고 나면 자기권한을 지키는 데 급급하여 자기가 하는 일에 입법자나 시민이 어떤 이해관계를 갖는지 제대로 살펴보지를 못한다. 따라서 공무원은 자기가 집행하려는 법의 의미와 정신에 관하여 다른 사람들의 견해를 신중히 듣고 고려하여야 한다. 셋째, 정부조직의 내부행정에서 공무원들이 자기가 하는 일에 긍지를 갖고 목표를 내면화하며, 자기능력을 최대한 발휘할 수 있도록 참여의 기회가 열려 있어야 한다.[9)]

공무원은 공직을 일생직업으로 선택할 때 공직이란 권력수단이나 영리수단이 아니라 국민과 국가를 위하여 봉사하는 것이라는 믿음이 있어야 한다. 알소프(Allsopp)는 "정부는 권력이 아니라 봉사다"라는 지적을 하고 있다. 그렇기 때문에 정부의 제일차적 의무는 정부가 국민에게 봉사의무를 다하지 못할 때 그 정부는 교체될 수 있다는 것을 국민에게 확신시키는 것이다.[10)]

---

9) O. Glenn Stahl, *Public Personnel Administration,* New York : Harper & Row, 1983.

10) Bruce Allsopp, *Social Responsibility and Responsible Society,* Boston : Oriel Press, 1984, p. 185.

공무원은 사경제적 생활에 있어서와 같이 영리를 위하여 일하는 것이 아니라 국민과 국가를 위하여 봉사하는 것이 특징이므로 공무원은 타인을 돕는 것을 자랑과 명예로 여기는 인물이 적합하다. 그러나 타인을 돕는다는 것, 봉사(service)한다는 것은 무척 힘든 일이다. 봉사라는 것은 맡은 일을 잘 할 경우 칭찬을 별로 받지 못하지만, 잘못할 경우에는 늘 비난을 받는 어려운 일임을 알아야 한다. 공무원이 국민전체의 봉사자로서 공공이익에 충실하여야 한다는 헌법원리는 「국가공무원법」 내지 「지방공무원법」에 성실의 의무, 법령준수의 의무, 청렴의 의무, 친절·공정의 의무 등으로 규정되어 공무원의 법적 의무로 구체화되고 있다.

3.2 한국 헌법의 중요 기본권

「헌법」의 핵심은 '인간의 존엄과 가치'를 실현하는 데 필요한 제반 기본권을 개인에게 보장하는 데 있다. 본 장에서는 한국 「헌법」이 규정하고 있는 많은 기본권 중에서 행정의 민주화를 이룩하는 데 공무원들한테 꼭 요구되는 기본권으로 표현의 자유, 적법절차, 그리고 평등권만 분석의 대상으로 한다.

3.2.1 표현의 자유 : 다양성과 이견(異見)의 존중

사람들은 다양한 방법으로 자기 자신의 이상, 양심, 지식, 경험 등을 표현하면서 산다. 표현의 수단이 대화·연설·토론 같은 구두의 형식인 경우 언론의 자유라 하고, 서책·간행물·서화와 같은 문서에 의한 표현인 경우 출판의 자유라 한다. 사람들은 또한 자기표현을 위하여 단체를 구성하거나 집회를 통하여 행동하기도 한다. 이를 집회·결사의 자유라 한다. 이러한 표현의 자유는 자유민주주의의 기본원리가 된다. 우리나라 「헌법」도 제21조 제2항에서 모든 국민에게 언론·출판의 자유와 집회·결사의 자유를 보장하고 있다.

표현의 자유의 중요성에 관하여 에머슨(Emerson)은 다음과 같이 네 가지로 요약하고 있다. 첫째, 표현의 자유는 개인의 자기완성을 위한 필수적 수단이다. 누구든지 자기 잠재력을 발전시킴에 있어 자기 자신의 믿음과 의견을 확인할 수 있어야 하며, 정신적 탐구를 거쳐야 한다.

둘째, 표현의 자유는 진리발견의 필수적 과정이다. 인간은 누구나 감정과 편견을 갖고 있으며 정보의 부족으로 판단에 실수가 있기 마련이다. 따라서 의사결정 시 가능한 한 많은 이견들을 대안으로 고려하며, 특히 반대의견을 통하여 자기생각이나 판단을 테스트하는 것이 중요하다.

셋째, 표현의 자유는 사회구성원간의 공개적인 토론을 통하여 정책수립에 참여의 기회를 제공한다. 이는 민주사회의 기초가 된다. 마지막으로, 표현의 자유는 사회의 안정과 변혁을 조화시키는 역할을 한다. 표현의 자유가 탄압될 경우 새로운 아이디어를 통한 변혁을 막음으로써 사회의 불안이 누적되고 언젠가는 폭발하는 위험이 있다. 표현의 자유는 이러한 위험을 미리 예방하는 역할을 한다.[11]

이러한 네 가지 근거는 행정학에서 최근 중요시되고 있는 생산적 갈등이론과 맥을 같이하고 있다. 새로운 대안 제시, 참여의식 제고 등의 갈등의 순기능은 바로 상술한 이견 존중의 논리적 근거이기도 하다.

이와 같은 중요성 때문에 표현의 자유에 관한 제한은 엄격히 규제된다. 우선, 표현의 자유를 제한할 경우에는 다른 경제적 기본권을 제한할 때보다 더 엄격한 기준을 따라야 한다. 다시 말하면 어떠한 표현행위를 제한할 때는 제한을 하여야 하는 중요한 국가적 이익이 있음을 정부 측에서 증빙하여야 하며, 다른 덜 제한적인 대안이나 수단이 없어야 한다.

둘째, 불법적인 주장이나 선동을 할 경우에도 명백하고 현존하는 위험원칙이 적용된다. 명백하고 현존하는 위험(a clear and present danger)원칙이란 표현행위와 발생하는 공공이익에 대한 위협 내지 해악 사이에 긴밀한 인과관계가 있고, 해악의 발생이 시간적으로 근접하여 목전에 급박했을 경우에만 관련 표현행위를 제한할 수 있다는 주장이다.[12] 미국연방대법원의 '명백하고 현존하는 위험' 원리는 1951년의 데니스(Dennis)사건에서 위험경향의 원칙으로 바뀌었다. 즉, 정부를 폭력으로 전복하려는 경우처럼 해악이 중대한 것이면, 위험이 절박한 것이 아니더라도 그러한 표현행위는 억제할 수 있다는 방향으로 수정되고 말았다.[13]

셋째, 표현의 자유를 제한하는 법령의 규정이 무엇을 뜻하는지 애매모호하

11) T. Emerson, *Toward a General Theory of the First Amendment,* New York: Random House, 1966, pp. 3-15.

12) Schenck v. U.S., 249 U.S. 47, 1919.

13) Dennis v. U.S., 341 U.S. 494, 1951.

거나 너무 추상적이고 광범위한 뜻을 갖고 있는 경우에는 그러한 규정은 명확성이 없어 무효가 된다(vagueness and overbreadth doctrine). 표현의 자유를 제한하는 법령의 언어는 한정적 의미로 명확하여야 한다. 왜냐하면 애매모호한 또는 너무 광범위한 의미를 갖는 규정은 표현의 자유를 사전에 억제하는 결과를 가져오기 때문이다. 최근에는 사이버 공간에서의 표현의 자유에 대한 제한 문제로 불법정보와 청소년 유해 정보의 규제, 그리고 스팸메일의 규제 등이 있다.[14)]

그 밖에도 표현의 자유 특히 출판의 경우에는 사전검열이 금지된다. 음란한 표현, 명예훼손 등 표현의 자유로 보호받지 못하는 영역의 경우에는 사전검열이 인정되나 이 경우에도 이의신청 등 절차적 보호 장치가 마련되어야 한다. 음란한 표현의 판단 기준에 관하여 헌법재판소는 "음란이란 인간의 존엄 내지 인간성을 왜곡하는 노골적이고 적나라한 성적인 표현으로서 오로지 성적 흥미에만 호소할 뿐 전체적으로 보아 하등의 문학적·예술적·과학적 또는 정치적 가치를 지니지 않은 것으로서, 사회의 건전한 성도덕을 크게 해칠 뿐만 아니라 사상의 경쟁메커니즘에 의해서도 그 해악이 해소되기 어려워 언론·출판의 자유에 의한 보장을 받지 못한다"라고 판시하고 있다.[15)]

미국의 경우 양차 세계대전과 월남 전쟁 중에 확립된 많은 진보적 판결을 계기로 헌법상의 표현의 자유가 실질적 의미를 갖게 되었다. 우리나라도 남북분단으로 인한 전쟁위협이 표현의 자유를 제한하는 핑계가 되어선 안 되고, 오히려 그럴수록 이견의 중요성을 깨달아야 한다. 일사불란한 질서만 강조할 것이 아니고, 명백하고 현존하는 위험이 없는 한 다소의 소란행위는 무시해 버리는 용기도 필요하다.

이견을 존중하는 훈련은 학교생활에서부터 실습시켜야 한다. 이견의 존중은 시민의 다양성 존중이기도 하다. 백범 김구가 꿈꾼 다음의 '자유의 나라'도 바로 이러한 이견의 허용을 강조한 것이다. "산에 한 가지 나무만 나지 아니하고 들에 한 가지 꽃만 피지 아니한다. 여러 가지 나무가 어우러져 위대한 산림의 아름다움을 이루고 백 가지 꽃이 섞여 피어서 봄들의 풍성한 경치를 이루는 것이다."[16)]

---

14) 권영성, 「헌법학원론」, 법문사, 2007, pp. 514-524.

15) 헌재 1998. 4. 30, 95헌가16.

16) 김구, 전게서, p. 10.

3.2.2 적법절차: 청문을 통한 공정한 결정

근대 자유민주주의의 특징 중 하나는 한 나라의 법체계가 억압적인 법체계(repressive law)에서 자율적인 법체계(autonomous law)로 발전하는 것이다. 억압적인 법체계에서는 법이 피치자의 이해를 무시하는 치자 본위의 통치수단으로 쓰인다. 그러나 자율적인 법체계에서는 법이 정치로부터 분리되는 엄격한 "법의 지배"를 특징으로 하며, 특히 법의 핵심을 절차에 두고 절차의 공정성을 강조한다. 영미법계에서는 일찍이 적법절차(due process of law)의 원리를 통하여 이러한 절차적 공정성을 법적으로 제도화하였다.

적법절차란 개인의 기본권을 보호하고 실현하기 위하여 오랫동안 영국의 법원에서 재판을 통하여 수립되어 온 사법적 절차에 관한 규칙이다. 이는 '자연적 정의'(natural justice)라고 한다. 자연적 정의는 다음의 두 가지 원칙을 담고 있다.

하나는 편견 배제원칙이고, 다른 하나는 공정성의 원칙이다. 편견 배제원칙이란 "누구든지 자기 자신이 관련된 사건에 재판관이 될 수 없다"라는 것으로 공평무사한 재판관의 구성에 관한 요구이다. 편견배제의 원칙은 사건의 당사자는 물론이고 당사자 또는 증인과 개인적 친분관계나 재정적 이해관계에 있을 때에 적용된다. 공무원이 어떤 정책을 결정하거나 집행할 경우 또는 재결을 할 경우에 편견을 가질 수 있는 이해관계인은 엄격히 배제되어야 한다.

자연적 정의의 두 번째 원칙인 공정성의 원칙은 당사자에게 청문의 기회를 부여하는 것이다. "쌍방 측으로부터 듣지 않으면 아니 된다" 또는 "누구든지 의견진술의 기회를 부여받지 아니하고는 비난받지 않는다"는 원칙은 공정한 판결의 기본전제가 된다.

미국 헌법하의 적법절차 원리도 영국에서 발전되어 온 자연적 정의의 정신을 기본으로 하고 있으나 그 적용대상이 신체의 자유에 대한 침해는 물론이고 그 밖의 자유권과 재산권의 침해 경우까지 확대 적용되고 있다. 자유권이나 재산권의 침해가 있게 되면 최소한의 절차적 보호 장치가 헌법상 보장된다. 구체적으로 어떤 장치가 보호되느냐 하는 것은 일반적으로 침해받은 개인이익의 중요성, 그러한 개인이익을 침해할 위험도, 보호절차의 재정·행정적 부담을 고려하여 신축적으로 운용되고 있다. 절차적 보호 장치가 오판의 위험성을 최소화하기 위한 것이므로 적어도 사전통지와 청문의 기회제공은 필수적 내용이다.

우리나라도 그동안의 오랜 억압적인 법체계를 벗어나 자율적인 법체계로 변천되어야 하겠다. 「헌법」에서는 신체의 자유를 규정한 제12조에 적법절차개념을 도입하고 있다.[17] 행정영역에서는 「행정절차법」이 제정, 실시되고 있다. 공무원은 절차적 정의의 중요성을 인식하고 적법절차 원리를 직무수행의 지침으로 삼아야 한다. 특히 한국 행정의 경우 기정사실화(fait accompli)하는 관례, 업적과 능률위주의 서두르는 행정풍토, 오랜 지배·복종관계의 수직적 관민관계 등을 고려하면 공무원들의 적법절차 준수는 시급한 과제이다.

3.2.3 평등권 : 국민에 대한 평등한 기회보장

우리나라 「헌법」은 전문에서 모든 영역에 있어서 각인의 기회를 균등히 보장하고 있으며 제11조 제1항에서 모든 국민에게 법 앞에 평등을 보장하고 있다. 헌법 원리로서의 평등권은 법 앞에 평등이다. '법 앞에 평등'이란 행정부와 사법부가 모든 법령을 집행할 때는 물론이고, 입법부가 법률을 제정할 때에도 그 내용에 있어 합리적 근거 없이는 차별대우를 하여서는 아니 된다는 의미이다.

다시 말하여 평등권이란 본질적으로 평등한 것은 평등하게, 동등하지 않은 것은 동등하지 않게 다루는 것이다. 평등권의 중심내용은 실질적인 기회의 평등 또는 자의적 차별의 금지이다. 따라서 평등권의 핵심원리는 어떤 것이 합리적 차별이고, 어떤 것이 자의적 차별이냐에 있다.

평등권의 침해 여부에 대한 심사기준은 완화된 심사척도(자의심사)와 엄격한 심사척도(비례심사)가 있다. 완화된 심사척도는 차별을 정당화하는 합리적 이유가 있는지만을 심사하기 때문에 그에 해당하는 비교대상간의 사실상의 차이나 입법목적 또는 차별목적의 발견·확인에 그친다.

그러나 엄격한 심사척도는 비교대상간의 사실상의 차이의 성질과 비중 또는 차별하고 있는 입법목적의 비중과 차별의 정도에 적정한 균형관계가 이루어져 있는가를 심사한다. 엄격한 심사척도는 차별하고 있는 입법목적의 합리적

---

17) 헌법 제12조 "모든 국민은 신체의 자유를 가진다. 누구든지 법률에 의하지 아니하고 체포·구속·압수·수색 또는 심문을 받지 아니하며, 법률과 적법한 절차에 의하지 아니하고는 처벌·보안처분 또는 강제노역을 받지 아니한다."

이유의 유무만 심사하는 것이 아니라 차별취급의 목적과 수단간의 엄격한 비례관계가 성립하는지를 심사하는 것이다.

미국의 경우 엄격한 심사의 기준은 다음 두 가지 요건을 충족하는 것이다. 첫째로 차별을 하는 목적 또는 이유가 국가의 중요이익이어야 한다. 둘째로 차별하는 방법 내지 수단이 그러한 중요이익을 실현하는 데 사회통념상 불가분의 관계에 있어야 한다. 즉, 그러한 중요이익을 달성할 수 있는 다른 덜 제한적인 또는 덜 차별적인 수단이 있는 경우에는 그러한 방법에 의존해야 한다. 평등권은 입법목적만 중요시하는 것이 아니라 그러한 목적달성을 위한 수단도 중요시하고 있다. 공무원들은 어떤 정책을 추진할 경우 목적만 정당하다고 그것을 달성하는 모든 수단이 합리화되는 것이 아니라는 것을 유념할 필요가 있다.[18)]

한국의 헌법재판소는 평등심사에 있어서 원칙적으로 완화된 심사척도인 자의금지 원칙을 기준으로 삼고 있으나 다음 두 가지 경우에는 엄격한 심사를 한다. 첫째, 헌법에서 특별히 평등을 요구하고 있는 경우, 즉 헌법이 스스로 차별의 근거로 삼아서는 안 되는 기준을 제시하거나 차별을 특히 금지하고 있는 영역을 제시하고 있는 경우이다. 둘째, 차별적 취급으로 인하여 관련 기본권에 대한 중대한 제한을 초래하게 되는 경우이다.

헌법재판소는 제대군인이 공무원 채용시험에 응시한 때에 과목별 득점에 과목별 만점의 5%(2년 이상의 군복무자) 또는 3%(2년 미만의 군복무자)를 가산해 준 제대군인 가산점제도를 여성과 신체장애자 등에 대한 평등권 침해라고 판결한 사건에서 엄격한 심사기준을 사용하였다.

제대군인 가산점제도는 남자의 대부분이 제대군인에 해당되므로 실질적으로 성별에 의한 차별인바, 「헌법」 제32조 제4항에서 특별히 남녀평등을 요구하는 규정을 두고 있어 엄격한 심사기준을 적용하였다. 특히 차별수단에 있어서 만점의 5% 내지 3% 가산점은 합격여부에 결정적인 영향을 미치므로 가산점을 못 받는 지원자는 실질적으로 거의 배제되는 결과를 초래한다. 입법목적의 비중에 비하여 차별로 인한 불평등의 효과가 극심하므로 차별 취급의 비례성을 상실하고 있다고 위헌 판결하였다.[19)]

18) Donald P. Warwick, "The Ethics of Administrative Discretion", *Public Duties of Government Officials,* Cambridge : Harvard University Press, 1981, p. 123.

19) 헌재 1999. 12. 23, 98헌마363.

한편 헌법재판소는 국가유공자와 그 유족 등 취업보호대상자가 국가기관이 실시하는 채용시험에 응시하는 경우에 10%의 가산점을 주도록 한 「국가유공자 예우 및 지원에 관한 법률」 제34조 제1항의 위헌확인소송에서는 완화된 심사 기준을 적용하였고 합헌을 선언하였다.

즉 국가유공자와 그 유족 등에 대한 가산점제도는 국가유공자 등에게 우선적으로 근로의 기회를 제공하도록 규정하고 있는 「헌법」 제32조 제6항에[20] 근거를 두고 있는 제도임을 고려하여 평등권 심사에서 완화된 기준을 적용하였고, 입법목적의 합리성과 차별대우의 필요성 내지 정책수단으로서의 적합성을 충족하였다고 합헌임을 결정하였다.[21] 그러나 국가유공자 수가 급증하여 불평등효과가 크게 되자, 「헌법」 제32조 제6항의 '유가족' 범위를 전몰군경의 유가족으로만 좁게 해석하고, 입법목적과 그 달성 수단간의 비례성을 현저히 초과한 것으로 일반 공직시험 응시자들의 평등권을 침해한다고 위헌 판결하였다.[22]

평등권의 실질적 의미는 사회를 움직이고 있는 실질적인 힘을 가진 경제적 강자들이 약자를 억압하고 착취하는 것을 막아 주고 건강과 문명의 외면적 조건들을 공유하게 하는 적극적 조치를 취하는 것이다. 토니(Tawney)는 실질적 평등을 확보하기 위해서는 기회가 열려 있는 것만으로는 부족하고 동일한 출발이 되어야 한다고 강조한다.[23]

출발이 이미 늦어버린 경우 또는 그동안 많은 차별을 받아 온 경우 형식적인 기회의 평등을 넘어선 적극적인 우대조치(affirmative program)가 필요하다. 미국정부는 고용기회 평등위원회(EEOC, The Equal Employment Opportunity Commission)에 의하여 여성, 흑인, 장애자에 대한 우대조치를 적극 추진하고 있다. 우리나라 경우도 공무원 채용시험에서 여성채용목표제가 실시되었고, 장애자와 과학기술공무원에 대한 우대조치도 이루어지고 있다. 열악한 환경 속의 지방대학 졸업자에 대한 정부의 적극적인 우대조치로 공무원 인턴제도가 시행되고 있다. 최근에 여성교수의 채용을 위한 우대조치 제도가 정책이슈화되고 있다.

---

20) 헌법 제32조 제6항 국가유공자·상이군경 및 전몰군경의 유가족은 법률이 정하는 바에 의하여 우선적으로 근로의 기회를 부여받는다.

21) 헌재 2001. 2. 22, 2000헌마25.

22) 헌재 2006. 2. 23, 2004헌마675.

23) Tawney, *Equality*, London: Unwin Books, 1931, p. 106

4. 행정의 효율성 편향에 대한 헌법상의 제한[24)]

앞에서 다룬 헌법적 시각에서의 행정 가치는 전통적 시각에서 강조해 온 행정의 능률성 내지 효과성과 자주 충돌하게 된다. 핵심적 기본권으로 소개된 표현의 자유, 적법절차, 평등권 원리와 관련되는 대표적인 한국의 헌법재판소 및 대법원의 판례와 미국 연방대법원의 판례를 분석한다.

행정부의 효율성 추구와 표현의 자유간의 상충사례로 한국의 「국가보안법」 제7조의 위헌심판과 미국의 맥퍼슨(McPherson)사건을, 효율성 추구와 적법절차 원리간의 상충사례로 한국의 「하천법」 제57조의 청문절차 위반사건과 미국의 라우더밀(Louder-mill)사건을, 효과성 추구와 평등권간의 갈등 사례로 한국의 「교육공무원법」 제11조의 헌법소원과 미국의 배키(Bakke)사건을 분석한다. 교육정책과 직접 관련 없는 판례들이지만 상술한 헌법의 중요 기본권과 관련되는 판례들이므로 이곳에서 다루어진다. 상충되는 법익간의 비교형량이 나라에 따라 다를 수 있음을 시사한다.

4.1 한국 헌법재판소 및 대법원의 관련 판례분석

4.1.1 「국가보안법」 제7조에 대한 위헌심판[25)]

갑 등은 반 국가단체를 이롭게 할 목적으로 도서 및 표현물을 소지하고 이를 반포하였다는 이유로 「국가보안법」 제7조 제1항 및 제5항의 죄로 기소되었다. 「국가보안법」 제7조 제1항 및 제5항의 규정이 지나치게 포괄적이고 애매모호하여 죄형법정주의와 표현의 자유에 관한 본질적 침해로 위헌이 아닌지가 법적 쟁점이었다. 헌법재판소는 다음과 같은 이유로 동법 제1항 및 제5항의 규정은 「헌법」에 위반되지 않는다고 판결하였다.

「국가보안법」 제7조 제1항의 '반 국가단체의 구성원'은 문리해석상 단순한 구성원이나 북한주민 모두가 포함되므로 그 간부와 지도적 임무에 종사하는 자

24) 표시열, "행정의 효율성 편향에 대한 헌법상의 제한", 「한국행정학보」, 1994, pp. 1141-55.
25) 헌재 1990. 4. 2, 89헌가113.

와 구분하지 않았고, '찬양·고무·동조'도 북한집단의 주장과 일치하기만 하면 그 내용에 관계없이 또 그 의사발표의 동기를 불문하고 모두 처벌을 받을 위험성이 있어 광범성을 지닌 것에 틀림없다. 이러한 광범성은 표현의 자유를 위축시키고, 법 운영 당국에 의한 자의적 집행을 허용할 소지가 있으며, 「헌법」전문 및 제4조의 평화통일주의와 양립하기 어려움이 있다.

그러나, 남북긴장상태가 계속되고 있는 상황에서 규정문구의 다의성으로 인한 일부 위헌요소가 있다고 하여 동 조항을 완전폐기하면 그로 인한 국가적 불이익이 폐기함으로 얻는 개인의 이익보다 이익 형량상(衡量上) 더 클 것이다. 이 경우에는 헌법에 합치되는 한정적 해석을 하여야 한다. 즉, 제7조 제1항을 국가의 존립·안전이나 자유민주적 기본질서에 실질적 해악을 줄 명백한 위험성이 있는 경우에만 적용된다고 해석되므로 위헌이라 할 수 없다. 「국가보안법」 제7조 제5항은 제1항을 요건으로 하고 있으므로 그 위헌성 여부는 제1항의 경우와 같이 전면 위헌이라고 할 수 없다.

이 사건은 「국가보안법」 제7조 제1항과 제5항의 규정이 지나치게 다의성을 띠고 그 적용범위도 광범성을 가져 죄형법정주의나 표현의 자유를 크게 위축하는 위헌성을 시인하면서도 우리나라의 특수사정을 고려하여 동 조항을 전면 파기할 때 오는 국가적 불이익 내지 행정의 혼란을 고려하여 동 조항은 소정행위가 국가의 존립·안전을 위태롭게 하거나 자유 민주적 기본질서에 위해(危害)를 줄 명백한 위험성이 있는 경우에만 적용된다고 축소 해석하여 그러한 해석 하에 헌법에 반하지 않는다고 '한정합헌' 결정을 내린 것이다. 이 사례는 아직 우리나라는 국가안보 내지 질서유지라는 '행정의 효과성'을 개인의 기본권 보호보다 더 강조하고 있음을 보여 주는 경우라 할 수 있다.

4.1.2 하천공작물 설치허가 철회처분[26)]

하천 관리청은 원고 갑이 허가 선을 위반하여 제방을 축조함으로써 하천의 유지를 곤란케 하였다는 이유로 「하천법」 제57조 제1항에서 정한 철회사유에 해당한다고 보고 철회 처분하였다. 하급심에서는 이러한 철회처분을 적법하다고 판결하였다. 원고 갑은 하천 관리청의 철회처분이 부득이한 사유가 있는 경우를 제외하고는 사전에 미리 관계인의 의견을 들어야 한다는 「하천법」 제57조

26) 대판 1969. 3. 31, 68누179.

제2항의 규정을 위반하였다고 대법원에 상고하였다.

대법원은 다음과 같은 이유로 원심에서 피고 하천 관리청이 허가를 철회하기 전에 원고의 의견을 들었는가 여부를 심리하지 아니한 것은 부당하므로 원판결을 파기한다는 결정을 하였다. 첫째, 「하천법」 제57조 제2항에서 규정한 사전절차는 기존허가를 취소 또는 철회하는 것은 피 허가자의 기득권을 해치는 것이므로 이를 취소함에 있어서는 피 허가자의 이익을 가능한 한 침해하는 일이 없도록 신중을 기하도록 하는 입법취지이므로 강행규정에 해당한다. 이를 위반함은 절차에 흠이 있는 위법한 행정처분이다. 둘째, 공사에 있어서 흠결(欠缺)이 인정되나 이는 다른 특별한 사정이 없는 한 「하천법」 제57조 제1항에서 규정하고 있는 "부득이한 사정에 해당된다"고 단정하기 어렵다.

이 사건은 「하천법」의 규정에 의한 관계인의 의견청취를 사전에 거치지 아니하고 한 하천점용 허가의 취소 내지 철회는 절차상의 하자로 무효임을 선언한 판결로 개별법에 규정화된 적법절차의 원리를 준수하게 함으로써 '행정편의주의'에 의한 신속한 행정처분에 제동을 건 사례가 된다.

4.1.3 「교육공무원법」 제11조 제1항에 대한 헌법소원[27)]

청구인 갑 외 5인은 사립 사범대학을 재학 또는 졸업한 자로 교육공무원으로 신규채용을 희망하나, 공립의 교육대학이나 사범대학교 기타 교원양성기관의 졸업자 또는 수료자에게 신규채용의 우선권을 부여한 「교육공무원법」 제11조 제1항의 규정 때문에 사실상 채용이 불가능한 상태에 있다고 동 법률조항이 헌법상의 평등권에 반하지 않는지를 심판 청구하였다. 문교부장관은 국·공립 사범대학 출신자에 대한 우선채용제도는 졸업 후 안정된 취업기회를 미리 보장함으로써 우수한 인력을 국·공립 사범대학에 유치하여 교육공무원으로 양성하는 것이므로 중요한 국가적 이익으로 평등권에 반하지 않는다고 주장하였다.

헌법재판소는 다음과 같은 이유로 동법 동 조항은 합리적 근거가 없는 차별로 헌법상의 평등의 원리에 반한다고 판결하였다. 첫째, 국·공립의 사범대학과 사립의 사범대학 사이에는 설립주체가 다르다는 점 이외에는 입학에서 졸업까지의 교육과정 등 교육에 필요한 제반사항에 있어서 아무런 차이가 없다. 둘째, 개인의 능력과는 관계없이 출신 사범대학의 설립주체에 따라 교사 채용의

27) 헌재 1990. 10. 8, 89헌마89.

기회를 차별하는 것은 정당성이 없어 「헌법」 제11조 제1항의 평등의 원칙과 「헌법」 제15조의 직업선택의 자유에 반한다.

교육은 개개인의 개성을 개발·발전시켜 생활능력을 증진하게 함으로써 그들로 하여금 인간다운 생활을 누릴 수 있도록 하는 것으로 정부는 교사채용과 같은 교육정책에 관하여 중대한 국가적 이익을 갖고 있다. 「교육공무원법」 제11조 제1항의 국·공립사범대 졸업자에 대한 우선채용정책도 우수인력을 확보하기 위한 중요한 국가적 이익임이 인정된다.

그러나 그러한 '목적을 달성'하는 수단이 합리적 근거 없이 다른 집단을 부당하게 차별할 때는 헌법상의 평등권에 의한 제한을 받게 되는 것이다. 국·공립의 사범대 졸업자의 우선채용정책의 결과 사립 사범대학 출신자에게 교육공무원으로의 신규채용을 사실상 배제하였다면, 정부 측에서 국·공립사범대학 졸업자와 사립 사범대 졸업자에게 본질적인 차이가 있음을 입증하지 못하는 한 평등권 원리에 반하는 위헌이 아닐 수 없다.

본 사건은 헌법재판소가 교육정책과 관련한 사건에서 처음으로 위헌 판결한 것이다. 법률상의 차별제도를 당연하게 받아들인 당시의 사회적 인식에 큰 파란을 일으킨 이정표적 사건이라 하겠다. 국·공립학교와 사립학교의 이동(異同)에 관하여서는 아직도 쟁점이 되고 있다.

4.2 미국 연방대법원의 관련 판례분석

4.2.1 맥퍼슨 사건[28)]

피고 맥퍼슨은 1981년 1월 텍사스주 해리스 카운티의 순경대리로 임명되었다. 그녀의 직책은 순수사무직으로 재판에 관련되는 서류를 타자하는 것이었다. 그녀는 제복도 안 입었고 권총휴대도 안 했으며 책상에 전화도 없었다. 1981년 3월 그녀는 대통령 암살시도가 있었다는 라디오 뉴스를 듣고 동료 남자친구와 다음과 같은 대화를 나누었다. "누가 왜 이런 짓을 했을까? 의료보조비를 받는 흑인이 그런 짓을 하였을 것이야." "그래, 대통령이 의료보조비를 삭감하고 있어." "다시 한 번 시도하여 맞추었으면 좋겠어." 그녀의 마지막 말

28) Rankin v. McPherson, 107 S. Ct. 2891, 1987.

을 다른 동료가 듣고 상사에게 보고하였으며 그 말을 이유로 그녀는 해고되었다. 그녀는 헌법상의 표현의 자유에 대한 침해라고 소송을 제기하였다. 맥퍼슨의 상기대화는 공공정책에 관한 표현행위로 조직목적을 "효율적"으로 달성하려는 정부의 이익과 비교 형량할 때 어느 쪽이 더 보호되어야 하는가 하는 것이 법적 쟁점이었다.

연방대법원은 다음과 같은 이유로 조직의 효율성보다 개인의 표현의 자유를 더 보호하였다. 첫째, 상기대화는 대통령의 정책에 관한 언급이었으며, 비록 실언이었지만 대통령의 생명에 영향을 줄 수 있는 명백하고 현존하는 위협이 없었다.

둘째, 상기대화가 정부이익을 중대하게 침해하였다는 것을 정부가 입증하지 못하였다. 정부이익을 침해한다는 것은 감독자 그리고 동료들과의 근무관계에 아주 나쁜 영향을 미치고 있다든지, 그런 말을 한 피고용인이 자기의 일상적인 의무를 정상적으로 이행하지 못한다든지, 정규적인 조직운영에 부당한 간섭을 하는 등이다. 상기대화는 일반시민의 접근이 없는 장소에서 이루어진 사적인 대화로 근무수행과 직접적인 관련이 없다.

셋째, 조직에서 피고용인의 책임은 그 사람의 권한과 역할에 따라 다르다. 본 사건에서 피고는 대외비 업무나 정책결정 또는 대민 업무를 담당하지 않고 있어 그녀의 사적인 대화가 조직의 효율적인 기능수행에 위협을 미칠 가능성은 최소한에 지나지 않는다.

이 사건은 공무원의 표현의 자유가 조직의 효율성 추구보다 더 중요하게 보장받은 판례이다. 그러나 상기사건의 경우에도 피고인이 정책결정의 참여자이었거나 또는 상기대화가 일반시민들이 있는 장소에서 행하여진 경우에는 결과가 다를 수 있다. 또한 공공정책에 관한 표현일지라도 정부의 중대한 이익을 침해하는 경우에는 그 제한이 가능하다. 예컨대 상기표현에 대하여 다른 동료가 거칠게 비판하고 싸움을 걸어 정상적인 근무관계를 기대하기 어려운 경우에는 정부이익과의 비교형량에 있어 정부이익이 더 보호받을 수 있음을 판례는 암시하고 있다.

4.2.2 라우더밀 사건[29)]

클리버란트 교육위원회의 보안관으로 채용된 라우더밀은 채용서류에 어떤 중죄도 범한 적이 없다고 작성하였다. 그러나 채용 후 그의 절도죄 전과가 발견되어 동 교육위원회는 그를 채용서류 작성에 있어 정직하지 못하였다는 이유로 사전통지 없이 해고시켰다. 당시의 오하이오 주법에서는 피고용인의 해고 시 사후청문만 규정하였지 사전통지 및 청문에 관한 보장은 없었다. 라우더밀은 자기의 전과가 단순한 절도죄로 중죄가 아니었고, 해고 시 사전통지를 하지 않은 오하이오 주법이 적법절차를 규정한 연방헌법에 반한다고 소송을 제기하였다. 해고에 정당한 이유가 있는 경우에도 사전통지를 하지 않은 이유만으로 그러한 해고는 적법절차 원리에 반하는 위헌행위가 되는가 하는 것이 법적 쟁점이었다.

연방대법원은 다음과 같은 이유로 개인의 권리 침해 시 사전통지를 규정하지 않은 오하이오 주법이 연방헌법상의 적법절차 원리에 반한다고 판결하였다.

첫째, 라우더밀은 "고용관계의 계속"이라는 재산권의 법적 이익을 갖는다. 재산권의 법익이 인정되는 한, 그러한 재산권을 침해할 경우에는 연방헌법상의 적법절차 규정이 적용된다. 물론 이 경우에도 중대한 국가적 이익이 있고 덜 제한적인 수단이나 대안이 없는 경우에는 적법절차의 적용을 피할 수 있다. 그러나 "거짓말을 한 공무원의 신속한 제거"라는 국가이익은 개인의 생계수단을 빼앗는 해고보다 더 중요한 것이 아니며, 청문의 기회를 주는 것이 큰 행정적 부담도 아니므로 적법절차가 적용된다. 둘째, 적법절차가 적용되면 구체적으로 어떤 내용인가 하는 것은 상황에 따라 신축적으로 해석된다. 최소한의 내용은 사전통지이며, 여기에 이의가 있으면 청문의 기회를 제공하는 것이다.

이 사건은 신속하고 '효율적'인 행정결정보다 개인의 법익을 침해할 때는 반드시 본인에게 자기 측 이야기를 충분히 설명할 수 있는 기회를 주어야 한다는 민주행정의 기본원리를 확인시켜 준 판례라 할 수 있다.

---

29) Cleveland Board of Education v. Loudermill, 470 U.S. 532, 1985.

4.2.3 배키 사건[30)]

배키라는 백인이 캘리포니아 주립대학 의과대학에 두 번이나 응시하였다가 낙방하고, 동 대학의 입학에 관한 소수집단 우대조치 프로그램(affirmative program)을 위헌이라고 소송하였다. 동 대학은 정규입학 프로그램과 별도의 특별입학 프로그램을 만들어 특별위원회에서 소수집단에 해당하는 응시자를 면담하여 정규입학보다 점수가 낮아도 일정수의 학생(16/100)을 입학시키었다. 이러한 적극적 우대조치로 백인 응시자가 불합격한 경우 연방헌법상의 평등권에 반하는가 하는 것이 법적 쟁점이었다.

연방대법원은 다음과 같은 이유로 동 대학의 할당제 우대조치는 역차별 조치로 헌법상의 평등권 원리에 반한다고 판결하였다. 캘리포니아 대학이 의과대학 입학에 소수민족을 할당제로 우대한 이유는 학생집단의 인종적 다양화를 확보하고, 그동안 사회적으로 차별받아 온 소수민족의 구성원을 충원하여 흑인이 거주하는 미개발지역의 의료혜택을 증가시키려는 것이 목적이었다. 교육에서 인종적 다양화가 정부의 중요이익인가에 관하여 논란은 있었지만 이러한 학교의 '목적'은 국가의 중대한 이익으로 인정되었다.

그러나 이러한 국가이익을 달성하기 위한 수단이 가장 덜 제한적인 방법이 아니므로 흑인에게 우대조치한 방법에 위헌성이 있다. 즉, 동 대학의 특별입학 프로그램은 오직 인종만을 기준으로 하고 있기 때문에 미국 연방헌법 수정 제14조의 인종에 의한 차별금지 규정에 정면으로 반한다. 동 대학의 특별입학 프로그램에는 인종 이외에 다른 경쟁적인 요소들, 예컨대 응시자 개인의 교육경험·리더십·역경을 이겨낸 경험·가난한 자와의 대화능력 등도 고려했어야 했다.

이 판례는 과거에 차별을 받아 온 소수민족에게 적극적인 우대조치를 하려는 정부의 정책에 제동을 가한 결과를 가져왔다. 그러나 이 판결에서도 오직 인종만을 기준으로 한 명백한 수적 할당제가 위헌이지, 그 밖의 다른 요소들을 고려할 경우에는 그러하지 않다는 언급을 하고 있다. 정부의 '정책목적'이 아무리 정당하더라도 그 목표달성을 위한 정책수단이 개인의 기본권을 침해할 경우에는 헌법상의 제한이 따른다는 것을 지적한 판례가 된다. 이 판결은 5 대 4의 결정이었고, 소수의견에서는 동 대학의 특별입학 프로그램이 그동안의 명백한 차

30) Regents of the University of California v. Bakke, 438 U.S. 265, 1978.

별을 시정하기 위한 구제 내지 교정책으로서의 성격을 가지므로 합헌이라는 의견이 제시된 것을 유의할 필요가 있다.

5. 기본권 제한의 법원리

헌법에서 보장하고 있는 개인의 기본권은 타인의 권리를 침해해서는 아니 되며, 헌법질서에 위배할 수 없는 내재적 한계가 있다. 또한 헌법이 명문의 규정으로 직접 기본권을 제한하는 경우도 있다. 공무원의 노동 3권을 제한한 「헌법」 제33조 제2항이 그러한 예인바, 헌법유보라 한다.

대부분의 기본권은 법률에 의하여 제한된다. 특정 개별적 기본권의 법률이 정하는 바에 따라 제한할 수 있음을 명시한 경우를 개별적 법률 유보라 한다.[31] 기본권 제한의 목적이나 방법 등을 일괄적으로 규정한 「헌법」 제37조 제2항을 일반 법률유보 조항이라 한다. 「헌법」 제37조 제2항의 내용은 다음과 같다. "국민의 모든 자유와 권리는 국가안전보장·질서유지 또는 공공복리를 위하여 필요한 경우에 한하여 법률로써 제한할 수 있으며, 제한하는 경우에도 자유와 권리의 본질적인 내용을 침해할 수 없다."

일반적 법률유보에 의한 기본권 제한의 형식은 '법률'이어야 하는바, 형식적 의미의 법률로서 일반성과 구체성을 가져야 한다. 개별인을 대상으로 한 처분적 법률은 안 되며, 불명확한 규정은 '막연하기 때문에 무효'이론에 따라 무효이다.[32]

기본권 제한의 대상이 되는 기본권은 국민의 모든 자유와 권리이며, 기본권 제한의 목적은 국가안전보장, 질서유지, 공공복리를 위하여 필요한 경우이다. 국가안전보장은 국가의 독립과 영토보전, 헌법질서유지 내지 헌법기관의 보호 등을 말한다. 질서유지는 광의로 헌법질서의 유지, 협의로 사회적 경찰상의 안녕질서이다. 공공복리는 다의적 불확정개념으로 소극적인 질서유지를 넘어 국가구성원 다수의 실질적 이익을 의미한다. 인권제한의 규제이념이라기보다는

31) 헌법 제23조 제1항이 이에 해당한다. "모든 국민의 재산권은 보장된다. 그러나 그 내용과 한계는 법률로 정한다."

32) 헌재 1990. 4. 2, 89헌가113.

인권 상호간의 모순 충돌을 조정하기 위한 인권보장의 조정원리라 할 수 있다. 즉, 기본권을 제한함으로 얻는 국민 다수의 실질적 이익이 제한하지 않을 경우 얻을 개인의 이익보다 클 때 공공이익이 있다고 할 수 있다.

기본권 제한의 방법은 과잉(입법)금지원칙에 따라야 한다. 즉, 기본권제한의 요건을 충족한 경우에도 과잉금지 원칙에 어긋나는 방법으로 기본권을 제한할 수 없다. 입법권의 한계를 의미하는 과잉입법금지 원칙은 다음 4가지 부분원칙을 내용으로 한다.

가. 목적의 정당성 내지 불가피성: 기본권을 제한하는 입법목적이 정당하고, 불가피한가?

나. 방법의 적정성 내지 수단의 상당성: 기본권 제한의 방법이 입법 목적을 달성하기 위하여 적절한 것인가? 입법자는 방법의 적정성 판단에서 광범위한 입법형성의 자유를 가진다.

다. 제한(피해)의 최소성: 보다 완화된 방법을 모색하여 제한을 필요 최소한에 그치고 있는가?

라. 법익비례성(법익균형성)의 준수: 제한하여 얻는 정치, 경제, 사회적 유용성과 제한으로 야기되는 국민적 사회적 손실 사이에 합리적인 균형이 유지되고 있는가?

과잉금지원칙을 적용하는 경우 기본권의 성격에 따라 준수의 정도를 달리하는 이중기준의 원칙이 있다. 즉, 본질적 기본권 내지 정신적 자유권은 경제적 자유권과 구별하여 더 엄격한 요건을 요한다는 원칙이다.

기본권을 제한하는 경우에도 자유와 권리의 본질적인 내용을 침해할 수 없는바(헌법 제37조 제2항 후단), 본질적인 내용의 침해라 함은 그 침해로 말미암아 당해 자유나 권리가 유명무실해지는 정도의 침해이다. 헌법재판소는 "근로 3권의 본질적인 내용을 침해하는 경우란 그 침해로 인하여 근로 3권이 유명무실해지고 근로 3권이 형해화(形骸化)되어 헌법이 근로 3권을 보장하는 궁극적인 목적을 달성할 수 없게 되는 지경에 이르는 경우"라고 판결한 바 있다.[33)]

33) 헌재 1990. 9. 3, 89헌가95.

[토론 주제]

1. 한국 헌법의 기본원리인 민주주의가 학교생활에서 구체적 지표(자율성, 개인의 다양성, 갈등과 타협, 참여 등)별로 어떻게 구현되고 있는가?
2. 경쟁과 창의를 내용으로 하는 시장경제주의의 강점과 단점은 무엇이며, 단점은 어떻게 극복할 수 있는가?
3. 세계화 시대에 문화가 중요시되는 이유는 무엇이며, 교육분야에서 어떻게 문화주의를 실현할 수 있는가?
4. 평화주의와 관련하여 북한의 핵무기보유는 남북관계에 어떤 영향을 주고 있는가? 남북간의 교류촉진, 나아가 평화통일을 어떻게 구현할 수 있는가?
5. 본질적인 기본권인 표현의 자유, 적법절차, 그리고 평등권이 특히 교육영역에서 중요한 이유는 무엇이며, 어떻게 실천할 수 있는가?
6. 구체적인 사례를 들어 기본권 제한의 원리인 과잉금지원칙을 설명할 수 있는가?

제 2 부

교육법의 개념과 교육법의 기본원리

제2부에서는 교육법의 개념과 주요 내용을 살펴보고, 교육법의 기본원리로서 교육의 기회균등 원리와 교육의 자주성과 중립성 원리를 분석한다. 그리고 교육 영역에서의 권리구제장치도 개관하여 본다.

교육법 연구의 출발로서 교육법의 개념을 정의하고 교육법의 존재형식과 체계 그리고 그 주요내용을 살펴본다. 교육법에서 가장 중요한 기본원리는 교육을 받을 권리인바, 교육을 받을 권리의 핵심내용은 의무교육을 포함한 교육의 기회균등이다. 또한 교육법의 기본원리로 헌법에서 강조하고 있는 것이 교육의 자주성·중립성 원리이다. 교육은 미래의 주인공들이 창의력을 갖고 새로운 문화를 형성토록 하는 것인바 정치권력 같은 외부의 압력 없이 교육전문가들에 의하여 자주적으로 교육되어야 한다. 교육법은 교육당사자들의 교육권에 관한 주제를 주로 다루는바, 권리에 대한 침해가 있을 경우 적절한 구제장치가 있어야 한다.

조소앙의 삼균주의(독립기념관 웹사이트)

제 4 장

교육법의 개념과 주요내용

본 장에서는 교육법의 개념을 정의하고 몇 가지 특성을 지적한다. 교육법의 주된 대상이 학교교육에 관련되므로 학교의 개념과 그 법적 성질을 알아본다. 그리고 교육법 개념과 관련하여 교육법의 다양한 존재형식을 살펴보며, 한국 교육법의 연혁 내지 변천사를 살펴본다. 또 교육법의 이념과 기본원리를 지적하고 교육법학의 연구방법과 연구대상도 알아본다. 그리고 좁은 의미의 교육법인 「교육기본법」, 「초·중등교육법」, 「고등교육법」, 「유아교육법」의 체계와 내용을 간략히 소개한다.

1. 교육법의 개념과 특성

교육법의 개념은 다음과 같이 형식적 의미의 교육법과 실질적 의미의 교육법으로 나누어 볼 수 있다.

1.1 형식적 의미의 교육법

형식적 의미의 교육법이란 법규범의 내용을 묻지 아니하고 그 존재형식을 기준으로 국회가 제정한 '법률'의 형식으로 되어 있는 교육과 관련되는 '법률'을 말한다. 좁은 의미에서는 구「교육법」이 대표적인 예이다. 구「교육법」이 모태인 「교육기본법」, 「초·중등교육법」, 「고등교육법」, 「유아교육법」을 좁은 의미에서 형식적 의미의 교육법, 또는 학교교육법이라 하겠다.

넓은 의미에서는 이러한 학교교육법 이외에 교육과 직접, 간접적으로 연결되는 다양한 법률이 포함된다. 예컨대 「사립학교법」, 「지방교육자치에 관한 법률」, 「교육공무원법」, 「지방교육재정교부금법」, 「교원의 노동조합 설립 및 운영 등에 관한 법률」 등이다. 다양한 형태의 교육법령에 관하여서는 교육법의 존재형태에서 다루어진다.

1.2 실질적 의미의 교육법

실질적 의미의 교육법이란 존재형식을 묻지 아니하고 교육영역에서 지켜야 하는 기본적인 법규범의 전체이다. 좁은 의미에서는 학교교육이라는 공동생활에서 당사자들이 지켜야 하는 기본적인 법규범인바, 다음과 같은 세 가지 내용이 포함된다. 첫째, 헌법에 규정된 교육에 관한 기본원리를 구현하는 내용이다. 둘째, 교육당사자들의 권리와 의무에 관계되는 내용이다. 셋째, 교육제도 및 정책과 운영에 관계되는 내용이다.

실질적 의미의 교육법 개념을 상설하면 첫째로 교육법은 헌법상의 교육에 관한 기본원리와 그 기본원리를 구현시키기 위한 제반 교육관계법령의 규범을 말한다. 교육기본법에 그러한 원리들이 가장 많이 규정되어 있다. 둘째로 교육법은 헌법에 보장된 교육받을 권리와 직·간접으로 관련되는 교육당사자들의 교육에 관한 권리와 권한 그리고 의무와 책임에 관한 규범이다. 학생의 학습권(學習權), 교사의 교육의 자유, 학부모의 교육권, 학교 설치자의 관리권한, 국가 및 지방자치단체의 감독권한 등에 관한 규범을 말한다. 셋째로 교육법은 교육제도와 그 운영에 관한 사항을 규정한 법령이다. 이는 교육제도와 교육정책 내지 교육행정에 관한 법령으로 지방교육자치제도, 학교제도, 학교 및 교육행정조직, 교직원의 지위 및 인사, 교육재정 및 시설, 교육정보, 교육목표와 교육과정의 선정을 포함한 학사관리 및 교육평가에 관한 법령들이 이에 포함된다. 교육제도와 그 운영에 관한 사항에는 위와 같은 교육행정은 물론이고 교육에 관한 입법과정과 사법과정(권리구제)도 포함된다.

넓은 의미에서는 학교교육 이외의 모든 교육도 포함하여 평생교육 내지 사회교육에서 지켜야 하는 기본적인 법규범의 전체이다. 「학원의 설립·운영 및 과외교습소에 관한 법률」, 「평생교육법」, 「인적자원개발 기본법」 등에서 다루는 내용들이 여기에 포함된다.

1.3 교육법의 특성

이러한 실질적 의미의 교육법 개념은 다양한 형태로 존재하므로 그 법적 성격을 규명하기가 쉽지 않지만 몇 가지 특성을 지적할 수 있다. 첫째, 동일한 대상에 관하여 규율하고 있는 경우에 교육법은 일반법에 대하여 특별법의 지위를 갖고, 내용이 상충되는 경우에 우선적 효력을 갖는다.[1]

둘째, 교육법은 공법과 사법의 구별이 명확하지 않은 특수법적 성격이 강하다. 학교 제도와 그 운영에 관한 많은 규정들이 교육행정의 주체인 국가나 지방자치단체의 행정작용에 의한 것으로 교육법은 공법적 특성을 갖고 있다. 그러나 교육법을 공법 내지 행정법의 한 분야로만 볼 수는 없다. 교육법의 주된 내용인 교육당사자들의 교육권, 교육내용, 교육과정의 특수성은 물론 교육행정의 특수성도 있기 때문이다. 특히 사립학교의 경우에는 사법적(私法的) 성격이 강하여 원칙적으로 민사(民事)재판 절차에 따르는 것은 교육법이 공법적 특성과 사법적 특성을 모두 갖고 있음을 잘 보여 주고 있다.

셋째, 교육법은 인간을 육성하는 교육에 관한 법규범이므로 지휘·복종의 공권력 관계라기보다는 오히려 지도·조언·육성의 비권력적 성격이 더 강하며, 전문성·기술성이 중요시된다.[2] 이런 점에서 교육법은 공법적 특성 중에서도 조장행정의 성격이 강한 법규이다.

넷째, 의무교육과 교육의 기회균등이 개인의 사회적·경제적 지위향상을 위한 필수적 조치라는 점에서, 또 헌법에서 국가에게 평생교육 진흥의무를 부과시키고 있다는 점에서 교육법은 공법도 사법도 아닌 사회의 복지증진을 위한 사회법적 성격을 갖고 있다.

---

1) 예컨대 「교원의 노동조합 설립 및 운영에 관한 법률」은 「노동조합 및 노동관계 조정법」의 특별법이고, 「지방교육자치에 관한 법률」은 「지방자치법」의 특별법이 된다.

2) 김낙운, 「교육법해설」, 하서출판사, 1986, pp. 5-6.

2. 학교의 의의와 법적 성질

2.1 학교의 의의와 법적 성질

좁은 의미의 교육법은 초·중등학교와 대학을 중심으로 한 '학교'교육에 주로 관련된다. 그러나 현행 「초·중등교육법」 제2조 및 「고등교육법」 제2조에서는 학교의 종류에 관해서만 열거하고 있을 뿐, 학교의 개념이나 법적 성질에 관하여 아무런 규정을 두고 있지 않다. 아래에 학교의 기본적인 법적 성질에 관하여 살펴본다.

일반적으로 학교는 교직원 등의 인적 요소와 교사(校捨)·교구 등의 물적 요소가 결합된 통일체로서 일정한 장소에서 일정한 기간 동안 일정한 교육과정에 따라 계속적으로 특정 다수의 학생을 상대로 공교육을 시행하는 기관으로 정의될 수 있다.[3)]

현행 「교육기본법」 제11조에 의하면 국가나 지방자치단체가 학교나 사회교육시설을 설치·경영할 수 있으며, 법인 또는 사인이 학교를 설치·경영하는 경우에는 법률이 정하는 바에 따르도록 되어 있다. 이에 따라 사립학교를 설립하고자 하는 자는 일정한 설비기준을 갖추고 특별시·광역시·도교육감의 인가를 받아야 한다(초·중등교육법 제4조). 대학설립의 경우에는 교육인적자원부장관의 인가를 받아야 한다(고등교육법 제4조). 그 밖에도 국립학교와 대학은 교육인적자원부장관의 지도 감독을, 공·사립의 초·중등학교는 교육감의 지도 감독을 받게 되어 있는바(초·중등교육법 제6조, 고등교육법 제5조), 이들 실정법상의 규정과 전통적 행정법이론에 따를 때 국·공립학교의 경우에는 영조물(營造物) 내지 공영조물 그리고 사립학교인 경우에는 특허기업의 성질을 갖는다고 볼 수 있다.

영조물이란 주로 정신·문화적 또는 진료적인 목적에 계속적으로 제공된 인적·물적 시설의 종합체(조직체)를 의미한다. 영조물의 이용관계는 공법적인 것과 사법적인 것이 혼재되어 있다. 과거에는 영조물의 이용관계를 특별권력관계로 보았으나 최근에는 이 영역에서도 법률유보원칙이 적용된다고 본다. 다만,

3) 김범주, 「신교육법」, 지정, 2001, p. 279.

영조물의 목적과 기능을 달성하는 데 필요한 범위 내에서 영조물 이용자에 대한 특수한 규율이 어느 정도 허용된다고 보는 것이다.[4)]

영조물의 독립성은 법인격 여하에 따라 차이가 있다. 영조물의 법인격이 부여되면 행정주체의 감독은 받지만, 법률상 독립한 행정주체가 된다. 법인격이 인정되지 않으면 상대적으로 일반 행정조직보다는 독립적이지만 행정조직의 일부일 수밖에 없다. 「국립대학 설치령」에 의하여 설립된 국립대학은 단과대학의 명칭변경도 대통령령의 변경 없이는 대학이 자율적으로 결정할 수 없는 실정이다.[5)] 대법원은 학교는 법인도 아니고 대표자 있는 '법인격 없는 사단' 또는 재단도 아닌 교육시설의 명칭에 불과하므로 소송당사자 능력이 없다고 하였다.[6)]

사립학교의 경우에는 행정법 이론으로 보면 특허기업의 성질을 갖는다 하겠다. 사인이 교육이라는 공익사업을 위하여 국가나 지방자치단체로부터 설립인가를 받아 운영하기 때문이다. 특허기업은 안정된 경영권과 수요자에 대한 양질의 서비스 제공이라는 두 가지 요청을 충족하기 위한 것으로 '공익사업'으로 부르기도 한다. 특허기업은 국가나 지방자치단체의 적극적인 감독을 받지만, 기본적으로 사인이 경영하는 사기업이다. 따라서 특허기업의 이용관계는 원칙적으로 사법관계의 성질을 가진다.[7)] 다만 학력인정, 학생평가 등의 경우에는 공법관계로서의 성질을 가질 수 있다. 사법적 성질을 강조하는 입장에서는 사립학교 법인이사회를 민법상의 재단법인과 같다고 주장하고, 공법적 성질을 강조하는 입장에서는 '사립학교'의 공교육 주체성을 강조한다. 나아가, 학교 구성원의 자치 내지 참여를 강조하는 입장에서는 학교의 사단(社團)성을 주장한다. 여기에 관한 자세한 내용은 제15장 사립학교와 법에서 다루어진다.

이와 같이 전통적인 행정법 이론에서는 국·공립학교의 법적 성질은 영조물로, 사립학교는 특허기업으로 보지만 단순한 교육시설의 이용이 아닌 학교

---

4) 김남진, 「행정법 2」, 법문사, 2000, pp. 359-360.

5) 이경운, "대학의 법적지위와 국립대학의 법인화", 「교육법학연구」 제16권 2호, 2004, p. 166.

6) 대판 2001. 6. 2, 200다21991. 따라서 민사소송의 경우 국립학교는 국가를, 공립학교는 지방자치단체를, 사립학교는 학교법인을 피고로 하여야 한다. 반면 학생의 입학, 퇴학, 징계 등의 무효나 취소의 경우에는 국공립학교는 「행정소송법」 제13조에 따라 행정청인 학교의 장을 피고로 하고, 사립학교 경우에는 민사소송으로 학교법인을 피고로 하여야 한다. 조석훈·김용, 「학교와 교육법」, 교육과학사, 2007, p. 32.

7) 김남진, 상게서, pp. 427, 440.

교육활동의 특수성, 특히 단위학교의 자치를 강조하는 입장에서는 학교를 일종의 사단으로 보아야 한다고 주장한다. 학교 자치 내지 사단성을 강조하는 입장에서는 학칙의 성질도 단순한 영조물의 이용규칙 내지 행정규칙으로 보지 아니하고 자치 법규로 본다.

교육관계는 본질적으로 지배·복종관계가 아닌 대등한 당사자간의 사적 계약관계로 보아야 한다는 주장도 있다. 학생의 학습권 보장을 위하여 사적 자치가 제한될 수는 있지만 기본적으로 교육관계는 사적 자치원리가 적용되어야 한다는 주장도[8] 유의할 필요가 있다.

생각건대, 기본적으로 국·공립학교는 영조물, 사립학교는 특허기업의 성격을 갖고 있지만, 공통점은 학교의 공공성으로 인한 공적 단체(공공 단체)로서의 성격 내지 법적 지위이다. 한편, 학교 교육의 비권력성과 교육과정에서 참여의 중요성이라는 특수성 때문에 자치가 강조되는 사단성도 함께 갖고 있다 하겠다. 자치성의 특성은[9] 국공립학교보다는 사립학교에서 더 강조되고, 초·중등학교보다 대학에서 더 강조된다.

2.2 대학의 법적 성질

이러한 학교의 법적 성격과 관련하여 대학의 경우에도 국·공립 경우에는 영조물로, 사립의 경우에는 특허기업으로의 성질을 갖는다 할 수 있다. 그러나 대학은 영조물 개념의 성립 이전에 이미 자치단체 행정영역에서 부상했던 공법상의 사단으로 주장되어 왔으며, 바이마르 헌법 이래로 학문의 자유와 관련하여 그 자치제도가 제도적 보장으로 인정되어 온 것이다. 우리나라 헌법에서도 대학의 자치는 일찍부터 인정되어 왔으며, 현행 「헌법」 역시 제31조 제4항에서 대학의 자율성 보장을 명문으로 규정하여 학문의 연구와 교수의 자유를 중심으로 한 대학의 자치제도를 인정하고 있다.

그러나 현행 「고등교육법」 제4조 및 제5조(교육인적자원부 장관의 대학설립 인가 및 대학 지도·감독) 등의 규정에 비추어 국·공립대학은 국가의 영조물로 보

---

8) 송병춘, "재학관계에 관한 연구", 「교육법학연구」 제15권 2호, pp. 117-119.

9) 학교자치의 근거 및 확립방안에 관하여서는 김성기, "초중등학교의 법적지위와 학교 자치", 「교육법학연구」 제17권 1호, 2005, pp. 64-70 참고.

아야 하는바, 이는 입법자의 형성의 자유를 감안할 때 그 규정이 헌법에 위반하는 것은 아니라 하여도 제도적 형성에 있어 문제가 있다. 대학의 법적 성격은 공법상의 사단인데, 그 임무를 수행하기 위해 필요한 수단의 관리와 준비를 목적으로 영조물과 결합한 형태라는 주장은[10] 대학의 이중적 성격을 잘 말해 주고 있다.

현행법의 제 규정이나 학설·판례 등의 취지에 비추어볼 때,[11] 국·공립대학은 영조물이며, 재학관계 역시 영조물 이용관계로 이해된다. 그러나 위에서 언급한 바와 같이 특히, 대학은 그 자치적 성격과 관련하여 공법상의 사단으로서의 성격도 아울러 갖고 있다 하겠다. 대학의 법적 성질은 대학의 자치는 물론 대학의 의사결정 방법 등과 관련된다. 여기에 관하여는 제15장 사립학교와 법, 제16장 대학과 법에서 언급된다.

3. 교육법의 존재형식

교육법의 개념과 특성에서 알 수 있듯이 교육법의 존재형식은 매우 다양하고 광범위하게 존재한다. 성문법 형식과 불문법 형식으로 나누어 살펴본다.

3.1 성문법

성문법 형태의 교육법 법원(法源)은 헌법, 법률 및 국제조약·일반적으로 승인된 국제법규, 명령, 자치법규가 있다. 헌법에서 규정하고 있는 교육에 관한 조항을 살펴본다. 헌법 전문에서 "사회·문화의 모든 영역에 있어서 각인의 기회를 균등히 하고, 능력을 최고조로 발휘하게 하며"라고 규정하여 교육의 이념 내지 기본원리를 천명하였다. 헌법의 교육에 관한 직접적인 상세한 규정은 「헌

10) 이경운, "대학생의 법적 지위", 서울대학교 박사학위논문, 1990, p. 124.

11) 헌재 1992. 10. 1, 92헌마68 등. 일본에서도 대학재학관계는 영조물 이용관계라는 것이 통설이었으며 판례상으로도 "대학은 국·공립과 사립을 불문하고 학생의 교육과 연구를 목적으로 하는 교육연구시설"이라고 하고 있다. 최고재 1977. 3. 15, 판례시보 843호, p. 22. 서원우, "대학에서의 학생의 법적 지위에 관한 연구", 「서울대법학논집」 제31권 1·2호, 1990, p. 12 재인용.

법」 제31조이다. 「헌법」 제31조에 관하여서는 이미 제3장에서 언급되었다. 그 밖에도 전통문화의 계승(제9조), 인간의 존엄과 가치(제10조), 법 앞에 평등원리(제11조), 적법절차(제12조), 표현의 자유(제21조), 학문예술의 자유(제22조) 기타 많은 기본권 조항들이 교육법과 관련된다.

교육법의 법원이 되고 있는 법률은 다양하게 수없이 많다. 법제처가 홈페이지에서 분류하고 있는 교육·학술 분야의 현행 법률, 시행령, 규칙·규정이 무려 230개나 된다.[12] 동 분류에 따르면 행정조직 통칙에 해당하는 법령으로 「교육인적자원부와 그 소속기관 직제」 등이 있다. 학교교육에 해당하는 법령에 「교육기본법」, 「초·중등 교육법」 및 동법시행령, 「고등교육법」 및 동법시행령, 「유아교육법」, 「영재교육 진흥법」, 「지방교육자치에 관한 법률」, 「독학에 의한 학위취득에 관한 법률」, 「고등학교 이하 각급 학교 설립규정」, 「대학 설립·운영 규정」, 「사립학교법」 및 동법시행령, 「교원지위 향상을 위한 특별법」, 「교육공무원법」, 「교육공무원 임용령」, 「교육공무원 징계령」, 「교원자격 검정령」, 「대한교원 공제회법」, 「사립학교 교원 연금법」, 「장학금규정」, 「지방교육재정교부금법」, 「과학교육진흥법」, 「자격기본법」 등이 있다.

학교보건에 관한 법령으로 「학교급식법」 및 동법시행규칙, 「학교보건법」 및 동법시행령 등이 있다. 학·예술진흥을 위한 법령으로 「학술진흥법」 및 동법시행령, 「대한민국학술원법」, 「대한민국예술원법」 등이 있으며 사회교육 관련 법령으로 「평생교육법」 및 동법시행규칙, 「학원의 설립·운영 및 과외교습에 관한 법률」 및 동법시행규칙 등이 있고 국외유학 및 재외국민교육관련법령으로 「국외유학에 관한 규정」, 「재외국민의 교육에 관한 규정」 등이 있다.

체육청소년육성을 위한 법령으로 「국민체육진흥법」 및 동시행령, 「청소년기본법」 및 동법시행규칙, 「청소년보호법」 및 동법시행규칙, 「체육시설의 설치 이용에 관한 법률」 및 동법시행령 등이 있다. 국제조약 및 일반적으로 승인된 국제법규는 국내 법률과 같은 효력을 가진다. 교육 분야의 국제조약으로는 「유네스코 헌장」과 유엔의 「아동권리협약」[13]이 있다.

12) http://www.moleg.go.kr

13) 아동은 신체적 또는 정신적 미성숙으로 인하여 특별한 보호와 배려가 필요하며, 어떠한 상황하에서도 최우선적으로 보호와 구제를 받아야 하므로 유엔의 1990년 UN의 아동권리협약이 발효되었다. 대부분의 나라가 가입한 보편적인 인권조약으로 우리나라도 1991년에 가입하였다. 아동권리협약은 아동(18세 미만의 모든 사람)의 생명권, 표현의 자유, 사상, 양

명령에는 대통령령, 국회규칙, 대법원규칙 그리고 총리령, 부령이 있다. 교육법 관련 명령에는 위에서 제시된 주요 교육관련 법률의 시행령이 대통령령으로 제정되어 있고 교육인적자원부 장관의 많은 부령이 있다. 우리나라 행정은 현실적으로 상위 법령보다 훈령·고시·예규 등 각종 행정규칙에 의하여 이루어지므로 여기에 관한 연구도 중요하다.

자치법규는 지방자치단체가 법령의 범위 안에서 자치에 관한 규정을 제정하는 것인데, 지방의회가 제정하는 조례와 자치단체장이 제정하는 규칙이 있다. 교육법 분야의 자치법규는 지방의회가 제정하는 조례와 시·도 교육감이 제정하는 교육규칙이 있다.

3.2 불문법

명문으로 표현되어지고 일정한 절차나 형식에 따라 내용이 결정되며 공포되는 성문법이 아닌 기타의 모든 법원이 불문법이다. 불문법에는 관습법, 판례법, 조리가 있다.[14] 관습법은 사회의 관행이 불문의 형태로 국가에 의하여 승인되고 강행되는 것을 말한다. 교육 분야에서 학생에 대하여 영장도 없이 수색을 하는 것이 그 예이다.

판례는 성문법주의인 우리나라에서는 법의 해석·적용에서 참고가 될 뿐이나, 상급법원의 판례는 사실상 하급법원을 구속하게 된다. 교육 분야에 관한 대법원 판례 또는 헌법재판소의 판례가 최근에 많아지고 있다. 이들 판례가 사실상 하급법원을 구속하게 되므로 이들 판례연구가 중요하다.

조리(條理)는 다른 법원(法源)이 존재하지 않는 경우 법이 없어 재판할 수 없다고 말할 수 없을 때 건전한 상식으로 판단하는 자연의 원리 내지 이치(理致)를 말한다. 흔히 형평(衡平), 공서양속, 신의성실, 사회상규(社會常規) 등의 말로써 표현한다. 예컨대, 우리나라 법원은 '사회상규'에 어긋나지 않는 한 체벌을

심 및 종교의 자유, 생존과 발전의 보장, 언어상의 곤란의 특별한 관심(무료 통역원의 지원 등), 장애아동의 대한 특별한 보호, 건강관리 지원, 노동으로부터의 보호 등의 권리를 보장하고 있다. 당사국은 이 협약의 규정을 성인과 아동 모두에게 널리 알릴 의무를 지며, 유엔의 아동권리위원회의 협약상의 권리진전 상황에 대한 보고서를 5년마다 제출하여야 한다.

14) 「민법」 제1조에서는 "민사에 관하여 법률에 규정이 없으면 관습법에 의하고, 관습법이 없으면 조리에 의한다"고 규정하고 있다.

허용해 왔다.

교육조리라는 개념은 일본에서 많이 쓰이고 있다. 예컨대 어린이의 학습권이 일본 실정법에 규정이 없지만, 인간은 누구나 태어나면서부터 학습을 통하여 성장·발달해 나갈 권리가 있음을 이유로 학습권 개념을 인정하고 있는 것, 또는 학부모의 학교교육 참가권이 실정법에 규정되어 있지 않지만 일본 민법의 부모의 교육권과 일본 헌법상의 교육의 자유에 포함되어 있다고 조리 해석하여 인정하는 것이다. 우리나라에서도 최근에 교육조리 개념을 주장하고 있다. 예컨대 교무회의의 법적 근거를 학교교육자치라고 하는 교육제도 원리에 근거하여 찾는 것도 교육조리의 한 예이다.[15]

4. 교육법의 연혁 및 변천사

우리나라는 교육을 특별히 강조해 온 오랜 역사를 갖고 있다. 교육법 체제의 역사적 배경 내지 변천사를 간략히 살펴본다.[16] 법이란 한 나라의 언어와 마찬가지로 역사성을 갖고 있으므로 역사적 배경을 이해하는 것이 중요하다.

4.1 1948년 대한민국 수립 이전의 교육법 체제

한국의 학교제도는 그 역사가 372년 고구려 소수림왕 때의 태학(太學)과 경당(扃堂)에까지 소급되겠으나 당시의 율령에 대한 연구가 없어, 조선시대의 경국대전과 대전회통에 규정된 교육에 관한 규정이 가장 오래된 기록이라 할 수 있다. 예전(禮典)에는 성균관, 사학(四學), 향학과 같은 관립학교규정 이외에 한학(漢學), 왜학(倭學), 몽학(蒙學), 여진학(女眞學)과 같은 외국어 교육과 의학, 음악 등의 여러 교육관계 규정을 두고 있었다. 이전과 병전과 같은 법전은 문무의 관리 등용과 관계하여 과거제도를 규정하여 시험제도에 응시과목을 제시함으로써 전문 관료의 교육방향을 제시하고 있었으며, 호전은 지금의 행정학이나 경영학에 해당하는 주학(籌學)과 의학에 관하여, 형전은 지금의 법률학에 해당

15) 황준성, "교육조리론에 관한 일고찰", 「교육법학연구」 제11호, 1999, pp. 283-285.

16) 안기성, "교육법의 변천과정과 그 장래", 「교육법학연구」 제9호, pp. 1-39를 요약한 것임.

하는 율학(律學)에 관하여, 공전은 지금의 실업교육에 해당하는 각 영역의 장인(匠人)양성에 관하여 각각 규정하고 있었다.

1894년 한반도에 최초로 근대 교육법제가 탄생하였다. 1894년에는 각아문 관제가 제정되어 최고의 교육행정기관인 학무아문의 규정이 탄생되고 이듬해인 1895년에는 법관양성소관제, 한성사범학교관제, 외국어학교관제, 소학교령 등의 교육법제가 제정되었다.

1906년에 이르러 앞서와 같은 교육법제는 전면적으로 개편되었다. 이때는 사범학교령, 외국어학교령, 보통학교령, 고등학교령, 고등여학교령, 실업학교령, 사립학교령 등과 같이 관제를 대신하여 '령'으로 표기되는 교육법제들이 새롭게 제정되었다. 이 시대의 교육법제들은 하나 같이 별도로 통일된 기본법제를 제정하지 않고 각 학교의 종류에 따라 하나하나 별개의 교육법제로 따로 따로 제정되어 있다. 1908년에는 학무위원규정준칙이 제정되었는데 이는 지금의 지방교육자치법제의 기원이 된다.

1910년 일본의 식민지로 전락된 한국에는 기존의 학교 종류별로 제정해오던 교육법제위에 모든 학교 종류에 대한 기본적인 사항을 규정하는 '조선교육령'이라는 종합 교육법제 이른바 교육기본법을 만들어 한반도의 교육을 지배하려 하였다. 왜의 침략세력은 그 조선교육령의 기본교육법제 하에 왜의 교육법제와는 다르게 차별적인 보통학교규칙, 고등보통학교규칙 등과 그 밖에 고등교육에 해당하는 농업이나 상업 등의 전문학교와 관계되는 규칙을 각각 제정하였다.[17]

1945년 식민지체제가 끝난 후 1948년 대한민국 정부가 수립될 때까지의 미군 점령기에는 점령군이 과도정부 수립과 입법의원의 설치, 교육위원회와 교육심의회를 구성하고 교육위원회와 한국인 일부를 참석시키었다. 6·3·3·4 학제, 국립서울대학교 설립, 지방교육자치제인 학교구회제 등의 법제들이 제정되었다.

17) 일제식민지시대의 법령을 통한 착취내용에 관하여서는 鈴木敬夫, "법령을 통한 조선식민지지배 : 식민지 통치법에 의한 민족교육과 독립사상의 탄압", 고려대학교 박사학위논문, 1988 참조.

4.2 대한민국 정부 수립 이후의 교육법 체제

1948년 7월 17일 「헌법」이 공포되고, 8월 15일 대한민국 정부가 수립되었으며 이듬해인 1949년 11월에 「교육법」이 제정·공포되었다. 교육법 제정이후 2000년까지의 시대를 크게 3기로 구분하여 다음과 같이 그 특징을 요약할 수 있다.

제1기(1948-1961) : 미국 원조에 의존하고 6.25 동란과 4.19 혁명 등으로 헌법과 교육법에 의무교육, 교육의 기회균등 등이 규정되었으나 상징적 의미만 가졌다.

제2기(1961-1991) : 5.16 이후 군인들이 정치를 한 시기로 교육법령에도 많은 변화가 있었다. 박정희 대통령 시절의 교육법제의 주요 변천은 교육자치제도의 폐지(1961), 「사립학교법」 제정으로 사립학교 통제의 강화(1963), 중학교 무시험제도 확립(1968), 「교수자격인정령」, 「대학정원령」 등을 통한 대학 통제(1969), 「지방교육재정교부금법」 제정(1971), 「사립학교교원연금법」 제정(1973), 고등학교 평준화(1971), 「학술진흥법」 제정(1979) 등이었다.

1980-86년의 전두환 대통령 시절에는 대학입시제도의 국가관리가 강화되었고, 한국교원대학을 설립하였으며, 중학교 의무교육의 일부 실시 「학교급식법」(1981), 「사회교육법」(1982), 「유아교육진흥법」(1982) 등이 제정되었다. 1987-91년의 노태우 대통령 시절에는 「청소년육성법」(1987), 「지방교육 양여금법」(1990)이 제정되었고 「지방교육자치에 관한 법률」(1991)의 제정으로 선출 교육위원과 교육감으로 이루어지는 교육자치가 실시되었으며, 「청소년기본법」(1991)이 제정되었다.

제3기(1992-현재) : 문민정부인 김영삼 대통령은 1995년에 열린교육, 수요자중심의 교육 등 진보적인 교육개혁안을 채택하였다. 이러한 교육개혁안은 최초의 선거에 의한 여야 정권교체를 이룬 김대중 정권에 계승되었다. 「교원의 노동조합 설립 및 운영 등에 관한 법률」(1998)의 제정으로 교원노동조합을 인정하게 되었고, 「교육법」을 「교육기본법」(1997), 「초·중등교육법」(1997), 「고등교육법」(1997)으로 분리 제정하게 되었다.

우리나라 교육법제의 변천사를 간단히 살펴보았다. 법령의 구체적 내용을 검토하여야 하겠지만 그 형식만 보아도 교육이 정치·권력의 변동에 쉽게 영향을 받아 교육정책의 일관성 내지 백년대계의 청사진이 없었던 것 같다. 그때 그때 즉흥적으로 필요하면 법령을 제정·개정해 왔다. 1947년에 제정된 「교육법」만 해도 1997년까지 48년 동안 개정이 무려 37회에 이르렀다. 교육법은 장기적 안목에서 전문가들에 의한 오랜 연구로 신중한 제·개정이 요청된다.

5. 교육법의 이념과 기본원리

교육법이 추구하는 궁극적 가치 내지 이념은 무엇이며 교육법령 체계에 내재하고 있는 기본원리는 무엇인가를 살펴본다.

5.1 교육법의 이념

「교육법」이 추구하는 궁극적 이념은 교육이 추구하는 이념을 법적으로 뒷받침하는 것이라고 할 수 있다. 「교육기본법」에서는 교육의 이념으로 홍익인간을 규정하고, 그 실천지표로 인격의 완성, 민주적 생활능력의 함양, 민주시민으로서의 자질구비를 통한 인간다운 삶의 영위를 들고 있다. 이렇게 함으로 결국 민주국가의 발전과 인류공영의 이상을 실현하게 된다(동법 제2조).

홍익인간은 미군정 당시에 조선교육심의회에서 백남준의 제안으로 교육이념으로 채택된 이후 우리나라의 교육이념으로 오랫동안 인식되어 왔다. 그러나 홍익인간 개념이 너무 추상적이고 포괄적이어서 단지 상징적 차원에서 유지되었지 교육목표 설정 등에서 실효성 있는 역할을 한 것은 아니다. 따라서 헌법에 명시되어 있는 「인간의 존엄과 가치」로 교육법의 이념이 바뀌는 것이 좋겠다고 생각한다. 인간의 존엄과 가치는 제1장에서 상설하였듯이 개인의 보존과 개인의 발전 그리고 타인의 존중을 구체적 내용으로 하므로, 교육이 자기 발전의 핵심수단임을 생각하면 교육법의 이념으로 적절하다고 생각된다. 홍익인간은 법적 의미보다는 도덕적 바람의 성격이 강하여 교육의 이념으로서는 가능하지만 교육법의 이념으로서는 인간의 존엄과 가치가 더 타당하다고 생각된다.

「교육기본법」 제2조에서 언급된 인간다운 삶의 영위도 헌법에서 규정하고 있는 사회적 기본권의 이념인 '인간다운 생활을 할 권리'에 해당되며, 교육법의 이념이라 할 수 있다.

요컨대 교육법의 이념은 한국 「헌법」의 이념인 '인간의 존엄과 가치'의 실현 또는 '인간다운 삶의 영위'에 있다고 하겠다. 그리고 인간다운 삶의 구체적 지표로 평생학습 차원에서 인격완성(자기발전), 경제적 측면에서 생활능력함양, 정치적 측면에서 민주시민으로서의 자질구비를 들 수 있다.

5.2 교육법의 기본원리

교육법의 이념을 구현시키기 위한 교육법체제 전반에 내재되어 있는 기본원리는 헌법규정, 교육기본법 규정, 교육철학 등을 종합적으로 고려하여 도출되어야 한다. 교육법의 기본원리로 다음 다섯 가지를 들 수 있다. 첫째는 교육제도 등의 법정주의라 할 수 있다. 둘째는 교육의 자주성(自主性) 원리, 셋째는 교육의 전문성 원리, 넷째는 교육의 기회균등 원리, 다섯째는 교육(행정)의 민주성 원리라 할 수 있다. 이들 원리를 간단히 언급한다.

「헌법」 제31조 제6항에 의하면 교육제도, 교육재정, 교원의 지위에 관한 기본적인 사항은 법률로 정하도록 하고 있는바, 이를 교육제도 등의 법정주의라 한다. 이는 제3장 헌법과 교육에서 언급하였듯이 교육의 중요성 때문에 교육에 관한 중요사항은 반드시 국민의 대표자로 구성된 국회에서 「법률」의 형식으로 제정하도록 하여 행정부의 명령 등의 형식으로 하여 국민의 기본적인 교육권이 침해되는 것을 예방하기 위한 원리이다. 그러나 현대사회가 전문화되어 가고 행정국가화의 현상이 일반화됨에 따라 위임명령 형식이 많아지고 교육법의 입법이 실제로 행정부 관료들에 의하여 형성되므로 교육제도 법정주의에 문제가 제기되고 있다. 이러한 문제를 완화시키려면 교육입법 과정에 교육전문가와 이해관계인들의 실질적인 참여가 중요하다.

우리나라 「헌법」은 제31조 제4항에 교육의 자주성·전문성·정치적 중립성을 보장하고 있다. 인간의 성장과정은 자주성을 확립하는 과정이라고 할 수 있다. 인격주체라는 개념도 자기 스스로 판단하고 주변세계를 형성해 나가는 자주적 인간을 의미한다. 따라서 교육에서 중요한 것은 자주적 인간이 되도록 돕는 것이다.

교육의 자주성이란 교육은 계층제 원리에 의한 일반 행정의 명령·복종체제와는 다른 자치조직으로 이루어져야 함을 의미한다. 지방교육자치가 교육의 자주성 원리를 제도적으로 보장한 것이다. 지방교육자치에 관한 구체적 내용은 제11장에서 다루어진다. 자치가 중요한 것은 자치경험이 개인의 의사 결정능력을 향상시켜 주기 때문이다. 교육의 자주성 확립을 위하여 불가피하게 요청되는 것이 교육의 정치적·종교적 중립성 원리이다. 여기에 관한 구체적 논의는 제6장 교육의 자주성과 중립성에서 다루어진다.

우리나라 「헌법」은 국민의 교육을 받을 권리를 명시적으로 규정하고 있다. 교육법의 중요 연구대상도 교육당사자들의 교육권에 관한 분석이다. 특히 평생교육 차원에서의 학습권과 교사의 교육의 자유 내지 학문의 자유는 교육권의 핵심적 측면이다. 교사의 교육의 자유는 헌법상의 교육의 전문성 원리와 직접적인 관련을 갖게 된다. 이들 주제에 관한 논의는 제10장 교사의 법적 지위에서 다루어진다.

교육의 중요성 때문에 「헌법」상의 평등권(제11조)이 있음에도 불구하고 교육의 기회균등에 관하여 별도로 헌법 제31조에서 "모든 국민은 능력에 따라 균등하게 교육을 받을 권리를 가진다"고 규정하고 있다. 교육의 기회균등은 교육을 받을 권리의 외적 조건에 관한 보장이라 할 수 있다. 교육능력 이외에 인종, 성별, 종교, 경제력 등의 이유로 교육의 기회가 차별받지 않는다. 한국 사회가 여성 차별의 관습이 심하였기에 「교육기본법」에서는 "국가 및 지방자치단체는 남녀평등 정신을 보다 적극적으로 실현할 수 있는 시책을 수립·실시하여야 한다"고 규정하고 있으며, 교육인적자원부장관의 자문기관으로 남녀평등 교육심의회를 두도록 되어 있다(동법 제17조의2).

교육법은 교육정책 내지 교육행정과 밀접한 관계가 있다. 교육정책 내지 교육행정에서 중요시하여야 하는 지도 원리는 민주성의 확립이다. 넓은 의미의 민주성 개념에는 상술한 교육의 자주성·중립성·전문성 원리도 포함되지만 좁은 의미에서는 교육행정과정에서 구성원의 기본권을 존중하며, 기본권이 침해된 경우에는 적절한 권리구제 장치가 마련되는 것이다. 여기에 관한 논의는 제7장 교육영역에서의 권리구제 그리고 제10장 교사의 법적 지위에서 다루어진다. 또 행정의 민주성원리는 정책수립과정에서 민의를 반영하기 위하여 행정이 투명하게 공개되고 구성원 내지 이해관계인의 참여제도가 마련되는 것이 중요하다. 「공공기관의 정보공개에 관한 법률」과 「행정절차법」이 그러한 장치이다.

6. 교육법학

6.1 개념 및 연구방법

교육법학은 넓은 의미의 교육법을 연구의 대상으로 하는 학문 분야라 할 수 있다. 즉 교육법학은 헌법에서 보장하고 있는 교육에 관한 기본 원리, 교육당사자의 교육권을 구현하기 위한 교육관련 제 법령, 그리고 교육제도 및 운영에 관한 교육관계법령을 독자적 또는 특수한 교육법 원리에 의하여 체계적으로 연구하는 학문이라고 할 수 있다.

교육법학의 연구는 법학과 교육학이라는 두 학문영역이 포함되는 학제성(學際性)을 갖고 있다. 따라서 연구방법도 특수성이 있는바, 일반 법학의 연구방법 이외에 교육학 연구 방법이 함께 고려되어야 한다.

기본적으로 교육법학도 법학이므로 법학의 일반적인 연구방법에 따라야 한다. 법을 연구대상으로 하는 법학은 연구목적과 방법에 따라 법해석학, 법철학, 법사회학으로 구분된다. 현실사회에서 발생하는 구체적 문제들을 해결하기 위한 실정법규의 해석과 적용이 법해석학의 중심과제이다. 그러나 모든 법률문제가 논리적 해석과 적용만으로 그치는 것이 아니다. 사회생활 자체의 변모와 새로운 법 감정의 도전 등이 고려되어야 하는바 여기에 법철학과 법사회학의 도움이 요청된다.

법문(法文)은 주로 법률요건과 법적 효과로 구성되어 있으나 법률요건과 법적 효과의 개념이 언제나 정확한 것이 아니므로 법언(法言)에 의하여 표시된 사실관념, 가치관념 및 당위관념을 확정하는 것을 법률의 해석이라 한다. 법 해석에서는 입법자의 입법목적은 물론, 법문의 전후관계(context)를 평가하여 전체적 법질서의 의미 관계 내에서 이루어져야 한다.

법 적용은 형식 이론적으로 3단 논법에 의하는바, 법규범이 대전제이고 사안이 소전제이며, 사안에 대하여 규범적 법 효과가 적용되는 확정이 결론이 된다. 이러한 형식논리보다 더 어려운 문제는 법 적용의 전제가 되는 해당법규와 평가의 대상으로서의 사안을 찾아내어 한계를 긋거나 확정하는 일이다.[18]

18) 법학연구방법에 관한 자세한 내용은 라인홀트 치펠리우스, 김형배 역, 「법학방법론」, 삼영

한편 교육법학은 실질적 내용에 있어서는 '교육'이 관계되는 것이므로 독특한 교육원리에 의하여 교육법이 해석되어야 한다. 일본에서는 이러한 독특한 교육원리를 '교육조리'의 개념으로 발전시키고 있다. 교육조리의 규명에는 교육사상사 내지 교육학이 중요한 기여를 하게 된다. 교육조리는 교육관련 법규의 내용을 결정함에 있어서 그 표준이 되고 교육재판의 근거가 되는 교육상의 도리를 규명한 것으로서, 교육의 개념과 본질에 기초한 조리에 근거하여 현행법을 확인·해석해 가는 것이라 할 수 있다.[19] 구태여 교육조리라는 개념을 쓰지 않아도 교육법 해석에 있어 헌법상의 교육에 관한 기본원리 및 특수성 예컨대 교육의 자주성·전문성·중립성 원리, 인간의 존엄과 가치, 학문의 자유, 교원의 전문성 등이 강조되어야 한다는 의미이다.

요컨대 교육법학의 연구방법은 독자적인 교육법 논리가 필요한데, 여기에는 일반적인 법학의 연구방법 이외에 교육학의 과학적 근거에 기초한 교육원리가 가미되어야 한다. 교육법논리는 법학과 교육학의 간학문적(間學問的) 접근으로 가능하다 하겠다.[20]

6.2 연구대상과 연구체계

교육법학이 독자적인 학문분야로 그 정체성을 인정받기 위해서는 독자적인 연구대상이 있어야 한다. 교육법학의 주된 연구대상은 헌법에 보장된 교육에 관한 기본원리와 교육을 받을 권리에 관한 분석이었다. 특히 교육당사자들의 교육권에 관한 연구, 예컨대 교사의 교육권, 학생의 학습권, 부모의 교육권, 국가의 교육감독권 등이 우리나라 교육법 관련 연구주제의 주축을 이루어 왔다.

저자는 교육법 연구대상을 크게 네 가지로 분류한다. 첫째는 교육법의 배경에 관한 연구로 법의 이념과 체계, 법률문화, 헌법원리 등이다. 둘째는 교육법의 기본원리를 분석하는 것이다. 셋째는 교육관련 당사들의 권리, 의무관계를 분석하는 것이다. 넷째는 교육정책 내지 교육행정이 이루어지는 과정을 중심으

사, 1986 참고.

19) 고전, "한국의 교육법 연구동향 연구", 「교육법학연구」 제9호, 1997, p. 60.

20) 일본에서는 교육법학을 교육법해석학, 교육법사회학, 교육법철학으로 분류하고 각각의 법학적 측면과 교육학적 측면을 분석하여 교육법학의 학제성을 강조하고 있다. 고전, 상게서, pp. 61-62 참고.

로 교육정책기구 내지 지방 교육자치제도의 법적 측면, 인사행정의 법적 측면, 교육재정·시설 및 정보의 법적 측면, 그리고 학사관리 및 교육 평가의 법적 측면에 관한 연구이다. 셋째와 넷째 분류는 분석의 초점이 다르나, 내용적으로 중복되는 주제가 생길 수 있다.

이러한 분류에 따라 본서는 교육법의 연구대상을 교육법의 배경, 교육법의 원리와 교육당사자의 교육권, 교육정책 과정의 법적 측면, 기타 관련주제로 구성하였다. 그 구체적 내용은 〈표 4-1〉과 같이 체계화된다.

〈표 4-1〉 교육법의 연구대상(본서의 구성 체계)

- 1) 교육법의 배경
  - 인간의 존엄과 가치
  - 법의 이념과 체계
  - 헌법과 교육
- 2) 교육법의 개념과 교육법의 기본원리
  - 교육법의 개념과 주요내용
  - 교육법의 기본원리
    - 교육의 기회균등 원리
    - 교육의 자주성과 중립성 원리
    - 교육영역에서의 권리구제
- 3) 교육당사자의 교육권
  - 교육당사자의 교육권
  - 학생의 주요 기본권과 생활지도
  - 교사의 법적 지위
- 4) 교육정책과 법
  - 교육정책기구 및 교육자치제도의 법적 측면
  - 인사정책의 법적 측면
  - 교육시설 · 재정 및 정보관리의 법적 측면
  - 학사정책 및 교육평가의 법적 측면
- 5) 교육법관련 기타의 주제
  - 사립학교와 법
  - 대학과 법
  - 평생교육과 법

6.3 교육법 연구의 학술활동 및 연구사

6.3.1 한국의 교육법 연구

교육법학이 독자적인 학문분야로 그 정체성을 인정받기 위하여서는 전문가 집단의 학술활동이 있어야 한다. 한국에서 1949년 12월에 교육법이 제정된 후 교육법에 관한 연구는 개별적인 소수의 교육법규 해설이었다. 그러나 1986년 9월에 대한교육법학회가 발족되어 교육법에 관한 연구가 보다 체계적으로 시작되었다.[21] 교육법에 관한 본격적인 연구는 교육행정학자와 공법학자 그리고 교육공무원들로 다양하게 구성된 대한교육법학회가 1988년도 「교육법학연구」 창간호를 발간하면서부터라고 할 수 있다. 「교육법학연구」 학회지는 2002년부터는 연 2회 발행되어 2006년 9월 현재 총 21권이 발행되었으며 교육법여구의 촉매제가 되고 있다. 대한교육법학회는 학술지 발행과 함께 정기적인 학술대회를 2003년부터는 연 4회 개최하고 있다. 대한교육법학회는 비교교육법포럼도 정기학술대회와 별도로 개최하고 있다.

한국의 교육법 연구는 이제 20여 년이 되어 그 연구 성과도 적지 아니하다. 교육법 연구사를 간략히 언급하면 광복 후 1970년대 중반까지는 교육법규의 해설연구기, 1970년대 중반부터 80년대 중반까지는 교육법학 관련 박사논문들이 출현한 교육법학 도입기, 그리고 1980년대 중반부터 지금까지 본격적인 교육법학 연구기라 할 수 있다. 한국교육행정학회의 전문서로 6인의 교육법학자가 공동집필한 「교육법론」이 1995년에 발간되었고, 저자가 2002년에 교육법 전체를 체계적으로 다룬 「교육정책과 법」을 발행하였다.[22]

교육법관련 연구의 주제는 주로 학생, 부모, 교원의 권리와 의무에 관한 것이 가장 많았고, 학교교육법을 중심으로 한 법제에 관한 연구도 상당하였다. 최근 대한교육법학회에서 다룬 주제는 다음과 같다. 2005년도 정기학술대회에서는 '교육평가제도에 관한 교육법적 접근', '교원징계처분 등 재심현황과 시사점', '최근 교육법학 연구의 성과와 과제', '원격대학 법제와 교육기본법, 초중등교육

21) 1984년 11월에 헌법학자 중심의 한국교육법학회가 결성되었지만 적극적인 활동을 못했다.

22) 한국의 교육법 연구사에 관한 자세한 내용은 고전, "한국의 교육법학 20년 연구 동향과 과제", 「교육법학 연구 20년의 성과와 과제」 대한교육법학회 창립 20주년 기념 전국교육법학자대회 자료집(2006. 9), pp. 625-645 참고.

법'을 다루었다. 2006년도 상반기에는 '개정사립학교법의 헌법적 검토', '주요 교육법제의 현황과 과제'가 다루어졌다. 2006년 9월에는 '교육법학 연구 20년의 성과와 과제'라는 주제로 대한교육법학회 창립 20주년기념 전국교육법학자대회가 열려 주요 교육 관련법의 성과와 과제가 발표·토론되었으며, 외국의 교육법연구에 관한 발표도 있었다. 2006년 12월 제44차 정기 학술대회에서는 '지방교육자치법의 내용과 쟁점, 향후전망', '교육법학 연구의 최근동향'이 다루어졌다.

6.3.2 미국의 교육법 연구

미국의 경우도 1975년까지는 많은 사범대학에 교육법 강의가 없었다. 그러나 최근에는 대학원은 물론 사범대학 학부과정에도 교육법이 강의되고 있으며, 「인사행정과 법」과 같은 각론적인 강의도 개설되고 있다. 교육법 연구는 전문대학원인 법과대학에서도 이루어지고 있다. 주로 헌법교수가 교육법도 강의하고 있다. 미국 헌법 교재에 담긴 판례 중 교육관련 판례도 많이 있다. 법과대학에서 교육법 강의가 최근에 점점 증가되어 최근 조사에 따르면 64%나 된다.[23)]

미국에서 교육법 관련 대표적인 학회는 ELA(Educational Law Association)이다. 동 학회의 목적은 교육 및 법학자들과 교육 실무가들이 한 자리에 모여 법률지식을 통하여 교육정책과 실무에 관한 정보를 교류하는 것이다. 동 학회는 매월 「School Reporter Law」를 발행하며 매년 연차학회를 개최하는데 미국교육법의 현안들이 주로 발표된다. 그러나 ELA의 발표논문은 학술적인 연구라기보다는 주로 현장에서의 실무적인 정보교류의 성격을 갖고 있다.

미국 교육법의 깊이 있는 학술적인 논문은 「West's Education Law Reporter」에 게재된다. 이 보고서에는 미국연방대법원, 연방고등법원, 연방지방법원, 그리고 주항소심(주대법원)의 교육 판례를 보도하는 계간지이다. 교육관련 판례 보도 이외에 학자들의 심도 있는 논문들이 매 보고서에 4-5편씩 주석형식으로 게재된다. 1982년에 출간된 이후, 2006년 현재 총 205권이 발간되었다. 전국 규모의 교육법 학술지에 「Journal of Law & Education」이 있다. 이 논문집은 매권에서 3-5개의 교육법 관련 논문을 게재하며, 미국 연방대법원의

23) Zirkel Perry A. and Sheilad D. Vance, "Educational Law Course Offering In Law School", *Journal of Law and Education,* Vol. 33(3), 2004, pp. 327-333.

판례해석과 초중고 및 대학 관련 법령 및 판례의 동향을 게재하고 있다.[24] 미국 교육법 연구의 주요 소재는 「West's Education Law Reporter」에 게재되는 미국연방대법원, 연방고등법원, 연방지방법원, 그리고 주항소심(주대법원) 판례이다. 최근에는 연방 및 주정부의 교육관련 법령도 급증하고 있다.

미국에서의 교육법 연구사를 간략히 언급하면 다음과 같다. 교육은 전통적으로 각 주와 자치 교육구의 고유 업무로 간주되어 연방정부나 연방사법부가 간섭하지 않았다. 그러나 세계 제2차 대전 후 미국의 연방정부 특히 사법부가 교육정책에 상당히 간섭 내지 역할을 하게 되는데, 그 결정적 계기가 흑인학교, 백인학교로 분리하는 것이 위헌이라는 1954년의 브라운(Brown)판결이다.[25] 브라운판결은 교육영역을 넘어선 전 사회적 영향을 미친 중요 판례이다.

1964년의 민권법(Civil Rights Act of 1964)은 연방입법부와 집행부가 중요 교육정책을 입법화하여 정책적으로 관여하는 계기가 되었다. 동법 제4장(Title Ⅳ)은 공립학교의 흑백통합에 관한 것이고, 제7장(Title Ⅶ)은 고용의 기회균등에 관한 것이다. 1960-70년대에는 교사와 학생 개인의 기본권에 대한 사법적 분쟁이 확대된 시기라 할 수 있다. 특히, 월남전 반대를 배경으로 한 1965년의 팅커(Tinker)사건과 적법절차를 내용으로 하는 1972년의 고스(Goss)사건이 학생들의 헌법상 권리를 주장하게 된 결정된 계기가 되었다.[26] 1975년 이후에도 학생의 권리에 대한 사법적 다툼이 계속되고 있지만 교육의 수월성 추구를 위하여 학교당국이 행사하는 기본권 제한 조치도 사법부가 점차 넓게 인정하고 있다.

교육에 대한 연방정부의 적극적 개입은 1980년대에 들어와 레이건 대통령의 집권으로 급격히 후퇴한다. 레이건 대통령은 교육의 분권화를 주장하여 연방 정부의 재정지원 내지 정책개입을 대폭 감소시켰다. 그러나 최근에 부시 대

---

24) 이 밖에도 각 법과대학에서 발행하는 Law Review 학술지에서 교육법 관련 논문들이 게재된다. Special Education 경우에는 IDELR(Individuals with Disabilities Education Law Reporter)에 관련 판례를 상세히 게재하고 있다. 또 주에서 주교육법에 관한 학술지를 발행하는 경우도 있다. 예컨대, 「Ohio School Law Journal」, 「Pennsylvania School Laws and Rules」 등이다. 변호사 같은 전문 법률가가 아닌 교사나 교육행정가 또는 학부모에게 교육법 관련 정보를 쉽게 설명하여 제공하는 단체에는 ELA 이외에도 NSBA(the National School Boards Association)가 있다.

25) Brown v. Board of Education, 347 U.S. 483, 1954.

26) Tinker v. Des Moine Independent Community School District, 393 U.S. 503, 1968. Goss v. Board of Education, 373 U.S. 683, 1963.

통령이 집권하면서 교육정책 특히 빈곤층, 소수 민족, 장애인에 대한 재정지원에서 연방정부가 적극 나섰다. 부시 대통령의 학습부진아극복법(NCLB)의 입법과 장애인교육법(IDEA)의 강화가 대표적인 예이다.[27] 요컨대, 미국에서 지난 반세기는 교육정책의 헌법화 내지 법률화현상 시기라 할 수 있다.

미국 교육법 연구의 주된 주제는 교육위원회 등 운영구조, 교육영역에서의 각종 차별(인종, 성 등), 종교와 교육, 장애인 등의 특별교육, 재정지원, 불법행위에 대한 손해배상, 교사의 임용, 권리, 단체교섭, 학생의 권리(표현의 자유, 프라이버시 등), 학생지도(체벌, 수색 등), 학부모의 권리(학교선택권), 대학의 경우는 대학의 자치와 학문의 자유 등이다.

2005년 이후 미국 교육법의 학계 및 일선 현장에서 가장 관심을 갖고 연구된 분야는 장애인교육법과 학습부진아극복법 분야이며, 같은 비중으로 학생지도 내지 학교 안전에 관한 분야라 할 수 있다. 그 다음이 진화론을 중심으로 한 종교문제, 각종 차별문제, 언론의 자유와 프라이버시 등의 학생권리 문제, 그 밖에 기술 발전에 따른 지적재산권, 학교선택과 관련된 대안학교(Charter, Voucher), 재택교육(Home School) 문제, 학교 재정지원 문제 등으로 나타났다.[28]

6.3.3 일본의 교육법 연구[29]

제2차 세계대전 후 일본에서는 천황제 국가교육의 법제가 행정법의 일환으로 존재하여 '교육행정법'만이 존재하였다. 1947년 교육기본법이 제정된 후 1958년에 '교육법규연구회'가 창설되었다. 1970년에는 '교육법학연구회'가 해체되고 '일본교육법학회'가 창립되면서 교육학계와 법학계가 공동으로 교육법학을 확립하는 계기를 이루었고, 「계간교육법」이라는 학술지를 발간하고 있다.

일본의 교육법은 1960년대 이후부터 법학계와 교직원조합, 법원이 혼연일체가 되어 정부에 대한 교육권 투쟁을 벌인 결과 교육에 관한 많은 판례가 형

27) NCLB의 내용과 IDEA의 내용에 관하여서는 제14장에서 자세히 다루어짐.

28) 표시열, "미국 교육법연구의 최근 동향과 과제", 「교육법학 연구 20년의 성과와 과제」 대한교육법학회 창립 20주년 기념 전국교육법학자대회 자료집(2006. 9), pp. 489-513.

29) 노기호, "일본교육법학계의 최근 연구동향", 「교육법학 연구 20년의 성과와 과제」 대한교육법학회 창립 20주년 기념 전국교육법학자대회 자료집(2006. 9), pp. 563-584.

성되고 교육법학이라는 방대한 연구가 축적되었다. 1961년의 '학력 테스트' 재판과 1967년의 '교과서 재판'[30] 등 교육재판을 통하여 교육법학이 발전하였으며, 이러한 성과물을 정리 반영한 교육조리적 법해석 결과물이 「교육법」, 「교육재판례집」으로 출간되었다.

일본 교육법학계의 연구주제를 살펴보면, 1980년대에는 아동의 인권보장, 교육조건의 정비, 교과서, 안전사고, 교육과실, 교원양성과 채용 등이 다루어졌다. 1990년대에는 인권보장, 교육개혁, 생애학습권 보장이 주로 다루어졌다. 그리고 2000년대에는 학교자치와 학교 참가, 교원의 인사고과 및 교원평가제도, 입시제도, 학교붕괴, 집단 따돌림, 교육정보의 공개문제가 다루어졌다. 그리고 고등교육법제의 개혁으로 국립대 법인화 문제, 대학평가, 법과대학원 설치 문제가 언급되었다.

7. 교육법의 주요내용

1997. 12. 13일 공포되고 1998. 3. 1일 시행된 「교육기본법」, 「초·중등교육법」, 「고등교육법」, 「유아교육법」의 체계와 내용을 살펴보고 쟁점주제도 간략히 언급한다.

7.1 교육기본법

7.1.1 체계와 주요내용

「교육기본법」은 3장 29개조로 구성되어 있다. 제1장(총칙)에는 「교육기본법」의 목적(제1조), 교육이념(제2조), 학습권(제3조), 교육의 기회균등(제4조), 교육의 자주성 등(제5조), 교육의 중립성(제6조), 그리고 교육재정(제7조), 의무교육(제8조), 학교교육(제9조), 사회교육(제10조), 학교 등의 설립(제11조)에 관한 원칙을 규정하고 있다.

30) 일본의 학력테스트 판결과 교과서 재판에 관하여서는 제6장 교육의 자주성과 중립성의 원리에서 다루어짐.

제2장(교육당사자)에는 학습자(제12조), 보호자(제13조), 교원(제14조), 교원단체(제15조), 학교설립·경영자(제16조), 국가 및 지방자치단체(제17조) 등의 교육관련 당사자의 주요권리 내지 권한 그리고 책임의 원칙을 규정하고 있다.

제3장(교육의 진흥)에는 남녀평등교육의 증진(제17조의2), 학습윤리의 확립(제17조의3), 특수교육(제18조), 영재교육(제19조), 유아교육(제20조), 직업교육(제21조), 과학·기술교육(제22조), 교육의 정보화(제23조), 학교 및 교육행정기관 업무의 전산화(제23조의2), 학생정보의 보호원칙(제23조의3), 학술문화의 진흥(제24조), 사학의 육성(제25조), 평가 및 인증제도(제26조), 보건 및 복지의 증진(제27조), 장학제도(제28조), 국제교육(제29조)에 관하여 규정하고 있다. 교육에 있어서 특정영역을 집중적으로 지원하여야 한다는 것이 제3장의 주된 내용이다.

7.1.2 특징 및 쟁점 주제

「교육기본법」은 종전의 「교육법」이 담고 있던 총칙적 내용, 예컨대 교육의 이념, 자주성·중립성 원리, 의무교육, 국제교육 등을 따로 분리하여 규정한 것이나, 교육개혁의지를 반영하여 새로 추가된 사항도 있다. 예컨대 학생의 학습권 규정, 부모의 교육권 명시, 또 평생학습에 관한 규정과 학력평가 및 능력인증에 관한 규정 등이다. 최근에 학교 및 교육행정기관 업무의 전산화와 학생정보의 보호원칙 등도 추가되었다.

학습권의 개념은 학습자 중심의 교육이 되어야 한다는 철학을 나타내는 교육개혁의 상징이다. 학교교육과 사회교육이 평생학습 차원에서 유기적인 체제를 갖추도록 되어 있다. 이는 학점 은행제 같은 교육의 호환성 문제로 학력중심의 사회에서 자격 중심의 사회로 옮겨가는 사회적 변화를 반영한 것이라 할 수 있다.

「교육기본법」은 헌법정신을 바탕으로 하여 교육에 관한 국민의 권리·의무와 국가 및 지방자치단체의 책무에 관한 기본적인 사항을 규정하고, 교육제도와 그 운영에 관한 기본적인 사항을 규정한 것이다(제1조). 「교육기본법」은 학교교육만 대상으로 하지 않고 사회교육도 포함하고 있다.

「교육기본법」은 교육법의 원칙적인 규정들을 담고 있어 교육 선언적 의미도 있으나, 교육당사자의 구체적 권리(학습권 등)도 보장하고 있으며 학력평가 및 능력인증제도 등의 구체적 규정도 있어 교육에 관하여 실체적인 효력을 갖고 있다. 교육기본법은 모든 교육관계법령의 해석과 적용 그리고 교육 운영에 있어 그 기준이 된다.

「교육기본법」의 주요 쟁점은 교육의 자주성과 관련되는 지방교육자치제도와 대학의 자치, 교육의 전문성과 관련되는 교원의 교육권과 교육정책에의 참여 및 신분보장 문제, 교육기본권으로서의 의무교육과 교육의 기회균등, 평생교육법과의 관계 등이다.

7.2 초 · 중등교육법

7.2.1 체계와 주요내용

「초·중등교육법」은 5장 68조로 구성되어 있다.

제1장(총칙)에는 초·중등교육법의 목적(제1조), 학교의 종류(제2조), 국·공·사립학교의 구분(제3조), 학교의 설립 등(제4조), 학교의 병설 등(제5조), 지도·감독(제6조), 장학지도(제7조), 학교규칙(제8조), 평가(제9조), 수업료(제10조), 학교시설 등의 이용(제11조)에 관하여 규정하고 있다.

제2장(의무교육)에서는 의무교육(제12조), 취학의무(제13조), 취학의무의 면제 등(제14조), 고용자의 의무(제15조), 친권자 등에 대한 보호(제16조)를 규정하고 있다.

제3장(학생과 교직원) 제1절 「학생」에서는 학생자치활동(제17조), 학생의 징계(제18조)를 규정하고 있으며, 제2절 「교직원」에서는 교직원의 구분(제19조), 전문상담교사의 배치 등(제19조의2), 교직원의 임무(제20조), 교원의 자격(제21조), 산학겸임교사 등(제22조)을 규정하고 있다.

제4장(학교) 제1절 「통칙」에서는 교육과정 등(제23조), 수업 등(제24조), 학교생활기록부(제25조), 학년제(제26조), 조기진급 및 조기졸업 등(제27조), 학습부진아 등에 대한 교육(제28조), 교과용도서의 사용(제29조), 초·중·고등학교의 통합·운영(제30조), 학교회계의 설치(제30조의2), 학교회계의 운영(제30조의3), 교육정보시스템의 구축·운영 등(제30조의4), 정보시스템에 의한 업무처리(제30조의5), 학생 관련 자료제공의 제한(제30조의6)을 규정하고 있다.

제2절 「학교운영위원회」에서는 학교운영위원회의 설치(제31조), 결격사유(제31조의2), 기능(제32조), 학교발전기금(제33조), 학교운영위원회의 구성·운영(제34조)에 관하여 규정하고 있다.

제3절 「유치원」에 관한 제35조-제37조는 삭제되었으며, 제4절 「초등학교·공민학교」, 제5절 「중학교·고등공민학교」, 제6절 「고등학교·고등기술학교」, 제7절 「특수학교」 등에서는 각 학교의 목적, 수업 연한, 입학자격, 학과, 과정 등을 규정하고 있다(제38조-제59조). 제8절에서는 상기학교와 유사한 교육기관인 각종학교와 외국인학교 및 대안학교에 관하여 규정하고 있다(제60조, 제60조의2, 제60조의3).

제5장(보칙 및 벌칙)에서는 학교 및 교육과정 운영의 특례(제61조), 권한의 위임(제62조), 시정 또는 변경명령(제63조), 휴업 또는 휴교명령(제64조), 학교 등의 폐쇄(제65조), 청문(제66조), 벌칙(제67조), 과태료(제68조)에 관하여 규정하고 있다.

7.2.2 특징 및 쟁점 주제

「초·중등교육법」은 종전의 「교육법」 내용 중 유치원과 초·중등교육에 관한 규정을 분리하여 별개의 법률로 만든 것이나 교육개혁 차원에서 다음과 같은 새로운 규정사항도 추가되었다.

첫째, 헌법에서 보장하고 있는 교육을 받을 권리의 핵심 내용인 의무교육에 관하여 새로운 장을 마련하여 상세히 규정하였다. 둘째, 수요자 중심의 교육체제를 구축하기 위하여 학생자치활동을 보장하고, 「지방교육자치에 관한 법률」과 동 시행령에 규정되어 있는 학교 운영위원회에 관한 사항을 「초·중등교육법」서 규정하였다. 셋째, 학생징계 시 최소한의 변론기회를 부여하는 적법절차를 보장하였다. 넷째, 교원의 임무 중 "교장의 명을 받아 학생을 지도한다"를 '법령이 정하는 바에 따라'로 대체하여 상관의 부당한 명령을 지양하도록 하였으며, 교원의 전문성이라는 특수성을 반영하였다. 초·중·고 통합운영, 산학겸임교사, 현장실습교사제 등을 도입하였다. 최근에는 상담교사의 도입, 교육정보시스템의 운영과 학생정보의 보호 등도 규정하였다.

「초·중등교육법」은 「교육기본법」 제6조에 따라 초·중등교육에 관한 기본적인 사항을 규정한 법률로 모든 초·중등교육 관계법령의 기본법이 된다.

「초·중등교육법」의 주요 쟁점은 교육과정 및 교과서 관련 교육내용, 학교운영위원회 등 학교 내 조직, 평준화 등 학교 선택권, 의무교육, 학습권, 초·중등학교의 법적 지위, 학교평가, 재학관계, 학생 인권에 관한 연구, 교칙, 학업성취도 평가 등이다.[31)]

7.3 고등교육법

7.3.1 체계와 주요내용

「고등교육법」은 4장 64조로 구성되어 있다. 제1장(총칙)에서는 고등교육법의 목적(제1조), 학교의 종류(제2조), 국·공·사립학교의 구분(제3조), 학교의 설립 등(제4조), 지도·감독(제5조), 학교규칙(제6조), 교육재정(제7조), 실험실습비 등의 지급(제8조), 학교간 상호협조의 지원(제9조), 학교 협의체(제10조), 수업료(제11조)에 관하여 규정하고 있다.

제2장(학생과 교직원) 제1절 「학생」에서는 학생자치활동(제12조), 학생의 징계(제13조)를 규정하고, 제2절 「교직원」에서는 교직원의 구분(제14조), 교직원의 임무(제15조), 교원·조교의 자격기준(제16조), 겸임교원(제17조)을 규정하고 있다.

제3장(학교) 제1절 「통칙」에서는 학교의 명칭(제18조), 학교의 조직(제19조), 학년도(제20조), 교육과정의 운영(제21조), 수업 등(제22조), 학점의 인정(제23조), 편입학(제23조의2), 분교(제24조), 연구시설(제25조), 공개강좌(제26조), 외국박사학위의 신고(제27조)를 규정하고 있다. 제2절(대학 및 산업대학) 제1관 「대학」에서는 대학의 목적(제28조), 대학원(제29조), 대학원대학(제30조), 수업연한(제31조), 학생의 정원(제32조), 입학자격(제33조), 학생의 선발방법(제34조), 학위의 수여(제35조), 시간제등록(제36조)을 규정하고 있다. 제2관 「산업대학」에서는 목적(제37조), 수업연한(제38조), 교과과목이수의 인정(제39조), 산업체 위탁교육(제40조)을 규정하고 있다. 제3절 「교육대학」 등, 제4절 「전문대학」, 제5절 「방송·통신대학」, 제6절 「기술대학」에서는 목적, 수업연한, 학위수여, 입학자격 등을 규정하고 있다(제41조-제59조).

---

31) 김성기, "초·중등교육법 연구 20년의 성과와 과제", 「교육법학 연구 20년의 성과와 과제」 대한교육법학회 창립 20주년 기념 전국교육법학자대회 자료집(2006. 9), p. 290 참조.

제4장(보칙 및 벌칙)에서는 시정 또는 변경명령(제60조), 휴업 및 휴교명령(제61조), 학교 등의 폐쇄(제62조), 청문(제63조), 벌칙(제64조)을 규정하고 있다.

7.3.2 특징 및 쟁점 주제

「고등교육법」 역시 구「교육법」 내용 중 대학, 교육대학과 사범대학, 전문대학, 방송통신대학과 개방대학에 관한 규정을 분리하여 따로 만든 것이다. 그러나 고등교육법은 고등교육의 기회를 확대하고 대학의 자율성 신장과 질적 수준의 향상을 위하여 교육개혁 차원에서 아래와 같은 몇 가지 새로운 내용을 담게 되었다.

첫째, 고등교육기관의 수업과 산업 현장과의 연계를 강화하기 위하여 현장실습수업 및 실습 학기제를 도입하고(제22조), 고등교육기회의 확대를 위하여 국내외의 다른 학교에서 취득한 학점을 당해 학교에서의 학점으로 인정하도록 하였다(제23조). 둘째, 대학의 자율성 제고를 위하여 학교의 장은 종전의 승인제에서 제정 또는 개정한 학칙을 교육인적자원부 장관에게 보고만 하도록 하였으며(제6조), 학생의 정원관리와 학생의 선발방법에서도 어느 정도 자율성을 인정하였다(제32조, 제34조). 셋째, 학생의 자치활동을 보장하고, 학생 징계 시 의견진술의 기회를 부여하는 등 적법절차 원리도 도입하였다(제12조, 제13조). 그 밖에도 고등교육기관 상호간의 교원교류와 연구 협력의 활성화를 위한 국가의 지원(제9조)과 대학대표자로 구성되는 학교협의체 운영도 가능하도록 근거 조항을 마련하였다(제10조).

「고등교육법」은 「헌법」 제31조 제6항의 "학교교육 및 평생교육을 포함한 교육제도와 그 운영, 교육재정 및 교원의 지위에 관한 기본적인 사항은 법률로 정한다"는 교육제도의 법정주의와, 고등교육실시를 위하여 학교를 두며 학교교육에 관한 기본적인 사항은 따로 법률로 정한다는 「교육기본법」 제9조 제1항 내지 제4항에 근거한 법률이다. 이러한 「고등교육법」은 앞에서 본 것처럼 대학 등의 고등교육기관의 학교교육제도와 그 운영에 관한 기본적인 사항을 정하고 교육당사자들의 권리와 의무에 관한 사항들을 규정한 고등교육기관에 대한 기본법이라 할 수 있다.

「고등교육법」의 주요 쟁점은 「교육기본법」에서 언급된 대학의 자율성 내지 대학의 자치(대학 입시에서의 본고사 금지, 내신반영비율 등) 및 대학과 학칙의 법적 성격, 대학의 의사결정 기구와 관련되는 교수회 및 대학평의원회의 구성과 총장선출제도, 대학의 구조조정 관련 국립대 법인화 및 대학평가, 대학정보공시제, 특성화, 기간제 교수임용 문제 등이다. 이러한 고등교육법상의 주요 쟁점에 관하여서는 제16장 평생 교육과 법에서 다루어진다.

7.4 유아교육법

7.4.1 체제와 주요내용

2004년에 「유아교육법」이 제정된바, 동 법은 만 3세부터 초등학교 취학 전까지의 유치원 교육에 관한 기본사항을 규정하고 있다. 「유아교육법」은 「헌법」 제31조(교육을 받을 권리)와 「교육기본법」 제9조(학교교육)에 근거를 두고 있다. 한편 「영유아보육법」은 만 0세부터 6세 미만의 초등학교 취학 전까지의 영유아의 보육에 관한 사항을 규정하고 있다. 영유아보육법은 「헌법」 제34조(인간다운 생활 및 사회복지증진)와 「사회복지사업법」 제2조 제1항 바(영유아보육법)에 근거를 두고 있다.[32)]

5장 34조로 구성된 「유아교육법」의 주요 내용은 다음과 같다. 제1장 총칙에서는 목적(제1조), 유아 등의 정의(제2조), 국가 및 지방자치단체의 책임(제3조), 유아교육·보육위원회(제4조), 유아교육위원회(제5조), 유아교육진흥원(제6조)을 규정하고 있다.

제2장 유치원의 설립 등에서는 유치원의 구분(제7조), 유치원의 설립(제8조), 유치원의 병설(제9조), 유치원의 규칙(제10조), 입학연령(제11조), 유치원의 학년도(제12조), 교육과정(제13조), 유치원 생활기록(제14조), 특수학교(제15조), 외국인유치원(제16조), 건강검진 및 급식(제17조), 지도감독(제18조), 평가(제19조)를 규정하고 있다.

제3장 교직원에서는 교직원의 구분(제20조), 교직원의 임무(제21조), 교원의 자격(제22조), 강사(제23조)를 규정하고 있다. 제4장 비용에서는 무상교육(제24

---

32) 유아교육법과 영유아보육법의 비교에 관하여서는 이일주, "유아교육법 연구 20년의 성과와 과제", 「교육법학 연구 20년의 성과와 과제」 대한교육법학회 창립 20주년 기념 전국교육법학자대회 자료집(2006. 9), pp. 120-121 참소.

조), 교육비용(제25조), 비용의 부담(제26조), 종일제 운용 등에 대한 지원(제27조), 보조금의 반환(제28조)을 규정하고 있다. 마지막으로 제5장 보칙 및 벌칙에서는 권한의 위임(제29조), 시정 또는 변경명령(제30조), 휴원명령(제31조), 유치원의 폐쇄(제32조), 폐쇄시의 청문(제33조), 벌칙(제34조)을 규정하고 있다.

7.4.2 유아교육법의 주요쟁점

2003-04년에 있었던 「유아교육법」 제정과 영유아보육법 개정과정에서 유아교육과 보육의 개념을 둘러싸고 심각한 대립과 갈등이 있었다. 유치원 교육학계에서는 보육 및 유아교육의 대상인 만 3-5세의 유아들의 발달 특성이 똑같기 때문에 유아교육과 보육이 유사한 것으로 인식한다. 또한 영·유아들을 위해서 보육과 교육기능이 함께 제공되어야 효율적이라고 주장을 한다. 한편, 보육학계에서는 보육은 교육과 달리 영유아의 안전·건강·위생·영양 부분이 중요하므로 유아교육과 보육의 차이를 강조한다. 따라서 유아교육법의 쟁점 주제는 이러한 대립과 갈등을 어떻게 조정하여 통합 법안을 만드는가에 있다.[33)]

7.5 기타 교육관련 법률

「교육기본법」, 「초·중등교육법」, 「고등교육법」, 「유아교육법」이 교육법의 핵심법률이지만, 그 밖에도 중요 교육관련 법률에는 「사립학교법」, 「지방교육자치에 관한 법률」, 「교원노동조합의 설립·운영 등에 관한 법률」, 「교육공무원법」, 「평생교육법」 등이 있다. 이들 법률의 내용에 관하여서는 해당되는 장에서 다루어지므로 이곳에서는 생략된다.

[토론 주제]

1. 교육법이 타 법률과 다른 특성은 무엇이며, 법체계상(공법, 사법, 사회법) 어디에 분류되는가?
2. 교육법은 다양한 존재 형태로 존재하는바, 교육조리란 무엇인가? UN

33) 이일주, 상게논문, pp. 139-141.

의 아동권리 협약은 한국에서 어느 정도 인식되고 실천되고 있는가? 한국 교육법 체계의 변천사를 보고 느끼는 점은 무엇인가?

3. 한국 교육법의 이념은 무엇인가? 교육당사자들이 얼마나 알고 있으며 어떻게 실현되고 있는가?
4. 대한교육법학회, 미국교육법학회(ELA), 일본교육법학회의 홈페이지에 나타난 최근의 교육법 관련 주요 쟁점주제에는 어떤 것이 있는가?
5. 헌법상의 교육규정, 교육기본법, 초·중등교육법, 고등교육법, 유아교육법의 주요쟁점 주제는 무엇인가?

제 5 장

교육의 기회균등 원리

우리나라 「헌법」은 교육에 관한 핵심조항인 제31조 제1항에서 “모든 국민은 능력에 따라 균등하게 교육을 받을 권리를 가진다”고 규정하고 있다. 또 모든 국민은 그 보호하는 자녀에게 적어도 초등교육과 법률이 정하는 교육을 받게 할 의무를 지우고 있으며 의무교육을 무상으로 하도록 하고 있다.

본 장에서는 첫째, 교육을 받을 권리의 중요 내용인 교육의 기회균등 원리에 관하여 그 중요성, 개념, 내용, 법 원리를 살펴본다. 둘째, 의무교육 제도의 법적 쟁점들을 다룬다. 셋째, 한국과 미국의 관련 판례들을 분석한다. 교육을 받을 권리의 구체적 내용인 학습권에 관하여서는 제8장 교육 당사자의 교육에 관한 권리에서 다루어진다.

1. 교육의 기회균등

1.1 중요성 및 연혁

평등권은 근대 입헌주의 헌법의 핵심내용을 이루고 있다. 여기서는 특히 교육 분야에서의 평등권, 즉 교육의 기회균등이 왜 중요한가를 간단히 살펴본다. 우리나라에서는 전통적으로 교육의 중요성이 강조되어 왔는데, 조선시대의 유교이념이 상당한 영향을 미친 것으로 생각된다. 유교에서는 사람의 본성이 악하다면 그것을 개선하기 위하여, 또 사람의 본성이 선하다면 그러한 잠재력을 이끌어 내기 위하여 교육이 중요하다고 믿었다. 또한 엄격한 조선의 신분사회에서 과거시험에의 합격만이 신분상승의 유일하고 확실한 길이었다. 오늘날 한국인들이 자기생활을 희생하면서 자식에 대한 과열된 교육열을 보이고 있는 것도 이런 역사적 배경에서 이해될 수 있다.

한국 국민 모두의 강한 교육열은 해방직전 상해임시정부의 건국강령에도 균학권이 보장되었다. 「건국강령」은 1941년 임시정부의 외무부장 겸 선전위원회 주임위원이었던 조소앙이 작성한 것인데, 우리나라의 건국정신을 삼균주의에서 찾고 있다. 삼균주의는 균정권(均政權)·균리권(均利權)·균학권(均學權)이다. 균학권을 위하여 의무교육제의 시행, 학령 초과자에 대한 보습교육제의 실시, 교육기관의 설치기준과 지역적 안배의 도모, 교과서의 편찬과 공급의 국영화 등을 보장하고 있다. 1948년 최초의 대한민국 「헌법」에서도 국민의 평등권과 아울러 균등하게 교육을 받을 권리와 의무교육을 규정하고 있으며, 그동안의 여러 차례 개정헌법에서도 교육의 기회균등을 늘 보장하고 있다.

미국의 경우에도 교육의 중요성이 강조된다. 영국 식민지시대에는 청교도의 영향이 컸다. 청교도에서는 인간을 게으르고 악하다고 보기 때문에 이 당시에는 자녀들이 어릴 때부터 교육을 통하여 청교도의 교리를 주입시켜 자녀들이 청교도 생활에 익숙해지도록 하려 하였다. 따라서 청교도의 자녀교육은 주로 성경공부였고, 매우 엄격한 교육 방법이었다. 자녀가 악의 유혹에 빠지지 않고 쉽게 복종하며 근면한 태도를 갖는 것은 당시 생존을 위해 바쁘기만 한 부모에게 가장 요청되는 일이었을 것이다.[1] 오늘날 미국 학교풍토의 권위주의적 요소를 위와 같은 청교도문화에서 찾기도 한다.

그러나 미국에서도 19세기 말부터 20세기 초에 있었던 진보주의의 운동에서 산업화에 따른 제반 사회문제들을 해결하기 위하여 교육의 중요성과 그 개혁이 주장되었다. 파커(Parker)는 교육을 자기발견의 탐구과정으로 보아 표현의 자유를 강조하였고, 이러한 사상은 듀이(Dewey)로 연결된다. 듀이는 교육을 통하여 모든 사람이 공동선의 창조에 참여할 수 있다고 지적하면서 교육이 민주사회를 이룩하는 최선의 방법임을 주장하였다.[2]

이와 같은 교육의 중요성에 대한 주장은 1950년대 흑인들의 민권운동에서

---

1) Alexander Rippa, *Education in a Free Society: An American History,* New York: Longman, 1984, pp. 5-25.

2) J. Dewey, *Democracy and Education: An Introduction to the Philosophy of Education,* New York: McMillian, 1916, p. 101.

도 나타난다. 흑인들이 백인들의 지배를 벗어나는 것은 자기들의 지위향상인데, 그것은 결국 백인과 균등한 교육을 받아서 가능하다고 믿었다. 따라서 1950년대 흑인들의 민권운동은 교육의 기회균등, 즉 그동안 당연히 여겨졌던 흑인학교와 백인학교의 분리정책을 타파하는 것이었다. 그 결과 획기적인 브라운(Brown)판결을 가져왔고, 이는 교육의 영역을 넘어 모든 분야에서의 흑백 차별정책을 개혁하는 데 있어서 결정적인 역할을 하게 되었다.

1.2 개념 및 법적 성격

「헌법」은 교육의 기회균등을 교육에 관한 기본원칙으로 천명하고 있다(동법 제31조 제1항). 교육의 기회균등이란 국가가 모든 국민으로 하여금 능력에 따라 균등하게 교육을 받을 권리를 보장하는 것이다. 여기에서 '능력'이란 교육을 받는 데 적합한 재질을 의미하며, '균등하게'란 인종·성·종교·경제력 등에 의하여 교육을 받을 권리를 차별하지 못한다는 의미이다. 다음 절에서 미국의 판례분석을 통하여 구체적으로 교육의 여러 영역에서의 차별금지 내용을 소개한다.

교육의 기회균등은 그 법적 성격이 불합리한 차별대우를 받지 않는 소극적 의미에서의 자유권이지만, 한편으로는 적극적 의미에서 생존권 내지 사회적 기본권의 성격도 아울러 갖는다. 따라서 국가는 교육을 받을 기회에 대한 차별을 금지하는 소극적 의무뿐 아니라, 학교교육을 확장하고, 무상의 의무교육을 실시하며(동법 제31조 제1항), 능력이 있어도 경제적 이유로 교육을 받을 수 없는 자를 위하여 장학정책을 시행하여야 하는 적극적 의무도 지고 있다.

1.3 교육의 기회균등에 관한 법 원리

교육의 기회균등의 법 원리는 평등권의 법 원리를 교육영역에 적용하는 것이다. 평등권의 법 원리가 매우 중요한바 제3장 헌법과 교육에서 이미 다루었으므로 이곳에서는 생략한다.

1.4 교육의 기회균등의 내용 및 범위

교육의 기회균등은 내용적으로 첫째, 교육을 받을 기회의 균등한 보장인바, 교육기회의 차별배제이다. 특히 성별, 인종, 종교, 경제력 등에 의한 불합리한 차별 배제로 「헌법」 제11조의 평등권 보장의 교육영역에서의 실현이다. 둘째, 실질적 내용에 있어 교육의 기회균등은 교육내용, 교육방법 및 평가에 있어서의 부당한 차별을 받지 아니하는 것도 포함한다. 최근에 쟁점이 되고 있는 대학입시에서 내신 성적 반영 시 고등학교별 차별도 여기에 관련되는 주제이다. 셋째, 교육의 기회균등은 교육환경에 있어서 부당한 차별을 받지 아니함도 포함된다. 여기에는 수업조건(학급당 학생 수, 교원의 자질 등)과 물리적 환경(시설설비, 통학의 안전성 등)이 해당된다.[3)]

넷째, 능력에 따라 차별받지 아니하는 교육의 기회균등이 형식적 의미에서의 교육을 받을 권리라면, 교육을 받을 권리의 실질적 내용은 일정한 편견의 주입이 아니라 객관적 진리의 추구이어야 하며, 피교육자에게 의사발표의 기회를 충분히 주어 자기성장을 도모하게 하는 것이어야 한다. 이는 학문의 자유와 관련되며, 교육의 자주성 보장을 제도적으로 필요로 한다. 「헌법」은 제31조에서 교육의 자주성·전문성·정치적 중립성을 보장하고 있다(동법 제31조 제4항).

기회균등은 소극적으로 부당한 차별을 받지 아니하는 것이지만, 적극적으로 실질적 평등을 실현하기 위한 우대조치(affirmative action)도 중요한 정책수단이다. 공무원 시험에서의 여성목표 할당제, 대학입시에서의 농어촌특례입학 등이 그러한 예이다. 그러나 우대조치는 자칫하면 역차별을 가져와 위헌일 수도 있고 장기적으로 바람직하지도 않아 잠정조치로 정교하게 시행되어야 한다.

---

3) 조석훈·김용, 「학교와 교육법」, 교육과학사, p. 69.

2. 의무교육제도

2.1 의무교육의 필요성과 법적 성격

국민의 교육을 받을 권리는 개인의 성장은 물론 사회에서의 생존권 보장을 위하여 긴요하다. 이렇게 중요한 교육을 받을 권리를 구현하기 위하여 「헌법」은 의무교육 제도를 두고 있다. 「헌법」 제31조 제2항은 "모든 국민은 그 보호하는 자녀에게 적어도 초등교육과 법률이 정하는 교육을 받게 할 의무를 진다"고 규정하고 있다.

의무교육은 그 법적 성격이 인격형성에 관한 자유권이며 의무교육의 적극적 실현을 위하여 국가에 교육조건 정비를 청구하는 생존권의 성격도 갖는다. 의무교육은 법률로써 폐지할 수 없는 제도적 보장의 의미도 있다.

2.2 의무의 주체와 의무의 범위

「헌법」 제31조 제2항의 규정상 학부모가 교육을 받게 할 의무의 주체가 된다. 피교육자인 아동이나 학생도 교육의 기회균등 실현을 위한 교육권의 주체이며 의무교육을 받아야 할 의무의 주체이기도 하다. 또 국가나 지방자치단체도 의무교육을 실시하고 의무교육에 제공되는 인적·물적 교육시설을 정비하고 교육환경을 개선하여야 하는 의무가 있다(초·중등교육법 제12조).

의무교육의 범위에 관하여 「헌법」은 적어도 초등교육과 법률이 정하는 교육을 받게 할 의무가 있다고 규정하고 있다. 구「교육법」 제8조의 2에서 "3년의 중등교육에 대한 의무는 대통령령이 정하는 바에 의하여 순차적으로 실시한다"고 규정하였는데 동 조항과 관련하여 의무교육의 범위를 법률로 정하게 한 「헌법」 제31조 제2항과 의무교육의 무상 원칙을 정한 「헌법」 제31조 제3항에 위배된다는 헌법 소원이 있었다.

헌법재판소의 다수의견은 중등교육은 초등교육과는 달리 「헌법」 제31조 제2항에서 지칭하지 아니하고 단지 '법률이 정하는 교육'이라고 규정하였을 뿐이므로 중학교의 무상 의무교육은 그 실시가 입법자의 형성의 자유에 속하는 사항으로 국가의 재정형편을 고려하여 국회가 입법 정책적으로 판단해서 법률로 구체적으로 규정할 때 비로소 헌법상의 권리가 된다고 판결하였다.[4)]

「초·중등교육법」 제13조는 초등의무교육의 취학연령을 만 6세로 규정하고 있다. 수학능력이 있으나 연령미달인 학생에게 조기입학을 허용하지 않는 것은 「헌법」 제31조의 제1항 능력에 따라 균등하게 교육을 받을 권리에 반한다는 헌법소원이 있었으나 합헌으로 결정한 바 있다.[5)] 인재의 조기교육과 취업주부의 직업의 자유를 보장하기 위하여 유아교육의 무상 실시가 필요한바, 만 5세 아이에 무상교육과 보육지원정책이 실시되고 있다.

2.3 의무교육의 내용

의무교육의 내용은 첫째, 실질적 교육의 내용에 있어 다양한 식견과 지식을 갖추도록 하는 교육이어야 한다. 이를 위하여서는 교사의 교재선택권과 교육내용설정에 있어서 학부모의 참여권이 관련된다. 둘째, 다음 절에서 다룰 능력에 따른 기회균등의 보장이다. 입학과 학교생활 과정에서 성별, 경제력 등에 의한 불합리한 차별을 받지 않는 것이다. 셋째, 생활기록부에 기록될 교육결과에 대한 공정한 평가요구이다. 학생들의 성적, 인성 등을 공정히 평가하고 해당 학생이 열람할 수 있어야 한다. 넷째, 의무교육은 무상이 원칙이나 무상의 범위에 관하여 좁게는 수업료로부터, 교과서, 급식, 통합버스 운용까지 요구되고 있다. 미국의 경우 교과서와 통합버스운영까지 학생에 대한 혜택(child benefit)이라는 이유로 종교계 사립학교에도 지원되고 있다. 수업료 면제 이외의 무상의 범위는 국가재정 사정과 관련된다.

2.4 의무교육과 관련된 법적 쟁점사항

의무교육과 관련하여 몇 가지 법적 쟁점이 있다. 첫째, 의무교육이므로 지정된 학교에 꼭 취학을 하여야 하는가의 문제가 있다. 학생과 학부모는 학생의 자질과 소질에 적합한 학교를 선택할 권리가 있는바, 학교선택권의 대상은 사

4) 헌재 1991. 2. 11, 90헌가27.

5) 헌재 1994. 2. 24, 93헌마192.

립학교도 포함된다.[6)]

우리나라의 경우 거주지 기준으로 중학교 배정입학을 하는 구「교육법시행령」 제71조가 「헌법」 제31조의 교육을 받을 권리의 학교선택권을 침해한다는 헌법소원이 있었으나 과열과외의 부작용을 방지하기 위한 입법목적 정당성을 이유로 합헌 결정한 바 있다.[7)] 이 사건은 다음 절에서 자세히 다루어진다.

둘째, 학부모가 종교적 이유로 아동을 의무교육기관에 보내지 않을 수 있는가 또는 가정에서 가정교사를 두고 공립학교 수준의 교육을 할 때 의무교육을 면할 수 있는가의 문제가 있다. 일반적으로 국가의 교육권이 개인의 종교적 자유나 개인교습을 통한 교육권보다 우월하다는 판단으로 의무교육 면제가 인정되지 않는다. 그러나 미국의 경우 아미쉬(Amish) 종교집단이 특수지역에서 특수문화를 형성하고 있는 경우 친권자들이 의무교육 강제가 그들의 종교적 믿음을 위협한다는 진지한 소명이 있는 경우 취학의무의 면제 판결이 있었다.[8)]

또 개인교습에 의한 가정교육(home instruction)이 의무교육을 대치할 수 있는가의 문제도 미국의 경우 주에 따라 다르다. 허용하는 주도 개인교습자의 교사자격, 가정교육의 정규성, 교육시간, 교육주제 및 범위 등을 기준으로 판단한다. 반대하는 주는 가정교육은 아이들의 물리적 접촉을 통한 사회화 과정에 문제가 있고 감독의 어려움을 이유로 한다. 우리나라도 교육환경이 나빠지고 개인의 경제적 생활여건이 향상됨에 따라 이런 문제가 제기되고 있다.

셋째, 친권자가 가난하다는 경제적 이유로 취학의무를 면제 또는 유예받을 수 있는가의 문제가 있다. 의무교육은 무상이며 경제적 이유로 취학시키기 곤란하면 지방자치단체에 교육비를 신청할 수 있으므로(초·중등교육법 제16조) 경제적 이유로 의무교육 면제나 유예는 인정이 안 된다.

마지막으로, 장애인을 위하여 지방자치단체는 초등학교와 중등학교의 과정을 교육하는 특수학교를 설립·경영하여야 한다(초·중등교육법 제12조 제2항). 또 「특수교육진흥법」은 국가 및 지방자치단체가 특수교육의 진흥을 위하여 종합계획을 수립하고 대상자 취학지도를 하며 특수교육기관의 설치·운영 및 특수교육을 위한 시설·설비의 확충정비를 하도록 규정하고 있다(동법 제3조). 장

---

6) Pierce v. Society of States of the Holy Names of Jesus of Mary, 268 U.S. 51a, 1925.
7) 헌재 1995. 2. 23, 91헌마204.
8) State of Wisconsin v. Yoder, 406. U.S. 205, 1972.

애인의 기본권에 관심을 갖고 정책적 지원을 하여야 한다.

3. 교육의 기회균등에 관한 중요 판례

교육의 기회균등이 구체적으로 어떻게 우리의 일상생활과 관련되고 있는가를 알아보는 데는 판례분석이 가장 적절한 방법이다. 아래에 관련 판례들, 특히 사례가 풍부한 미국의 경우 교육영역에서의 인종, 성별, 경제력에 의한 차별 문제가 어떻게 다루어졌는가를 살펴보고 그러한 판례들이 한국 교육법에서 갖는 의미를 지적해 본다.

3.1 한국의 판례

우리나라의 경우 교육영역에서의 평등권 문제로 헌법재판소의 위헌심사를 청구한 사례들이 비교적 많이 있다. 이곳에서는 거주지 기준의 고등학교 배정의 위헌성에 관한 헌법재판소의 판결을 자세히 분석하고 성차별 금지에 관한 법령을 살펴본다.

3.1.1 거주지 기준의 고등학교 배정의 위헌성

거주지를 기준으로 중·고등학교 입학을 제한하는 구「교육법시행령」 제71조 등이 헌법상의 평등원칙에 위배되는지 여부를 헌법재판소는 다음과 같이 판결하였다.

거주지(居住地)를 기준으로 중·고등학교의 입학을 제한하는 구「교육법시행령」 제71조 및 제112조의6 등의 규정은 과열된 입시경쟁으로 말미암아 발생하는 부작용을 방지한다고 하는 입법목적을 달성하기 위한 방안의 하나이고, 도시와 농어촌에 있는 중·고등학교의 교육여건의 차이가 심하지 않으며, 획일적인 제도의 운용에 따른 문제점을 해소하기 위한 여러 가지 보완책이 위 시행령에 상당히 마련되어 있어서 그 입법수단은 정당하므로, 위 규정은 학부모의 자녀를 교육시킬 학교선택권(學校選擇權)의 본질적 내용을 침해하였거나 과도하게 제한한 경우에 해당하지 아니한다.

동 사건은 교육의 기회균등은 물론 학부모의 학교선택권과도 관련되는 중요판례이므로 사건개요와 심판의 대상, 청구인의 주장과 이해관계기관의 의견, 그리고 본안에 대한 헌법재판소의 판단을 구체적으로 살펴본다.

사건개요와 심판의 대상: 청구인은 전북 순창군 순창읍에 거주하는 자로서 현재 초등학교 5학년, 중학교 1학년, 2학년에 재학 중인 자녀를 두고 있고, 장래 자녀들을 도시에 있는 중·고등학교에 진학시키기를 원하지만 「교육법시행령」 제71조 및 제112조의 6이 거주지를 기준으로 중·고등학교 입학을 제한하고 있어서 거주지를 도시로 이전하지 아니하고는 자녀를 도시에 있는 중·고등학교에 입학시킬 수 없으므로, 위 각 규정은 청구인의 기본권을 침해하여 위헌이라고 주장하면서 그 위헌 확인을 구하기 위하여 헌법소원심판을 청구하였다. 이 사건 심판의 대상은 구「교육법시행령」 제71조 및 제112조의6이다.[9)]

청구인의 주장과 정부의 의견: 청구인의 주장은 다음과 같다. 첫째, 이 사건 규정은 도시와 농어촌 사이에 존재하는 교육의 질적 차이를 고려하지 아니하고 합리적인 이유 없이 거주지를 기준으로 중·고등학교의 입학을 제한하기 때문에, 자녀를 도시에 있는 중고등학교에 진학시키고자 하는 농어촌 거주 학부모의 학교 선택권과 평등권을 침해한다. 둘째, 농어촌 거주 학부모가 자녀를 교육여건이 우수한 도시에 있는 중·고등학교에 진학시키기 위하여서는 도시로

---

9) 구 교육법시행령 제71조(중학교배정원서의 제출) 중학교에 입학하고자 하는 자는 그 출신국민학교가 속하는 위원회에 중학교배정원서를 제출하여야 한다. 다만, 중학교에 있어서는 교육장(교육감)에게, 초등학교졸업자로서 거주지가 이전된 자와 제79조의 규정에 해당하는 자는 그 거주지를 학구로 하는 초등학교가 속하는 교육장(교육감)에게 제출하여야 한다.

제112조의 6(입학전형의 지원) ① 입학전형에 응시하고자 하는 자는 전기학교·후기학교의 구분 없이 동시에 그가 재학한 중학교가 소재하는 교육감에게 지원하여야 하되, 제80조의 규정에 의하여 중학교를 졸업한 자와 동등 이상의 학력이 있다고 인정되는 자 및 중학교 학구로 인하여 다른 시·도에서 수학한 자와 중학교를 졸업한 자로서 거주지가 이전된 자인 경우에는 거주지의 교육감에게 지원하여야 한다. 다만, 인접 시·도에 소재한 고등학교에 입학하는 것이 통학상의 거리 또는 교통으로 보아 편리하다고 인정되는 경우에는 그 관련되는 교육감이 협의하여 정하는 바에 따라 그 인접 시·도의 교육장(교육감)에게 지원할 수 있다.

② 제1항에서 '거주지'라 함은 민법 제909조의 규정에 의한 친권자 또는 제928조의 규정에 의한 후견인의 일상생활의 근거지를 말한다. 이 경우에 일상생활의 근거지의 여부는 교육부 장관이 결정한다.

거주지 이전을 원하지 않는 경우에도 도시로 거주지를 이전하여야 하는바, 이는 헌법상의 거주이전의 자유를 침해한다.

교육부장관 및 법무부장관의 의견 요지는 다음과 같다. 첫째, 이 사건 규정의 입법목적은 중·고등학교에 만연되어 있던 과열 입시경쟁에 의한 초등학생, 중학생의 건전한 정신적·육체적 발달 저해, 교육과정의 파행적 운영, 과중한 과외비용과 과외교육을 시킬 수 없는 학부모에 대한 실질적 불평등, 재수생의 증가로 인한 사회적 문제 등을 해결하기 위한 것이었다.

둘째, 이 사건 규정이 거주지를 기준으로 중·고등학교 입학을 제한하고 있지만, 이는 위와 같은 입법목적을 달성하기 위한 것이고 학부모가 원하는 지역에 있는 학교에 자녀를 입학시키기 위하여 거주지를 이전하는 것을 제한하지 아니하므로 교육을 받을 권리 및 거주이전의 자유를 침해한 것은 아니다. 셋째, 도시와 농어촌 학교의 교육환경에 질적인 차이가 없고 국가에서 농어촌 지역의 학생에 대한 교육을 차별할 의도가 없으므로 평등권을 침해한 것도 아니다.

쟁점과 판단 이유: 쟁점 1. 자녀를 교육시킬 학교선택권의 침해 여부

친권자에게는 미성년자인 자녀를 보호하고 교육할 의무가 있는 것처럼 부모는 아직 성숙하지 못하고 인격을 닦고 있는 초·중·고등학교인 자녀를 교육시킬 교육권을 가지고 있으며, 그 교육권의 내용 중 하나로서 자녀를 교육시킬 학교선택권이 인정된다. 그런데 이 사건 규정은 거주지를 기준으로 한 중·고등학교의 입학 제도를 규정함으로써 부모의 자녀를 교육시킬 학교선택권을 제한하고 있으므로, 그 제한이 「헌법」 제37조 제2항에 규정된 기본권 제한 입법의 한계를 지킨 것인가에 관하여 문제가 된다.

가. 입법목적의 정당성

과열된 입시경쟁으로 말미암아 발생하는 그와 같은 부작용을 방지하기 위한 이 사건 규정의 입법목적은 정당하다고 할 것이다.

나. 입법수단의 정당성

중·고등학교의 입시제도는 그동안 여러 번 변천을 거듭하였고 현재도 고등학교 입시제도 등에 관하여 많은 개선책이 논란되고 있지만, 각 제도에 장·단점이 있으므로 그 개선책이 용이하게 확정되지 못하고 있는 실정에서도 알 수 있듯이, 중·고등학교의 입시제도는 입법권자에게 광범위한 재량권이 요구되

는 분야라고 할 수 있다.

이 사건규정은 과열된 입시경쟁으로 말미암아 발생하는 부작용을 방지한다고 하는 입법목적을 달성하기 위한 방안의 하나이고, 도시와 농어촌에 있는 중·고등학교의 교육여건의 차이가 심하지 않으며, 획일적인 제도의 운용에 따른 문제점을 해소하기 위한 여러 가지 보완책이 상당히 마련되어 있어서, 학부모의 자녀를 교육시킬 학교선택권을 최소한으로 제한하면서 입법목적을 달성할 수 있는 최선의 방법이 있다거나 이를 쉽게 발견할 수 없는 현 상황에서는 그 입법수단을 정당하다고 보아야 할 것이다.

쟁점 2. 거주이전의 자유의 침해여부

학부모는 원하는 경우 언제든지 자유로이 거주지를 이전할 수 있으므로 그와 같은 생활상의 불이익만으로는 이 사건 규정이 거주이전의 자유를 제한한다고는 할 수 없고, 설혹 이 사건 규정이 거주이전의 자유를 제한한다고 하더라도 앞서 본 바와 같이 그 입법목적 및 입법수단이 정당하므로 그 제한의 정도는 기본권의 본질적인 내용을 침해하였다거나 이를 과도하게 제한한 경우에 해당하지 않으므로 「헌법」 제14조 및 「헌법」 제37조 제2항에 위반되지 아니한다.

쟁점 3. 평등권의 침해여부

학교별로 교육여건이 동일하지 아니하므로 교육여건이 상대적으로 열등한 학교에 자녀를 입학시켜야 하는 학부모의 경우에는 교육여건이 우수한 학교에 자녀를 입학시킬 수 있는 학부모에 비하여 차별을 받는다고 할 소지가 있다. 그러나 이 사건 규정은 그 입법목적 및 입법수단이 정당하고, 이 사건 규정이 적용되는 학교에 자녀를 입학시키고자 하는 학부모는 당해 학교에 지원하는 학생수가 정원을 초과하지 아니하는 한 거주지를 이전함으로써 원하는 학교에 자녀를 입학시킬 수 있으므로 합리적인 이유 없이 차별한 것이라고 할 수 없다.

판결: 이 사건 규정은 청구인의 「헌법」 제31조 제1항에 의하여 보장되는 자녀를 교육시킬 학교선택권, 「헌법」 제14조에 의하여 보장되는 거주이전의 자유, 헌법 전문과 「헌법」 제11조에 의하여 보장되는 평등권을 침해한 것이 아니므로, 청구인의 이 사건 심판청구는 이유 없어 이를 기각한다.[10)]

---

10) 헌재 1995. 2. 23, 91헌마204.

3.1.2 성차별 금지 법률

교육영역에서의 성차별은 과거에는 유교문화의 영향으로 당연시되었지만, 최근에는 적어도 법률상(de jure)의 차별은 여성부가 중심이 되어 완전히 제거하였다. 다만 아직 남아 있는 것은 사실상의(de facto) 차별문제이다. 최근에는 국가인권위원회가 여학생이 생리로 결석하거나 시험을 치르지 못하는 경우 여성의 건강과 모성 보호를 위하여 적절한 제도 개선을 하도록 교육인적자원부에 권고할 정도로 여성의 인권은 철저히 보호되고 있다.

교육영역에서의 남녀평등을 위하여 「교육기본법」 제17조의2에서 "교육을 실시함에 있어 합리적인 이유 없이 성별에 따라 참여 또는 혜택을 제한하거나 배제하는 등의 차별을 하여서는 아니 된다"고 다음과 같이 비교적 상세한 규정을 하고 있다.

「교육기본법」 제17조의2(남녀평등교육의 증진) : ① 국가 및 지방자치단체는 남녀평등정신을 보다 적극적으로 실현할 수 있는 시책을 수립·실시하여야 한다.

② 국가 및 지방자치단체와 제16조의 규정에 의한 학교 및 사회교육시설의 설립·경영자는 교육을 실시함에 있어 합리적인 이유 없이 성별에 따라 참여 또는 혜택을 제한하거나 배제하는 등의 차별을 하여서는 아니 된다.

③ 제1항의 규정에 의한 시책에는 체육·과학·기술 등 여성의 활동이 취약한 분야를 중점 육성할 수 있는 교육적 방안이 포함되어야 한다.

④ 학교교육에서의 남녀평등 증진을 위한 학교교육 과정의 기준과 내용 등 대통령령이 정하는 사항에 관한 교육인적자원부장관의 자문에 응하기 위하여 남녀평등교육심의회를 둔다.

⑤ 제4항의 규정에 의한 남녀평등교육심의회의 위원의 자격·구성·운영 등에 관하여 필요한 사항은 대통령령으로 정한다.

교육인적자원부가 예시한 성희롱 등 남녀차별 방지를 위한 유의사항에서 규정하고 있는 보다 근본적인 교육에서의 대표적인 남녀차별 행위의 유형은 다음과 같다.

가. 학교 등 공공기관에서 실시하는 교육에서 동일한 자격임에도 불구하고 성별에 따라 교육내용 및 교육과정 편성·운영을 달리하는 경우

나. 여학생에게는 가정생활에 필요한 덕목을 갖출 것을 강조하고, 남학생에게는 지도자로서의 역할을 강조하는 등 교육기관에서 남녀 역할에 대한 편견을 갖도록 하는 교육목표 제시, 교육내용 구성, 생활지도 등을 하는 경우

다. 임시회장을 남학생으로 지정하여 남학생에게 지도력 개발기회를 더 많이 제공하는 등 교육기관에서 성별에 따라 활동기회를 제한하거나 활용내용을 구분하는 경우

라. 남학생에게는 직업을 전제로, 여학생에게는 결혼을 전제로 진로(진학) 지도를 하는 등 교육기관에서 성별에 따라 진로선택범위 등을 제한하는 경우

마. 교육기관에서 교육의 결과를 평가할 때 성별에 따라 다른 기준을 적용하는 경우

바. 여자는 결혼만 잘하면 된다는 식의 전통적 성 역할 의식을 강조하는 등 교육과 관련하여 합리적인 이유 없이 성별에 따라 구별·배제·제한하는 경우

3.1.3 교육의 기회균등에 관한 기타의 판례

국·공립사범대 졸업자의 우선임용이 헌법상의 평등권 원리에 반한다는 판례[11]는 제3장에서 자세히 다루어졌다. 사립학교 교원을 직권 면직할 경우 국·공립 교원에 적용되는 징계절차를 준용하지 않은 구「사립학교법」 제58조 제1항 1호의 위헌성[12]에 관하여서는 제15장 사립학교와 법에서 다룬다.

중학교 의무교육은 대통령령에 의하여 순차적으로 실시한다는 구「교육법」 제8조 2가 위헌이 아니라는 결정과[13] 취학연령 미달자에게 조기입학을 허용하지 않는 것이 능력에 따른 균등한 교육을 받을 권리에 반하지 않는다는 헌법재판소의 판례는[14] 상술하였다.

교육부의 소규모학교 통·폐합시책에 따른 경기도 의회의 두밀학교 폐지가 「헌법」 제31조의 교육의 기회균등 등에 반한다는 조례개정 무효소송이 있었으

11) 헌재 1990. 10. 8, 89헌마89.

12) 헌재 1997. 12. 24, 95헌바29(97헌바6 병합).

13) 헌재 1991. 2. 11, 90헌가27.

14) 헌재 1994. 2. 24, 93헌마192.

나, 서울고등법원은 통·폐합의 장단점을 종합적으로 고려할 때 통·폐합으로 교육을 받을 권리 내지 의무교육이 침해당하였다고 할 수 없다고 판결하였고, 대법원이 상고를 기각하였다.[15] 제11장 교육정책기구 및 교육자치제도에서도 언급된다.

서울대학교의 해외 근무 외교관, 공무원 자녀에 대한 특례입학(실제 득점의 20% 가산) 때문에 모집정원 내에 들어가 합격할 수 있었던 원고들에게 불합격 처분한 것은 재량권을 남용한 경우에 해당한다는 판결도 있다.[16]

3.2 미국의 판례[17]

3.2.1 인종에 의한 차별

미국에서 교육의 기회균등에 관한 가장 대표적인 영역은 인종에 의한 차별이라 할 수 있다. 흑인학교와 백인학교의 분리정책에 관하여 미국 법원의 초기 입장은 '분리지만 동등한'(separate but equal) 조건이면 합헌이라는 원칙을 고수하여 왔다. 이 원칙은 1896년에 플레시(Plessy)사건에서 확립되었다. 플레시라는 원고는 피부색이 7/8 정도 백인 코카시언이고 1/8 정도는 흑인 아프리칸이었다. 당시 루이지애나 법은 기차객실을 흑인실과 백인실로 분리하여 운영하였는데, 플레시가 백인실을 고집하였으므로 체포되었다. 연방대법원은 분리되었지만 동등한 기차객실 시설을 규정한 루이지애나법이 연방헌법 수정 제14조 평등권에 반하지 않는다는 판결을 하였다. 합헌판결의 이유는 육체적 특징에 의한 인종간의 구별은 입법이나 재판에 의하여 해결될 수 없으며, 개개인 간의 자발적인 동의에 의하여 가능하다는 것이었다.[18]

흑인학교와 백인학교의 분리정책이 법적으로 최초로 부인된 것은 1954년의 브라운사건이다. 브라운사건은 동일한 법률문제를 소송사유로 한 다른 세 사건과 함께 연방대법원에서 다루어졌다. 이들 사건의 법률문제는 물리적인 학

15) 서울고법 1995. 5. 16, 94구11554. (대판 1996. 9. 20, 95누7994 상고기각.)

16) 대판 1990. 8. 28, 89누8255.

17) 표시열, "교육의 기회균등에 관한 연구: 미국대법원의 중요판례분석을 중심으로", 「공법이론의 현대적 과제」, 1991, pp. 279-302.

18) Pressy v. Ferguson, 163 U.S. 537, 1986.

교시설이나 모든 유형의 요소들이 동등한 경우 흑인과 백인 인종차이에 따른 학교의 분리운영이 연방헌법 수정 제14조의 평등권에 위반하느냐이었다.

연방대법원은 오직 인종을 근거로 하여 흑인 아동을 다른 백인 아동과 분리하여 학교를 운영하는 것은 그들의 지위에 관하여 열등감을 갖게 된다는 전문가들의 증언을 고려하여 분리된 교육시설은 본질적으로 불평등하다고 원고 승소 판결을 내렸다.[19)]

이 판결에는 구체적으로 어떤 범위에서 언제부터 이 판결이 시행되는가에 관하여 언급이 없었다. 따라서 다음해인 1955년에 브라운 사건Ⅱ를 통하여 모든 공립학교 및 교육위원회는 교통체제, 물리적 환경, 인사 등 모든 관련요소를 고려하여 계획적이고 빠른 속도로 학교제도의 이중구조를 없애야 할 책임이 있다고 지적하였다.[20)] 브라운판결은 학교의 영역을 넘어 그동안 여러 형태로 정부가 지원 내지 방조한 흑인차별 정책을 재검토하는 촉매제 역할을 하게 되었다.

흑인학교와 백인학교를 통합하려는 법원의 강력하고 지속적인 판결은 일정한 한계가 있었다. 즉, 법원의 통합조치는 학군조정 등과 같은 정부가 어떤 차별적인 정책으로 발생한 '법률상의 차별'에만 적용되는 것이지, 원래의 인구형태나 취업기회의 불균형 등에 의하여 발생한 경우와 같이 정부책임이 아닌 '사실상의 차별'에는 적용되지 아니하였다.

그러나 법률상의 차별이냐 사실상의 차별이냐의 구분은 명확하지 않으므로 대부분의 법원에서는 법률상의 차별개념을 확장 해석하는 경향이었다. 또한 사실상의 차별인 경우에는 그 입증 책임이 학교 측에 있으므로 학교당국은 흑인·백인학생에 대한 중립적인 정책을 단순히 따랐다는 변명보다 흑백간의 불균형적인 모든 결과를 설명할 수 있어야 했다.[21)]

흑인학교와 백인학교를 통합하려는 사법부의 노력은 상당한 반발에도 불구하고 의회와 정부의 지지로 성공한 셈이다. 특히 1964년의 「민권법」(Civil Right Act of 1964)의 제정으로 연방정부는 흑인과 백인의 차별정책을 계속하고 있는 교육위원회에 대하여서는 연방의 재정보조가 중지되도록 하여 효과를 얻었다.

---

19) Brown v. Board of Education of Topeka, 347 U.S. 483, 1954.

20) Brown v. Board of Education of Topeka, 349 U.S. 294, 1955.

21) Gee Gordon and David Sperry, *Education Law at Public Schools : A Compendium,* Boston : Allyn and Bacon, p.38-40.

미국에서 가장 문제가 되어 온 흑인·백인 아동에 대한 차별대우는 한국의 경우 단일민족이므로 별 문제가 없다. 그러나 미국의 인종차별에 관한 사법부의 양심적인 오랜 투쟁을 우리는 간과할 수 없다. 많은 사람들의 편견과 사회적 저항이 완강하였지만 사법부는 1954년 브라운판결 이후 약자인 흑인 편에서 강력하게 흑·백차별제도와 정책에 관하여 위헌판결을 하였다. 한국의 경우 최근 추진되고 있는 민주주의가 조속히 확립되기 위하여서는 브라운판결 같은 사법부의 정의롭고 진보적인 판결이 필수적 요소라 하겠다. 다이(Dye)는 미국에서 흑인민권운동의 성공에 직접적인 역할을 한 것은 일반대중이나 국민의 대표기관인 의회가 아니었고 바로 소수 엘리트, 즉 사법부였음을 강조하고 있다.[22)]

3.2.2 성별에 의한 차별

학교에서 남녀 성 차이에 의한 차별대우는 미국에서도 오래 된 관습이었다. 그러나 최근 1960-70년대 들어와 이에 관한 법적 분쟁이 제기되기 시작하였다. 문제가 되는 분야는 학교 입학시 남학생과 여학생의 입학시험 커트라인 차이, 체육활동을 포함한 과외활동에서의 여학생의 배제, 그리고 임신한 여학생의 퇴학처분이었다.

학생입학에 있어 가장 대표적인 남녀 차별사건은 브레이(Bray)사건이다. 이 사건의 개요는 다음과 같다. 보스톤의 명문 고등학교 보스톤 라틴학교는 남학생 정원이 3,000명이고, 여학생 정원이 1,500명이었다. 여학생은 정원이 적어 통상 남학생보다 더 높은 점수를 받아야 입학되었다. 남학생의 커트라인 점수보다 더 높은 점수를 받고 불합격이 된 여학생들이 소송을 제기하였고, 연방지방법원은 분리되고 차별된 입학기준은 연방헌법 수정 제14조의 평등권 조항에 위배된다고 판결하였다.[23)]

입학결정의 기준은 성적만이 되어야지 성별고려는 평등권, 교육의 기회균등에 반한다는 것이다. 이와 같은 취지에서 남녀학생 정원수를 똑같이 정해 놓은 결과로 남녀공학학교에서 입학점수의 차이가 생기는 것도 평등권에 반하는 위헌행위가 된다. 남녀학생 정원수를 똑같이 하는 것이 좋은 교육을 위해 필수

---

22) Thomas R. Dye, *Understanding Public Policy,* Englewood Cliffs : Prentice Hall Inc., 1954, p. 45.

23) Gee and Sperry, *op. cit.,* D.38-D.40.

적 요소라는 학교 측의 주장이 있었지만, 이는 아직 확립되지 않은 개념이라고 법원이 받아들이지 않았다.[24)]

미국에는 각 지역마다 여러 대학이 체육교환 경기를 정례화하고 있다. 이러한 교환경기는 주로 남학생 위주의 프로그램이었고 여학생은 배제되었다. 그러나 이러한 전통도 법적 도전을 받게 되었으니 다음의 브렌던(Brenden)사건이 그 한 예이다. 미네소타 주 고등학교 연합회는 남학생들의 체육교환경기에 여학생의 참여를 금지하고 있었다. 두 여학생이 테니스·스키·육상경기 같은 비접촉적인 경기에 참여를 원했고, 결국 소송까지 하게 되었다. 연방지방법원은 동 연맹의 여학생의 참여금지 규정은 합리적 근거가 없다는 이유로 평등권 위반이라고 원고승소 판결을 내렸다.[25)]

체육교환경기에서 여학생의 배제가 교육의 기회균등에 반하는가를 심사할 경우, 여성을 위한 유사한 프로그램이 있는 경우에는 "분리되었지만 동등한 원칙"이 운동경기에서는 인정되기도 한다. 운동경기 프로그램이 남녀학생별로 분리되지 않고 통합되어야 하는가 하는 문제를 법원이 심사할 경우에는 경기종류가 심한 신체의 접촉을 필요로 하는가의 여부를 고려하고 있다. 왜냐하면 남학생과 여학생 간에는 힘·지구력 등 신체적 차이가 있기 때문이다.[26)]

성별에 의한 차별대우의 세 번째 형태는 임신한 여학생의 퇴학 또는 정규수업에서의 격리 문제이다. 임신한 여학생의 교육을 받을 기회는 부인되어야 하는가 하는 문제는 미국 법원에서 자주 문제가 되고 있다. 학교측은 1970년대의 초까지만 해도 다음과 같은 이유로 그러한 학생의 등교를 인정하지 않았다. 임신한 여학생 특히 미혼인 임신학생의 등교는 불법적인 성행위를 조장하여 도덕성을 해치며, 다른 학생들의 주의를 끌게 되어 교실에서 소란원인이 된다. 그리고 임신학생의 심리적 긴장으로 본인의 건강에 해롭다.

그러나 오늘날에는 법원이 이러한 학교정책을 쉽게 받아들이지 않고 있다. 교육을 받을 권리가 중요 기본권이라는 점을 강조하면서 임신한 여학생을 정규수업이나 기타 학교활동에서 배제시킬 경우에는 학교측에서 단순히 미혼모의 등교는 학생들의 도덕성을 해친다는 추상적인 주장보다 더 구체적이고 교육 목

24) Bray v. Lee, 337 F. Supp. 934. D. C. Mass., 1972.
25) Brenden v. Independent School District, 477 F. 2d 1292(8th Cir.), 1973.
26) Ritacco v. Norwin School District, 361 F. Supp. 930. W.D. Pa, 1973.

적상 받아들일 수 있는 합리적 이유를 입증하도록 하고 있다.[27] 최근에는 프라이버시 권리로 결혼 또는 임신하는 것은 본질적인 권리라는 전제에서 임신한 여학생의 권리가 보호되고 있는 경향이다.[28]

마지막으로 이 분야에서 언급될 점은 미국의 경우에는 여성에 대한 교육기회의 차별을 막기 위하여 연방정부에서 특별법 「Title Ⅸ of the 1972 Education Amendment」를 제정한 것이다. 이 법은 연방정부의 재정지원을 받는 모든 교육 프로그램이나 활동에서 성별을 이유로 그 참여가 배제되지 않는다고 규정하고 있다.

한국의 경우, 성별에 의한 차별은 여성 천시의 유교문화의 영향으로 당연한 것으로 여겨져 왔으나, 최근에는 많은 변화조짐을 보이고 있다. 따라서 앞에서 검토된 남녀학생 간의 입학시험 커트라인 차이, 남학교와 여학교의 분리, 체육활동을 포함한 과외활동에서의 여학생 제외, 임신여학생의 등교주장 등이 한국의 경우에도 앞으로 문제가 될 수 있다. 교육부문에서의 성차별은 근본적으로 일반국민과 교사가 남녀 성의 역할을 정형화시켜 그들을 달리 대하는 데 있다. 여성 스스로도 자기 자신의 미래에 대한 청사진을 갖지 못하고 결국 어떤 남편을 얻느냐에 자기운명이 좌우된다고 믿는다면 남성 위주의 사회적 편견은 단절되기 힘들 것이다.

한국의 경우 여성부의 설립과 「남녀차별금지 및 구제에 관한 법률」의 시행으로 여성에 대한 불합리한 차별이 상당히 개선되고 있다. 남녀차별문제와 관련된 성희롱은 제12장 교원인사 정책의 법적 측면에서 다루어진다.

3.2.3 경제력에 의한 차별

경제적으로 가난한 부모의 아이들 또는 가난한 학교에 다니는 아이들은 자기들 자신의 잘못 없이 제도의 잘못으로 교육의 기회에 있어 상대적인 불평등을 당한다. 미국의 경우 각 주(州) 간에도 심한 빈부의 차이가 있지만, 한 주 안에 있는 교육자치구역간에도 빈부의 차가 심하고 그로 인하여 학생 1인당 교육지출비에 현저한 차이를 보이고 있다.[29]

---

27) Ordway v. Hargraves, 323 F. Supp. 1155. D. Mass., 1971.

28) Beeson v. Kiowa Country School District, 39 Colo. App. 174, 1977.

29) 미국 연방정부는 소득세에, 주 정부는 매상세에, 그리고 지방정부는 재산세에 주로 의존하고 있다. 교육은 주 정부의 고유권한이며 지방단위의 교육자치구역에 중요 권한이 위임된

교육자치구역간의 빈부 차이에 의한 학생 1인당 교육지출비의 차이에 대하여 헌법상의 평등권 위반이라는 최초의 도전이 1971년 캘리포니아 주에서 있었다. 세라노(Serrano)사건에서 캘리포니아 최고법원은 지방재산세에 근거한 주 정부의 학교재정 계획을 연방헌법 수정 제14조의 평등권 조항에 위반한다고 무효를 선언하였다.

실제로 부유층 지역은 학생 1인당 교육지출비가 $2,200이었고, 가난한 지역의 학생 1인당 교육 지출비는 $270이었다. 동 법원이 지방재산세에 근거한 캘리포니아 주의 학교재정계획을 무효로 한 중요근거는 다음과 같다. 부유한 교육자치구역은 바람직한 교육비지출을 선택할 수 있는 데 비하여, 가난한 교육자치구역은 재산의 부족으로 교육비에 대한 재정적 선택능력을 사실상 빼앗기고 있다. 이러한 학교재정계획은 본질적인 이익과 명백히 관련되는 교육을 다루고 있으며, 교육의 질도 학교자치구역의 부, 궁극적으로는 부모의 자갑에 의존하게 된다. 이러한 주 정부의 학교 재정계획은 주의 중요이익을 달성하기 위한 필수적인 사항이 아니며, 따라서 평등권에 대한 엄격한 테스트를 통과하지 못한다.30)

세라노 판결은 평등권 법 원리의 엄격한 테스트를 적용하였으며, 모든 주의 공립학교 재정계획을 개혁하는 데 중요한 촉진제가 되었다. 그러나 이 판결은 많은 도전을 받게 되었다. 가장 대표적인 사건인 로드리퀴즈(Rodriquez) 판결이다. 동 사건은 텍사스의 여러 교육자치구역 간에 학생 1인당 교육 지출비에 현격한 차이가 있는 텍사스 주의 학교재정계획이 연방헌법 수정 제14조의 평등권에 반하는가의 위헌심사문제이다. 텍사스 주 법원은 세라노 판결에서와 같은 이유로 위헌결정을 하였다. 그러나 동 사건은 미국 연방최고법원에 상소되어 1973년 3월에 5 대 4의 결정으로 주법원의 판결이 파기되었다.

연방대법원은 재산세가 학교재정의 기초가 되는 것은, 비록 교육지역간의 불균등한 학생 1인당 교육지출비를 초래하지만, 연방헌법 수정 제14조의 법률보호 밖에 있다고 지적하였다. 동 법원은 교육은 본질적인 권리가 아니므로 주 정부가 학교재정계획의 합리적 근거를 제시할 수만 있으면 된다고 판결하여 평등권에 대한 사법심사에서 적용되는 엄격한 테스트를 적용하지 아니하였다. 동

다. 따라서 교육비의 대부분이 재산세와 주 정부로부터의 보조금에 의존하고 있다.

30) Serrano v. Priest, 5 Cal. 3d 584, 1971.

법원은 재산세에 의한 지역교육비의 지출이 위헌이라면 그동안 관례적으로 인정되어 오고 있는 재산세에 의한 지역 경찰·소방·공중보건, 그리고 공공시설에 대한 차별적인 지출도 위헌이 될 수 있다고 그 불합리성을 지적하였다.31) 요컨대 연방대법원은 교육지역에 따른 학생교육비지출의 불균형이 연방헌법 수정 제14조에서 금지하고 있는 차별에 해당되지 않는다는 입장이다.

동 판결은 인종차별에 관한 브라운 사건에 버금가는 미연방대법원의 중요판결이지만, 세라노 판결에 영향을 받아 각 주에서 추진하고 있는 학교 재정계획의 개혁에는 큰 영향을 미치지 못하였다. 많은 주에서 동 판결에도 불구하고 1인당 학생의 교육지출비의 균형을 위해 제도개혁을 적극 추진하고 있다.

경제적 빈곤층에 대한 재정적 차별은 한국의 경우 가장 심각한 사회적 쟁점이라고 생각된다. 정부의 명백한 차별정책이라기보다는 부유한 부모의 서울집중, 서울시 내에서도 8학군에의 집중으로 인한 사실상의 불평등 현상이다. 이는 정치·경제·사회적 차원의 국가문제이지만, 좁게 교육차원에서 보아도 학교시설 및 실험기자재의 차이, 상급학교에의 진학률 차이, 동료그룹의 형성에 따른 기대감 차이 등의 엄청난 불평등 현상을 초래하고 있다. 이러한 실질적인 교육기회의 불균등은 능력보다 가족의 경제력에 따라 좌우되므로 헌법상의 교육의 기회균등보장을 허구화시킬 수 있다.

정부는 세라노 판결에서 지적된 바와 같이 학생의 1인당 교육지출비가 실질적으로 대등하도록 농어촌은 물론이고 지방도시에 적극적인 우대의 재정지원정책을 추진하여야 한다. 또 미국의 경우에는 교육권이 연방헌법상의 본질적 권리로 인정되고 있지 않지만, 한국의 경우에는 헌법상의 본질적 권리라고 할 수 있으므로 교육의 기회균등 문제는 엄격한 심사기준을 적용하여야 할 것이다.

생각건대, 평등권 특히 교육의 기회균등은 민주주의 제도의 초석이라 할 수 있다. 미국의 많은 판례에서 제시되는 교육의 기회균등 원리가 우리나라의 경우에도 반영되어야 되겠다.

---

31) Rodriquez v. San Antonio Independent School District. 411, U.S. 1, 1973.

[토론 주제]

1. 교육의 기회균등은 동서고금을 막론하고 가장 중요한 인간의 기본권이다. 교육의 기회균등은 왜 중요한가? 한국 국민의 자식에 대한 지나친 교육열의 원인은 무엇이고 어떤 문제가 있으며 완화방안은 없는가?
2. 학교선택권 제한과 관련되는 거주지 기준의 중·고등학교 입학 배정에 관한 헌법재판소의 판례를 비판적 관점에서 토론할 수 있는가?
3. 소개된 미국의 판례들을 염두에 두고 한국의 교육영역에서는 어떤 '사실상'의 남·여 성차별이 있으며 어떻게 극복할 수 있는가?
4. 미국의 세라노(Serrano)판결과 로드리퀴즈(Rodriquez)판결을 비교하고, 한국이 경우라면 어떤 판결이 더 합리적일까? 한국의 경우 교육영역에서 경제력에 의한 차별 문제는 없는가? 강남 8학군 문제는 어떻게 극복하여야 하는가? 기부금 입학의 허용은 법률상 가능할까?
5. 교육인적자원부는 2007년 11월 소외계층의 자녀들이 대학에 쉽게 진학할 수 있게 하기 위하여 '기회균등선발제'를 확정발표하였다. 기회균등선발제는 현행 정원 외 특별전형 중 농어촌(4%), 전문계고(5%), 재외국민 및 외국인(2%) 전형을 통합하여, 정원 외 11% 범위 내에서 농어촌 학생, 전문계고 학생을 비롯해 저소득층(기초생활수급자, 최저소득의 120% 이내에 해당하는 차상위계층) 학생까지 포함해 선발할 수 있는 제도로 2009학년도부터 실시된다. 우대조치인 기회균등선발제는 어떤 법적인 문제점이 있는가? 우대조치는 바람직한 것인가? 교육의 양극화 현상을 극복할 수 있는 다른 대안에는 어떤 것이 있는가?
6. 서울시교육청은 초등학교 여교사 비율이 86.4%에 이르는 등 심각한 여초(女超) 현상을 해소하기 위해 남성 교사 임용을 일정 비율 할당하도록 하는 '교원 양성균형임용제도'(남교사 할당제)를 다시 추진하기로 하였다. 서울지역 초등학교 '남교사 할당제' 추진에 관하여 역차별 문제를 극복할 수 있는 방법에는 어떤 것이 있는가?

제 6 장

교육의 자주성과 중립성 원리

본 장에서는 첫째, 교육의 자주성 원리를 언급한다. 둘째, 교육의 정치적 중립성에 관한 내용을 설명하며, 주요 쟁점으로 교원의 정치활동 제한의 문제를 살펴보고, 교과서의 국정제 및 검·인정제도와 수업의 자유문제에 관한 판례를 분석한다. 셋째, 교육의 종교적 중립성과 관련하여 종교의 자유에 관한 헌법상의 원리와 그 한계를 언급하고, 학교 영역에서 종교의 자유와 관련되는 주요 쟁점으로 종교교육의 문제, 국기에 대한 경례거부 문제, 종교교육 관련 진화론과 지능설계자(ID) 관련 쟁점을 분석한다. 교육의 전문성 원리는 제10장에서 다루어진다.

1. 교육의 자주성 원리

사람이 태어나서 성인이 되면 대외적으로 독립적인 법률행위를 하고 자기가 그 책임을 지게 된다. 민주사회의 특징도 사회의 여러 조직이 각자 대외적으로 독립성을 갖고 자기책임 아래 발전하는 것이다. 사회 여러 조직 중에서 특히 교육 분야는 대외적 독립성 내지 자주성의 확립이 더욱 중요하다. 왜냐하면 교육조직은 급변하는 미래의 주인공들이 창의력을 갖고 새로운 문화건설을 하도록 장기적 안목을 키우는 곳이기 때문이다.

불행하게도 우리 한국은 그동안 교육조직마저 교육의 전문성에 의한 독자성 내지 자주성이 보장되지 못하고 외부의 압력, 특히 정치권력의 압력을 많이 받아왔다고 할 수 있다. 이제는 관행하되어 온 외부압력에서 탈피하여 교육 분야의 자주성이 시급히 확립되어야 할 때라고 생각된다.

교육의 자주성은 한국 헌법에서 특별히 보장하고 있다. 즉, 「헌법」 제31조 4항은 "교육의 자주성[1]·전문성·정치적 중립성 및 대학의 자율성은 법률이 정하는 바에 의하여 보장된다"고 규정하고 있다. 이러한 헌법상의 원칙선언은 「교육기본법」 제6조에서 "교육은 교육본래의 목적에 따라 그 기능을 다하도록 운영되어야 하며, 어떠한 정치적·파당적 또는 개인적 편견의 전파를 위한 방편으로 이용되어서는 아니 된다"고 교육의 자주성과 중립성 원리를 다시 강조하고 있다.

교육의 자주성 개념에 관하여 교육의 자주성이란 교육전문가에 의한 교육독점이 아니라, 내무행정이나 경찰행정으로부터의 독립을 의미한다는 견해[2]도 있으나, 헌법학자들은 교육의 자주성이란 교육내용과 교육기구가 교육자에 의하여 자주적으로 결정되고 행정 권력에 의한 교육통제가 배제되어야 하는 것[3]으로 또는 교육자치제의 제도 보장으로[4] 본다.

교육의 자주성은 모든 개인이 인간으로서의 존엄과 가치를 누리기 위하여 인간적으로 성장 발달할 권리인 학습권을 가진다는 것을 전제한다. 교육의 자주성 원리는 국가가 이러한 학습권과 교육을 받을 권리를 최대한 보장하기 위하여 공교육제도를 정비하는 것도 포함하지만 교육에 대한 '부당한 지배'는 배제된다.

따라서 교육의 자주성 원리는 학생의 교육을 받을 권리 내지 교육의 기회균등, 학부모의 학교운영 참가권과 긴밀히 연결된다. 그리고 교육을 제대로 받기 위한 제도적 장치로 교원의 교육권 보장과 신분 보장, 교원의 전문성 보장에 따른 교육 내용 및 정책결정에의 참여권이 중요시된다. 교과서 검정 및 검정제도의 문제점도 이와 관련된다.

교육의 자주성 확립을 위하여 「헌법」은 제31조 제6항에서 교육제도의 법

---

1) 교육의 자주성은 스스로 주인이 된다는 의미로 외부적 지배를 받지 않는다는 독립의 개념으로 행정영역으로부터 '독립'이 본질적 요소이고 전문직으로서 스스로의 규율에 따라 운영되어야 한다는 의미이다. 자율성은 타율이 아닌 스스로의 내부적 통제에 의하여 운영된다는 자치의 개념인데 이들 용어는 혼용되고 있다.

2) 안기성, "교육의 전문성과 자주성에 관한 교육법 해석학", 「교육법학연구」 제7호, 1995, p. 21.

3) 권영성, 「헌법학원론」, 법문사, 2006, p. 256.

4) 김철수, 「헌법학개론」, 박영사, 1999, pp. 697-701.

정주의를 선언하고 있다. 백년대계의 교육제도와 그 운영이 특정 정치권력에 의하여 영향을 받지 않도록 법률의 형식으로 보장되어 일관성 있는 제도로 유지됨을 의미한다.[5)]

교육의 자주성 보장을 위한 제도적 장치로 중요한 것이 지방교육자치 내지 대학의 자치 보장이다. 지방교육자치는 업무의 분권화라는 측면도 있지만, 주민의 직접적인 참여를 통한 경험확대로 정치능력이 향상되는 민주주의의 필수적 제도라 할 수 있다. 교육의 자주성 원리는 교육제도의 법정주의, 교사의 교육자유권, 교육자치제도, 그리고 교육의 중립성 원리와 밀접히 연관되는 포괄적인 주제이다. 이들 주제에 관하여서는 관련분야에서 상설한다.

교육의 중립성 원리는 교육은 외부세력 특히 정치세력과 종교집단으로부터 부당한 압력이나 영향을 받지 않으며 자주적으로 운영되어야 한다는 내용이다. 일정기간의 무상교육과 교육의 기회균등이 교육을 받을 권리의 외적 조건 또는 형식적 보장이라면, 교육의 중립성은 교육을 받을 권리의 내적 조건 또는 교육내용에 관한 실질적 보장이라고 말할 수 있으며 교육의 자주성을 확보하는 중요한 수단이 아닐 수 없다. 교육의 중립성 원리도 교육의 자주성 개념에 포함된다 하겠다.

2. 교육의 정치적 중립성 원리[6)]

2.1 교육의 정치적 중립성의 내용

「헌법」 제31조 제4항에서 천명하고 있는 교육의 '정치적 중립성'의 내용은 이미 언급한 바와 같이 「교육기본법」 제6조에서 정의되어 있다. 즉, 교육은 교육본래의 목적에 기하여 운영·실시되어야 하며 어떠한 정치적·파당적(派黨的) 기타 개인적 편견의 선전을 위한 방편으로 이용되어서는 안 된다는 의미이다.

여기에서 '교육'이란 교육법에 의하여 설치된 학교와 기타의 법령에 의하여

5) 이종근, "한국의 교육헌법연구 20년의 성과와 과제", 「교육법학 연구 20년의 성과와 과제」 전국교육법학자대회 자료집(2006. 9), p. 20.
6) 표시열, "교육의 정치적, 종교적 중립성", 「안암법학」 제3집, 1995, pp. 89-114를 수정한 것임.

일반적인 지식과 기술의 습득을 목적으로 설치된 각종의 교육기관에서 실시하는 교육을 의미한다. 당원 훈련만을 목적으로 한 정당 훈련소의 교육 같은 것은 여기에 해당되지 않는다.

'교육본래의 목적'이 무엇이냐에 관하여서는 구체적 의미가 명확하지 않다. 일본의 경우에는 「교육기본법」 제10조에서 "교육은 부당한 지배를 받아서는 아니 되며, 국민 전체에 대하여 직접책임을 지고 행해져야 한다"고 규정하여 교육을 국정의 일부로 보고 의회로 대표되는 국민의 의사대로 교육되어야 한다는 논리를 배척하고 있다. 즉, 일반 정치의사와 분리시켜 교육에 대한 의사가 표명되고 그것이 교육에 반영되는 자치조직이 필요하다는 것이다.[7)]

일본 교육기본법 제10조 제1항의 '부당한' 지배의 범위 및 내용에 관하여 문부성 등의 교육행정기관과 교육법학계의 견해가 상충되고 있다. 교육행정기관은 교육내용이나 방법에는 관여할 수 없는가 아니면 합헌적인 법률규정에 의하는 한 교육내용과 방법에도 교육행정기관은 적법하게 관여하여 규제를 할 수 있는가가 논쟁의 주된 쟁점이 되고 있다. 이에 관하여 일본 최고재판소는 학력테스트판결에서 다음과 같은 절충적 견해를 내놓고 있다. 즉 교육기본법 제10조 제1항이 배척하고 있는 것은, 교육이 국민의 신탁에 부응하여 … 자주적으로 행해지는 것을 왜곡하는 것과 같은 '부당한 지배'이며, 그러한 지배로 인정되는 한 그 주체여하는 문제되지 않는다고 해석해야 한다. … 합헌적 법률이 명하는 바를 그대로 집행하는 교육행정기관의 행위가 여기서 말하는 '부당한 지배'에 해당하지 않다는 것은 분명하지만, … 다른 교육관계 법률은 교육기본법의 규정 및 동법의 취지와 목적에 반하여 해석되어서는 안 되므로, 교육행정기관이 그들 법률을 운용하는 경우에도 해당 법률규정이 특정적으로 명하고 있는 것을 집행하는 경우를 제외하고는 교육기본법 제10조 제1항에서 말하는 '부당한 지배'가 되지 않도록 배려하지 않으면 안 되는 구속을 받고 있는 것으로 해석된다고 한다.[8)]

또 '정치적, 파당적' 방편으로 이용되어서는 안 된다는 것은 교육이 어느 특정 정당을 위한 수단으로 이용되어 특정 정당에게만 유리한 교육을 금지하는

7) 신현직, "교육의 자주성, 전문성, 정치적 중립성의 법칙", 「교육법학연구」 제11호, 1999, pp. 162-163.

8) 最高裁判所, 昭和51年(1976年) 5月 21日, 大法廷判決, 刑集30卷, 5615面; 신현직, 상게논문, p. 164 재인용.

것으로 해석된다. '정치적'은 '파당'의 뜻으로 반복된 표현이며 교육에서 정치교육을 금한다는 뜻이 될 수 없다. 정치교육은 민주주의 국가에서 시민에게 필요한 교육이기 때문이다.

그리고 '개인적 편견의 설정'이라 함은 일반학술의 원칙이나 논리에 의하지 아니한 독선적 주장을 내세워 선전하는 것이라고 풀이할 수 있다. 개인적 편견 여부를 판단하는 객관적 기준이 없으나 교사의 직업윤리에 의해 판단할 수밖에 없다. 물론 개인적 편견의 선전금지는 객관적 기준이 없으므로 이견의 표현을 부당히 억제하는 결과를 가져올 수 있다. 그러나 교육은 객관적 진리추구이어야 한다는 점에서 교원이 어떤 주제를 교육할 경우 어느 한쪽 또는 한 정당의 주장만 소개한다든지, 학생에게 의견발표의 기회를 전혀 주지 않고 자기주장만 하는 주입식 교육을 지양해야 한다는 의미로 해석되어야 할 것이다. 이는 교사의 교육권 내지 학문의 자유와 관련되는 주제이기도 하다.

요컨대 교육의 정치적 중립은 교육을 받을 권리의 실질적 내용으로 특정 정당에만 유리한, 또는 불리한 교육을 해서는 안 되며, 법률의 규정과 교육자의 전문가로서의 양심에 따라 공정한 교육을 하여 객관적인 진리를 추구하여야 한다는 의미라고 할 수 있다.

2.2 쟁점분석 : 교원의 정치적 활동에 대한 제한

2.2.1 정치적 활동의 제한 내용

교육의 정치적 중립과 관련하여 가장 문제가 되는 법률적 쟁점은 교원의 정치활동에 대한 제한인바, 이는 교원의 정치적 기본권 문제이기도 하다. 우리 「헌법」은 공무원의 정치적 중립성은 법률이 정하는 바에 의하여 보장된다고 규정하고 있으며(동법 제7조 제2항), 이에 근거하여 「국가공무원법」에서 광범위하게 공무원의 정치운동 내지 정치적 행위를 금지하고 있다. 사립학교 교원의 경우에는 「사립학교법」에서 교원의 복무에 있어 교육공무원과 동일하게 취급하고 있어(동법 제55조), 교원의 정치적 활동의 제한은 대학교원을 제외한 모든 초·중등 교원에게 적용된다.

「국가공무원법」에 의하면 우선, 공무원은 정당 기타 정치단체의 결성에 관여하거나 가입할 수 없다(동법 제65조 제1항). 여기에서 정당이라 함은 헌법과 정당법에 의하여 설립된 정치결사로서 국민의 이익을 위하여 책임 있는 정치적 주장이나 정책을 추진하고 공직선거의 후보자를 추천 또는 지지함으로써 국민의 정치적 의사형성에 참여함을 목적으로 하는 국민의 자발적 조직을 말한다(정당법 제2조). 기타 정치단체라 함은 정치활동을 행할 목적으로 조직된, 정당 이외의 단체를 말한다. 정당 또는 기타 정치단체에 관여한다 함은 정치단체의 조직에 있어 발기인 또는 추진위원 등이 되는 것은 물론, 그 조직에 있어서 간부로서 어떠한 역할을 담당하는 것을 가리키는 말이다. 정치단체에 가입한다 함은 정당의 당원이 되거나 기타 정치단체의 회원이 되는 것을 가리킨다.

또한 「국가공무원법」에서는 공무원은 선거에 있어서 특정 정당 또는 특정인의 지지나 반대를 하기 위하여 투표를 하거나 하지 아니하도록 권유운동을 하는 것, 서명운동을 주재하거나 권유하는 것, 문서 또는 도화를 공공시설 등에 게시하거나 게시하게 하는 것, 기부금을 모집 또는 모집하게 하거나 공공자금을 이용 또는 이용하게 하는 것, 타인으로 하여금 정당 또는 기타 정치단체에 가입하게 하거나 가입하지 아니하도록 권유운동을 하는 것을 금지하고 있다(동법 제65조 제2항).

동법에서는 공무원이 공무원을 대상으로 한 정치적 행위도 금지하고 있다. 즉, 공무원은 다른 공무원에게 위에서 말한 특정 정당의 지지·반대행위 또는 선거에 있어서의 모든 금지행위에 위배되는 행위를 하도록 요구하거나 또는 정치적 행위의 보상 또는 보복으로서 이익 또는 불이익을 약속하여서는 안 된다(동법 제65조 제3항). 원래 공무원은 행정조직에서 효율적인 업무수행을 위하여 소속 상관의 직무상의 명령에 복종할 의무가 있다. 그러나 특정 정당의 지지나 반대행위 같은 법령에 위반된 명령은 무효로서 구속력이 없기 때문에 복종할 의무도 없다 할 것이다. 현실적으로 공무원의 이익 또는 불이익이 관계되는 경우 상관의 명령이 비록 위법하더라도 그것을 거부하기가 어렵기 때문에 그 실효를 거두려면 공무원 단체가 인정되어야 할 것이다.

공무원에게 금지되는 기타의 정치적 행위는 「국가공무원법」 제65조 제4항에 따라 대통령령으로 정하도록 되어 있는바 「공무원복무규정」 제27조가 이에 해당한다. 동 규정에서 정하고 있는 정치적 행위의 범위는 다음과 같다.

첫째, 「국가공무원법」 제65조의 규정에 있어서의 '정치적 행위'는 정당의 조직, 조직의 확장 및 기타 목적 달성을 위한 것, 특정 정당이나 정치단체를 지지 또는 반대하는 것, 법률에 의한 공직선거에 있어서 특정의 후보자를 당선하게 하거나 낙선하게 하는 것이다.

둘째, 「국가공무원법」에 정하지 아니하고 대통령령에 위임한 정치적 행위의 한계는 정치적 목적, 즉 특정 정당의 조직 확장·지지·반대, 특정 후보자의 지지·반대 등의 목적을 가지고 시위운동을 기획·조직·지휘하거나 이에 참가 또는 원조하는 것, 정당 기타 정치단체의 기관지인 신문 및 간행물을 발간·편집·배부하거나 이와 같은 행위를 원조하거나 방해하는 것, 특정 정당 또는 정치단체를 지지 또는 반대하거나 공직선거에 있어서 특정 후보자를 지지 또는 반대하는 의견을 집회 기타 다수인이 모인 장소에서 발표하거나 문서·도화·신문 기타의 간행물에 게재하는 것, 정당 기타 정치단체의 표지로 사용되는 기·완장·복식 등을 제작 또는 배부하거나 이를 착용·착용권유 또는 착용 방해하는 행위 등, 기타 명목 여하를 불문하고 금전 또는 물질로 특정 정당 또는 정치단체를 지지 또는 반대하는 것을 말한다.

「국가공무원법」 제65조의 정치활동 금지 이외에도 특별법에 의하여서도 공무원의 정치활동이 광범위하게 제한되고 있다. 예컨대, 「정당법」에 의한 공무원의 정당발기인 및 당원 자격의 금지, 「공직선거법」에 의한 공무원의 선거에서의 중립성 의무(동법 제9조) 등이다.

요컨대 국·공립은 물론 사립학교의 각급 학교에 종사하는 교원은 대학교원을 제외하고 모두 「국가공무원법」 제65조의 적용을 받아 정치적 행위가 광범위하게 제한되고 있다(교육공무원법 제53조, 사립학교법 제55조). 교원노조의 경우에도 정치활동이 금지되고 있다(교원의 노동조합 설립 및 운영 등에 관한 법률 제3조).

2.2.2 정치적 활동의 제한 근거

이와 같이 교육공무원을 포함한 공무원에게는 정치활동이 광범위하게 제한되고 있는바, 그 이론적 근거로는 국민전체의 봉사자설, 공공복리설, 직무의 내재적 성질설, 정치·행정의 분리설, 행정의 계속성과 안정성 확보설, 특별권력관계설, 공무에 대한 신뢰성 보장설, 그리고 공무원의 권익보호설 등이 있다. 이 중에서 가장 대표적인 것은 국민전체의 봉사자설이다. "공무원은 국민전체에 대한 봉사자이며, 국민에 대하여 책임을 진다"고 규정한 「헌법」 제7조가 그 논리적 근거이다. 즉, 공무원은 국민전체에 대한 봉사자로서 공공의 이익을 위해 근무해야 되기 때문에 정치적 중립성을 확보하여야 한다는 것이다. 공무원이 특정한 정당이나 정치세력의 이익에 영향을 미칠 수 있는 활동은 공무원의 공정한 직무수행의 특질에 반한다는 것이다.

2.2.3 정치적 활동 제한의 문제점

첫째, 이러한 교원의 정치적 활동에 대한 제한의 근거는 공무원의 정치적 활동에 대한 일반적 근거는 될 수 있지만, 개개의 경우에 있어서 어떤 공무원의 어떠한 정치활동이 직무수행의 공정성에 어떠한 영향을 미치고 있는가는 개별적·구체적으로 검토하여야 할 사항이다.

둘째, 공공이익을 위하여 근무하여야 한다고 할 때 공공이익의 개념을 일의적으로 정의하기가 어렵다. 공공복리에 관한 헌법학자들의 견해도 다양하다. 예컨대 공공복리란 개개인의 이익에 공통하면서 개개인의 이익에 우월하는 이익이라든지, 기본권을 제한함으로써 얻는 이익이 제한하지 않을 경우 얻는 개인의 이익보다 클 때 공공복리가 있다고 한다든지, 헌법질서가 바로 공공복리의 개념을 내포하고 있다는 주장 등이다.

셋째, "전항 이외의 정치적 행위의 금지에 관한 한계는 국회규칙·대법원규칙·대통령령으로 정한다"로 규정한 「국가공무원법」제65조 제4항은 위헌의 소지가 크다. 금지대상이 되고 있는 정치적 행위의 범위를 대통령령인 「국가공무원 복무규정」 제27조에 위임한 것은 공무원의 표현의 자유에 대한 제한규정으로 「헌법」 제37조 제2항의 법률유보원칙과 헌법 제75조의 포괄위임 금지규정에 위반될 소지가 있다. 「국가공무원 복무규정」이 규정하고 있는 구체적 금지사항의 내용도 문제이지만 정치적 중립성이 보장되지 않는 국무회의에서 비공개적 의결과정을 통하여 제정되는 대통령령으로 공무원의 헌법상의 중요기본권을 제한한다는 것은 문제이다.

2.2.4 미국의 경우

미국 교육공무원에게 인정되고 있는 정치활동에 관한 범위를 살펴본다. 1970년대 전반까지만 해도 미국의 교사들에게도 특정 정치인을 지지하거나 정당에서의 적극적인 활동이 허용되지 않았다. 그러나 1978년에 미국의 교원노조인 전국교원노조(NEA)가 모든 교육자는 정치적으로 적극적인 시민이어야 할 권리와 의무가 있음을 선언한 이후에 많은 변화를 가져왔다. 일반적으로 정부(교육위원회)는 교사들에게 모든 정치활동에의 개입을 금지시킬 수는 없다. 교사들도 헌법상의 중요한 정치적 기본권을 향유할 수 있다. 따라서 정치적 상징물을 달고 다닐 수도 있고, 특정 후보를 지지하거나 평화적 데모에 참여할 수도 있다. 그러나 이러한 권리들은 학교수업 또는 운영에 중대하고 본질적인 방해가 되어서는 안 된다. 교사들은 특정 후보를 지지하는데 자기지위를 이용할 수 없고, 학생들에게 주입(indoctrinate)시킬 수 없을 뿐 아니라 소란스런 정치활동에의 참여를 강요할 수도 없다.[9)]

교사가 직접 정치를 하려고 지방의회 등의 선거에 나오는 경우 선거운동을 하기 전에 교사직을 사임해야 하는가 하는 문제에 대해서 법원은 서로 다른 견해를 보이고 있다. 그러나 일반적으로 교사가 선거운동 중이거나 또는 당선되어 공직에 취임하는 경우 그것이 교사의 수업의무에 본질적인 침해가 된다고 판단되는 경우에는 무급(無給)의 휴직신청을 할 수 있다. 연방공무원의 경우 특정 정당에 가입하여 적극적인 활동을 하는 것은 「햇츠법」(Hatch Act)으로 금지하고 있으며, 연방대법원도 공정한 정부에 대한 위험성을 줄이기 위하여 5 대 3의 결정으로 이를 지지하고 있다.[10)] 교사가 특정 정당에서 적극적인 활동을 하는 것은 교사의 의무수행에 비효율적이고 학생에게 해로운 영향을 미칠 것이므로 대부분의 주에서 금지시키고 있다.

생각건대 한국에서도 공무원, 특히 교육공무원의 '정치활동'을 거의 전면적으로 광범위하게 제한하고 있는 것은 문제가 있다. 미국의 경우를 참고로 하여 일정한 한계, 즉 학교수업이나 운영에 중대한 영향을 미치지 않으며, 학생들을 선동 내지 주입시키지 않는 범위 내에서 교사도 정당가입 정도의 최소한의 정치적 기본권은 행사할 수 있어야 하며, 지방의회나 교육위원회 등의 선거에 직접 출마하는 것도 수업의무에 중대한 침해나 이권상충이 되지 않는 경우에는 무급(無給)의 휴직처분으로 허용해야 될 것이다. 지방의회 의원의 경우에는 당적을 허용하므로 출마교사에게 당적을 허용할 수 있는가의 문제가 있다.

---

9) James v. Board of Education of Contral Dist. 409 U.S. 1042, 1972.

10) United Public Workers v. Mitchall, 330 U.S. 75, 1947.

2.3 판례분석 : 교과서의 국정제(國定制) 및 검 · 인정제와 수업의 자유

교육의 자주성 내지 정치적 중립성은 교육에 관한 제반 정책의 수립 및 시행이 교육전문가에 의하여 주도되거나 적어도 그의 적극적인 참여 하에 이루어져야 함은 물론, 교육방법이나 교육내용이 당파적 편향성에 의하여 부당하게 침해 내지 간섭당하지 않아야 하고 가치중립적인 진리교육이 보장되어야 함을 핵심내용으로 한다. 특히 교육행정기관에 의한 교육내용에 대한 부당한 권력적 개입이 배제되어야 하는바, 국정교과서 제도는 정부의 행정 관료에 의하여 교과내용 내지 교육내용이 영향을 받을 소지가 있다는 점에서 이 제도가 교육의 자주성을 규정한 「헌법」 제31조 4항에 위배되지 않는가 하는 문제가 있다. 한국과 일본의 관련 판례를 살펴본다.

2.3.1 국어교과서 국정제에 관한 한국의 판례

구「교육법」 제157조에 의하면 대학·교육대학·사범대학·전문대학을 제외한 각 학교의 교과용 도서는 교육부가 저작권을 가졌거나 검정 또는 인정한 것에 한하도록 되어 있고, 교과용 도서의 저작·검정·인정·발행·공급 및 가격사정에 관한 사항은 대통령령으로 하도록 되어 있다. 교육부가 저작권을 가진 도서를 '1종 도서'라 하며(교과용 도서에 관한 규정 제2조의2) 학교의 장은 1종 도서(국정도서)가 있을 때에는 이를 사용하여야 하고, 1종 도서가 없을 때에는 '2종 도서'인 검정도서 또는 인정도서를 선정·사용하게 되어 있으며(구교육법 제157조 제2항, 교과용 도서에 관한 규정 제3조), 중학교 국어교과서는 1종 도서로 규정되어 있다(교과용 도서에 관한 규정 제4조 제1호).

서울소재의 한 여자중학교 국어교사 갑은 중학교 국어교과서를 국정도서로 정한 구「교육법」 제157조와 「교과용 도서에 관한 규정」 제5조가 헌법상의 학문의 자유(제22조 제1항), 출판의 자유(제21조 제4항), 그리고 교육의 자주성·전문성·정치적 중립성(제31조 제4항)에 반한다는 헌법소원을 제기하였다.[11)]

헌법재판소는 「헌법」 제31조 제1항에서 보장하고 있는 교육을 받을 권리, 즉 국민의 수학권이 교사의 수업의 자유보다 우선적으로 보호되어야 한다는 전제 아래 "교과용 도서의 국정제는 학문의 자유나 언론·출판의 자유를 침해하는

11) 헌재 1992. 11. 12, 89헌마88.

정도가 아님은 물론 교육의 자주성·전문성·정치적 중립성과도 무조건 양립되지 않는 것이라고 하기 어렵다"고 헌법소원을 기각하였다.

교과용 도서의 국정제와 교육의 자주성·전문성·정치적 중립성과의 관계에 대한 헌법재판소의 결정이유는 다음과 같다. 첫째, 국민의 수학권의 차질 없는 실현을 위하여 교육제도·교육재정·교원제도 등 기본적인 사항과 교육의 자주성·전문성·정치적 중립성은 법률이 정하는 바에 의하여 보장된다(헌법 제31조 제6항, 제31조 제4항).

둘째, 학년과 학과에 따라 어떤 교과용 도서에 대하여 이를 자유발행제로 하는 것이 온당하지 못한 경우가 있겠고, 그러한 경우 교육제도 법률주의에 근거하여 국가가 관여할 수밖에 없다. 이 경우에 국가가 검·인정제로 할 것인가 또는 국정제로 할 것인가에 대하여 재량권을 갖는다.

셋째, 초·중·고교 교육에 있어서 교과용 도서에 국가가 관여하는 것은 보통교육의 단계에서는 교육의 목적이 기본적인 품성과 보편적인 자질의 배양에 중점이 있고, 학교의 지역별·공사별·교육환경별 차이, 교원의 자질별·능력별 차이, 교과의 과목별·내용별 차이 등을 가능한 한 축소시켜 피교육자에게 질적으로나 양적으로 균등한 교육을 제공하는 것이 바람직하다. 특히 중학교 국어과 교육은 국어문법, 맞춤법, 표준어 등에 관한 국가수준의 통일된 기준과 헌법이념에 부합한 가치관에 의해 교육될 필요가 있다. 따라서 중학교의 국어교과서에 관한 한 교과용 도서의 국정제는 교육의 자주성·전문성·정치적 중립성이라는 헌법의 교육이념과 원리에 무조건 모순되거나 배치되는 것이라고 하기는 어렵다는 것이다.

그러나 다음과 같은 변정수 재판관의 반대의견도 유의할 필요가 있다. 첫째, 초·중·고등학교의 교과서를 국정화하는 것은 교사의 저작 및 선택권을 완전히 배제하고 중앙정부가 이를 독점하여 정권의 지배 이데올로기를 독점적으로 교화하여 청소년을 편협하고 보수적으로 의식화시킬 수 있으므로 교육의 자주성·전문성·정치적 중립성에 반한다. 둘째, 구「교육법」 제157조 등에는 교육제도의 본질적 사항에 속하는 교과서의 저작·출판·선택 등에 대한 구체적 기준과 방법 및 절차 등의 사항을 규정하지 않고, 단지 동조 제2항에서 "교과용 도서의 저작·검정·인정·발행·공급 및 가격결정에 관한 사항은 대통령령으로 한다"고 규정함으로써 행정권에 의한 입법에 포괄적으로 백지위임하고 있다.

이는 포괄적 백지위임입법을 금지한「헌법」제75조에도 반한다.

헌법재판소는 맞춤법·표준어 등 국가수준의 통일된 기준을 강조하여 '적어도 중학교의 국어교육에 관한 한' 국정교과서는 교육의 자주성 등에 '무조건 모순되거나 이에 배치되는 것이라고 하기는 어려울 것'이라는 표현을 쓰고 있다. 국정 교과서제도는 급변하는 오늘날의 개방체제 환경에서는 적절하지 않다는 점도 헌법재판소도 인정하고 있다. 교과서의 국정제도는 학생들의 사고방식을 획일화·정형화시키기 쉬우므로 창의력 개발이 활성화되지 않으며, 교사와 학생의 교재선택권이 제한되며, 교과서 중심의 주입식 내지 암기식 교육이 행하여지기 쉽다는 문제점을 갖고 있다. 특히 교사들의 적극적인 참여의식을 제고하기 위하여서도 교사들의 전문성을 믿고 교과서의 국정제도는 폐지되고 국가적으로 통일된 기준 등이 필요할 때는 검·인정제도로, 그 밖의 경우에는 자유 발행제를 채택하는 방향으로 발전되어야 할 것이다.

2.3.2 교과서검정에 관한 일본의 판례

'교과서재판'으로 알려진 일본의 교과서검정제도에 관한 법적 다툼을 간략히 소개한다.[12] 일본은 1958년 고시학습지도요령을 검정기준으로 추가하여 문부성의 교과서검정권한을 대폭적으로 강화하였다. 동경교육대학의 家永三郎 교수의 고교교과서인「신일본사」가 1953년에 검정을 받아 출판되었지만, 1963년의 개정검정에서는 불합격되었으며, 1964년에는 300여 항목에 이르는 수정요구에 응할 것을 조건으로 합격되었다. 이에 대해 이러한 불합격처분 및 조건부 합격처분이 위헌·위법이라고 생각한 家永三郎은 이 처분에 의하여 학자로서의 양심을 침해받았으며, 많은 정신적 고통과 함께 예상된 인쇄수입을 얻지 못한 것을 이유로 하여 1965년에 국가를 상대로 손해배상청구소송을 제기하였는데 이를 제1차 교과서소송이라고 한다.

그 후 재개정 검정때 家永三郎은 수정요구를 거부하여 1967년 3월에 불합격처분되었고, 이 불합격처분의 취소를 구하는 행정소송을 제기하였는데, 이것을 제2차 교과서소송이라고 한다. 1980년대 초의, 일본의 중국대륙침략, 특히 남경사건에 관한 기술 등에 대한 수정지시의 검정의견이 교육의 자유와 표현의

12) 노기호, "일본의 교과서재판에 나타난 헌법상의 문제점에 관한 검토",「공법연구」제27집 제2호, pp. 273-291.

자유 및 학문의 자유를 침해하는 위헌·위법이며, 이로 인해 많은 정신적 고통을 받았다는 이유로 1984년 1월에 새로운 손해배상청구소송을 제기하였는데, 이를 제3차 교과서소송이라고 한다.

일본의 교과서재판의 헌법상의 쟁점은 교과서검정제도가 ① 교육을 받을 권리를 보장하고 있는 헌법 제26조에 위반되지 아니하는가? ② 교육행정의 자주성을 규정하고 있는 교육기본법 제10조(교육에 대한 '부당한 지배'의 금지)에 위반되지 아니하는가? ③ 출판과 그 밖의 표현의 자유를 규정하고, 특히 검열을 금지하고 있는 헌법 제21조에 위반되지 아니하는가? ④ 학문의 자유를 보장하고 있는 헌법 제23조에 위반되지 아니하는가? ⑤ 법적 근거를 결하여 법치주의의 원칙에 위배되지 아니하는가? ⑥ 적법절차의 보장을 규정한 헌법 제31조에 위반되지 아니하는가? ⑦ 교과서검정제도가 국제인권규약(B규약) 제19조에 위반되지 아니하는가? 이었다.

제1차 소송에서는 교과서검정제도가 합헌합법으로 판결되었다. 최고법원의 논거는 다음과 같다. 아동과 학생의 경우 수업내용을 비판할 충분한 능력이 없고, 교사와 학교를 선택할 여지도 없다. 교육의 기회균등을 기할 필요가 있으며, 교육내용이 정확하고 중립적이며 공정하여 지역과 학교여하에 관계없이 전국적으로 일정수준일 것이 요청된다. 교과서의 검정은 이러한 요청을 실현하기 위한 것으로 교육을 받을 권리와 교육의 자주성원리에 위반하지 않는다.[13)]

제2차 소송의 경우는 제1심에서 교과서검정은 집필자의 사상내용의 심사에 해당하지 않는 한 그 자체로 위헌이라고 할 수는 없지만, 본건의 불합격처분은 집필자의 사상내용을 사전에 심사한 것으로 헌법상의 사전검열금지(제21조 제2항)에 위반된다고 판결하였다. 또한 기술내용의 당부(當否)에 개입한 것은 헌법상의 교육의 자주성보장(제10조)에도 위반된다고 판결하였다. 그러나 최고법원은 학습지도요령을 심사기준으로 한 교과서 검정은 합헌이라고 판결하였다.[14)]

제3차 소송에서도 교과서검정은 사상내용의 표현물 발표시 사전심사를 금지한 검열의 특질을 결하며(제1심),[15)] 교육의 일정수준을 실현하기 위한 문부성

13) 最高裁判所, 1993年 3月 16日, 제3소법정 판결, 民集47권5호, 3483面. 노기호, 상게논문 재인용.

14) 東京地方裁判所, 1970年 7月 17日, 판결, 民集36권4호, 616面. 노기호, 상게논문 재인용.

15) 東京地方裁判所, 1989年 10月 3日, 판례시보 1990년 2월 15일 임시증보호, 3面, 노기호,

의 교과서 검정은 집필자의 표현의 자유와 연구발표의 자유에 대한 제한이 되더라도 이는 합리적이고 필요불가피한 한도의 것이라고 판결하였다.[16)]

1965년 6월 제1차 소송 제기로 시작한 일본의 교과서재판은 1997년 8월 제3차 소송 상고심판결을 끝으로 32년에 걸친 기나긴 재판의 여정을 마치게 되었다. 그러나 교과서재판의 제2차 소송 제1심판결의 경우를 제외하고는 모두 교과서에 대한 국가의 검정제도를 긍정하고 있다.

3. 교육의 종교적 중립성

교육조직의 자주성 확립은 교육활동에 있어 외부세력의 부당한 압력이나 영향을 배제하는 것인바, 역사적으로 보아 그러한 외부세력은 앞에서 다룬 정치권력 집단과 여기에서 분석할 종교집단이었다. 교육활동에서 종교로부터의 중립원칙은 헌법상의 정·교 분리 원칙(헌법 제20조 제2항)과 교육의 자주성·전문성·정치적 중립성의 보장(헌법 제31조 제4항)에 근거한다.

이런 헌법상의 원리로부터 「교육기본법」은 "국가 및 지방자치단체가 설립한 학교에서는 특정한 종교를 위한 종교교육을 하여서는 아니 된다"고 교육의 종교로부터의 중립 원칙을 재천명하고 있다(동법 제6조).

교육이 정·교 분리 원리에 관련되는 것은 교육은 사회전체의 혜택으로 시민의 계발을 통하여 민주사회 발전에 기여하므로 국가가 교육을 주관하여야 하며, 이러한 '공교육'의 내용은 세속적이어야 하고, 한편으로 교육과정에서 개인의 종교적 믿음이 방해받지 말아야 한다는 전제에 기초한다. 따라서 국가는 모든 학부모에게 최소한의 세속 교육을 강제할 수 있다. '세속교육'이란 신(神)을 부인하는 것이 아니라 국가는 개인의 믿음에 대하여 강요하지도 않고 침범하지도 않는다는 보장을 의미한다.

교육 분야에서의 종교적 중립성은 이론상은 간단한 내용이지만 현실적으로 어려운 문제들이 많이 있다. 우선, 종교의 자유에 대한 우리나라 헌법상의 원리

상게논문 재인용.

16) 最高裁判所, 1997年 8月 29日, 소법정판결, 재판소시보 1202호, 296面. 노기호, 상게논문 재인용.

와 그 한계를 간단히 살펴보고 교육 분야에서의 중요 쟁점인 종교교육, 종교의 자유와 국기에 대한 경례거부, 기타 문제들을 분석한다.

종교의 자유가 넓게 보장되어 있고 교육 분야에서 종교의 중립성 문제가 자주 다루어지고 있는 미국의 관련판례와 법률적 쟁점들도 한국의 관련판례와 함께 소개된다. 미국 연방헌법은 수정 제1조에서 특정종교의 창설에 관한 입법을 금지하고, 국가는 종교의 자유로운 행사를 방해할 수 없다고 규정하여 종교에 대한 국가의 엄정 중립을 유지하고 있다. 이는 특정 또는 모든 종교 교리에 대한 국가의 공식적인 지지를 금하는 것이며, 한편으로는 종교의 가치를 인정하여 개인의 자유로운 종교선택을 보장하고 있는 것이다.

3.1 종교의 자유의 내용과 한계

종교의 자유는 중세 유럽에서 교회의 절대적 권위에 대한 장기간의 투쟁을 거쳐 획득한 것으로 정신적 자유권의 선구적 지위를 차지하고 있다. 한국 「헌법」은 제20조에서 모든 국민에게 종교의 자유를 보장하고, 국교를 인정하지 않으며, 종교와 정치는 분리된다고 규정하고 있다.

원래 종교란 인간능력의 한계에서 나오는 비애·허탈·공포 등으로부터 벗어나기 위하여 절대자 내지 신의 존재를 믿고 그것에 귀의하는 것이라고 할 수 있다. 따라서 종교의 자유는 절대자 내지 신에 대한 내면적인 확신인 신앙의 자유를 핵심내용으로 한다.

신앙의 자유는 소극적으로는 신앙선택의 자유, 개종의 자유, 무신앙의 자유이며 적극적으로는 자신의 종교적 확신을 자유로이 외부에 표명할 수 있는 신앙고백의 자유이다. 그 밖에도 종교의 자유는 종교상의 의식이나 예배 같은 종교적 행위의 자유, 종교적 집회·결사의 자유, 그리고 포교의 자유를 포함한다.

우리 「헌법」은 종교의 자유와 관련하여 정교분리의 원칙을 채택하고 있다. 정교분리란 국교제도를 부인하고 국가에 의한 특정 종교의 우대나 차별을 금지하며, 국가는 특정 종교를 교육할 수 없는 것을 내용으로 한다. 정교분리의 개념에 종교단체의 정치개입도 금지되는 것으로 해석하나, 인권운동 같은 것은 '정치활동'인지 '종교활동'인지 그 구분이 쉽지 않은 영역도 있다. 구성원의 개인적 정치활동은 허용되며, 종교적 정당의 결성과 활동은 보장된다.

종교의 자유에 관한 한계문제로서 신앙의 자유는 내심의 자유이므로 어떤 법률로도 그 제한이 불가능하다. 그러나 종교적 행위나 종교적 집회·결사의 자유는 외부적 표시행위이므로 「헌법」 제37조 제2항의 일반적 법률유보에 의한 최소한의 제한이 가능하다.

비록 종교적 행위이지만 질서유지를 위해서는 그 제한이 가능하다 하더라도, 공공복리를 이유로 종교적 행위를 법률로 제한할 수 있느냐에 관하여서는 학설이 일치하고 있지 않다. 공공복리 개념이 다의적이고, 「헌법」 제20조의 종교적 표시행위는 「헌법」 제21조 제1항의 언론출판의 자유에 대한 특별법적 성격을 갖는다는 점을 고려할 때, 질서유지를 위해서만 그 제한이 가능하다고 해석되어야 할 것이다.

종교의 자유의 한계로서 자주 문제가 되는 것은 비과학적 질병치료를 주장하거나 재물을 약취하는 '사교(邪敎)'에 대한 형사 처벌여부이다. 우리나라 대법원은 '박태선 장로사건'[17]에서 "하나님의 은혜를 많이 받으려면 나에 대한 믿음이 깊어야 되며, 그 믿음의 깊이는 헌금액의 과다에 의하여 판단된다"는 모금행위는 사기죄에 해당된다고 보았다.

그러나 오늘날 같이 다원화된 종교 환경 속에서 무엇이 '사이비 종교'인지를 구별하기는 쉽지가 않다. 원래 종교는 비과학적 신앙의 문제로서 믿음을 통한 질병치료도 심리적 효과를 통하여 가능하므로 의학적 치료의 효과가 입증되지 아니하였다고 사교 내지 사이비종교로 단정할 수는 없을 것이다.

"모든 사람은 증명할 수 없는 것을 믿을 자유가 있으며, 자신이 믿는 교리를 증명하도록 요구되어서는 안 된다. 어떤 사람에게는 사실인 종교적 경험이 다른 사람에게는 이해되지 않을 수도 있다"는 미국 연방대법원의 판결문을 유의할 필요가 있다.[18]

3.2 종교교육의 문제점

상술한 헌법상의 종교의 자유에 관한 원리는 교육 분야에서도 적용되는 바, 「교육기본법」은 제6조에서 "국가 및 지방자치단체가 설립한 학교에서는 특

17) 대판 1959. 12. 4, 4292형상625.

18) United States v. Ballard, 322 U.S. 78, 1944.

정한 종교를 위한 종교교육을 하여서는 아니 된다"고 규정하고 있다. 특정 종교를 위한 종교교육의 금지란 어느 종파를 위한다든지, 어느 종파의 교리를 선전하거나 포교하는 행위 등을 금지하는 것이다. 따라서 종교에 관한 학문으로서의 체계적이고 객관적 지식을 교육함은 정교분리의 원리에 반하지 않는다.

특정 종교의 종교교육금지는 국·공립학교에만 해당되므로 사립학교의 종교교육은 보장된다. 그러나 한국의 경우, 1969년도에 중학교 입학방법이 무시험 추첨으로 되고 1974년도부터는 고등학교 입학방법도 연합고사 학군제로 바뀌어 입학자의 의사와 관계없이 학교를 배정받게 되었다. 이러한 제도개편의 대상은 국·공립은 물론 일반 사립학교와 종교계 사립학교까지 포함하였고, 그 결과 종립학교(宗立學校)의 종교교육은 물론 학생의 종교의 자유에 대하여 큰 제한을 가져왔다.

우선 종립학교는 공영입시제도로 인하여 자파 신자의 학생이나 자파 종교의 종교교육을 받고자 원하는 학생을 선발할 수 없게 되었고, 교육부의 교육과정을 준수하여야 하므로 종교교육의 자율성을 상실하게 되었다. 특히 학생의 경우에는 자신의 신앙과 일치된 종립학교에 입학하여 종교교육을 받을 수 있는 기회가 제한되고, 자신의 신앙과 일치되지 않는 종립학교에 배정될 경우에는 타 종파의 종교교육을 강요당하게 되며, 무신앙의 학생이 종립학교에 배정될 경우에도 사실상 특정 종교교육을 강요당하게 된다. 이러한 문제를 근본적으로 해결하기 위하여서는 종립학교 학군제를 설치하거나 종립학교는 자체적으로 신입생을 선발할 수 있도록 해야 할 것이다.

학생의 의사와 관계없이 국가가 일반적으로 배정하는 현행 중·고등학교의 입학방법을 유지하려면 국·공립학교에서는 특정종교의 교육을 원하는 학생에게 그러한 프로그램을 가진 종립학교에서 교육을 받을 수 있도록 조퇴까지 허용하여 주어야 하며, 자파 종교가 아니거나 무신앙의 학생이 종립학교에 배정된 경우에는 해당학교의 종교교육이 '사실상' 강제되지 않도록 종교교육이나 모든 관련 종교적 행사가 방과 후에 원하는 학생에게만 실시되어야 할 것이다.

선택으로 되어 있는 종교교육은 사실상 강제화되어 있으며 종교과목의 평가도 전체성적과 관련시킴으로써 무종교의 학생들에게 심리적인 갈등 내지 부담을 주고 있는 것이 현실이다. 종립학교 측은 학교선택권이 없는 현행 입시제도상 종립학교도 공교육기관이란 점을 유의하여 특정 종교교육이 정규의 교육과정이 될 수 없음을 이해하고 학생들이 종교수업에 자유롭게 참석 또는 결석을 할 수 있도록 운영하여야 한다.

종교재단 사학에서 특정 종교의식을 강제하는 것은 학생의 종교 자유를 침해하는 것이며, 선교보다 학습권이 우선한다는 서울중앙지방법원의 판결이[19] 주시되고 있다. 2004년 D고등학교 3학년인 K학생이 학교 측에 "종교 강요를 하지 말고 예배선택권 보장해달라"고 주장하며 학교 앞과 서울시 교육청 앞에서 일인시위를 벌였고, 45일간 단식을 했지만 돌아온 것은 퇴학 처분이었다. 서울 북부지법에 '퇴학처분 가처분신청'을 제기하고 승소하여, 임시학생으로 학교를 다니고 졸업하여 대학에 입학했다. K학생은 2005년 10월 학원과 서울시교육청을 상대로 종교자유 침해 손해배상소송을 제기하였고, 서울중앙지방법원은 2년 만인 2007년 10월 5일 "D학원은 원고에게 1500만원을 배상하라"는 원고 일부 승소를 하였다. 신앙의 자유 등 기본권을 침해했고, 잘못의 내용이나 정도에 비하여 징계처분의 내용이 과하여 징계처분 대상자에게 정신적 고통을 주었기 때문이다.

재판부는 판결문에서 "선교 등의 목적으로 학교를 설립하였다 하더라도, 공교육 시스템 속의 학교로 존재하는 한 선교보다는 교육을 1차적인 기능으로 삼아야 하고, 공교육 시스템 내에서는 특정 교리와 의식을 주입하거나 강요하는 것은 안 된다"고 밝혔다. 수요예배, 3박 4일간의 합숙교육 프로그램, 부활절, 추수감사절 예배 등을 이유로 한 정규수업 대체, 종교과목의 단일 과목 편성, 음악시험 가창곡으로 '주기도송' 지정 등 종교단체의 선교나 신앙실행의 자유보다 학생의 기본권이 더 존중되어야 한다는 것이다.

"종교단체가 선교 목적으로 학교를 설립했다 하더라도 공교육 시스템 속의 학교로 존재하는 한 선교보다는 교육을 1차적 기능으로 삼아야 한다. 비록 학생들의 올바른 심성과 가치관을 심어주는 데 도움이 된다고 해도 종교에 관해 학생 스스로 판단해 선택할 수 있는 능력을 기를 수 있도록 하는 데 그쳐야지, 특정 종교의 교리를 주입하고 의식을 강요하는 것은 종교단체의 신앙 실행의 자유보다 더 본질적이고 상위의 기본권인 학생의 학습권과 신앙의 자유를 침해하는 것이다"라는 요지다.

그러나 재판부는 서울시교육청은 과실이 없다고 판시했다. 고의 또는 과실

19) 서울중앙지법 2007. 10. 5, 2005가단305176.

로 법령에 위반한 행위로 보기 어렵다는 것이다. 이에 종교자유정책연구원, 학교종교자유를 위한 시민연합은 "공교육을 책임져야 할 서울시교육청이 아직도 종교 강요를 당하는 학생들과 부모들의 정신적인 고통을 벗어나도록 아무런 조치를 취하지 않고 있음에도 과실이 없다는 것은 재판부의 부족한 판단"이라고 주장했다. 2006년 현재 서울시 소재 중·고등학교 종교사학은 80개이며, 학생 수는 8만5천 명 정도이다. 그러나 대부분의 종교재단 사학에서 여전히 종교 의식은 이뤄지고 있다.[20]

미국에서는 국·공립학교에서 수업 전에 행하는 기도나 성서낭독이 종교교육이냐의 문제가 큰 정치·사회적 쟁점이었다. 1962년 전까지만 해도 많은 주에서 일반적인 기도나 성서낭독은 그 본질에 있어 어떤 종파적 의미가 없기 때문에 정·교 분리 원리에 반하지 않는다고 인정해 왔다.[21] 그러나, 1962년에 미국 연방대법원은 엔겔(Engel)사건에서 공립학교에서의 기도와 성서낭독은 비록 종파적 성격이 없었고 자발적으로 행하여졌다 할지라도 정·교 분리의 연방헌법 원리에 반한다고 위헌결정을 하였다.[22] 다만 문학적 또는 역사적 가치가 있는 종교에 관한 세속적인 프로그램은 위헌이 아닐 수도 있다.

미국의 경우 공립학교에 다니는 학생들이 종교교육을 받겠다고 조퇴를 요구할 수 있는가(released time)의 문제와 종교계 학교에 다니는 학생이 자기 학교에 없는 특별 교과과정을 공립학교에서 수강할 수 있는가(shared time)의 문제를 법적으로 다룬 사례가 있다. 맥콜럼사건에서는 공립학교 교내에 종교계 교사가 와서 희망학생에게 종교교육을 시켰는데, 이에 관하여 연방대법원은 정부와 종교는 각기 자기영역 내에서 자유로워야 자기 목표를 잘 달성할 수 있다는 이유로 공립학교 영역 안에서의 종교교사에 의한 종교교육을 위헌결정하였다.[23] 그러나 학교 구내를 벗어나 종교교육을 받도록 조퇴시키는 것은 공립학교에서 그러한 프로그램에 적극 개입하지 않는 한 위헌이 아니라고 판결하였다.[24]

이와는 반대로 종교계 학교의 아동에게 종교계 학교에 없는 세부 전공 또

---

20) 강서희, 프로메테우스, 2007. 10. 6.

21) Hackett v. Braksville Graduate School District 87 S.W. 792, 1905.

22) Engel v. Vitale, 370 U.S. 421, 1962.

23) McCollum v. Board of Education, 333 U.S. 203, 1948.

24) Zorach v. Clauson, 343 U.S. 306, 1952.

는 직업적 프로그램을 공립학교에서 들을 수 있도록 2중 등록 또는 합동강의 시간을 가질 수 있는가의 문제가 있다. 이에 관한 연방대법원 판결은 없으며, 자발적인 참여이므로 주 법률에 반하지 않는 한 인정된다고 판단하는 경우도 있고,[25)] 주어진 하루 시간 중 다른 학교수업에 많은 시간을 보내게 되어 의무교육에 반한다고 부인하는 경우도 있다.[26)]

3.3 교과과정에서 진화론과 창조론[27)]

찰스 다윈(Darwin)의 '종의 기원'이 주장된 지 한 세기 반이 지난 최근에 미국에서는 또다시 인간의 생물학적 기원에 관하여 뜨거운 논쟁이 펼쳐지고 있다. 역사적으로 많은 주에서 공립학교 교과과정에서 창조론과 상치되는 진화론 교육을 금지해 왔다. 1972년 테네시아 대법원은 인간이 하등동물로부터 진화해 왔다는 창조론에 반하는 내용의 교육을 금지하는 주 법률이 합헌이라고 판결하였고, 많은 주에서 그러한 금지를 해왔다.[28)]

그러나 스푸니크 충격 이후 공립학교에서 과학의 중요성이 강조된 1960년대에 알칸사 주의 에퍼슨(Epperson) 교사가 다시 진화론을 금지한 주 법률의 위헌성을 제기하였다. 알칸사 주 대법원은 그러한 주 법률이 합헌이라고 했지만 미연방대법원은 그러한 주 법률은 종교적으로 중립적이지 않다고 위헌판결을 하였다. 진화론을 금지한 주 법률은 종교적 선호를 이유로 학생들에게 과학적 정보에의 접근을 제한하기 때문에 연방헌법 수정 제1조의 종교의 중립에 반한다는 판결을 한 것이다.[29)]

창조론자들은 이러한 사법적 결정이 있자 진화론 교육과 대등하게 창조론도 교육되어야 한다는 '동등한 강의시간(equal time)' 주장을 하게 된다. 그러나 1987년 미연방대법원은 공립학교에서 진화론과 동등한 시간의 창조론

---

25) Morton v. Board of Education of Chicago, 216 N.E. 2d 305, 1966.

26) Special District for Education and Training of Handicapped Children v. Wheelern, 408 S.W. 28. 60, 1966.

27) Martha M. McCarthy, "Instruction about the Origin of Humanity: Legal Controversies Evolve", *West's Education Law Reporter,* Vol. 203, 453-467의 요약임.

28) Scope v. State, 289 S.W. 363(Tennessee), 1927.

29) Arkansas v. Epperson, 393 U.S. 97, 1968.

교육을 규정한 루이지애나 법률을 창조론은 과학이 아니라는 근거로 위헌 판결하였다.[30]

그러나 최근에 창조론자들의 진화론에 대한 비판이 사법부가 아닌 정치영역과 주 및 지방 교육위원회로부터 많은 호응을 얻고 있다. 즉, 텍사스와 캘리포니아 주는 공립학교에서 진화론에 대한 비판과 함께 지능설계(ID, Intelligent Design)를 가르치자는 제안이 검토되고 있다. 인간은 아주 복잡한 존재이므로 자연적 선택에 의한 우연한 진화가 있을 수 없고, 초자연적 힘의 산물일 수밖에 없다는 것이다. 하느님(God)이라고 언급하지는 않지만 확인되지 않는 지능설계자(Intelligent Designer)란 말을 쓰며, 진화론도 창조론도 아닌 제3자적 지위라고 한다.

많은 과학자들은 이러한 주장은 증거를 추출할 수 없으므로 과학이 아니라 종교적 믿음이라고 생각한다. 해리스(Harris) 여론조사에 의하여 미국시민의 약 55%가 진화론과 함께 지능설계가 공립학교에서 가르쳐져야 한다고 생각하고 있다.[31] 부시 대통령도 2005년 8월에 진화론과 함께 지능설계도 가르쳐야 한다는 주장을 하였다. 이들은 공립학교에서 이러한 "논쟁 주제"를 당연히 가르쳐야 하며, 진화론도 이론일 뿐이지 확인된 객관적 사실이 아님을 주장한다.

이러한 치열한 논쟁 와중에 키츠밀러(Kitzmiller)사건이 진행 중이다.[32] 펜실베니아의 교육위원회는 생물시간에 "진화론은 하나의 이론이고, 지능설계도 하나의 대안적인 이론"이라는 내용을 가르치도록 행정가들이 확인하도록 하였고, 지능설계를 설명한 '팬더곰과 인간'(Of Pandas and People)이라는 교재까지 등장하였다. 2004년 12월에 이러한 교육위원회의 결정에 도전하는 소송이 이루어졌고, 아이디 주장자들과 반대론 전문가들이 상반된 변론으로 뜨거운 법정 다툼이 있었다. 결국 연방대법원에서 다루어질 이 판결의 결과를 많은 교육위원회에서 주시하게 될 것이다. 이제 교사들은 진화론을 교육할 경우 학생들로 하여금 비판적 사고를 하도록 할 것이다.[33]

---

30) Edwards v. Aguillard, 482 U.S. 578, 1987.

31) http://www.harrisinteracive.com

32) Kitzmiller v. Dover Area School District no. 04 cv 2688, filed Dec. 14, 2004, M.D. Pa.

33) Ralph D. Mawdsley, "Evolution of the Public School Curriculum", *West's Educational Law Reporter*, Vol. 203, no. 1.

3.4 종교의 자유와 국기에 대한 경례거부

교육의 종교적 중립과 간접적으로 관련되는 문제로 학생 또는 교사가 종교적 이유로 국기에 대한 경례를 거부할 수 있는가의 문제가 있다. 학교에서 조회시간에, 그리고 입학·졸업 및 기타 행사에서 국기에 대한 경례를 관례적으로 한다. 이런 관례적 경례에 대하여 우상숭배라는 이유로 학생 또는 교원으로부터 거부되는 사례가 미국에서는 물론 한국에도 있었다.

미국의 경우에는 국기에 대한 경례가 1898년 스페인과 전쟁선언 직후 국기에 대한 경례가 입법화되었고, 국기에 대한 경례는 어떤 종교적 의식이 아니고 단순히 애국심을 고취시키는 행사이므로 종교의 자유를 침해하지 않는 것으로 판결되었다.[34)]

그러나 국기에 대한 경례문제는 제2차 세계대전을 전후하여 더욱 쟁점이 되었으며 1943년에 바네트(Barnett) 판결을 통하여 종전의 대법원 입장이 번복되었다. 애국심은 역사시간이나 공민시간을 통하여 고취시킬 수 있는 것이지, 국기에 대한 경례와 같은 의무적인 행사에 참여를 강요한다고 되는 것이 아니므로 그러한 강요는 위헌이 된다는 것이다.[35)]

웨스트버지니아의 교육위원회는 국기에 대한 경례를 공립학교의 정규적인 활동으로 하여 모든 교사와 학생을 그러한 의식에 참석시켜야 한다는 정책을 채택하였다. 그러나 '여호와의 증인'을 믿는 학생들이 그러한 정책은 신법(神法)이 실정법에 우선한다는 종교적 믿음에 대한 침해라고 생각하여 그러한 행사에 참여하기를 거부하였다. 그들의 거부는 평화로웠고 질서를 유지하여 다른 사람의 권리행사를 방해하지 않았다.

미국 연방대법원은 국기에 대한 경례의 참석을 강요하는 것은 정신적 자유인 표현의 자유와 종교의 자유를 보장하고 있는 연방헌법 수정 제1조에 반한다고 판결하였다. 동 법원은 자기들 내심의 믿음을 언어나 행동으로 표시하도록 강요하는 것은 수정 제1조에 반한다는 것이다.

우리나라에서도 유사한 사건이 있었다. 1973년에 대한장로회 소속 부산의 한 교회에 적을 둔 6명의 K고등학교 학생들이 합동 교련교육 시간에 국기에

34) Leoles v. Landers 302 U.S. 656, 1937.

35) West Virginia State Board of Education v. Barnette, 319 U.S. 624, 1943.

대한 경례를 거부하여 제적처분을 받은 사건이다. 거부이유는 국기에 대한 경례는 우상숭배로 자기들의 신앙에 어긋난다는 것이었다. 대구고등법원은 원고의 행위는 국기의 존엄성을 해치고 교내질서를 해쳤다는 이유로 제적처분을 정당하다고 판결하였으며, 대법원에서도 국기에 대한 경례를 거부한 것은 학교의 국기 예절에 관한 교육방침에 어긋나며 종교의 자유는 교내질서를 해치지 않는 범위 내에서 인정되는 것이라는 이유로 원고의 상고이유를 이유 없다고 기각하였다.[36)]

그러나 상기 사건은 징계사유, 징계절차, 징계의 정도 등에 많은 문제점을 갖고 있다. 원고는 순수한 신앙심에서 국기에 대한 경례를 거부하였으며, 징계근거인 '본교 교육방침에 위배되는 행위'라는 표현도 지나치게 추상적이고 포괄적이며, 제적처분 시 교무회에서 과반수 이상의 찬성을 얻어야 하는데 그러한 절차가 없었으며, 정학·퇴학 등의 다른 징계수단이 있는데도 제적처분이란 가장 가혹한 징계는 비례의 원칙에 반한다고 하겠다.

우리나라도 종교적 양심에 기인하는 국기에 대한 경례거부는 그 종교적 이유가 진심이고 다른 학생의 권리행사를 방해하지 않고 조용히 거부만 한다면 신앙의 자유로 보호되어야 한다고 생각한다. 국기가 나라의 상징이지만 개인이 가지는 종교의 자유를 보장하는 것도 중요하므로 명백하고 현존하는 위험과 같은 구체적인 이유의 명시도 없이 기계적으로 국익우위입장을 취하는 것은 자유민주주의 헌법 원리에 일치하지 않는다. 요컨대, 애국심 고취라는 국가이익도 중요하지만 개인의 종교의 자유가 '진지하게' 고려되어야 한다.

3.5 기타 문제점

교육 분야에서 종교의 자유가 문제되는 기타의 쟁점은 종교적 이유로 의무교육을 거부할 수 있는가, 종교적 이유로 수혈 등의 의학적인 치료를 거부할 수 있는가, 국가는 어느 정도까지 종립(宗立)학교에 재정지원을 할 수 있는가? 등이다.

---

36) 대판 1976. 4. 27, 75누249.

3.5.1 의무교육의 거부

자기의 신앙을 이유로 의무교육을 거부할 수 있는가에 관한 우리나라 판례는 없다. 미국 연방대법원은 6세부터 16세까지의 모든 어린이는 공립학교에 취학하여야 한다는 오레곤 주법이 부모의 자유로운 학교선택권을 불합리하게 침해하였다고 위헌판결하였다.[37)]

또 미국 연방대법원은 요더(Yoder)사건에서 주법에서 요구하고 있는 정규학교 대신 특정 종립학교에 자기 아동을 취학시킴을 종교의 자유로 보호하였다. 위스컨신 주에서는 중등교육도 의무교육인데 아미쉬(Amish)라는 특정 종교의 학부모들은 자기 자녀들이 초등교육을 마친 후에 중등학교에는 보내지 않고 자기들 집단 내에 있는 종교학교에 보냈다. 연방대법원은 주정부가 이들에게 중등교육을 강요하는 것은 연방헌법 수정 제1조의 종교의 자유에 반한다고 판결하였다.

아미쉬 집단은 자기들의 종교적 믿음이 진지하고, 자기들 집단 내에서 강조하는 직업교육이 적절하며, 자기들의 종교적 목표가 학생들의 육체적 또는 정신적 건강을 해치지 않는다는 것을 증빙함으로써 헌법상의 종교의 자유행사로 보호를 받을 수 있었다.[38)]

3.5.2 수혈 등의 의학적 치료의 거부문제

환자나 그 가족이 신앙을 이유로 수혈 등의 조치가 수반되는 의사의 치료를 거부할 권리가 있는가 하는 것도 종교의 자유에서 문제가 된다. 미국의 경우 죽음 등의 위험을 환자가 충분히 인식하면서 진지하게 수혈을 거부할 경우 부양할 미성년의 자식이 없으면 사회에 명백하고 현존하는 위험을 끼치지 않는다는 이유로 수혈의 거부권을 인정하는 추세이다.[39)]

우리나라의 경우 전염성 간염에 걸려 장내출혈의 증세를 보이는 11세의 자신의 딸에게 수혈이 요망됨에도 자신이 믿는 '여호와의 증인'교의 교리에 반한다는 이유로 수혈을 거부·방해한 사건이 있었다. 대법원은 이 사건에서 회복의

---

37) Pierce v. Society of the Holy Names of Jesus and Mery, 268 U.S. 510, 1925.
38) Wisconsin v. Yoder, 406 U.S. 205, 1972.
39) Erickson v. Dilgard, 44 Misc 2d 27. 252 N.Y.S. 2d 705, Sup. Ct. 1962.

가능성이 희박하여 환자가 사망할 것이라는 위험이 예견 가능한 경우에 생모에게 자신의 종교적 신념이나 후유증 발생의 염려만으로 의사가 하고자 하는 수혈을 거부하여 결과적으로 자식을 사망에 이르게 할 수 있는 권리가 있다고는 할 수 없다고 판결하였다.[40)]

환자가 성인이어서 진지한 종교적 이유로 수혈 등의 치료를 거부할 경우는 부양할 미성년의 자식이 있는가, 사회질서에 명백한 위험이 있는가? 등을 고려하여 인정할 수 있겠지만, 환자가 미성년자인 경우에는 치료에 관하여 부모의 동의를 필요로 하는데, 자녀의 이익에 명백히 적합한 경우가 아니면 부모의 거부권은 허용될 수 없다고 생각된다. 한편 미성년자가 자신의 신앙을 이유로 수혈을 거부할 경우에는 부모가 친권에 의하여 자녀의 반대의사에 불구하고 수혈 내지 의학적 치료를 행할 것을 요구할 수 있다고 보아야 한다.[41)]

3.5.3 종립학교에 대한 법률적 규제와 재정지원 문제

종립학교의 교사자격 요건, 교재선정 요건, 교육과 학위수여 요건 등을 법률로 규제하는 것이 종교의 자유를 침해하는지도 문제이다. 미국의 경우에는 주 법원에 따라 상충되는 의견을 보이고 있다. 규제의 정도가 심하고 광범위하면 위헌 소지가 크다고 할 수 있다.

우리나라의 경우 특정 종교의 학교법인이 운영하는 학교 또는 학원형태의 교육기관에 대하여 학교설립인가 또는 학원설립등록을 받도록 규정한 구「교육법」 제85조 제11항 및 「학원의 설립·운영에 관한 법률」 제6조가 종교의 자유를 침해하는 위헌인지에 관하여 헌법소원이 있었고 헌법재판소는 다음과 같이 판결하였다.[42)]

> 종교의 자유와 종교교육은 보호되어야 하나, 외견상 교육기관의 형태를 갖추어 일반인이 정규 교육기관으로 오인하게 하여 학생모집이나 학위수여 등에서 문제를 야기시킬 우려가 있는 경우, 이를 단속하는 것은 선량한 일반국민을 보호하려는 차원이며 국민의 학습권을 적극적으로 보장하려는 것이며, 누구나 일정

40) 대판 1980. 9. 24, 79도1987.
41) 이영진, "종교의 자유와 실정법규위반", 「고시계」 통권 442호(1993. 12), p. 95.
42) 헌재 2000. 3. 30, 99헌바14.

요건만 갖추면 교육기관을 설립하여 원하는 교육내용을 가르칠 수 있는 것이므로, 종교의 자유를 제한하거나 정교분리의 원칙에 위배된다고 할 수 없다.

학교설립시 일정한 기준을 정해 놓은 것은 무분별한 학교설립에 의한 선량한 국민들의 보호와 일정수준 이상의 교육의 질과 학습권을 보호하는 것이므로 평등원칙에 위배된다고 할 수 없다. 천주교회의 수도원·수녀원과 불교의 강원은 자신들의 교파에 속하는 수도사들을 대상으로 수도생활의 실천과 교리교육에 중점을 두어 운영하는 기관으로서 교단 내부적으로 순수한 종교활동의 연장으로 운영되므로 교육부가 개입하지 않는 것이며, 이 사건은 목사후보생 등을 대상으로 교양과목과 신학과목 전반을 수강하게 하고, 소정의 과정을 마친 후보생들에게 전도사고시 응시자격이나 평신도 지도자 자격을 주고 있어, 성격이 다르므로 단속하는 것이므로 이를 종교의 차별이라 할 수 없다.

종교계 학생 또는 학교재단에 국가가 어느 정도 재정지원을 할 수 있는가도 정교분리의 원칙과 관련하여 학교에서 자주 문제가 된다. 미국의 경우 종교계 학교에 다니는 학생을 포함한 주(州)의 모든 학생에게 교과서를 무상으로 공급한다는 루이지애나 주의 법률이 정교분리의 연방헌법 수정 제1조에 반하는가의 다툼이 있었고, 종교계 학교의 아동부모에게는 교통비를 상환해 줌으로 주내의 모든 학생에게 통학버스의 편의를 제공하도록 하는 뉴저지 주법이 연방헌법 수정 제1조에 반하는가의 다툼이 있었다.

연방대법원은 교과서의 무상공급이나 교통편의 제공은 종교계 학교에 대하여 어떤 이익을 주는 것이 아니고, 학생에게 혜택을 주는 것이기 때문에 정교분리의 원칙에 반하지 않는다고 합헌결정을 내렸다.[43)]

그러나 레먼(Lemon) 판결에서 연방대법원은 종교계를 포함한 사립학교의 교사들에게 봉급 또는 교재비의 일부를 주정부가 보조하는 것은 비록 보조를 받는 교사가 비종교적 과목만을 가르쳐야 한다는 일정한 조건이 있었지만, 종교와 정부 간에 지나친 혼동을 야기하므로 위헌이라고 판결하였다.[44)] 이러한 판결들은 아동에게 직접적인 혜택이 돌아가는 지원은 물론이고 정교분리에 지나친 혼동을 야기하지 않는 일정한 범위에서는 종교계 학교에 대한 국가공금의

43) Cochran v. Lousiana State Board of Education, 281 U.S. 270, 1930.

44) Lemon v. Kurtzman, 403 U.S. 602, 1971.

지원도 가능하게 하였다.

종교계 학교에 대한 지원이 합법이기 위하여서는 국가의 지원 근거법의 입법목적이 세속적이어야 하고, 그 주된 효과도 종교에 대한 지원이나 억제가 아니어야 하며, 그리고 정부지원의 내용이 정교분리 원리와 지나치게 혼동되는 결과를 가져와서는 아니 된다. 이러한 기준에 따라 교과서 지원, 주 정부에서 요구하는 평가 프로그램 같은 진단적 서비스의 관련비용에 대한 지원은 합헌이지만, 교사에 대한 봉급지원 또는 강의자료 및 장비 등에 대한 정부지원은 정·교 분리원칙에 지나친 혼동으로 위헌이 된다. 종교계 사립학교에도 국가가 재정 지원하는 것은 그러한 학교도 공립학교와 건전한 경쟁을 하게 되어 결국 공립학교에 대한 대안으로 중요한 역할을 하기 때문이다.

우리나라의 경우 종립학교를 포함한 사립학교가 입시방법의 강제배분으로 공교육기관화되었으므로 정부의 재정지원은 폭넓게 인정될 수 있을 것이다. 미국의 판례에서 확립된 아동혜택이론에 따른 교과서나 버스 등의 교통편의는 물론이고, 도서구입비와 과학실험비 등의 재정지원이 종립학교에만 특별히 지원되지 않는 한 정교분리의 원칙에 반한다 할 수 없을 것이다.

요컨대 교육은 개인의 잠재능력을 계발(啓發)시켜 주는 중요수단이며, 민주정치 실현에 필요한 시민의 자질을 배양시켜 주는 기초가 되고, 전문적인 직업훈련의 역할을 통하여 개인에게 생존수단을 제공해 준다. 이와 같은 교육의 중요성 때문에 우리 헌법에서는 특별히 모든 국민에게 교육을 받을 권리를 보장하고 교육의 기회균등 원칙과 교육의 자주성·전문성·정치적 중립성 및 대학의 자율성 원리를 규정하고 있다(헌법 제31조).

교육의 자주성이란 곧 교육의 자유와 독립을 의미하는 것으로서 종교적, 정치적 권력은 물론 기타의 제 세력과 교육행정의 부당한 지배로부터의 자유를 의미하는 것으로 이해되어야 하며, 그것은 교육수행에서 요구되는 전문적 자율성과 더불어 교육이 추구하는 인격주체성에서 기인하는 것이라 할 것이다.

교육의 정치적 중립성은 정치권력 특히 여당정치로부터 교육의 자유와 독립이라는 교육의 자주성을 확보하기 위한 것으로서, 교육에 관한 사항은 국회로 대표되는 정치권력에 의해서가 아니라 국민에 대해 직접 책임을 진다는 의미에서, 교사의 교육의 자유와 함께 지방교육자치, 학교자치, 대학자치 등으로 제도화됨으로써 더욱 확고하게 되며, 정치교육과 교원의 정치적 기본권을 배제하는 근거로 작용되어서는 안 되는 것이다.

본 장에서는 교육의 자주성 확립의 중요내용인 교육의 정치적·종교적 중립성에 관한 중요쟁점들을 분석하였다. 교사들이 전문성을 향상시켜 신뢰를 얻고 교육행정이 분권화·민주화되어 정치권력이나 특정 종파로부터 부당한 영향을 받지 않는 것이 교육의 중립성 확립이다. 교육의 중립성 확립은 내일의 주역인 학생들에게 창의적이고 다양한 사고방식을 가능하게 하므로 치열한 국제경쟁에서 살아가는 데 필수적 조건이 된다. 본 장에서 제시된 교육의 중립성에 관련된 주요 쟁점들을 유념하여 교육의 자주성이 헌법이나 교육법상의 단순한 이론에 그치지 않고 교육현장에서 구체적으로 실현되도록 하여야 하겠다.

[토론 주제]

1. 교육의 자주성은 포괄적 개념으로 관련되는 주제가 많다. 예컨대, 교사의 교육권, 교육자치제도, 행정부의 교육관여의 정도 등이다. 한국의 경우 특히 어떤 것이 교육의 자주성 확립에 가장 큰 장애요소이며 어떻게 극복할 수 있는가?
2. 교원의 정치적 활동제한의 근거와 문제점은 무엇인가?
3. 소개된 헌법재판소 판례(헌재 1992. 11. 12, 89헌마88)가 시사하는 교과서의 국정제 및 검인정제도의 문제점은 무엇인가?
4. 교육현장에서 종교교육의 문제점은 무엇인가? 서울중앙지방법원의 종교재단 D학원에 대한 K군의 일부 승소판결(2005가단305176)이 서울 고등법원에 항소중인바, D학원 또는 K군의 입장에서 변론할 수 있는가?
5. 인간의 기원에 관한 진화론과 창조론(또는 지능설계론) 중 어느 것이 더 진실일까? 인간의 기원에 관하여 학생들에게 어떻게 설명하여야 하는가?
6. 국기에 대한 경례에 관한 판례(대판 1976. 4. 27, 75누249)는 미국의 관련 판례와 비교할 때 어떤 문제가 있는가?
7. 정부는 "종교적 사유 등에 의한 병역거부자에 대해 대체복무를 허용하는 방안을 추진하기로 했다." 국방부 인사기획관은 "국민적 합의를 전

제로 여론조사와 공청회, 설명회 등 공론화 과정을 거쳐 국민 지지를 얻어 시행 방안을 구체적으로 확정할 것"이라며 "법령 정비가 끝나면 2009년부터 시행이 가능할 것"이라고 내다봤다. 대체복무가 허용되는 병역거부자의 범위는 추가 검토를 거쳐 확정된다. 대체복무는 치매노인이나 중증장애인 수발 등 가장 힘든 사회서비스 분야에 한정된다. 복무기간도 현역병(2014년 기준 18개월)의 갑절인 36개월이 검토되고 있다. 대체복무가 실현될 경우 해마다 수백 명의 양심적 병역거부자들이 일률적으로 평균 1년6개월씩의 징역형을 선고받고 복역하는 오래된 관행이 사라질 수 있을 것으로 기대된다. 양심적 병역거부자는 2002년 826명, 2003년 565명, 2004년 756명, 2005년 831명, 2006년 783명 등 지난 5년 동안 총 3,761명이다. 정부 방침에 대해 한나라당 대변인은 "국민들 대부분이 병역의 형평성을 매우 중요하게 생각하고 있고, 지금은 양심적 병역거부에 관한 명확한 기준도 없는 상태다. 당장 시행하는 것은 시기상조이며 장기적으로 검토해야 할 과제"라고 반대 의견을 밝혔다(동아일보, 2007. 9. 19). 종교사유 등 양심적 병역거부자에 대한 대체복무 허용에 관하여 어떻게 생각하는가?

제 7 장

교육영역에서의 권리구제

법치주의 국가에서는 법을 통하여 질서를 확립하고 정의를 실현한다. 정의의 실현은 자기의 권리가 침해된 경우 그 구제를 통하여 보장된다. 교사가 불법행위 책임을 지는 경우에 국·공립학교 교사는 중과실이 있는 경우 국가가 본인에게 직접 구상권을 자주 행사하고 있으며, 사립학교 교사는 경과실의 경우에도 학교재단이 구상권을 행사할 수 있으므로 자기의 경제적 불이익을 예방하기 위하여서도 권리구제에 관한 법률지식의 습득이 필요하다.

본 장에서는 첫째, 다양한 권리구제 제도를 개관해 본다. 둘째, 학교생활에서 자주 발생하는 불법행위의 책임에 관한 기본적인 법 이론을 요약·소개한다. 셋째, 학교영역에서 불법행위 책임에 관한 구체적인 사례들을 분석하여 어떤 법 이론이 적용되며 어떤 문제점이 있는가를 지적한다. 마지막으로 불법행위 책임에 관한 교사의 행동지침과 방어수단을 몇 가지 제시한다. 본 장의 목적은 교사로 하여금 불법행위 책임에 관한 기본적인 법 원리를 이해하고 적절한 감독권의 행사와 사고의 예방조치로 자기 방어를 할 수 있게 하는 데 있다.

1. 권리구제장치의 개관

1.1 공권력구제의 원칙

국민이 공권이건 사권이건 그 권리를 침해당한 사후에는 국가의 공권력에 의하여 구제된다. 사력(私力)구제는 힘이 없는 권리자를 보호하지 못하고 오히려 힘 있는 강자의 논리만 보호되므로 원칙적으로 허용되지 않는다.

그러나 국가의 보호를 구하는 것이 불가능하거나 또는 곤란하게 될 상황에서는 예외적으로 사력구제도 허용된다. 정당방위, 긴급피난이 그러한 경우이다. 자기 또는 타인의 법익에 대한 현재의 부당한 침해를 방위하기 위하여 부득이 가해행위를 하는 것이 정당방위인데, 「민법」 제761조 1항과 「형법」 제21조에서 위법성 조각사유로 인정하고 있다. 자기 또는 타인의 급박한 피난을 피하기 위하여 부득이 타인에게 가해행위를 하는 것이 긴급피난인데, 「민법」 제761조 2항과 「형법」 제22조에서 위법성 조각사유로 인정하고 있다. 그러나 가해자가 고의나 과실로 자초한 위난은 긴급피난에 해당하지 않는다. 예컨대, 운전병이 제한속도 25킬로미터 지점에서 시속 45킬로미터의 과속으로 달리던 중 보행인 3인과 충돌을 피하기 위하여 방향을 바꾸다가 점포를 들이받아 화재가 발생하였다면 운전병의 행위는 긴급피난에 해당한다 할 수 없다.[1)]

1.2 사권침해에 대한 구제장치

권리의 구제제도는 침해받는 권리가 사권인가 공권인가에 따라 나누어 설명할 수 있다. 사권의 침해를 구제받으려면 법률이 정하는 절차에 따라 법원에 권리보호를 구하여야 한다(헌법 제27조). 법원은 권리보호의 청구를 받으면 우선 입증을 통하여 구체적 사건의 내용을 확정하고, 그 사건에 적용할 법을 발견하고 해석을 통하여 법규의 내용을 명확히 한 후, 추상적 법률을 대전제로 하고 구체적 사실을 소전제로 하여 판결을 한다. 판결의 내용은 주로 권리의 확정 또는 손해배상의 지급명령이다. 판결의 의무를 따르지 않는 경우에는 국가가 강제집행으로 그 권리의 내용을 실현할 수 있다. 또 장래의 강제집행을 보전하거나 권리관계의 현상을 유지하기 위하여 가압류, 가처분의 제도가 있다. 일정한 민사 분쟁, 가사 사건, 그리고 노동쟁의 사건에 관하여서는 당사자의 신청이 있는 경우 복잡한 재판 절차가 아닌 소송외의 분쟁해결 장치인 조정제도가 있다.

---

1) 대판 1968. 10. 22, 68다1643.

1.3 공권침해에 대한 구제장치

공권침해에 대한 구제장치는 매우 다양하므로 사전적, 사후적 구제장치로 나누어 요약하면 다음과 같다. 또 교원소청심사위원회에 관하여서는 별도로 살펴본다.

1.3.1 사전적 예방장치

권리는 일단 침해를 받으면 그 구제에 많은 시간과 경비가 들고 완전한 원상회복도 어렵다. 따라서 최선의 방책은 권리침해를 사전에 예방하는 것이다. 기초적인 법률지식을 습득하여 자기 권리를 알고 스스로 자기 권리를 지키는 것이 권리침해의 사전 예방책이다. 전문화된 영역에서는 변호인의 조력으로 분쟁 또는 권리침해의 여지를 사전에 예견하여 대비책을 마련하여야 한다. 예컨대 계약체결의 경우에도 가능한 모든 예상되는 분쟁에 대하여 구체적으로 명확히 계약서를 작성하는 것 등이 이에 해당한다.

헌법상의 기본권 침해에 대한 사전예방책은 헌법이 최고법률임을 명문으로 규정하고, 대통령 등 공무원으로 하여금 헌법수호 의무를 선서하게 하며, 삼권분립제도를 통하여 권력상호간의 억제와 균형을 유지시키는 것이다. 정당정치의 구현, 국민의 국정통제, 국민의 호헌(護憲) 내지 기본권 보장의식 고양 등도 정치적 헌법보장 방법이다. 헌법 개정을 어렵게 한다든지, 반민주적 정당의 행동을 사전에 예방하기 위해 위헌정당 해산제도를 둔다든지, 군과 공무원의 정치적 중립성을 보장하는 규정을 두는 것도 간접적으로 기본권 침해에 대한 사전적 예방대책의 예에 해당된다.

가장 많이 문제가 되는 행정기관에 의한 권리침해를 사전에 예방하는 장치는 상급행정청이 하급행정청에 대하여 감독권을 행사하는 것과 행정절차에 의한 통제로 「행정절차법」이 있다. 「행정절차법」은 적법절차 원리를 행정 분야에서 구현하는 제도로 이해관계인에게 사전 통지함으로써 자기의견을 제시할 기회를 부여한다는 점에서 권리침해에 대한 사전 예방효과가 크다고 할 수 있다.

1.3.2 사후적 구제장치

헌법상의 기본권이 침해받은 경우에 그 구제수단은 여러 가지가 있다. 우리 「헌법」상에는 청원권(제26조), 재판청구권(제27조), 국가배상청구권(제29조), 형사보상청구권(제28조), 위헌법률심사제와 명령·규칙·처분의 위헌위법심사제(제107조), 그리고 헌법소원(제111조 제1항 제5호) 등을 보장하고 있다.

사법적 구제가 주된 구제방법으로 가장 효과적이며 헌법재판소에 의한 헌법소원은 최종적인 것이라고 할 수 있다. 헌법소원 청구사유는 공권력의 행사 또는 불행사로 인하여 헌법상 보장된 기본권을 침해받은 경우이다. 단, 법원의 재판은 제외되며, 다른 법률에 구제절차가 있는 경우에는 그 절차를 사전에 거쳐야 한다(헌법재판소법 제68조).

기본권의 침해는 주로 법의 적용과정에서 행해지므로 행정기관에 의한 기본권 침해가 가장 많이 문제가 된다.[2] 행정기관이 불법행위로써 기본권을 침해한 경우에는 해당 공무원의 파면을 청원할 수 있을 뿐만 아니라 국가배상을 청구할 수 있으며, 또한 행정심판을 통한 구제가 가능하다. 무고하게 체포·구속되어 불기소처분을 받거나 기소되어 무죄판결을 받은 경우에는 형사보상을 청구할 수 있고, 모든 구제절차를 거친 뒤에도 기본권에 대한 위헌적인 침해가 구제되지 않은 경우에는 헌법재판소에 헌법소원을 제기할 수 있다. 그 밖에도 감독청의 직권취소나 정지처분 및 해당 공무원에 대한 민사·형사책임이나 징계책임의 추궁도 중요한 구제수단이 된다.

국민의 입장에서 볼 때 공무원에 대한 징계책임 추궁은 공무원으로 하여금 불법적인 행위를 억제하게 하는 중요한 권리구제의 수단이 되지만, 반면에 공무원 입장에서는 부당한 징계에 대한 구제수단이 요구되어진다. 공무원은 「국가공무원법」에서 정하고 있는 징계사유(동법 제78조 제1항 각 호)가 있을 경우 「공무원 징계령」에 규정하고 있는 징계위원회(제1중앙 징계위, 제2중앙 징계위, 보

---

2) 입법기관에 의한 기본권의 침해는 입법에 의하여 적극적으로 기본권을 침해하는 경우와 마땅히 제·개정해야 할 법률을 하지 않고 방치하는 경우가 있다. 전자의 경우에는 재판을 전제로 위헌법률심사권을 행사할 수 있고 예외적으로 처분적 법률인 경우 헌법소원을 제기할 수 있다. 그 밖에 국회에 청원을 하거나 선거를 통한 책임추궁이 가능하다. 후자의 경우에는 헌법에서 명시적인 입법위임을 하였고, 헌법해석상 특정인에게 구체적 기본권이 생겨 이를 보장하기 위한 국가의 작위의무 내지 보호의무가 명백한 경우에만 헌법소원을 할 수 있다(헌재 1989. 3. 7, 88헌마1). 사법기관에 의한 기본권 침해는 위헌적인 법률을 적용한다든지 법률해석의 잘못 또는 사실인정의 오인 등으로 인한 오판의 경우이다. 이 경우에는 헌법소원을 제기할 수 있으며, 항소·상고 등의 상소와 재심·비상상고 등의 절차상의 구제수단과 형사보상제도가 있다.

통징계위)의 징계처분을 받게 되는바, 동 징계처분에 관하여 불복이 있을 때에는 처분이 있는 것을 안 날부터 30일 이내에 소청심사위원회에 재심을 청구할 수 있다(동법 제76조).

교육공무원 경우에는 「교육공무원법」에서 교권의 존중과 신분보장을 규정하고(동법 제43조) 있으며, 징계사유(국가공무원법 제78조 제1항 각 호)가 발생할 경우에 「교육공무원 징계령」에서 정하고 있는 징계위원회(총·학장 징계위원회, 특별징계위원회, 일반징계위원회)에 회부되어 징계의결을 받게 된다. 징계위원회의 징계처분에 대하여 불복이 있는 경우에는 그 처분이 있는 것을 안 날로부터 30일 이내에 교원소청심사위원회에 재심을 청구할 수 있다(교원지위 향상을 위한 특별법 제9조). 본인의 의사에 반하는 파면 또는 해임이나 면직처분을 하였을 때에는 임용권자는 소청심사위원회의 최종결정이 있을 때까지 후임자의 보충발령을 하지 못한다.

1.4 교원소청심사위원회

공무원이 징계처분 기타 그의 의사에 반하는 불이익처분(징계 등)을 받은 자가 그 처분에 불복이 있는 경우에 그 처분이 있는 것을 안 날로부터 30일 이내에 소청심사위원회에 심사를 청구하는 행정심판을 소청(訴請)이라 한다(국가공무원법 제76조, 지방공무원법 제67조). 소청은 개별법에서 정하고 있는 특별한 행정심판기관이라 할 수 있다. 교원소청심사위원회도 「교원지위 향상을 위한 특별법」에서 규정하고 있는 특별행정심판기관이다.

1.4.1 교원소청심사의 근거, 청구대상 및 절차

교육공무원이 징계 기타 그 의사에 반하는 불이익처분을 받고 그에 불복하는 때에는 그 처분이 있는 것을 안 날부터 30일 이내에 교원소청심사위원회(종전 교원징계재심위원회)에 재심청구를 할 수 있다(교원지위 향상을 위한 특별법 제9조 제1항). 교원소청심사의 청구대상과 그 절차는 다음과 같다.[3)]

청구인은 국·공사립 구분 없이 유치원에서 대학까지 「초·중등교육법」 제19조 및 「고등교육법」 제14조에 명시된 교원이며 청구대상은 징계처분 또는

3) 교육인적자원부, 「교원소청심사위원회 결정문집 15」, 2006, pp. 314 322.

그 의사에 반하는 불리한 처분이다.[4] 청구기간은 처분이 있는 것을 안 날로부터 30일 이내이다. 우편 또는 온라인으로 소청심사청구서를 제출한다(교원소청에 관한 규정 제2조). 파면, 해임, 면직처분을 받은 경우 소청심사청구를 하면 소청심사청구인은 심사위원회에 출석하여 진술할 수 있으며(동 규정 제1조3) 심사위원에 대해 기피신청을 할 수 있고(동 규정 제10조 제2항) 증거를 제출할 수 있다(동 규정 제14조 제1항).

소청심사위원회는 소청사건을 교원소청에 관한 규정에 따라 심사하고 재적위원 2/3 이상의 출석과 재적위원 과반수의 합의에 의한다(동 규정 제16조 제1항). 접수한 날부터 60일 이내 결정하며(교원지위 향상을 위한 특별법 제10조 제1항) 각하, 기각, 취소, 변경, 확인, 이행명령 등의 결정을 한다(동 규정 제16조 제2항). 심사위원회의 결정에 불복할 때에는 교원 및 사립학교를 설치·경영하는 학교법인 또는 사립학교 경영자는 행정소송을 제기할 수 있다.

1.4.2 교원소청심사위원회가 다룬 주요 결정의 주제

교원소청심사위원회는 교원이 받은 '징계처분'과 '기타 불리한 처분'에 대하여 공정한 심사와 결정을 하는 기관인바, 2005년도 교원소청심사위원회 결정인 징계처분과 기타 불리한 처분의 주제는 아래와 같다. '징계처분'의 처분사유는 직무태만, 품위손상, 금품수수 등인바, 그 구체적인 주제는 교장 부재시 집단시위 참여, 입시 실기고사 채점위원으로서 채점 실수, 회계서류 허위작성, 성적부정처리, 학급학생 사고처리 미흡, 학생폭행관련 교직원 지휘감독 및 학생생활지도 소홀, 음주상태 근무 및 무단결근, 교장에게 반말, 수업시간 중 폭언 및 흡연, 동료 여교사와 불륜 및 폭행, 납품업자로부터 금품수수, 학부모로부터 금품수수 등이다.

면직, 직위해제, 재임용탈락, 절차상의 하자를 내용으로 하는 '기타 불리한 처분'의 구체적인 내용은 형사기소중인 자에 직위해제처분, 강의책임시간 15주 미달자에게 보수 감액 처분, 중복출제로 인해 재시험을 치르는 등 물의를 야기

4) 징계처분은 파면, 해임, 정직, 감봉, 견책이며(「국가공무원법」 제78조 제1항, 「사립학교법」 제 61조 제1항), 기타 불리한 처분은 직권면직(「국가공무원법」 제70조 제1항, 「사립학교법」 제58조 제1항), 직위해제(「국가공무원법」 제73조 제3항, 「사립학교법」 제58조 제2항1), 재임용거부(「교육공무원법」 제11조 제3항4, 「사립학교법」 제53조 제2항6) 등이다. 그 밖에 전보처분, 학과이동처분, 보수감액 처분, 수업금지처분 등이 대상이다.

한 자에 직위해제처분, 재임용 제외처분 등이다.

1.4.3 교원소청심사위원회의 역할과 문제점

「교원소청심사위원회 결정문집 15」에 나타난 징계처분의 인용(취소)률은 15%, 조정률은 27%이나, 인용(취소) 및 조정률을 합치면 권리구제비율이 42%이다. 기타 불리한 처분의 경우에는 인용(취소)률이 62%나 된다. 징계처분 및 기타 불리한 처분을 합친 경우 권리 구제율이 51%로 매우 높은 비율이라 할 수 있다.5)

교원소청심사위원회는 교원의 신분보장과 지위향상을 위하여 많은 기여를 하고 있지만 다음과 같은 문제점도 있다. 첫째, 사립학교 교원에 대한 징계처분의 성질이 공법행위인가 사법행위인가에 관한 법리상의 논쟁이 있을 뿐 아니라 사립학교 교원의 징계 재심권을 국가기관이 관장하는 데 대하여 사학운영자들의 반대가 상존하고 있다.

둘째, 재심청구의 범위가 정규교원이고 징계처분이나 불리한 처분이 존재할 것 등으로 한정되어 있으며, 심사에 있어 비공개·직권심리이며, 강제이행수단이 확보되어 있지 않다. 특히 사립학교에서 교원소청심사위원회의 최종 결정을 이행하지 않을 때 어떤 조치를 취할 수 있는가의 문제가 있다.

셋째, 교원소청심사위원회가 고유 업무 수행에 있어 교육인적자원부의 간섭 없이 독립적으로 운영되고 있으나, 조직 체계상 교육인적자원부의 직속기관으로 되어 있어 조직상의 독립성이 미흡하다 하겠다. 넷째, 일부 사립학교의 불복 소송사례와 장기적이고 고질적인 감정대립으로 인한 분규사례들은 재심제도의 실효성을 감소시키고 있다.

그 밖에도 다음과 같은 교원소청심사위원회의 문제점들이 지적되고 있다. 첫째, 교원소청심사위원회의 구성 및 운영에 있어 위원들의 전문성이 약하고, 상임위원 등 인력이 부족하다. 상임위원 등 인력확충과 전문연구관 제도의 도입이 필요하다. 둘째, 소청심사위원회의 심사가 단순히 운영되고 있다. 초중등

---

5) 교육소청심사결정에 불복하여 교원이 제기한 행정소송에서 패소한 행정소송사건은 1991년부터 2005년 5월까지 총 33건으로 19%의 패소율을 보이고 있다. 그 패소사유는 법령해석의 차이나 잘못, 증거부족 및 사실의 오인과 비례의 원칙 및 평등의 원칙을 위반한 재량권의 남용·일탈, 그리고 원징계절차의 위법에 대한 판단의 오인 등이다. 강인수 외, "교원징계 및 교원소청심사제도에 관한 연구", 「교육법학연구」 제18권 1호, 2006, pp. 6-7.

교원소청심사위원회와 대학교원소청심사위원회 또는 국공립과 사립으로 유형화하여 운영할 필요가 있다.

셋째, 교원소청심사의 청구기간이 공무원의 소청심사 청구기간과 같이 처분이 있는 것을 안 날부터 30일 이내로 되어 있어 너무 짧다. 행정심판법에서 처분이 있음을 안 날로부터 90일, 처분이 있는 날부터 180일로 규정된 점을 고려하여 청구기간을 좀 늘려줄 필요가 있다.[6)]

이러한 문제점들을 해결하기 위하여 가장 중요한 것은 심사결정의 공정성 확보에 있다. 구체적으로는 사실조사·검정·감정기능의 강화, 심사위원의 자격강화 및 위원수의 증원, 의결정족수 상향조정, 공개 심리제도의 도입, 심사기관의 독립성 강화가 요구된다. 또 재심결정의 실질적인 이행을 확보하는 수단이 필요하며 교원소청심사위원회의 화해·조정기능의 부여가 요구된다.[7)] 또한 현재 중앙에만 설치된 교원소청심사위원회의 규모로는 징계재심 업무조차도 충분히 검토, 심사할 여유를 갖지 못하고 있다.

따라서 한국의 교육현장에서 발생하고 있는 그리고 앞으로 증가가 예상되는 개인적 또는 집단적 교육 분쟁을 효과적으로 해결하여 그로 인한 사회적 비용을 최소화할 수 있는 제도적 장치가 시급히 요구된다. 교육 분쟁은 사법적 쟁송에 의존하기 이전에 교육권의 보호 내지 분쟁조정 등의 종합적 기능을 수행하는 독립의 교육분쟁조정위원회를 설치하여 교육영역 안에서 일차로 해결을 모색할 필요가 있다. 2001년부터는 지방자치단체가 학교교육분쟁조정위원회 설치·운영에 관한 조례를 제정하여, 초·중고등학교 단위에서 분쟁조정을 하고 있다. 2007년 개정 사립학교법에 따라 현재 임시이사가 파견된 대학의 정상화를 위하여 사학분쟁조정위원회가 교육인적자원부산하에 설치되어 운영되고 있다.

1.4.4 사례분석: 촌지사건(사건 2005-89, 견책처분취소청구)

초등학교 교사 갑은 2005년 3월 29일 1학년 1반 교실에서 담임학생의 어머니와 상담을 마친 후 그 학부모로부터 책속에 있는 촌지를 전달받았다 하여

6) 강인수 외, 전게논문, 2006, pp. 10-18.
7) 원영상, "교원징계재심제도의 운영 및 발전에 관한 연구", 동국대학교 박사학위논문, 1995, pp. 250-252.

2005년 4월 교육장으로부터 견책처분을 당하였다. 청구인은 학생어머니가 일방적으로 책상 위에 잡지를 놓고 갔으며 다음날 3월 30일 08:50경 현금을 발견하고 교감에게 보고하여 '금품 등 접수대장'에 기록한 후 반환하였다. 청구인은 3월 30일 16:30경 TV기자가 찾아와 전날의 촌지수수 장면을 촬영했다고 얘기하는 기자에게 학부모 앞에서는 펴볼 수 없었으나 나중에 다 돌려주었다는 답변을 하였다.

사실관계를 조사·확인한바, 청구인이 잡지를 집에 가져간 정황이 없는 점, 다음날 교감에게 보고하고 퇴근시 학부모집으로 찾아가 반환한 점, 평소 청구인이 촌지 수수를 거부한 점 등을 종합적으로 살펴볼 때 촌지를 수수할 의사가 없었다는 청구인 주장을 받아들여 견책처분을 취소한다는 결정을 하였다.[8)]

생각건대 교사촌지 문제는 오래 된 교육계의 부정적 이미지이다. 한국 사회에 만연한 선물문화의 한 단면이라 할 수 있다. 표적취재로 본의 아니게 억울한 신분상의 불이익을 당할 수 있었는데 평소에 촌지를 거부한 것이 인정되어 청구인의 주장이 받아들여진 사례이다.

2. 불법행위에 관한 법 이론

이와 같이 권리구제 제도는 다양하나 일상생활과 학교영역에서 자주 문제가 되는 영역은 불법행위에 대한 손해배상의 청구이다. 불법행위에 관한 법 이론은 일반불법행위와 특수 불법행위로 나누어진다.[9)]

2.1 일반불법행위

「민법」 제750조는 계약과 같은 특별한 관계가 없는 일반시민 사이에서 타인에게 손해를 가한 경우, 가해자는 그 손해를 배상하여야 한다고 규정하고 있다. 이를 일반불법행위라고 하는바, 그 성립요건은 책임능력 있는 자가 자기의 고의 또는 과실로 위법(違法)적인 행위를 하여 타인에게 손해를 가하는 것이다.

8) 교육인적자원부, 「교원소청심사위원회 결정문집 15」, 2006, pp. 49-154.
9) 불법행위에 관한 법이론은 김증한, 「채권가론」, 박영사, 1989, pp. 441-484 요약임.

일반불법행위의 성립요건을 상설하면 다음과 같다.

첫째, 불법행위가 성립하기 위해서는 행위자에게 책임능력이 있어야 한다. '책임능력'이란 자기행위의 책임 또는 결과를 분별할 수 있는 능력을 말한다. 이는 단지 도덕적으로 나쁜 일이라고 아는 것만으로는 부족하고, 자기 행위의 결과가 위법한 것으로 법률상 비난받는 것임을 인식하는 정신능력이 있어야 한다.

「민법」은 미성년자가 타인에게 손해를 가한 경우에 그 행위의 책임을 변식(辨識)할 지능이 없을 때 책임능력이 없다고 규정하고 있다(동법 제753조). 모든 법률행위의 기본전제인 의사능력의 판단은 외부에서 확실히 알 수가 없으므로 행위의 상대방이나 제3자가 받게 될 예측불허의 손해를 막기 위하여 일정한 획일적 기준, 예컨대 만 20세 미만을 미성년자로 정하여 그 기준을 갖춘 때에는 '행위 무능력자'라 하여 구체적인 경우에 의사능력을 가지고 있는지를 문제 삼지 않고 그 자가 단독으로 행한 일정범위의 법률행위에 관하여 취소할 수 있게 하는 것 등이다. 그러나 불법행위 경우에는 의사능력 유무를 연령에 의하여 획일적으로 정하지 않고 특정의 미성년자가 행한 개개행위에 관하여 개별적, 구체적으로 의사능력, 즉 책임능력의 유무를 결정한다.

우리나라 대법원은 14세 3개월은 물론 13세 6개월이 된 사람도 특단의 사정이 없는 한 사회통념상으로 자기행위에 대한 책임을 변식할 지능이 있다고 판결하고 있다.[10] 그러나 대법원은 13세 5개월이 된 중학생이 전쟁놀이 중 장난감이라고 할 수 없는 위험한 물건인 고무총으로 땅콩크기의 돌을 발사하여 같이 놀던 아이의 눈을 실명하게 한 행위[11]와 14년 2개월 된 중학생이 콘크리트 바닥에 엎드려 있는 피해자를 갑자기 예고 없이 발로 밀어버린 행위는[12] 다른 사정이 없는 한 불법행위의 책임을 변식할 지능을 가진 사람의 행위로 볼 수 없다고 판결하고 있다.

이러한 판결로 보아 13-14세의 어린아이의 행위에 대한 책임능력 판단은 구체적 상황에 따라 판단해야 하며 피해자의 구제측면에서 친권자의 책임 또는 사용자의 책임인정 여부와도 관련해서 고려해야 한다. 즉, 미성년자의 책임능력

10) 대판 1971. 4. 6, 71다187; 대판 1969. 2. 25, 68다1822.
11) 대판 1978. 7. 11, 78다729.
12) 대판 1978. 11. 28, 78다1805.

부정은 후술하는 친권자 책임의 전제가 되며, 그 인정은 사용자 책임의 전제가 된다. 미국의 경우 7세까지는 아동에게 책임 변식 능력이 없다고 보고 7세-14세까지의 아동에게는 일견(a prima-facie) 책임능력이 없다고 보나 증거에 의하여 번복될 수 있다는 것이 일반적 경향이다.

미성년자가 아니더라도 병적 발작이나 음주 등으로 심신 상실 중에 타인에게 손해를 가한 경우에는 판단능력이 없으므로 배상책임이 없다(민법 제754조). 그러나 고의 또는 과실로 '심신상실'을 초래한 경우에는 그 책임을 면치 못한다.

둘째, 불법행위가 성립하려면 고의 또는 과실이 있어야 한다. '고의'라 함은 일정한 결과가 생길 것을 인식하면서 감히 이것을 하는 심리상태이며, '과실'은 통상적인 사람을 기준으로 마땅히 하여야 할 주의를 다하지 않았기 때문에 일정한 결과의 발생을 인식하지 못한 것을 의미한다.

과실은 주의를 게을리 한 정도에 따라서 경과실과 중과실로 나누어진다. 같은 직업에 종사하는 사람으로는 보통 누구나 할 수 있는 주의의 정도를 '선량한 관리자의 주의'라 하며, 이는 민법상 주의의무의 원칙이다. 이러한 정도의 주의를 다하지 못하는 것을 '추상적 과실'이라고 한다. 특히 법률이 이러한 주의의무를 경감하여 행위자 자신의 주의능력에 따른 주의만을 요구하는 것을 '구체적 과실'이라고 한다. 추상적 과실과 구체적 과실을 합하여 '경과실'이라 하며, 선량한 관리자의 주의를 심하게 또는 현저히 결여한 경우는 '중과실'이라 한다. 불법행위의 성립은 경과실만으로 족하다. 과실의 인정여부는 불법행위의 성립여부에 있어 중요한 요소이다.

고의나 과실의 입증책임은 피해자에게 있다. 그러나 타인의 주관적인 사정을 입증한다는 것은 실제로 곤란한 경우가 많으므로 피해자가 가해행위가 행하여진 상황을 밝힘으로써 간접적으로 반증이 없는 한 과실이 성립된 것으로 본다든가, 가해상황이 특수한 경우에는 공평의 원칙을 가미하여 과실의 추정이 이루어지기도 한다.[13)]

통상적인 사람을 기준으로 마땅히 하여야 할 주의의무를 태만히 하였거나 또는 하지 않으면 아니 될 의무를 이행하지 않은 경우가 과실인데, 그와 같이 하지 아니한 것이 불가항력이었다면 과실이 있다고 볼 수 없다. 그러나 현대사

13) 예컨대 자동차 운전 중에 자동차가 전복되는 등의 사고가 발생하였다면 이는 운전수의 고의 또는 과실에 기인한 것으로 추정한다(대판 1959. 10. 29, 4292민상67).

회의 급속한 과학기술의 발달이 가져온 위험성이 수반된 기업 활동, 예컨대 광업과 원자력사업 등의 경우에는 통상인의 주의의무를 다하였고, 현재의 기술수준으로 손해발생을 막을 수 없었을 경우라도 무과실 책임을 인정하는 경향이 있다.

셋째, 불법행위가 성립하기 위해서는 가해행위가 '위법'하여야 한다. '위법'하다는 것은 법률이 보호할 가치 있는 이익을 침해하는 것이다. 소유권 같은 물권, 청구권 같은 채권, 신체·자유·명예·정조권·생활안정[14] 같은 인격권적 이익의 침해가 그 예에 속한다.

앞에서 지적하였듯이 민법에서는 정당방위와 긴급피난의 경우에는 위법성이 조각된다고 예외를 인정하고 있다. 민법에서 위법성 조각사유로 명시하고 있지는 않지만 '정당업무'와 '피해자의 승낙'도 사회적 타당성이 인정되는 경우 위법성을 조각한다. 경찰의 범인체포, 노동조합의 단체행동, 친권자나 교사의 징계권, 의사의 수술, 복싱 같은 스포츠중의 가해는 정당한 행사의 범위 안에서 '정당업무'로 위법성이 없다. 예컨대 교사가 수업태도가 불량한 학생에게 징계의 수단으로 심하지 않은 폭행을 가한 것은 교육업무상 정당한 행위로 위법성이 조각된다.[15]

피해자의 승낙도 위법성을 조각하지만, 피해자가 그 승낙의 의미를 이해할 만한 정신능력을 가지고 자유로운 판단에 의하여 승낙하여야 하며 그 승낙이 사회질서에 반하지 않아야 한다. 예컨대 대법원은 어린이들이 편을 갈라서 상대편을 원 밖으로 밀어내는 삼각놀이를 하던 중 상대편의 다리를 걸어서 땅바닥에 넘어지게 하여 상해를 입게 한 경우에 "별로 위험성이 있다고 보아지지 아니하는 위 삼각놀이에서 11, 12세의 소년들이 상대방의 다리를 거는 따위는 상대방 승낙을 전제한 통상 있을 수 있는 행위에 속한다고 봄이 상당하므로 위법성이 없다"고 판결하였다.

넷째, 불법행위가 성립하기 위해서는 손해의 발생이 있어야 한다. 불법행위가 성립하려면 '손해'의 발생이 있어야 하며, 위법행위와 발생한 손해 사이에

---

14) 예컨대 토지소유자가 경계선에서 한 치의 거리도 두지 아니하고 건축한 교사(校舍)의 2층에서 6층까지의 각 난간에서 각종 오염물을 이웃지붕에 떨어뜨리고 학생들이 지붕 위에 올라가 주택을 내려다보고 부녀자를 희롱하는 일이 허다한 것은 소음 및 불안상태의 조성으로 이웃거주자는 이를 용인할 의무가 없다(대판 1974. 6. 11, 73다1691).

15) 대판 1979. 9. 11, 77다522.

'인과관계'가 있어야 한다. '손해'라 함은 법적으로 보호할 가치 있는 이익에 관하여 입은 불이익인바, 재산적 손해와 정신적 손해가 있다. 불법행위로 인한 정신적 손해도 배상할 책임이 있다(민법 제751-752조). 사고로 인하여 장차 특별한 치료를 요하는 상해를 입었을 경우에도 현실적 손해로 본다.[16)]

그리고 '인과관계'라 함은 그 행위가 없었으면 그 손해가 발생하지 않았으리라고 인정되는 관계를 말한다. 민법은 채무불이행으로 인한 손해배상의 범위를 정한 「민법」 제393조를 불법행위에도 준용하여 상당인과관계 범위내의 손해만을 배상하도록 하고 있다. 즉, 그 행위가 없었으면 그 손해가 발생하지 않았으리라고 인정되고, 그러한 행위가 있으면 그러한 손해가 발생하는 것이 보통이라고 인정되는 경우에만 배상책임이 있다. 인과관계의 판단은 필연적·과학적 원인관계를 규명하는 것이 아니고, 발생한 손해를 누구에게 책임을 지울 것이냐 하는 법률적인 판단으로서 가해자의 주의의무의 정도, 피침해 이익의 중대성 등이 고려된다.

주의의무를 다하지 못하여 발생한 위법행위와 손해발생 간에 상당한 인과관계가 있느냐의 판단은 대단히 판별하기 어렵다. 특히 행위자의 과실에다 피해자 자신 또는 제3자의 행위가 개입되는 경우에는 인과관계의 성립여부를 판단하는 데 더욱 어려움이 있다. 예컨대 경운기를 운전하던 운전자가 이를 길가에 세워두고 발동을 끄지 않은 채 운전석을 떠난 사이에 그 차를 타고 있던 피해자가 경운기를 운전하다가 운전 미숙으로 사고를 내어 사망한 경우에 발동기를 끄지 않은 운전자의 과실과 위 사고 사이에는 인과관계가 있다고 보았다.[17)]

그러나 비상경계 근무 중인 순경이 휴대하고 다니던 권총을 용변을 위하여 숙직실에 펴 있는 자기의 이불 밑에 탄창이 꽂혀 있는 채로 넣어 두었는데, 사환이 숙직실 청소를 하다가 권총을 발견하여 방안에 있는 피해자 갑에게 빨리 일어나라는 농담을 하면서 탄환이 장전된 것을 모르고 노리쇠를 당겨 사망케 한 사건에서 대법원은 권총방치행위와 사고발생 사이의 상당인과관계는 인정하지 않았다. 순경이 권총을 무기고에 넣든가, 탄창만이라도 소지하여야 하는 주의의무를 태만히 하였으나, 권총취급의 부주의가 있었다고 당연히 사환의 오발로 인한 결과발생 사이에 상당인과관계가 있다고 보지 않았다. 경찰이 잠시 용

16) 대판 1965. 3. 23, 64다1899.
17) 대판 1976. 4. 13, 75다1187.

변 중 권총을 가지고 장난할 사람이 있으리라는 상황은 예측할 수 없으므로 순경의 권총취급의 부주의는 사고발생 결과와 간접적인 관계(remote relation)에 있다고 본 것이다.[18)]

요컨대 가해행위와 손해발생관계에서 상당인과관계를 인정하려면 일반적인 여건 하에서 그 행위로부터 예견이 가능한 결과이어야 한다. 즉, 상당인과관계의 인정여부는 예측가능성(forecasting)이 중요한 판단기준이 된다. 같은 맥락에서 대법원은 철도 건널목 간수인으로 차단기를 내린 이상 이로써 일단 그 주의의무를 다한 것으로 볼 것이고 아직 차단기가 오르기 전에 통행인이 마음대로 건널목에 뛰어 들어온다는 것은 특별사정으로 예견할 수 없는 이례(異例)에 속하는 사례라고 판결하고 있다.[19)]

인과관계가 있다는 주장 내지 입증책임은 청구자인 피해자에게 있다. 다만 공해로 인한 불법행위의 경우에는 당해 행위가 없었다면 그러한 결과가 발생하지 아니하였으리라는 정도의 개연성이 있으면 족하고 가해자는 이에 대하여 반증을 할 경우에만 인과관계를 부정할 수 있다.[20)]

2.2 특수 불법행위

「민법」은 특수 불법행위로 책임무능력자의 감독책임, 사용자책임, 공작물(工作物) 등의 점유자·소유자의 책임을 규정하고 있다.

2.2.1 책임무능력자의 감독자 책임(민법 제755조)

미성년자가 타인에게 손해를 가한 경우에 그 행위의 책임을 변식할 지능이 없을 때에는 배상책임이 없고(민법 제753조), 심신상실자가 타인에게 손해를 가한 경우에도 심신상실을 고의·과실로 자초한 경우가 아니면 배상의 책임이 없다(동법 제754조). 이 경우에는 이들을 감독할 법정의무가 있는 자와 감독의무자에 갈음하여 무능력자를 감독하는 자가 제3자에 가한 손해를 배상할 책임이 있다(동법 제755조). 법정의무 있는 자는 친권자와 후견인이며, 감독의무자에 갈음

---

18) 대판 1970. 3. 31, 70다18.
19) 대판 1972. 4. 11, 71다2165.
20) 대판 1974. 12. 10, 72다1774.

하여 무능력자를 감독하는 자는 대리감독자로 탁아소의 보모, 정신병원의 의사, 유치원과 초등학교의 교원 등이다. 책임무능력자의 감독자 책임제도는 자기책임의 원칙과 맞지 않는 예외이다.

책임무능력자의 감독자 책임은 책임무능력자의 행위에 관한 일반적인 감독을 게을리 한 데 대한 책임을 의미하고, 그 위법행위가 행하여진 데 대한 과실을 의미하지 않는다. 예컨대 12세밖에 되지 않은 미성년자가 산탄공기총을 가지고 새를 잡으러 다니다가 오발로 제 3자를 부상케 하였다면, 그의 법정 감독의무자는 평소 사고발생의 위험한 짓을 하지 못하게 잘 감시·감독하고 훈련하여야 할 주의의무를 다하지 않은 과실 책임이 있다.21)

책임무능력자의 감독자는 감독의무를 해태하지 아니한 때에는 책임이 없다. 중요한 것은 입증책임인데, 감독의무를 게을리 하지 않았음을 스스로 입증하지 않는 한 책임을 면하지 못한다. 예컨대 학교 내에서 발생한 미성년자의 상해행위에 대하여 감독의무를 해태하지 아니하였음을 주장·입증하지 않는 한 친권자는 손해배상책임이 있다.22)

2.2.2 사용자의 책임

타인을 사용하여 어떤 사무에 종사하게 한 자는 피용자가 제3자에 가한 손해를 배상할 책임이 있다(민법 제756조). 예컨대 버스회사의 운전사가 운전 중 그의 과실로 통행인을 부상케 한 때에는 그 운전사의 사용자인 버스회사가 배상책임을 지는 것이다. 민법은 피용자가 배상을 할 충분한 자력이 없는 경우가 많으므로 피용자의 불법행위가 성립하는 경우 그 사용자에게 선임과 감독의 책임추궁으로 배상책임을 지우고 내부적으로 구상하도록 한 것이다. 사용자 책임이 성립하기 위하여서는 실질적으로 보아 사용-피용의 관계가 있어야 하며, 피용자의 행위가 외부에 의하여 객관적으로 판단될 때 사용자의 사업에 종사하고 있다고 인정되어야 하며 제3자에게 손해를 가하였어야 한다.

사용자는 피용자의 선임 및 그 사무 감독에 상당한 주의를 한 때, 또는 상당한 주의를 하였어도 손해가 있을 경우에는 배상을 면할 수 있다(동법 제756조 제1항). 여기에서 '상당한 주의'의 정도는 감독자가 통상의 주의의무를 다 하였

---

21) 대판 1971. 4. 6, 71다59.

22) 대판 1962. 5. 17, 62다44.

으면 이를 방지할 수 있었음을 의미한다.[23] 선임과 사무 감독에 상당한 주의를 하였느냐의 입증책임은 사용자에게 있지만[24] 판례는 사용자의 주장을 거의 인정하지 않고 있어서 무과실 책임에 가까운 결과로 되고 있다.

사용자의 배상책임은 피용자의 배상의무와는 별개의 사용자 자신의 독립적 책임이다. 다만 피해자가 어느 편으로부터 배상을 받으면 그 범위 내에서 타방의 배상책임이 소멸한 것으로 본다.[25] 또한 사용자가 배상책임을 한 때에는 피용자에 대하여 구상권을 행사할 수 있다(동법 제757조 제3항).

사용자가 국가 또는 지방자치단체인 경우에는「국가배상법」제2조의 규정을 적용받으며 사용자 책임에 관한「민법」제756조 규정은 배제된다.「국가배상법」제2조는 국가 그리고 지방자치단체의 공무원이 직무를 집행함에 당하여 불법행위를 한 경우에 그 사용자인 국가 또는 지방자치단체가 배상책임을 지도록 규정하고 있다. 이는 상술한「민법」제756조의 사용자 책임과 같은 법 이론이다. 다만 국가배상법 제2조의 경우에는 면책규정이 없어 언제나 국가 및 지방자치단체가 책임을 져야 하며, 고의 또는 중대한 과실이 있는 경우에만 공무원에 대한 구상권이 인정된다는 점이 다르다.「국가배상법」제2조의 배상책임이 자기책임인가 아니면 대위책임인가에 관하여는 학설이 엇갈리고 있다.[26] 대법원은「국가배상법」제2조는 민법상의 사용자 책임에 대한 특별규정이므로「민법」에서와 마찬가지로 선임·감독에 대한 자기책임이며, 두 책임은 양립하므로 피해자는 국가 또는 지방자치단체나 공무원 자신에게 선택적으로 배상을 청구할 수 있다고 보고 있다.[27]

「국가배상법」제2조에서 규정하고 있는 배상책임의 요건은 공무원이 직무행위를 집행함에 당하여 고의 또는 과실로 법령에 위반하여 타인에게 손해를

23) 대판 1978. 3. 14, 77다491.
24) 대판 1967. 9. 26, 67다1432.
25) 대판 1960. 8. 18, 4292민상772.
26) 공무원의 위법행위는 국가 또는 지방자치단체의 행위로 볼 수 없으며 공무원에 대신하여 책임을 질 뿐이라는 것이 대위책임설의 논거이고, 국가 또는 지방자치단체는 현실적으로 공무원을 통하여 행위를 하는 것이므로 공무원의 행위는 곧 국가 및 지방자치단체의 행위라는 것이 자기책임설의 논거이다. 공무원의 고의·중과실 경우에만 구상권을 인정한 국가배상법 제2조 2항과 관련하여 공무원의 중과실로 인한 위법행위는 대위책임이고 경과실로 인한 위법행위는 자기책임이라는 중간설이 타당하다고 할 수 있다.
27) 대판 1972. 10. 10, 69다701.

가하는 것이다. 여기에서 '공무원'의 범위는 「국가공무원법」 또는 「지방공무원법」에서 말하는 공무원의 신분을 가진 자에 한하지 않고, 널리 공무를 위탁받아 실질적으로 공무에 종사하는 자를 포함한다.[28)]

'직무행위'란 입법·행정·사법의 모든 공권력행사와 관리작용을 말한다. 직무의 범위가 행정주체의 사경제적 작용까지 포함되느냐에 관하여서는 학설의 대립이 있다. 국가배상책임의 성질을 공법으로 보는 입장에서는 사경제작용을 포함시킬 수 없다고 보며 사법으로 보는 입장에서는 사경제작용도 포함시켜야 한다고 주장한다. 그렇지만 「국가배상법」 제2조가 본질적으로 「민법」 제756조의 특별법으로 사법적 성질을 갖고 있으므로 사경제적 작용도 포함시켜야 할 것이다. '직무행위를 집행함에 당하여'란 공무원 행위의 외관을 객관적으로 관찰하여 직무의 범위에 속한다고 판단되는 행위 및 직무와 밀접히 관련된 행위를 말한다.[29)]

그 밖에도 법령에 위반되어야 하며, 타인에게 손해를 가하여야 한다.

2.2.3 공작물 등의 점유자·소유자의 책임

공작물의 설치 또는 보존의 하자로 타인에게 손해를 가한 때에는 점유자가 제1차로 배상책임을 지고, 점유자가 손해의 방지에 필요한 주의를 해태하지 아니한 때에는 제2차로 소유자가 배상책임을 진다(민법 제758조 제1항).

공작물 책임의 성립요건은 첫째로 공작물의 설치 또는 보존의 하자가 있어야 하고, 둘째는 그러한 하자와 손해발생 사이에 인과관계가 있어야 한다. 여기에서 공작물이란 인공적 작업에 의하여 제작된 물건으로 건물, 철도건널목시설, 고압선, 배수시설, 고속도로, 자동차 등이다. 건물의 일부를 이루는 건물내부의 여러 설비는 물론 기업의 물적 설비 일반을 포함한다. '하자'란 그 물건이 본래 갖추어야 할 안전성을 결여한 것을 의미하며, 하자가 처음부터 있었을 때를 '설치의 하자'라 하고, 설치 후의 하자를 '보존의 하자'라 한다. 하자의 존재에 관한 입증책임은 피해자에 있으나 공작물의 하자가 쉽게 추정되는 경우에는 점유자나 소유자가 하자의 부존재를 입증하여야 한다. 하자가 손해발생의 공동원인의 하나가 된 것일 때에도 인과관계는 인정된다.

---

28) 대판 1970. 11. 24, 70다2253.

29) 대판 1971. 8. 31, 71다13.

위의 요건을 충족한 경우 공작물의 사실상 지배자인 점유자가 일차로 책임을 지고 그가 손해방지에 필요한 주의를 해태하지 아니하여 면책되는 경우에 그 물건의 소유자가 자기의 과실유무에 관계없이 배상책임을 진다. 예컨대 연탄 중독사고가 난 경우 직접 점유자인 임차인에게 주의의무의 해태가 없으면 건물 소유주가 배상책임을 진다.[30] 점유자 또는 소유자가 책임을 지는 경우에 점유자 또는 소유자는 공사의 시공자 같은 손해의 원인에 대한 책임 있는 자에게 구상할 수 있음은 물론이다.

공작물이 공공시설인 경우에는 「국가배상법」 제5조의 적용을 받는다. 즉, 도로, 하천 기타 영조물의 설치 또는 관리에 하자가 있기 때문에 타인에게 손해를 발생케 하였을 때에는 국가 또는 지방자치단체가 그 손해를 배상할 책임이 있다. 이 영조물 책임은 공권력 관계가 아니고 사법상의 책임이므로 「국가배상법」 제5조가 없을지라도 국가 또는 지방자치단체는 당연히 「민법」 제758조의 공작물 책임을 져야 하는 것을 국가배상법이 명시적으로 규정한 것에 지나지 않는다. 「국가배상법」 제5조의 성립요건을 간단히 살펴본다.

국가 또는 지방자치단체는 도로, 하천 기타 공공의 영조물의 설치 또는 관리에 흠이 있기 때문에 타인에게 손해를 발생케 한 경우 배상책임을 진다(국가배상법 제5조 제1항). 첫째, 공공의 영조물이란 공적목적을 달성하기 위한 인적·물적 시설의 종합체로 맨홀, 공중전화, 가로수, 전신주, 엘리베이터 등이다. 둘째, '설치·관리에 흠'이 있어야 한다는 것은 영조물의 설계·축조와 그 후의 유지·수선 및 보관 작용에 있어서 통상 갖추어야 할 안전성을 결한 것이다. 「민법」 제758조 제1항의 '설치 또는 보존의 하자'와 같은 관념이다. 영조물 설치관리의 하자유무는 객관적 견지에서 본 안전성의 문제이고 그 설치·관리자의 재정사정이나 당해 공공시설의 사용목적에 의한 사정은 그 안전성의 판단에 있어 중요한 사유가 될 수 없음은 물론, 설치·관리자의 고의·과실에 의할 것을 필요로 하지 않는다.

예컨대 육군 모 부대 수송부의 흙벽돌로 지은 병사(兵捨)가 폭우로 인한 산사태로 도괴(倒壞)되고 병사들이 압사한 사건에서 대법원은 견고하지 않은 자재를 사용한 것이 국가의 재정상태 때문이라는 국가의 항변을 받아들이지 않았고, 산사태가 전혀 예상할 수 없는 불가항력적 사유에 해당하지 않는 한 병사의

30) 대판 1979. 6. 12, 79다466.

설치상 하자를 인정하지 않을 수 없다고 판결하였다.[31] 셋째, 손해의 발생은 하자가 원인이 되어야 한다. 즉 손해와 하자 사이에 상당인과관계가 있어야 한다. 상당인과관계가 있는 한 자연력 또는 제3자나 피해자의 행위가 그 손해발생의 원인으로 가세하는 것은 무방하다.

고의·과실은 공작물 등의 점유자·소유자 책임에서와 같이 불법행위의 성립요건이 아니다. 그러나 국가 또는 지방자치단체는 공작물 등의 점유자에 대한 면책규정(민법 제758조 제1항 단서)과는 달리 손해의 발생을 방지함에 필요한 주의를 게을리 하지 아니한 때에도 배상책임을 진다. 국가 또는 지방자치단체가 배상을 한 경우에는 공사수급인과 같이 그 손해의 원인에 대하여 책임을 질 자가 따로 있을 때에는 그 자에 대하여 구상할 수 있다(국가배상법 제5조 제2항).

3. 판례분석 : 학교영역에서의 불법행위 책임

학교에서 불법행위 책임이 자주 문제되는 것은 교사가 학생에 대하여 위법한 행위를 한 경우, 학생들 간의 싸움 등으로 인한 사고 시 친권자 및 교사의 감독책임의 경우, 그리고 학교시설물의 안전성 결여로 인한 학교사고의 경우이다.

교사가 학생에 대하여 위법한 행위를 하여 불법행위가 성립되는 경우에는 「민법」 제750조의 일반불법행위 법리와 「민법」 제756조의 사용자책임이 적용된다. 국·공립학교의 교사 경우는 직무를 집행하거나 직무와 밀접히 관련되는 행위로 불법행위가 성립하면 「국가배상법」 제2조의 규정을 적용받는다.

학생들끼리 싸우거나 장난하다 사고를 낸 경우 친권자 또는 교사의 배상책임은 「민법」 제755조의 책임무능력자의 감독자 책임 법리가 적용된다. 교사가 감독책임을 질 경우에는 학교 설치자(국립의 경우는 국가, 공립의 경우에는 지방자치단체)도 사용자 책임을 지게 된다.

학교시설물의 안전성 결여로 인한 '학교사고'의 경우에는 「민법」 제758조의 공작물 등의 점유자·소유자 책임이론이 적용된다. 국·공립학교에서 학교시설의 안전성 결여로 인한 사고의 경우에는 「국가배상법」 제5조의 규정을 적용

31) 대판 1967. 2. 26, 66다1723.

받아 국가 또는 지방자치단체가 그 손해를 배상할 책임이 있다.

아래에 학생에 대한 교사의 일반불법행위 책임, 책임무능력자의 감독 책임, 그리고 학교시설물의 안전성 결여에 의한 학교 내지 교사의 책임과 관련된 사례들을 사건개요(fact), 법적쟁점(legal issue), 판결(decision), 판결이유(reasoning), 그리고 유의사항(implications) 순으로 분석한다.

3.1 학생체벌과 교사 본인의 불법행위 책임

학생에 대한 교사의 일반불법행위 책임은 주로 체벌의 경우 발생한다. 체벌 이외에도 수업, 특히 링 체조·유도·복싱 같은 체육운동경기, 그리고 수학여행도중 교사가 적절한 감독을 해태하는 경우 불법행위 책임이 문제된다. 다음에 체벌에 관한 불법행위 책임사례를 몇 가지 살펴본다.

3.1.1 체벌에 대한 국가배상법상의 중과실 인정사례[32)]

사건개요: 공립중학교 3학년 원고 학생 을은 다른 학생 10여명과 함께 무단외출 및 무성의한 학습태도 때문에 단체로 체벌을 받고 있던 중 갑자기 웃어버렸다. 피고 담임교사 갑은 학생 을의 진지하지 못한 태도와 벌을 주고 있는 자신의 인격이 무시당하였다는 기분 때문에 학생 을의 머리를 막대기로 여러 번 때리고 구둣발로 머리를 여러 번 차서 6주간의 입원치료를 요하는 뇌좌상 급성경막하열증, 좌측안면신경마비 등의 상처를 입히었다. 을의 부모는 국가를 상대로 3천2백만 원의 손해배상 청구를 하였고 승소하였다. 국가는 교사 갑에게 구상권을 청구하였으나 하급심에서는 교사 갑에게 고의가 없었고 징계목적의 위와 같은 구타행위가 뇌좌상 급성경막하열증이라는 중대한 결과발생을 예상할 수 없었다는 이유로 원고의 청구를 기각하였다. 원고는 이에 불복하여 상소하였다.

법적쟁점: 국가는 교사 갑에게 중과실을 이유로 국가배상법상의 구상권을 행사할 수 있는지가 쟁점이었다.

판결: 교사가 학생지도의 차원에서 징계목적으로 체벌을 가할 때에도 개인적인 감정개입을 억제하지 못하여 교사로서의 품위를 유지하지 못하였고, 체벌

32) 대판 1990. 2. 27, 89다카16178.

을 가하는 신체부위와 그 정도 및 방법 등에 대하여 주의의무를 게을리 하여 상해를 입혔다면 중대한 과실이 있었다고 보아 하급심의 판결이 번복되었다.

판결사유: 첫째, 피고는 자신의 인격이 무시당하였다는 다분히 감정적인 면에서 체벌하였다. 둘째, 피고가 체벌을 가한 부위가 다리, 둔부 등의 비교적 안전한 부분이 아니라 신체부분 중 가장 중요하고 위험한 머리 부분이었다. 셋째, 체벌을 가한 방법이 막대기만으로 때린 것이 아니라 구둣발로 차는 등 심히 비인격적, 비교육적인 방법이었다. 넷째, 6주간의 입원치료를 요하는 뇌파상 급성경막하열증, 좌측안면신경마비 등의 상처를 입었고 치료를 한 후에도 휴유증이 남아 일반 노동력의 70%를 상실하였다.

요컨대 피고는 개인적 감정을 억제하여 교사로서의 품위를 유지하고 체벌을 가하는 신체부위와 그 정도 및 방법 등에 조금만 주의를 기울였다면 이 사건에서와 같은 결과를 충분히 방지할 수 있었다. 징계의 목적으로 체벌을 가하는 교사로서 통상 요구되는 주의의무를 현저히 게을리 한 결과 위와 같은 결과를 초래한 중대한 과실이 있었다고 봄이 타당하다.

유의사항: 체벌을 할 때는 교육의 목적으로 개인적 감정을 억제하고, 지나치지 않도록 체벌의 방법·체벌의 상대방 등을 신중히 고려하여야 한다. 이러한 주의의무를 '현저히' 결여하였을 경우에는 중과실로 인정되며 국가가 배상한 손해금을 상환하는 의무를 지게 된다. 교사도 사람이기 때문에 체벌을 하면, 특히 상대방 학생이 반발할 경우 감정을 억제한다는 것은 기대하기 쉽지 않지만 불가피하게 체벌을 할 경우에도 개인감정을 억제하는 것은 체벌 시 염두에 두어야 하는 중요한 기준 중의 하나임을 명심하여야 한다.

3.1.2 체벌에 대한 손해배상책임의 인정사례

체벌로 인하여 학생에게 치료를 요하는 상처를 입힌 경우에는 가해자인 교사에게 손해배상책임을 인정하는 사례들이 많다.

교사가 학생을 엎드리게 한 후 몽둥이와 당구 큐대로 그의 둔부를 때려 3주간의 치료를 요하는 우둔부심부혈종좌이부좌상을 입혔다면 비록 학생주임을 맡고 있는 교사로서 제자를 훈계하기 위한 것이었다 하더라도 이는 징계의 범위를 넘는 것으로서 「형법」 제20조의 정당행위에는 해당하지 아니한다.[33]

33) 대판 1991. 5. 14, 91도513.

교사가 초등학교 5학년생을 징계하기 위하여 양손으로 교탁을 잡게 하고 길이 50cm, 직경 3cm가량 되는 나무 지휘봉으로 엉덩이를 두 번 때리고, 학생이 아파서 무릎을 굽히며 허리를 옆으로 틀자 다시 허리부분을 때려 6주간의 치료를 받아야 할 상해를 입힌 경우 위 징계행위는 그 방법 및 정도가 교사의 징계권행사의 허용한도를 넘어선 것으로서 정당한 행위로 볼 수 없다.[34)]

3.1.3 체벌에 대한 손해배상책임의 부정사례

3.1.3.1 사회상규에 벗어나지 않은 체벌 사례[35)]

사건개요: 사립 여자상업고등학교 수학교사 갑은 2학년 수학시간에 원고 학생 을의 수업태도가 불량하고 교사의 지시사항을 이행하지 않았기 때문에 훈계의 목적으로 원고를 교단으로 불러내어 꾸중을 하면서 뺨을 3차례 때리고 자기 자리로 돌려보냈다. 학생 을은 자기 자리에 돌아가 울음을 터뜨리고 계속 울면서 수업을 방해하여 교사 갑은 원고의 머리를 2회 때렸다. 그 후 원고는 히스테리성 신경증을 보여 그 부모는 교사 갑을 상대로 손해배상을 청구하였다.

법적쟁점: 교사 갑의 을에 대한 체벌행위는 불법행위에 해당하여 손해배상책임을 지는지가 쟁점이었다.

판결: 교사 갑이 수업태도가 불량하고 지시사항을 이행하지 않은 원고 을의 뺨을 3차례, 주먹으로 머리를 2회 때린 것은 교육목적이었고 사회상규에 벗어난 행위로 볼 수 없으므로 위법성이 없다.

판결이유: 첫째, 구「교육법」 제76조에 의하여 학교 교사에게도 교육상 필요한 경우에는 학생에게 일정한 범위 내에서 훈육권이 있다. 둘째, 체벌의 목적이 원고를 훈육하기 위한 교육목적이었다. 셋째, 원고의 히스테리성 신경증은 교사 갑의 구타행위도 하나의 원인이 된 것은 사실이나 그와 같은 결과는 극히 이례적인 것으로서 위 교사는 물론 일반인으로서 위와 같은 결과를 예견할 수 있었던 것으로 볼 수 있다는 증거가 없다.

유의사항: 대법원은 어느 정도의 체벌은 교육목적이 분명한 경우 교육업무상의 정당행위로 보고 위법성을 조각시키고 있다. 다수 학생들을 상대로 한 교실내의 규율을 바로잡고 소정의 교육과정을 이수시켜야 하는 교사의 입장을 지

34) 대판 1990. 10. 30, 90도1456.

35) 대판 1980. 1. 29, 79다1896.

지하는 입장이다. 그러한 체벌이 히스테리성 신경증의 한 원인이 되거나, 증세를 확대시킨 경우에도 그와 같은 결과발생을 전혀 예견할 수 없었으므로 상당 인과관계를 인정하지 않은 사례이다. 대법원은 1976년에 이미 교장이 훈계의 목적으로 교칙위반 학생에게 빰을 몇 차례 때린 정도는 교육의 견지에서 볼 때 징계의 방법으로서 사회관례상 비난의 대상이 될 만큼 사회상규를 벗어난 것으로 볼 수 없다고 판결하고 있었다.[36] 그러나 위 사건에서 피고학생이 감수성이 강한 여학생이고 체벌을 가한 신체부위가 빰이나 머리였으며 히스테리성 신경증의 한 원인이 되었다면 교육업무상의 정당행위로 보기는 어렵다고 보아진다.

3.1.3.2 정당행위로 본 체벌 사례[37]

사건개요: 사립여자중학교 3학년 담임교사 갑은 1975년 4월에 교실에서 원고 학생 을에게 결석이 잦은 이유를 여러 번 물었으나 전혀 대답을 하지 않았으므로 다른 학생에게 경각심을 주고 또한 그를 징계하고자 빰을 두 번 가볍게 때렸다. 물상교사 병도 5월에 원고 학생 을이 강의를 듣지 않고 시종 고개를 숙인 채 책상 위에 엎드려 지내므로 주의를 집중시키려고 앞자리로 나오게 하니 수업을 진행치 못할 정도로 갑자기 큰소리로 울기를 계속하므로 지휘봉으로 등을 3-4번 때리고 그런 수업태도를 고치겠다는 다짐을 하게 하였다. 원고 학생 을은 약 2개월 후인 7월 21일경 신경증성억울증이 있다는 진단을 받고 병원에 입원하였으며 담임교사 갑과 물상교사 병에게 손해배상 책임을 청구하였다.

법적쟁점: 교사가 규율유지와 교육과정의 정상적인 이수를 위하여 중학교 3학년 여학생의 빰과 등을 수차례 때린 행위는 정당한지가 쟁점이었다.

판결: 정당행위로 위법성을 조각하므로 손해배상청구는 이유 없다.

판결이유: 첫째, 교사가 다수학생을 규율하고 소정의 교육과정을 이수시켜야 하는 교사의 입장에서는 빰 몇 대와 지휘봉으로 등을 3-4번 때린 행위는 교육업무상의 정당행위이다. 둘째, 신경증성억울증은 사건 전부터 잠재해 있었으며 그런 증상은 일반인이 쉽게 관찰할 수 없었으며 동 사건에서 피고인들도 그런 사정을 몰랐다. 피고인들의 체벌행위가 위 정신질환 증세를 확대시킨 정신의학상의 한 원인이 되었을 가능성을 배제할 수는 없더라도 그와 같은 결과발

36) 대판 1976. 4. 27, 75도115.
37) 대판 1979. 9. 11, 79다522.

생을 전혀 예견할 수 없었으므로 상당인과관계를 인정할 수 없다.

유의사항: 이 판결도 교사의 체벌행위를 교육업무상의 정당행위로 인정하여 손해배상책임을 부정한 사례이나, 앞 판결에서와 같이 체벌대상이 감수성이 강한 중학교 3학년 여학생이며 체벌방법이 빰이나 등이었다는 데 문제가 있다. 더욱이 신경증성억울증이라는 정신질환의 원인이 되었다면 체벌교사에게 과실의 책임을 물을 수도 있다고 생각된다. 비록 정신질환의 증상이 사건 전부터 잠재해 있었고 그 관찰이 어려웠다고 하지만, 피담임 학생의 성격이나 생활환경 등의 파악은 교사로서의 의무라고 할 수 있겠다. 교사는 평소에 특히 비정상적인 학생에게 더 많은 관심과 관찰이 필요하다는 교훈을 주는 판례라고 할 수 있다.

3.1.3.3 체벌로 사망한 경우 폭행치사죄의 성립을 부인한 사례[38)]

사건개요: 고등학교 체육교사 갑은 학교운동장에서 3학년 피해자 을을 방공훈련에 불참하였다는 이유로 주의를 시킨 후 빰을 한 대 때렸다. 이로 인하여 학생이 뒤로 넘어지면서 두개골이 지면에 부딪치고 측두골에 선상골절이 생기고 출혈 및 뇌좌낭을 일으켜 사망하였다. 피해자 을 학생은 평소 심신이 허약하였고 급격한 뇌압상승으로 넘어졌으며, 뇌에 심한 충격을 준 것은 피해자의 두개골이 보통사람에 비하여 극히 얇았다. 제1심 법원은 갑에 폭행치사죄 성립을 인정하고 징역 1년 6월에 집행유예 3년을 선고하였다. 갑은 이에 불복하여 상소하였다.

법적쟁점: 교사 갑의 체벌행위는 폭행치사죄로 성립되는지가 쟁점이었다.

판결: 갑의 행위는 정당행위로서 폭행치사죄(형법 제15조 제2항)로 벌할 수 없다.

판결이유: 교사 갑은 피고학생이 평소에 체질이 허약하다는 사실을 알고 있었으나 두뇌에 이상이 있었음을 알지 못하였고, 손바닥으로 빰을 1회 가볍게 때리는 정도로 피고 학생이 사망에 이를 것을 도저히 예견할 수 없었을 것이다. 방공훈련에 참여하지 않은 잘못을 징계 내지 훈계하는 감호 교육의 한 방편으로서 그 정도의 것이라면 사회 관념상 비난의 대상이 될 만큼 사회상규를 벗어난 것으로 볼 수 없는 정당행위이다.

---

38) 대판 1978. 11. 28, 78도1961.(원심 서울고법 1978. 6. 23, 76노787)

유의사항: 본 판결은 사망이라는 결과의 발생을 교사 갑은 물론 일반 경험상으로도 예견할 수 없었을 것이기 때문에 결과적 가중범인 폭행치사죄의 성립을 부인한 것이다. 요컨대 학생에 대한 교사의 불법행위 책임은 교사의 체벌에서 자주 문제가 되는바, 체벌이 징계권의 행사로서 정당행위에 해당하려면 그 체벌이 교육상의 필요가 있고 다른 교육적 수단으로서는 교정이 불가능하여 부득이한 경우에 한하며, 그 체벌의 방법과 정도가 사회 관념상 비난받지 아니할 객관적 타당성이 있어야 한다. 예컨대 다리나 둔부 같은 안전한 부위가 아닌 머리를 대걸레자루로 때린 경우 교육업무상의 정당한 행위로 보기 어렵다.[39]

3.2 친권자 또는 교사의 감독자 책임

이미 언급하였듯이 친권자는 미성년자의 감독에 관한 법정의무자이며 교사는 대리감독자로서 미성년자의 위법행위에 대하여 감독의무를 게을리 하지 않았음을 입증하지 못하는 한 손해배상 책임을 진다. 대리감독자인 교사는 부모의 일반적인 감독의무와는 달리 학교 교육활동과 밀접불가분의 관계가 있어야 하고, 사고에 대한 예측가능성이 있어야 하므로 학교사고라고 교사가 늘 책임을 지는 것은 아니다.

3.2.1 학생끼리의 사고의 경우 부모에게 감독 책임을 인정한 사례[40]

사건개요: 피고 갑은 만 14세 8개월 된 제주 모 중학교 3학년으로 완강한 체력을 가진 넓이뛰기 운동선수로 부모와 함께 살고 있었다. 갑은 같은 반의 원고 을이 수업시간에 소란스럽게 떠들고도 반성함이 없이 대항한다는 이유로 발로 배를 1회 걷어차 책상 위에 넘어뜨리고 일어나는 원고의 왼쪽 얼굴을 1회 때렸다. 피고 갑은 쓰러지면서 머리 부분이 유리창 대리석 창대에 부딪혀 상해를 입었다. 원고 을의 부모는 갑의 부모에게 감독자 책임을 물어 손해배상을 청구하였다.

법적쟁점: 피고 갑의 부모는 동 사건에 대하여 감독자 책임이 있는지가 쟁점이었다.

39) 대판 1988. 1. 12, 87다카2240.

40) 대판 1992. 5. 22, 91다37690.

판결: 부모의 일반적 일상적 지도 및 조언의 감독교육을 게을리 하여 일어난 사고에 대하여 부모는 손해배상 책임을 진다.

판결이유: 첫째, 피고 갑은 만 14세 8개월로 부모와 함께 살고 있으며 경제면에서 전적으로 부모에 의존하는 등 부모의 전면적인 보호·감독 하에 있었다. 둘째, 부모는 원고 을에 대하여 타인에게 불법행위를 함이 없이 정상적으로 사회에 적응할 수 있도록 일반적·일상적인 지도·조언의 감독교육 의무가 있다. 셋째, 이러한 감독의무를 소홀히 한 결과 원고 을에게 손해를 가하였다. 즉, 감독의무를 태만히 한 과실과 손해배상 간에는 상당인과관계가 있다.

유의사항: 이 사건은 초·중등학생의 학부모에게는 일반적이고 일상적인 광범위한 감독교육의 의무가 있음을 강조하고 있다. 만 14세 8개월 된 피고 학생 본인 갑에게 직접적인 불법행위책임이 있는지, 그리고 대리감독자로서 담임교사나 학교(공립학교이므로 제주도 교육감)에게 감독의무 태만의 과실 책임이 있는지 여부에 관하여서는 구체적인 책임추궁이 없어 심리나 판단을 하지 않았다.

3.2.2 지도부 학생에 의한 폭행사망에 대한 학교의 감독 책임을 인정한 사례[41)]

사건개요: 고등학교 지도부 학생 4인이 관행대로 교실을 순회하며 용모검사를 하였는데 지도부학생 갑과 함께 따라온 비 지도부 학생 을이 머리가 긴 2학년 학생 병을 교실 뒤로 불러내 가슴을 1회씩 때렸고 병은 자리로 돌아가다가 쓰러져 후송 도중 심장쇼크로 사망하였다.

법적쟁점: 사망한 학생 병의 부모가 학교 또는 지도부 교사에게 감독책임을 물을 수 있는지가 쟁점이었다.

판결: 지도교사는 직무상의 과실 책임이 있고, 학교설치 경영자인 지방자치단체는 이 사건의 손해를 배상할 책임이 있다.

판결이유: 지도교사가 지도부학생들에게 훈화를 통하여 규율을 바로잡고 폭행을 하지 말도록 지시하였으나, 월요일에 교실에 들어가 복장불량 학생을 폭행하는 것이 관행처럼 되어 있었는데, 그것을 알고 있는 교사가 폭행방지 대책을 적극적으로 취하지 않은 것은 직무상의 과실이다.

---

41) 대판 1992. 5. 22, 91다37690.

유의사항: 지도감독을 게을리 하여 사고가 나면 철저한 감독부족으로 법적 책임을 지게 된다.

3.2.3 휴식시간 중 순간적인 폭행사고에 대한 학교책임을 부인한 사례[42)]

사건개요: 중학교 1학년 학생(13세 4개월) 갑이 휴식기간 중 청소용 밀대를 가지고 놀던 중 밀대에 묻어 있던 물이 동료학생 을의 도시락에 튀게 되자, 을이 갑의 눈을 주먹으로 세게 쳐서 파안열공성망막박피상을 입혔다.

법적쟁점: 이 사건에서 담임교사에게 감독책임을 물을 수 있는지가 쟁점이었다.

판결: 1심에서는 돌발적인 우연한 사고로 교사에게 책임이 없다고 하였고 2심은 교원의 지도·감독 소홀로 교사책임을 인정하였으나, 대법원은 1심과 같이 우연한 사고로 담임교사에게 책임을 물을 수 없다고 판결하였다.

판결이유: 가해자 을은 반장으로 학업성적이 우수하고 매사 적극적이며 피해자 갑과는 친구로 지내온 사이다. 담임교사는 이러한 사고를 예측하였거나 예측할 수 있었다고 보기 어려운 돌발적인 우연한 사고로, 보호·감독 의무 위반의 책임을 물을 수 없다.

유의사항: 학생끼리의 사고는 가해자의 성행, 피해자와의 관계, 사고발생의 때와 장소 등이 고려된다.

3.2.4 유치원생이 귀가 중 교통사고를 당한 경우 담임교사에게 경과실 책임 묻는 경우[43)]

사건개요: 4년 3개월 된 유치원생 갑은 담임교사 을의 인솔 하에 귀가하기 위하여 버스정류장까지 왔으나, 출산일을 일주일 앞둔 교사 을이 배에 통증을 느껴 원생이 버스에 타는 것을 보지 못하고 유치원으로 돌아왔다. 갑은 도로를 뛰어 건너다가 승합차에 치여 사망하였다.

법적쟁점: 갑의 사고에 대하여 담임교사 을은 감독책임을 지고 배상을 하여야 하는지가 쟁점이었다.

---

42) 대판 1997. 6. 13, 96다44433.

43) 대판 1996. 8. 23, 96다19833.

판결 : 교사 을에게 경과실로 인한 책임은 있으나 고의나 중과실이 아니므로 배상책임은 없다. 광주광역시가 손해배상책임을 부담한다.

판결이유: 유치원 담임교사는 원생이 유치원에 도착하여 안전하게 귀가할 때까지 친권자에 준하는 보호감독의무가 있다. 담임교사 을은 버스에 태워주지 못하는 상황이었더라도 주변사람들에게 부탁하는 등 적절한 조치를 취했어야 한다. 버스정류장까지 인도한 것으로 보호감독의무를 다한 것으로 볼 수는 없으나 고의 또는 중과실은 없었다고 본다.

유의사항 : 나이가 적은 저 학령 학생일수록 보호·감독을 세심히 하여야 한다.

3.2.5 감독 책임을 인정한 사례[44)]

사건개요 : 물놀이 교육 중 피해자 을이 새끼줄로 표시된 안전 수위를 넘어 들어가 물놀이를 하다가 익사하였다. 지도교사 갑은 미리 수심이 깊은 곳에 새끼줄로 안전표시를 하였으므로 피해자 을의 과실이라고 주장하고, 피해자 을의 가족은 갑에게 교육장소로서의 장소선택의 잘못, 감독 및 물놀이 교육시행방법상의 과실이 있음을 주장 불법행위책임을 묻고 있다.

법적쟁점 : 지도교사 갑에게 과실이 있는지, 과실이 인정되면 갑의 과실과 피해자 을의 사망 사이에는 상당인과관계가 있는지가 쟁점이었다.

판결 : 갑에게 과실이 있고, 그러한 과실과 을의 사망 사이에는 인과관계가 있다고 판단되므로 피고 갑에게 불법행위에 의한 손해배상책임이 있다.

판결사유 : 피고 갑이 수심이 깊은 곳에 새끼줄로 안전표지를 하는 등 주의를 한 것은 사실이나, 그러한 경우에도 피교육자의 수영능력, 피교육자의 수 등을 고려하여 장소선택의 적정을 기함은 물론 수영지도방법 및 피교육자의 감독에 세심한 주의를 다하여야 할 의무가 있다.

유의사항 : 주의의무를 세심히 '다하여야' 한다는 판결이유는 현실적으로 그 준수가 어려운 요청이 아닐 수 없다. 적정한 감독을 한다는 것이 얼마나 어려운 일인가를 보여 주는 판례라 하겠다.

---

44) 대판 1976. 10. 12, 76다1685.

3.2.6 교사의 감독 책임의 범위[45)]

사건개요: 초등학교 6학년생인 갑(만11세 8개월)은 아침 자율학습 시간 중 교실 내에서 실과수업 교재인 아크릴판을 발견하고(가로 25cm, 세로 28cm, 두께 2mm) 학생들에게 누구 것이냐고 묻자 뒤에 있던 한 학생이 자기 것이라며 가지러 갈 것이니 던지지 말라고 하였으나 갑은 아크릴판을 던졌다. 중간에 자기 책상에서 숙제를 하던 원고 을은 자신이 맞지 않으리라고 생각하고 계속 숙제를 하던 중 눈에 맞아 우안천공성각막열상이라는 상처를 입었다. 을의 학부모는 교사에게 배상책임을 청구하였다.

법적쟁점: 이 사건에서 교사는 감독책임이 있는가?

판결: 이런 사고는 전혀 예측할 수 없는 것도 아니고 교육활동과 밀접불가분의 관계에 있어 책임이 있다.

판결사유: 정규학습시간은 아니었으나 학습준비를 위한 자율학습시간이었고, 아크릴판은 수업교재였다. 이 사건은 교육활동과 밀접불가분의 관계에 있다. 또한 이러한 사고의 예측가능성이 없었다고 볼 수 없다. 그리고 가해자 갑은 11세 8개월이 되어 분별능력이 있다고 볼 수 없다.

유의사항: 이 판례에서 대법원은 학교장 또는 교사의 감독책임을 물을 경우 3가지 기준을 제시하고 있다. 첫째, 보호감독의무는 학교 내에서의 학생의 모든 생활에 미치는 것은 아니고 학교에서의 교육활동 및 이와 밀접불가분의 관계에 있는 생활에 한한다. 둘째, 사고가 학교생활에서 통상 발생할 수 있다고 하는 것이 예측되거나 또는 예측가능성이 있어야 한다. 사고 발생의 구체적 위험성에 대한 예측가능성은 교육활동의 때, 장소, 가해자의 분별능력, 가해자의 성행, 가해자와 피해자의 관계, 기타 여러 사정을 고려하여 판단한다. 셋째, 예측가능성이 인정된 경우에도 교원이 사전에 적절한 보호감독의무를 다하지 아니하여 사고가 발생하여야 한다. 즉, 보호감독의무를 소홀히 했다는 사실이 있어야 한다.

---

45) 대판 1997. 6. 27, 97다15258.

3.3 학교시설의 안전성 결여에 의한 불법행위 책임

학교시설의 안전성 결여에 관한 불법행위 책임은 학교생활에서 자주 발생하는 문제인데, 그에 관한 우리나라 대법원의 입장은 학교 책임의 범위를 좁게 인정하고 있으나 미국의 경우에는 학교 책임의 범위를 넓게 인정하고 있다.

3.3.1 교사가 양호실에서 연탄가스 중독으로 사망한 경우 학교장의 책임을 부정한 사례[46)]

사건개요: 공립학교 교사 갑은 학교장 을의 부재중에 양호실에 일방적으로 입주하여 난방을 전기장판으로 하겠다고 말하고도 이를 어기고 연탄을 피웠으며 가스중독으로 사망하였다.

법적쟁점: 학교장 부재중 양호실에 무단 입주하여 연탄가스중독으로 사망한 경우 학교장에게 문제점이 있는지가 쟁점이었다.

판결: 교사의 과실이 가스중독 사망에 결정적 원인이므로 학교장 을 또는 국가에게 손해배상책임을 물을 수 없다.

판결이유: 첫째, 교사 갑은 교장 을의 부재중에 일방적으로 입주하였고 난방을 전기장판으로 하겠다는 약속을 위반하였다. 둘째, 보온에만 급급하여 설치된 환기장치를 모두 밀폐하였다. 셋째, 평소에도 건강상태가 좋지 않았고 중독사고 후에도 치료를 소홀히 하여 그 증상을 악화시키었다.

유의사항: 공작물의 점유자·소유자의 책임은 일반불법행위의 책임과는 달리 고의·과실을 성립요건으로 하지 않으므로 비교적 쉽게 그 책임을 물을 수 있다. 그러나 본 사건에서는 점유자인 교사 갑이 손해의 방지에 필요한 주의를 해태한 것이 사고의 주된 원인이므로 소유자, 즉 학교장 또는 국가의 손해배상책임을 면책시킨 경우다. 개인은 '자기 책임원리'라는 민법상의 일반원칙을 유의하여야 하며, 한편으로 학교의 장은 시설물의 안전성 확인의무를 다할 것이 요구된다.

46) 대판 1978. 5. 9, 78다349.

3.3.2 출입제한의 옥상에서 선배로부터 기합을 받던 중 대학생이 떨어져 사망한 경우 건물의 설치 보존상의 하자책임을 부정한 사례[47]

사건개요: 사립 공업전문대학 공학관 5층 옥상 위에서 갑 외 공동피고들은 대학 후배이자 교지를 발간하는 편집실 후배들인 원고 을 외의 학생들에게 선배 말을 잘 듣지 않고 교지 발간이 형편없다는 이유로 얼굴을 하늘로 향하게 하여 바닥에 눕게 한 다음 몸통을 좌우로 뒹굴게 하는 기합을 주던 중, 원고 을이 옥상으로부터 약 15미터의 지면으로 떨어져 사망하였다. 원고 을은 옥상의 난간이 설치되어 있지 않다는 이유로 학교 법인에게 손해배상을 청구하였다.

법적쟁점: 동 건물에 출입이 제한된 옥상에 난간이 설치되지 않은 것이 설치 보존상의 하자로 인정되는지가 쟁점이었다.

판결: 동 건물의 설치·보존자에게 옥상에 관리인을 두어서 출입을 통제하거나 추락을 방지하기 위하여 난간을 설치하는 등의 조치를 취할 의무까지는 없으므로 설치·보존상의 하자가 인정되지 않는다.

판결이유: 첫째, 동 건물 5층에는 교수 연구실과 교지 편집실이 있을 뿐이어서 일반인들의 출입이 적었다. 둘째, 위험성에 대한 지각능력이 있는 대학생들이 출입이 제한되어 있는 그 옥상에서 추락 등의 사고를 일으킬 수 있는 행위를 하리라고 기대하기는 어려우므로, 그러한 사고를 예상하여 그곳에 관리인을 두어 출입을 통제한다든지 난간을 설치할 조치까지 요구할 수는 없다.

유의사항: 공작물의 설치보호자에게 부과되는 방호조치 의무의 정도는 그 공작물의 위험성에 비례하여 사회통념상 일반적으로 요구되는 정도의 것을 말한다. 즉, 설치·보존상의 하자란 공작물의 용도에 따라 '통상' 갖추어야 할 안전성을 결여한 것이므로 설치 및 보호에 있어서 완전무결한 상태를 유지할 고도의 안정성을 갖추는 것을 의미하지는 않는다. 그러나 위와 같은 사건에서도 초·중등학교의 경우에는 학생들이 위험성에 대한 지각능력이 부족하므로 옥상에 난간을 설치함은 물론, 그 출입을 철저히 단속하여야 할 의무가 있을 것이다.

---

47) 대판 1992. 4. 24, 91다37652.

3.3.3 안전성에 관한 학교의 책임 범위를 넓게 인정하고 있는 미국의 판례

운동장에서 학생끼리 싸우다가 한 학생이 넘어져 운동장에 있던 유리와 돌 조각으로 얼굴에 상처를 입었다. 이 경우에 학생에게 상해를 입힐 수 있는 위험물을 운동장에 방치한 책임으로 학교측에 배상책임이 있다.[48] 학교시설을 학생에게 위험물이 없는 상태(hazard-free condition)로 유지하는 것은 학교의 기본적인 중요한 의무라는 것을 미국의 다른 법원도 강조하고 있다.[49]

운동장을 포함한 학교 내의 시설물의 안전성은 물론이고 학생들의 출입이 잦은 학교 인근의 안전성까지 강조한 사례도 있다. 즉, 미국의 한 고등법원은 학교인근의 건축현장에서 학생이 상해를 입은 경우에까지 학교의 배상책임을 인정하였다. 이 판결에서 법원은 학교로 하여금 학생들을 상해로부터 보호하는데 '특별한 주의'(extra care)를 하도록 요구하며 위험물로부터 조심하라는 일상적인 경고만으로는 부족하고 등하교 시에 건설현장에 교사를 배치하여 학생들을 보호하지 않는 것이 과실이었다고 판결하였다.[50]

4. 학교 사고에 대비한 교사의 행동지침과 사후대책

4.1 교사의 행동지침

사고(accident)란 뜻밖에 일어난 탈로서 학교를 배경으로 한 제반 사고를 '학교사고'라고 한다. 학교사고는 여러 가지로 분류된다. 시간을 기준으로 통학중의 사고, 수업활동중의 사고, 휴식시간중의 사고, 수업이 끝난 후의 사고 ; 장소를 기준으로 실험실 등을 포함한 교실 내의 사고, 운동장 같은 교실 밖 학교사고, 학교 울타리 밖의 교외 사고 ; 피해내용에 따라 신체의 피해사고, 명예훼손 또는 재산피해의 사고 ; 그리고 사건 주체에 따라 사람에 의한 사고, 학교시설의 사고로 나눌 수 있다. 본 장에서는 교사가 학생에게 위법한 행위를 하여

48) Laneheart v. Orleans Parish School Board, 524 So. 2d 138, La App. 4th Cir., 1988.
49) Johnson v. City of Boston, 22 Mass. App. Ct. 24. 490 N.E. 2d 1204, 1986.
50) Dist. of Columbia v. Royal, 465 A. 2d 367. D.C. App., 1983.

일반불법행위 책임을 지는 경우, 학생끼리 싸움으로 인한 사고시 학부모와 교사가 감독책임을 지는 경우, 그리고 학교시설물의 하자로 인한 사고 시 학교나 국가가 배상책임을 지는 경우로 분류하였으며 해당 법을 소개하고 관련 판례를 분석하였다.

학생은 안전하게 교육을 받을 권리가 있고 학교 당국은 이들을 안전하게 보호할 의무가 있으므로 사고 피해를 입은 학생은 충분한 구제가 있어야 한다. 다양한 학교사고에 대하여 어떤 법 원리를 적용하며 누가 책임을 지는가 하는 문제는 교육법에서 중요한 분야를 차지한다. 안전에 대한 사회적 인식과 대책이 소홀하고, 사고가 발생한 경우 관련 법률지식이 없어 당황하는 우리의 교육현장에서는 더욱 그러하다. 특히 자기의 직접적인 금전적 배상책임을 면하기 위하여서도 일선 교사와 학교장은 민법상의 불법행위책임에 관한 기본적인 법리를 알아야 할 것이다.

본장에서 분석된 사례들을 통하여 일선교사와 학교장이 염두에 두어야 할 행동지침을 몇 가지 지적하면 다음과 같다.

첫째, 체벌은 가능한 한 하지 말아야 한다. 「초·중등교육법」 제18조에서 교육상 필요할 때는 학교의 장이 학생을 징계하거나 기타의 방법으로 지도할 수 있도록 하였으나, 동법 시행령 제31조 제7항에서 '교육상 불가피한 경우'를 제외하고는 학생에게 신체적 고통을 가하지 아니하는 훈육·훈계 등의 방법으로 학생지도를 하도록 하고 있다. 대법원에서도 체벌을 교육 업무상의 정당행위로 보는 경우가 많았다. 그러나 체벌이 갖는 교육심리학상의 부정적 측면을 고려하여야 하며, 또 체벌이 정당행위로 인정되기 위하여서는 현실적으로 그 준수가 어려운 일정한 한계를 지켜야 한다는 점을 유의하여야 한다. 예컨대 체벌 시 교육목적으로 개인감정을 억제하여야 하며, 체벌 상대방의 성별·나이·신체조건 등을 고려하고, 체벌의 방법이 사회상규에 어긋나지 말아야 하는 등이다.

둘째, 교사에게는 학생을 보호할 법적 의무가 있다. 이는 전통적으로 교사는 학부모의 입장에 서 있다(in loco parentis doctrine)는 보통법의 원리에 기초하며, 우리나라 경우도 같은 법 원리가 관습법으로 오래 지속되어 오고 있다. 특히, 유치원생과 초등학생 같은 미성년자로 책임능력이 없는 경우는 교사가 대리 감독자로 감독책임을 지고 있다(민법 제755조). 중·고등학교 학생처럼 책임능력이 있는 경우에도 교사는 “학생 또는 원아를 교육”하도록 한 교사의 임무를 규정한 「초·중등교육법」 제20조 제3항을 근거로 학생을 보호할 의무가 있다 할 것이다. 교사는 수업 특히 신체적 접촉이 심한 체육운동경기나 위험성이 높은 링 체조 및 수영 학습 그리고 야외학습 같은 경우에는 ‘적절하고 충분한’ 감독을 하여야 한다. 어느 수준이 ‘적절한 감독’이냐가 어려운 문제이다. 교원에게 요구되는 주의의무의 정도가 교원의 과실 책임을 결정하는 데 중요한 요소가 된다. 일반적으로 합리적인 보통사람이 마땅히 하여야 할 주의를 다하지 않은 경우 과실이 인정되는바, 교사의 경우 합리적인 보통일반인(reasonable lay person)을 기준으로 할 것인가 아니면 합리적인 보통교사를 기준으로 할 것인가에 문제가 있다. 교사의 전문성을 고려하는 ‘합리적인 보통교사’를 기준으로 하여야 할 것이다.

셋째, 이러한 과실과 손해발생 사이의 인과관계도 교사의 배상책임 결정에 중요한바, 상당인과관계설이 지배적 견해라 할 수 있다. 즉 과실과 손해발생 사이에는 상당한 또는 근접한 인과관계가 있어야 하는바, 합리적 주의의무 부족이 손해 발생의 중대한 요소가 되어야 한다. 상당인과관계의 인정여부는 손해발생의 예측가능성에 의존한다.

넷째, 학교는 혈기왕성한 젊은이들의 집단이므로 학생들끼리의 장난과 싸움이 심하여 사고가 자주 발생한다. 학생끼리의 사고지만 학교 안 특히, 수업중의 사고 경우에는 가해자의 학부모는 물론 교사 특히 담임교사도 대리감독자로서 손해배상 책임을 질 수 있다. 학생들끼리의 안전사고에 대한 교육이 강조되고 실용성 있는 대책이 강구되어야 한다. 예컨대 새총 및 산탄 같은 위험한 물건은 소지를 금하며 평소에 장난이 심한 학생은 가정통신문을 통하여 학부모와 공동으로 적극적인 감독을 하는 등이다.

다섯째, 학교장은 학교 시설의 안전성을 수시로 점검하여 시설물의 이용자를 보호하여야 한다. 학교건물, 특히 난간이나 복도의 안전성은 물론이고 각종 운동 놀이시설과 배수로 등의 안정성이 자주 점검되어야 한다. 운동장에 위험한 물건이 방치되어 있는지도 살펴보아야 한다.

교사의 불법행위 책임에 대한 방어수단에는 어떤 것이 있으며, 교사나 학교가 취할 사전 또는 사후대책에는 어떤 것이 있는가를 살펴본다. 민법상의 일반불법행위 성립요건에서 지적되었듯이 순수한 우연사고, 불가항력(Act of God),

정당방위, 긴급피난, 정당업무수행, 피해자의 승낙 등이 불법행위성립을 조각시키는 사유가 된다.

그 밖에도 교육법 분야에서 자주 주장되는 배상책임을 피하기 위한 방어수단에는 본인 기여책임과 위험에 대한 사전묵인이 있다. 본인 기여책임이란 보통학생이면 누구나 했을 주의 의무를 피해자가 하지 않아 부주의로 사고가 발생했다는 주장이다. 통상 학생은 성인과 같은 수준의 행위를 기대할 수 없으므로 교원이 학생의 부주의를 입증하기는 쉽지가 않다. 또 대부분의 사고는 사고유발자에게 다소의 부주의는 있게 마련이다. 사고를 낸 학생 본인에게 책임을 묻기 위하여서는 나이나 육체적·정신적 조건이 유사한 보통 학생이었다면 그러한 명백히 위험한 행위는 하지 않았을 것이 인정되어야 한다. 본인 기여 책임이 인정되는 경우에도 교원의 배상책임이 전혀 없는 것은 아니다. 교원의 과실도 인정되는 경우에는 과실의 정도에 따라 과실상계의 원칙에 따라 배상금의 조정이 가능하다.

학교사고 특히 운동경기중의 사고는 위험에 대한 본인의 사전묵인 원리로 손해배상을 피할 수 있다. 즉, 피해자가 해당 운동경기의 위험성을 알고 참여할 경우는 고의성이 없는 사고에 대하여 교원은 면책을 주장할 수 있다. 다만 해당 교원은 경기의 위험성에 대하여 합리적인 사전경고를 함이 중요하다. 일반적으로 인정되는 위험한 경기란 신체적 접촉이 많은 미식축구, 아이스하키 등이다. 운동경기의 관중도 날아오는 공에 맞는다든지 선수에게 다칠 수 있다는 위험을 사전묵인하고 있다고 볼 수 있다.

4.2 사후대책(보상방법)

교원의 배상책임에 관한 사후 대책으로 전국 16개 시·도 교육청별로 '학교안전공제회'를 운영하고 있다. 근거법인 「학교 안전사고 예방 및 보상에 관한 법률」은 학교안전사고를 예방하고, 학생·교직원 및 교육활동참여자가 학교안전사고로 인하여 입은 피해를 신속·적정하게 보상하기 위한 학교안전사고보상공제 사업의 실시에 관하여 필요한 사항을 규정함을 목적으로 한다(동법 제1조).

교육감은 학교안전공제 사업 및 학교안전사고의 예방 사업에 필요한 재원을 확보하고, 공제급여에 충당하기 위하여 학교안전공제 및 사고예방 기금(이하

‘기금’이라 한다)을 설치한다. 동 기금은 공제료 수입, 국가 및 지방자치단체의 보조금, 기금의 운용수익, 적립금, 결산상 잉여금, 차입금, 기부금과 그 밖의 수입금을 재원으로 하여 이를 조성한다(동법 제52조).

「학교 안전사고 예방 및 보상에 관한 법률」에 따르면 학교사고시 보상되는 종류에는 요양급여, 장해급여, 유족급여, 간병급여, 장의비가 있다. 요양급여는 학생이 입은 부상 또는 질병의 치료에 소요된 비용이며, 장해급여는 요양급여를 받은 학생이 요양을 종료한 후에도 장해가 있는 때에 지급되는 위자료이고, 유족급여는 학생이 사망한 경우 지급되는 유족보상과 위로금이다. 그리고 간병급여는 요양급여를 받은 자가 치료를 받은 후에도 의학적으로 간병이 필요한 경우 지급되는 비용이다(동법 제34조, 제40조).

다음의 경우에는 급여를 지급하지 아니한다(동법 제43조).

1. 피공제자의 자해·자살. 다만, 학교안전사고가 원인이 되어 자해·자살한 경우에는 공제급여의 전부를 지급함
2. 학교안전사고로 인하여 피해를 입은 피공제자 또는 그 보호자 등이 정당한 이유 없이 요양기관의 지시를 따르지 아니하여 피공제자의 부상·질병 또는 장해의 상태가 악화되었거나 요양기관의 치료를 방해한 것이 명백한 경우
3. 학교안전사고와 관련하여 제36조 내지 제40조의 규정에 따른 공제급여를 받을 권리가 있는 자가 「자동차 손해배상 보장법」의 규정에 따른 손해배상을 받은 경우

2007. 1. 26.에 개정된 「학교 안전사고 예방 및 보상에 관한 법률」은 종전의 상호부조적인 공제제도를 지양하고 사회보험수준의 공적보상제도 차원으로 국가의 책무성을 강화하여 2007년 9월부터 시행하고 있다. 가해자가 있는 사고, 등·하교 중 학교 밖에서 발생한 사고, 위탁급식 식중독사고 등도 보상범위에 포함되고 간병급여와 장의비도 지급된다.

[토론 주제]

1. 법치주의 국가에서는 권리 침해가 있을 시 그 구제가 보장된다. 다양한 권리구제장치에는 어떤 것이 있는가?
2. 교원소청심사위원회의 최근의 소청심사 결정사례에는 어떤 것이 있는가?
3. 일반불법행위책임과 특수 불법행위로서의 감독자 책임의 성립 요건에서 핵심기준은 무엇인가? 학교생활에서 자주 발생하는 구체적 사례에는 어떤 것이 있는가?
4. 중학교 3학년 학생에게 고등학교 입시내신을 위한 체력검사를 실시하였다. 담임교사는 오전에 측정한 종목만으로 내신점수 만점을 받은 갑 학생에게 다른 학생들의 사기를 돋우기 위하여 섭씨 30도에 가까운 오후에도 1000M 오래달리기에 뛰어 줄 것을 부탁하였다. 갑 학생은 오래달리기를 하다가 쓰러져 심장정지로 사망하였다(대판 1997. 2. 14, 96다38070). 이 경우에 교사의 감독책임 3가지 기준(교육활동과의 관계, 사고의 예측가능성, 보호감독조치)에 비추어 책임을 물을 수 있는가?
5. 공작물 내지 영조물의 설치관리상의 '하자' 요건은 무엇이며, 학교영역에서 그러한 사고를 어떻게 예방할 것인가?
6. 학교의 다양한 안전사고에서 발생하는 법적 책임으로부터 교사는 어떻게 자기를 보호할 수 있는가?

제 3 부

교육당사자의 교육권

제3부에서는 교육당사자들의 교육에 관한 권리·의무를 분석한다. 교육당사자들의 교육권에 관한 분석은 교육법 연구의 중심적 과제이다. 학생, 교사, 학부모, 사립학교 설치자, 그리고 국가 및 지방자치단체의 교육에 관한 권리 및 권한을 살펴본다. 특히, 학생의 주요 기본권과 생활지도는 끊임없는 교육계의 관심사이다. 체벌, 두발규제, 학교폭력 같은 학교환경의 안전성과 같은 쟁점들도 다룬다. 교육에서 교사의 역할도 최근 사회적 쟁점이 되고 있다. 교육의 영역에서 핵심적 위치에 있는 교사의 법적·사회적 지위도 살펴본다.

김홍도의 서당(네이버 웹사이트)

제 8 장

교육당사자의 교육권

교육법 연구주제의 핵심내용 중 하나가 교육당사자들의 교육에 관한 권리·의무를 분석하고 그들 간의 관계를 규명하는 것이다. 현실적으로 교육권, 교육에 관한 기본권, 교육기본권, 교육을 받을 권리, 학습권, 수학권, 교육을 시킬 권리 등 다양한 용어가 쓰이고 있다.

본 장에서는 「헌법」 및 「교육기본법」에서 교육당사자들의 교육에 관한 권리와 의무, 그리고 권한을 어떻게 규정하고 있는가를 살펴보며, 혼용되어 사용하고 있는 '교육권'의 개념을 정의하고, 교육당사자들의 교육에 관한 구체적 권리·의무관계를 분석한다. 교육당사자의 중심적 지위에 있는 학생과 교사에 대하여서는 학생과 교사의 교육권 개념만 설명되고 기타의 관련주제들은 제9장 학생의 주요 기본권과 생활지도, 제10장 교사의 법적 지위에서 상설된다. 교사의 교육의 자유에서는 표현의 자유의 한계 내지 기준에 관한 미국과 한국의 관련 판례를 중심으로 살펴본다.

1. 교육권에 관한 법률규정과 교육권의 개념

1.1 근거규정

대한민국 「헌법」은 제31조 제1항에서 모든 국민은 능력에 따라 균등하게 "교육을 받을 권리를 가진다"라고 규정하고 있다. 「교육기본법」에서도 모든 국민에게 헌법에서 보장된 '교육을 받을 권리'를 다시 강조하여 교육의 기회균등과(동법 제4조), 의무교육(동법 제8조)을 규정하고 있으며, 교육당사자로 학습자, 보호자, 교원 및 교원단체, 학교 등의 설립·경영자, 국가와 지방자치단체를 들고 이들의 권리와 의무에 관한 기본적인 내용들을 다음과 같이 규정하고 있다.

제12조 (학습자) ① 학생을 포함한 학습자의 기본적 인권은 학교교육 또는 사회교육의 과정에서 존중되고 보호된다.

② 교육내용·교육방법·교재 및 교육시설은 학습자의 인격을 존중하고 개성을 중시하여 학습자의 능력이 최대한으로 발휘될 수 있도록 강구되어야 한다.

③ 학생은 학습자로서의 윤리의식을 확립하고, 학교의 규칙을 준수하여야 하며, 교원의 교육·연구활동을 방해하거나 학내의 질서를 문란하게 하여서는 아니 된다.

제13조 (보호자) ① 부모 등 보호자는 그 보호하는 자녀 또는 아동이 바른 인성을 가지고 건강하게 성장하도록 교육할 권리와 책임을 가진다.

② 부모 등 보호자는 그 보호하는 자녀 또는 아동의 교육에 관하여 학교에 의견을 제시할 수 있으며, 학교는 이를 존중하여야 한다.

제14조 (교원) ① 학교교육에서 교원의 전문성은 존중되며, 교원의 경제적·사회적 지위는 우대되고 그 신분은 보장된다.

② 교원은 교육자로서 갖추어야 할 품성과 자질을 향상시키기 위하여 노력하여야 한다.

③ 교원은 교육자로서의 윤리의식을 확립하고, 이를 바탕으로 학생에게 학습윤리를 지도하고 지식을 습득하게 하며, 학생 개개인의 적성을 계발할 수 있도록 노력하여야 한다.

④ 교원은 특정 정당 또는 정파를 지지하거나 반대하기 위하여 학생을 지도하거나 선동하여서는 아니 된다.

⑤ 교원은 법률이 정하는 바에 의하여 다른 공직에 취임할 수 있다.

⑥ 교원의 임용·복무·보수 및 연금 등에 관하여 필요한 사항은 따로 법률로 정한다.

제15조 (교원단체) ① 교원은 상호 협동하여 교육의 진흥과 문화의 창달에 노력하며, 교원의 경제적·사회적 지위를 향상시키기 위하여 각 지방자치단체 및 중앙에 교원단체를 조직할 수 있다.

② 제1항의 규정에 의한 교원단체의 조직에 관하여 필요한 사항은 대통령령으로 정한다.

제16조 (학교 등의 설립·경영자) ① 학교 및 사회교육시설의 설립·경영자는 법령이 정하는 바에 의하여 교육을 위한 시설·설비·재정 및 교원 등을 확보하고 이를 운용·관리한다.

② 학교의 장 및 사회교육시설의 설립·경영자는 법령이 정하는 바에 의하여 학습자를 선정·교육하고 학습자의 학습성과 등 교육의 과정을 기록·관리한다.

③ 학교 및 사회교육시설의 교육내용은 학습자에게 사전에 공개되어야 한다.

제17조 (국가 및 지방자치단체) 국가 및 지방자치단체는 학교 및 사회교육시설을 지도·감독한다.

1.2 교육권의 개념

'교육권'이란 실정법상의 개념이 아니고 학리상의 개념이므로 내용이 일정하지 않다. 「헌법」 제31조에서 「…의 권리」라는 형식을 취하지 아니하고 생존권 중 오직 교육에 관한 기본권에 대해서만 「…을 받을 권리」라는 형식으로 되어 있고 하위 법령에서도 구체적으로 정의되어 있지 못하기 때문에 혼동이 있다.

교육권의 개념을 네 가지로 나누어 볼 수 있다. 첫째, 최협의의 교육권은 교육을 받을 권리를 의미하는 학생의 학습권 내지 수학권을 의미한다. 둘째, 협의의 교육권은 최협의의 교육권에 교육을 시킬 또는 교육을 할 권리로 학부모의 교육권과 교사의 교육권이 포함된다. 셋째, 광의의 교육권은 교육에 직접 관계하는 당사자의 교육에 관련되는 권리 내지 권한을 뜻한다. 협의의 교육권에 설치자의 교육권, 국가의 교육권이 포함된다.

넷째, 최광의의 교육권은 헌법상 인정되는 교육에 관한 국민의 기본적 인권을 말한다. '교육기본권', '교육인권', '국민교육권' 개념이 여기에 속한다. '교육기본권'을 주장하는 학자는 「헌법」 제31조 제1항의 '교육의 권리', '교육을 받을 권리'를 문헌상의 표현에 구속되지 말고 인간의 존엄과 가치, 인간다운 생활을 할 권리, 학문의 자유 등 기본권 전체와 연관하며 재해석하여야 한다고 주장한다. 즉 「헌법」 제31조 제1항의 교육을 받을 권리는 수학권만 뜻하지 않는다. 헌법 차원의 교육기본권은 교육을 하는 수업권 개념과 교육을 받을 수학권 개념을 포괄하는 상위개념이다. 교육당사자가 갖는 개별적이고 구체적인 교육에

관한 권리 내지 권한은 헌법상의 교육기본권을 실현시키기 위한 개념이므로 법적 성격을 달리한다.[1)]

생각건대 「헌법」 제31조의 '교육을 받을 권리'를 국민의 '교육의 권리'로 개정하여 헌법상의 교육에 관한 기본권을 국민의 기본권으로 명확히 하고, 그것을 실현시키기 위한 교육당사자들의 교육에 관한 권리 내지 권한을 학생의 교육권(학습권), 학부모의 교육권, 교사의 교육권, 설치자의 교육 관리권, 국가의 교육권한처럼 구체적으로 표현하는 것이 혼동을 줄일 수 있겠다. 아래에 교육당사자들의 교육권 개념을 구체적으로 살펴본다.

2. 학생의 학습권

교육권의 핵심은 아동·학생의 학습권에 있다.[2)] 학습권은 인간이 태어나면서부터 학습을 통하여 인격을 형성하고 인간의 존엄과 가치를 실현하며 인간적으로 성장·발달하여 갈 권리로서, 국가권력이나 제3자로부터 학습의 권리를 방해받지 아니할 자유이다.[3)]

학습권은 인간의 기본적인 성장·발달에 관한 것이므로 생래적인 자연법적 권리의 성격을 갖는다. 이러한 학습권의 중요성 때문에 대부분 나라의 헌법에서 학습권을 규정하고 있다. 어린이의 학습권은 1959년 「유엔 어린이 권리선언」 제17조와 1989년 「유엔 어린이 권리협약」 제28조에 의하여 국제적으로 공인되었다.

학습권의 대상은 주로 아동·학생이지만 성인의 학습권도 포함된다. 사실 인생의 살아가는 과정이 하나의 학습과정(learning process)이라고 생각된다. 대한민국 「헌법」 제31조 제1항에서 모든 국민의 교육을 받을 권리를 보장하고,

---

1) 신현직, "교육기본권의 개념과 법적성격", 「고시계」 통권 463호(1995. 9), p. 21.

2) 학생의 '교육권'이나 '수학권(修學權)'과 '학습권'의 용어에 차이는 있는가? '교육권'하면 피교육자를 상정하고 피교육자를 교육의 객체로만 생각하는 소극적 인식을 갖게 된다. 학습권은 인간의 성장발달을 위해 공부할 권리로 스스로 공부하고 알권리까지 포함하는 개념이다. 황홍규, "교육기본법상 학습권 도입의 배경 및 의의", 「교육법학연구」 제12호, 2000, p. 327.

3) 노기호, "교원의 교육권에 관한 연구", 한양대학교 박사학위논문, 1998, p. 23.

동조 제6항에서 평생 교육을 규정하고 있다. 「교육기본법」에서도 "모든 국민은 평생에 걸쳐 학습하고, 능력과 적성에 따라 교육받을 권리를 가진다"(동법 제3조)고 규정하여 실정법상의 개념으로 학습권과 평생 교육권을 도입하고 있다. 헌법재판소도 국민의 수학권은 "인간으로서의 존엄과 가치를 가지며 행복을 추구하고 인간다운 생활을 영위하는 데 필수적 조건이고 대전제이다"라고 선언하고 있다.[4)]

학습권은 인격형성권으로서 헌법상의 자유권적 성격을 갖는다. 학습권은 국가와 모든 교육당사자들로부터 인간적인 성장발달을 침해받지 않을 자유이다. 학습의 권리, 탐구의 자유, 진리를 알 권리 등의 정신적 자유권이라 할 수 있다. 구체적 내용은 학교 선택권, 교육내용 선택 결정 및 참여권, 징계절차에서의 권리보호 등이다. 학생의 중요 기본권인 평등권, 표현의 자유, 적법절차, 사생활비밀의 자유(privacy) 등도 관련된다. 교과서의 검정이 집필자의 연구의 자유뿐 아니라 학생의 학습권 내지 알 권리를 침해한다는 주장을 하는 것이 이 경우다.

학습권은 인간적인 성장 발달에 관한 생래적 권리로 근대 헌법에서 인정되고 있는 반면에, 이러한 학습권이 적극적으로 실현되도록 국가에 교육조건의 정비를 요구할 수 있는 생존권으로서의 성격도 갖고 있다. 생존권적 기본권으로 '교육을 받을 권리'가 최초로 헌법에 보장된 것은 1919년의 바이마르 헌법이다.

생존권적 기본권으로 '교육을 받을 권리'의 구체적 내용은 무상의 의무교육제도와 교육기회의 균등, 그리고 교육조건 정비 청구권이다. 교육조건 정비란 학습권 보장을 위하여 필요한 인적, 물적, 재정적 제도를 정비(整備)하는 것이다.[5)] 의무교육과 교육기회의 균등 원리에 관하여서는 제5장 교육의 기회균등에서 다루어졌다.

4) 헌재 1992. 11. 12, 89헌마88.

5) 노기호, 전게논문, p. 34.

3. 교사의 교육권

3.1 개념 및 법적 근거

교육은 학생의 학습권을 충족하여 성장발달을 추구함을 목적으로 한다. 이러한 교육은 교사와 학생의 인간적인 접촉을 통한 인격적이고 정신적인 작용이다. 교육의 이러한 본질적 특성에서 교사의 교육권이 인정된다. 교사의 교육권은 교육내용과 교육방법에 관한 교사의 자주적인 선택·결정권이며, 그 구체적 내용은 교과교육에 관한 수업내용 편성권, 교재선택권, 성적 평가권, 생활지도권, 학생징계권 등이다. 이러한 주제들은 제14장 학사정책 및 교육평가에서 다루어진다. 이곳에서는 교사의 교육의 자유 중 표현의 자유와 관련되는 판례에 초점을 두고 다룬다.

교사 교육권의 법적 근거에 관하여는 학문의 자유, 교육을 받을 권리, 행복추구권 등의 헌법적 자유와 교육본질 내지 조리[6] 등을 들고 있다. 한국의 헌법재판소는 교사의 가르칠 권리(수업권)가 학부모의 자연법적 신탁과 실정법상의 국가의 위임에 의한 것으로 보고 있다.[7]

3.2 교사 교육권의 법적 성격

교사의 교육권이 헌법상의 권리인가 아니면 하위 법률상의 직무권한인가의 쟁점이 있다. 앞에서 지적하였듯이 우리나라 헌법재판소는 교사의 교육권을 학부모의 신탁과 실정법상 국가의 위임에 의한 직무권한으로 보고 있다. 그러나 교사의 교육권은 「헌법」 제31조 제1항(교육을 받을 권리) 및 제4항(교육의 자주성 전문성 중립성 원리)에서 필연적으로 도출되며, 동 규정에 의하여 보장되는 헌법상의 기본권이라는 의견도 있다.[8]

교사와 국가의 관계에서는 교사의 교육권이 기본적으로 직무권한의 성격을

6) 일본의 겸자인(兼子仁) 교수는 교육조리로 교육의 인간적 주체성, 진리교육의 자주성, 교육의 전문적 자율성, 교육의 자주적 책임성을 들고 있다. 노기호, 전게논문, p. 71.

7) 노기호, 상게논문, pp. 68-73.

8) 헌재 1992. 11. 12, 89헌마88.

갖지만, 가르칠 자유인 '교육의 자유'는 학문의 자유에 의하여 보장되는 대학교수의 교수의 자유처럼 기본권성을 갖는다 하겠다.9)

3.3 교사 교육권의 내용과 쟁점

3.3.1 교육의 자유

교사 교육권은 학생교육에 관한 교육의 자유가 핵심내용이다. 교사의 교육의 자유는 국가권력으로부터 교육의 자유이지 교사 개인의 자의적 지배를 뜻하는 것이 아니고 학생의 학습권을 실현하기 위하여 학문의 자유 차원에서 인정되는 것이다.

교육의 자유는 수업 및 교육활동 형태의 자유로운 형성인바, 교육방법상의 자유, 수업내용 및 교재를 선택할 자유가 그 내용이다. 구체적으로는 교사는 정부로부터 허가받은 여러 교과서 중 선택할 자유, 교육목적과 교육 과정을 교육본질에 입각하여 재해석하고 수업내용을 학사일정에 맞추어 적절히 분배할 자유, 그리고 단위시간마다 주제를 설정하여 다양한 교수 학습 방법을 개발·구사할 자유를 갖는다.10) 이들 내용은 제14장 학사정책 및 교육평가에서 다루어진다.

3.3.2 교육의 자유의 쟁점

교사의 교육권의 내용인 교육과정 편성권, 교재의 작성·선택의 자유가 자주 쟁점이 된다. 교육과정에 관한 어느 정도의 국가의 기준이 적절하며, 교과과정 편성권을 누가 갖는가? 또 교사가 자유로이 수업상의 교재를 작성하고 선택할 수 있는 권리가 보장되고 있는가의 문제이다. 한국의 「초·중등 교육법」 제23조에서는 대학을 제외한 각 학교의 교과는 대통령령으로 정하도록 하고, 교육과정은 교육인적자원부 장관이 정하도록 하고 있다. 교육과정에 관한 결정권이 교육인적자원부 장관에게 맡겨져 있지만 지방교육자치기구와 교사의 실질적

---

9) 노기호, 전게논문, p. 83.

10) 허종렬, "교육에 관한 국가의 권한과 그 한계", 성균관대학교 박사학위논문, 1993, pp. 148-147.

인 참여가 요구된다. 교재의 작성·선택의 자유는 교과서의 검인정제도에 관련되는 문제이다. 여기에 관해서는 제14장에서 다루어진다. 구「교육법」 제157조의 국정교과서 제도가 학생의 교육을 받을 권리를 침해하는가의 헌법소원 사건은 제6장 교육의 자주성과 중립성 원리에서 다루어졌으므로 생략한다. 교사의 교육권은 교사의 신분보장, 연수를 통한 전문성 보장 등의 제도와도 관련된다. 이 문제는 제12장에서 다루어진다.

3.4 교사 교육권의 제한

교사의 교육권은 공교육제도의 확립으로 국가가 학제·교재·교육시설 등 제반사항을 적극적으로 계획하고 시행함으로 그 범위에서 제한을 받게 되었다. 또한 교사의 교육권은 학생의 교육을 받을 권리를 보장하기 위하여 존재한다.「교육기본법」 제12조에서 학습자의 기본적 인권이 학교 교육과정에서 존중되고 보호되어야 하며, 교육내용, 교육방법, 교재 및 학교시설이 학습자의 인격과 개성을 존중하고 능력이 최대한 발휘되도록 강구하여야 할 것을 규정하고 있다.

또 교사의 교육권은 학부모의 신탁에 의한 권리로서의 성격도 있으므로 학부모의 교육권에 의한 제한도 가능하다. 예컨대 학교선택의 자유, 그리고 교육내용선택의 자유에서 학생의 학습권을 침해하지 않는 한도에서 특정의 수업이나 행사에 자녀를 참가시키지 않을 학부모의 권리 등이다.[11]

3.5 교육의 자유 제한에 관련된 판례

교사의 표현의 자유에 초점을 둔 미국과 한국의 중요 판례를 살펴본다.

3.5.1 미국의 판례

교육의 자유는 학문의 자유가 어느 정도 초·중등 교사에게도 인정되느냐

11) 그러나 학급편성과 담임선택의 자유는 모든 학생의 학습권을 보장하기 위하여 학교가 교육전문적 입장에서 결정할 문제이므로 교육내용 선택권으로 인정되지 않는다. 겸자인(兼子仁), 「교육법」, pp. 208-210; 노기호, 전게논문, p. 239 재인용.

의 문제이다. 학문(學問, Wissenschaft)이란 자연과 사회의 변화나 발전에 관한 법칙, 또는 진리를 탐구하고 인식하는 행위라 할 수 있다. 학문의 자유(academic freedom)는 외부의 강압이나 구속이 없는 상태에서 교수가 자유롭게 학문적 활동, 즉 연구, 강의, 토의하며 그 연구내용을 출판하는 권리라고 정의할 수 있다. 학문의 자유는 교수들이 사상과 그 표현에 대하여 행정적·정치적·이념적 제한을 받지 않는 자유가 보장되어야 대학이 사회에 기여할 수 있다는 믿음에 근거한다. 학문의 자유는 인간 정신활동의 자유로운 표현이 인류 문화발전에 중요한 역할을 하므로 특별한 보호가 요청된다.

따라서 미국에서는 학문의 자유가 주로 연방헌법상의 표현의 자유의 내용으로 이해된다. 미국 연방헌법에는 학문의 자유에 관한 아무런 언급이 없기 때문에 표현의 자유 규정을 통하여 학문의 자유를 헌법적 차원으로 보호한다고 할 수 있다. 그러나 연방헌법상의 표현의 자유는 주로 공적인 관심사항에 관한 표현활동만 보호대상으로 한다. 따라서 교수의 표현 행위가 개인적 고용관계의 문제일 때에는 연방헌법상의 표현의 자유로 보호받지 못하는데, 이때 학문의 자유가 학교당국의 부당한 행정조치를 방지하는 역할을 한다.[12]

표현의 자유 차원에서의 학문의 자유는 초·중고 교사들에게도 보호되고 있는데, 피커링(Pickering)사건이 그 대표적 판례이다.[13] 이 사건은 일리노이의 한 고등학교 교사가 자기가 소속된 교육위원회와 교육감을 비난하는 글을 지방신문에 게재한 사건이다. 그는 새 학교를 건설한다고 기채(起債)하는 교육위원회의 주민투표 행위를 반대하면서, 교육위원회의 기채는 사실상 체육비의 지출을 증가시키기 위한 것이라고 주장하였다. 교육위원회는 이러한 비난의 글이 지방신문에 게재된 데 대하여, 그의 글은 허위이며 학교행정의 효율적인 운영에 해를 끼쳤다고 하여 그를 해고시켰다.

일리노이 지방 법원은 교사의 글에 허위사실이 많이 있고 자기 상급자에게 공식적이건 비공식적이건 아무런 보고가 없었다는 점을 지적하면서 교육위원회의 해고 결정을 정당한 것으로 판결하였다. 이에 따라 동 교사는 연방헌법 수정 제1조의 표현의 자유에 대한 침해라는 이유로 연방대법원에 항소하였다.

---

12) Robert M. Hendrichson, *The First Amendment, Academic Freedom, Acess to Promotion and Tenure Files,* Educational Law Reporter, 1981, p. 410.

13) 이 판례는 엄격히 말하면 교육활동과 직접적인 관련이 있는 학문의 자유라기보다는 공적 사항에 대한 교사의 표현의 자유문제라 할 수 있다.

교육위원회측은 공직자인 교사는 교육목적 달성을 위하여 소속 상급자를 충실히 지원하여야 하며, 공개적으로 어떤 발표를 할 때에는 매우 정확하여야 한다는 주장을 하였다. 이에 반하여 피커링은 교사도 다른 시민과 똑같은 표현의 자유가 보장되며, 명예훼손은 고의나 중과실이 있는 경우에만 처벌될 수 있다고 주장하였다.

연방대법원은 교사의 글이 주로 교육위원회의 과다한 체육비의 지출에 대한 비평이었으며, 그러한 사실을 일반 주민에게 정확히 알리지 않은 교육위원회 및 교육감의 행정방법을 비난한 것임을 지적하고 이러한 공공정책에 대한 비평은 다소 정확하지 않아도 해고의 사유가 되지 못한다고 판결하였다.

체육비의 지출이 과다하였다는 교사의 주장은 금액에 다소의 허위성은 있지만(6년간 일만 달러인데 오만 달러라고 주장) 고의성이 없고, 그러한 주장이 학교운영에 필연적으로 해로운 영향을 미친다고 볼 수 없기 때문에 교사의 해고는 위헌행위가 된다는 것이다.

동 판결에서 연방대법원은 교사의 표현의 자유와 학교당국의 효율적인 교육질서유지 필요성을 저울질하는 데 다음과 같은 다섯 가지 요소를 고려하였다. 즉, 비평교사와 피비평자 간에 직접적인 업무상 관계가 있는가, 비평의 글이 공적인 내용인가, 그러한 비평이 학교운영에 해로운 영향을 미치는가, 그러한 비평행위가 비평교사의 일상적인 업무수행에의 지장을 초래하였는가, 해당 글을 전문가인 교사로서 썼는가 아니면 일반시민으로서 썼는가를 고려하였다.

이러한 기준에 비추어 볼 때 피커링은 교육위원회와 직접적인 업무상 관계가 없으며, 비평주제가 공적인 내용이고, 그러한 글이 학교에 해를 끼치지 않았으며 교사로서의 업무수행에 지장을 주지 않았고, 교사로서가 아닌 일반시민 자격으로 그러한 글을 썼으므로, 악의가 없는 한 그러한 비평이 해고사유가 될 수 없다는 것이 연방대법원의 판결 이유였다.[14)]

초·중등 교사들에게 학문의 자유가 인정되는 범위에 대하여는 이 사건에서 일반적 기준을 제시해 주고 있지만, 구체적으로 어떤 주제들이 학문의 자유로 보장될 수 있는가를 살펴보면 전통적으로 강의내용과 강의 방법이 학문의 자유로 보장받는다. 다만 대학에서는 교육목적과 관련이 있는 한, 강의의 내용이나 강의 방법이 학문의 자유로 보호받지만, 초·중등학교의 경우에는 학교에

14) Pickering v. Board of Education, 391 U.S. 563, 1958.

서 상당한 소란을 야기시킨다든지 대상학생의 나이나 성숙도에 비추어 적절하지 못한 경우에는 교사의 강의내용이나 방법도 제한될 수 있다.

3.5.2 한국의 판례

3.5.2.1 교사의 시위행위

원고들은 한 여자종합고등학교 평교사협의회를 결성하여 교사의 신분보장과 학교운영에 관한 45개 사항에 대하여 시정을 요구하였다. 원고들은 요구사항 중 일부만 이행하고 다른 사항의 이행이 지체되자 도교육위원회에 특별감사를 진정하였고, 방과 후 학교에 남아 농성하였다. 교장실을 강제점거하고 밤을 새워 농성도 하였다. 농성에 자극을 받은 일부 학생들도 동조하였다. 평교사협의회 소속 일부교사는 교장실에서 음주한 상태에서 노래를 부르자 3학년 학생들이 수업을 거부하는 사태도 있었다. 이들 교사들의 행위는 「사립학교법」 제61조 제1항에 규정된 교원의 본분에 배치되는 행위, 교원으로서 품위를 손상한 행위에 해당한다고 파면 또는 해임처분당하자 재량권 남용이라고 소송을 하게 되었다.

대법원은 학교법인의 비리시정과 교육환경 개선을 목적으로 했더라도 의사표현의 방법이 법이 허용하는 한도 내에서 이루어져야 한다고 지적하였다. 교장실의 무단점거와 철야농성은 위법하고 비교육적 행동으로 교원으로서의 품위를 심히 손상하였다고 판단하였다. 비록 공납금의 임의유용과 회계 정리상의 하자 등이 발견되었고, 원고들의 정상적인 근무성적을 참작해도 원고들을 파면 또는 해임한 이 사건처분은 재량권을 남용한 것으로 볼 수 없다고 판결하였다.[15)]

3.5.2.2 교사의 수업 중 음담패설

교사들의 수업 중 표현의 자유에 관한 범위도 자주 문제가 된다. 서울 한 여자중학교 물상담당교사 갑은 수업시간에 학생들이 무서운 이야기를 해 달라고 하자 커튼을 내리고 인륜에 반하는 음담패설을 해 주었다. 서울시 교육감은 수업시간에 사춘기의 여학생을 상대로 한 심한 음담패설은 공무원으로서 품위를 손상하는 행위라고 해임 처분하였다.

15) 대판 1994. 11. 18, 94다8266.

물상담당교사 갑은 학생들로부터 실력을 인정받고 석사학위도 취득하였으며 학교전산화에도 기여하였다. 갑은 순간의 실수를 사과하였고 용서받았는데 신분을 영구적으로 박탈하는 해임 처분이라는 중징계는 비례의 원칙에 반하여 재량권을 남용한 것으로 위법하다고 주장하였다.

서울고등법원은 교육공무원은 피교육자의 정서 및 신체가 건전하게 발육되고 유지되도록 하여야 할 사회적 책임성과 직업윤리의식이 요구된다고 지적하였다. 중학교 3학년 여자학생을 상대로 수업시간에 인륜에 반하는 내용의 음담패설을 한 것은 교원의 품위유지 의무를 위반한 것으로 위반정도가 중대하다고 판단하였다. 따라서 동 사건의 해임처분이 사회통념상 현저하게 타당성을 잃거나 비례의 원칙상 상당성이 결여되어 재량권을 남용하였거나 일탈한 것이라 볼 수 없다고 결론을 내리었다.[16]

4. 학부모의 교육권

4.1 학부모 교육권의 법적 성격

부모가 보호아동을 양육·보호·교육하는 것은 자연적 권리이다. 학부모의 교육권은 본질적으로 이러한 자연적 권리이지만, 법적으로는 자녀의 신탁에 의한 수탁권이며 자녀가 성년이 됨으로써 소멸하는 한시적 권리라 할 수 있다.[17] 아동에게는 충분한 선택능력이 없으므로 아동의 이익을 가장 잘 고려할 수 있는 학부모가 교육에 관한 권리를 대리하여 행사할 수밖에 없기 때문이다. 우리나라 「헌법」은 제31조에서 모든 국민에게 교육을 받을 권리를 보장하고 있는바, 아동의 교육을 받을 권리는 학부모가 대신하게 된다.

「교육기본법」 제13조에서는 "부모는 그 자녀가 바른 인성을 가지고 건강하게 성장할 수 있도록 보호·양육 및 교육할 책임과 권리를 가진다"고 규정하여 부모의 교육권을 선언하고 있다.

---

16) 서울고법 1997. 6. 3, 96구47328(대판 1997. 9. 2, 97누9840 상고 기각).

17) 허종렬, 전게논문, p. 119.

4.2 학부모 교육권의 내용

4.2.1 독일의 경우

학부모 교육권의 내용은 교육진로 결정권, 교육 정보권 및 방어권, 그리고 학교 참가권으로 나누어진다. 교육진로 결정권은 자녀의 능력과 적성에 맞는 학교를 선택하고 교육과정의 운영에 일정한 범위 내에서 참가할 수 있는 권리인바, 공립학교와 사립학교 사이의 선택, 공립학교 내 다양한 학교유형 사이의 선택, 종교수업에의 학생의 참석 결정권, 교육시설 제공에 대한 청구권으로 구체화된다.

교육정보 청구권은 학부모가 교육과정에서 학교로부터 정보를 얻을 권리인바, 자녀의 성적과 행동에 대한 정보, 학교유형의 선택에 관한 정보, 수업내용과 수업방법에 관한 정보 등을 포함한다. 학교는 대화의 시간이나 학부모의 밤 등을 마련함으로써 알릴 의무를 이행한다. 학부모의 방어권은 학생이나 학부모의 교육권이 침해되었을 때 그것에 반대하는 권리이며, 학부모의 교육적 조치에 대하여 학교가 관용의 원칙에서 존중하도록 요구하는 권리이다.

학부모는 자녀의 보호와 교육을 위하여 법률이 정하는 바에 따라 학교 운영에 참여할 권리가 있다. 학교 참가권은 보통 학부모 개인의 권리로서보다는 학부모 집단의 권리로서 논의되고 있다. 학교 참가권의 행사에는 한계가 있어 독일의 대부분 주에서는 수업 참관에 관한 권리를 인정하는 정도이다.[18]

4.2.2 한국의 경우

학부모의 학교 참가권은 과거에 사친회(師親會), 육성회(育成會)라는 형태로 일부 이루어졌으나 '치맛바람'의 문제로 학부모의 학교 참가는 사실상 제대로 운영되지 못하였다. 1995년 교육개혁안에서 지방교육자치법의 개정을 통하여 학교운영위원회를 설치토록 하였고 1998년에 시행된 「초·중등교육법」에서 학교운영위원회에 관한 상세한 규정을 두고 있다. 학교운영위원회의 구성과 심의권한, 문제점 등에 관하여서는 제11장에서 다루어진다.

---

18) 상게논문, pp. 119-130.

4.3 학부모 교육권의 제한

학부모의 교육권은 자기실현을 목적으로 하는 것이 아니라 학생의 복지를 목적으로 하므로 의무성을 동시에 갖고 있다 하겠다. 학부모의 교육권으로 중요한 것이 학교선택권인데, 학교선택권의 제한에 관한 헌법재판소의 판례분석이 제5장 교육의 기회균등에서 이미 다루어졌다.

5. 설립자의 교육권

국가·지방자치단체·법인 및 개인 등 학교의 설치·경영자는 학교운영에 필요한 인적·물적 여건과 재정을 조성·관리할 권한과 책무를 진다(교육기본법 제13조). 학교 설치자는 인적·물적 시설의 관리권을 갖는다. 즉 물적 시설을 설치하고 사용규칙을 제정하며 시설 이용을 인가하는 권한과 인사권을 행사하게 된다.

국가와 지방자치단체는 다음절에서 언급되므로 이곳에서는 생략한다. 법인 및 개인의 경우에 학교 설치자는 시설관리권을 당연히 갖지만, 교육활동 영역에서의 권리 및 권한은 국가의 교육감독권과 관련하여 "사학의 자유"문제가 된다. 이 문제는 제15장 사립학교와 법에서 상설된다.

독일의 사립학교는 법인에 의하여 설립되고 운영되는 학교로 교육이 자신의 책임으로 이루어지고 부모와 학생이 자유로이 선택할 수 있는 학교이다. 독일의 경우 모든 국민은 사립학교를 설립할 자유가 있고 설립자는 사립학교 운영의 자유를 가진다. 학교 운영의 자유에는 자신의 교육적·종교적·세계관적 운영구도에 따라 자유로이 운영할 자유, 교사의 자유로운 임용권, 학생의 자유로운 선발에 관한 권리가 포함된다. 사립학교 교원의 설립자에 대한 법 관계는 원칙적으로 사법 및 노동법에 의하여 규율된다.[19]

19) 상계논문, pp. 158-161.

6. 국가 및 지방자치단체의 교육감독권

6.1 헌법 및 교육기본법의 규정

이미 제4장 교육법의 개념과 주요 내용에서 언급하였듯이 국가는 평생교육을 진흥하여야 한다(헌법 제31조 제5항). 학교교육 및 평생교육을 포함한 학교제도와 그 운영, 교육재정 및 교원지위에 관한 기본적인 사항은 법률로 정하도록 되어 있다(헌법 제31조 제6항).

헌법규정을 이어받아 교육기본법에서도 국가와 지방자치단체는 교육제도와 내용에 관하여 기본적인 기준을 정하고 모든 교육기관이 교육을 바르게 실행하도록 지원·감독할 권한을 갖고 있다고 규정하고 있다(동법 제5조).

6.2 국가 교육권의 내용과 법적 성질

국가 교육권은 공교육의 조직, 편성, 운영권을 말한다. 이는 교육입법, 교육행정·재정, 그리고 교육재판의 권한으로 구체적으로 교육내용결정, 교육과정편성, 교과서 결정 및 채택, 교원자격증 부여, 졸업자격증 수여, 교육 공무원의 지도감독, 교육 분쟁조정 등이다.

이러한 국가 교육권은 원래 국민에게 있는 교육권이 국민의 대표기관인 의회의 입법과 행정기관에 의하여 행사됨으로써 결국 국가가 교육권을 갖는다는 '국가 교육권'으로 주장되기도 한다. 그러나 국가는 헌법에 보장된 국민의 교육권을 실현시키기 위하여 하위 법률로 인정되는 교육권한을 갖는 데 지나지 않는다고 봄이 타당하다. '국가 교육권'에 대비되는 주장이 '국민 교육권'설이다. '국민 교육권'은 인간이 태어나면서 갖고 있는 발달가능성을 학습에 의하여 개발시킨다는 입장에서 학습권을 근간으로 실정 헌법에 의하여 규범화된 교육에 관한 국민의 권리를 총체적으로 지칭한다.[20]

국가 교육권의 주요 내용 중 하나가 교육과정 편성과 교과서 결정인바, 교육과정의 법적 성격에 관하여 독일에는 법규명령설과 행정규칙설의 대립이 있

20) 노기호, 전게논문, pp. 14-15.

다. 독일의 경우 전통적으로 교육과정을 행정규칙으로 보고 있지만, 헌법과 법률에 의한 구속과 학부모의 교육권에 의한 제한은 인정한다. 또 교과서 인정절차를 합헌으로 보나 교과서국정제는 부인되며 특정 정치이념을 주입하기 위한 교과서 사용은 배제하고 있다.

국가가 졸업자격증 수여와 관련하여 학생의 성적 평가에도 관여할 수 있는가의 문제가 있다. 학생의 성적평가는 그 법적 성격이 전문적 판단의 자유재량행위이나 그 합목적성에 관하여 학교 감독관청의 허가를, 합법성에 관하여는 법원의 통제를 받는다. 법원은 성적평가가 재량범위의 한계를 유월하였는지 합법성만 심사할 수 있다. 입학시험 평가에서는 기회균등이 보장되어야 한다.[21]

6.3 국가 교육권의 제한

국가의 교육권은 교육당사자들의 교육권에 의하여 제한되기도 한다. 학생의 학습권과의 관계에서 교육권은 학생의 자유로운 인격 발전에 있으므로 국가이념을 일방적으로 학생에게 주입시킬 수 없으며 기본적인 인권을 존중할 의무가 있다. 또 교육의 기회균등과 학비 보조의 의무도 진다. 학부모의 교육권과 관계에서도 학생의 교육진로에 관하여서는 1차적으로 부모가 행사하며, 학교종교교육에 있어서도 국가보다 우선적인 결정권을 갖는다.

또 교사의 교육권과 관계에서도 교사는 수업방법과 교재선택에서 전문성을 가지므로 그 범위 내에서 국가의 교육권을 제한된다. 또 사립학교도 감독의 대상기간은 되지만 자유로운 학교설립과 운영권이 있으므로 그 범위 내에서 국가의 교육권은 제한된다.[22]

「헌법」 제117조에 근거하여 지방교육자치가 1991년 「지방교육자치에 관한 법률」의 제정으로 보장되고 있다. 지방교육자치가 제 기능을 다하기 위하여서는 국가의 감독권이 적절한 한계를 지켜야 한다.

교육인적자원부 장관이 갖는 지방교육자치에 관한 국가의 감독수단을 살펴본다. 시·도의 교육·학예에 관한 사무에 대하여 조언·권고·지도할 수 있고, 필요한 때에는 자료 제출을 요구할 수 있으며(동법 제49조), 교육감의 위법·부

21) 허종렬, 전게논문, pp. 64-92.

22) 상게논문, pp. 178-179.

당한 명령·처분에 대하여 시정명령이나 취소·정지할 수 있다(동법 제50조). 단 교육인적자원부 장관은 교육·학예에 관한 자치사무에 관하여 감사를 할 수 있고(동법 제51조), 지방의회나 교육위원회의 위법·부당한 의결에 대하여 재의를 요구할 수 있고, 재의를 요구하였는데 전과 같은 의결을 한 경우 대법원에 제소할 수 있다(동법 제38조).

이러한 여러 가지 감독수단이 있지만 중요한 것은 지방 교육자치단체나 국가가 상호 대립관계가 아니라 협력 관계로 운영되는 일이다. 감독만능의 사고는 경계되어야 한다.[23]

6.4 학교감독체계와 법

6.4.1 조직내부의 견제 장치

모든 조직은 조직목표 달성을 위하여 적절히 운영되고 있는지 감시·감독을 받을 필요가 있다. 학교조직도 마찬가지로 사회적 책무성을 확립하기 위하여 적절한 감시·감독이 불가피하다. 감시·감독체계는 조직 내부적 견제장치와 외부적 감시·감독체계로 나누어 볼 수 있다.

조직 내부로부터의 견제는 대표관료제, 행정절차법의 준수, 권한의 위임 내지 분권화, 구성원의 참여와 정보의 공개, 그리고 노동조합 등이 관련된다. 대표관료제는 관료제 내에서 특정한 집단이 차지하는 인력규모는 그 출신 집단이 전체인구에서 점하는 규모에 비례하여야 한다는 원리이다. 행정부 조직의 경우에는, 행정국가화의 추세로 인한 공무원의 재량권 증대 때문에 국민전체의 공익 추구와 관련하여 대표관료제가 중요한 쟁점으로 되고 있다.

대표관료제는 소수집단에 대한 기회균등을 실질적으로 구체화하는 정책이다. 대표관료제는 평등권의 법 원리에서 언급된 적극적 우대조치(affirmative program)와 관련되는바, 이는 소수집단 구성원에게 선발과정, 지위상승 등의 인사정책에서 차별적인 사고방식을 불식시킴은 물론 적극적으로 혜택을 주는 것이다. 우리나라의 경우 인종에 의한 차별은 없으나 성(性)과 지역기준에 의한

23) 홍정선, "지방자치단체의 교육자치와 국가의 행정적 감독", 「고시계」 통권 463호(1995. 9), pp. 83-94.

차별은 심각하다. 행정영역에서 남성 위주의 대학정책에 대한 견제장치로 교수 채용 시 여성에 대한 우대조치가 시급한 과제이다.

행정조직체에서 권한이 상위층에 집중되면 하위계층에 있는 사람들로 하여금 창의적이고 자발적인 의욕을 상실시키며 일선의 다양한 요구에 신축적으로 대응하지 못하고 일선기관끼리의 횡적 협조도 어렵게 한다. 우리나라는 상·하위계질서가 강조되는 집권화의 문화적 환경, 희소자원을 최적으로 사용하기 위한 중앙정부위주의 경제개발정책, 그리고 상존하는 전쟁위협 같은 위기의식 때문에 행정부 조직뿐 아니라 사회의 모든 조직이 집권화의 경향을 보이고 있다. 그러나 교육 분야의 조직은 창의력이 가장 중요시되고 전문성의 인정으로 인한 자치 내지 자주성이 존중되는 조직이다. 따라서 학교조직은 분권화 원리에 기초하여야 한다.

조직내부의 감시 장치로서 중요한 역할을 하는 것이 교직원단체이다. 교직원단체는 참여의식, 인간의 가치인정과 귀속감을 통하여 일체감을 높일 뿐 아니라, 관리자 측의 횡포를 억제하는 중요한 내부 견제·감시 장치이다. 특히 내부의 부정부패 방지는 비효율적인 타율적 통제보다는 자율적으로 교직원단체를 통하여 하는 것이 더 효과적이다. 교직단체에 관하여서는 제12장 인사정책의 법적 측면에서 다루어진다.

6.4.2 국가 및 지방자치단체의 감시·감독권

국가 및 지방자치단체는 학교 및 사회교육시설을 지도·감독한다(교육기본법 제17조). 지도·감독권의 대상은 사설강습소 등을 포함한 모든 교육기관이지만 그 주된 대상은 초·중등교육법 제2조에서 규정하고 있는 국·공립 및 사립의 학교이다. 각급 학교에 대한 행정적 측면에서의 권한의 감독과 교육적 측면에서의 감독수단인 지도(指導)를 나누어 살펴본다.

권한의 감독은 상급행정청이 하급행정청의 권한의 행사를 지휘하여 그의 적법성과 타당성을 보장하며 행정의 통일을 기하는 것을 의미한다. 상급행정청의 하급행정청에 대한 감독의 범위는 행정청의 종류와 사무의 성질에 따라 다르나 보통 인정되는 권한의 감독수단에는 감시권, 인가권, 훈령권, 취소 및 정지권, 주관 쟁의조정권이 있다.

이러한 일반적인 감독수단이 학교감독에도 자주 적용되고 있으나 학교는 일반 행정관청간의 상하관계로 볼 수 없고 학교의 법적 성질이 공기업 내지 특허기업의 성격을 갖고 있으므로 개별법의 감독 근거가 필요하며 감독의 범위도 문제가 된다. 주무부서 장관에게 포괄적인 감독권을 부여한 경우에도 공기업의 모든 사항에 대한 감독권으로 해석하면 공기업의 자주권을 해치는 결과를 가져온다. 따라서 일반적 감독은 업무처리의 일반적인 지침을 정하여 그 준수여부를 감독하는 것으로 그치되, 어떤 문제나 사건이 일어난 경우에는 당해 개별적인 문제에 대해서도 감독권을 행사할 수 있다고 해석함이 타당하다.[24]

「초·중등교육법」 제6조에서 국립학교는 교육인적자원부 장관의 지도·감독을 받으며, 공·사립학교는 교육감의 지도·감독을 받도록 규정하고 있다. 교육대학, 산업대학, 대학 등 고등교육법상의 학교는 교육인적자원부 장관의 지도·감독을 받는다. 교육인적자원부장관은 지도·감독을 위하여 필요한 경우에는 이들 대학에 관련 자료의 제출을 요구할 수 있다(고등교육법 제5조).

현행 「초·중등교육법」이나 동법 시행령에서 규정하고 있는 구체적인 감독수단에는 학교의 설립 및 폐지 인가권(동법 제4조), 학칙변경 인가권(동법 제8조), 설비·수업·기타사항에 대한 시정 또는 변경(동법 제63조), 학교의 폐쇄명령권(동법 제67조, 제65조), 설립자변경 인가권(동법 시행령 제5조), 휴업 및 휴교명령권(동법 제64조), 벌금과 과태료(동법 제68조) 등이 있다. 이러한 감독수단은 국·공립학교와 사립학교의 구분 없이 적용된다. 그러나 사립학교의 경우에는 설립주체에 대한 감독이 사립학교법에 상기 감독수단과 별도로 규정되어 있다. 예컨대 학교법인 수익사업의 승인보고, 법인 임원의 취임승인, 학교법인 해산명령, 인가, 정관변경의 인가, 교원해직의 요구 등이다.

이러한 감독수단 중에서 자주 사용되는 것이 「초·중등교육법」 제63조와 「고등교육법」 제60조에서 규정하고 있는 시정·변경명령이다. 즉 감독청은 학교가 설비·수업·학사·기타 사항에 관하여 교육관계 법령 또는 이에 의한 명령이나 학칙에 위반할 때에는 학교의 설치·경영자 또는 학교의 장에게 그 시정 또는 변경을 명령할 수 있다. 여기에서 시정(是正)이란 행정행위 자체를 소급하여 그 효력을 정정하는 것이며, 변경(變更)은 기왕에 행하여진 행정행위 효력은 그대로 인정하되 장래의 효력은 변경시키는 것이다. 시정·변경명령을 받은 자가 정당한 이유 없이 지정된 기간 내에 이행하지 아니한 때에는 감독청은 당해

24) 김남진, 「행정법 Ⅱ」, 법문사, 1995, pp. 390-391.

위반행위를 취소 또는 정지하거나 당해 학교의 학생정원의 감축, 학급·학과의 감축이나 폐지 또는 모집학생의 정지 등의 조치를 취할 수 있다.

강력한 감독수단으로 과거에 정치적으로 악용되었던 것이 구「교육법시행령」 제64조, 현행「초·중등교육법」 제63조와「고등교육법」 제61조에서 규정하고 있는 휴업 및 휴교명령이다. 동 규정에 따르면, 재해 등의 긴급한 사유로 정상수업이 불가능하다고 인정될 때에는 감독청은 학교의 장에게 휴업을 명할 수 있고, 이러한 휴업명령에도 불구하고 휴업을 하지 아니하거나 기타 특별히 급박한 사유가 있을 때에는 휴교처분을 할 수 있다. 그 효과는 휴업기간 중에 수업과 학생의 등교가 정지되며 휴교기간 중에는 단순한 관리업무를 제외한 학교의 모든 기능이 정지된다.

휴업·휴교명령의 문제점은 그 요건인 "긴급한 사유"가 명확하지 않아 정치적으로 남용될 수 있다는 것이다. 「교육기본법」 제17조와「초·중등교육」 제6조의 일반적 감독권에 근거하지만 휴업 및 휴교 명령은 학교의 기본기능을 정지시키는 중대 사항이므로 그 요건을 좀 더 명확히 하여야 한다.

「초·중등교육법」 제65조와「고등교육법」 제62조에서 가장 강력한 감독수단으로 학교폐쇄규정을 두고 있다. 관할청(대학의 경우 교육인적자원부장관)은 학교의 폐쇄를 명할 수 있다.

관할청은 첫째, 학교의 장 또는 설립·경영자가 고의 또는 중과실로 이 법 또는 이 법에 의한 명령을 위반한 경우, 둘째, 학교의 장 또는 설립·경영자가 이 법 또는 기타 교육관계법령에 의한 관할청의 명령을 수회에 걸쳐 위반한 경우, 셋째, 휴가기간을 제외하고 계속하여 3개월 이상 수업을 하지 아니한 경우로 정상적인 학사운영이 불가능하다고 판단되는 경우에는 학교의 폐쇄를 명할 수 있다.

관할청(교육인적자원부장관)은 학교설립인가와 분교설치인가를 받지 아니하고 학교 명칭을 사용하거나 학생을 모집하여 시설을 사실상 학교의 형태로 운영하는 자에게는 해당시설의 폐쇄를 명할 수 있다(동법 제65조). 관할청 내지 교육인적자원부장관은 학교폐쇄 또는 시설의 폐쇄를 명하고자 하는 경우에는 청문을 실시하여야 한다(초·중등교육법 제66조, 고등교육법 제63조).

각급 학교에 대한 감독은 그동안 주로 상술한 행정적 감독이었다. 그러나 학교에 대한 감독의 중요성은 교육적 측면에서의 장학지도에 있다. 「초·중등교육법」에서는 교육인적자원부장관 및 교육감은 교육과정운영 및 교수·학습방법 등에 대한 장학지도를 실시할 수 있다고 규정하고 있다(동법 제7조).

행정법에서는 행정지도를 행정기관이 그가 의도하는 행정질서를 실현하기 위하여 특정한 행정객체에게 행사는 '원망(願望)의 표시'로서의 비강제적 사실행위라고 정의한다.[25] 이러한 행정지도는 그 기능에 따라 규제적 행정지도, 조정적 행정지도, 조성적 행정지도로 분류된다. 장학지도는 조성적 성질의 행정지도라 할 수 있다. 행정적 감독수단을 통한 교육의 통제보다는 조성적 장학지도와 지원을 통하여 학습의 성과를 극대화하는 것이 초·중등학교에 대한 교육행정의 중심적 과제가 되어야 한다.

대학의 경우에는 학문의 자유가 대학 자주성 확립의 주요 내용이므로 대학에 대한 장학지도란 있을 수 없다. 정부는 새로운 학술정보를 대학에 신속히 전달하는 역할을 하여야 하며, 환경·과학기술 등 일정한 학문분야의 발전을 정책적으로 원하는 경우에는 그런 분야에 대한 정부의 재정지원을 통하여 간접적으로 영향을 미쳐야 한다.

종전에는 교육 당사자 중 국가의 교육권만이 교육의 중요 정책과정에서 일방적이고 권위주의적으로 작용하였다. 학교영역에서는 교사가 주도적 역할을 하며 학생은 종속적 지위에 있었고, 학부모는 제도권 밖에서 자식의 교육에 아무런 영향을 미치지 못했다고 할 수 있다. 그러나 최근에는 교육개혁의 일환으로 구교육법이 교육기본법, 초·중등교육법, 고등교육법으로 개편되면서 열린 교육과 학습자중심의 변혁이 이루어지고 있다. 이 과정에서 학습자와 학부모가 중심개념으로 강조되고 상대적으로 교사의 교육권이 등한시되어 '교권 상실'이니 '교육현장의 사기저하' 또는 '학교붕괴'라는 우려도 낳고 있다. 이는 교육주체 논쟁으로 국가→교원→학생 모형에서 국가→학생·학부모→교사 모형으로의 변화라고 주장되기도 한다.[26]

생각건대 그동안 교육정책이 정부위주였고 학교현장에서도 교사주도의 학습이 이루어지다 갑자기 학생의 학습권과 학부모의 교육권이 강조되는 과정에서 생긴 부작용이라고 본다. 분명한 것은 교육당사자들의 모든 권리 또는 권한

25) 김남진, 「행정법 I」, 법문사, 1995, p. 378.

26) 하윤수, "현행교육법상 교육주체 개념을 둘러싼 교육권의 재검토", 「교육법학연구」 제12호, 2000, p. 249.

은 학생의 인격발달에 초점을 두어야 한다는 점이다. 학생의 학습권을 중심에 두고 학부모, 교사, 국가가 삼위일체의 자세로 협력하는 모형이 되어야 한다.

한국의 현 교육현장에서 가장 시급한 것은 교사의 전문성 향상과 자주적인 교육권의 보장이다. 그리고 학생의 기본권에 대한 인식과 동시에 학생이 지켜야 할 의무의 준수를 교육하는 것이라고 생각한다. 정부의 교육정책도 일방적이 아닌 당사자들의 참여에 의한 민주적이고 일관성 있는 정책이 되어야 할 것이다.

[토론 주제]

1. 교육에 관한 당사자들의 권리 내지 권한간의 상호관계에서 바람직한 관계모형은 무엇인가?
2. 교사의 교육권(표현의 자유)에 관한 미국의 피커링(Pickering)판결 내지 기준과 한국 교사의 표현의 자유에 관한 법원의 기준은 어떻게 다른가?
3. 수업 중 교사의 표현의 자유는 어느 범위까지 인정되는가? 구체적 기준은 무엇인가?
4. 국가 및 지방자치단체의 학교행정 내지 교사의 교육의 자유에 대한 현행 감독 수단 내지 감독실태는 적절한가? 어떤 문제점들이 있고 어떻게 개선되어야 하는가?

제 9 장

학생의 주요 기본권과 생활지도

본 장에서는 학생의 법적 지위에 관한 이론을 살펴보고 학생의 주요 기본권인 표현의 자유, 적법절차, 신체의 자유, 사생활의 자유가 교육영역에서 어떻게 적용되고 있으며 쟁점이 무엇인가를 지적한다. 학생 의무의 중요성도 강조된다. 또 학생생활 지도와 관련되는 학생징계의 법적 기초를 다루고 체벌의 논거와 그 법적 근거도 지적한다. 교육계에서 쟁점이 되었던 학생두발 규제문제도 법적 시각에서 분석해 본다. 마지막으로 최근 우리사회의 쟁점이 되고 있는 학교환경의 안전성 위협문제도 학교폭력에 초점을 두고 다룬다.

1. 학생의 법적 지위

관습적으로 "교사는 학부모의 입장에 서 있다"는 원리로 초·중등학교에서 교사는 학생들에 대하여 광범위한 학생지도권을 행사하여 왔다. 또 법적 측면에서는 '특별권력관계'이론으로 개별적 법률의 근거 없이도 교육·지도목적을 위한 범위 내에서 학생들의 기본권을 제한할 수 있었다. 또 대부분의 학생이나 학부모가 이러한 규제를 당연히 수용해 온 것이 우리나라의 전통이라고 할 수 있다.

그러나 이젠 "교사는 학부모의 입장에 서 있다"는 관습도 쇠퇴하여 가고 있으며, 특별권력관계에 있다 하더라도 기본권은 보장되며 그 제한에는 헌법이나 개별 법률의 근거를 요한다는 것이 다수의 견해이다. 또, 학생이나 학부모도 학교의 규제를 당연한 것으로 받아들이지 않는다. 무엇보다도 정보화라는 환경의 변화로 인터넷을 통한 초·중등 학생들의 자유로운 의사표현이 활성화되고 이것이 그동안의 학교생활에서의 기본권 규제에 관한 불만을 토로하게 된 계기가 되고 있다.

1.1 전통적 특별권력관계 이론

독일 법을 모법으로 하는 한국행정법은 그동안 특별권력관계 이론을 근거로 학생에게 헌법상의 제 기본권을 광범위하게 제한하여 왔다. 특별권력관계란 법률상의 규정이나 동의 같은 특별한 법률원인에 의하여, 일정한 공법상의 목적에 필요한 범위 내에서 포괄적으로 당사자의 한쪽이 상대방을 지배하고, 그 상대방은 이에 복종함을 내용으로 하는 권력관계로 정의된다.

국·공립학교의 입학을 의무적 또는 임의적 동의에 의한 특별권력관계 성립으로 보고, 이러한 학생들에게는 개별적인 법률의 수권 없이 특별권력관계의 목적 수행에 필요한 범위 내에서 포괄적 명령·강제권을 갖는 것으로 그동안 이해되어 왔다. 즉, 특별권력관계를 유지하는 데 필요한 범위 내에서는 법률의 수권 없이도 학생들의 헌법상의 제 기본권을 제한할 수 있으며, 기본권을 주장하거나 권리침해를 이유로 한 사법적 구제를 청구할 수 없다는 것이 종래의 전통적 견해였다.

1.2 전통적 특별권력관계 이론에 대한 비판 및 수정

입헌군주제의 독일 상황을 배경으로 한 전통적 특별권력관계는 오늘날 많은 비판과 수정을 받게 되었는바, 특별권력관계에 있다는 사실로 법률의 근거 없이 기본권 제한을 허용한다든지, 권리침해 여부에 대한 사법심사를 배제하는 것은 허용되지 않는다.

특별권력관계를 인정하되 법치주의가 전면적으로 적용되어 헌법적 근거가 있는 경우를 제외하고는 「헌법」 제37조 제2항에 따라 반드시 법률의 형식으로써 기본권 제한이 이루어져야 한다. 이 경우에도 과잉금지 원칙이 준수되고, 기본권의 본질적 내용을 침해하지 않는 범위 내에서 기본권의 제한이 이루어져야 한다.

다만 기본권 제한의 한계 내지 기준을 적용함에 있어서 일반권력관계와는 다른 완화된 심사가 가능하다 할 것이다. 요컨대, 특별권력관계는 공법상 목적 달성을 위하여 일반국민에게 허용하지 아니하는 제한도 어느 정도 가능하다는 점에서 기본권제한의 정도 문제라고 할 수 있다.[1)]

기본권 행사시 그 제한에 있어서도 보장되는 인권의 성질에 따라 청소년 심신의 건전한 발달을 위해 "필요 최소한의 제약은 헌법상 허용된다"는 것이 다수설이다. 그러나 헌법이 인권 향유주체로서 청소년을 상정한 것은 아니라는 전제 하에 "합리적이고 상당하다고 인정되는 한도"에서 기본권 제약을 넓게 허용하려는 소수설도 있다.[2)]

1.3 미국에서의 학생의 기본권 제한

특별권력관계에 있는 학생이 헌법상의 권리주체인가, 권리주체를 인정할 경우 어느 정도의 기본권 제한이 가능한가, 학생의 기본권 제한의 구체적 기준 내지 특수성이 무엇인가를 깊이 있게 분석한 이정표적 판례가 미국의 팅커(Tinker)사건이다. 이 사건의 구체적 내용은 후술하지만, 미국 연방대법원은 5:4의 결정으로 초·중고학생들도 학교 밖에서는 물론 학교 안에서도 헌법상의 기본권을 향유할 수 있다고 판결하였다. 학생들의 표현의 자유는 학교운영 및 학생지도에 관한 중대하고 본질적인 간섭인 경우와 남의 자유를 방해하는 경우에 한하여 제한된다. 연방대법원은 단순히 소란의 우려가 있다는 것만으로는 헌법에 보장된 표현의 자유를 제한하기에 충분하지 못하다고 판결하였다.

그러나 소수의견에서 특히 블랙(Black) 판사는 학생과 성인이 똑같이 헌법상의 권리를 향유한다는 것은 적당하지 않다고 지적하였다. 그 이유는 초·중등 학생들은 미국연방헌법 수정 제1조인 표현의 자유의 전제조건인 선택능력을 충분히 갖고 있지 못하며, 쉽게 설득당하는 청중이 되기 때문이라고 논박하였다.

---

1) 김선택, 「헌법사례연습」, 법문사, 2000, pp. 285-286.

2) 권영성·신우철, 「헌법하연습」, 법문사, 1998, p. 243.

1.4 한국에서 학생 및 청소년의 헌법상의 지위

학생의 헌법상의 지위를 깊이 있게 다룬 우리나라 판례는 아직 없으나 청소년[3]의 헌법상 지위에 관한 헌법재판소의 판례는 몇 개 있다. 헌법재판소는 18세 미만의 소년을 당구장 출입 금지시킨 「체육시설의 설치·이용에 관한 법률 시행규칙」 제5조의 헌법소원 심판에서 행복추구권의 침해라고 심판하여 청소년의 기본권을 강조한 바 있다.[4]

그러나 헌법재판소는 「풍속영업의 규제에 관한 법률」 제3조 제5호의 위헌확인 심판에서 노래연습장에 18세 미만자의 출입을 금지시킨 것은 청소년의 정신적 신체적 성숙정도를 고려할 때 행복추구권을 침해한 것이라고 할 수 없다고 심판하여 청소년의 보호 객체 면을 강조하였다.[5]

헌법재판소는 최근에 연령 및 재학 상황을 기준으로 청소년층을 유치원생, 초중고생, 대학생으로 3분하여 헌법적 지위를 달리 파악하는 태도를 취하고 있다.[6] 즉, 「학교보건법」 제6조 제1항 제13호의 위헌확인 심판 사건에서 학교경계선에서 200미터 이내에 설정되는 학교환경 위생 정화구역 내에서의 당구장 시설제한에 관하여 대학생은 변별력 있는 성인으로 영향이 없고, 유치원생은 교육적으로 나쁜 영향을 받을 위험성이 있다고 보기 어렵다고 판단하였다. 그러나 초·중등학생의 경우에는 변별력이 미약하여 당구의 오락성에 빠져 학습을 소홀히 할 위험성이 크므로 보호할 필요가 있는바, 당구장 시설 제한이 정도를 넘어 과도하게 직업선택의 자유를 침해하는 것이라고 할 수 없다고 판결하고 있다.[7]

요컨대 우리나라 헌법재판소는 청소년의 기본권주체성을 인정하나, 기본권 행사시 청소년의 정신적·육체적 미성숙이라는 특수성을 고려하여 '보호의 객체'면도 기본권보장과 함께 강조하고 있음을 알 수 있다.

---

3) '청소년'이라는 용어는 「청소년기본법」에 따르면 9세부터 24세까지의 인구를 말하는데, 대중매체에서는 13세에서 18세 사이의 인구를 지칭한다. '청소년'의 문화적·사회적 의미에 관하여서는 조한혜정, "청소년은 얼마만큼 자율적인가?", 한국청소년학회 청소년 인권개선을 위한 대토론회 자료, 1999, pp. 1-22 참고.

4) 헌재 1993. 5. 13, 92헌마80.

5) 헌재 1996. 2. 29, 94헌마13.

6) 권영성·신우철, 전게서, p. 224.

7) 헌재 1997. 3. 27, 94헌마196.

청소년에 대한 중요성 때문에 한국에서는 1987년에 「청소년육성법」이 제정되고 체육청소년부가 정부부처로 발족되기도 했다. 1991년에 「청소년기본법」으로 새롭게 제정되었으며, 이를 근거로 1997년에 「청소년보호법」이 제정되었다. 2000년에는 「청소년의 성보호에 관한 법률」이, 2004년에는 「청소년복지지원법」이, 그리고 2005년에는 「청소년활동진흥법」이 제정 실시되고 있다.

2. 학생의 주요 기본권과 의무

우리나라 초·중등학생도 청소년과 마찬가지로 헌법상의 기본권 주체로 인정되고 있다(통설). 다만 기본권행사시 미성숙에 기인한 보호의 필요성과 학교의 특수성, 예컨대 수업방해의 예방, 교내질서유지 등 때문에 제한의 정도가 다르다고 말할 수 있다.

학생의 다양한 잠재력을 개발하고 자치능력을 함양시켜 민주시민이 되도록 하는 데 필수적인 기본권으로 교육을 받을 권리 내지 교육의 기회균등, 표현의 자유, 적법절차, 신체의 자유, 사생활의 자유를 들 수 있다. 교육을 받을 권리 내지 교육의 기회균등은 제5장에서 다루어졌으므로 이곳에서는 생략한다.

2.1 표현의 자유[8)]

표현의 자유가 자유민주사회의 기초가 되는 네 가지 이유와 표현의 자유 제한에 관한 몇 가지 법 원리를 이미 제3장 헌법과 교육에서 소개한 바 있다.

표현의 자유를 학생에게 적용한 가장 이정표적 사건은 미국의 팅커(Tinker) 판례이다. 이 사건은 1965년 아이오와 주의 공립학교 학생들이 월남전에 반대하는 의사표시로 검은 완장을 두르고 등교하자 학교당국에서 검은 완장을 떼도록 요구하였고, 학생들이 이에 따르지 않자 정학처분을 내려 그 부모들이 소송을 제기한 것이다. 학생들에게 검은 완장을 달지 못하도록 한 학교당국의 조치가 미국 연방헌법 수정 제1조 표현의 자유보장에 위반되느냐가 쟁점이었다. 대

8) 학생의 표현의 자유에 관한 자세한 내용은 표시열, "학생의 표현의 자유에 관한 연구: 표현의 자유의 역사적 발전과정을 중심으로", 「교육법학연구」 창간호, pp. 147-170 참고.

법원은 검은 완장을 두르는 것은 연방헌법 수정 제1조에서 보장하고 있는 표현의 자유에 해당하며, 학생도 학교 밖에서는 물론 학교 안에서도 그러한 헌법상의 자유를 향유할 수 있다고 판결하였다.

대법원은 학생들의 표현의 자유는, 학교운영 및 학생지도에 관한 중대하고 본질적인(material and substantial) 간섭인 경우와, 남의 자유를 방해하는 경우에 한하여 제한된다고 하고 단순히 소란의 우려가 있다는 것만으로는 헌법에 보장된 표현의 자유를 제한하기에 충분하지 못하다고 하였다.

그러나 이 판결은 5 대 4의 결정이었으며, 소수의견에서 특히 블랙(Black) 판사는 학생과 성인이 똑같은 헌법상의 권리를 향유한다는 것은 적당하지 않다고 지적하였다. 그 이유는 초중고 학생들은 미국 연방헌법 수정 제1조인 표현의 자유의 전제조건인 선택능력을 충분히 갖고 있지 못하며, 쉽게 설득당하는 청중이 되기 때문이라고 논박하였다.9)

저자는 이러한 소수의견에 대한 반론을 다음과 같이 주장한다. 초중고 학생들이 성인과 똑같이 충분한 선택능력을 갖고 있지 못한 것은 사실이지만, 표현의 자유 규정이 반드시 충분한 선택능력을 전제하는 것은 아니다. 표현의 자유가 중요한 것은 인간이 불완전하고 불확실한 환경 속에서 살아가므로 자기와 다른 이견을 자유롭게 발표하고 교류를 통하여 좀 더 객관적인 진리를 찾는 데 있다. 특히 자유로운 표현은 참여를 유발하고, 인간은 참여과정을 통하여 자기 성장을 이룩해 나간다고 생각할 때 충분한 선택 능력이 없는 초·중고 학생들에게도 표현의 자유는 적극적으로 용인되어야 한다.

다만 학교환경의 특수성에 비추어 일정한 한계 내지 기준이 제시되어야 한다. 미국 연방대법원 판결에서는 이러한 기준으로 학교운영 및 학생지도에 관한 중대하고 본질적인 간섭과, 남의 자유를 방해하는 또는 다른 학생에게 일정한 행위를 강요하는 것을 한계로 제시하고 있다. 무엇이 정상적인 학교 운영 및 학생지도에 관한 중대하고 본질적인 소란 내지 간섭이냐는 구체적 상황판단 문제일 것이다. 일반적으로 수업과 같은 교육프로그램에 대한 명백하며, 직접적이고 급박한 소란행위에 대해서는 이의가 없지만, 이 정도에 이르지 못하는 소란행위에 대하여서는 미국 하급법원에서도 상당한 견해 차이를 보이고 있다 따라서 중대하고 본질적인 소란행위 또는 그 합리적 예측 여부에 관한 증거가 판결

9) Tinker v. Des Moines Independent Community School District, 393 U.S. 503, 1968.

의 결과를 좌우하게 된다.

미국 연방대법원 판결에서 제시된 기준 내지 한계는 학생의 표현의 자유 모든 영역에 적용되고 있다. 예컨대 학교당국의 지원 아래 학생이 편집하는 학교신문에 대한 학교당국의 사전검열도 정당화되려면, 동 신문이 배포될 경우 학교수업에 중대한 소란을 야기시키거나, 학교활동에 대한 본질적인 간섭을 하게 된다는 합리적인 예측이 입증되어야 한다. 물론 사전검열은 모두 위헌이라는 주장도 있지만 중대한 소란이나 학교활동에 대한 본질적인 간섭이라는 합리적 기준을 학교당국이 미리 규정화하여 대다수 학생에게 공고하였고 재심절차라는 적절한 절차적 보호 장치가 있으면, 미국에서는 일반적으로 위헌성이 기각된다.

학생들의 집단시위 경우에도 동 판결에서 제시된 이러한 기준이 적용된다. 따라서 학생시위는 수업이나 학교활동 같은 정상적인 교육과정을 본질적으로 간섭할 수 없으며 타인의 권리를 침범할 수 없기 때문에 시위에 참여하고 싶지 않은 학생의 자유로운 수업참여를 방해할 수 없다.

동 판결은 그동안 자의성만 없으면 교사는 학부모 지위에 있다는 전통 아래 광범위하게 인정되어 온 교육자들의 재량권 내지 특권에 큰 제약이 되었으며, 학교행정의 편의주의를 지양하게 하였으며, 학생들이 헌법상 권리를 빈번히 주장하게 된 계기가 되었다.

2.2 적법절차[10)]

적법절차의 개념과 그 중요성, 그리고 법 원리는 제3장 헌법과 교육에서 언급되었다. 특히 학생 징계 시 징계 대상 학생에게 자기측 이야기를 진술할 수 있도록 기회를 부여하는 것은 징계처분에 대하여 소극적으로 받아들이기만 할 것이 아니라, 자기 인생에 중요한 의미를 가질 수 있는 사건에 자기 자신도 영향력을 미칠 수 있다는 적극적 자세를 가르치므로 자유 민주 사회에서 중요한 의미를 갖는다. 학생에게 적법절차 원리를 적용하는 것은 학교 당국의 임의적인 잘못된 결정으로부터 학생을 보호할 수도 있고 징계에 앞서 자기 의견을 들어주었다는 것이 그 학생으로 하여금 새로운 인식을 갖게 할 수 있을 것이다.

10) 적법절차의 원리에 관한 자세한 내용은 표시열, "미국연방대법원의 판례분석을 통해 본 적법절차(due process of law)의 내용", 「경상논집」 제6집, pp. 173-193 참고.

적법절차를 학생에게 적용한 미국의 대표적 판례는 고스(Goss)사건이다. 이 사건은 아홉 명의 학생들이 학교식당에서 소란을 피우고 기물을 파괴한 이유와 데모에 참석한 이유 등으로 열흘간 정학처분을 받자 그 학부모들이 정학처분을 하기 전에 청문의 기회를 주지 않은 것은 연방헌법의 적법절차에 위반한 것이라고 소송을 제기한 것이다. 미국 연방대법원은 오하이오 주법이 의무교육을 명시하고 있어 학생의 교육을 받을 권리가 재산권으로 인정되며, 정학처분을 학생의 명예와 관련되어 자유권으로도 인정되어 연방헌법 수정 제14조의 적법절차 권리가 적용된다고 판결하였다.

연방대법원은 정학처분시 요구되는 구체적 절차는 최소한도 정학처분의 이유에 관한 구두 또는 서면의 통지를 받아야 하며, 동 이유에 이의가 있으면 청문의 기회를 가져야 한다고 판결하였다.[11] 이러한 판결은 학생을 징계할 경우에 최소한의 절차를 규정하게 하여 행정편의주의를 지양하게 하였으며 교사와 학생간에 진지하고 솔직한 대화를 통하여 상호 납득할 만한 조치를 하게 함으로써 학교의 신뢰를 높이는 데 크게 기여하였다.

순수한 학사징계에서도 학생에게 절차적 적법절차가 보장되는가의 문제가 있다. 즉 일정한 학사기준에 미달할 경우 해당 학생에게 낙제 등 불이익처분을 하게 되는데, 이 경우에도 절차적 적법절차를 보장하여야 하는가의 문제가 있다. 이 문제는 초·중등학교에서 보다 주로 의과대학 등의 학사규정이 엄격한 대학에서 자주 발생한다.

호로위즈(Horowitz)사건에서 미국연방대법원은 이 학교가 학사징계 결과를 본인한테 통보하여 주었고 이의를 제기할 수 있는 기회를 준 것만으로, 비록 직접 출석하여 이의를 제기할 기회는 아니었지만, 절차적 적법절차 기준은 충족했다고 판결하였다.[12] 요컨대 학사징계의 경우에는 일반적인 학생징계의 경우보다 절차적 적법절차 기준이 완화되었다고 할 수 있다.

적법절차 원리를 우리나라에서도 학교 행정에서부터 적용시켜 학생 때부터 실습시켜야 한다. 이는 개인의 기본권 보장이라는 점에서 중요할 뿐 아니라, 교육적 측면에서도 자기 인생에 중요한 의미를 가질 수 있는 사건에 자기 자신도 영향력을 미칠 수 있다는 적극적 자세를 가르치는 의미가 있다. 그뿐 아니라 학

11) Goss v. Lopez, 419 U.S. 579, 1970.

12) Board of Curator of the University of Missouri v. Horrowitz, 98 S. Ct. 948, 1978.

교행정에서도 그동안의 치외법권적인 교사의 재량권 행사를 신중히 하게 함으로써 좀 더 공정한 결정을 할 수 있게 되므로 결과적으로 학교행정의 신뢰를 높일 수 있다.

이런 점에서, 우리나라도 미국의 고스판결과 적법절차의 원리를 참고로 하여 교육법과 학교교칙에 학생을 퇴학 또는 정학시킬 경우에는 반드시 징계사유를 통지하도록 하고, 이의가 있을 경우에는 청문의 기회를 보장하는 관행수립이 필요하다. 물론 이러한 적법절차 원리는 많은 시간과 비용이 들고 학교행정이 비효율적이라는 비판도 있다. 그러나 민주주의라는 것이 효율보다 공정한 결정을 위하여, 서둘러 결정하지 아니하고 상대방에게 기회를 주는 어려운 과정이라는 점을 잊어서는 안 되겠다. 오히려 우리와 같이 효율만 찾고, 수직적인 지배·복종의 문화풍토를 지양하기 위해서는 적법절차 원리를 학교행정에서부터 실천하여야 한다. 다행히 저자의 이러한 주장이 반영되어 「초·중등교육법」에서는 학생의 징계를 규정한 조항에 "학생을 징계하고자 하는 경우 해당학생 또는 학부모에게 의견진술의 기회를 부여하는 등 적정한 절차를 거쳐야 한다"고 규정하여 적법절차 원리를 도입하고 있다(동법 제18조 제2항).

2.3 신체의 자유

신체의 자유는 인간의 자유권 중 가장 근본적인 자유로 오랜 역사적 인권투쟁을 통하여 확립되었다. 우리나라 헌법에서도 신체의 자유에 관하여 가장 상세한 규정을 하고 있다. 신체의 자유는 누구든지 법률에 의하지 아니하고는 체포·구금, 압수·수색, 또는 심문을 받지 아니하며, 법률과 적절한 절차에 의하지 아니하고는 처벌, 보안처분, 또는 강제 노역을 당하지 아니하는 자유이다.

신체의 자유 보장을 위하여 죄형법정주의, 일사부재리의 원리, 무죄추정의 원리 등이 적용되며, 영장제도, 변호인의 조력을 받을 권리, 불리한 진술 거부권, 피고인의 자백능력 제한, 구속이유 등의 고지제도, 구속적부 심사제도, 형사보상 청구권 등의 절차적 보장제도가 확립되어 있다. 신체의 자유를 제한하는 경우에는 영미법계에서 발전되어 온 적법절차의 원리가 우리나라의 경우에도 적용되어, 실정법규의 규정여부를 떠나 사전통지와 이의 제기시 청문의 기회가 보장된다.

학교영역에서 학생의 신체의 자유 침해는 '학교폭력'으로 나타난다. 학교폭력은 타인에게 해를 입히기 위하여 힘, 무력, 언어적 공격, 심리적 강제, 집단적 따돌림 등 다양한 수단을 사용하여 심리적, 신체적 피해를 입히는 것으로 정의된다.[13] 학교폭력의 심각성을 인식하여 「학교폭력 예방 및 대책에 관한 법률」이 제정, 실시되고 있으며, 범사회적 차원의 종합적인 정책이 시급하다. 학생 몸수색이나 소지품 검사도 신체의 자유 침해 문제가 있다. 체벌 문제와 학교폭력 문제는 후술하는 학생지도와 학교환경의 안정성 분야에서 다루어진다.

2.4 사생활의 비밀과 자유(Privacy)

정보화 사회에서는 공개되기를 싫어하는 자기만의 사적 영역이 쉽게 침범당하므로 헌법 또는 법률로 사생활의 비밀과 자유를 보장하고 있다. 사생활의 비밀이란 공개하고 싶지 않은 개인의 사적 사항을 공개당하지 않는 권리이며, 개인의 명예나 신용 그리고 인격적 징표(성명, 초상, 경력 등)가 침해받지 않는 것을 말한다. 사생활의 자유란 사생활의 자유로운 형성과 전개를 방해받지 않는 권리이기도 하다. 즉, 자신이 원하는 방식으로 사생활을 적극적으로 형성하고 전개하는 것과 평온한 사생활을 방해 내지 간섭받지 아니하는 것이다. 나아가, 프라이버시는 자기 정보에 관한 관리 통제권까지 포함된다. 즉, 자신에 관한 정보를 함부로 침해받지 아니하며, 자신에 관한 정보를 열람하고 정보정정청구권을 갖는 것이다.[14]

학교영역에서 학생들의 두발 및 복장에 대한 규제는 프라이버시 침해의 문제를 안고 있다. 개인의 용모에 관하여 자신이 원하는 형태로 가꾸는 것은 사생활의 자유로운 형성과 전개인 프라이버시의 내용이 된다. 여기에 관한 법적 논쟁은 다음 절에서 논의된다.

2.5 학생의 의무

학생에게는 헌법상의 기본권이 보장되지만 기본권 행사에는 많은 제한이

---

13) 김준호 외, 「청소년 폭력예방을 위한 종합대책 연구」, 노원 청소년수련관, 1988, p. 14.
14) 권영성, 「헌법학원론」, 법문사, 2000, pp. 426-428.

따른다. 헌법질서에 위배할 수 없고, 타인의 권리를 침해할 수 없는 내재적 한계는 물론, 헌법 내지 법률유보원리에 의한 제한이 그러하다. 헌법유보는 헌법이 명문의 규정으로 직접 기본권을 제한하는 것이고, 법률유보는 기본권 제한을 법률에 위임한 경우이다. 일반적 법률유보인 헌법 제37조 제2항은 "국민의 모는 자유와 권리는 국가 안전보장·질서유지 또는 공공복리를 위하여 필요한 경우에 한하여 법률로써 제한할 수 있으며, 제한하는 경우에도 자유와 권리의 본질적인 내용을 침해할 수 없다"고 규정하고 있다.

「교육기본법」 제7조 제1항에서도 학습자의 권리·의무를 보장하면서, 한편으로 제7조 제2항에서는 "학생은 학교의 자율적 규칙을 준수하여야 하며 교원의 교육, 연구 활동을 방해하거나 학내의 공공질서를 문란하게 하여서는 아니된다"고 규정하고 있다.

생각건대 한국 교육영역에서 오랫동안 학생의 기본적 인권이 무시되어 왔으나, 최근에는 반대로 지나치게 학생들의 권리만 강조하는 경향이 있다. 권리와 의무가 함께 교육되어야 한다. 미국의 팅커판례에서도 학생의 권리를 인정하면서, 한편으로는 수업분위기, 학교질서 유지를 강조한 것을 참고할 필요가 있다.

3. 학생의 생활지도와 체벌

학교의 중심과제는 학생의 잠재력을 일깨우는 교과교육이지만, 공동생활을 할 수 있도록 규범을 경험, 준수하게 하는 학생 생활지도도 중요시되고 있다.[15] 따라서 모든 학교는 교내질서를 유지하고 사회규범을 준수시키기 위하여 학칙과 학생생활규정(선도규정)을 갖고 있으며 이러한 규범을 위반할 경우에는 일정한 징계를 하게 된다. 학칙 내지 선도규정의 내용 및 문제점을 지적하고 관련법령에서 정하고 있는 징계의 종류 및 절차 등을 살펴본다. 그리고 우리나라의 학생지도 내지 징계의 실태 및 문제점을 알아본다.

15) 가정의 교육적 기능이 약화되고 학생들의 주변 환경이 급변하면서 학생들이 건전한 인간으로 성숙하도록 돕기 위한 학교의 생활지도가 중요시되고 있다. 조석훈, "학생징계의 특성분석", 서울대학교 박사학위논문, 1996, p. 12.

3.1 생활지도의 법적 기초 : 학칙 및 학생생활규정(선도규정)

학생 생활지도의 법적 기초는 학교의 자치규범인 학칙이다. 학칙은 학생의 학업·성적관리에 관한 교무규범, 학생회 회칙 같은 학생의 교내활동 규범, 학생의 복장 및 징계에 관한 학생생활 규범으로 구성된다.

학칙 시행에 필요한 세부규칙은 학교장이 정해서 운영하도록 되어 있는데 학생지도에 관하여 대부분의 학교에서 학생생활규정 또는 선도규정을 제정하여 운영하고 있다. 학습태도 불량의 경우 훈계 또는 근신, 시험 중 부정행위는 근신·정학·퇴학, 무단외출·조퇴 3회 이상은 근신·무기정학, 위생·용모 위반 시 훈계·근신, 그 밖에도 집단적 행동, 교사에 불손한 태도, 흡연·음주·금품갈취 등이 처벌대상이다.

선도규정의 문제점은 비현실적인 규정이 많고, 학생의견이 반영되어 있지 않으며 징벌 담당교사의 의견이 주로 반영되었으며, 용어 및 규정내용이 모호한 것이 많고, 유사한 비행에 대한 징벌양도 학교별로 차이가 크다는 것이다.[16]

3.2 학생의 징계

3.2.1 법적 기초 및 징계의 종류

학생징계의 법적 기초는 「초·중등교육법」 제18조와 동법 시행령 제31조이다. 「초·중등교육법」 제18조 제1항에서 학교의 장은 교육상 필요한 때에는 법령 및 학칙이 정하는 바에 의하여 학생을 징계하거나 기타의 방법으로 지도할 수 있다고 규정하고 있다. 그리고 동법 시행령 제31조에서는 학생징계의 종류로 학교 내의 봉사, 사회봉사, 특별교육이수, 퇴학처분을 규정하고 있다.

퇴학처분은 의무교육과정에 있는 학생 외의 자로서 품행이 불량하여 개선의 가망이 없다고 인정된 자, 정당한 이유 없이 결석이 잦은 자, 기타 학칙에 위반한 자에 한하여 행해진다. 퇴학처분 하기 전에 가정학습을 하게 할 수 있으며, 퇴학처분을 할 때에는 진로상담을 하여야 한다. 또 학생을 지도할 때에는 교육상 불가피한 경우를 제외하고는 신체적 고통을 가하지 아니하는 훈육·훈

16) 박재윤, "학생징계제도와 운영실태", 「교육법학연구」 제9호, 1997, pp. 83-84.

계의 방법으로 행하여야 한다.

3.2.2 학생징계의 특성 및 한계

학생징계는 '교육상 필요할 때'로 제한되며 의무교육에 대하여서는 교육서비스 제공 자체를 거부하는 퇴학처분을 할 수 없다. '교육상 필요'의 개념에 관하여 넓게는 학생으로서의 품위에 적합하지 않은 윤리적 부적합성 또는 학생의 본분위반이라고 주장하기도 하지만,[17] 학교 질서유지와 다른 학생의 학습권 보호라고 좁게 해석하여야 할 것이다.

학생징계 시 '교육상 필요'의 판단뿐 아니라 일반 학생의 교육적 이익, 징계받는 학생의 지도방법 등에 있어 징계권자는 폭넓은 재량권을 갖고 있다. 그러나 징계는 징계대상 학생의 교육권을 제한하는 소극적인 수단이기 때문에 학생에게 인정되는 헌법상의 중요 기본권이 부당하게 침해될 수 없으며, 재량권의 한계기준을 준수하여야 한다.

재량권의 일반적인 한계기준으로 비례성의 원칙과 형평성의 원리를 들 수 있다. 비례성의 원칙은 가벌성의 정도에 비례하는 징계처분이 선택되어야 하는 것이다. '교육상 필요'라는 명분으로 일벌백계식의 처벌은 비례성 원리에 위배되는 것이다. 형평성의 원칙은 유사한 행위를 한 학생에 대하여서는 일관성 있게 유사한 징계처분을 내려야 하는 것이다.

징계여부와 징계의 종류, 기간 등에 있어서 학교별로 엄벌주의와 징계소극주의로 차이가 많은 것으로 나타났다.[18]

징계절차는 각 시·도 교육청별로 예시안과 지침을 통하여 시달하고 학교는 '선도규정'을 통하여 운영하고 있다. 대부분의 학교에서 학생부 교사가 위반행위를 조사하고 담임교사의 확인을 거쳐 근신 등 가벼운 징계는 학생부 심의로 종결하고, 그 이상의 징계는 징계위원회의 심의를 거쳐 학교장이 재가한다. 징계절차에 있어서 적법절차 원리를 준수하여 사전에 재량권의 남용이나 일탈을 방지하는 것도 학생징계에서 매우 중요하다. 학생 징계에서의 적법절차 원리 응용은 이미 설명되었다. 징계절차에서 사전통지는 잘 이루어지나, 학생의 변론권은 매우 제한적이다. 사실조사도 주로 학생의 자백에 의존하고 있으며

17) 조석훈, 전게논문, pp. 38-39.

18) 여기에 관한 분석은 박재윤, 전게논문, pp. 82-83 참고.

장소도 주로 교무실에서 이루어지고 있다.

이 밖에도 구체적 상황 하에서 학생징계 시 '교육적' 운영 내지 고려가 필요하다. 예컨대, 학생의 심리적 상태, 평소의 품행이나 성격, 가정환경, 다른 학생에게 미치는 영향, 청소년기의 특성, 낙인효과의 최소화, 징계받은 학생에 대한 적합한 지도프로그램 등이다.

특히 미성년 시기에 일시적인 잘못으로 한 번 받은 징계가 계속해서 영향을 미치면 사회적 부적응이나 갈등이 증폭될 뿐이므로 일정기간 후 징계기록의 말소가 요구된다. 궁극적으로는 징계를 통한 소극적 통제, 학생들에 대한 획일적 역할 기대를 지양하고 긍정적이고 적극적인 경험의 장을 마련하는 학교의 노력이 중요하다.[19]

3.3 학생의 체벌에 관한 쟁점

3.3.1 체벌의 교육학적 찬·반 논거

학생의 생활지도의 수단으로 체벌이[20] 허용되는가? 허용된다면 그 한계는 무엇인가의 문제는 학교현장에서 늘 겪고 있는 문제이며 쟁점이 되고 있는 주제이다. 체벌의 교육학적 찬·반 논거와 법적 논리 및 판례입장을 살펴본다.

체벌이란 교사가 교육현장에서 교육목적을 달성하기 위하여 학생의 신체에 직접·간접으로 유형력(有形力)을 행사하는 행위라 할 수 있다. 교육학에서는 체벌에 대한 긍정적 논거로 체벌을 통하여 자기규율을 학습시키며, 사회화에 기여하고, 효과가 신속하며 학교질서 유지의 수단이 됨을 들고 있다. 체벌에 대한 부정적 논거로는 체벌의 효과는 일시적이며, 공포심을 자극하여 탐구정신을 억압하고, 교사와 학생 간의 신뢰관계를 해치며 궁극적으로 인간의 존엄성을 해친다는 것이다.

19) 조석훈, 전게논문, pp. 142-148.

20) 체벌은 주로 직접적인 신체적 접촉인데, 엎드려뻗쳐, 운동장 돌기, 팔 들고 서 있기 등과 같은 간접적인 방법도 학생의 신체상 감당하기 어려운 정도면 체벌의 범주에 해당된다. 김혜선, "체벌의 정당성여부에 관한 연구", 성신여자대학교 박사학위논문, 1994, p. 8.

3.3.2 체벌에 대한 법적 논거

체벌은 형법상 폭행죄나 상해죄에 해당된다. 교사의 체벌에 대한 위법성 기각사유로 들 수 있는 것은 정당행위이다. 「형법」 제20조는 "법령에 의한 행위 또는 업무로 인한 행위 기타 사회상규에 위배되지 아니하는 행위는 벌하지 아니한다"고 규정하고 있다.

교사의 체벌이 정당행위라고 하려면 법령에 의하여 허용된 행위라고 하든지, 교육행위에 따르는 업무상의 행위라고 하든지, 또는 사회상규에 위배되지 않는 행위라고 주장하게 된다. 현행 「초·중등교육법 시행령」 제31조 제7항은 학생지도를 할 때 교육상 불가피한 경우를 제외하고는 신체적 고통을 가하지 아니하는 훈육·훈계로 행하여야 한다고 규정하고 있다. 이는 원칙적으로 체벌을 금지하는 것으로 해석된다. 따라서 체벌의 정당행위를 주장하려면 '교육상 불가피'하였다는 「초·중등교육법시행령」 제31조 제7항의 예외조항을 근거로 하여야 할 것이다.

체벌에 관한 판례를 간단히 살펴보면, 담임교사가 수업태도가 좋지 않은 학생에게 등을 3, 4번 때렸으나 신경증성우울증이 있다는 진단으로 입원한 사건에서 담임교사의 그러한 행위는 사회상규를 벗어나지 않은 정당업무로 판결하였다.[21] 그러나 음주·흡연을 하고 폭행을 휘두른 학생에게 담임교사가 대걸레 자루로 체벌하던 중 피하다가 머리를 맞아 중상을 입은 사건에서, 대법원은 교육상 필요에 의한 체벌을 인정하지만 이 사건의 경우 체벌의 방법과 정도에 있어서 사회 관념상 비난받지 아니할 객관적 타당성이 없다고 위법성을 인정하였다.[22]

사회상규(社會常規)의 판단기준에는 행위의 동기와 목적이 정당한가, 행위의 수단이나 방법이 상당(相當)한가, 보호이익과 침해이익 간에 균형성을 유지하는가, 긴급성을 요하는가, 다른 수단은 없었는가(보충성) 등이다.[23]

생각건대 체벌을 금지하는 것이 교육현장을 모르는 비현실적이라는 지적도 있지만 체벌은 교육적으로 바람직하지 않고, 불가피하게 허용되는 경우에도 현실적으로 준수가 어려운 한계를 지켜야 하므로 교사 자신의 보호를 위하여서도

21) 대판 1979. 9. 11, 79다522.

22) 대판 1988. 1. 12, 87다카2240.

23) 김혜선, 전게논문, p. 39.

체벌은 최대한 억제되어야 한다. 물론 교사의 적극적인 교육열을 떨어뜨린다는 문제도 있다.

국내·외의 판례들이 제시하는 체벌의 한계는 교육목적의 체벌이어야 하므로 화를 내는 등 개인의 감정표시가 있으면 안 되고, 상대방의 성별·나이·신체조건 등을 고려하여야 하며, 체벌의 방법이 위에서 언급된 사회적 상규에 어긋나지 말아야 한다. 또 상당한 상처가 남는 경우에도 한계를 넘게 된다. 무엇보다도 체벌의 한계는 체벌에는 감정개입이 쉽다는 것이다. 교사도 인간인 이상 분노와 미움의 감정에 지배되기 쉽다. 체벌과 관련된 구체적 판례는 제7장 교육영역에서의 권리구제에서 다루어졌다.

4. 학생의 두발규제에 관한 법적 판단[24)]

4.1 두발규제의 법적 성격

위에서 소개된 학생의 여러 기본권을 배경으로 최근에 사회적 쟁점으로 부각되고 있는 학생의 두발·복장의 규제에 관하여 살펴본다. 우리나라의 교육 분야에 산적한 중요 문제가 얼마나 많은데, 일시적 논제인 두발자유화 같은 사소한 논쟁으로 교육정책의 본말을 전도하고 있느냐고 생각하는 사람도 있다. 그러나 두발자유화는 다음과 같은 많은 중요한 법적 의미를 내포하고 있다.

머리의 길이, 색깔 등 두발자유화는 기본적으로 헌법에 보장된 인간의 존엄과 가치 및 행복추구권과 관련되며, 직접적으로는 사생활의 자유(privacy)로서의 성격을 갖고 있다. 인간은 타인의 권리를 침해하지 아니하고 사회윤리나 헌법질서를 위해(危害)하지 않는 한, 자기가 원하는 바에 따라 사생활을 형성하고 영위하는 것을 억제 또는 침해받지 아니한다. 의복이나 두발의 형태를 획일적으로 강요하는 것은 대표적인 사생활의 자유에 대한 침해이다.

두발자유화는 상징적 의사표시로 해석되는 경우 헌법상의 표현의 자유와 관련되며, 두발자유화가 남·여 성차별과 관련되는 경우에는 헌법상의 평등권 문제가 된다. 두발을 강제로 깎는 것은 신체의 자유와 관련되며, 두발규제와 관

24) 표시열, "학생의 기본권과 두발·복장의 규제 정책", 「교육법학연구」 제12권, pp. 208-229.

련하여 징계처분을 할 경우에는 적법절차의 원리가 적용된다. 이와 같이 두발규제의 자유화 논쟁은 많은 헌법상의 기본권과 관련되는 중요한 과제이다.

4.2 두발규제의 찬반 논거

4.2.1 찬성 논거

두발규제의 찬성과 반대의 논리적 근거는 무엇인가를 살펴본다. 많은 학교행정가들과 교사들이 주로 주장하는 두발규제의 찬성논거를 요약하면 다음과 같다.

법적 측면에서 볼 때 초·중등학생이나 청소년은 정신적으로나 육체적으로 미성숙하므로 보호의 객체이다. 우리나라 헌법재판소도 18세 미만의 청소년의 노래방 출입 금지를 청소년 보호를 위한 기본권 제한으로 합헌 결정한 바 있다.[25)] 학교는 사회로 나가기 전에 공동생활에서 필요한 규율을 배우는 곳인바, 학생두발이나 복장에 관한 규제는 교사 내지 학교장의 일상적인 재량행위로 인정되어야 한다.

교육적 측면에서 볼 때 두발규제는 학생의 인성을 바람직하게 함양시키기 위한 교육적 지도방법 중의 하나다. 두발과 복장은 자기도 모르는 사이에 심성에 영향을 미치게 된다. 두발이 단정하지 못하고 흐트러지면 정신자체가 흐려지고 마음이 어수선하여 결국 행동도 바르지 못하다.[26)] 교육경험상 두발과 복장이 단정하지 못한 학생은 학교생활에서 실패한다. 두발이 산만해지면 정서적으로 안정감을 상실할 수 있고 집중력이 떨어진다. 두발자유화는 선량한 학생들에게도 파급효과가 크며 학습분위기 내지 면학분위기를 해치고 교실붕괴를 가속화시킨다.

경제·사회적 측면에서 볼 때, 두발자유화는 사춘기 학생들이 자기를 돋보이게 하기 위하여 경쟁적으로 머리를 치장함으로 경제적·시간적·정신적 소모가 많다.[27)] 학생, 청소년들은 건전한 가치관이 마모된 퇴폐적 상업주의 환경 때

25) 헌재 1996. 2. 29, 94헌마213.

26) 김삼랑, "두발자유화 무엇이 문제인가?", 「새교육」 제12월호, 한국교육신문사, 2000, p. 108.

27) 정덕삼, "학생두발문제에 대한 제언", 「새교육」 제12월호, 한국교육신문사, 2000, p. 114.

문에 쾌락주의에 빠지기 쉬우며, 무분별하게 외래문화를 선호하는 경향이 있다.

학생, 청소년들이 사회유행에 민감하고 학교 울타리를 벗어나려는 충동성이 있어 규제가 없으면 반사회적 비행청소년이 되기 쉽다. 또 두발규제가 없으면 유흥업소 출입시 성인과 구별이 어려워 청소년 선도가 어렵다. 자녀에 대한 과잉보호와 이기주의적 가정교육도 학생들로 하여금 자유방임을 부추긴다.

4.2.2 반대 논거

한편 많은 학생들과 진보적인 교사 및 학부모들이 주로 주장하는 두발규제의 반대 논거는 다음과 같다.

법적 측면에서 볼 때 학생의 특별권력관계를 인정하더라도 기본권의 제한에는 헌법이나 개별적 법률의 근거를 요한다. 학생도 권리를 행사하는 헌법상의 기본권 주체이다. 학교에서 그동안 학생의 자율성, 인격주체성이 무시되었고 다양성과 개성이 억압되어 왔다. 학생을 통제의 수단으로 보고 일방적인 강요만 하여 왔으며 학생의 인권이 학교에서 소홀히 취급되어 왔다. 우리나라 학교생활의 특징은 강박성과 획일성이다. 이제는 학생도 인격주체로 존중되어야 한다. 학생들의 미성숙을 강조하기보다는 학생들 스스로 판단하고 결정하며 책임지우도록 권리행사 기회를 제공하여야 한다. 이는 민주시민으로서 성장하는 데 필요한 과정이다.[28)]

경제·사회적 측면에서 볼 때 학생들이 유행에 민감하고 퇴폐적 상업주의 때문에 비행 청소년이 되기 쉽다는 것은 단순한 우려 내지 예측에 불과하다. 대부분의 학생들은 스스로 판단하고 책임지도록 할 때 더욱 행위가 신중해진다. 두발 및 복장에 대한 비인격적 과잉단속은 오히려 학생들로 하여금 반발심을 유발하여 비행청소년이 되는 계기가 될 수 있다.

두발규제는 일본 제국주의시대에 학생들에게 행하여진 스포츠형 머리에서 비롯된 것으로 획일성의 강요인바 버려야 할 사회적 전통이다. 특히 두발규제는 학생들의 의견이 전혀 수렴되지 않은 규칙에 의한 일방적 강요인바, 학생을 학교의 강제적 통제 대상으로 보는 시대는 이미 지났다.

---

28) 이수광, "두발자유화주장과 지금 이곳의 학교현실", 「새교육」 제12월호, 한국교육신문사, 2000, pp. 103-104.

생각건대 두발규제에 관한 찬성과 반대의 양쪽 논거는 모두 타당한 주장이다. 이러한 서로 상반된 주장을 어떻게 해결할 것인가를 이미 1960-1970년대에 유사한 경험을 한 미국의 판례분석을 통하여 몇 가지 시사점을 얻고자 한다.

4.3 두발규제에 관한 미국 연방고등법원의 판례와 시사점

미국의 경우 1960-1970년대에 두발규제 문제가 사회적·법적 쟁점으로 제기되어 우리나라에서 제기되고 있는 찬반 논거들이 이미 법정에서 다투어졌다. 연방고등법원이 양쪽으로 상반된 판결을 하고 있으나 미국 연방대법원에서는 이 문제의 심사를 회피하고 있다. 학생들의 두발 내지 복장에 관한 미국 연방고등법원의 판례를 소개한다.

4.3.1 학생의 권리 인정

1969년의 브렌(Breen)사건[29]에서 미국 연방고등법원은 공립의 고등학교 남학생 머리길이를 일정기준으로 제한한 학교규정을 위헌 결정하였다. 이 규정은 남학생의 머리는 뒷부분이 목 칼라 선을, 옆 부분이 귀를, 그리고 앞부분이 눈썹을 넘어서는 안 되며, 면도를 깨끗이 하여야 한다고 규정되어 있었다. 이러한 학칙을 위반한 학생에게 학교당국은 징계처분을 하였는바, 미국 연방고등법원은 위 학칙을 위헌 결정하고, 개인의 머리 스타일 및 길이의 결정은 미국 연방헌법이 보장하고 있는 개인의 사생활 자유의 본질적 요소임을 지적하였다. 이러한 본질적 자유를 제한할 때에는 학교당국이 수업의 방해 내지 소란행위, 또는 건강이나 안전의 위협 같은 정당화의 입증 책임이 있다고 판결하였다.

두발·복장문제를 학생의 헌법상의 권리로 인정한 법원은 제1, 제4, 제7, 제8 연방고등법원이 있다. 이들의 입장은 개인의 다양성에 대한 인내(toleration of individual difference)는 민주주의의 기초이므로 개인의 다양한 모습은 보통법상의 중요 권리였으며, 이제는 헌법상의 본질적인 권리에 해당한다는 것이다. 두발이 길다는 이유로 교육권이 침해받는다는 것은 이해할 수 없으며, 두발규제는 특정 개인이나 기성세대가 긴 머리를 싫어하여 전통적 가치를 따르도록 강요하는 것이지 두발자유화가 교육상 나쁜 영향을 미친다는 경험상의 증거가

---

29) Breen v. Kahl, 419 F.2d 1034(7th Cir.), 1969.

없다는 것이 주요 논거이다.

4.3.2 학교의 재량권 인정

1972년의 칼(Karr)사건[30)]은 두발길이가 학교 규정에 위반한 고등학생을 상급반으로의 등록을 거부한 사건이다. 미국연방고등법원은 학생에게는 학교에서 자기가 원하는 길이나 스타일로 머리를 기를 어떤 헌법상의 권리도 보장되어 있지 않다고 판결하였다. 동 법원은 이러한 판결의 논거로 첫째, 학생 두발규제로 인한 자유권의 침해는 일시적인 성격으로 상대적으로 덜 중요하며, 해당 학칙에서 학생들의 복장 등에 상당한 선택의 여지를 보장하고 있다는 것을 들고 있다.

둘째의 논거는 학교당국은 일상적인 학교관리 행위에서 폭넓은 재량권을 가져야 하며, 학교 행정가와 교사는 학생들의 자유를 제한하는 수많은 의사결정을 일상적으로 하여야 한다는 것이 강조되었다. 이러한 관점에서 교사 및 학교당국은 합리적인 학생지도 규칙을 제정할 수 있는바, 예컨대, 수업소란이나 건강 및 안전에 해로울 수 있는 활동 등을 제한할 수 있는 것이다. 브렌(Breen) 사건과는 대조적으로 권리를 다투는 학생이 학교규칙의 불합리성을 입증할 책임이 있게 된다.

학교의 규제를 정당한 재량행위로 인정한 법원은 제5, 제6, 제9 연방고등법원이 있다. 이들은 학생의 복장·두발 등의 문제는 중대한 헌법상의 쟁점이 아니며 명백한 자의적 잘못이 없는 한 학생지도에 관한 학교 당국의 일상적 재량행위로 보는 것이다. 따라서 사법부의 개입을 자제하는 입장이다. 또 학교는 규율을 가르치는 곳임을 강조한다.

4.3.3 교사의 복장·수염 등의 규제

교사의 복장·수염·두발 규제 문제도 학생의 두발규제와 간접적으로 관련되는 문제이다. 피노트(Pinot)판례에서 캘리포니아 고등법원은 수염을 길러 인사상의 불이익을 받은 고등학교 교사의 승소를 결정하였다. 동 법원은 교사의 수염이 교육과정에 나쁜 영향을 미친다는 것을 학교측이 입증하지 못하는바, 상징적 표현(획일주의 반대)으로 헌법상의 표현의 자유로 보장된다고 판결하였

30) Karr v. Schmidt, 460 F. 2d 609(5th Cir.), 1972.

다. 학교측은 교사의 이러한 자유를 고용의 조건으로 포기하도록 요구할 수는 있는데, 이 경우에도 그러한 제한과 학교의 효과적 운영 간에 합리적 관계가 있어야 하고, 그러한 제한으로 얻는 학생들의 이익이 교사의 불이익보다 더 커야 하며, 기본권을 덜 제한하는 다른 대안이 없어야 한다.[31)]

그러나 피노트판례와는 달리 1980년 이후에는 교사의 수염 기르는 자유는 헌법상의 상징적 표현의 자유로 보지 않고, 그러한 규제를 행정부의 재량권으로 인정하여 사법부의 간섭을 자제하는 경향이다.[32)]

생각건대 학생의 두발이나 복장을 규제하면서 교사는 자기 멋대로 하고 다닌다면 학생들로 하여금 효과적인 학칙의 준수를 기대하기 어려울 것이다. 교사는 바람직한 모델로서 학생들에게 직접 또는 간접으로 영향력을 미치게 되므로 합리적 범위 내에서 교사의 복장 및 수염 등에 관한 규제는 불가피하다고 생각된다.

4.3.4 시사점 및 유의사항

두발규제 자율화의 법적 성격, 규제의 찬반논거, 그리고 미국의 판례분석 등을 종합하여 볼 때 다음과 같은 몇 가지 시사점 내지 유의사항을 도출할 수 있다.

첫째, 두발규제의 자율화는 자기 몸 관리를 개성 있고 아름답게 가꾸는 자기결정권으로 프라이버시이며 인간의 존엄과 가치를 구현하는데 필수적인 기본권이다. 학생의 경우도 헌법상의 기본권 주체로 이러한 프라이버시가 최대한 존중되어야 한다.

둘째, 한편 학생은 학교에서 공동생활에 필요한 규범을 배우는 지위에 있으며, 미성숙한 쉽게 설득당하는 대상이며 충동적이 성향이 있어 보호가 필요하여 합리적 범위 내에서는 기본권의 제한이 불가피하다.

셋째, 학생 기본권의 일반적 제한 기준은 타인의 권리 침해, 소란으로 인한 수업방해, 건강 내지 위생관리의 필요성이다. 예컨대, 현란한 염색은 제한할 수 있겠다. 현란한 염색은 학생들의 집중력 방해로 인한 수업 방해가 예상되고 피부

31) Pinot v. Pasadena City Board of Education, 58 Cal. Rptr. 520, 1967.

32) Louis Fisher and David Schimmel, *The Right of Students and Teachers,* New York : Harper & Row, pp. 384-385.

및 시력에 미치는 염색의 나쁜 영향으로 건강 내지 위생관리에 필요성이 인정되기 때문이다. 복장 및 두발이 단정하지 못한 경우 교육 및 인성에 나쁜 영향을 주는가의 문제는 좀 더 구체적인 통계 내지 전문가의 검증이 필요한 부분이다.

넷째, 두발규제의 방법에 있어 개선할 사항이 많다. 두발규제를 학교가 일방적으로 강제하지 않고 학생과 학부모의 의견을 수렴하여 두발규제의 규칙에 반영하는 것이 중요하다. 학생들의 참여를 통한 규정은 그만큼 자율적인 준수를 기대할 수 있기 때문이다. 또 규정을 위반한 학생에게도 머리카락 자르기처럼 강제적으로 비인격적 방법은 지양되어야 하며 학부모에 통보 내지 소환하고 벌점을 주는 등 불이익을 주는 방법을 채택하여야 한다.

다섯째, 학생들은 자유와 권리를 주장하지만 대응하는 일정한 의무를 준수하는 것도 중요함을 알아야 한다. 팅커판결에서 강조된, 타 학생에 대한 강요금지, 수업방해를 야기하는 소란행위 금지, 학교의 기본 질서유지, 학칙의 준수 등 학생의 의무도 권리와 함께 교육되고 강조되어야 한다.

그동안 학생을 수동적 교육 내지 보호의 객체로만 보아온 전통적인 인식과 고전적 특별권력관계 이론의 시대는 이미 지나갔다. 이제는 학생도 '인격주체'로 인정하여 헌법상의 기본권 주체로 인식되어야 한다. 유엔의 아동권리협약에서 알 수 있듯이 세계의 교육·사회 환경이 빠르게 바뀌고 있다. 상대적으로 폐쇄 체제였던 학교도 운영에 있어 민주주의의 기본원리를 실천하는 장으로 변화되어야 한다. 예컨대, 표현의 자유, 적법절차, 평등권, 신체의 자유, 프라이버시 등의 주요기본권이 학생들에게도 존중되고 학교영역에서 실천하여야 한다.

체벌허용 여부와 두발자유화 논쟁은 이런 맥락에서 학생인권 신장 및 학교의 변화에 있어 이정표적 쟁점이 된다. 이러한 논쟁을 계기로 학생인권의 실태를 점검하는 계기가 되었으면 한다.

체벌은 감정개입이 쉬우므로 교사의 자기보호를 위해서도 최대한 억제되어야 한다. 교육현장에서의 처벌은 '폭력과 힘에 의한 통제'라는 점에서 궁극적으로는 인간의 존엄과 가치에 대한 도전이라 할 수 있다. 두발규제의 논쟁은 미국의 판례분석이나 우리나라 헌법재판소의 심판 모두가 명쾌한 기준을 제시하고 있지 못하다. 한편으로는 학생의 기본권을 강조하기도 하고, 또 한편으로는 학생의 보호를 위한 학교측의 지도 재량권을 인정하는 태도이다.

생각건대 미래의 주인공인 학생을 어떻게 하면 훌륭하게 교육하고 성장시키느냐의 공통적인 목표를 갖고 있으나, 시각이 현실적인 경우 학교측의 학생보호를 강조하게 되고, 이상적인 경우 학생의 기본권 경험을 강조하는 것 같다. 전자의 경우 입증 책임이 권리를 다루는 학생측에 있게 되고, 후자의 경우 입증책임이 학교측에 있게 되는 결과를 가져온다. 현실과 이상의 끝없는 대결은 동서고금을 통하여, 법과 교육영역에서 영원한 과제인 것 같다.

학생지도 과정에서 많은 개선이 요구되는 것은 이해 당사자인 학생들의 참여와 토론이라고 할 수 있다. 이는 자율과 책임의식을 경험시키는 민주교육의 핵심과정이기 때문이다. "사람들이 모여 서로 관계를 맺으며 생활하는 인간사회에서 어떤 집단의 구성원도 마음 내키는 대로 할 수는 없으며, 특히 준비 시기라 할 수 있는 청소년기에는 한 사회의 구성원으로서 지켜야 할 큰 틀 속에서 부모와 교사의 지도를 받으며 이전 세대의 문화유산을 발판으로 다음 세대의 문화를 창달해 가야 할 것이다."[33]

마지막으로 지적하고 싶은 것은 교육현장의 교사들은 학생지도에 많은 어려움을 겪고 있으며 무력감마저 느끼고 있다. 오죽하면 두발문제를 양보하면 학생들이 더 많은 사소한 문제까지 시비를 걸 것이며, 학교붕괴는 더욱 가속화될 것이라는 우려까지 나오고 있는가. 다양한 학생들의 한없는 요구를 대화, 설득, 학생에 대한 믿음 등 교육적 방법으로 대응하는 데는 현실적 한계가 있다. 가정에서 학부모의 자녀 지도와 학생들의 교사 존중풍토가 두발규제 자유화의 선결과제라고 생각한다.

5. 학교 환경의 안전성과 학교폭력[34]

학교환경의 안전성과 관련하여 학교폭력과 괴롭힘, 학생의 수색과 체포문제를 살펴본다. 학교환경의 안전성과 관련되는 학생 체벌문제는 앞에서 다루어졌고, 안전사고도 제7장에서 다루었다. 그리고 학교환경의 안전성과 관련되는 교육의 양극화 문제도 제14장에서 다루어진다.

---

33) 양승실, "두발자유화 해도 괜찮은지", 「새교육」 제12월호, 2000, p. 112.

34) 표시열, "미국교육법 연구의 최근동향과 쟁점", 「교육법학연구」 제18권 제2호, 2006, pp. 197-199 요약임.

5.1 학교 환경의 심각한 안전성 위협

교원의 교육권, 나아가 학생의 학습권이 위협받는 가장 기본적이며 중요한 현안은 교육환경의 안전성이 심각한 수준으로 침해받고 있는 것이라 할 수 있다. 교원이 교육활동에 전념할 수 없는 가장 큰 원인은 학교환경의 안전성 결여에 있다고 할 수 있다.

괴롭힘, 폭력배의 위협, 신체적 구타 등은 학교영역에서 빈발하는 문제로 학교 당국은 물론 학부모들의 중요 관심사가 되고 있다. 심지어 미국의 경우에는 마약은 물론 총기사고까지 자주 발생하여 학교 환경의 안전성(safety, security) 확보 문제는 매우 중요한 정책과제가 되고 있다. 학교 구역 내에서의 폭력 발생은 최근에 더욱 심각해졌다

학교가 얼마나 안전한가? 우리 아이들은 안전한가? 학교에 안전 계획이 있으며 매년 검토되고 있는가? 학생들에 대한 생활지도는 효과적으로 이루어지고 있는가? 생활지도규정은 제대로 준수되고 있는가? 학교는 경찰 등 법집행관들과 어떤 연결망을 갖고 있는가? 학교와 학부모는 학교 안전에 관하여 어떤 협력망을 구축하고 있는가? 이러한 질문들은 최근에 미국의 경우 학교 영역에서 범죄가 빈발하고 범죄의 성격이 더욱 잔혹하여 국민들에게 큰 충격을 주면서 사회적 관심사가 되었다. 한국의 경우도 마찬가지 현상이 나타나고 있다 할 수 있다.

5.2 학교폭력과 괴롭힘

최근 학교폭력과 괴롭힘이 우리사회의 큰 쟁점이 되고 있다. 「학교폭력 예방 및 대책에 관한 법률」이 학교폭력의 피해학생의 보호, 가해학생의 선도·교육 및 피해학생과 가해학생간의 분쟁조정을 통하여 학생의 인권을 보호하고 학생을 건전한 사회구성원으로 육성함을 목적으로 2004년에 제정되었다.

동법의 주요내용은 학교폭력의 예방 및 대책을 위한 학교의 체제 구축, 학교폭력 예방 프로그램의 구성 및 실시, 피해학생의 보호, 가해학생에 대한 선도 및 징계, 피해학생과 가해학생간의 분쟁조정을 심의하기 위하여 학교폭력대책자치위원회를 두는 것이다(동법 제10조). 자치위원회는 피해학생의 보호를 위하

여 필요하다고 인정하는 때에는 피해학생에 대하여 심리상담 및 조언, 일시보호, 치료를 위한 요양, 학급교체, 전학권고, 그 밖에 피해학생의 보호를 위하여 필요한 조치를 취할 것을 학교의 장에게 요청할 수 있다(동법 제15조).

자치위원회는 피해학생의 보호와 가해학생의 선도·교육을 위하여 필요하다고 인정하는 때에는 가해학생에 대하여 피해학생에 대한 서면사과, 피해학생에 대한 접촉 및 협박의 금지, 학급교체, 전학, 학교에서의 봉사, 사회봉사, 학내외 전문가에 의한 특별교육이수 또는 심리치료, 출석정지, 퇴학처분 조치를 취할 것을 학교의 장에게 요청할 수 있다(동법 제15조).

자치위원회는 학교폭력과 관련하여 분쟁이 있는 경우에는 그 분쟁을 조정할 수 있다(동법 제16조). 학교폭력 현장을 보거나 그 사실을 알게 된 자는 학교 등 관계기관에 이를 즉시 신고하여야 한다. 신고를 받은 기관은 이를 가해학생 및 피해학생의 보호자 또는 소속 학교의 장에게 통보하여야 한다(동법 제18조).

그러나 「학교폭력 예방 및 대책에 관한 법률」이 학교현장에서 실효성을 발휘하지 못하고 있어 그 개정이 요청된다. 유사한 경험을 하고 있는 미국의 경우 어떤 법적 쟁점들이 있으며 어떤 대책들을 세우고 있는가를 중심으로 관련문제들을 살펴본다.

5.2.1 폭언과 폭력

특정인에게 불법적인 폭력을 행하려는 의도적인 위협이나 폭언이 학교영역에서 자주 발생한다. Ernesto사건에서 한 학생이 교원에게 다가 가서 발을 밟으며 "한번만 더 해 봐, 무슨 일이 생기고 말 것이야!"라고 소리 지른 것은 불법적인 손상을 가하려는 위협이며 질서를 유지하려는 교원의 의무에 대하여 영향을 주는 캘리포니아 주법의 위반이라고 판시한 바 있다.[35] 지나친 욕설이 표현의 자유로 보장되어야 하는지 아니면 폭언으로 벌을 받아야 하는지의 기준은 '진실로 위협'이 있었느냐에 있다. 많은 사건에서 미국법원은 말한 사람의 의도, 피해자의 반응, 피해자에게 직접적으로 전달되었는지, 피해자가 그러한 위협이 폭력화된다는 믿음을 가질 만한 이유가 있는지를 고려하였다.[36]

미시건주에서 폭력적인 언어를 한 학생을 정학 내지 퇴학시킨다는 규정을

35) In re Ernesto H., 125 Cal. App. 4th 298. Rptr, 3d 561. 6th Dist., 2004.

36) Mary A. Lentz, *Lentz School Security*, Cleveland, Ohio, 2006, p 164

제정한 경우도 있지만 연방지방법원에서 지나치게 포괄적인 규정이라고 위헌 결정한 바 있다.[37] 학교영역에서 범죄시되는 행태에는 성폭력, 스토킹(stalking), 전화로 괴롭힘, 부당한 감금, 위협, 폭력, 신고식(hazing) 등이 있다.

청소년 폭력집단들의 활동도 학교 환경에 큰 영향을 준다. 폭력집단이란 12세에서 20세 중반의 청소년들로 조직화되어 범죄활동을 하는 단체이다. 고유의 이름을 갖고 상징적 옷을 입기도 한다. 여성도 청소년 폭력집단의 30%에 달한다고 한다. 폭력집단의 구성원이 되는 것은 피할 수 없는 강요일 수도 있고, 가정상실의 대체감 또는 힘의 상징 추구일 수도 있다. 최근에는 폭력집단이 마약 등 약물을 거래하며 절도와 강도까지 한다. 법 집행관 등은 폭력집단과 조직원 등을 신중하게 관찰하여야 한다.

학교폭력은 학생들의 공격적인 행태에 크게 기인하는바, 공격적인 행태는 개인적 성품에 문제가 있거나 학업성취의 실패, 동료나 사회조직에서 무시당함, 가정환경의 불화, 권위에 대한 반발, 폭력배의 개입 등이 큰 원인이 된다.

중요한 것은 이러한 위험요소들이 사건화되기 전에 학교안전계획 내지 학교 위기관리팀에서 상담과 전략을 통하여 사전에 예방하는 것이다. 청소년 폭력은 예방될 수 있다는 것이 중요한 특징이다. 학생지도규정을 통하여 잠재적인 폭력자에게 금지된 행위를 엄격히 준수하도록 하고, 위반한 경우에는 처벌이 꼭 따른다는 것을 주지시킬 필요가 있다. 위험요소를 가진 학생과의 상담은 물론 그 학부모와의 즉시적인 정보교환을 통한 대화가 폭력 예방의 지름길이라 할 수 있다.[38]

5.2.2 괴롭힘

학교폭력의 낮은 단계라 할 수 있는 괴롭힘 내지 놀림(harassment, bullying)은 매우 흔한 현상이다. 미국의 경우 4명 중 1명은 이러한 경험을 하였다고 한다. 사소한 것 같지만 피해자에게 주는 영향은 길고 오래 갈 수 있다. 괴롭힘이나 놀림은 교원이 없는 중에 자주 발생하여 성장의 한 단계로 간과되기 쉽다. 괴롭힘이나 놀림을 제거하기 위하여서는 초기에 교원이나 감독관이 이러한 행위가 용납되지 않음을 명확히 하고 그러한 규율을 만들어 일관성 있게

37) Smith v. Mount Pleasant Public Schools, 285 F. Supp, 2d 987, 2003.

38) Lentz, *op. cit.,* p. 97, pp. vii-xi.

시행하여야 한다. 괴롭힘이나 놀림의 피해자가 교원이나 학교행정가를 상대로 손해 배상 책임을 묻는 사건이 자주 발생한다. 교원이나 학교행정가는 일반적으로 학생을 보호할 책임이 있지만 교원과 학생 관계에 있다고 하여 제3자로부터 발생하는 모든 위해로부터 학생을 보호할 적극적인 부담을 지는 것은 아니다.

악의적인 소문, 모독적 발언, 부끄럼 주기, 육체적 밀어붙이기, 공격 등을 받으면 정상적인 교육을 받을 수 없다. 따라서 주 법률이나 학교규정에 이러한 괴롭힘이나 따돌림 행위를 금지하는 규정이 필요하다. 법원이 그동안 교원이나 학교 측의 입장을 존중해 온 것은 그들의 전문성 때문이다. 그렇기 때문에 무엇보다도 교원, 학교행정가, 교육위원회는 괴롭힘을 막기 위한 프로그램 개발과 조치에 많은 비중을 두고 노력하여야 한다. 괴롭힘이 계속되지 않도록 괴롭힘을 당하는 아이와 괴롭히는 학생을 분리시키는 것도 중요하다.[39)]

법원이 교원이나 학교의 입장에 호의적이었지만, 인종차별이나 장애인 차별, 그리고 성적 괴롭힘에 대하여서는 교원이나 학교에게 법적 책임 추궁을 자주한다. 「Title Ⅸ of the Education Amendment of 1972」는 교육프로그램과 활동에서 성차별을 금지하는 것은 물론 다른 학생에 의한 성적 괴롭힘도 금지하고 있다. 성적 괴롭힘은 적대적 환경을 조성하는 성차별의 한 유형이다. Title Ⅸ에 의하여 교육청은 성적 괴롭힘이 있다는 것을 사실상 알고 분명히 불합리하게 반응하였다면 손해배상 책임을 진다.[40)]

데이비스(Davis)사건에서 미국연방대법원은 5학년 여학생이 5개월 동안 반복되는 성적 괴롭힘을 받았고 학교에 보고를 하였으나 교육위원회가 의도적으로 무관심한 것은 Title Ⅸ 위반이며 손해배상 책임을 진다고 판결한 바 있다.[41)]

---

39) Conn, Kathlen, "Bullying, Harassment, and Student Threats: Are Schools of the Court Working Together?", *West's Education Law Reporter,* Vol. 203(1), 2005, pp. 1-7.

40) Hart v. Paint Valley Local School Dist., 400 F. 3d 360, 196 Ed Law Rep. 27(6th Cir.), 2005.

41) Davis v. Monroe County Board of Education, 526 U.S. 629, 1999.

5.3 학생의 수색, 체포

학교 행정가에게는 안전한 학교환경을 유지하기 위하여 의심되는 학생을 조사할 권한이 있어야 한다. 미국의 경우 일반적으로 공무원은 합리적인 사람이 알았어야 할 헌법 내지 법률을 위반하지 않는 한 상대적인 면책권이 있다. 한편 학생도 학교 안에서 헌법상의 권리를 향유하게 된다. 미국연방헌법은 수정 제4조에서 부당한 수색을 금지하여 개인의 사생활을 보호하고 있다.

따라서 학교 환경을 안전하게 유지하려는 학교당국의 이익과 개인 사생활에 대한 학생의 정당한 기대이익이 조화를 이루어야 한다. 학교당국은 형사범죄행위와 학교 규정에 반하는 행위에 관하여 권한을 갖는 것은 분명한데, 범죄행위에 관하여서는 합리적 의심이 있어야 한다. 미국 연방대법원은 T.L.O.사건에서[42] 연방헌법 수정 제4조는 불합리한 수색·체포를 금지한 것이며, 공립학교에서 수색의 합리성 기준은 모든 상황을 종합적으로 고려하여 판단하여야 한다고 하였다.

일반적으로 학교 당국에 의한 합리적 수색으로 인정되는 경우는 학생측에서 의심되는 행위를 하였거나 학교 당국으로부터 도망가거나 회피하려는 시도를 하였고, 종전에 징계기록이 있는 경우이다.[43] 학교 당국의 수색기준은 합리적 의심(reasonable suspicion)이지만, 법집행관의 수색기준은 상당한 의심(probable suspicion)으로 더 높은 수준이며 영장이 필요하다.

5.4 학교안전망 강화를 위한 정부 정책

2007년도 교육인적자원부의 대통령 업무보고에 따르면 '안심하고 자녀를 학교에 보낼 수 있는 학교안전망 강화', 그리고 교육의 양극화 문제를 극복하기 위한 "생애초기 기본학습능력보장을 국가가 책임진다"는 교육안전망 확충이 안전한 교육환경의 조성 대책이라 할 수 있다.

---

42) 이 사건은 여자 고등학생이 교칙을 위반하여 화장실에서 담배를 피우는 것을 교원이 적발하여 교장실로 데려와서 지갑을 열도록 하였고 시가 담배를 발견하여, 마리화나가 의심되어 더 조사하여 소량의 마리화나를 발견한 것을 정당한 수색이라고 판결하였다(New Jersey v. T.L.O., 469 U.S. 325, 1985).

43) Lantz, *op. cit.,* p. 472.

정부의 학교안전망 구축은 크게 교통안전, 학교폭력예방, 유해환경 개선, 학교급식환경 개선, 그리고 학생건강 및 체력증진 등 5가지 방향으로 추진할 계획이다. 학교폭력에 대한 상시적 대응 및 교육지리정보체계(Edu-Gis)를 이용하여 학교폭력을 예방·근절한다. 단위학교별로 '학교폭력대책위원회'를 구성하여 학교폭력 신고시스템을 구축한다.

2006년 12월에 제정된 「학교 안전사고 예방 및 보상에 관한 법률」에 따라 학교폭력으로 인한 학교안전사고 발생시 학교안전공제회에서 피해학생에게 먼저 치료 보상 후, 가해자에게 구상권을 행사하도록 하여 학교폭력 사후조치를 강화한다. 교육양극화 극복을 위한 교육안전망 확충은 제14장에서 언급된다.

[토론 주제]

1. 학생의 표현의 자유에 관한 미국 연방대법원의 이정표적 판결인 팅커(Tinker)사건에서 확립된 학생의 표현의 자유 인정 기준은 무엇인가? 소수의견 논거에 찬성하는가? 한국의 경우에도 같은 기준을 적용할 수 있는가?
2. 적법절차 권리를 학교영역에서 적용시킨 미국 연방대법원의 고스(Goss) 판결을 염두에 두고, 한국의 경우 학교행정에서 적법절차원리가 어떤 근거로 어떻게 구현되고 있는가?
3. 체벌은 법적으로 허용되는가? 그 근거는? 허용시 준수할 한계는 무엇인가?
4. 두발 및 복장규제의 법적 성격과 찬반 논거는 무엇인가? 바람직한 해결방안은 무엇인가?
5. 학교환경의 안전성에 관한 위협이 매우 심각하다. 학교폭력의 원인은 무엇이며, 정부가 제시하고 있는 정책들은 현실성이 있는가? 폭력 이외에 또 어떤 것이 학교안전망을 위협하는가?

제 10 장

교사의 법적 지위

본 장에서는 21세기의 지식기반사회에서 교사의 역할이 중요함을 지적하고, 교사의 지위를 교육공무원으로서의 지위, 전문가로서의 지위, 근로자로서의 지위, 그리고 사회적 지위로 분류하고 각 지위에서 생기는 교사의 구체적인 법적 권리·의무 관계를 주요 쟁점사항 및 판례를 중심으로 다룬다. 최근에 교원의 교육권이 무너지고 있다는 우려가 있다. 교원 교육권의 침해 양태와 교권보호 방안도 살펴본다.

교원노조가 합법화됨에 따라 교원의 법적 지위가 재조명되어야 한다. 교원의 노동권과 학습권의 충돌이 예상되고 그런 경우에 양 당사자의 이익을 비교형량(衡量)하는 법적 기준과 관례 등이 수립되어야 할 과제이다.

교사의 법적 지위는 국·공립학교의 교사인가 아니면 사립학교의 교사인가에 따라 그 성격을 달리하나, 사립학교 교사도 복무에 있어 「교육공무원법」을 준용하게 되어 있어(사립학교법 제55조) 본 장에서 논의되는 대부분의 내용이 사립학교 교사에게도 적용된다 하겠다. 사립학교 교사는 교육공무원은 아니지만 교육공무원의 법적 의무가 적용되며, 「공무원연금법」도 적용되지 않으나 그 대신 유사한 내용의 「사립학교교직원 연금법」이 적용되는 등의 차이는 있다.[1)]

1) 국공립학교 교사와 사립학교 교사의 차이에 관하여서는 제15장 사립학교와 법에서 상세히 다루고 있음.

1. 교사의 역할과 교원지위 법정주의

1.1 지식기반사회와 교사의 역할

최근의 우리사회는 교통·통신수단의 획기적인 발전으로 정보화와 세계화가 급속히 이루어지고 있다. 이러한 변화는 산업·고용구조의 재편을 가져오며, 개인과 조직은 생존을 위하여 산업구조의 변화에 맞추어 새로운 지식과 기술을 습득하여야 한다. "지식기반사회"가 다가오고 있는 것이다. 이러한 지식기반사회에서는 창조적 지식이 다른 어떤 생산요소보다 더 큰 부가가치를 창출하고, 지식의 양이 폭발적으로 늘어나며, 순식간에 전파된다.

새로운 지식의 창조와 전파가 지식기반사회의 특징인바, 이러한 역할을 주도적으로 맡고 있는 것이 학교 교육이다. 지식기반사회는 교육이 중심이 되고 평생학습이 보편화되는 사회이므로 교육의 역할이 중요시된다. 정보화로 사이버공간이 출현하고 평생 동안에 새로운 지식을 학습하여야 하는 평생학습사회가 도래하여 전통적인 학교교육이 위협을 받는 것도 사실이나, 새로운 지식을 창조하고 전파하는 데 중추적 역할을 하는 것은 앞으로도 상당기간은 "학교교육"이라 할 수 있다.

특히, 세계가 하나의 지구촌을 이루고 하나의 시장경제로 통합되어 가는 세계화시대에는 국가 간의 경쟁이 치열해지며 한편으로는 국가 간의 상호협력이 더욱 필요해진다. 개인 또는 한 나라의 경쟁력을 높이는 데 가장 필요한 요소가 우수인력의 배출이다. 이러한 우수인력의 배출은 교육, 특히 학교교육을 통하여 이루어질 수 있다. 학교교육은 사회화 과정을 통하여 상호협력의 필요성과 그 경험을 제공하는 장소이기도 하다. 요컨대, 다가오고 있는 지식기반사회에서의 창조적 지식개발과 전파, 이를 통한 경쟁력의 확보, 그리고 상호협력의 정신을 학습하는 것이 불가피한데, 학교교육을 통하여 그 실현이 가능하다.

학교교육의 핵심주체는 교사라 할 수 있다. 물론 학교는 학생을 위하여 존재하고, 학생이 수요자의 성격도 갖고 있어, 수요자의 입장에서 학생중심의 교육이 필요하다. 그러나 학생은 학교를 일시적으로 경유하는 것이며, 기본적으로 교육을 받는 수동적 지위에 있다. 한편, 교사는 전문지식을 갖고 능동적으로 평생 동안 학생을 교육하는 위치에 있다. 그러므로 학교교육의 핵심 주체는 교사에 있다고 할 수 있다. 세계화와 정보화로 새로이 도래하고 있는 지식기반사회에서 학교교육도 변화하여야 하는데, 그 핵심과제는 교사의 새로운 역할과 변화에서 찾아야 한다.

다행히 우리나라는 오랫동안 교육을 강조하는 전통을 갖고 있다. 이와 같이 교육이 강조된 우리나라에서는 자연스럽게 교육의 담당자인 교사에 대한 존경이 전통화되어 왔다. '스승'으로 존칭되는 교사는 "스승의 그림자는 밟지도 않는다"는 말처럼 절대적으로 국민들로부터 존경을 받아 왔다. 또한, 교사는 "학부모의 입장에 있다"는 학부모 대위설도 일반적으로 받아들여지는 습율(習律)이었기에, 학생 체벌에 대하여 부모가 항의하기보다는 자기아이를 사람으로 만들어 주는 교사에 감사한 마음을 가졌다.

이러한 전통 때문에 가장 우수한 인재들이 교사로 지원하였고 선발된 교사들은 자부심으로 교육에 전념해 온 것이다. 그 결과 높은 수준의 문화발전을 이룩하였고, 1970년대 전후로 급속한 경제성장도 이룩할 수 있었던 것이다. 그러나 최근에는 교사에 대한 사회적 평가가 매우 낮아지고, 불신까지 하게 되었으며, 교사들 역시 자부심을 잃고 사기가 매우 저하되었으며, '학교붕괴'라는 우려까지 나오고 있는 실정이다.

무엇이 개인 발전과 국가경쟁력의 초석이 되는 교육을 맡고 있는 교사들을 이렇게 무기력하게 만들었으며 그 회복대책은 없는가? 이러한 문제들을 염두에 두고 교사들의 법적 그리고 사회적 지위를 분석하는 것은 중요한 정책과제가 아닐 수 없다.

본 장에서는 교사의 지위를 법령에서 규정하고 있는 법적 측면과 국민의 인식을 중심으로 한 사회적 측면으로 나누어 체계적으로 살펴본다. 사회적 측면에서 교사 지위 하락의 원인도 분석해 본다. 그리고 마지막으로 교원의 지위 향상을 위한 대안들을 정책방향으로 제시한다. 요컨대, 본 장의 목적은 다가오고 있는 지식기반사회에서 가장 중요한 역할을 하여야 하는 교사들에 대하여 법적으로 어떤 권리와 의무를 부과하고 있으며, 사회적으로 국민들의 교사에 대한 역할기대 내지 인식은 어떠한가를 분석하고, 교사의 지위향상에 관한 몇 가지 대책들을 제안하는 것이다.

1.2 교원지위 법정주의

1.2.1 교원지위 법정주의 개념과 관련 법률

교사의[2] 법적 지위는 법제화된 또는 법령에 규정된 교사의 권리, 의무, 그리고 책임을 말한다. 우리나라 헌법에서는 교사의 법적 지위에 관하여 "교원의 지위에 관한 기본적인 사항은 법률로 정한다"고 규정하고 있다(헌법 제31조 제6항). 이를 교원지위법정주의라 한다.

교원지위법정주의의 취지는 교원의 지위에 관한 본질적 부분 또는 기본적인 사항들이 반드시 국민의 대표기관인 국회를 통하여 법률로 정하도록 함으로써 행정부의 자의적 침해를 막기 위함이다. 「교육공무원법」에 교원은 "교원의 전문적 지위나 신분에 영향을 미치는 부당한 간섭을 받지 않는다"(동법 제43조 제1항)고 규정하고 있으나 현실적으로 교원지위에 관한 기본적인 사항들이 법률 아닌 하위법령에 위임되는 경우가 많다.[3]

교원지위에 관련된 법률로 「교육기본법」, 「초·중등교육법」, 「교육공무원법」, 「사립학교법」, 「교원노동조합 설립 및 운영 등에 관한 법률」, 「교원지위향상을 위한 특별법」 등이 있다.

1.2.2 교수의 기간제 임용에 관한 판례

1.2.2.1 **대학교수 기간제 임용의 합헌결정**[4]

대학교수 기간임용제에 관하여 헌법재판소는 1998년에 합헌결정을 한 바 있다. 헌법재판소의 합헌논거는 첫째, 대학교원의 기간임용제를 규정한 구「사립학교법」 제53조의2 제3항은 전문성·연구실적 등에 문제가 있는 교수의 연임

2) '교사'는 「초중등교육법」 제19조 내지 제20조에서 구정하고 있는 학생 또는 원아를 교육하는 자를 말한다. 동 법률에서는 유치원 원장과 원감, 초·중등학교 교장과 교감, 그리고 교사를 포함한 뜻으로 '교원'이라는 용어를 쓰며, 교원과 행정직원을 포함하여, '교직원'이라고 규정하고 있다. 교육공무원법에서는 교원과 교육연구사와 연구관, 장학사와 장학관 같은 교육전문직을 포함하여 '교육공무원'으로 정하고 있다(교육공무원법 제2조).

3) 허종렬, "교육의 전문성과 교원의 양성·자격·임용에 관한 법령의 문제점", 「교육법정 주의의 원칙과 현실」, 한국교육법학회 학술세미나자료, 1999, p. 61.

4) 헌재 1998. 7. 16, 96헌바33.

을 배제하여 합리적인 교수인사를 할 수 있도록 하기 위한 것으로 그 입법목적이 정당하다. 둘째, 대학교육기관의 교원에 대한 기간임용제와 정년보장제는 국가가 문화국가의 실현을 위한 학문진흥의 의무를 이행함에 있어서나 국민의 교육권의 실현·방법 면에서 각각 장단점이 있어서 그 판단·선택은 헌법재판소에서 이를 가늠하기보다는 입법자의 입법정책에 맡겨 두는 것이 옳으므로 위 조항은 「헌법」 제31조 제6항이 규정한 교원지위법정주의에 위반되지 아니한다. 셋째, 기간임용제는 대학교육기관의 교원을 기간을 정하여 임면할 수 있도록 한 것일 뿐 교원의 학문에 대한 연구·활동 내용이나 방식을 규율한 것은 아니며 재임용될 교원을 결정함에 있어서도 임면권자인 학교법인의 교원인사에 관한 자율성을 제한하는 것도 아니므로 「헌법」 제31조 제4항이 보장한 교육의 자주성·전문성·정치적 중립성 및 대학의 자율성과 「헌법」 제22조 제1항이 보장한 학문의 자유를 침해한다고 할 수 없다.

그러나 4명의 재판관은 재임용 거부사유와 재임용을 거부당한 교원의 구제절차를 규정하지 아니한 채 구「사립학교법」 제53조의2 제3항이 교원의 기간임용제를 규정한 것은 「헌법」 제31조 제6항에 위반된다는 반대의견을 제시하였다.[5]

판결 내용을 좀 더 자세히 살펴보자.

> 헌법 제31조 제6항이 규정한 교원지위법정주의는 단순히 교원의 권익을 보장하기 위한 규정이라거나 교원의 지위를 행정권력에 의한 부당한 침해로부터 보호하는 것만을 목적으로 한 규정이 아니고, 국민의 교육을 받을 기본권을 실효성 있게 보장하기 위한 것까지 포함하여 교원의 지위를 법률로 정하도록 한 것이다.
>
> 대학교원의 기간임용제를 규정한 구 사립학교법 제53조의2 제3항은 전문성·연구실적 등에 문제가 있는 교수의 연임을 배제하여 합리적인 교수인사를 할 수 있도록 하기 위한 것으로 그 입법목적이 정당하고, 대학교육기관의 교원에 대한 기간임용제와 정년 보장제는 국가가 문화국가의 실현을 위한 학문진흥의 의무를 이행함에 있어서나 국민의 교육권의 실현·방법 면에서 각각 장단점이 있어서, 그 판단·선택은 헌법재판소에서 이를 가늠하기보다는 입법자의 입

5) http://www.ccourt.go.kr/home/main/xml/month_list.jsp.

법정책에 맡겨 두는 것이 옳으므로, 위 조항은 헌법 제31조 제6항이 규정한 교원지위 법정주의에 위반되지 아니한다.

기간임용제는 대학교육기관의 교원을 기간을 정하여 임면할 수 있도록 한 것일 뿐 교원의 학문에 대한 연구·활동 내용이나 방식을 규율한 것은 아니며, 재임용될 교원을 결정함에 있어서도 임면권자인 학교법인의 교원인사에 관한 자율성을 제한하는 것도 아니므로, 구 사립학교법 제53조의2 제3항은 헌법 제31조 제4항이 보장한 교육의 자주성·전문성·정치적 중립성 및 대학의 자율성과 헌법 제22조 제1항이 보장한 학문의 자유를 침해하지 아니한다.

초·중·고등학교 교육은 일반적으로 승인된 기초적인 지식의 전달에 중점이 있는 데 반하여, 대학의 교육은 학문의 연구·활동과 교수기능을 유기적으로 결합하여 학문의 발전과 피교육자인 대학생들에 대한 교육의 질을 높일 필요성이 있기 때문에 교원의 자격기준도 이와 같은 기능을 수행할 수 있는 능력을 갖출 것이 요구되고, 이와 같은 대학교육기관의 교원의 특수성은 임용기간 만료 시에 교원의 자질을 심사하는 재임용 제도를 두어야 할 정당한 사유가 된다.

[재판관 이재화, 조승형, 정경식, 고중석의 반대의견]

입법자가 헌법 제31조 제6항이 규정한 교원지위법정주의에 근거하여 교원의 지위를 정하는 법률을 제정함에 있어서는 국민의 교육을 받을 권리를 효율적으로 보장하기 위한 규정과 함께 교원의 신분보장 등 교원의 권리에 관한 사항이 반드시 규정되어야 한다.

구 사립학교법 제53조의2 제3항이 기간임용제를 채택한 근본목적은 대학교육기관의 교원을 일정한 기간을 정하여 임용함으로써 학문적 능력과 자질이 없는 대학교원을 배제하기 위한 것인데, 기간임용제는 학교법인의 주관적인 편견이 개입될 소지가 있어 객관성과 공정성이 결여된 결과가 나타날 가능성이 있고, 이와 같은 결과는 교원의 신분을 불안하게 하여 학문의 연구·활동의 독립성과 연속성을 해칠 우려가 있으므로, 기간임용제를 채택함에 있어서는 교원의 신분보장을 위하여 적어도 재임용의 거부사유와 재임용의 거부에 대한 구제절차를 반드시 함께 규정하여야만 교원지위법정주의를 규정한 헌법 제31조 제6항의 헌법정신에 합치된다.

따라서 재임용 거부사유와 재임용을 거부당한 교원의 구제절차를 규정하지 아니한 채 구 사립학교법 제53조의2 제3항이 교원의 기간임용제를 규정한 것은 헌법 제31조 제6항에 위반된다.[6)]

1.2.2.2 **대학교수 기간임용제 헌법불합치결정**[7)]

그러나 헌법재판소는 2003년에 대학교육기관의 교원은 당해 학교법인의 정관이 정하는 바에 따라 기간을 정하여 임면할 수 있다고 규정한 구「사립학교법」 제53조의2 제3항은「헌법」 제31조 제6항에서 규정하고 있는 교원지위법정주의에 반한다는 헌법불합치결정을 하였다. 헌법불합치결정의 논거는 재임용대상으로부터 배제하는 기준이나 요건, 그 사유의 사전통지 절차, 부당한 재임용 거부의 구제에 관한 절차와 같은 대학교원 신분의 부당한 박탈에 대한 최소한의 보호규정을 두고 있지 않아 임면권자 개인의 주관적 목적을 위하여 악용될 위험성이 다분히 존재한다는 것이다.[8)]

생각건대 1998년 합헌결정시 제시된 반대의견이 2003년에 다수의견으로 채택되어 헌법불합치 결정이 된 것이다. 부당하게 재임용에서 탈락된 상당수 교수들이 겪었을 고통을 생각하면 헌법재판관의 결정이 얼마나 중요한지 새삼 느끼게 하는 판결이다. 2005년 6월 23일 「대학교원 기간임용제 탈락자 구제를 위한 특별법」이 제정되어 부당하게 해직된 대학교원들이 구제 심사를 받고 있다.[9)]

2. 교원의 법적 지위[10)]

교원의 지위에 관한 제 법률 규정을 종합하여 볼 때, 교사의 법적 지위는 성질상 교육공무원으로서의 지위, 전문가로서의 지위, 그리고 근로자로서의 지

6) 헌재 1998. 7. 16, 96헌바33·66·68; 97헌바2·34·80; 98헌바39(병합).
7) 헌재 2003. 2. 27, 2000헌바26.
8) http://www.ccourt.go.kr.
9) 「대학교원 기간임용제 탈락자 구제를 위한 특별법」에 관하여서는 이순철, “대학교원 기간임용제 탈락자 구제를 위한 특별법상 재임용·재심사의 요건과 효과”, 「교육법학연구」 제17권 제2호, 2005, pp. 93-130 참고.
10) 표시열, “21세기 교사의 법적·사회적 지위”, 「한국교사 교육」 제17권 제1호, pp. 119-145.

위로 분류할 수 있다.

교사의 사회적 지위는 그 개념을 정의하기가 애매모호하다. 교사가 사회에서 국민들로부터 존중되는 위치에 있는 것, 또는 교사에 기대되는 역할 내지 신분의 의미로 쓰이는 것 같다. 「교원지위향상을 위한 특별법」에서 "국가, 지방자치단체, 기타 공공단체는 교원이 사회적으로 존경받고 높은 긍지와 사명감을 가지고 교육활동을 할 수 있는 여건이 조성되도록 노력하여야 한다"는 규정을 하고 있다(동법 제2조 제1항).

교원에 대한 사회적 지위는 앞에서 언급한 교원의 법적 지위, 즉 교육공무원, 근로자, 전문가에 대한 일반국민들의 인식으로 구체화된다. 이러한 법적 지위에 대한 인식 외에도 '스승'이라는 단어가 상징하는 인격자로서의 지위가 추가된다고 할 수 있다. 인격자로서의 지위는 교직에 관한 윤리성을 강조하는 것 같다. 「교원지위향상을 위한 특별법」에서는 국가, 지방자치단체, 기타 공공단체는 교원의 학생 교육과 지도에 있어 그 권위가 존중되도록 특별히 배려되어야 하며, 주관하는 행사 등에 있어서 교권을 우대하도록 규정하고 있다(동법 제2조 제2, 3항).

2.1 교육공무원으로서의 지위

교사의 법적 지위는 국·공립학교 교사인가, 사립학교 교사인가에 따라 그 성격이 다르다. 국·공립학교 교사는 「교육공무원법」 및 「공무원임용령」의 적용을 받는 '교육공무원'이다.[11] 「교육공무원법」 등에서 규정하고 있는 국민전체에 대한 봉사자, 교원의 주요 권리, 의무, 그리고 책임을 살펴본다. 「교육공무원법」은 교육을 통하여 국민전체에 봉사하는 교육공무원의 업무와 책임의 특수성에 비추어 그 자격, 임용, 보수, 신분보장 등에 관하여 「국가공무원법」 및 「지방공무원법」에 대한 특례를 규정한 법이다(동법 제1조).

---

11) 국립학교의 교원은 국가공무원이고, 공립학교의 교원은 지방교육자치 실시에 따라 지방공무원으로 분류됨이 타당하다. 그러나 지방자치단체의 재정자립도가 미약한 상태에서 교원의 보수지급이 국고에 의존하게 되고, 지방공무원으로 분류하는 데 반대의견이 많다.

2.1.1 국민전체에 대한 봉사자

교육공무원은 교육을 통하여 국민 전체에 대하여 봉사하는 자이다(교육공무원법 제1조). 국민전체에 대한 봉사자로서의 지위는 교육공무원뿐 아니라, 모든 공무원의 헌법상의 의무이기도 하다(헌법 제7조 제1항). 국민전체에 대한 봉사자란 특정인이나 특정 당파, 종교, 지역, 계층 등의 부분적 이익을 지양하고 공공이익을 추구해야 한다는 의미이다. '국민전체에 대한 봉사자'의 의미에 관하여서는 이미 제3장 헌법과 교육에서 언급되었으므로 이곳에서는 생략한다.

2.1.2 교육공무원의 주요 권리와 그 제한

교육공무원인 교사의 주요 권리는 교육에 관한 권리, 신분상의 권리, 그리고 재산상의 권리로 뷴류된다.

2.1.2.1 교육에 관한 권리(교사의 교육권)

교사 교육권의 법적 근거, 내용, 한계 등에 관하여서는 이미 제8장 교육당사자의 교육권에서 설명되었고 제14장에서도 다루어지므로 이곳에서는 생략한다.

2.1.2.2 신분상의 권리

첫째, 교육공무원은 법령에서 규정하고 있는 자격, 재교육성적, 근무성적 기타 능력의 실증에 의하여 임용 및 승진이 이루어진다(교육공무원법 제10조 내지 제14조). 이는 인사행정에 있어서 정치적·정실적 요소를 배제하고 자격과 능력을 기준으로 한 실적주의 원칙이다.

둘째, 교육공무원은 형의 선고, 징계처분 또는 법에 정한 사유가 있는 경우가 아니고는 그 의사에 반하여 휴직, 강임 또는 면직을 당하지 아니한다(동법 제43조 제2, 3항). 이는 정당한 이유 없이 해임 등 인사상의 불이익을 받지 않는다는 공무원의 신분보장이다. 상술한 실적주의 원칙과 신분보장 원리는 직업공무원 제도의 핵심요소가 된다.

셋째, 교육공무원의 정년이 초·중등 교사의 경우 62세로 되어 있다(동법 제47조). 교원의 정년이 종전 65세에서 62세로 단축 되었는바, 그 타당성 여부에 관하여 논쟁이 치열하였다. 구조조정, 교원임용적체의 해소, 예산절약으로 교육환경개선 등이 단축의 논거였다. 타당한 면도 있지만, 이미 65세의 정년이 보장된 모든 교원들을 일률적으로 단축시켰음은 신뢰보호의 원칙에 반하는 문제가 있었고, 해당 교원 모두를 무능력시하는 결과를 가져와 교원의 자존심을 손상시킨 방법상의 문제가 있었다.[12] 여기에 관한 헌법재판소의 판결은 제12장 교원인사정책의 법적 측면에서 다루어진다.

교육공무원과 관련되는 기타의 규정으로, 교원은 현행범인인 경우를 제외하고는 소속 학교의 장의 동의 없이는 체포되지 아니한다(동법 제48조). 교육공무원은 자녀를 양육하기 위하여 필요한 경우, 여 교원의 임신·출산 시와 국제기구에 임시로 고용된 때 등의 경우 휴직을 할 수 있다(동법 제44조). 또한 교육공무원은 근무조건과 기타 신상문제에 관하여 인사상담이나 고충의 심사를 청구할 수 있으며, 이를 이유로 불이익한 처분이나 대우를 받지 아니한다(동법 제49조).

2.1.2.3 재산상의 권리

공무원은 근로의 대가로서 임금 등 보수를 청구할 권리를 갖는다. 「교육공무원법」에서는 첫째, 교육공무원의 보수는 우대되어야 하며, 보수기준은 자격, 경력, 직무의 곤란성과 책임의 정도에 따라 대통령령으로 규정하도록 되어 있다(동법 제34조). 둘째, 교육공무원에게는 국가공무원법 및 지방공무원법에서 규정하고 있는 연금청구권과 실비보상청구권 이외에 학과담당교원에 특별수당, 연구수당, 교직수당 등을 지급하도록 규정하고 있다(동법 제35조). 또 교육공무원으로서 20년 이상 근속한 자가 정년 전에 자진하여 퇴직할 경우에는 예산의 범위 안에서 명예퇴직수당을 지급할 수 있도록 되어 있다(동법 제36조).

「공무원연금법」상의 유족보상금의 지급요건에 관한 법적 다툼이 자주 발생한다. 관련되는 대법원의 판례 몇 개를 살펴본다. 「공무원연금법」 제61조 제1항 소정의 '공무상 질병으로 인하여 사망한 때'의 의미, 그리고 직무상 과로가 질병의 주된 발생원인과 겹쳐서 질병을 유발하거나 악화시킨 경우 인과관계의 유무에 관하여 대법원은 다음과 같이 판결하였다.

12) 교육공무원의 정년에 관한 찬반논거는 고전, "교원의 신분보장과 정년제 연구", 「교육법학연구」 제10호, 1998, pp. 29-58 참고.

「공무원연금법」 제61조 제1항 소정의 유족보상금 지급요건이 되는 공무상 질병으로 인한 사망이라 함은 사망의 원인이 된 질병이 공무수행과 관련하여 발생한 것으로서 공무와 질병 사이에 상당인과관계가 있어야 하나, 이 경우 질병의 주된 발생 원인이 공무와 직접 연관이 없다고 하더라도 직무상의 과로 등이 질병의 주된 발생원인과 겹쳐서 질병을 유발시켰다거나 기존질병이 직무의 과중으로 인하여 자연적인 진행속도 이상으로 급격히 악화된 경우에도 그 인과관계가 있다고 보아야 한다.

공무상 질병을 치료하는 과정에서 의료 과오가 개입하거나 투여한 약제의 부작용으로 인하여 그 질병이 더욱 악화되었다고 하더라도 그 질병으로 인한 사망과 공무 사이에는 여전히 인과관계가 있다고 할 것이며, 또한 당해 공무원에게 의사의 요양에 관한 지시를 어긴 과실이 있다고 하여, 그것이 중대한 과실에 의하거나 정당한 사유 없이 행한 것으로서 「공무원연금법」 제62조 제3항 제1호 및 같은 법 시행령 제53조에 의하여 급여액의 감액사유가 되는 것은 별론으로 하되, 그 때문에 사망과 공무 사이에 인과관계가 부정되지는 아니한다.[13)]

기관지천식의 질병이 있는 고등학교 미술교사가 교내 사생대회 및 전시회 준비업무 수행 중 호흡 부전증으로 사망한 사안에서, 다음과 같이 공무상 질병으로 인정한 사례가 있다.

기관지천식이라는 기존질병을 가지고 있는 고등학교 미술교사가 보통 평균인에게는 과중한 것이 아닌 교내 사생대회 및 전시회 준비업무를 수행하는 과정에서 호흡 부전증으로 사망한 사안에서, 그 교사의 건강과 신체조건을 기준으로 하여 판단하여 볼 때 피로의 누적과 전시회의 준비로 인한 정신적 스트레스 등이 누적됨으로 인하여 기관지천식이 일반적인 자연속도 이상으로 급속히 악화되어 결국 사망에 이르게 되었다고 볼 여지가 있다는 이유로, 공무상 질병이 아니라고 한 원심판결을 파기한다.[14)]

건강하게 일해 왔던 교육공무원이 그 직무로 인한 육체적, 정신적 과로상

13) 대판 1999. 3. 9, 98두18206.

14) 대판 1996. 9. 6, 96누6103.

태에서 병원에 가기 전 목욕 중 심장마비로 사망한 것으로 추정된다면 그 심장마비에 이르게 된 정확한 의학적 경로가 밝혀지지 아니한 경우에도 '공무상 질병으로 사망한 때'에 해당된다고 한 사례이다.

> 초등학교 교사로 근무하다가 교장으로 승진하여 건강하게 일해 왔던 교육공무원이 한 해 동안 낙도 초등학교 교장으로서의 통상의 업무 이외에도 학교 급식소 건축공사 등의 업무를 수행함으로써 피로가 누적되어 육체적, 정신적 과로로 인하여 거의 정상적인 일상생활조차 할 수 없는 상태에 이르렀는데 병원 진단을 받으러 육지로 나와 병원에 가기 전에 목욕을 하던 중 심장마비로 사망한 것으로 추정된다면 비록 심장마비에 이르게 된 정확한 의학적 경로가 밝혀지지 아니하였더라도 망인은 그 직무로 인한 육체적, 정신적 과로로 인하여 유발, 악화된 질병으로 사망한 것이어서 「공무원연금법」 제61조 소정의 '공무원이 공무상 질병으로 인하여 사망한 때'에 해당된다.[15)]

「공무원연금법」 제61조 제1항 소정의 유족보상금 지급요건이 되는 "공무상 재해"의 인정 범위에 관하여 대법원은 다음과 같이 판결하였다.

> 「공무원연금법」 제61조 제1항 소정의 유족보상금 지급요건이 되는 공무상 질병 또는 부상으로 인한 사망이라 함은 공무수행과 관련하여 발생한 재해를 뜻하고, 이러한 공무상 재해에는 근무 장소나 근무시간에 관계없이 담당업무 또는 이와 관련이 있는 업무수행으로 인하여 발생한 재해라거나 순리적인 경로와 방법으로 출·퇴근을 하던 중에 발생한 재해 또는 공무 수행 상 입주가 필요한 숙사(宿捨)의 불완전 설비로 인하여 발생한 재해 등도 포함된다.
>
> 벽지초등학교 교사가 일직근무를 하던 중이거나 일직근무를 마친 후 숙직실을 나와 자신이 자취하고 있는 학교 구내의 관사로 가다가 관사 입구에 이르러 부실하게 놓인 나무다리 밑으로 떨어져 일어나지 못하고 그 자리에서 사망하였다고 추정되는 사안에서, 공무수행 중이거나 공무수행을 종료한 순리적인 경로 또는 방법에 의하여 퇴근하던 중 사망한 것이라고 보아 이를 공무상 재해에 해당한다고 인정하되, 망인이 사망 당시 술에 취한 상태에 있었던 것으로

---

15) 대판 1992. 2. 25, 91누8586.

보이고, 그 음주는 의사의 경고를 무시한 채 일직근무와 무관하게 습관적으로 행하여졌으며 그로 인하여 망인이 추락 내지 사망한 것이라고 보이는 점을 감안하여 망인에게 급여제한사유인 「공무원연금법」 제62조 제3항 소정의 중대한 과실이 있다 할 것이다.[16)]

2.1.2.4 교육공무원의 기본권 제한

「교육기본법」에서 교육은 교육 본래의 목적에 따라 그 기능을 다하도록 운영되어야 하며, 어떠한 정치적, 당파적 또는 개인적 편견의 전파를 위한 방편으로 이용되어서는 아니 된다고 규정하고 있다(동법 제6조 제1항). 공무원은 정당 기타 정치단체의 결성에 관여하거나 이에 가입할 수 없으며 특정 정당 또는 특정인의 지지나 반대를 위해 투표를 권유하는 행위 등을 해서는 안 된다(국가공무원법 제65조). 공무원에게 정당가입을 금지시키고 선거운동을 제한하는 이유는 공무원으로 하여금 정치적 중립성을 지키게 함으로써 정권교체에 영향을 받지 않고 직무를 공정하게 수행하기 위함이다.

그러나 교육공무원에게 정당가입 및 선거운동을 지나치게 엄격히 제한하는 것은 문제가 된다. 교사들도 정치적 기본권을 향유할 수 있으므로 정치적 상징물을 달고 다니고, 특정후보의 지지나 평화적 데모에 참여할 수도 있어야 할 것이다. 그러나 이러한 권리들은 학교수업에 영향을 주어서는 안 되며, 학생들에게 주입시킬 수 없는 한계를 지켜야 한다. 예컨대, 정당에 단순히 가입만 하는 것은 허용할 수 있으나, 적극적인 활동을 하는 것은 교사의 의무수행에 비효율적인 것이므로 금지되어야 할 것이다. 지방의회나 교육위원회에 입후보할 경우 사임시키기보다는 무급의 휴직 신청을 하여야 할 것이다.

2.1.3 교육공무원의 주요 법적 의무

교육공무원은 국가공무원법에서 정하고 있는 다음과 같은 광범위한 법적 의무를 준수하여야 한다. 교육공무원은 그 복무에 있어 국가공무원법의 적용을 받는다(교육공무원법 제53조). 사립학교 교원도 일반 공무원의 복무를 규정한 국가 공무원법을 준용하도록 하고 있다(사립학교법 제55조).

공무원의 법적 의무란 공무원 관계법령에서 구체적으로 규정하고 있는 일

16) 대판 1997. 4. 11, 96누19840.

반국민이 가지지 아니한 특별한 의무를 말한다. 이에 관한 일반 법률은 「국가공무원법」(지방공무원의 경우는 지방공무원법)이다. 동법에서 규정하고 있는 광범위한 공무원의 의무는 공무원을 국민 전체에 대한 봉사자로 규정하고 있는 「헌법」 제7조 제1항에 근거를 두고 있다. 「국가공무원법」에서 규정하고 있는 공무원의 주요 의무는 다음과 같다.

2.1.3.1 성실의 의무

공무원은 성실히 직무를 수행하여야 한다(국가공무원법 제56조 후단). 성실의 의무는 국민 전체의 봉사자로서 공공이익에 충실해야 하는 의무이다. 국가공무원법에서 본질적으로 윤리적 의무인 성실의무 규정을 두고 있는 것은 민법총칙에서 사법의 기본원리인 신의성실의 원칙을 규정하고 있는 것과 같이 공무원의 기본적인 의무를 명시한 것이다. 따라서 성실의 의무는 단순한 윤리적 의무로 끝나는 것이 아니고 법적인 의무로 편입된 것이다.

2.1.3.2 법령준수의 의무

공무원은 법령을 준수하여야 한다(동법 제56조 전단). 법치국가에서 행정은 법령에 근거하여 집행되어야 하므로 공무원이 법령을 준수하여야 함은 당연한 의무이다. 법관이나 헌법재판소 재판관이 아닌 일반 공무원의 법령심사에 관하여서는 법에 아무런 규정이 없다. 따라서 일반 공무원은 어떤 법령이 상위법에 저촉된다고 생각되는 경우에는 그에 대한 의견을 상관에게 제시하는 등 필요조치를 취할 수 있으나 독자적인 판단으로 그 적용을 배제할 수는 없다. 그러나 악법도 준수하여야 하는가의 문제는 저항권과 관련하여 오랫동안 법철학분야에서 법실증주의자들과 자연법주의자들이 다투는 쟁점이다.

우리나라 헌법은 저항권에 관하여 직접적인 명문규정을 두고 있지 않으나 헌법전문의 '불의에 항거한 4.19 민주이념을 계승하고'라는 문구로 간접적인 시사를 하고 있다. 따라서 실정법규에는 적법하지만 자연법 또는 헌법정신에 반하는 법령에는 국민은 물론 공무원도 따르기를 거부하고 시민불복종 또는 저항권을 행사할 수 있다고 본다. 그러나 이러한 법령에 관하여서는 헌법재판소에 헌법소원을 제기할 수 있으므로 공무원들의 저항권 행사는 현실적으로 기대하기 어렵다.

저항권의 행사는 사회질서 유지에 큰 위협이 되므로 행사요건을 엄격히 해석하여야 한다. 즉 저항권은 민주주의의 기본질서에 중대한 침해가 명백한 경우에 최후의 수단으로 민주주의 기본질서 유지를 위하여 가장 평화적인 방법으로 행사되어야 한다.

2.1.3.3 복종의 의무

공무원은 직무를 수행함에 있어 소속 상관의 직무상의 명령에 복종해야 한다(동법 제57조). 계층제의 행정조직에서 효율적인 업무수행을 위하여 소속 상관의 유효한 직무상 명령에 복종해야 함은 당연한 의무이다.

그러나 상관의 직무명령에 대한 복종의무는 절대적인 것이 아니고 일정한 한계가 있다. 우선 명령을 받은 공무원은 명령의 내용이 상관의 권한에 속하는가, 자기의 권한에 속하는가, 또한 법정(法定)의 형식과 절차를 취하고 있는가를 심사할 수 있다. 이러한 요건을 갖추지 못한 직무명령은 무효이므로 복종할 의무가 없다. 그리고 명령의 내용이 헌법 및 상위법령에 위반되는가의 여부도 일단 심사하여 단순히 법령해석상의 차이가 있다든지 또는 직무명령의 내용이 부당(不當)에 그치는 경우에는 복종해야 하지만, 자연법이나 헌법 또는 상위법령에 중대하고 명백한 위반을 한 경우에는 그 자체가 무효이며 구속력이 없기 때문에 복종할 의무가 없다. 만약에 이에 복종하면 그 결과에 대하여 본인 스스로 책임을 면할 수 없다. 상관의 불법적 명령에 대한 부하의 복종의무에 관한 대법원의 대표적 판례는 박종철 고문사건이다.

> 양손을 뒤로 결박당하고 양 발목마저 결박당한 피해자의 양쪽 팔, 다리, 머리 등을 밀어 누름으로써 피해자의 얼굴을 욕조의 물속으로 강제로 찍어 누르는 가혹행위를 반복할 때에 욕조의 구조나 신체구조상 피해자의 목 부분이 욕조의 턱에 눌릴 수 있고 더구나 물 속으로 들어가지 않으려고 반사적으로 반항하는 피해자의 행동을 제압하기 위하여 강하게 피해자의 머리를 잡아 물속으로 누르게 될 경우에는 위 욕조의 턱에 피해자의 목 부분이 눌려 질식현상 등의 치명적인 결과를 가져올 수 있다는 것은 우리의 경험칙상 어렵지 않게 예견할 수 있다.
>
> 공무원이 그 직무를 수행함에 있어 상관은 하관에 대하여 범죄행위 등 위

법한 행위를 하도록 명령할 직권이 없는 것이고 하관은 소속 상관의 적법한 명령에 복종할 의무는 있으나 그 명령이 참고인으로 소환된 사람에게 가혹행위를 가하라는 등과 같이 명백한 위 설령 대공수사단 직원은 상관의 명령에 절대 복종하여야 한다는 것이 불문율로 되어 있다 할지라도 국민의 기본권인 신체의 자유를 침해하는 고문행위 등이 금지되어 있는 우리의 국법질서에 비추어 볼 때 그와 같은 불문율이 있다는 것만으로는 고문치사와 같이 중대하고도 명백한 위법명령에 따른 행위가 정당한 행위에 해당하거나 강요된 행위로서 적법행위에 대한 기대가능성이 없는 경우에 해당하게 되는 것이라고는 볼 수 없다.[17) 법 내지 불법한 명령인 때에는 이는 벌써 직무상의 지시명령이라 할 수 없으므로 이에 따라야 할 의무는 없다.

구교육법에서 규정하였던 교원의 임무 중 '교장의 명을 받아' 학생을 지도한다가 여기에 해당하는 법적 의무이다. 그러나 동 조항이 교원의 전문성과 교사의 교육권을 부당히 침범할 오해가 있을 수 있다는 이유로 '법령이 정하는 바에 따라'로 수정되었음을 제4장 교육법의 개념과 주요내용에서 지적하였다.

2.1.3.4 비밀엄수의 의무

공무원은 재직 중은 물론 퇴직 후에도 직무상 지득(知得)한 비밀을 엄수하여야 한다(동법 제60조). '직무상 지득한 비밀'이란 자신이 처리하는 직무에 관한 비밀만이 아니라 직무와 관련하여 알게 된 모든 비밀을 포함한다. 무엇이 비밀에 속하는가 하는 문제가 핵심인데 일반적으로 대통령령인 보안업무규정의 비밀구분기준에 따라 관할 행정기관이 비밀문서로 분류해 놓은 사항이 일단 이에 해당된다.

비밀엄수의 의무는 민주주의 초석을 이루는 정치·행정의 공개주의, 국민의 알 권리와 상충되므로 많은 문제점을 안고 있다. 특히 한국의 경우 관료적 비밀유지의 일반적 성행 이외에도 공무원들의 관존민비의 오랜 악습, 안보강조의 위기의식 등의 이유로 행정의 비밀주의가 지나치게 만성화되어 '대외비'의 남용현상이 매우 심각하다. 따라서 보안업무규정에 근거한 관계기관의 '비밀'지정은 '국가안보'의 개념을 엄격히 해석하여 매우 제한적으로 인정해야 하며 그 궁극

17) 대판 1988. 2. 23, 87도2358.

적인 판단은 재판을 통하여 법관이 객관적으로 결정하여야 한다.

비밀엄수의 의무와 관련하여 내부고발자(whistle blowers)의 문제가 있다. 조직 내에서 비밀로 되어 있는 위법행위나 공익에 반하는 공무원의 비리를 시민 또는 시민의 대표인 국회의원에게 폭로하는 것은 공무원의 정당한 윤리적 의무이다. 그러나 한편으로 조직운영 측면에서 보면 폭로자의 보호는 부하들의 불복종을 촉진하게 되어 상관에 대한 충성심을 약하게 하므로 문제점도 있다. 부정부패가 만연되어 있는 우리나라의 경우 내부 고발자가 보호되어 내부고발을 유도하여야 할 것이다.

2.1.3.5 국가공무원법상의 기타 의무

국가공무원법상의 기타 의무에는 직무전념의 의무, 청렴의 의무, 친절·공정의 의무, 품위유지의 의무, 정치운동 및 집단행동의 금지 의무가 있다. 교육영역에서도 다음의 사례와 같은 청렴 의무 및 품위유지 의무 위반사례가 많이 있다.

초등학교 교사가 학부모로부터 학생문제로 상담요청을 받고 수차례에 걸쳐 술 등의 향응을 제공받고, 음란한 내용의 비디오테이프를 빌려 주었으며, 두 차례에 걸쳐 합계 금 20만원의 현금을 받고, 술에 취한 학부모와 새벽 3시경까지 공원에 함께 있는 등의 행위로 인하여 물의를 일으킨 것은「국가공무원법」제61조 제1항 소정의 청렴 의무와 같은 법 제63조 소정의 품위유지의무를 위반한 것이라는 이유로, 그러한 비위 사실을 들어 한 해임처분은 정당하다고 판결하였다.[18]

교육공무원이 자신의 지도를 받았던 학생의 논문을 표절하여 연구결과보고서를 제출하였고, 학생들의 학위논문을 지도하면서 타인의 실험결과를 본인들이 직접 실험을 하여 얻은 결과인 것 같이 하여 논문을 작성하도록 한 행위가 국가공무원법상의 성실의무와 품위유지의무에 위반한 것이라는 이유로 한 해임처분은 정당하다.[19]

---

18) 대판 1997. 4. 25, 96누17479.

19) 대판 1996. 4. 26, 95누3848.

2.1.4 교육공무원의 주요 책임

공무원이 상술한 법적 의무를 위반하면 징계·변상·형사 책임을 지게 된다. 또 국민에게 불법적으로 손해를 끼친 경우에는 손해배상책임도 있다.

2.1.4.1 교육공무원의 징계 책임

교사는 국가공무원법 및 사립학교법 위반 또는 각종 법정의무의 위반 시 징계책임을 진다. 「국가공무원법」 제79조와 「사립학교법」 제61조 2항에 규정된 징계의 종류는 파면, 해임, 정직, 감봉, 견책의 다섯 가지가 있다.

「교육공무원 징계령」 제2조 제1항의 규정에 의한 교육공무원징계위원회는 징계혐의자의 비위의 유형, 비위의 정도 및 과실의 경중과 평소의 소행, 근무성적, 공적, 개전의 정, 기타 정상 등을 참작하여 별표의 징계양정 기준에 따라 징계를 의결하도록 하고 있다(교육공무원 징계양정 등에 관한 규칙 제2조).

「교육공무원 징계양정 등에 관한 규칙」이 정하고 있는 징계양정에 관한 별표는 다음과 같다.

〈표 10-1〉 징계양정 기준(제2조 관련)

비위의 정도 및 과실 / 비위의 유형	비위의 도가 무겁고 고의가 있는 경우	비위의 도가 무겁고 중과실이거나 비위의 도가 가볍고 고의가 있는 경우	비위의 도가 무겁고 경과실이거나 비위의 도가 가볍고 중과실인 경우	비위의 도가 가볍고 경과실인 경우
1. 성실의무위반				
가. 직무태만 또는 회계질서 문란	파면	해임	정직-감봉	견책
나. 시험문제를 유출하거나 학생성적을 조작하는 등 학생 성적과 관련한 비위	파면	해임	해임-정직	감봉-견책
다. 기타	파면-해임	정직	감봉	견책
2. 복종의무 위반	파면	해임	정직-감봉	견책
3. 직장이탈금지 위반	파면-해임	정직	감봉	견책
4. 친절공정의무 위반	파면-해임	정직	감봉	견책
5. 비밀엄수의무 위반	파면	해임	정직	감봉-견책

6. 청렴의무 위반 가. 금품수수 나. 기타	 파면 파면	 해임 해임	 해임-정직 정직	 감봉-견책 감봉-견책
7. 품위유지의무 위반 가. 성희롱 나. 성폭력 다. 학생에 대한 상습적이고 심각한 신체적 폭력 라. 기타	 파면-해임 파면 파면 파면-해임	 해임-정직 해임 해임 정직	 정직-감봉 해임-정직 해임-정직 감봉	 견책 감봉-견책 감봉-견책 견책
8. 영리업무 및 겸직금지의무위반	파면-해임	정직	감봉	견책
9. 정치운동금지 위반	파면	해임	정직	감봉-견책
10. 집단행위금지 위반	파면	해임	정직	감봉-견책

공무원징계에 있어서 징계처분이 재량권의 범위를 벗어난 것인지 여부가 자주 쟁점이 된다. 대법원은 공무원의 징계가 지나치게 무거워 재량권의 범위를 벗어난 위법한 처분이라고 할 수 있으려면 징계의 사유가 된 비위사실의 내용 및 성질과 징계에 의하여 달성하려는 행정목적 등에 비추어 그 징계내용이 객관적으로 명백히 부당하다고 인정할 수 있는 경우이어야 한다고 판결한 바 있다. 징계의 재량권 범위에 관한 대법원의 판례를 아래에서 살펴본다.

> 교사인 '갑'이 학교에서 물의가 빚어질 정도로 동료교사이며 기혼자인 '을'과 가깝게 지냈고, 둘 사이에 불륜관계가 있는 것으로 의심할 만한 행위를 하였으며, 급기야는 이러한 행동으로 인해 '을'의 가정이 파탄에 이르게 되었고, '갑'은 처인 '병'과 이 문제로 계속 불화하여 오다가 '병'을 상대로 이혼소송을 제기하였으나, 법원에서 위 청구가 받아들여지지 아니하였고 오히려 '병'이 제기한 부정행위를 원인으로 한 이혼 및 위자료, 재산분할청구가 받아들여져 이혼판결이 선고되었다면, 항상 사표가 될 품성과 자질의 향상에 힘써야 할 교원의 의무(구교육법 제74조)에 비추어 '갑'의 이와 같은 행위는 교원으로서의 품위를 손상시킨 것으로서 국가공무원법 제63조 소정의 품위유지의무 위반행위가 된다고 할 것이므로 '갑'의 근무경력 등 사정을 참작하더라도 '갑'에 대한 해임처분이 '갑'의 비위정도에 비추어 재량권의 범위를 일탈하였거나 남용한 위법한 것이라고는 할 수 없다는 이유로 이와 다른 견해에서 교육청의 해임처분이 위법하다고 본 원심판결을 파기한 사례가 있다.[20]

20) 대판 1996. 4. 26, 95누18727.

국민학교 교장이 그 국민학교 지역사회 어머니회 및 육성회에서 학부모 또는 그 임원들에게 일정 금액을 할당하여 일률적으로 모금하고 위 학교 교직원에게 선생님 위안회 개최, 선물증정, 자연보호 산행 시 지원 등의 명목으로 금품을 찬조하는 것을 알면서 이를 거부·제지하거나 반환하는 등의 조치를 취하지 않았다면, 가사 위 금품이 교장 개인이 아닌 전체 교직원을 위하여 사용되었고, 위 국민학교 교장이 40년간 각종 표창을 받으며 교육공무원으로 종사한 점 등을 감안하더라도 위 모금으로 인하여 물의가 일어난 점, 특히 항상 사표가 될 품성과 자질의 향상에 힘써야 할 교원의 의무 등에 비추어 국민학교 교장의 위 비위사실에 대하여 감봉 1개월의 징계처분을 한 조치가 재량권을 일탈하거나 남용한 것이라고 할 수 없다.[21]

원고가 동료 교사들이 마련해 준 전근 축하회에서 분위기에 휩쓸려 술기운에 도박을 하게 되었고 또 위 도박행위는 교사로서의 직무집행과는 직접 관련이 없는 비위인 점을 감안한다면 동료교사들과의 단 한 번의 도박행위를 이유로 신분을 박탈하는 해임처분을 함은 사회통념상 현저하게 타당성을 잃은 것으로서 재량권의 한계를 일탈한 위법한 것이다.[22]

「교원 지위향상에 관한 특별법」은 "교원은 징계처분이 있는 것을 안 날로부터 30일 이내에 교원소청심사위원회에 재심을 청구할 수 있다"고 규정하고 있다. 교육부 산하의 교원소청심사위원회는 국·공립 교원과 사립학교 교원 모두의 징계 재심업무를 관장하고 있다. 교원은 소청심사위원회의 결정에 대하여 행정소송법이 정하는 바에 의하여 소송을 제기할 수 있다(동법 제10조 제3항).[23]

2.1.4.2 교원의 불법행위 책임

학교에서 불법행위 책임이 자주 문제되는 것은 교사가 학생에 대하여 위법한 행위를 한 경우, 학생들 간의 싸움 등으로 인한 사고 시 친권자 및 교사의 감독책임의 경우, 그리고 학교시설물의 안전성 결여로 인한 학교사고의 경우이다.

21) 대판 1996. 2. 9, 95누8065.

22) 대판 1985. 3. 26, 84누711.

23) 재심결정의 법적성격과 교원소청심사제도의 문제점에 관하여서는 제11장에서 언급된다.

교사가 학생에 대하여 위법한 행위를 하여 불법행위가 성립되는 경우에는 「민법」 제750조의 일반불법행위와 「민법」 제756조의 사용자책임 법리가 적용된다. 학생에 대한 교사의 일반불법행위 책임은 주로 체벌의 경우 발생한다. 여기에 관한 내용은 제7장 교육영역에서의 권리구제에서 상설되었으므로 여기에서는 생략한다.

2.1.4.3 학업부진에 대한 책임

제14장 학사정책 및 교육평가에서 다루어지므로 이곳에서는 생략한다.

2.2 전문가로서의 지위

2.2.1 교육의 전문성

교육의 중요성 때문에 우리나라 헌법에서는 교육의 기본원칙을 규정하고 있다. 그중 가장 핵심적인 내용이 교육의 자주성과 전문성이다. 「헌법」 제31조 제4항은 교육의 자주성·전문성·정치적 중립성 및 대학의 자율성은 법률이 정하는 바에 의하여 보장된다고 규정하고 있다. 「교육기본법」에서도 "학교교육에서 교원의 전문성은 존중되며, 교원의 경제적·사회적 지위는 우대되고 그 신분은 보장된다"고 규정하였다(동법 제14조 제1항). 동법은 또한 국가 및 지방자치단체는 교육의 자주성 및 전문성을 보장하여야 하며, 지역실정에 맞는 교육시책을 수립하고, 교직원의 참여를 내용으로 하는 학교운영의 자율성을 규정하고 있다(동법 제5조 제1항).

학교조직은 미래의 주인공들이 창의력을 갖고 새로운 문화건설을 할 수 있도록 장기적 안목을 키우는 곳이므로 교육이 전문가에 의하여 이루어져야 함은 너무도 당연하다. 교육의 전문성과 직접 관련되는 주제는 교원의 양성, 자격, 연수문제이다.

2.2.2 교원의 양성·자격·연수의 법적 문제

교육의 전문성이란 교육활동에서 요구되는 교원의 전문적 능력이다. 교육이 특수한 자격과 교양을 가진 전문가에 의하여 운영되고, 그것을 뒷받침하는 교육정책의 수립과 집행도 교육전문가의 참여 하에 이루어지도록 하는 것이다. 어떻게 보면 교사의 전문성 확보는 의무적인 성격도 있다. 「교육기본법」 제14조 제2항은 “교원은 교육자로서 갖추어야 할 품성과 자질을 향상시키기 위하여 노력하여야 한다”고 규정하고 있다. 교사로서의 품성과 자질이 무엇인지 명확하지는 않지만 전문성 함양의 의무는 분명하다 하겠다.[24)]

교사의 자격을 법률로 엄격히 정하고 연수를 통한 재교육의 기회를 보장한 것도 전문성 확보를 위한 주요 수단이다. 교사의 전문성과 관련되는 중요한 제도는 교원양성 및 자격이다. 초등교원양성기관은 교육대학으로 국가 또는 지방자치단체가 설립하도록 되어 있고(고등교육법 제41조, 제42조) 중등교원 양성기관은 국공립 또는 사립대학의 사범대학이다. 일반대학에서 일정 교직과목 이수자도 교원자격을 얻게 된다.

전문가로서의 교사는 부단한 연구와 수양의 노력이 필요한바, 국가 및 지방자치단체는 연수에 필요한 연수기관의 설치, 연수계획 수립 및 실시, 교재비의 지급, 특별연수, 연수성적의 반영 등을 하여야 한다(교육공무원법 제37조 내지 제42조). 교사의 연수가 실질적으로 얼마나 전문성 향상에 도움이 되고 있는지 연수 내용, 연수 방법 등을 종합적으로 재검토할 필요가 있다.

2.2.3 교사의 교육권

교사의 전문성은 교사의 교육권과도 직접적인 관련을 갖는다. 교사의 교육권은 이미 제8장 교육 당사자의 교육권에서 언급되었으므로 이곳에서는 교권침해현황과 교권의 확립방안만 언급한다.

2.2.3.1 **교원 교육권의 현황**[25)]

한국교원단체총연합회가 발행한 2006년도 교권회복 및 교직상담 활동실적에 따르면 교원 교육권의 침해현황은 다음과 같다. 폭행, 협박 등의 부당행위로 인한 피해사례가 89건(49.7%)으로 가장 많으며, 학교 안전사고 33건(18.4%), 교직원간의 갈등 24건(13.4%), 명예훼손 20건(11.2%), 신분문제 13건

24) 교사의 자질로 논의되는 것은 사명감(38.6%), 학생을 이해하려는 자세(29.4%), 교사에 대한 전문적 지식(11.6%), 탁월한 생활지도(5.5%), 연구에 대한 열의(2.9%) 등이다(고전, “교사의 법적 지위에 관한 연구”, 박사학위논문, 1997, p. 215).

25) 한국교원단체총연합회, 「2006년도 교권회복 및 교직상담 활동실적」, 2007, pp. 9-24.

(7.3%) 순이다.

폭행, 협박 등 부당행위의 피해원인은 학생지도 및 학교운영(29.2%), 학생·학부모의 폭행·협박(27.0%), 학생 체벌(22.5%), 학교안전사고(21.3%) 순이다. 학생·학부모의 폭행·협박의 원인이 학생지도, 학생 체벌, 학교안전사고 등임을 알 수 있다.

2순위인 학교안전사고는 정규교육활동 중에 생긴 일이 84.8%로 가장 많았으며, 등·하교 중에 생긴 일이 9.4%, 학교일과 전후에 생긴 일이 6.1%였다. 3순위의 교직원간의 갈등원인은 학교구성원간의 사적인 갈등이 45.8%로 가장 많았고, 학교운영(교원인사, 학교시설)과 관련한 것이 33.3%, 학교경영간섭과 관련한 것이 10.7%, 학교생활지도와 관련한 4.2%로 나타났다.

4순위인 명예훼손 관련 사례의 원인은 교원으로서의 품위손상이 35.0%로 가장 많았고, 학생지도가 25.0%, 성희롱과 학교운영과 관계된 것이 20.0%로 나타났다. 5순위인 신분문제로 인한 피해의 유형은 불리한 처분(부당전보, 권고사직, 재임용거부, 관리직에서 평교원으로 강등)이 53.8%로 가장 많았으며, 교육권침해(수업시간 축소, 학부모의 부당요구)가 30.8% 징계처분이 15.4%였다. 이러한 교육권의 침해현황을 보면 그 대부분이 학생지도와 체벌, 학교폭력, 안전사고 등의 학교환경의 안전성 문제와 관련됨을 알 수 있다.

2.2.3.2 **교권침해 예방 및 교권보호를 위한 제도 개선방안**

한국교원단체총연합회는 초중고 교원을 대상으로 한 설문조사에 바탕을 둔 교권침해 예방 및 교권보호에 관한 8개의 제도개선 방안을 제시하고 있다.[26)]

1) 교권보호위원회 설치·운영
2) '교원·학부모·학생 간의 권리·의무·책임 등에 관한 협약' 마련 제시
3) '교원배상 책임보험' 의무적 가입
4) 교육청 단위 교육분쟁조정위원회 설치·운영
5) 교육청별 '교권전담 변호인단' 운영
6) '1학교 1변호사' 제도 운영
7) 사립교원 '고충처리 심사청구' 제도 도입
8) (가칭)교권보호법 제정

26) 상게 보고서, 2007, pp. 100-116.

생각건대 흔들리고 있는 교권과 붕괴되고 있는 공교육이 바로서기 위하여서는 다음과 같은 노력이 시급하다고 생각된다. 첫째, 교육은 많은 이해관계인을 갖고 있는 특성이 있다. 거버넌스 개념 차원에서 교육당사자들의 협력망의 구축으로 그들의 정책참여가 필요하다. 부분적인 임기응변식의 응급처치를 지양하기 위하여 교육당사자들의 권리의무관계, 특히 학생의 학습권과 교원의 교육권에 대한 체계적이고 종합적인 이해가 요구된다.

둘째, 후술하는 바와 같이 교원의 교권확립은 교육당사자들의 신뢰구축이 선결과제이므로 시간을 요하는 장기적 과제이다. 교육당사자들의 공동노력이 요구되고, 사회환경의 변화와 학생들의 가치관 변화도 고려하여야 하는 어려운 과제이다. 교원이 학생이나 학부모로부터 신뢰를 받을 수 있는 첩경은 뼈를 깎는 자기 연수를 통하여 전문성을 확보하는 것이라고 믿는다. 교원들이 전문성 향상노력(연구와 수업)에 집중할 수 있도록 환경조성을 해 주어야 한다. 교육인적자원부가 시행하고 있는 학교안전망구축과 교육의 양극화 극복을 위한 교육안전망구축, 한국교원단체총연맹이 제시한 8개 제도개선 방안이 대부분 이에 해당한다. 이러한 제도를 추진하기 위하여서는 다른 나라의 관련정책도 검토할 필요가 있다. 또한 교원들이 스스로 법률지식을 습득하여 사고예방과 자기방어를 할 줄 알아야 하며, 사건발생시 법률전문가의 무료 지원 대책이 중요하다.

셋째, 한국교원단체총연합회가 제시한 8개의 제도개선 방안 중에서 종합대책의 성격을 갖는 (가칭)교권보호법의 제정은 기존에 있는 관련법규, 예컨대 「교원지위향상을 위한 법률」, 「학교폭력 예방 및 대책에 관한 법률」, 「학교안전사고 예방 및 보상에 관한 법률」, 「교원예우에 관한 규정」 등과의 관계를 포괄적으로 검토하고, 외국의 예도 분석하여 학교현장에서 실효성 있는 규범이 되도록 많은 연구와 토론이 있어야 한다.

요컨대 무한 경쟁이 펼쳐지고 있는 지구촌시대에서 우리의 미래는 학생들의 창의력과 바른 생각에 달려 있다고 생각된다. 그 뒷받침과 책임은 일차적으로 학부모와 가정에 있지만, 주된 역할은 교원과 학교의 몫이다. 교원들이 긍지를 갖도록 정부의 다양한 지원 대책이 시급한 한국의 정책과제라 하겠다.

2.2.4 전문가로서의 지위 강화(교원양성, 자격, 연수, 인사제도의 개선)

사회 환경의 급속한 변화는 피할 수 없다. 교사 스스로 교육의 주체로 자기 변화를 하여야 한다. 교사는 명실공히 자기가 하는 일 '교육'에서 긍지와 보람을 찾을 수 있도록 전문가로서의 지위를 강화하여야 한다.

전문가로서의 지위 강화는 교원의 양성, 자격, 임용제도의 개선과 직접적으로 관련된다. 교육인적자원부는 '21세기 지식기반사회에 대비하는 교직발전종합방안'에서 교원정책의 기본방향으로 전문직으로서 교원의 위상 강화와 자율과 참여의 교육공동체 형성을 제시한 바 있다. 교직발전종합방안에서 제시했던 주요 추진과제는 다음과 같았다.[27)]

교원의 자격, 연수 및 양성과 관련하여 장기적으로 유치원·초·중등학교 간 교육의 연계성을 강화하기 위하여 연계 자격증 제도를 마련하고, 제7차 교육과정에 대비, 전문직업인의 교직 입직 기회 제공을 위해 교원자격검정을 시행한다. 교원양성·연수기관에 대하여 주기적인 평가인증을 실시하고 이를 전담하는 평가인증기구를 설치한다. 자율연수를 통한 교원의 전문성 신장을 위하여 연수·연구실적 학점이 일정 수준에 이르는 경우 이를 승진과 보수에 반영하는 구체적인 방안을 마련한다.

교원의 승진 등 인사제도와 관련하여 가르치는 일에 충실한 교원이 우대받는 풍토를 조성하고 교장·교감 등 관리직으로의 지나친 승진 경쟁을 완화하기 위하여 수석교사제를 도입한다. 교원의 자율성 확대를 위하여 단위학교의 자율경영을 강화한다. 직급별, 자격종별, 임용형태별, 학교급별 교원의 직무내용을 명확히 하는 직무수행기준 및 표준수업시수를 정립한다. 교원의 근무 여건개선을 위하여 교원을 증원하고 계약제 교사를 포함한 교원 배치 기준을 합리적으로 개선하여 인력 활용의 효율성을 극대화하며, 업무량에 따른 보상체제를 구축하기 위하여 초과수업수당·학급담당수당·보직수당 등을 신설 또는 인상하는 등 보수체계를 개편하여 실질적인 처우개선이 되도록 한다.

교사의 전문성 강화를 위하여 가장 근본적인 것은 교사의 자주성과 전문성을 믿고 교재선택, 교과과정의 다양화와 정책에의 참여, 교육내용 및 방법의 자

27) 교육인적자원부, 교직발전종합방안, 2002. 2.

주성 등을 보장하는 것이다. 대학 교수들에게 인정되고 있는 학문의 자유도 일정범위에서는 부분적으로 교사에게 인정되어야 창의력 있는 교육이 가능할 것이다. 교사들의 교육정책과정에서의 참여기회 확대를 위하여 교직발전종합방안에서 학술연구비 및 연구과제 공모에 교원의 참여도 제시되고 있다.

교사들은 새로운 지식의 전달뿐 아니라 학생들에 대한 인성교육과 학생지도를 중요시해야 한다. 정보화로 학생들이 미시적 전자오락 게임 등을 주로 하여 자기만 알고 남을 배려하는 거시적 안목이 부족하다. 학교라는 공동체에서 사회화 과정을 통하여 이러한 덕목을 키울 필요가 있다. 교사들이 갖추어야 할 지식 중에서도, 특히 법적 지식이 강조되어 헌법의 기본원리가 학생들에게 실습되어야 한다. 법적 지식은 교사 스스로의 권리보호를 위하여서도 필수적으로 요청된다. 적어도 헌법과 교육법이 교직과목으로 이수되어야 하며, 교사 및 관리자의 연수과정에 반드시 포함되어야 한다.

대통령자문위원회인 교육혁신위원회는 '미래교육 비전과 전략 2030'에서 교사들의 전문성 향상을 위해서는 2015년부터 교사자격갱신제와 교원전문대학원제 도입을 검토하기로 했다.[28] 교사자격갱신제는 교사자격증의 유효기간을 설정해 주기적으로 평가를 해서 그 결과가 좋지 않을 경우에는 교사자격증을 박탈할 수 있는 제도이기 때문에 교사들의 반발이 예상된다. 우수교원에 대해서는 1년이나 6개월 정도 안식년에 해당하는 학습년을 주고, 국가자격증 소지자, 박사학위 소지자 등 전문인력을 교사로 채용할 수 있도록 교사자격 특례 인정범위를 확대한다는 방안도 제시되었다. 보다 폭넓은 지식과 다양한 경험, 자질을 갖춘 교원을 길러내기 위하여 교육대·사범대학을 폐지하고 교원전문대학원을 도입하는 방안도 추진된다.

교원의 전문성과 직결되는 교원의 인사제도 중 최근에 변경되었거나 사회적 쟁점이 되고 있는 몇 가지 주제들을 살펴본다. 첫째, 교육인적자원부는 교원임용시 수업능력평가를 강화하기 위하여 2009학년도 초·중등 교원 임용시험부터 현행 2단계 전형을 3단계 전형으로 바꾸는 것을 내용으로 하는 '교육공무원 임용후보자 선정경쟁 시험 규칙'을 개정하였다. 그동안은 1차 필기시험에서 모집 정원의 130%만을 선발하여 1차시험 위주였으나, 2009년도부터는 1차 필기시험에서 2배수 이상, 2차 논술형 시험에서 1.5배수 이상 선발하고, 다시 3차

28) 교육인적자원부, 미래교육 비전과 전략 2030, 2007.

전형 때 교직적성 심층면접과 수업능력 평가를 한다.[29)]

둘째, 교육인적자원부는 2007년 교육공무원의 성과상여금을 성과상여금 예산의 80% 균등 지급, 20% 차등 지급하기로 하였다. 차등지급기준은 학교현장에 적용 가능한 방안을 도출하되, 특히 꾸준히 제기되어 온 경력위주 차등지급 관행을 배제하도록 하였다. 교육감(교육장 또는 학교장)은 소속 교육공무원의 의견을 수렴하고 「성과급 심사위원회」 심의를 거쳐 구체적인 등급 대상자를 결정한다. 지급등급과 지급률은 S등급(상위 10%) 100%, A등급(10% 초과 30% 이내) 70%, B등급(30% 초과 70% 이내) 50%, C등급(하위 30%) 35%이다. 지급의 근거는 「공무원수당 등에 관한 규정」(대통령령 제19857호, 2007. 2. 1)과 「성과상여금 업무처리지침」(중앙인사위원회 예규 제126호, 2007. 2. 2)이다.[30)]

교육인적자원부가 2002년부터 '90% 균등, 10% 차등'의 원칙으로 교원들에게 지급해 온 교원성과급의 차등 비율을 확대하겠다는 방침에 대해 교육계를 비롯한 관련 단체들은 찬반 양론으로 갈라져 격론을 벌이고 있다. 차등 비율 확대에 대해 전교조는 "성과급 차등지급 비율이 확대되면 교사 간 비교육적 경쟁이 유발돼 상호 협력과 정보 공유를 차단, 학교 교육력이 오히려 약해진다"며 반대 입장을 내세우고 있다. 반면에 학교를 사랑하는 학부모모임은 "성과급이란 공교육의 질을 높이고 교원들의 사기를 진작하기 위한 것으로 교원의 책무성 강화를 위해 당연히 100% 차등지급해야 한다. 따라서 교육공무원에 대한 성과금은 완벽한 차등지급이 이뤄지기 전까지 지급을 정지해야 한다"고 지급정지 가처분신청을 하였다.[31)]

29) 바뀌는 교원 임용시험제도는 다음과 같다.

구 분	현 행	2009학년도부터
1 차	필기시험(100점,4지선다+서술·단답형)+대학성적(20점)+가산점(10점),정원130% 선발	선택형 필기시험(100점, 5지선다형, 중등영어-영어듣기포함)+대학성적(20~40점)+가산점(5~10점), 2배수 이상 선발
2 차	논술+면접+실기평가(50~60점),정원 120%선발	논술형시험(100점, 중등외국어-외국어로), 1.5배수 이상 선발
3 차	-	교직적성 심층면접 및 수업능력 평가(100점, 중등외국어-외국어로, 초등-영어포함)

30) 교육인적자원부, 07년 교육공무원 성과상여금 지급 지침, 2007. 7.

31) 법률신문, 2007. 11. 3.

2.3 근로자로서의 지위

「교원의 노동조합 설립 및 운영 등에 관한 법률」의 내용에 관하여서는 제12장 교원인사정책의 법적 측면에서 다루어진다.

2.3.1 교사의 근로삼권

교사도 기본적으로 근로자라 할 수 있다. 공무원인 근로자는 법률이 정하는 자에 한하여 근로삼권을 인정하고 있다(헌법 제33조 제2항). 「국가공무원법」 제66조에서 매우 제한된 사실상 노무에 종사하는 자에게만 단결권과 단체협상권을 인정하고 있다. 그러나 「교원의 노동조합 설립 및 운영 등에 관한 법률」은 「국가공무원법」 제66조 제1항 및 「사립학교법」 제55조의 규정에도 불구하고 교원들의 노동조합 결성 및 단체교섭권을 인정하고 있다.

2.3.2 근로자로서의 지위향상(열악한 교육환경의 개선)

교사들이 전문가로서 자기 직분인 교육을 제대로 하기 위하여 교육환경의 개선이 필수적으로 뒷받침되어야 한다. 교직발전 종합방안에서 계획하고 있는 학습환경 및 근무조건 개선방안을 살펴보면 다음과 같다.

교원의 처우를 개선하기 위하여 본봉이 전체보수에서 차지하는 비율(현행 41%)을 높여 실질적으로 처우 개선이 되도록 한다. 또 학생상담, 생활지도, 업무기획 등 업무 부담이 큰 교사에게 지급되는 수당을 연차적으로 인상한다. 교원들의 연구·토론을 활성화하기 위하여 교과 또는 학년 연구실을 연차적으로 확충하고, 각종 편의시설을 마련한다. 현행 교무실에서 연구가 어려우므로 소규모의 세미나실 또는 개별 연구실 마련이 중요하다고 생각된다. 교원 1인당 학생수가 OECD국가의 평균보다 높아[32] 교원을 지속적으로 증원하여 1인당 학생 수를 낮춘다. 학생들에게 다양하고 질 높은 수업 제공을 위하여 순회교사제, 기간제 교사, 산학겸임교사 등을 마련할 계획이다.

한편 이러한 계획안에 대하여 전문성 신장을 유도할 수 있는 보수체제가 아니며, 성과급도 반영되어 있지 않고, 교사 충원계획도 부족하다고 비판하며,

---

32) 2006학년도 OECD교육지표에 따르면 우리나라 교원 1인당 학생 수는 2004년 현재 초등 29.1명, 중등 20.4명, 고등학교 15.9명이다(OECD 평균은 16.9명, 13.7명. 12.7명임).

일본과 같이 「우수교원확보법」을 제정하자는 주장도 있다.[33)]

정보화 추세에 맞추어 교원들이 자유롭게 멀티미디어와 인터넷을 사용할 수 있도록 근거리 통신망(LAN)을 구축한다. 그 밖에도 공문서 유통량을 감축하고, 외부행사 동원을 억제하며 교육 이외의 업무 부담을 완화시킨다. 마지막으로 교원이 각종 사고 책임에서 안심하고 교육에 전념할 수 있도록 학교안전공제회의 기금을 확충하고 보상절차를 신속·간편히 한다.

생각건대 교육환경의 개선에는 교원 노동조합이 적극 관심을 갖고 정부와 단체교섭을 통하여 해결하여야 할 과제이기도 하다. 또 환경개선에는 엄청난 예산확보가 전제되므로 정치적 결단과 국민의 여론형성이 뒷받침되어야 한다.

2.3.3 근로자의 지위와 전문가의 지위의 양립 가능성

1986년 '교육민주화 선언'으로 시작된 전국교사협의회(전교협)의 활동과정에서 정부와의 심한 갈등을 겪은 바 있다. 1989년 전교협의 노조발기인 대회를 정점으로 정부의 탈퇴각서와 중징계 그리고 여러 가지 우여곡절 끝에 1998년 2월 노사정 대 타협으로 교원노조가 결성되었다.

이 과정에서 여러 가지 쟁점이 있었지만, 그중 하나가 교사의 지위가 노동조합을 결성할 수 있는 근로자인가(노동조합주의, unionism), 아니면 고도의 지식과 능력을 갖춘 전문가로서 자치단체를 조직하여 자율적으로 통제하는 전문직주의(professionalism)인가 이었다. 전교조 측은 근로기준법상의 엄연한 근로자임을 주장하였고, 정부는 스승존중의 문화와 국민의 정서, 그리고 교원지위법정주의 등을 들어 전문직 단체 허용으로 대응하였다.

「근로기준법」 제14조는 '근로자라 함은 직업의 종류를 불문하고 사업 또는 사업장에서 임금을 목적으로 근로를 제공하는 자'로 규정하고 있다. 정신적 노동도 해당되므로 교사도 일응 근로자의 성격을 갖으나 실질적 종속관계에 있느냐의 판단은 단순하지 않다.[34)] 그러나 정부는 1998년 「교원노조의 설립 및 운영 등에 관한 법률」의 제정으로 교원이 근로자임을 인정한 것이다.

교원이 전문가인가는 헌법, 교육기본법, 「교원지위향상을 위한 특별법」 등

---

33) 서정화, "교원처우 및 근무여건", 한국교육행정학회 제116차 학술세미나자료, 2000, pp. 5-12.

34) 실질적 종속관계의 판단기준으로 노동법에서는 업무수행과정에서의 지휘, 명령의 유무를 본다.

의 제 규정에서 쉽게 확인된다. 그러나 법령상에는 교원을 전문가로 다루고 있지만, 현실적으로 교원이 전문가로 사회에서 인식되고 있는가의 문제가 있다. '전문가'의 기준 내지 특성은 다음과 같이 요약된다.

- 독특하고 본질적인 사회봉사기능을 수행한다.
- 직무수행에 있어서 고도의 지적 능력을 요한다.
- 장기간의 준비교육이 필요하며 계속적 성장을 위해 노력한다.
- 직무 수행과 의사결정에 있어서 자율성을 지니나 동시에 책임성이 요구된다.
- 자체통제와 자체육성에 노력하는 종합적 자치단체를 조직한다.
- 구성원들이 지켜야 할 윤리강령을 가지고 있다.
- 전문직의 문화(professional culture)를 창조하는 특성이 있다.[35)]

생각건대 교사는 근로기준법상의 근로자 지위에 있으며 동시에 전문가로서의 지위에도 있다고 할 수 있다. 양 지위를 상반된 것으로 이해하기보다는 민주교육을 공동목표로 하는데, 강조하는 내용에 차이가 있는 것으로 인식할 필요가 있다. 전교조가 노동조합주의 입장에서 교사의 근무조건 향상에 주된 관심을 갖고 노력하고, 한국교원총연합회는 전문직주의에 초점을 두고 교사의 전문성 향상에 노력한다면 상호 보완적으로 협력이 되고 교사의 양 지위도 병존이 가능하다고 생각된다. 대부분의 선진국들과 유네스코의 「교원의 지위에 관한 권고」에서도 교직의 전문성을 선언하고 있다.

2.4 교사의 사회적 지위

2.4.1 교사에 대한 성직관

'교사'하면 국공립학교의 경우에는 교육공무원이 가장 기본적인 법적 지위라 할 수 있다. 공무원이지만 인간에게 가장 중요한 교육을 맡고 있는 '교육공무원'이므로 교육공무원법이라는 특별법을 만들어 특수한 우대조치를 하는 것이다. 그리고 '교사'하면 그 본질적인 성질이 '교육'을 담당한 전문가이며, 기본

35) 윤정일 외, 「교직단체의 위상정립에 관한 연구」, 서울대학교 사범대학, 1989, p. 19.

적으로 고도의 정신노동을 하는 근로자 존재이기도 하다. 사립학교 교사도 적용됨은 물론이다.

또한 우리나라에서는 전통적으로 '교사'하면 떠올리는 개념이 우리 사회에서 가장 존경받는 지도자 내지 인격자이다. '스승'의 권위는 절대적이었고, 오늘날 우리 사회를 이만큼 발전시켜 온 숨은 공로자이기도 하다. 교사에 대한 이러한 '성직관'은 아직 우리 사회에 뿌리 깊이 남아 있는 덕목이라 할 수 있다. 교사에 대한 존경이 자기발전의 전제가 된다고 생각하므로 이러한 교사 존경 풍토는 우리나라의 강점이라 할 수 있다.

그러나 최근에 교사에 대한 이러한 성직관은 상당히 위협을 받고 있다. 교사에 대한 존경은커녕 교사를 불신하고 고발·고소까지 하는 실정이 되었다. 이곳에서는 이러한 변화의 원인이 무엇인가를 교원지위의 전반적인 하락요인과 함께 살펴본다.

2.4.2 교사지위의 하락 요인

교사 지위의 하락 요인을 크게 나누면, 사회 환경의 변화, 교사에 대한 신뢰 실추, 그리고 열악한 교육환경을 들 수 있다.

2.4.2.1 사회 환경의 변화

교사의 지위, 특히 스승으로서의 사회적 지위가 낮아지고 있는 이유는 여러 가지가 있겠지만, 가장 큰 원인은 사회 환경의 변화에서 찾을 수 있겠다. 종전에는 교사만이 유일한 지식전달의 역할자이었는데, 최근에는 정보화의 추세로 누구나 교사의 도움 없이도 정보에 접근하여 활용할 수 있게 되었다. 사이버공간의 확대는 앞으로 학교 내지 교사 직종 자체가 없어진다는 성급한 진단까지 나올 정도이다.

또한 사회 직업의 다양화는 상대적으로 벤처기업과 같은 더 나은 다른 직업을 선호하므로, 종전같이 우수인재가 교사직만을 선호하지 않는다. 이는 상대적으로 봉급수준의 낙후를 가져와 사기가 떨어지는 요소로 작용한다. 더 큰 사회적 변화는 아이들의 가치관 변화이다. 종전에는 충효강조의 유교적 전통에서 연장자 내지 스승에게 복종하였던 아이들이 이제는 서구 개인주의 내지 경쟁위주의 시장경제주의로 말미암아 '버르장머리 없는 아이'들로 변했다. 청소년기에는 반항도 항상 있는 것이지만, 요즘의 많은 아이들은 어른에 대한 존경 또는 타인에 대한 배려가 부족하고 자기만 아는 편협성을 갖고 있는 것 같다.

한두 명의 아이만 키우는 핵가족에서 아이들에 대한 지나친 보호적 사랑도 한 원인일 수 있다. 일선의 많은 교사들이 학생들의 반항 내지 교사 무시에 학생지도의 의욕이 없어진다고 지적하고 있다. 수요자 중심의 열린 교육은 학생을 교육의 단순한 대상으로만 보지 않고, 학생의 발전이 교육의 궁극적 목적이라는 의미인데, 학생의 방종으로 잘못 인식된 점도 지적하고 싶다.

여기에 더하여 학부모까지 교사 내지 학교를 불신하고 아이들의 교사 불신을 더하게 한다. "교사는 학부모를 대신한다"는 전통은 학부모가 교사를 전적으로 신뢰하는 데 그 바탕을 둔다. 학부모가 교사를 불신하는 이유는 교사가 '지식'전달을 학원보다 못하고, 학생에 대한 애정과 사랑의 지도가 없기 때문일 것이다. 학부모와 교사간의 신뢰구축이 시급한 과제라 할 수 있다.

2.4.2.2 교사에 대한 신뢰 실추

위에서 언급한 바와 같이 많은 학생이나 학부모가 교사 내지 학교를 불신하고 있는 큰 이유 중 하나는 교사의 자질에 대한 불신이다. 「학교 바로세우기 실천연대」에서 학생, 학부모, 교사를 대상으로 실시한 조사에서 69.6%가 교원의 역할과 능력에 대하여 불만이라고 응답하였다.[36)]

자기 전공분야를 얼마나 열심히 공부하여, 날로 새로워지는 지식을 제대로 전수하고 있는지 교사들이 자성해 볼 필요가 있다. 아이들이 권위주의적으로 지시만 한다고 따르지는 않는다. 진정한 교사 존경은 학생들을 잘 가르치고 학생들에게 관심을 갖고 학생들을 지도할 때 가능하다고 믿는다. 교사들이 전문가로서 긍지를 가질 수 있는가, 자기 개발 노력을 얼마나 하였는가, 가르치는 일보다는 승진에 더 관심을 갖지는 않았는가? 등을 생각해 볼 필요가 있다.

교사의 전문지식에서 가장 취약한 분야 중 하나가 법 지식이다. 민주주의의 핵심원리가 헌법에 규정되었고, 일상의 많은 행위가 법률행위인데 기본적인 법 지식이 없어 문제가 되는 경우 당황하기 쉽다. 학생들을 교육하는 교사들은 민주주의의 기본원리 예컨대, 표현의 자유, 적법절차, 평등권 등의 기본적인 법 원리를 알고 학생들에게 생활 지도에서 실습시켜야 하는 것은 너무도

---

36) 학교교육바로세우기 실천연대, 「교육문제인식의 세대차 설문분석 결과」, 2000.

당연하다.

특히 교사들이 당황하는 것은 학생 지도에 있어 자주 체벌을 하는데, 법적으로 허용되는지, 허용되면 어느 범위까지 가능한지, 학생이나 학부모가 항의할 경우 자기보호를 어떻게 하여야 하는지 등의 기본적인 사항을 모르고 무기력하게 죄인처럼 매도당하는 경우가 많다. 학생들의 안전사고도 마찬가지이다.

교사의 입장에서 보면 이러한 부족한 점이 열악한 교육환경에서 대부분 기인한다고 말할 수 있다. 교사의 자주성이 거의 없는 획일화된 교과과정에서 무슨 의욕으로 열심히 공부하여 수업하겠는가, 수학능력이 천차만별인 수많은 학생들을 어떻게 애정을 갖고 교육적으로 대할 수 있는가, 승진 같은 신나는 일도 별로 없고 수업보다 보고서와 잡무가 더 많고, 연구실하나 없는 열악한 교육환경에서 어떻게 연구와 수업에 전념하는 전문가를 기대할 수 있는가 등이다. 따라서 교육환경의 개선도 시급한 과제이다. 그러나 학교조직은 성질상 다른 조직에 비하여 상대적으로 폐쇄적이었기에 환경의 변화에 반응이 느릴 수밖에 없었고, 그 구성원인 교사들도 현상유지에 안주해 온 면도 있지 않나 생각한다.

2.4.2.3 열악한 교육환경

위에서 지적한 것처럼, 교사의 주된 불만 중 하나가 교육환경이다. 매슬로(Maslow)의 욕구의 계층제 이론이나, 헐즈버그(Herzberg)의 위생요인 이론에서 알 수 있듯이 물리적 환경의 주된 충족책임은 조직 관리자에 있다. 대표적인 교육환경의 문제는 상대적으로 낮은 수준의 봉급과 후생복지시설, 과다한 교사 1인당 학생 수와 수업시간, 많은 공문서 및 외부행사 참여 같은 잡무 등이다.

2.4.3 스승으로서의 사회적 지위 회복(학부모와 학생의 교사 존경 풍토 조성)

교사의 사회적 지위하락에 큰 요인이 되고 있는 학부모와 학생의 교사에 대한 불신을 해소하고 나아가 교사 존경의 분위기를 조성하는 것은 쉽게 해결하기 어려운 장기적 과제라 할 수 있다. 교직발전 종합방안에서 계획하고 있는 교육 공동체 구성원간의 신뢰회복 방안을 살펴보면 다음과 같다.

교원·학생·학부모 헌장제정을 권장하고, 학교에서 제반 분쟁을 합리적으로 처리하기 위하여 학교운영위원회 내에 학교분쟁조정위원회를 구성·운영한다. 스승 존경 풍토를 조성하기 위하여 우수교원의 사례를 적극 발굴하고 홍보하여, 언론과의 협조를 강화한다. 교원 불신의 요소를 없애기 위하여 교직 윤리를 강화하고, 성범죄 및 약물중독 같은 부적격 교원을 적법절차 안에서 배제한다. 이 밖에도 교직발전 종합방안에 교원 우대카드제가 포함되어야 한다.

생각건대 교사의 존경분위기 조성에는 학부모의 역할이 가장 중요하다고 할 수 있다. 학부모가 자기 아이만 생각하고, 교사의 수업 내지 학생지도 소홀을 불만스럽게 생각하면 결국 자기 아이로 하여금 교사 불신을 조장하게 되기 때문이다. 열악한 교육환경에서 최선을 다하는 교사들의 노력에 감사할 줄 알고, 자기 자식만이 자식이 아니라 자기 자식과 함께 살아가야 할 다른 학생들도 자기 자식처럼 생각하여야 건전한 사회발전이 가능하다는 인식이 있어야 한다. 학생도 교사에 대한 존경심 없이는 진정으로 배우는 것이 없어 자기 손해임을 학생들 스스로 인식하여야 한다. 학교운영위원회에서 학부모가 학교를 감시·간섭하는 것이 아니라 교사들의 고충을 도와주는 데 초점을 두어야 학교 공동체가 신뢰를 쌓고 성공할 수 있다고 믿는다.

지금까지 교사의 법적, 사회적 지위를 교육공무원, 전문가, 근로자, 존경받는 인격자로 구분하여 구체적인 내용들을 체계적으로 살펴보았다. "교사" 또는 "선생"하면 법적으로 교육공무원이며, 전문가 및 근로자의 성격도 함께 갖고 있으며, 전통적으로 성직자 같은 인격자로 생각한다.

교사의 '교육'역할이 미래의 지식기반 사회에서 더욱 중요해지고 있는데, 교육의 주체인 교사의 지위는 상대적으로 하락하고 있다. 교사 존경의 바람직한 전통이 최근에 왜 붕괴되고 있는가 모두가 걱정을 한다. 그 원인을 크게는 사회 환경의 변화, 전문가로서의 교사에 대한 신뢰 실추, 그리고 열악한 교육환경으로 생각할 수 있다. 교사의 지위 회복 내지 향상을 위하여 어떤 정책적 노력을 하여야 하는가? 교사의 양성, 자격, 임용, 연수 그리고 자주적인 교육권의 보장을 통하여 전문가로서의 지위를 강화하는 것이 가장 중요하다.

그리고 교사의 그러한 노력을 뒷받침하기 위하여 그동안 열악한 교육환경이 획기적으로 개선되어야 한다. 교원의 봉급수준 인상, 교원 수의 증원을 통한 교원 1인당 학생 수 감축, 연구실 및 토론실의 마련, 정보인프라 구축, 학교사고에 대비한 공제회 내지 보험제도의 마련 등이 추진되어야 한다. 이러한 추진에는 엄청난 예산이 확보되어야 하는바, 정부의 정책 우선순위에서 결단이 필요하다. 또 교원노동조합도 합리적인 요구로 단체교섭의 활성화와 교섭문화의 정착을 통하여 근무조건 향상에 기여하여야 한다. 마지막으로 우리나라의 훌륭한 전통인 스승존경 풍토를 위하여 학부모들이 가정 교육을 통하여 교사를 존경하고, 타인을 배려하도록 가르치는 노력이 필요하다.

생각건대 이러한 세 방향의 노력이 동시에 이루어지면 가장 이상적이겠지만, 순서를 말하면 교사의 전문성 향상 노력이 우선이고 그를 뒷받침하는 정부의 환경개선 노력 그리고 학부모와 학생의 교사 존경 풍토조성이라고 아래의 〈표 10-2〉와 같이 요약할 수 있다. 학교공동체의 구성원들이 자기 권리나 이익만을 주장하지 말고, 최소한의 법적 의무와 책임을 다하는 진지한 자세가 교사의 지위향상을 위한 출발점이 될 것이다.

〈표 10-2〉 교사의 지위향상 방향

미래사회
- 창의력 존중
- 지식기반 사회
  (정보화, 세계화)

→

교사가 주도적 역할
- '교육'공무원으로 봉사
- 전문성 향상 노력

(교육공무원 및 전문가로서의 지위 향상)

↑ ↑

정부의 뒷받침
- 연구여건 개선
- 환경 인프라 구축

(근로자로서의 지위향상)

학부모와 학생의 뒷받침
- 교사존중 풍토
- 타인배려 가정교육

(스승으로서의 사회적 지위향상)

[토론 주제]

1. 교원지위법정주의와 관련되는 교수의 기간제 임용에 관한 헌법재판소의 두 판례를 비교할 때, 판례변경의 배경 내지 이유는 무엇인가?
2. 공무원 연금법에 의한 연금청구권이 후생복지차원에서 중요한바, 자주 발생하는 교육현장에서의 관련 사례에는 어떤 것이 있는가?
3. 교육공무원의 주요 법적 의무와 징계 책임도 교육현장에서 자주 발생하는바, 학교 현장에서의 자주 발생하는 사례에는 어떤 것이 있는가?

4. 교원의 교육권 침해사례 중 자주 발생하는 것은 무엇이며, 어떻게 예방할 수 있는가?
5. 교직발전종합방안과 '미래교육 비전과 전략 2030'에서 제시하고 있는 교원의 전문가로서의 지위향상을 위한 방안들을 현실적으로 어떻게 구현할 수 있는가?
6. 다음과 같은 성과상여금의 차등제 찬성 논거에 동의하는가? 찬성의 경우 성과의 기준은 무엇이어야 하는가? 반대 논거는 무엇인가? 첫째, 열심히 노력하는 교원들에게는 그에 상응하는 보상이 있어야 한다. 둘째, 교원들은 교육을 함에 있어서 사회적 책무성을 고려해야 한다. 셋째, 교직의 전문성 신장과 관련한 보수의 차등화가 필요하다. 전문직 종사자들은 담당한 업무의 성과에 따라 보수도 차등지급받는 것이 기본이다. 끝으로, 능력과 성과에 따른 보수의 차등지급제가 사회 전반에 걸쳐 점차로 확대되고 있다.

제 4 부

교육정책과 법

제4부는 교육정책이 이루어지는 과정을 중심으로 각 과정에서 중요시되는 쟁점들을 법적 시각에서 분석하는 것이다. 교육정책은 일반적으로 교육제도 안에서 사람들을 조직하여, 시설·재정 및 정보의 도움을 받으며, 학사관리 같은 조직목표를 달성하는 일련의 과정이라 할 수 있다. 이들 요소의 법적 측면을 살펴본다.

교육정책은 중앙의 교육정책 부서, 지방의 교육자치제도, 그리고 단위학교의 조직운영에 의하여 크게 영향을 받는다. 그리고 조직운영의 성패는 궁극적으로 사람관리, 즉 인사정책에 달려 있다. 또한 모든 조직이 조직목표 달성을 위하여 시설·재정 및 정보의 뒷받침을 필요로 한다. 교육정책의 중심적 과정은 학생을 입학시켜 교과과정에 따라 질 높은 교육을 하고 일정한 자격을 가진 자를 졸업시키는 학사관리라 할 수 있다.

제11장 교육정책기구 및 교육자치제도의 법적 측면/ 제12장 인사정책의 법적 측면/ 제13장 교육시설·재정 및 정보관리의 법적 측면/ 제14장 학사정책 및 교육평가의 법적 측면

교육복지의 실현(교육혁신위원회 자료)

제 11 장

교육정책기구 및 교육자치제도의 법적 측면

본 장에서는 첫째로 중앙정부의 교육정책기구로 대통령과 교육인적자원부의 조직체계와 그 권한을 살펴보고 이들 교육정책기구가 수행하여야 할 교육기본법에서 규정하고 있는 중요 교육진흥정책을 알아본다. 둘째로 교육·학예에 관한 사무는 지방의 특수성을 살리고 주민의 참여를 위하여 지방자치단체의 사무로 되어 있다. 지방교육자치제도의 중요성을 지적하고 「지방교육자치에 관한 법률」의 내용과 주요 쟁점사항을 분석한다. 교육위원회를 지방의회의 상임위원회로 통합한 데 대한 법적 문제점과 헌법재판소에 청구중인 헌법소원도 다룬다. 셋째로 단위학교의 조직에서 중요한 의사결정기구인 학교운영위원회와 학교장의 역할을 살펴본다.

1. 국가의 교육정책기구와 교육진흥정책

1.1 국가의 교육정책기구

1.1.1 대통령

교육은 원래 개인의 사적 영역에 해당하였으나 근대 교육제도의 확립과 더불어 교육은 국가의 중요기능이 되었다. 21세기의 지식기반사회에서는 교육이 국가의 핵심기능으로 더욱 중요시된다. 이러한 교육의 궁극적 정책결정자는 대통령이다. 대통령의 교육정책에 자문하는 기구로 그동안 교육개혁위원회가 있어 왔고 1998년에는 새교육공동체위원회로 바뀌었다. 교육인적자원부의 역할이 확장되면서 대통령자문기구로 교육인적자원정책위원회가 2000년 9월 30일 발족되어 활동하였고, 2003년 7월에는 교육혁신위원회가 발족되었다.

교육혁신위원회에는 운영위원회, 정책지원국, 교육비전 2030위원회가 있으며, 4개의 전문위원회가 있다. 미래교육전략위원회, 미래학교전문위원회, 미래인적자원전문위원회, 교육현안전문위원회로 구성되었다.

교육혁신위원회의 중요기능은 다음과 같다.

가. 중장기 교육 인적자원정책의 방향 정립에 관한 사항

나. 주요 교육정책의 개발에 관한 사항

다. 교육체제의 혁신에 관한 사항

라. 교육재정 및 교육복지에 관한 사항

마. 제1호 내지 제4호와 관련된 사항의 추진상황의 평가에 관한 사항

바. 그 밖에 교육혁신과 관련하여 대통령 또는 위원장이 부의하는 사항

교육혁신위원회에서 2007년에 발표한 '미래교육 비전과 전략 2030'의 주요 내용은 다음과 같다. 큰 틀에서 보면 '가르치기 중심'에서 '배우기 중심'으로 교육 패러다임을 전환하고 학제개편 및 학년제 유연화, 학습시간과 공간 다양화 등 경직된 시스템을 유연하게 바꾼다는 것을 핵심으로 하고 있다. 유초중등교육 유연화, 고등교육 역량강화, 평생학습 생활화, 사회통합과 균형발전 등 네 가지 정책목표 아래 세부 정책과제들이 제시됐다.

초중등교육 정책과제로는 2015년께부터 학년군제(초·중학교)와 학점이수제 및 무학년제(고등학교), 홈스쿨링제(초·중·고교) 도입 등이 추진된다.[1] 교사들의 전문성 향상을 위해서는 2015년부터 교사자격갱신제와 교원전문대학원제 도입을 검토하기로 했다. 이에 관하여서는 제10장 교원의 법적지위에서 언

1) 학군제란 기존의 학년 개념은 그대로 두면서 몇 개의 학년을 하나로 묶어 하나의 학년 군 안에서 다양한 수준별 교육을 할 수 있도록 하는 제도다. 고교 학점이수제 및 무학년제는 고교의 학년 구분을 아예 없애고 대학처럼 원하는 과목을 신청해 필요 학점을 이수할 수 있도록 하는 것을 말한다. 홈스쿨링제는 학교가 아닌 가정에서 부모가 직접 교육을 해도 일정 조건을 준수하면 학력으로 인정하는 제도로 현재 자율학교에 한해 일부 허용돼 있는 것을 2015년에는 아예 제도화한다는 것이다. 교육인적자원부, 「미래교육 비전과 전략 2030」, 2007. 10.

급하였다.

고등교육 역량강화를 위한 과제로는 대학 자율권을 대폭 확대하고 고등교육평가 시스템을 구축하며 대학구조 개혁 및 이에 따른 재정지원을 위해 '대학구조개혁 특별회계'를 설치하는 방안 등이 포함됐다. 평생학습 생활화를 위해서는 평생교육기관에서 받은 학습결과를 누적·기록하고 이를 학력으로 인정하는 평생학습계좌제 신설과 정규 학위과정으로 성인대학 도입, 유급휴가제 실시, 고령자 경력설계 상담제 등을 추진하기로 했다.

사회통합과 균형발전을 위한 과제로는 교육복지사업의 안정적 추진을 위해 교육복지지원법을 제정하고 '최저교육복지비'를 도입해 저소득층 학생들에게 학습준비물, 참고서 구입비, 교복구입비, 급식비 등 최소한의 교육비를 국가가 모두 지원한다는 계획이다. 이 밖에 다문화가정 및 탈북학생을 위한 다문화교육센터 및 다문화 선도학교, 남북교육협력기구 설립 등을 추진하고 한국어교사자격증제, 영어 몰입교육 시범학교, 외국어 능력 인증제 도입 등도 검토할 방침이다.

대통령의 정책자문을 맡는 중요기관으로서 청와대 비서실에 사회정책수석실도 있다. 사회정책수석비서관은 대통령에게 교육정책을 자문하는 참모이지만 교육정책결정에서 중요한 역할을 한다.

1.1.2 교육인적자원부와 교원소청심사위원회

교육정책을 주관하는 중앙정부 부서는 교육인적자원부이다. 「정부조직법」 제2조 제1항에서는 중앙행정기관의 설치와 직무범위는 법률로 정하고, 보조기관은 이 법이나 다른 법률에 특별한 규정이 없는 한, 차관·차장·실장·국장 또는 부장 및 과장으로 하며 보조기관의 설치와 사무분장은 법률로 정한 것을 제외하고는 대통령령으로 정하도록 되어 있다(동법 제2조 제2, 3항). 「정부조직법」 제28조에서 교육인적자원부 장관은 인적자원개발정책의 수립·총괄·조정, 학교교육과 평생교육 및 학술에 관한 사무를 관장하도록 되어 있다.

교육인적자원부의 하부조직과 그 주요 기능이 대통령령인 「교육인적자원부와 그 소속기관 직제」 제4조 이하에 다음과 같이 규정되어 있다.

제4조(하부조직) ① 교육인적자원부에 차관보 1인을 두되, 차관보는 장관이 명하는

> 업무에 관하여 장관과 차관을 보좌한다. ② 교육인적자원부의 정책 및 기획을 조정하고, 홍보·예산·법제·심사평가·정책상황·교육시설 및 비상계획에 관한 사무를 관장하기 위하여 정책홍보관리실을 둔다. ③ 교육인적자원부에 운영지원팀, 학교정책실·평생직업교육지원국·대학지원국·국제교육정보화국 및 인적자원정책본부를 둔다. ④ 장관 밑에 장관정책보좌관 2인 및 장관비서관 1인을, 차관 밑에 감사관 및 혁신인사기획관 각 1인을 둔다.

교육인적자원부는 21세기 국가경쟁력의 핵심인 국가인적자원 개발의 주무부처로서 동 정책의 기획·총괄·조정 및 평가기능을 효율적으로 수행할 수 있도록 '인적자원정책본부'를 설치하였다. 인적자원정책본부는 국가인적자원위원회(위원장 대통령)의 사무국 역할을 수행하며, 관계부처 공무원 및 민간전문가를 포함하여 3국 8개 팀(정책조정관, 평가분석관, 기반구축지원관)으로 구성되었다.

정부 공무원 임용의 개방화 정책에 따라 학교정책실장, 인적자원정책국장 및 국사편찬위원회 편집부장은 계약직 공무원으로 보할 수 있도록 하고 있다(동 직제 제36조).

「교육인적자원부와 그 소속기관 직제」 제2조 제1항에 의하면 교육인적자원부 장관의 관장업무를 지원하기 위하여 교육인적자원부장관 소속 하에 국사편찬위원회 및 국립특수교육원을 둔다. 국립특수교육원은 특수교육에 대한 실험·연구, 학습 자료의 개발·보급, 특수교육담당교원 연수에 관한 사무를 관장한다(동 직제 제26조).

「교육인적자원부 및 그 소속기관 직제」 제2조 제2항에 따르면 교육인적자원부에 교원소청심사위원회를 두도록 하였는바, 그 주요업무는 다음과 같다. 동 위원회는 1. 각급 학교 교원에 대한 재심청구사건의 심사·결정, 2. 교육공무원의 고충심사, 3. 교원의 소청심사청구사건의 심사·결정관련 소송사무, 4. 「대학교원 기간임용제 탈락자 구제를 위한 특별법」 부칙 제2항에 따른 소송업무를 관장한다(동 직제 제30조). 교원소청심사위원회의 구성, 법적 성격, 문제점 등에 관하여서는 이미 제7장 교육영역에서의 권리구제에서 다루어졌다.

교육인적자원부 장관은 「행정권한의 위임 및 위탁에 관한 규정」 제26조에 따라 서울특별시·광역시 및 도의 교육감, 학교의 장, 국사편찬위원회위원장, 학술원사무국장, 국제교육진흥원장, 교원소청심사위원회위원장에게 그 권한을 일부 위임할 수 있다. 「행정권한의 위임 및 위탁에 관한 규정」 제2조에 따라 법률에 규정된 행정기관의 장의 권한 중 일부를 그 보조기관 또는 하위 행정기관의 장이나 지방자치단체의 장에게 맡겨 그의 권한과 책임 하에 행사하는 것이 권한의 위임이다. 위탁은 자기 권한의 일부를 다른 행정기관의 장에게 맡겨 그의 권한과 책임 하에 행사하도록 하는 것이다.

1.2 국가의 주요 교육진흥정책

대통령이나 교육인적자원부장관이 결정하는 주요 교육정책에는 어떤 것이 있는가? 정권이 교체될 때마다 교육개혁이라는 이름으로 중요 정책들이 입안·토론되었다. 교육정책은 멀리 미래를 내다보는 '백년대계'이어야 하는데 너무 자주 바뀌어 근시안적이고, 정치적 이해관계에 의한 결정이 많아 그 내용의 타당성에 문제가 있고 정책의 일관성 내지 신뢰성도 문제가 된다.

교육정책의 일관성을 유지하기 위하여 「교육기본법」에서는 '교육의 진흥'이라는 장을 두고 국가 및 지방자치단체가 추진하여야 할 중요 교육정책분야를 명시하고 있다. 이러한 규정은 한정적이라기보다 열거적인 예시규정이라 할 수 있다. 그러나 교육기본법에 규정된 의미는 단순한 선언이라기보다는 국가 및 지방자치단체에게 해당분야의 정책을 적극 추진하여야 할 법적 의무를 부과한 것이라고 하겠다. 나아가 제도적 보장의 의미도 찾을 수 있다. 「교육기본법」에서 규정하고 있는 중요 교육정책분야를 간단히 살펴본다.

1.2.1 교육에서의 남녀평등실현

국가 및 지방자치단체는 남녀평등정신을 보다 적극적으로 실현할 수 있는 시책을 수립·실시하여야 한다. 이러한 시책에는 체육·과학기술 등 여성의 사회적 활동이 취약한 분야를 중점 육성할 수 있는 교육적 방안이 포함되어야 한다. 학교교육에서의 남녀평등 증진을 위한 학교교육과정의 기준과 내용 등 대통령령이 정하는 사항에 관한 교육인적자원부장관의 자문에 응하기 위하여 남녀평등교육심의회를 둔다(교육기본법 제17조의2).

여성차별의 오랜 악습을 벗어나 적극적으로 고급 여성인력의 사회적 진출을 위하여 여성부가 설립되었고, 관련법으로 여성발전기본법, 남녀고용평등법,

남녀차별금지 및 피해구제에 관한 법률, 등이 제정되었다. 교육 분야에서의 남녀평등 실현은 성 역할의 편견에 대한 시정효과가 크므로 무엇보다도 중요한 역할을 한다. 헌법상의 평등권 문제로 적극적 우대조치(affirmative action) 등의 문제를 제3장 헌법과 교육에서 다룬 바 있다.

1.2.2 과학·기술교육의 진흥

국가 및 지방자치단체는 과학·기술교육을 진흥하기 위하여 필요한 시책을 수립, 실시하여야 한다(교육기본법 제22조). 치열한 국가 간의 경쟁에서 과학·기술이 중요한 역할을 하기 때문에 과학·기술교육의 정책적 강화가 요청된다. 여기서 과학은 자연과학 특히 기초과학을 의미하며 관련법으로 과학교육진흥법이 있다. 농업·공업·수산업·상업 등 산업에 종사하기 위하여 필요한 지식·기술을 제공하는 산업교육도 강조되는바, 관련법으로 산업교육진흥법 등이 있다.

1.2.3 교육의 정보화와 국제교육의 진흥

국가 및 지방자치단체는 정보화 교육 및 정보통신매체를 이용한 교육의 지원과 교육정보산업의 육성 등 교육의 정보화에 관하여 시책을 수립·실시하여야 한다(교육기본법 제23조). 국가는 국민이 국제사회의 일원으로서 갖추어야 할 소양과 능력을 기를 수 있도록 국제화 교육에 노력하여야 하며 외국에 거주하는 동포에게 필요한 학교교육 또는 사회교육을 실시하기 위하여 필요한 시책을 강구하여야 한다. 국가는 학문연구의 진흥을 위하여 국외유학시책을 강구하고, 국외에서 우리나라 문화의 정체성 확립을 위한 교육·연구 활동을 지원하여야 한다. 국가는 또한 외국정부 및 국제기구 등과의 교육협력에 필요한 시책을 강구하여야 한다(동법 제29조).

21세기는 정보화와 국제화의 시대이다. 이러한 시대의 변화에 적응하기 위하여 새롭게 강조되는 정책영역이 교육정보화와 국제교육이다. 교육인적자원부에서도 국제교육정보화기획관을 두어 교육정보화에 대한 정책수립 및 지원과 국제교육진흥에 관련된 많은 정책을 추진하고 있다(교육인적자원부와 그 소속기관 직제 제8조 참조). 관련법으로 「한국교육학술정보원법」, 「한국교육방송공사법」 등이 있다.

1.2.4 사립학교의 지원·육성

국가 및 지방자치단체는 사립학교를 지원·육성하여야 하며, 사립학교의 다양하고 특성 있는 설립목적을 존중하여야 한다(교육기본법 제25조). 우리나라 교육기관에서 사학이 차지하는 비율이 매우 높고 그 기능이 사실상 국·공립학교의 기능과 차이가 없기 때문에 사립학교에 대한 지원이 중요하다. 사립학교 문제는 제15장 사립학교와 법에서 따로 다루어진다. 관련 법률로 「사립학교법」, 「한국 사학진흥재단법」 등이 있다.

1.2.5 특수교육, 영재교육 그리고 유아교육의 진흥

국가 및 지방자치단체는 특수교육, 영재교육, 유아교육을 진흥하는 정책을 수립·지원하여야 한다. 국가 및 지방자치단체는 신체적·정신적·지적 장애 등으로 인하여 특별한 교육적 배려가 필요한 자를 위한 학교를 설립·경영하여야 하며, 이들의 교육을 지원하기 위하여 필요한 시책을 수립·실시하여야 한다(교육기본법 제18조). 국가 및 지방자치단체는 학문·예술 또는 체육 등의 분야에서 재능이 특히 뛰어난 자의 교육에 관하여 필요한 시책을 수립·실시하여야 한다(동법 제19조). 국가 및 지방자치단체는 유아교육을 진흥하기 위하여 필요한 시책을 수립·실시하여야 한다(동법 제20조). 관련 법률에는 「특수교육진흥법」, 「유아교육법」 등이 있다.

특수교육과 유아교육은 그동안 상대적으로 소홀히 다루어진 분야이므로 이 분야에 대한 관심과 정책지원이 강화되어야 한다. 특수교육을 필요로 하는 사람에게 국가 및 지방자치단체가 적절하고 고른 교육기회를 제공하고, 교육방법 및 여건을 개선하여 자주적인 생활능력을 기르게 함으로써 그들의 생활안정과 사회참여에 기여하기 위하여 「특수교육진흥법」이 제정되었다(동법 제1조).

국가 및 지방자치단체는 특수교육을 진흥하기 위하여 특수교육종합계획의 수립, 생활기능의 회복을 위한 치료교육 연구대책 강구, 특수교육 대상자의 취학지도, 특수교육의 내용 및 방법의 연구·개선, 특수학교 교원의 양성 및 연수, 특수교육기관의 설치·운영 및 특수교육을 위한 시설·설비의 확충·정비, 특수교육에 필요한 교재·교구의 연구·개발 및 보급, 특수교육 대상자에 대한 직업교육대책의 강구 등의 업무를 추진하여야 한다. 국가 및 지방자치단체는 위의 업무를 수행하는 데 드는 경비를 예산의 범위 안에서 우선적으로 지급하여야 한다(동법 제3조). 특수교육에 관하여서는 제14장에서 다룬다.

유아에게 적합한 교육적 환경을 제공하여 심신의 조화로운 발달이 이루어지도록 교육함과 아울러 그 보호자의 다양한 교육요구에 응답함을 목적으로 「유아교육법」이 제정되었다. 유아교육법에 관하여서는 제4장에서 다루었다.

동법에 의하면 국가 및 지방자치단체는 보호자와 더불어 유아를 건전하게 교육할 책임을 지며(동법 제3조), 유아교육 및 보육에 관한 기본계획, 유치원 및 보육시설간의 연계운영의 심의를 위하여 국무총리산하에 유아교육보육위원회를 두도록 되어 있다(동법 제4조).

1.2.6 기타의 교육진흥정책

국가는 국민의 학습 성과 등이 공정하게 평가되어 사회적으로 통용될 수 있도록 학력평가 및 능력인증에 관한 제도를 수립·실시하여야 하며, 이러한 평가 및 인증제도는 학교의 교육과정 등 교육제도와 연계되어야 한다(교육기본법 제26조). 학벌 위주의 사회적 편견을 해결하기 위한 사회교육의 강화 및 인정차원에서 평가 및 인증 제도를 도입하였고 자세한 내용은 제17장 평생교육과 법에서 다루어진다. 관련법으로 「사회교육법」, 「독학에 의한 학위취득에 관한 법률」, 「학점인정 등에 관한 법률」, 「한국직업능력개발원법」의 설립 근거 법률인 「정부출연연구기관 등의 설립·운영 및 육성에 관한 법률」 등이 있다.

그 밖에 교육기본법이 명시적으로 규정하고 있는 교육진흥정책에 학술문화의 진흥(동법 제24조), 장학제도(동법 제28조), 그리고 학생 및 교직원의 보건·복지정책(동법 제27조)이 있다. 관련 법률에는 「학술진흥법」, 「대한민국학술원법」, 「학교보건법」, 「학교급식법」 등이 있다.

1.3 교육인적자원부의 역할 변화

교육은 인간의 잠재력을 끌어내어 인간다운 삶을 보장하는 본질적인 기본권이며, 일반 행정과는 다른 비권력적 특성이 있으며, 교육의 자주성과 전문성 중립성이 헌법에 보장되어 있고, 다양한 이해관계인이 많다는 것이 특징이다.

따라서 교육정책은 거버넌스적 접근이[2] 필요하다. 그러나 지금까지 중요한 교육정책은 대부분 교육인적자원부가 결정해 왔다고 할 수 있다. 최근에는 교육지방자치가 실시되고, 각종 교육단체와 학부모단체의 참여가 이루어지고 있으며, 단위학교에서도 학교운영위를 통한 민주적 운영체제가 되고 있으나, 아직 중앙정부의 집권적 의사결정체제의 문제점들이 지적되고 있다.

교육인적자원부의 역할 변화 방향으로 모든 교육정책을 다 혼자서 결정하고 집행하려고 하지 말고 방향안내자, 협력자로서의 역할전환이 요구된다. 계층제에 의한 단독결정보다는 중앙교육위원회를 설치하여 집단결정체제로의 전환도 모색할 수 있고, 각종 비정부중간기구도 활용하고, 입법부와 사법부 그리고 시민단체 등 협력적 네트워크 협력체제의 확립이 필요하다.[3]

2. 지방교육자치제도와 법

2.1 지방교육자치제

2.1.1 지방자치제도

지방자치제도란 일정한 지역을 단위로 일정한 지역의 주민이 그 지방에 관한 여러 사무를 그들 자신의 책임 하에 자신들이 선출한 기관을 통하여 직접 처리하게 함으로써 지방자치행정의 민주성과 능률성을 제고하고 지방의 균형 있는 발전과 아울러 국가의 민주적 발전을 도모하는 제도라고 할 수 있다.[4]

지방자치의 개념에는 정치적 의미의 지방자치로 주민이 지역 내의 정치·행정을 자신의 책임 하에 처리한다는 주민자치의 요소와, 법률적 의미의 지방자치로 일정지역을 기초로 한 공법인인 지방자치단체가 자치권을 인정받아 자

2) 거버넌스(goverance) 개념은 학문분야에 따라 다양하게 해석되고 있으나, 집권화된 전통적인 국가(정부)의 기능이 지방분권과 권한분산, 민영화, 시장 및 시민사회 등 다른 주체들과의 파트너십을 통한 협력 형태를 통하여 이루어지는 새로운 통치방식이라 할 수 있다. 김석준 외, 「뉴 거버넌스 연구」, 대영문화사, 2000, pp. 34-39.

3) 주삼환, "교육거버넌스: 중앙정부의 권한과 역할", 「한국의 교육 거버넌스와 권한 배분」, 한국교육행정학회 143차 학술대회, 2007, pp. 31-44.

4) 헌재 1996. 6. 26, 96헌마200.

체의 기관을 가지고 자주적으로 단체의 의사를 결정한다는 단체자치 요소를 함께 갖고 있다. 지방자치권의 본질은 국가성립 이전의 주민의 고유권능이라는 주장도 있지만 국가가 위임한 권능으로 본다. 이러한 입장에서 지방자치제의 법적 성격은 지방자치제의 본질적 내용을 입법에 의하여 폐지하거나 유명무실하게 하여서는 아니 된다는 제도 보장적 성격을 갖는다.

「헌법」 제117조 제1항은 "지방자치단체는 주민의 복리에 관한 사무를 처리하고 재산을 관리하며, 법령의 범위 안에서 자치에 관한 규정을 제정할 수 있다"고 지방자치의 제도적 보장을 규정하고 있다. 지방자치단체의 주요 권능으로 자치행정권, 자치재정권, 자치입법권이 있다.

자치행정권은 지방자치단체의 사무처리권인데 사무에는 주민의 복리증진에 관한 고유사무, 법령에 의하여 지방자치단체에 속하는 단체위임사무, 지방자치단체의 집행기관에 위임될 사무인 기관위임사무가 있다. 국세징수법에 의한 시·군의 국세징수사무가 단체위임사무의 예이며 그 소요경비는 지방자치단체와 국가가 분담한다. 호적·주민등록·병사·선거 등의 사무가 기관위임사무이며 그 소요경비는 전액을 국고에서 부담한다. 자치재정권은 재산의 형성, 관리·유지 권한으로 구체적으로는 수익을 위한 기본재산의 유지, 특정 목적을 위한 특별 기본재산의 설치, 자치경비의 충당을 위한 조세부과, 사용료 및 수수료의 징수권이다. 자치입법권은 법령의 범위 안에서 자치에 관한 규정을 제정하는 것으로 지방의회의 조례와 지방자치단체장의 규칙이 있다.[5)]

2.1.2 지방교육자치제도

일반 행정의 경우에도 중앙정부의 권력집중화 현상을 예방하고 지역주민의 참여를 통한 자치능력향상을 위하여 지방자치의 실시를 헌법에서 보장하고 있다. 교육은 일반 행정과는 다른 특수성이 있으므로[6)] 헌법에서 특별히 교육의 자주성·전문성·중립성 원리를 규정하고 있다. 따라서 교육에 관하여서는 지방자치에 맡기지 아니하고 별도의 (지방)교육 자치제도를 확립하고 있다.

---

5) 권영성, 「헌법학원론」, 법문사, 2000, pp. 230-241.

6) 예컨대 교육은 정치적 이해관계에 의한 근시안적 판단이 아닌 미래를 내다보는 백년대계의 계획이 필요하며, 일반 행정에서 강조하는 효율성 추구보다 개인의 인격적 발전을 강조하는 민주성이 강조되고, 명령·통일의 지시 위주의 타율보다 참여와 경험을 통한 자율이 강조되는 등이다.

「지방교육자치에 관한 법률」 제1조는 "교육의 자주성 및 전문성과 지방교육의 특수성을 살리기 위하여 지방자치단체의 교육·기술·체육·과학 기타 학예에 관한 사무를 관장하는 기관의 설치와 그 조직 및 운영에 관한 사항을 규정함으로써 지방교육의 발전에 이바지함을 목적으로 한다"고 규정하고 있다.

지방교육자치제도의 헌법적 근거에 관하여 다툼이 있다. 교육자치가 헌법적으로 보장되어 있다는 주장의 논거는 「헌법」 제31조 제4항의 교육의 자주성이다. 그러나 부정설은 「헌법」 제31조 제4항의 교육의 자주성은 교원 및 학교의 교육의 자유 내지 자율성을 확보하자는 의미이지 교육의 자치를 의미하지는 않는다는 것이다. 「헌법」 제31조 제4항에 대학의 자율성은 명문으로 규정하고 있지만 교육의 자치 내지 자율성은 명시되어 있지도 않다는 주장을 한다.[7]

생각건대 교육의 자주성은 좁게는 학교단위에서의 교육의 자치 내지 교사의 교육의 자유라는 내용을 담고 있지만, 넓게 보면 교육행정이 일반 행정과는 다른 특수성을 가지므로 교육행정 차원에서의 교육자치도 내포된 개념으로 해석된다. 그동안의 경험으로 보아 교육행정의 자주성 확립 없이는 학교단위의 교육 자치를 기대할 수 없는 것은 자명하다 하겠다. 교육 자치는 「헌법」 제31조 제4항의 교육의 자주성 원리에 포함된 헌법상의 제도적 보장이라고 할 수 있다.

다음에 「지방교육자치에 관한 법률」의 주요내용을 살펴보고 교육자치의 주요 쟁점사항을 분석한다. 우리나라 교육자치제는 1949년에 「교육법」이 제정됨으로써 법적 근거가 마련되었고 1952년 4월부터 실시되다가 5.16 군사쿠데타로 일시적으로 중단되었다. 1964년에 교육자치제가 부활되었으나 지방자치제가 이루어지지 않아 파행적인 형태로 명목상의 교육자치제였다. 1991년에 교육자치관계조항이 교육법에서 분리되어 「지방교육자치에 관한 법률」이 제정되고 동년 9월에 교육위원회가 구성됨으로써 전면적인 지방교육자치제가 실시되게 되었다.[8]

---

7) 이기우, "지방교육자치제도의 개선방향", 「사회와 교육」 제24집, 한국사회교육학회, 1997, pp. 37-47.

8) 지방교육자치제 실시의 역사적 고찰에 관하여서는 한국교총 교육정책연구소, 「교육자치제 운영실태 및 개선방안」, 정책연구 제58집, 1992, pp. 45-59 참조

2.2 「지방교육자치에 관한 법률」의 내용

1991년 3월 8일에 제정된 「지방교육자치에 관한 법률」은 2006년 12. 20. 전면개정, 2007년 5. 11. 일부 개정되어 5장 42조로 구성되어 있다. 제1장 총칙에서는 동법의 목적과 사무관장을 규정하고 있다. 교육의 자주성, 전문성과 지방교육의 특수성을 살리기 위하여 지방자치단체의 교육·과학·기술·체육 기타 학예에 관한 사무를 관장하는 기관의 설치와 그 조직 및 운영에 관한 사항을 규정함으로써 지방교육의 발전에 이바지함을 목적으로 규정하고 있다(제1조). 지방자치단체의 교육·학예에 관한 사무는 특별시·광역시 및 도의 사무로 한다(제2조). 제2조의 교육 학예에 관한 사무관장의 명시는 지방교육자치의 실시를 시·군·구 수준의 기초자치단체가 아니고 시·도 수준의 광역자치단체라는 것과, 실시주체를 미국처럼 별도의 교육구를 구성하는 것이 아니라 행정주체의 하나인 지방자치단체로 통일시킨다는 의미가 있다.[9)]

제2장은 교육위원회에 관한 규정이다. 시·도의회에 교육·학예에 관한 의안과 청원 등을 심사·의결하기 위하여 상임위원회(이하 “교육위원회”라 한다)를 둔다(제4조). 교육위원회는 시·도의회의 의원과 제10조 제2항의 규정에 따른 교육경력 또는 교육행정경력을 가진 자로서 제8조의 규정에 따라 별도로 선출된 의원(이하 “교육의원”이라 한다)으로 구성하되, 교육의원이 과반수가 되도록 구성한다(제5조). 교육의원은 시·도의회의원의 지위와 권한을 갖으며(제6조), 교육의원의 임기는 4년이다(제7조).

교육의원은 주민의 보통·평등·직접·비밀선거에 따라 선출되며(제8조), 교원, 사립학교법인의 임직원 등 일정 직은 겸임할 수 없다(제9조). 교육의원후보자가 되고자 하는 자는 시·도의회의원의 피선거권이 있는 자로서 후보자등록 신청 개시일로부터 과거 2년 동안 정당의 당원이 아닌 자이어야 하며, 후보자등록 신청 개시일을 기준으로 교육경력 또는 교육행정경력이 10년 이상 있거나 양 경력을 합하여 10년 이상 있는 자이어야 한다(제10조).

교육위원회는 당해 시·도의 교육·학예에 관한 다음 각호의 사항을 심사·의결한다.

---

9) 허종렬, “지방교육자치에 관한 법률 개정 법률안의 쟁점과 대안”, 「한국교육법연구」, 1997, p. 101.

1. 조례안
2. 예산안 및 결산
3. 특별부과금·사용료·수수료·분담금 및 가입금의 부과와 징수에 관한 사항
4. 기채안(起債案)
5. 기금의 설치·운용에 관한 사항
6. 대통령령으로 정하는 중요재산의 취득·처분에 관한 사항
7. 대통령령으로 정하는 공공시설의 설치·관리 및 처분에 관한 사항
8. 법령과 조례에 규정된 것을 제외한 예산 외의 의무부담이나 권리의 포기에 관한 사항
9. 청원의 수리와 처리
10. 외국 지방자치단체와의 교류·협력에 관한 사항
11. 그 밖에 법령과 시·도 조례에 따라 그 권한에 속하는 사항

동법 제11조 제1항 제5호 내지 제11호에 규정된 사항에 대하여 행한 교육위원회의 의결은 시·도의회 본회의의 의결로 본다. 교육위원회 위원장은 교육위원회가 주민의 재정적 부담이나 의무부과에 관한 조례안, 지방자치단체의 일반회계와 관련되는 사항 어느 하나에 해당하는 의안을 의결할 때에도 의결하기 전에 미리 특별시장·광역시장·도지사의 의견을 들어야 한다(제11조).

교육위원회에서 심사·의결할 의안은 교육감이 제출하거나 시·도의회 재적의원 5분의 1 이상 또는 의원 10인 이상의 연서로 발의한다(제13조). 교육위원회에서 의결된 의안 중 제11조 제2항의 규정에 따라 본회의의 의결로 보는 의안은 교육위원회 위원장이 이를 5일 이내에 교육감에게 이송하고 동시에 시·도의회의장에게 보고하여야 한다(제14조).

제3장은 교육감에 관한 규정이다. 시·도의 교육·학예에 관한 사무의 집행기관으로 시·도에 교육감을 두며, 교육·학예에 관한 소관 사무로 인한 소송이나 재산의 등기 등에 대하여 당해 시·도를 대표한다(제18조). 국가행정사무 중 시·도에 위임하여 시행하는 사무로서 교육·학예에 관한 사무는 교육감에게 위임하여 행한다(제19조).

교육감은 교육·학예에 관한 다음 각 호의 사항에 관한 사무를 관장한다(제20조).

1. 조례안의 작성 및 제출에 관한 사항
2. 예산안의 편성 및 제출에 관한 사항
3. 결산서의 작성 및 제출에 관한 사항
4. 교육규칙의 제정에 관한 사항
5. 학교, 그 밖의 교육기관의 설치·이전 및 폐지에 관한 사항
6. 교육과정의 운영에 관한 사항
7. 과학·기술교육의 진흥에 관한 사항
8. 평생교육, 그 밖의 교육·학예진흥에 관한 사항
9. 학교체육·보건 및 학교환경정화에 관한 사항
10. 학생통학구역에 관한 사항
11. 교육·학예의 시설·설비 및 교구(敎具)에 관한 사항
12. 재산의 취득·처분에 관한 사항
13. 특별부과금·사용료·수수료·분담금 및 가입금에 관한 사항
14. 기채(起債)·차입금 또는 예산 외의 의무부담에 관한 사항
15. 기금의 설치·운용에 관한 사항
16. 소속 국가공무원 및 지방공무원의 인사관리에 관한 사항
17. 그 밖에 당해 시·도의 교육·학예에 관한 사항과 위임된 사항

교육감의 임기는 4년으로 하며, 교육감의 계속 재임은 3기에 한한다(제21조). 교육감은 주민의 보통·평등·직접·비밀선거에 따라 선출하며, 정당은 교육감선거에 후보자를 추천할 수 없다(제22조). 교육감은 국회의원·지방의회의원·교육의원, 교원, 사립학교 법인의 임직원 직을 겸할 수 없다(제23조). 교육감후보자가 되고자 하는 자는 당해 시·도지사의 피선거권이 있는 자로서 후보자 등록신청 개시일로부터 과거 2년 동안 정당의 당원이 아닌 자이어야 하며(제24조), 교육경력 또는 교육공무원으로서의 교육행정경력이 5년 이상 있거나 양 경력을 합하여 5년 이상 있는 자이어야 한다(제24조).

교육감은 법령 또는 조례의 범위 안에서 그 권한에 속하는 사무에 관하여 교육규칙을 제정할 수 있으며(제25조), 조례 또는 교육규칙이 정하는 바에 따라 그 권한에 속하는 사무의 일부를 보조기관, 소속교육기관 또는 하급교육행정기관에 위임할 수 있다(제26조).

교육감은 소관 사무 중 교육위원회 또는 시·도의회의 의결을 요하는 사항

에 대하여 1. 교육위원회 또는 시·도의회가 성립되지 아니한 때, 2. 학생의 안전과 교육기관 등의 재산보호를 위하여 긴급하게 필요한 사항으로서 교육위원회 또는 시·도의회가 소집될 시간적 여유가 없거나 교육위원회 또는 시·도의회에서 의결이 지체되어 의결되지 아니한 때에는 경우에는 선결처분을 할 수 있다. 선결처분은 지체 없이 교육위원회 또는 시·도의회에 보고하여 승인을 얻어야 하며, 교육위원회 또는 시·도의회에서 승인을 얻지 못한 때에는 그 선결처분은 그 때부터 효력을 상실한다(제29조).

교육감 소속하에 국가공무원으로 보하는 부교육감 1인을 두며 부교육감은 교육감을 보좌하여 사무를 처리한다(제30조). 시·도의 교육·학예에 관한 사무를 분장하기 위하여 1개 또는 2개 이상의 시·군 및 자치구를 관할 구역으로 하는 하급교육행정기관을 둔다. 지역교육청에 교육장을 두되 장학관으로 보한다(제34조). 교육장은 시·도의 교육·학예에 관한 사무 중 1. 공·사립의 유치원·초등학교·중학교·공민학교·고등공민학교 및 이에 준하는 각종학교의 운영·관리에 관한 지도·감독, 2. 그 밖에 조례로 정하는 사무를 위임받아 분장한다(제35조).

제4장은 교육재정에 관한 사항이다. 교육·학예에 관한 경비는 1. 교육에 관한 특별부과금·수수료 및 사용료, 2. 지방교육재정교부금, 3. 해당 지방자치단체의 일반회계로부터의 전입금, 4. 제1호 내지 제3호 외의 수입으로서 교육·학예에 속하는 수입의 재원으로 충당한다(제36조). 의무교육에 종사하는 교원의 보수와 그 밖의 의무교육에 관련되는 경비는 「지방교육재정교부금법」이 정한 바에 따라 국가 및 지방자치단체가 부담한다. 의무교육 외의 교육에 관련되는 경비는 「지방교육재정교부금법」이 정하는 바에 따라 국가·지방자치단체 및 학부모 등이 부담한다(제37조). 시·도의 교육·학예에 관한 경비를 따로 경리하기 위하여 당해 지방자치단체에 교육비특별회계를 둔다(제38조).

제5장은 지방교육에 관한 협의규정이다. 지방자치단체의 교육·학예에 관한 사무를 효율적으로 처리하기 위하여 지방교육행정협의회를 둔다(제41조). 교육감은 상호간의 교류와 협력을 증진하고, 공동의 문제를 협의하기 위하여 전국적인 협의체를 설립할 수 있다(제42조).

2.3 한국 지방교육자치제도의 특색과 쟁점

2.3.1 특색: 동일 지방자치단체 내 복수의 의사결정기관의 통합

프랑스, 독일, 영국 등 유럽에서는 교육·학예에 관한 권한이 일반 지방자치의 일환으로 일반 지방행정기관에 속해 있다. 또 미국의 경우에는 일반자치단체와 교육자치단체를 완전히 분리하여 교육구제도를 운영하고 있다. 그런데 종전의 우리나라의 교육자치제도는 조례안, 예산안, 결산, 기채안 등 중요 사항이 시·도의회에서 최종 의결하도록 되어 있지만, 형식적인 체계는 하나의 지방자치단체 내에 두 개의 의사결정기관과 두 개의 집행기관을 두고 있었다. 즉 교육·학예에 관한 사항은 지방자치단체 내의 교육위원회와 교육감이 지방의회와 지방자치단체장과 별개로 독립하여 관장하게 되어 있었다.[10)]

그러나 2006년 12월에 개정된 현행 「사립학교법」에서는 위에서 살펴본 것처럼, 지방의회에 상임위원회로 교육위원회를 설치하여 의결기관을 통합한 셈이다.

지방의회와의 관계 속에서 교육위원회의 성격과 위상에 관하여 독립형 의결기관, 위임형 의결기관, 합의제 집행기관으로 나누어 볼 수 있다. 독립형 의결기관은 교육·학예에 관한 조례제정, 재정조달을 교육위원회가 독자적으로 의결하며, 교육위원은 주민이 통상 직선한다. 위임형 의결기관은 교육·학예의 의결기관도 원칙적으로 지방의회이다. 그러나 교육·학예의 특수성을 반영하여 교육위원회에 위임하여 처리하되 법률에 의하여 제한적인 의결권만 갖는다. 합의제 집행기관은 지방의회만이 의결기관이고 교육·학예에 관한 집행만을 일반

10) 하나의 지방 자치단체 내 복수의 의사결정기관을 둘 수 있는 근거는 행정조직법상 행정주체와 행정기관의 구별에 있다. 행정주체는 행정상 법률관계에서 행정권의 담당자인 당사자로서 국가, 지방자치단체·영조물법인 등의 공공단체이다. 행정기관은 행정주체가 행정사무를 의결하고 집행하기 위하여 설치하는 행정주체의 기관으로 의결기관, 집행기관, 보조기관, 보좌기관 등이다. 따라서 행정주체로서의 지방자치단체와 그 행정기관인 지방자치단체장 및 지방의회는 구별되어야 한다. 지방교육자치에 관한 법률 제2조가 "지방자치단체의 교육·학예에 관한 사무는 특별시·광역시·도의 사무로 한다"는 규정이 있다고 교육·학예에 관한 사무가 당연히 행정기관인 지방의회나 지방자치단체장의 소관이 되는 것은 아니다. 법률로 제3의 기관을 두어 맡길 수 있는 것이다. 지방자치법 제112조가 교육·학예에 관한 사무를 분장하기 위하여 별도의 기관을 둔다고 규정하고 있는 것은 이러한 의미이다. 허종렬, 상게논문, pp. 10-101.

행정과 분리하여 합의제 교육위원회에서 행한다.

우리나라의 개정 전 교육위원회의 위상은 형식적으로 독립형 의결기관이나 실질적 내용에 있어서는 위임형 의결기관에 가까웠다. 교육·학예에 관한 조례나 예산 같은 중요사항이 교육위원회에 완전히 위임된 것도 아니고, 교육위원회는 사전 심의만 하고, 지방의회가 최종적으로 의결하였다. 그러므로 종전의 교육위원회는 독립형 의결기관은 아니고 완전하지는 않았지만 위임형 의결기관에 가까운 유형이었다. 그러나 현행 교육위원회는 과반수가 '교육의원'으로 별도로 주민들이 선출하지만 지방의회에 소속된 위원회이며, 교육의원의 지위도 시도의회 의원의 지위와 권한을 갖고 있어 지방의회의 일부로 보아야 한다.

2.3.2 현행 지방교육자치제도의 쟁점

현행 지방교육자치제도의 쟁점은 교육위원회의 지방의회에로의 통합에 대한 찬반 갈등이다. 교육계에서는 교육자치제가 교육활동의 특수성 내지 전문성에 대한 인식을 전제로 하여 교육행정의 조직과 운영 면에서 자주성·전문성·민주성을 보장하는 제도이므로, 일반 행정의 한 부분으로 예속되어 있어서는 안 되고 분립·독립되어야만 한다는 주장이[11] 대세를 이루고 있다. 반면, 일부 행정학자는 세계 대부분의 국가에서 지방교육행정기관을 구성하는 가장 일반적인 방식은 지방자치단체장과 지방의회가 궁극적으로 지방교육에 대한 책임을 지도록 하는 것이라고 하면서, 지방자치단체장의 책임 하에 교육기관을 보조기관으로 설치하여 운영하고 그에 대한 의사결정과 통제는 지방의회에서 하도록 해야 한다는 주장을[12] 지속적으로 전개하고 있다.[13]

오래 전부터 지방 교육행정기관의 분리·독립에 따른 다음과 같은 부작용을 이유로 일반 행정기관과의 통합·운영 문제가 제기되어 왔었다. 지방교육행정기관의 분리·독립은 지방교육 문제에 관하여 지방정치인, 지방의회, 지방자치단체장이 자기 권한이 없음을 이유로 책임을 지지 않아 정치적인 무책임성이

11) 노종희, "지방교육자치제 운영의 개선방안", 교육인적자원정책위원회, 지방 교육행정체계개편방안 정책토론회 자료집, 2002, pp. 1-27.

12) 이기우, "지역주민과 지방교육행정체계", 이주호 편, 지방교육자치에관한법률개정안공청회 자료집, 2006, pp. 1-23.

13) 조동섭, "교육거버넌스 : 지방정부의 권한과 역할", 「한국의 교육 거버넌스와 권한 배분」, 한국교육행정학회 143차 학술대회, 2007, pp. 159-160.

조장된다. 또 교육행정과 일반 행정의 유기적인 협조가 되지 않으며 사무의 관리비용 등 비용낭비가 많고, 업무처리도 지연되며, 결과적으로 주민들의 지방교육행정에 관심과 참여가 저하된다. 또 지방교육행정기관의 일반지방행정기관으로부터의 분리·독립 근거를 「헌법」 제31조 제4항의 교육의 자주성에서 찾으나, 동 조항은 교육의 자주성이지 교육행정의 자주성을 보장한 것이 아니기 때문에 분리·독립의 근거가 될 수 없다.[14)]

그러나 앞에서 지적하였듯이 「헌법」 제31조 제4항의 교육의 자주성 개념에는 교육의 자치뿐 아니라 교육행정의 자치가 포함된다고 해석된다. 교육은 일반 행정과 그 특성이 다르고 특히 우리나라의 중앙집권적이고 지시위주의 획일적인 행정문화를 고려하면 더욱 교육자치가 필요하다. 교육행정을 효율성 관점에서 보면 일반 행정과 통합·운영하는 것을 주장할 수 있겠지만,[15)] 자주적 자기계발 노력이라는 교육의 특성을 생각하면 비효율적인 면이 있어도 일반 행정기관과는 분리·운영되어야 한다. 민주사회가 추구하는 핵심 목표 중 하나는 사회 구성원이 자주적인 자기계발 노력인바, 이는 교육을 통하여 촉진되므로 교육의 특수성이 강조되는 것이다.

유럽의 경우 지방자치단체가 교육문제를 그 특수성을 고려하여 우선적으로 다루어주는 전통이 확립되어 일반 행정과 교육행정의 통합운영이 일반적 현상이지만, 우리나라의 경우 정치기관인 지방의회가 교육적 관점에서 장기적 안목으로 교육과 학예문제를 우선적으로 처리할 것을 기대하기는 어려운 것 같다.

우리나라의 역사적 특수성을 고려해 볼 때 지방교육행정기관을 분리·운영하여야 하며 실질적인 권한을 부여하여야 한다. 교육위원회가 지방의회로부터 완전히 독립하여 실질적 권한을 갖는 독립형 의결기관이 되어야 한다. 적어도 종전으로 환원하여 형식이라도 교육위원회 모습을 갖추어야 한다.[16)]

이 경우 동일 자치단체 내의 교육위원회와 지방의회간의 갈등·대립문제가

---

14) 이기우, “교육자치와 학교자치 및 지방교육행정제도에 대한 법적 검토”, 「한국교육법연구」 제4집, 한국교육법학회, 1999, pp. 56-57.

15) 일반행정기관이 학교 업무를 담당하게 되면 오히려 더 많은 시간이 소요되어 비효율적 일 수도 있다고 생각된다.

16) 지방교육자치에 관한 법률 개정 전에 저자는 구 지방교육자치에 관한 법률 제8조상의 중요의결사항을 지방의회의 전심이 아니라 교육위원회의 최종적 권한으로 하여야 한다고 주장하였다.

제기된다. 두 의결기관간의 갈등조정 방안으로 예컨대 교육위원회가 조례와 예산안에 대하여 최종적인 의결권을 갖고, 지방의회는 이 의결권에 대한 승인권을 행사하는 것도 가능하다. 지방의회의 승인 거부 시에는 교육위원회에 환부하여 수정하도록 하는 등의 절차규정이 가능하다. 현행 「지방교육자치에 관한 법률」에서도 주민의 재정적 부담이나 의무부과에 관한 조례안과 지방자치단체의 일반회계와 관련되는 사항을 의결할 때에는 교육위원회 의장은 시도지사의 의견을 듣도록 되어 있다(동법 제11조 제3항).

현행 지방교육자치제도의 그 밖의 문제점으로 다음 사항이 있다.

첫째, 「지방교육자치에 관한 법률」 제40조 제2항이 부교육감을 대통령이 임명하는 국가공무원으로 하도록 되어 있는 것도 국가정책과의 조정이라는 장점도 있겠지만 교육자치제의 원리와는 맞지 않는다.

둘째, 「지방교육자치에 관한 법률」 제2조에서 "지방자치단체의 교육·학예에 관한 사무는 특별시, 광역시·도의 사무로 한다"고 규정되어 있는바, 시·군·구 단위의 지방교육자치와 단위학교의 교육자치가 소홀히 되고 있다. 자치의 본질인 주민의 참여라는 점에서 보면 시·군·구의 기초단위 지방교육자치가 중요시되어야 한다. 기초 지방자치단체의 실시경험을 토대로 기초단위의 지방교육자치도 모색되어야 한다.

생각건대 지방자치는 일반 행정이건 교육 분야이건 중앙집권의 정치·행정체제에서 오랫동안 살아온 우리에게는 친숙하지 않다. 최근 몇 년의 지방자치를 경험하는 동안 비용낭비와 지역 이기주의 등 많은 부작용을 겪기도 한다. 그러나 이러한 부작용은 민주주의를 향한 발전 과정에서 나타나는 일시적 현상이라고 생각된다. 특히 교육의 경우에는 권력 작용을 주된 내용으로 하는 일반 행정과 달리 자치의 경험이 필요하다. 효율성 기준에서만 판단하지 말고 장기적인 교육적 관점에서 경험의 소중한 가치가 적어도 교육영역에서는 확립되어야 한다.

2.4 지방교육자치에 관련된 판례

2.4.1 공립초등학교 분교의 설치·폐지

공립초등학교 분교가 지역 환경의 변화로 자주 폐교된다. 지방의회의 분교

통폐합에 관한 조례가 분교 학생들의 교육을 받을 권리를 침해하는지, 또 교육감의 분교 폐쇄 행위가 독립적인 항고소송의 대상이 되는지에 관한 대법원의 판례를 아래에 소개한다.

> 공립초등학교 분교의 폐지는 지방의회가 이를 폐지하는 내용의 개정조례를 의결하고 교육감이 이를 공포하여 그 효력이 발생함으로써 완결되고, 그 조례 공포 후 교육감이 하는 분교장의 폐쇄, 직원에 대한 인사이동 및 급식학교의 변경지정 등 일련의 행위는 분교의 폐지에 따르는 사후적인 사무 처리에 불과할 뿐이므로, 이를 독립하여 항고소송의 대상이 되는 행정처분으로서의 폐교처분이라고 할 수 없다.
>
> 경기도 가평군 상색 초등학교 두밀분교의 폐지로 인한 교육조건 및 통학조건의 변화, 학교의 적정규모, 폐교로 인하여 지역사회에 미치는 영향 등의 제반 사정을 검토한 후, 두밀분교의 아동들이 상색 초등학교에서 교육을 받음으로써 발생하는 긍정적인 교육효과를 고려한다면 분교의 폐지로 인한 통학조건이 다소 악화되는 등의 부정적인 효과는 그다지 크다고 할 수 없으므로, 경기도의회의 두밀분교 통폐합에 관한 조례는 재량권의 범위를 일탈한 것이라거나 분교 학생들의 교육을 받을 권리 또는 의무교육을 받을 권리를 침해한 것이라고 볼 수 없다.[17)]

2.4.2 교육위원의 선거운동 제한

교육위원의 선거에 있어서 선거공보의 발행·배포와 소견 발표회의 개최 이외에 일체의 선거운동을 금지하고 있는 구「지방교육자치에 관한 법률」제5조의4 및 이 규정을 위반한 자에 대하여 2년 이하의 징역 또는 벌금에 처하도록 규정한 같은 동법 제53조가 「헌법」 제11조(평등권)·제21조(언론의 자유)·제25조(공무담임권) 등에 위반되는지 여부에 관하여 헌법재판소는 다음과 같이 판결하였다.

> 지방교육자치는 민주주의·지방자치·교육자주라고 하는 세 가지 헌법적 가치를 골고루 만족시킬 수 있어야 하므로 지방교육자치기관의 구성에 있어 이

17) 대판 1996. 9. 20, 95누7994.

가운데 민주주의의 요구만을 절대시하는 것은 헌법적으로 허용될 수 없다 할 것인바, 이 사건 법률조항의 선거운동제한은 교육위원의 자주성·전문성을 고려하여 그 선출관련 비리를 원천 봉쇄함으로써 공정성을 제고하려는 데 목적이 있는 것으로서 이를 위하여 채택된 입법수단이 과잉금지의 원칙을 위배하였다고 보기 어려울 뿐만 아니라, 이 사건 법률조항의 선거운동제한이 다른 선거법에 비하여 엄격한 것은 사실이지만 적어도 그러한 제한이 교육위원·교육감선거에 있어 모든 후보자·선거인들에게 동등하게 적용되는 한 평등권을 침해하였다고 볼 수 없고, 이 사건 법률조항 자체에서 선거운동의 공영관리방법으로 교육위원회 의사국이 주관하는 선거공보의 발행·배포와 소견발표회 개최를 허용하고 있으며, 이로써 후보자나 선거인을 위하여 충분한 선거운동 방법이라 할 것이므로 각 후보의 공무담임권이나 국민의 알 권리와 후보자선택의 자유의 본질적 내용을 침해한 것이라고 볼 수도 없다.[18)]

2.4.3 교육위원회의 지방의회에의 통합에 대한 헌법소원

서울시교육위원인 청구인 갑은 중학생, 고등학교 교사, 고등학교 학부모와 함께 「지방교육자치에 관한 법률」 제4조, 제5조, 제13조 제1항은 「헌법」 제31조 제4항의 교육의 자주성·전문성·중립성, 「헌법」 제31조 제1항의 교육을 받을 권리, 「헌법」 제11조 평등권, 「헌법」 제24조 선거권, 「헌법」 제25조 공무담임권에 위반된다고 헌법소원을 청구하였다.

청구인의 주장은 다음과 같다. 그동안 중앙정부와 지방정부로부터 독립된 기관으로 운영되던 각 시·도운영위원회가 각 시도의회의 하급전심기관인 상임위원으로 편입됨으로 자주적이고 중립적인 교육을 받을 권리를 침해하였다. 또 교육위원과 일반 시·도회의원이 선출과정과 권한의 행사에 있어서 유권자의 투표가치를 합리적인 이유 없이 차별하여 평등권·선거권·공무담임권을 침해하였다.

교육위원회에서 심의·의결할 안건을 발의하기 위하여서는 재적 1/5 이상 또는 의원 10인 이상의 찬성이 필요한바, 교육위원 전원이 발의한다고 하여도 일반의원의 협조 없이는 발의조차 하지 못하는 결과를 가져왔다.

교육위원 이외의 위원들은 아무런 제한 없이 정당소속위원들이 교육위원회

---

18) 헌재 2000. 3. 30, 99헌바113.

의 의원이 될 수 있어 정치적 중립요구에 반한다. 교육위원회 정원의 절반 정도가 교육관련 경력을 묻지 않는 각 정당소속의 일반의원으로 될 수 있어 전문적 지식을 자격요건으로 하는 교육의 전문성 취지에 반한다.

교육위원은 주민직선제로 선출되는바, 교육위원의 정원은 각 시·도의회의원보다 현저히 적은 숫자인데 선출된 이후에는 본회의 및 교육위원회의 표결에서 동등한 지위를 가지고 있다. 이는 투표가치에 있어 서울시의 경우 6배 이상의 현저한 차별을 가져온다. 또한 교육의원의 경우 교육위원회 이외에 상임위원회에는 참여할 수 없고 그 결과 의회 의장이 될 수도 없는 등의 제약이 있어 실질적으로는 교육의원은 일반 시·도의원에 비하여 적은 권한을 가지고 있다.[19]

따라서 「헌법」 제31조 제4항의 교육의 자주성·전문성·중립성, 「헌법」 제31조 제1항의 교육을 받을 권리, 「헌법」 제11조 평등권, 「헌법」 제24조 선거권, 「헌법」 제25조 공무담임권에 위반된다. 이 사건은 헌법재판소에 계류중인바, 그 판단이 매우 주목된다.

3. 단위학교의 조직 · 운영과 법

단위학교 조직의 운영에 있어서 중요한 역할을 하는 것이 학교운영위원회, 교장, 교무회의라 할 수 있다.

3.1 학교운영위원회

3.1.1 의의 및 배경

학교운영위원회는 학교운영과 관련된 중요한 의사결정에 학부모, 교원, 지역인사가 참여함으로써 학교 정책결정의 민주성·합리성·효과성을 확보하여 학교 교육목표 달성에 기여하기 위한 집단의 의사결정기구이다.

학교운영위원회는 1995년 5월 31일 교육개혁위원회에 의하여 제안되었고

19) 강호봉 외 5인(법무법인 청목), 헌법소원심판청구서, 2007. 3. 20.

1995년 12월 「지방교육자치에 관한 법률」의 개정으로 학교운영위원회의 설치 근거가 마련되었으며(구 지방교육자치에 관한 법률 제44조의 2), 동법 시행령 제6장에 학교운영위원회가 신설되었다. 각 시·도 의회에서 학교운영위원회에 관한 조례가 1996년 전반기에 제정되어 국립 초·중등학교에서 전면적으로 실시되었다. 1997년 교육법 정비과정에서 학교운영위원회에 관한 사항이 「초·중등교육법」 및 동법 시행령으로 옮겨져 규정되었다.

학교운영위원회의 설치배경은 그동안 학교운영에서 학부모 등 교육수혜자의 의견이 반영되지 않았다는 데 있다. 비공개적이고 폐쇄적인 학교운영을 지양하고, 교육소비자의 요구를 체계적으로 반영하고 개방적이고 투명한 학교를 운영하겠다는 교육개혁차원에서 학교운영위원회 제도가 설립되었다. 구체적 목표는 학교 중심의 지역공동체를 구축하고, 학교운영에 관계자들의 참여를 통하여 학교단위 책임경영제를 확립하는 것이다.

3.1.2 구성 및 권한

학교운영위원회는 교원대표, 학부모대표, 지역사회인사로 구성되며 위원정수는 학교의 규모 등을 고려하여 5인 이상 15인 이하로 한다(초·중등교육법 제31조). 국·공립학교의 장은 당연직 교원위원이 되며, 그 밖의 교원위원은 교원전체회의에서 무기명 투표로 선출되며, 학부모위원은 학부모에 의하여 민주적 대의절차를 거쳐 선출된다. 지역위원은 교원위원 또는 학부모위원의 추천을 받아 학부모위원 및 교원위원의 무기명 투표로 선출된다. 위원장 및 부위원장은 교원위원이 아닌 자 중 무기명 투표로 선출한다.

국·공립학교에 두는 학교운영위원회는 다음 각 조의 사항을 심의한다(초·중등교육법 제32조).[20)]

1. 학교헌장 및 학칙의 제정 또는 개정에 관한 사항
2. 학교의 예산안 및 결산에 관한 사항
3. 학교교육과정의 운영방법에 관한 사항
4. 교과용도서 및 교육 자료의 선정에 관한 사항
5. 정규학습시간 종료 후 또는 방학기간중의 교육활동 및 수련활동에 관한 사항

20) 교육부, 「학교운영위원회 운영의 실제」, 을지문화사, 1996, p. 9.

6. 교육공무원법 제31조 제2항의 규정에 의한 초빙교원의 추천에 관한 사항
7. 학교운영지원비의 조성·운용 및 사용에 관한 사항
8. 학교급식에 관한 사항
9. 대학입학 특별전형 중 학교장 추천에 관한 사항
10. 학교운동부의 구성·운영에 관한 사항
11. 학교운영에 대한 제안 및 건의 사항
12. 기타 대통령령, 특별시·광역시 또는 도(이하 "시·도"라 한다)의 조례로 정하는 사항

3.1.3 법적 성격 및 문제점

학교운영위원회는 법령 및 조례에 의하여 설치·운영되는 법정위원회이다. 또한 학교운영위원회는 학교운영에 관한 중요사항을 심의하는 '심의'기구이다. 의결기관이 아닌 심의기관이므로 학교장이 학교운영위원회의 심의에 기속(羈束)되는 것은 아니지만, 사실상 심의내용과 다르게 권한 행사를 하기가 어려우므로 심의지만 집행을 담보하는 효력이 있다. 관할청은 국·공립학교의 장이 정당한 사유 없이 운영위원회의 심의·의결 결과와 다르게 시행하거나, 시행하지 아니하는 경우, 또는 심의사항을 심의를 거치지 아니하고 시행하는 경우에는 시정명령을 할 수 있다(초·중등교육법 시행령 제61조). 학교운영위원회는 학교장과 독립된 위원회이다. 학교장이 당연직 위원이기는 하지만 학교운영위원의 일원으로 참가할 뿐이다.

학교운영위원회에서 가장 문제가 되는 것 중 하나는 사립학교에도 학교운영위원회의 설치를 의무화할 수 있는가? 또 그 성격을 어떻게 할 것인가이었다. 학교운영위원회는 처음에는 국·공립학교에만 두도록 하고 사립학교에는 둘 수 있도록 임의기구로 하였다. 의무교육인 중학교와 평준화지역에서는 공·사립의 구분이 무의미하므로, 사립학교에서 학교운영위원회의 설치를 학교법인의 자율적 결정사항으로 한 구「지방교육자치에 관한 법률」 제44조의 제2항이 「헌법」 제11조의 평등권과 제31조 제1항의 교육을 받을 권리를 침해하는 것이라며 위헌확인 청구소송이 있었다. 이에 대하여 헌법재판소는 다음과 같이 판결하였다.

사립학교에도 국·공립학교처럼 의무적으로 운영위원회를 두도록 할 것인지, 아니면 임의단체인 기존의 육성회 등으로 하여금 유사한 역할을 계속할 수 있게 하고 법률에서 규정된 운영위원회를 재량사항으로 하여 그 구성을 유도할 것인지의 여부는 입법자의 입법형성영역인 정책문제에 속하고, 그 재량의 한계를 현저하게 벗어나지 않는 한 헌법위반으로 단정할 것은 아니다. 청구인이 위 조항으로 인하여 사립학교의 운영위원회에 참여하지 못하였다고 할지라도 그로 인하여 교육 참여권이 침해되었다고 볼 수 없다.

입법자가 국·공립학교와는 달리 사립학교를 설치·경영하는 학교법인 등이 당해 학교에 운영위원회를 둘 것인지의 여부를 스스로 결정할 수 있도록 한 것은 사립학교의 특수성과 자주성을 존중하는 데 그 목적이 있으므로 결국 위 조항이 국·공립학교의 학부모에 비하여 사립학교의 학부모를 차별 취급한 것은 합리적이고 정당한 사유가 있어 평등권을 침해한 것이 아니다.

[이재화, 조승형, 정경식, 고중석 재판관의 반대의견]

교육과 관련된 사안에 대한 국가의 결정과정에 참여할 수 있는 학부모의 교육 참여권은 헌법 제31조 제1항 및 제2항에 의거한 학부모의 교육권으로부터 도출된다. 사립학교 학부모의 교육 참여권에 대한 제한은 단위학교에서의 교육 자치를 활성화하려는 입법목적의 달성에도 부적합하며, 학교운영위원회 설치를 강제하더라도 그 기능을 심의기능으로 국한하도록 규정하여 사립학교의 자율성을 크게 침해하지 아니하면서도 학부모의 교육 참여권을 최소한 보장할 수 있는 대체방안이 있음에도 그 설치를 사립학교의 임의에 맡긴 것은 최소침해성의 원칙에 위배되며, 과도한 교육 참여권 제한으로 인한 학부모의 불이익이 사립학교의 자율성 보장을 통하여 얻으려는 공익보다 크기 때문에 법익균형성원칙에도 어긋난다.

국·공립학교와 사립학교 사이에는 설립주체 면에서는 차이가 있으나 공교육을 실시하는 교육의 내·외적 조건들에서는 본질적인 차이가 없음에도 불구하고 사립학교의 경우 학교운영위원회의 설치를 임의적인 것으로 규정함으로써 사립학교 학부모를 차별 취급한 것은 합리적인 사유가 없어 평등권을 침해한 것이다.[21]

---

21) 학교운영위원회의 권한행사의 구체적 운영 실태에 관하여서는 한국교원단체총연합회, 「학교운영위원회 운영실태 조사연구」, 정책연구 제91집, 1998 참고.

1998년에 학교운영위원회를 사립학교에도 필수적 자문기구로 설치하도록 법이 개정되었다. 사립학교의 학교운영위원회는 심의기구가 아닌 자문기관인바, 그 구성방법과 권한에 있어서 국·공립학교와 어떤 차이를 두어야 하는가의 문제가 있다. 공립학교의 심의기관과 다른 자문기관이므로 그 구성방법에 있어서 소속기관장이 자문위원 모두를 위촉하여야 한다고 사학법인협의회 측은 주장한다.

더 궁극적으로는 사립학교에 학교운영위원회를 의무적으로 설치하게 하는 것이 사학의 자율성을 침해하느냐의 문제가 있다. 사립학교의 경우 학교운영위원회의 기능이 법인이사회의 기능과 중복·갈등관계를 가져올 수 있으므로 현 「초·중등교육법」에서도 자문기구로 하였고, 초빙교원의 추천에 관한 사항 같은 인사문제는 자문사항에서 제외하였으며 학칙의 제정·개정사항과 예산·결산에 관한 사항도 학교법인의 요청이 있는 경우에 한하여 자문을 받도록 하여 사실상 제외시키었다(동법 제32조 제2항).

3.2 교장 및 교무회의

초·중·고등학교는 교장, 교감, 교사로 구성되는 교원과 행정직원을 둔다(초·중등교육법 제19조). 이중 단위학교의 운영에 있어서 교장의 역할은 매우 중요하다. 교육법상의 학교장의 지위 내지 역할을 간단히 살펴본다. 우선, 학교의 장은 학교관리자이다. 「교육기본법」에서 학교 및 사회교육시설의 설립·경영자는 법령이 정하는 바에 의하여 교육을 위한 시설·설비·재정 및 교원 등을 확보하고 이를 운영·관리하도록 규정하고 있다. 그리고 학교의 장 및 사회교육시설의 설립·경영자는 법령이 정하는 바에 의하여 학습자를 선정·교육하고 학습자의 학습 성과 등 교육의 과정을 기록·관리하도록 되어 있다(동법 제16조 제1, 2항).

「초·중등교육법」에서는 교장의 임무를 "교장 또는 원장은 교무 또는 원무를 통할하고, 소속 교직원을 지도·감독하며, 학생 또는 원아를 교육한다"고 규정되어 있다(동법 제20조 제1항). 교무(教務)의 통할이란 학교운영에 관한 전반적인 의사결정권을 의미한다. 학교규칙의 제정권(초·중등교육법 제8조), 학생 평가자료의 작성·관리(동법 제25조) 등 교육관련 법에 구체적으로 명시된 것도 많다.

일반적으로 학교행정의 기획(학칙제정, 교무분장, 학교운영위 참가 등), 교수·학습(교육과정편성, 교과용도서 선정, 학생기록부 관리, 학생보건관리, 징계 등), 교직원관리(인사관리, 복무관리, 연수 등), 예산·시설 및 사무관리(예산편성, 시설관리, 문서관리 등)로 분류할 수 있다.

교직원에 대한 교장의 지휘·감독에 있어서 교사의 교육활동에 대한 직접적인 지도·감독은 교사의 교육의 자유 내지 교육의 자주성·전문성·중립성 원리에 비추어 포함되지 아니한다. 이런 의미에서 「초·중등교육법」에서는 "교사는 법령이 정하는 바에 따라 학생을 교육한다"고 규정하고 있다(동법 제20조 제3항). 종전에는 '교장의 명을 받아' 학생을 교육한다고 규정되어 불필요한 오해가 있었다. 교장의 탄력적 임용관리를 위하여 교장 임기제가 도입되었고 교장초빙제도 실시되고 있다(교육공무원법 제31조 제2항).

학교의 장에게는 위에서 언급된 것과 같이 학교운영에 관한 포괄적이고 전반적인 권한을 갖고 있다. 최근에 학교운영위원회의 설치·운영으로 교장의 권한행사에 다소의 견제가 되고 있지만, 내부 학사운영에 관하여서는 전문가인 교사들의 참여가 필요하다. 통상 교무회의가 학교장의 자문에 응하는 기구로 운영되고 있다. 그러나 교무회의가 법적으로 보장되지 못하여 학교장의 지시나 상급 교육청의 교육지침을 전달하고 홍보하는 형식적인 역할밖에 못하고 있는 경우도 많았다. 교무회의를 법정화하고 일정한 사항, 특히 교육 내적 사항은 교무회의의 심의사항으로 할 필요가 있다. 교무회의의 활성화는 학교 내 토론문화 형성과 교사들의 전문성과 책무성 제고를 통한 단위학교 자치의 확립에 기여할 것이다.

[토론 주제]

1. 교육정책에 관한 중앙정부의 집권적인 정책결정의 원인은 무엇이며, 어떻게 극복할 수 있는가? 교육정책에 관한 거버넌스적 접근은 왜 필요하며 중요한 협력망에는 어떤 것이 있는가?
2. 교육혁신위원회가 '미래교육 비전과 전략 2030'에서 제시하고 있는 내용들은 무엇이며, 어떻게 구현할 수 있는가?

3. 한국 지방교육자치제도의 일반 행정과의 통합론과 분리론의 논거 내지 기본가치는 무엇이며, 어느 쪽이 더 본질적인 주장인가?
4. 학교운영위원회의 문제점은 무엇인가? 학교발전에 어떻게 기여하고 있는가?
5. 단위학교에서 학교장의 중요한 역할은 무엇이며, 학교장 임기제와 공모제는 바람직한가?
6. 교무회의는 활성화되어 있는가? 단위학교의 의사결정과정에서 교사의 참여는 민주적으로 이루어지고 있는가?

제 12 장

인사정책의 법적 측면

조직의 성패는 사람관리, 즉 인사정책에 달려 있다. 본 장에서는 첫째로 인사정책의 중요성을 지적하고 교원의 신분보장과 관련된 판례를 살펴본다. 고용에서의 차별금지에 관한 법률과 판례들도 다룬다. 둘째로 「교원의 노동조합 설립 및 운영 등에 관한 법률」의 주요내용과 문제점을 살펴본다. 셋째로 인사정책에서 최근의 쟁점이 되고 있는 성희롱에 관한 법적 개념 및 교육영역에서의 예방대책 등을 소개한다.

1. 인사정책의 중요성 및 신분보장 관련 판례

1.1 인사정책의 중요성 및 과정

"일을 꾸미는 것은 사람이요, 일을 이루는 것도 사람이며, 일을 그르치는 것도 사람이다"라는 격언이 있다. 조직의 성패는 물론 세상만사 모든 것은 '사람'에 달려 있음을 뜻한다. 오늘날같이 급변하는 환경 속에서는 환경에 능동적이고 신축적으로 대응하여야 하는데 '사람'만이 이러한 능력을 가지고 있다. 개혁에 당면하고 있는 오늘날의 한국 교육도 그 성공과 쇠퇴의 열쇠는 사람관리, 특히 유능한 교원의 확보에 있다고 할 수 있다.

인사정책의 궁극적인 목표는 조직의 구성원을 효율적으로 활용하여 조직목적을 달성하는 것이다. 그러기 위해서는 구성원 개개인으로 하여금 조직목적을 받아들여 내면화하도록 하여야 하며, 구성원이 자기가 하는 일에서 만족을 느끼도록 환경을 조성하여 주고, 능력향상을 통한 자기 발전을 추진하여야 한다. 인사행정이 이루어지는 구체적 과정은 인력계획 → 직위분류제 → 채용 → 교육훈련 → 근무성적평가 → 보수 → 사기관리 → 퇴직관리이다.

이러한 인사행정의 제 과정 중에서 중요한 정책적 쟁점은 첫째, 채용과정에서 적절한 수의 우수교사를 공정한 절차로 어떻게 확보하느냐이다. 둘째, 교육훈련과정에서 교사들의 능력개발을 어떻게 도와주느냐이다. 셋째, 근무성적평정 및 봉급과정에서 어떻게 교사의 업적을 공정히 평가하느냐이다. 넷째, 퇴직과정과 관련하여 정년 등 교사의 신분보장을 어떻게 할 것인가 등의 문제가 있다. 이러한 문제들에 관하여서는 이미 제10장 교사의 법적 지위에서 부분적으로 언급되었으므로 이곳에서는 생략한다. 법적으로 자주 다툼이 되는 교원의 신분보장에 관한 몇 가지 판례만 살펴본다.

1.2 교원의 신분보장 관련 판례

교원의 신분보장에서 중요한 것은 교원지위법정주의인바, 이와 관련된 기간제 교수 재임용문제는 이미 제10장에서 다루었다. 기타의 몇 가지 사례만 살펴본다.

1.2.1 정년단축의 위헌성

국회는 1999년 1월 초·중등교원의 정년단축을 통하여 젊고 활기찬 교육분위기를 조성하고, 아울러 교육예산 중 높은 비중을 점하고 있는 인건비 절감을 통하여 교육환경 개선에 필요한 투자재원을 마련한다는 취지 아래 「교육공무원법」 제47조 제1항을 개정하여 대학교원을 제외한 교육공무원의 정년을 종래 65세에서 62세로 낮추었다. 이에 공립초등학교 교원들인 청구인들이 위 법률조항으로 자신들의 공무담임권이 침해되었다고 주장하며 헌법소원을 청구하였다. 헌법재판소는 재판관 전원의 일치된 의견으로 위 법률조항은 공립초등학교 교원들의 심판청구는 다음과 같은 이유로 이를 기각하였다.

> 교육공무원법 제47조 제1항은 "교육공무원"의 정년을 규정한 것으로서 교육공무원이 아닌 사립학교 교원들에게 적용되거나 준용되는 것이 아니며, 정부

가 지급하는 사립학교 재정결함 보조금의 영향으로 사립학교 교원의 정년이 교육공무원의 정년과 연계하여 설정되고 있다 하더라도 그러한 경제적·사실적 관련성만으로는 사립학교 교원들이 위 법률조항으로 인하여 자신들의 기본권을 직접 침해받는다고 보기 어렵다.

입법자는 우리나라의 교육여건, 공교육 정상화 등 교육개혁에 대한 국민적 열망 등 여러 가지 사정을 종합할 때, 젊고 활기찬 교육 분위기 조성을 위한 교직사회의 신진대사가 필요하고 바람직한 것이라고 보아 초·중등교원의 정년을 3년간 단축하여 62세로 설정하고 있는바, 입법자의 이러한 교육 정책적 판단과 결정은 나름대로 합리성이 있는 것으로 인정되고, 우리나라 다른 공무원들의 정년연령에 비교하여 보거나 외국의 교원정년제도와 비교하여 보더라도 교원정년을 62세로 한 것이 입법형성권의 한계를 일탈하여 불합리할 정도로 지나치게 단축한 것이라고 보기 어렵다.

개정법 부칙은 기존교원들에 대하여, 명예퇴직수당의 지급대상 및 지급액에 관하여 종전의 정년을 적용토록 함으로써 단축된 정년으로 인한 불이익을 어느 정도 보전할 수 있도록 배려하고 있는바, 이러한 경과조치의 존재, 기존교원에 대한 신뢰이익 침해의 정도, 정년단축을 통해 실현코자 하는 공익목적의 중요성 등을 종합적으로 고려할 때 헌법상의 신뢰보호원칙에 위배되는 것이라 할 수 없다.

따라서 교육공무원법 제47조 제1항은 헌법 제37조 제2항 또는 신뢰보호원칙에 위반하거나, 공무원의 신분보장 정신에 위반하여 공무담임권을 침해하는 것이라 할 수 없다.

초·중등교원과 대학교원은 그 임무, 자격기준, 임용과 승진의 과정 등의 면에서 차이가 있고, 이로 인하여 대학교원의 경우 그 최초임용시의 연령이 초·중등교원보다 상대적으로 고령인 데다, 고등교육과 연구라는 업무의 성격상 초·중등교원보다 높은 연령까지 대학교원으로 재직할 필요성을 인정할 수 있는바, 입법자가 이러한 점에 착안하여, 대학교원의 정년을 초·중등교원의 정년보다 3년 높은 65세로 책정한 것은 합리적 근거에 기초한 것이라 할 것이므로 이로 인하여 초·중등교원들의 평등권이 침해된다고 할 수 없다.[1)]

---

1) 헌재 2000. 12. 14, 99헌마112·137(병합).

1.2.2 면직사유의 위헌성

사립학교 교원들이 「사립학교법」 제58조 제1항의 '근무성적이 극히 불량할 때' 임면권자가 면직시킬 수 있는 조항에 대하여 위헌소원을 제기한 바 있다. 청구인들은 '근무성적이 극히 불량할 때'의 개념이 추상적이고 다의적으로 해석할 가능성이 커 남용의 위험이 있으므로 교육의 자주성·전문성·중립성을 규정한 「헌법」 제31조 제4항에 위반되고, 「국가공무원법」이 적용되는 교육공무원의 경우는 직권면직이 아닌 직위해제이므로 평등의 원칙에도 반한다는 주장을 하였다.

「국가공무원법」에서는 직무수행능력이 부족하거나 근무성적이 극히 불량한 자 등의 경우에 임용권자는 직위를 부여하지 아니할 수 있도록 규정하고 있다(동법 제73조의3 제1항 제2호). 직위해제는 그 사유가 소멸된 때에는 임용권자는 지체 없이 직위를 부여하여야 한다(동법 제73조의3 제2항). 이에 대하여 헌법재판소는 다음과 같이 판결하였다.

> 교육의 자주성과 교원의 지위는 국민의 교육을 받을 권리를 침해할 경우에는 그에 따른 제약을 받을 수밖에 없으며, 이 사건 요건조항은 교원으로서의 의무 내지 책임에 대응하여 최소한의 자질과 근무를 확보하기 위하여 필요한 사항을 규정한 것으로서 그 개념이 불명확하여 헌법 제31조 제4항의 교육의 자주성 등을 침해한다고 할 수 없고, 임면권자가 근무성적이 불량한 정도, 내용, 능력 또는 근무성적의 향상 가능성 등을 고려하여 그 재량으로 직권면직을 할 것인가, 아니면 직위해제를 할 것인가를 선택하여 처분할 수 있도록 규정한 것은 합리성이 인정된다 할 것이므로 평등의 원칙에 위반된다고 할 수 없다.
>
> 교육의 자주성은 교육을 받을 기본권을 가진 피교육자인 학생들의 권익과 복리증진에 저해가 되어서는 아니 되고, 또 국가와 사회 공동체의 이념과 윤리에 의하여 제약을 받게 되는 점에 비추어 사립학교 교원의 신분보장을 위한 조치로서 위와 같은 직권면직 사유를 법정화하고, 또한 임면권자의 재량권 남용으로 인한 폐해를 방지하기 위하여 교원징계위원회의 동의절차를 두었다면 비록 직권면직 절차에 징계절차를 준용하지 않아 유리한 진술을 할 수 있는 기회가 주어지지 않았다고 하여 이것만을 가지고 헌법상 보장된 교육의 자주성 등

이 침해되었다고 볼 수 없다.

직권면직의 성질상 그 절차에서 당사자의 진술권이 반드시 필요한 절차적 권리로 보장되어야 하는 것은 아니고 사립학교 교원은 국·공립학교 교원과 신분관계에 있어서 본질적인 차이가 있어 모든 경우에 동일하게 대우하여야 하는 것은 아니므로 국·공립학교 교원과 직권면직이나 징계의 사유와 절차를 달리 한다고 하더라도 이는 입법정책적 재량사항에 불과하고 사립학교 교원에게 국·공립학교 교원보다 부당하게 불리한 차별대우를 하여 평등권을 침해하였다고 할 수 없다.[2)]

1.3 교원의 고용차별금지

1.3.1 중요성과 법적 근거

인사행정의 일련의 과정 중에서 채용이 가장 중요하다. 조직의 성패는 사람의 열정과 자질에 달려 있기 때문이다. 개인입장에서도 직업선택은 개인의 생존권문제이기도 하며, 일을 통한 그리고 인간교섭을 통한 개인 인격의 실현이라는 점에서 매우 중요하다. 그러므로 국가에서도 고용과정에서 불합리한 차별을 받지 않도록 많은 법적 보호를 하고 있다.

기본적인 보호 장치는 이미 제3장에서 다루어진 헌법상의 평등권 보장이다. 「헌법」 제11조 제1항은 "모든 국민은 법 앞에 평등하다. 누구든지 성별·종교 또는 사회적 신분에 의하여 정치적·경제적·사회적·문화적 생활의 모든 영역에 있어서 차별을 받지 아니한다"라고 규정하고 있다. 헌법 제11조의 평등권 보장은 불합리한 차별을 금지한다는 점에서 상대적 평등을 의미한다. 합리적 차별인지 자의적 차별인지 그 구별 기준은 엄격한 테스트와 완화된 테스트에 따라 다르다. 엄격한 테스트는 헌법에서 특별한 규정을 둔 경우와 차별취급으로 중대한 기본권의 제한이 있는 경우에 적용되는바, 목적의 정당성 이외에도 수단의 적절성과 피해의 최소성 내지 법익의 균형성을 비교적 엄격히 따진다.

공무원 고용과 관련되는 「헌법」 규정에는 "모든 국민은 법률이 정하는 바에 의하여 공무담임권을 가진다"라고 공무담임권을 보장하고 있으며(제25조),

2) 헌재 1997. 12. 24, 95헌바29, 97헌바6(병합).

"공무원의 신분과 정치적 중립성은 법률이 정하는 바에 의하여 보장된다"는 직업공무원제도(제7조 제2항)가 있다.

개별적인 법률로서 「남녀고용평등법」이 있는바, 제2조에서 남녀차별을 구체적으로 다음과 같이 정의하고 있다. 동법에서 "차별"이라 함은 사업주가 근로자에게 성별, 혼인, 가족 안에서의 지위, 임신 또는 출산 등의 사유로 합리적인 이유 없이 채용 또는 근로의 조건을 달리하거나 그 밖의 불이익한 조치를 취하는 경우이다. 사업주가 채용 또는 근로의 조건은 동일하게 적용하더라도 그 조건을 충족할 수 있는 남성 또는 여성이 다른 한 성에 비하여 현저히 적고 그로 인하여 특정의 성에게 불리한 결과를 초래하며 그 조건이 정당한 것임을 입증할 수 없는 경우를 포함한다. 다만, 다음 어느 하나에 해당하는 경우는 제외한다.

가. 직무의 성격에 비추어 특정의 성이 불가피하게 요구되는 경우
나. 근로여성의 임신·출산·수유 등 모성보호를 위한 조치를 취하는 경우
다. 그 밖에 이 법 또는 다른 법률에 의하여 적극적 고용개선조치를 취하는 경우

「국가인권위원회법」 제2조 제4호에서도 평등권 침해의 차별행위를 다음과 정의하고 있다. '평등권침해의 차별행위'라 함은 합리적인 이유 없이 성별, 종교, 장애, 나이, 사회적 신분, 출신지역, 출신국가, 출신민족, 용모 등 신체조건, 기혼·미혼·별거·이혼·사별·재혼·사실혼 등 혼인 여부, 임신 또는 출산, 가족형태 또는 가족상황, 인종, 피부색, 사상 또는 정치적 의견, 형의 효력이 실효된 전과, 성적(性的) 지향, 학력, 병력(病歷) 등을 이유로 한 다음 어느 하나에 해당하는 행위를 말한다. 다만, 현존하는 차별을 해소하기 위하여 특정한 사람이나 집단을 잠정적으로 우대하는 행위와 이를 내용으로 하는 법령의 제·개정 및 정책의 수립·집행은 평등권침해의 차별행위로 보지 아니한다.

가. 고용(모집, 채용, 교육, 배치, 승진, 임금 및 임금 외의 금품 지급, 자금의 융자, 정년, 퇴직, 해고 등을 포함)과 관련하여 특정한 사람을 우대·배제·구별하거나 불리하게 대우하는 행위
나. 재화·용역·교통수단·상업시설·토지·주거시설의 공급이나 이용과 관련하여 특정한 사람을 우대·배제·구별하거나 불리하게 대우하는 행위

다. 교육시설이나 직업훈련기관에서의 교육·훈련이나 그 이용과 관련하여 특정한 사람을 우대·배제·구별하거나 불리하게 대우하는 행위

라. 성희롱 행위

실적주의 고용원칙과 관련된 개별 법률에는 「국가공무원법」 제26조, 「교육공무원법」 제10조 제1항과 제2항이 관련된다. 「국가공무원법」 제26조는 공무원의 임용은 시험성적·근무성적 기타 능력의 실증에 의하여 행한다고 규정하고 있다. 다만 장애인·이공계 전공자 등에 대한 채용·승진·전보 등 인사관리상의 우대와 실질적 양성평등을 구현하기 위한 적극적인 정책을 실시할 수 있도록 하였다.

「교육기본법」 제10조에서도 "교육공무원의 임용은 그 자격·재교육성적·근무성적 기타 능력의 실증에 의하여" 행하며, 교육공무원의 임용에 있어서는 교원으로서의 자격을 갖추고 임용을 원하는 모든 자에 대하여 능력에 따라 균등한 임용의 기회가 보장되어야 한다고 임용의 원칙과 기준을 제시하고 있다.

1.3.2 관련 사례

1.3.2.1 **제대군인 가산점 문제**

청구인 갑 외 5명은 7급 또는 9급 국가공무원 공개경쟁채용시험을 준비하였다. 청구인들은 제대군인이 필기시험의 각 과목별 득점의 만점의 5% 또는 3%를 가산하도록 규정한 「제대군인 지위에 관한 법률」 제8조가 헌법에 보장된 평등권, 공무담임권, 직업선택의 자유를 침해한다고 헌법소원 심판을 청구하였다.

헌법재판소는 제대군인은 「헌법」 제32조 제6항에 규정된 국가유공자, 상이군경 및 전몰군경의 유가족에 해당하지 아니하므로 고용에서 우대조치의 헌법상의 근거를 찾아볼 수 없다고 지적하고, 남자의 대부분은 제대군인에 해당하므로 가산점제도는 실질적으로 성별에 의한 차별임을 지적하였다. 고용의 영역에서 남성과 여성을 달리 취급하는 이러한 가산점제도의 위헌여부는 「헌법」 제32조 제4항이 특별히 남녀평등을 요구하고 있으므로 엄격한 심사척도가 적용된다.

엄격한 테스트 결과 헌법재판소는 다음과 같은 이유로 제대군인 가산점 제도를 헌법불합치결정을 하였다. 각 과목별 만점의 5% 또는 3%를 가산함으로써 합격여부에 결정적 영향을 미쳐 가산점을 받지 못하는 사람은 실질적으로 거의 배제하는 결과를 초래하였다. 이러한 혜택을 몇 번이고 아무런 제약 없이 부여함으로 불평등의 효과가 극심하므로 이러한 차별취급은 비례성을 상실하여 「헌법」 제11조의 평등권을 침해하였다. 또한 직무수행능력과 무관한 기준을 삼은 것은 공직 취임권을 침해한 것이다.[3)]

1.3.2.2 **기타(국가유공자 가산점)**

유치원교사 및 공립 중등학교교사 임용후보자 선정경쟁시험에 응시한 청구인들은 「국가유공자등 예우 및 지원에 관한 법률」 등에 따른 가산점규정 때문에 평등권, 공무담임권, 직업선택의 자유를 침해받았다고 헌법소원심판을 청구하였다.

헌법재판소는 종전 결정에서 「헌법」 제32조 제6항의 "국가유공자·상이군경 및 전몰군경의 유가족은 법률이 정하는 바에 의하여 우선적으로 근로의 기회를 부여받는다"는 규정을 넓게 해석하여 국가유공자 본인뿐 아니라 그 가족들에 대한 가산점의 근거가 될 수 있다고 보았다. 그러나 오늘날 국가유공자와 그 가족의 수가 비약적으로 증가하였고 그 가족이 차지하는 비율이 높아져 위 조항을 엄격히 해석할 필요가 있게 되었다. 즉, '국가유공자', '상이군경', '전몰군경의 유가족'으로 좁게 해석하였다.

헌법재판소는 이 사건에서 국가유공자 가족들에 대하여 취업마다 10%의 높은 가산점을 부여할 필요성은 긴요한 것이라고 보기는 어렵다고 판단하였고, 공무담임권에 대한 차별효과가 지나친 것으로 입법목적과 그 달성 수단 간의 비례성을 현저히 초과한 것으로 헌법불합치 결정을 하였다.[4)]

---

3) 헌재 1999. 12. 23, 98헌마363.

4) 헌재 2006. 2. 23, 2004헌마675·981·1022(병합).

2. 「교원의 노동조합 설립 및 운영 등에 관한 법률」의 내용과 주요쟁점

2.1 단체교섭의 중요성과 교섭기법

최근 한국 사회에는 여러 부문에서 갈등과 분쟁이 심각하게 노정되고 있다. 노사간의 대립, 지역간의 갈등, 여야 정당간의 대립, 세대간의 갈등, 남북한간의 뿌리 깊은 불신과 반목 등이 그러하다. 이러한 갈등들은 어느 시대 어느 사회에서도 존재하는 것이다. 문제는 이러한 갈등들을 긍정적 자세로 받아들이고 대화와 협상으로 해결하는 풍토 내지 문화를 갖고 있느냐에 있다.

불행하게도 우리는 사용자의 불성실성과 근로자의 부당한 요구로 빚어진 당사자간의 불신과 반목을 자주 목격하게 된다. 한 국가가 민주주의를 실질적으로 구현하고 있는가의 문제는 그 사회에 존재하는 갈등들을 대화와 공정한 협상을 통하여 얼마나 합리적으로 해결하느냐에 달려 있다고 할 수 있다.

이러한 맥락에서 민주주의를 구현하고 있는 선진국들에서는 노동조합을 광범위하게 인정하고 단체협상을 통하여 사회의 갈등들을 합리적으로 해결하고 있다. 이런 경우에는 갈등이 오히려 새로운 대안으로 활용되어 생산적 갈등(productive conflict)이 되는 것이다. 노동조합은 거대한 조직 속에서 무기력한 개인들에게 수(數)적인 힘을 법적으로 보장하여 사용자 또는 국가와 공정하게 협상을 할 수 있도록 한 제도이다. 노동조합도 과다한 요구가 아닌 합리적 요구를 할 줄 알아야 노사간의 쌍무적 결정이 이루어지는 참여민주주의가 구현되는 것이다. 있어야 할 갈등은 있어야 사회가 발전하지만 지나친 갈등은 사회를 정체에 빠지게 할 수 있다.

우리나라는 사적 부문에서 이미 노동조합이 활성화되어 많은 시행착오와 부작용을 겪으며 점차 발전하고 있다고 볼 수 있다. 그러나 아직도 노동조합을 긍정적으로 이해하기보다는 일부 노동조합의 급진적 성향 내지 과도한 요구 때문에 노동조합을 적대시하는 경향이 있다. 특히 불법적 폭력시위라는 악습의 극복은 새로운 노사문화의 정착이라는 과제로 대두되고 있다.

이러한 어려운 환경 속에서 1999년 1월 「교원의 노동조합 설립 및 운영 등에 관한 법률」의 제정으로 교사의 노동조합이 법적으로 인정된 것이다. 따라서 교원노동조합을 성공적으로 운영하는 것 즉, 단체교섭을 공정하고 성실하게 하여 합리적 결정을 할 줄 아는 관례를 수립하는 것은 민주주의를 실질적으로 정착시키는 시금석이 아닐 수 없으며 공공 분야에서의 노동조합 확대를 가져오는 촉매제 역할도 할 것이다.

노동조합 내지 단체교섭이 공적부문으로 더욱 확장될 수밖에 없는 것은 상술한 바와 같이 조직 구성원간의 다양한 갈등들을 생산적으로 해결하는 단체협상문화가 민주주의의 발전지표가 되기 때문이다. 또한 통신혁명으로 인한 세계화는 세계무역기구(WTO)체제를 가져왔고, 이 체제의 출범 이후 모든 나라들이 경제, 사회, 문화의 제반 영역에서 국제적인 규범을 제정하여 준수하도록 감시 받고 있는 실정이다. 특히, 1996년 국제노동기구(ILO) 권고 안에서 국제노동기구결사에 관한 협약은 경찰과 군대를 제외하고는 모든 노동자들이 차별없이 단결권을 가진다는 점을 강조하고 있다. 경제협력기구(OECD)도 한국의 교사와 공무원도 다른 경제협력기구처럼 단결권을 갖도록 요구한 바 있다. 이제는 이러한 변화를 수용하여야 하는 새로운 사고방식의 전환이 필요한 시점이다.

요컨대 노동조합의 인정과 단체교섭은 갈등을 발전적으로 해결하는 민주주의의 필수적 장치이며 국제사회에서 피할 수 없는 제도이다. 이러한 맥락에서 교원노조가 공적부문에서는 처음으로 인정되었다. 그러나 이러한 제도에 친숙하지 않은 우리 사회는 새로운 제도가 정착되기까지 많은 시행착오를 겪게 되는바, 선진국의 그동안의 경험에서 유익한 시사점을 얻어야 되겠다. 특히 교육분야의 많은 현안 쟁점들이 합리적으로 해결되기 위하여서는 교육현장의 목소리에 귀를 기울여야 되는데, 단체교섭의 정착이 그러한 역할을 하는 데 크게 기여할 것이다.

단체교섭은 정교한 관리기법을 요구하는 기술성을 필요로 한다. 서로 이해관계가 다른 상충적인 주장을 어떻게 표현하고, 어떤 기법으로 조정하여 타협을 이룰 수 있는가의 문제이다. 단체교섭의 관리기법은 심리적, 사회적, 정치적 여러 요소들이 고려되는 복합적이고 어려운 기술이라 할 수 있다.

단체교섭이 이루어지는 과정을 분석하고 교섭의 노하우를 찾아내는 것은 실질적으로 문제해결의 열쇠이기도 하다. 인생과정은 협상 내지 교섭이라고 말할 수 있다. 협상 기술을 연습하고 습득하는 것은 노동조합의 단체교섭에서만 중요한 것이 아니고 개인의 일상생활에서부터 국가간의 국제협상에까지 적용되는 중요한 기법이다.

협상 내지 타협의 규칙으로 타협 상대방의 신체적·정신적 안전보장, 당사자간의 수평적 관계수용, 합의된 의제의 존중, 부분적인 합의(이슈별 접근)의 존중, 협상과정에서의 유연성 확보(대안제시와 입장수정), 상호성 원칙(상대방 양보에 대한 화답), 성실성의 원칙(의사소통의 신뢰와 대표성 확보), 감정과 무례함의 자제, 합리적 운영(반복적 주장 등 비효율적인 운영통제), 공동체 의식 개발 등을 들 수 있다.

우리나라의 경우 성공적인 교섭을 못하는 원인들이 무엇인가를 찾아보고, 성실한 교섭(good faith bargaining)의 조건들, 당사자간의 신뢰회복의 방안, 당사자의 권한 부여, 협상 테이블에서의 예절, 특히 의사전달(communication)의 기법 등을 점검할 필요가 있다.

한국의 경우 갈등해결의 기본적인 수단인 대화기법이 특별히 강조되어야 한다. 오랜 권위주의 문화로 인한 일방적 커뮤니케이션, 편견과 자기의견에 너무 집착하는 당위론적 사고방식, 국민들의 민주적·자율의식의 결여가 대화의 큰 장해 요인이다. 대화문화를 형성하는 데에는 시간이 필요하겠지만 상대방에 대한 존중, 개방적이고 사실중시 사고, 사회적 약자에 대한 배려가 중요하다. 이러한 교육과 함께 단체교섭을 제도적으로 경험시키면서 이 분야의 전문가도 양성되어야 한다.

2.2 「교원의 노동조합 설립 및 운영 등에 관한 법률」의 내용

2.2.1 교원노동조합의 발전과정

모든 제도가 다 그러하듯 노동조합도 그 나라의 역사적 맥락을 이해하여야 한다. 특히 우리나라에서 공적부문의 노동조합 설립에 대하여서는 교육인적자원부와 전교조의 갈등에서 볼 수 있듯이 그 대립이 심각하였다. 우리나라의 경우 사용자는 물론이고 많은 국민들이 노동조합에 관하여 적대시 내지 부정적인 태도를 갖는 데는 해방 후 노동조합의 좌경화와 같은 역사적 배경이 있을 것이다.

더글러스(Douglas)는 공공분야의 노동조합 발전 모형을 여론, 노동시장의 특징, 이용 가능한 자원, 입법·사법부의 태도, 사적부문 노조의 경험 등의 환경요소에 따라 노동조합의 부존재(No Union), 발전된 노동조합(Developing Union), 성숙된 노동조합(Mature Union)으로 분류하고 있다. 우리나라 교원 노동조합은 노동조합의 부존재단계에서 이제 겨우 합법적으로 인정된 발전된 노동조합의 모델로 진행중이라고 할 수 있다.

제헌헌법은 헌법상 교원 및 공무원의 근로삼권을 제한하는 헌법규정을 두고 있지 않았다. 1962년 군사정권 하에서 헌법 제29조를 개정하여 "근로자는 근로조건의 개선을 위하여 자주적인 단결권, 단체교섭권 및 단체행동권을 갖는다. 다만, 공무원은 법률로 인정하는 경우를 제외하고는 단결권, 단체교섭권 및 단체행동권을 가질 수 없다"고 규정하여 공무원 및 교원의 근로삼권을 원칙적으로 부인하였다.

1987년 개정된 현행「헌법」제33조 제2항은 "공무원인 근로자는 법률이 정하는 자에 한하여 단결권, 단체교섭권 및 단체행동권을 갖는다"고 규정하여 공무원 및 교원의 근로삼권을 제한하고 있다. 이에 따라「국가공무원법」제66조 제1항은 현업공무원 이외의 공무원의 근로삼권 행사를 금지하고 있어 교육공무원인 국·공립학교 교원은 근로삼권을 행사할 수 없었으며,「사립학교법」제55조는 사립학교 교원의 복무에 관하여 국·공립학교의 교원에 관한 규정을 적용하고 있어 사립학교 교원 역시 국·공립학교 교원과 마찬가지로 근로삼권을 행사할 수 없었다.

이에 대하여 위헌소송이 제기되었으나 대법원 및 헌법재판소는 다음과 같이 판결하여 교원의 근로삼권은 제한·금지되어왔다. 즉 국·공립학교 교원의 근로삼권을 금지하는「국가공무원법」제66조 제1항은 합헌이므로 국·공립학교 교원이 설립한 전교조는 불법단체이며,[5] 또한, 사립학교 교원들의 근로삼권을 금지하고 있는 사립학교법 제55조는 합헌이므로 사립학교 교원 역시 전교조에 가입하거나 활동하는 것이 금지된 것이었다.[6] 이것이 사회적 파장이 컸던 '전

5) 대판 1990. 4. 10, 90도32; 헌재 1992. 4. 28, 90헌바27.

6) 헌재 1991. 7. 22, 89헌가106; 이상윤, "교원의 노동기본권 보장의 범위와 한계",「교육법학연구」제12호, 2000, p. 106.

국 교직원 노동조합사건'인바 상설하면 다음과 같다.

1991년 3월 개정「사립학교법」 第55조는「교육공무원법」 第1조 및 第53조 第4항의 규정에 따라 사립학교의 교원에게 국가공무원법 第66조 第1항 중 노동운동을 하여서는 아니 된다는 법률조항을 준용하도록 하고「사립학교법」 第58조 第1항 第4호는 사립학교 교원의 노동운동을 면직사유로 규정하고 있었다. 1989년 전국교직원노동조합의 결성과 그에 대한 정부의 불인정방침 및 일련의 교원징계사태가 있었다. 제청신청인들은 사립학교 교사로서 전국교직원노동조합의 설립취지에 찬동하고 이에 가입하여 활동함으로써 노동운동을 하였다는 이유로 학교법인으로부터 직위해제처분과 면직처분을 당하였다. 이에 서울지방법원 서부지원에 면직처분 무효 확인 등 청구의 소를 제기하고 그 근거가 된 위「사립학교법」 규정들이「헌법」 第33조 第1항에 위반하여 무효라고 주장하면서 위헌법률심판제청을 신청하자 동 법원이 이를 받아들여 위헌법률심판을 제청하였다.

헌법재판소는 다음과 같이 교원의 특수성을 검토한 다음「사립학교법」 第55조 및 第58조 第1항 第4호는「헌법」에 위반되지 아니한다고 결정하였다. 교원은 근로자이기는 하지만 교원지위의 특수성으로 인하여 공·사립을 가리지 아니하고 교원의 근로관계는 '근로자 대 사용자'라고 하는 이원적 대립구조를 전제로 상호간의 갈등과 타협 그리고 시장경제의 원리에 따른 수급균형과 통제 아래 형성·발전되어 온 전통적인 일반 근로관계법을 그대로 적용하기에는 적합하지 아니하므로 변형·수용될 수밖에 없다.

위 법률조항들이 비록 사립학교 교원의 근로3권의 행사를 금지하고 있다고 하더라도 사립학교 교원에 대하여는 법률의 규정으로 직접 보수와 신분의 보장을 하는 한편 교원이라는 신분에 걸맞는 교직단체인 교육회를 통하여 그들의 경제적·사회적 지위향상을 도모할 수 있도록 보장하고 있기 때문에 사립학교 교원에 대한 헌법상 보장된 근로기본권의 본질적 내용을 침해하지도 않으며, 또 그 제한은 입법자가 앞서 본 교원지위의 특수성과 우리의 역사적 현실을 종합하여 공공의 이익인 교육제도의 본질을 지키기 위하여 결정한 것으로서 필요하고 적정한 범위 내의 것이라 할 것이므로 과잉금지의 원칙에도 위반되지 않는다.

한편「사립학교법」 第55조 및 第58조 第1항에서 규정하고 있는 '노동운동'

에는 단결권의 행사는 포함되지 않는 것으로 축소제한 해석해야 한다는 취지의 반대의견, 사립학교 교원은 일반근로자와 원칙적으로 동일한 노동3권이 주어져야 한다는 반대의견, 노동3권을 향유할 수 없는 근로자를 공무원에 한정한 헌법」 제33조 제2항의 규정에 비추어 볼 때 위 법률조항들이 위헌이라는 반대의견의 피력도 있었다.[7)]

생각건대 전교조사건은 진보와 보수라는 이념의 갈등으로 확대되어 교육계를 넘어 한국 사회의 오랜 잠재적 갈등을 재현시킨 사건이라 할 수 있다. 전국교직원노동조합은 1991년 1월 6일 「교원노동조합법」의 국회 통과로 합법화되었고 참교육과 교권보호를 위하여 활발한 활동을 하여 한국교육총연맹과 함께 교육정책수립과정에 상당한 영향을 미치는 단체가 되었지만 여전히 전국교원노동조합을 바라보는 교육계입장은 깊은 반목으로 나누어져 한국 교육계의 숙제가 되고 있다.

2.2.2 교원노조법의 체계 및 내용

1999년 7월부터 시행된 「교원의 노동조합 설립 및 운영에 관한 법률」은 15개 조문으로 이루어졌다. 교원의 특수성과 입법기술상의 문제점을 감안하여 「노동조합 및 노동관계 조정법」의 특별법으로 제정되었다. 따라서 교원노조법은 교원노동조합의 설립, 단체교섭, 노동쟁의에 관한 사항 등 교원노조의 특례로 적용되는 사항만을 규정하고, 기타 사항에 대하여는 교원노조법에 특별한 제외규정이 없는 경우 노조법이 적용된다.

한편 교원의 경제적·사회적 지위를 향상시키기 위한 「교원지위향상을 위한 특별법」이 있는바, 교육기본법 제15조 제1항상의 교원단체를 적용대상으로 하며, 교원의 처우개선, 근무조건 및 복지후생과 전문성 신장에 관한 사항에 대하여 '교섭·협의'할 수 있다(동법 제11조, 제12조). 그러나 여기서의 교원단체는 전문직 교원단체로서, 교원노동조합과는 구분된다고 할 것이며, '교섭·협의'도 헌법상의 단체교섭권의 보장이 아니므로 그 개념과 성격이 명확하지 않고, 합의의 이행여부도 보장되고 있지 못하다.[8)]

교원노조법의 주요내용은 다음과 같다.

---

7) http://www.ccourt.go.kr/home/main/xml/month_list.jsp.

8) 한국교원총연합, 「교원단체의 설립 및 단체교섭에 관한 법률」, 1998, p. 15.

보편적 국제기준을 따라 노동기본권을 보장하되, 교원의 특수신분을 고려하여 단결권과 단체교섭권은 인정되나, 쟁의행위는 허용되지 않는다(동법 제8조). 단체교섭권과 관련, 단체협약 체결권을 인정하되 법령·조례·예산에 의해 규정되는 내용과 법령 또는 조례에 의해 위임을 받아 규정되는 내용은 단체협약의 효력을 인정하지 아니하고 사용자측에 성실이행의무가 부여된다(동법 제7조).

학습권이 침해되지 않는 범위 내에서 노동기본권을 보장한다. 전국 또는 시·도 단위에 한하여 노조설립이 허용된다(동법 제4조). 교원의 임금·근무조건 등이 전국단위에서 획일적으로 결정되고 임용권도 시·도교육감이 갖고 있는 등 교원의 특수성이 있으므로 전국 또는 시·도 단위에 한하여 교원노조 설립이 가능하며, 단위학교 차원에서의 교원노조 설립은 금지된다. 단위학교 차원에서의 교섭은 허용되지 않는다.

가입자격은 「초·중등교육법」 제19조에 의한 교원으로 하되(동법 제2조), 노동관계법상의 사용자 지위에 해당하는 학교 설립·경영자, 교장, 교감 등의 가입은 교원노조의 자주성을 확보하기 위하여 제한된다.

노동조합의 대표자는 그 노동조합 또는 조합원의 임금·근무조건·후생복지 등 경제적·사회적 지위향상에 관한 사항에 대하여 교육인적자원부장관, 시·도 교육감 또는 사립학교를 설립·경영하는 자와 교섭하고 단체협약을 체결할 권한을 가진다. 이 경우 사립학교의 경우에는 사립학교를 설립·경영하는 자가 전국 또는 시·도 단위로 연합하여 교섭에 응하여야 한다(동법 제6조 제1항).

단체교섭의 경우에 노동조합의 교섭위원은 당해 노동조합을 대표하는 자와 그 조합원으로 구성하여야 한다. 조직대상을 같이하는 2 이상의 노동조합이 설립되어 있는 경우에는 노동조합은 교섭창구를 단일화하여 단체교섭을 요구하여야 한다.

단체교섭을 하거나 단체협약을 체결하는 경우에는 관계 당사자는 국민의 학습권이 침해되는 것을 방지하기 위하여 국민여론 및 학부모의 의견을 수렴하여 성실히 교섭하고 단체협약을 체결하여야 하며, 그 권한을 남용하여서는 아니 된다. 단체교섭의 절차 등에 관하여 필요한 사항은 대통령령으로 정한다(동법 제6조 제4항).

교원노조에는 노동조합의 업무에만 종사하는 전임자를 둘 수 있다. 전임자로 허가되면 휴직 처리되고 사용자로부터 봉급을 받을 수 없다. 그러나 승급 등 다른 신분상의 불이익은 받지 않는다(동법 제5조). 교원노조에 정치활동을 허용하는 경우 교육현장이 정치적 영향을 받게 되어 학습권을 훼손할 우려가 있으므로 정치활동은 금지된다(동법 제3조). 전국 또는 시·도 단위의 복수노조 설립을 인정하되, 노조 자율로 교섭창구를 단일화하여 단체교섭을 요구하도록 규정하고 있다(동법 제6조 제3항).

단체교섭이 결렬된 경우에는 당사자 일방 또는 쌍방은 중앙노동위원회에 조정을 신청할 수 있다. 조정은 30일 이내에 종료하여야 한다. 중앙노동위원회는 다음의 경우 중재를 행한다(동법 제10조).

1. 단체교섭이 결렬되어 관계 당사자 쌍방이 함께 중재를 신청한 경우
2. 중앙노동위원회가 제시한 조정안을 당사자 일방 또는 쌍방이 거부한 경우
3. 중앙노동위원회 위원장이 직권 또는 노동부장관의 요청에 의하여 중재에 회부한다는 결정을 한 경우

교원의 노동쟁의를 조정·중재하기 위하여 중앙노동위원회에 교원노동관계 조정위원회를 둔다. 동 위원회는 중앙노동위원회 위원장이 지명하는 조정담당 공익위원 3인으로 구성한다. 다만, 관계 당사자의 합의로 중앙노동위원회의 조정담당 공익위원이 아닌 자를 추천하는 경우에는 그 추천된 자를 지명하여야 한다. 위원회의 위원장은 위원회의 위원 중에서 호선한다(동법 제11조).

관계 당사자는 중앙노동위원회의 중재재정이 위법하거나 월권에 의한 것이라고 인정하는 경우에는 「행정소송법」 제20조의 규정에 불구하고 그 중재재정서의 송달을 받은 날부터 15일 이내에 중앙노동위원회 위원장을 피고로 하여 행정소송을 제기할 수 있다.

동기간 내에 행정소송을 제기하지 아니한 때에는 그 중재재정은 확정된다. 중재재정이 확정된 때에는 관계 당사자는 이에 따라야 한다. 중앙노동위원회의 중재재정은 행정소송의 제기에 의하여 그 효력이 정지되지 아니한다. 확정된 중재재정의 내용은 단체협약과 동일한 효력을 가진다(동법 제12조).

2.3 교원노동조합의 특성 및 교원노조법의 주요쟁점

2.3.1 교원노동조합의 특성

교원노조는 공공부문의 노동조합이다. 공공부문의 노동조합이므로 입법 및 예산조치가 수반되는 정책결정분야는 단체교섭에서 그 효력에 한계가 있으며, 파업 같은 쟁의행위가 금지된다.

교원노조는 교육부문의 노동조합이다. 교원은 근로자이면서 일반근로자와 달리 스승으로서의 지위도 갖고 있어 교원노조의 단체교섭시 학부모 등 이해당사자들의 견해가 반영되어야 한다. 교원은 전문가로서의 지위도 있어 근로조건에 관한 단체교섭뿐 아니라 교과서의 내용, 학급정원의 결정 등 교육정책에 관하여서도 적어도 임의적 교섭대상은 되어야 할 것이다.[9]

2.3.2 교원노조법의 주요쟁점

2.3.2.1 국·공립학교 교원과 사립학교 교원의 혼재(混在)

교원노조는 하나의 노동조합 내에 국·공립 및 사립학교 교원의 구분 없이 모두 조합원으로 가입하게 된다. 이는 「사립학교법」 제55조에 의하여 사립학교 교원의 복무 및 근로조건은 국·공립학교 교원과 동일하게 결정되고, 정부가 사립학교 재정의 상당 부분을 지원하고 있으며, 사립학교의 감독권한을 교육청 및 교육인적자원부가 보유하고 있다는 견해를 논거로 하고 있는 것이다.

교원노조가 단체교섭을 하는 경우, 그 당사자는 시·도 단위로 조직되어 있는 경우에는 시·도별 단위노조가, 전국단위로 조직되어 있는 경우에는 상부노조가 되며, 이를 국·공립 및 사립학교 단위로 구분하지 아니한다.

이에 반하여 사용자측 당사자는 국·공립학교의 경우 전국단위에서는 교육인적자원부장관이 시·도 단위에서는 시·도교육감이 된다. 그리고 사립학교의 경우에는 사립학교를 설립·경영하는 자가 전국 또는 시·도 단위로 연합하여 당사자가 된다(교원노조법 제6조). 사용자측 당사자는 국·공립 및 사립학교 단위로 구분된다. 결국 하나의 교원노조는 각각 국·공립학교 및 사립학교를 대상으

9) 이상유, 전게논문, p. 108.

로 서로 다른 단체교섭을 하게 된다.[10]

사립학교 교원의 업무 및 기능이 국·공립학교와 유사하다고 하여 사립학교 교원을 교육공무원으로 보는 것은 지나친 논리의 비약이며 실제 사립학교 교원과 국·공립학교 교원의 근로조건은 상당부분 상이하므로, 사립학교 교원의 근로삼권의 근거조항은 「헌법」 제33조 제2항이라기보다는 일반근로자에게 적용되는 「헌법」 제33조 제1항이 부합된다는 주장도 있다.[11]

국·공립학교 교원과 사립학교 교원의 법적 성격과 동일한 취급의 정도에 관하여서는 명쾌한 기준이 아직 없다. 여기에 관하여서는 제15장 사립학교와 법에서 상설된다.

2.3.2.2 시·도 단위의 지부·지회의 법적 지위

전국 단위의 교원노조가 시·도 단위에 지부·지회를 설치하는 경우 지부·지회가 노동조합으로서의 실질적 요건을 갖추고 설립신고 절차를 종료하면 노동조합으로 인정되고 단체교섭권을 행사할 수 있다. 그러나 한국의 교원노조는 지부·지회가 독자적 명의로 단체교섭을 하는 것이 아니고, 전국단위의 교원노조 명의로 교섭권한을 위임받아 행사하고 있다. 원칙적으로 단체교섭 권한의 위임은 허용되지 않으나(제6조 제2항) 지부·지회에 대한 교섭권 위임은 내부적 권한위임으로 보아 교원노조법상 허용된다고 판단된다. 그러나 전국단위의 교원노조가 시·도 단위의 단체교섭사항에 대하여 단체교섭을 하는 것은 부정적으로 해석하여야 한다.[12]

2.3.2.3 단체교섭의 대상

「교원노조법」 제6조 제1항은 "노동조합의 대표자는 그 노동조합 또는 조합원의 임금·근로조건·후생복지 등 경제적·사회적 지위향상에 관한 사항에 대하여 교육인적자원부장관, 시·도 교육감, 사립학교를 설치·경영하는 자와 교섭하고 단체협약을 체결한 권한을 가진다"고 규정하고 있다.

단체교섭의 대상은 '경제적·사회적 지위향상'이며 그 예시적·부분적 개념

10) 상게논문, p. 108.
11) 허종렬, "교원노조법제화의 내용과 향후 발전과제", 한국노동연구원 세미나 자료, 1999, p. 5.
12) 이상윤, 전게논문, p. 116.

이 임금·근로조건·후생복지로 해석된다. 문제는 추상적인 '경제적·사회적 지위향상'이 구체적으로 무엇을 의미하느냐이다. 노사관계법의 일반적 견해와 같이 '사용자의 처분권한'에 속하는 것이면 모두 단체교섭의 대상이 된다고 해석하여야 한다.

교섭대상은 일반적으로 의무적 교섭대상, 임의적 교섭대상, 금지 교섭대상으로 분류된다. 임금·근로조건·후생복지에 관한 것은 의무적 교섭대상이나 법령이나 조례에 의하여 규정되는 내용은 단체협약이 체결되더라도 효력이 부여되지 아니한다.

교육정책결정이 교원의 근로조건에 영향을 미치는 경우 의무교섭사항이 되는지 쟁점이 된다. 교육내용, 교과서내용 및 학급정원 등의 교육정책에 관한 사항이 단체교섭의 대상이 되는지에 관하여 교원의 전문성을 이유로 의무적 교섭대상이라는 주장, 교육정책은 사용자의 결정권한으로 임의적 교섭대상이라는 주장, 사용자의 전권으로 교섭금지대상이라는 주장으로 나누어져 있다. 경영권의 본질적 부분은 근로조건에 영향을 미치는 경우에도 의무적 교섭대상이 될 수 없다는 것이 판례의 입장이다.[13)]

근로조건에 영향을 미치는 교육정책결정이 단체교섭의 대상인가는 매우 어려운 문제이다. 교육의 전문성과 자주성 원리를 생각하면 이론상 의무적 교섭대상이 되어야 한다고 생각하나, 근로조건에 직·간접으로 영향을 미치는 모든 교육정책이 의무적 교섭대상이라면 현실적으로 정책수립에 어려움이 많게 된다. 따라서 근로조건에 직접적인 영향을 미치는 정책결정은 의무적 교섭사항으로 하고, 기타의 정책결정은 임의적 교섭사항으로 보아야 할 것이다.

임의적 교섭대상은 사용자가 원하는 경우 단체교섭이 수행되며 단체협약의 체결이 사용자의 자유재량에 달린 교섭대상이다. 예컨대, 부부교사의 시·도간 인사교류, 사립학교의 폐과 등으로 과원이 발생한 경우 공립학교 교원으로의 특별채용이 여기에 해당된다. 금지적 교섭대상은 조세감면, 구속자 석방, 임원퇴직 및 부당노동행위요구 등 사용자에게 처분권이 없거나, 강행법규 및 공서양속(公序良俗)에 위반되는 사항이다.[14)]

---

13) 대판 1994. 3. 25, 93다30242; 대판 1994. 8. 23, 93누21514.

14) 이상윤, 전게논문, p. 125.

2.3.2.4 조정과 강제중재

단체교섭이 결렬된 경우 노동조합 측의 강력한 압력수단은 파업 등의 쟁의행위인데, 교원노조는 일체의 쟁의행위가 금지되므로 단체교섭이 결렬된 경우 자기주장을 관철할 수 있는 수단이 없다. 교원노조법은 쟁의행위의 대상적 수단으로 강제중재를 규정하고 있다. 우선 단체교섭이 결렬되면 당사자 일방 또는 쌍방은 중앙노조위원회에 조정을 신청할 수 있고(제9조 제1항), 당사자 쌍방은 중앙노동위원회의 조정에 성실히 임해야 한다.

당사자 쌍방이 함께 중재를 신청하면 임의중재가 된다(제10조 제1호). 중앙노동위원회가 제시한 조정안을 당사자 일방 또는 쌍방이 거부하거나, 중앙노동위원회 위원장이 직권 또는 노동부장관의 요청에 의하여 중재하는 경우가 강제중재이다. 단체교섭을 성실히 수행하기보다는 강제중재에 의존하는 경향을 막기 위하여 선택적 중재방식을 많이 쓰고 있다. 선택적 중재방식은 양 당사자가 제시한 안을 임의로 조정·가감하지 못하고 보다 합리적인 하나의 안을 그대로 선택하는 것이다. 당사자는 중재 재정이 위법하거나 월권이라고 인정하는 경우에 15일내 행정소송을 제기할 수 있다(제12조 제1항). 중재 재정은 단체협약과 동일한 효력을 갖는다(제12조 제3항).[15)]

3. 교육영역에서의 성희롱 예방대책과 판례분석[16)]

3.1 성희롱과 관련 법률

우리사회에서 최근에 중요시되고 있는 쟁점 중 하나가 직장에서의 성희롱 문제이다. 다양한 사회적·경제적 원인으로 생식 수단으로서의 성(sex)이 쾌락 추구적인 성문화로 변화되었고, 사회의 모든 영역에서 남녀평등이 강조되면서 성폭력 내지 성희롱에 대한 인식이 새롭게 부각되고 있다.

성폭력은 법적으로 용인될 수 없는 사회적 위해(危害)이므로 헌법상의 신체

15) 상게논문, p. 132.

16) 표시열, "교육영역에서의 성희롱 예방대책과 관련 판례분석", 「교육법학연구」 제14호, 2002, pp. 165-190.

의 자유에 대한 침해가 된다. 따라서 성폭력은 형법에서 구체적으로 금지하여 왔고, 관련 특별법까지 제정되었다. 형법에서 강제 추행죄는 10년 이하의 징역 또는 벌금형에 처하도록 되어 있다(동법 제298조). 또 업무, 고용, 기타 관계로 인하여 자기의 보호 또는 감독을 받는 부녀에 대하여 위계 또는 위력으로 간음한 자는 5년 이하의 징역 또는 1,500만 원 이하의 벌금에 처하도록 규정되어 있다(동법 제303조). 「성폭력범죄의 처벌 및 피해자보호 등에 관한 법률」에서는 업무, 고용, 기타 관계로 인하여 자기의 보호 또는 감독을 받는 사람에 대하여 위계 또는 위력으로써 추행한 자는 2년 이하의 징역이나 500만 원 이하의 벌금형에 처하도록 되어 있다(동법 제11조).

이에 반하여 성희롱은 사회적으로 어느 정도 묵인되어 왔고, 도덕적 판단의 영역이었지 강제성을 특징으로 하는 법의 영역으로 편입되지는 못하였다. 그러나 최근에 여성의 사회 진출이 크게 늘고, 인권보장의 보편화 현상에 따라 여성에 대한 성희롱이 사회적 쟁점으로 부각되고 관련 법령이 광범위하게 제정·실시되고 있다.

성희롱은 근본적으로 헌법상의 인간의 존엄과 가치와 관련되는 문제이며, 헌법상의 평등권 문제이기도 하다. 「헌법」은 모든 국민은 법 앞에 평등하며, 누구든지 성별·종교 또는 사회적 신분에 의하여 정치적·경제적·사회적·문화적 생활의 모든 영역에 있어서 차별을 받지 아니한다고 규정하고 있다(동법 제11조 제1항).

1988년에 제정된 「남녀고용평등법」은 사업주는 직장 내 성희롱을 예방하고 근로자가 안전한 근로환경에서 일할 수 있는 여건 조성을 위하여 교육 등 일정한 조치를 취하도록 하고 있다. 또 정부는 1997년부터 「남녀차별금지 및 구제에 관한 법률」과 동법 시행령을 제정하여 성희롱의 개념을 규정하고 구체적으로 성희롱을 금지하였다(동법 제7조). 그러나 「남녀차별금지 및 구제에 관한 법률」은 2005년 12월에 폐지되었고, 성희롱의 개념 및 성희롱 방지교육 등의 규정은 2002년 2월부터 시행되고 있는 「여성발전기본법」에 추가되었다(동법 제3조 제4호, 제17조의2 신설).

성희롱은 그 밖에도 고의 또는 과실로 인한 불법행위로 타인에게 손해를 가한 자는 그 손해를 배상할 책임이 있다는 「민법」 제750조의 불법행위 책임, 그리고 타인을 사용하여 어느 사무에 종사하게 한 자 또는 사용자에 갈음하여 그 사무를 감독하는 자는 피해자에게 손해를 배상할 책임이 있다는 「민법」 제 756조의 사용자 및 감독자의 배상책임과도 직접 관련된다. 여기에 관하여서는 이미 제7장 교육영역에서의 권리구제에서 다루었다.

성희롱금지에 관한 이러한 많은 법령상의 제정 실시에도 불구하고 아직 성희롱의 개념에 대한 인식은 명확하지 않고 우리 사회는 물론 공직사회에서도 성희롱 금지에 대한 호응 내지 준수가 만족스럽지 못한 것 같다.[17] 따라서 성희롱에 관한 개념과 실제 유형, 영향과 원인, 예방과 구제 등을 체계적으로 살펴보고, 교육영역에서의 대표적인 판례를 분석할 필요가 있다 하겠다.

3.2 성희롱의 개념, 영향 및 원인

3.2.1 성희롱의 개념과 성립요건

우리나라의 「남녀고용평등법」에서는 직장 내 성희롱의 개념을 "사업주, 상급자 또는 근로자가 직장 내의 지위를 이용하거나 업무와 연관하여 다른 근로자에게 성적인 언어나 행동 등으로 또는 이를 조건으로 고용상의 불이익을 주거나 또는 성적 굴욕감을 유발하게 하여 고용환경을 악화시키는 것을 말한다"고 정의하고 있다(동법 제2조 제2호).

「여성발전기본법」에서는 "성희롱이라 함은 업무, 고용 기타관계에서 공공기관의 종사자, 사용자 또는 근로자가 그 지위를 이용하거나 업무 등과 관련하여 성적 언동 등으로 성적 굴욕감 또는 혐오감을 느끼게 하거나 성적 언동 기타 요구 등에 대한 불응을 이유로 고용상의 불이익을 주는 것을 말한다"라고 정의하고 있다(동법 제3조 제4호).

「여성발전기본법」과 여성부고시 제2002-2호인 「남녀차별금지기준」(제15조)에서 규정하고 있는 성희롱의 개념 내지 구성요건을 살펴본다.

첫째, 주체가 업무, 고용 기타 관계에서의 공공기관의 종사자, 사용자 또

17) 행정자치부의 공직사회의 남녀평등의식 조사결과를 보면 인사관리 측면에서 여성공무원의 경우 보직배치, 승진, 근무평정 등에서 차별이 있었다는 응답률이 80%를 상회하며, 여성공무원 성희롱 피해실태를 보면 하위직급 여성일수록 높은 비율이고 여성비하의 모욕적 언사경험 56.4%, 의식적 따돌림 42.8%, 성희롱 28.8%, 폭력 및 욕설 8%의 순이다. 한국여성개발원 정책연구보고서(1998.12, www.stopsh.pe.kr/SCHOOL/).

는 근로자이어야 한다. '업무, 고용 기타 관계'라 함은 직업으로써 행하는 직무관계, 임금을 받고 일하는 관계 및 이에 준하는 관계를 말한다. 즉 사업주, 직장상사, 직장동료, 부하직원이 여기에 해당된다. 외부 고객은 해당되지 않는다 하겠다.

둘째, 지위를 이용하거나 업무 등과 관련되어야 한다. '지위를 이용하거나 업무 등과 관련하여'라 함은, 행위 장소가 직장 내인지 여부를 불문하고 공공기관의 종사자, 사용자 또는 근로자의 지위를 이용하거나 기타 업무 관련성이 존재하는 경우를 말한다. 성희롱이 자주 발생하는 직장 회식자리도 업무와 관련이 있다고 판단되므로 해당될 수 있다.

셋째, 성적 언동 등으로 성적 굴욕감 또는 혐오감을 느꼈어야 한다. '성적 언동 등'이라 함은, 상대방이 원하지 아니하는 성적 의미가 내포된 육체적·정신적·시각적 행위를 말한다. 성적 언동 등에 해당하는 성희롱의 대표적 유형을 「남녀차별금지기준」에서는 육체적 행위, 언어적 행위, 시각적 행위로 분류하고 있다(동 기준 제17조).[18] 많은 성희롱 사건에서 쟁점이 되는 것은 상대방이 원하지 않았느냐에 관한 판단이다. 상대방 즉 피해자가 명백히 거부의 반대표시를 하는 것이 중요하고, 문서화된 기록이 있으면 가장 확실하다 하겠다. 그러나 우리나라 대법원은 후술하는 바와 같이 명백한 거부표시가 없는 경우에도 추정적 반응으로 상대방이 원하지 않았음을 인정하고 있다.

넷째, 성적 언동 기타 요구 등에 대한 불응을 이유로 고용상의 불이익을 주었어야 한다. '고용상의 불이익'이라 함은, 채용탈락, 감봉, 승진탈락, 전직, 정직, 휴직, 해고 등과 같이 채용 또는 근로조건을 불리하게 하거나 고용환경을 악화시키는 행위 등을 말한다.

셋째 요건과 넷째 요건은 선택적 요건이다. 셋째 요건을 충족한 경우에는 환경악화형 성희롱이 되고, 넷째 요건을 충족한 경우에는 대가보복형 성희롱이

18) 육체적 행위: 입맞춤이나 포옹, 뒤에서 껴안기 등의 신체적 접촉, 가슴, 엉덩이 등 특정 신체부위를 만지는 행위, 안마나 애무를 강요하는 행위 등. 언어적 행위: 음란한 농담이나 음담패설, 외모에 대한 성적인 비유나 평가, 성적 사실관계를 묻거나 성적인 내용의 정보를 의도적으로 유포하는 행위, 성적 관계를 강요하거나 회유하는 행위, 음란한 내용의 전화통화, 회식자리 등에서 술을 따르도록 강요하는 행위 등. 시각적 행위: 외설적인 사진, 그림, 낙서, 음란출판물 등을 게시하거나 보여주는 행위, 직접 또는 팩스나 컴퓨터 등을 통하여 음란한 편지, 사진, 그림을 보내는 행위, 성과 관련한 자신의 특정 신체부위를 고의적으로 노출하거나 만지는 행위 등이다.

된다. 성적으로 모욕을 주는 말이나 행동을 하여 적대적인 작업분위기를 형성하는 환경악화형 성희롱은 상사와 부하간, 동료간, 근로자와 고객간에 자주 발생하며, 성의 대가로 고용관계에서 채용이나 승진 같은 일정한 이익, 또는 해고나 징계 등의 불이익을 주는 대가보복형 성희롱은 주로 상사와 부하의 관계에서 발생한다.[19]

「남녀차별금지기준」상의 성희롱이 금지되는 영역은 다음과 같다(동 기준 제16조).

- 공공기관의 종사자, 사용자 및 근로자가 직장에서 상급자, 동료, 하급자, 협력업체 종사자, 파견종사자 등에 대하여 성희롱을 하는 경우.
- 교육기관 또는 교육훈련기관 등의 종사자, 사용자 및 근로자가 학습자나 교육 응시자에 대하여 성희롱을 하는 경우.
- 공공기관의 종사자, 사용자 및 근로자가 재화·시설·용역 등의 제공 및 이용에 있어서 이용자 등 상대방이나 기타 관련자에 대하여 성희롱을 하는 경우.
- 공공기관의 종사자가 법과 정책의 집행 시 직무를 수행하거나 권한을 행사하는 과정에서 상대방이나 기타 관련자에 대하여 성희롱을 하는 경우.

3.2.2 성희롱의 영향과 원인

성희롱은 피해자가 사표를 내는 경우의 경제적 손실뿐 아니라, 심리적으로 수치심 내지 죄의식과 무력감 등을 느끼게 하며, 분노와 자존심의 상실 등으로 사회적 고립감 내지 정신건강의 문제까지 야기하는 심각한 영향을 미친다. 성희롱은 사용주에게도 적대적 근무환경 때문에 생산비 등의 증가뿐 아니라 사표를 내는 경우에는 신임직원의 채용비용과 잠재적 손해배상 책임까지 지는 부담을 준다.

이러한 성희롱의 원인은 크게 다음 세 가지로 설명된다. 첫째는 생물학적 유형으로 남자와 여자는 생물학적 차이가 있다는 주장이다. 남성은 여성보다 성적인 행위에 통제력이 별로 없다는 주장이 강간이나 성희롱의 법적 변론에도 자주 인용된다. 둘째는 조직적 유형으로 성희롱이 직장조직에서 남자와 여자간

19) Catherine Mackinnon, *Sexual Harassment of Working Women: A Case of Sex Discrimination,* New Haren: Yale University Press, 1979, pp. 32-40.

의 권력 내지 권한의 차이에 기인한다는 것이다. 조직에서의 우월한 지위로 상대방을 사실상 강요할 수 있다는 것이다. 셋째로 사회 문화적 유형으로 성희롱을 유발하는 남자나 여자의 상호작용은 결국 사회문화와 환경에 기인한다는 것이다. 사회구성원들로부터 수용되고 있는 일정한 행위유형을 사회화 과정을 통하여 배우게 된다는 것이다. 성 행태에 있어서 남성은 공격적이고 지배적이며, 여성은 수용적이고 묵인하는 특성으로 보는 성 역할의 고정화(sex-role stereotype)는 결국 사회·문화에 기인한다. 성희롱의 원인에 관한 이러한 세 가지 설명은 부분적인 의미가 있으므로 종합적으로 고려되어야 한다.[20)]

성희롱의 유사개념에 성폭력이 있다. 「성폭력범죄의 처벌 및 피해자보호 등에 관한 법률」에서는 국가 및 지방자치단체에게 성폭력범죄를 예방하고 그 피해자를 보호하며 유해환경을 개설하기 위한 법적·제도적 장치를 마련하고 필요한 재원을 조달할 의무를 지우고, 청소년에 대한 성교육 및 성폭력 예방에 필요한 교육을 실시하도록 하고 있다(동법 제2조). 성폭력범죄는 「형법」상의 음서 등의 반포(제243조), 영리를 위한 약취·유인·매매(제288조), 미성년자에 대한 간음·추행(제305조), 강도강간(제339조) 등이다.

3.3 성희롱의 예방 및 구제

성희롱에 대한 최선의 대응 방법은 사전 예방에 있다. 「남녀고용평등법」, 「여성발전기본법」 및 동법 시행령에서 규정하고 있는 예방조치 및 구제수단 등을 살펴본다.

3.3.1 「남녀고용평등법」상의 예방 및 구제조치

사업주는 직장 내 성희롱을 예방하고 근로자가 안전한 근로환경에서 일할 수 있는 여건 조성을 위하여 직장 내 성희롱의 예방을 위한 교육을 실시하여야 한다. 교육의 방법·내용 및 횟수 등에 관하여 필요한 사항은 대통령령으로 정한다. 사업주는 직장 내 성희롱 예방교육을 노동부장관이 지정하는 기관에 위탁하여 실시할 수 있으며 교육을 위탁할 수 있는 기관의 지정요건 및 절차 등

20) Dennis Dresang and Paul Stuiber, "Sexual Harassment : Challenges for the Future", *Challenges of A Diverse Work Force,* Longman, 1991, pp. 119-121.

에 관하여 필요한 사항은 노동부령으로 정한다(동법 제13조).

사업주는 직장 내 성희롱 발생이 확인된 경우 지체 없이 행위자에게 징계, 그 밖에 이에 준하는 조치를 취하여야 한다. 피해주장이 제기된 경우에도 피해주장자에게 근로여건상 불이익을 주어서는 안 된다. 사업주는 피해 근로자에게 해고 등의 불이익을 주어서는 아니 된다(동법 제14조). 직장 내 성희롱 예방교육 의무를 위반한 자, 성희롱확인 자를 징계하지 아니한 경우에는 300만 원 이하의 과태료에 처한다(동법 제39조 제2, 3항).

3.3.2 「여성발전기본법」상의 예방 및 구제조치

「여성발전기본법」에 따르면 국가기관 등의 장 및 사업주는 대통령령이 정하는 바에 따라 성희롱의 방지를 위하여 교육을 실시하는 등 필요한 조치를 하여야 하고, 국가기관 등의 장은 그 조치 결과를 여성가족부 장관에게 보고하여야 한다(동법 제17조의2). 동법 시행령에서는 성희롱 예방교육에는 다음의 내용이 포함되어야 한다. 1. 성희롱 예방에 관한 법령, 2. 성희롱 발생시 처리절차 및 처리기준, 3. 성희롱 피해자에 대한 고충상담 및 구제절차, 4. 성희롱한 자에 대한 징계 등 제재조치, 5. 그 밖에 성희롱 예방에 필요한 조치(동 시행령 제27조의2).

동법 제17조의2 및 동법 시행령 제27조의2 제3항의 규정에 의한 공공기관의 성희롱 예방교육의 내용 및 방법을 규정한 「공공기관의 성희롱 예방지침」(여성가족부고시 제2006-1호) 내용은 다음과 같다. 공공기관의 장은 성희롱 예방을 위한 교육을 연 1회 이상 실시하여야 한다(동 지침 제4조). 공공기관의 성희롱 예방교육은 공공기관의 규모와 사정을 고려하여 직원연수·정례회의·부서별 회의 등을 이용하되, 시청각 교재 등을 활용한다(동 지침 제5조). 공공기관의 장은 성희롱 예방을 위하여 성희롱 상담·고충에 대한 전담창구 마련 및 정기점검, 성희롱 상담자 교육훈련 지원, 성희롱 예방 교육·홍보용 자료 게시 또는 비치, 성희롱 행위자에 대한 적정한 대처 및 재발방지 대책 수립, 성희롱과 관련된 피해자의 불이익한 조치 금지 등을 하여야 한다(동 지침 제6조).

3.3.3 교육영역에서의 성희롱 예방

교육영역에서의 성희롱 등 남녀차별의 관행은 우리 사회의 축소판이라 할 수 있다. 예컨대 교육목표의 지도에서 여학생에게는 가정생활에 대한 태도 형성을, 남학생에게는 지도력 개발 내지 사회생활능력 개발을 더 강조하고, 교과활동에서 고등학교 과학교과 편성시 여학생에게는 생물교과, 남학생에게는 물리교과를 개설하는 경향이 있는바 이는 성별에 따라 적합한 교과목이 있다는 고정관념이 작용한 것으로 보인다. 특별활동 학생 모집시 구기운동, 바둑, 장기 등은 남학생에게 가사, 요리, 수예 등은 여학생에게 우선권을 주는 것도 마찬가지라 할 수 있다.

진로지도·생활지도에서 "여자는 시집만 잘 가면 된다"고 하는 등 교사로부터 성의 정형화된 내용의 지도를 받은 경험이 학교 급이 높아질수록 많아지고, 중·고등학교 여학생이 성희롱을 당한 경험도 매우 높게 나타났다.[21]

한편 교육영역에서의 성희롱 등 남녀차별에 대한 개선은 사회에서의 성희롱 및 남녀차별 관행을 개선시키는 데 크게 기여할 수 있을 것이다. 어려서부터 성에 대한 편견을 안 갖고 상대방을 소중하게 목적가치로 대하는 것을 배우고 내면화하게 되면 미래의 사회에서도 성희롱 등 남녀차별이 최소화될 것을 기대할 수 있겠다.

교육기관은 성희롱 예방교육을 연 1회 이상 관련법령에서 규정하고 있는 내용을 교육시켜야 한다. 학교장의 책임은 학교의 자체실정에 맞는 세부계획을 마련하고 성희롱 등 남녀차별행위 방지를 위해 직원·학생에 대한 연수, 홍보물 배포, 포스터 게재, 홍보활동 실시 등을 하며, 신규임용자에 대한 연수교육을 실시하고, 학생의 수업상 또는 직원의 고용상 적절한 환경이 침해되는 성희롱 등 남녀차별행위 발생시 지도·감독 책임을 진다. 교직원은 교직원에 의한 학생 성희롱의 대표적 사례에[22] 유의하여 성희롱이 발생하지 않도록 하여야 한다.

---

21) 한국여성개발원 정책연구보고서(1998.12), www.stopsh.pe.kr/SCHOOL/

22) 육체적 행위로 체육관, 운동장, 실험실, 숙직실 등 외부와 차단된 장소에서 특정 신체 부위를 만지는 행위. 필요 이상 오래 손을 잡거나, 특정 신체부위를 접촉하는 행위. 몸을 접촉하거나 옆에 또는 무릎에 앉으라고 강요하는 행위. 명찰을 넣고 빼면서 가슴을 스치거나, 속옷을 입고 다니도록 지도하면서 특정 의복의 일부를 만지거나 들추는 행위. 뜀틀 구르기나 철봉운동 등을 할 때 또는 컴퓨터 시간에 과도한 신체접촉을 하는 행위. 다정한 듯 어깨동무를 하거나 충고하면서 어깨 안쪽을 치는 행위. 언어적 행위로 수업시간에 음란한 문구나 신문기사 등을 낭독하는 행위. 학생의 신체적 특징을 성적으로 평가·비유하여 말하는 행위. 음란한 농담을 하거나 농담으로 특정 신체부위 접촉을 강요하는 행위. 시각적 행위로 칠판에 음란한 그림을 그리는 행위. 목티를 들춰서 특정 신체부위를 들여다보는 행위. 기타의 행위로 사회 통념상 성적 굴욕감 또는 혐오감을 유발하는 것으로 인정되는 언어나 행동이다.

성희롱 예방에서 가장 중요한 것은 의식의 변화이다. 즉, 다른 사람과 접촉할 때 서로 상대방의 인격을 존중하고, 상대방을 소중한 파트너로 보는 의식을 가져야 하며, 상대방을 성적인 관심의 대상으로 또는 이성을 열등한 성으로 보는 의식을 버려야 한다.

또 기본적인 마음가짐으로 첫째, 성에 관한 언동에 대한 수용태도는 개인간이나 남녀간, 처해 있는 입장에 따라 차이가 있고 성희롱 해당 여부에 대해서는 상대방의 판단이 중요하다. 친절함을 나타내려는 의도의 언동이더라도 본인의 의도와 달리 상대방을 불쾌하게 하는 경우가 있으므로 이 정도는 상대방도 허용할 것이라는 일방적인 추측을 하지 말아야 한다. 둘째, 상대방이 거부하거나 싫어한다는 것을 알게 된 경우에는 같은 언동을 반복하지 말 것이며, 상대방이 상급자 등인 경우 상대방에게 항상 명확한 거부의사를 표명할 수 없는 경우도 적지 않으므로 그런 경우를 동의 또는 합의로 간주하여서는 안 된다. 셋째, 근무시간 내 또는 직장 내에서의 성희롱만을 주의하는 것으로는 불충분하고 직장의 환영회, 세미나, 만찬 등의 장소에서도 직장 동료나 학생 등에게 성희롱을 하는 경우 같은 주의가 필요하다. 평소에 성희롱으로 간주될 수 있는 언동을 조심하여야 한다.[23)]

피해자의 자세 및 대처 요령으로 혼자 참고 있는 것만으로는 문제가 해결되지 않음을 유의하고, 성희롱을 당했다고 생각되는 경우 상대방에게 자신의 의사를 명확하게 전달하는 것이 중요하다. 상하관계인 경우 직접 상대방에게 말하기 어려울 때에는 편지 등의 수단을 이용하는 방법도 있다. 그래도 해결이 안 되면 직장동료나 친구 등 가깝고 신뢰할 수 있는 사람에게 상담하는 것이 중요하다. 다음에 소속기관 또는 외부의 상담기관에 상담을 요청하고 상담시 성희롱이 발생한 일시, 내용 등을 기록하는 것은 물론, 제3자의 증언을 얻어 두는 것이 필요하다.

성희롱 예방에서 가장 중요한 과제는 성희롱에 대한 우리의 잘못된 인식을 고쳐나가는 것이다. 잘못된 인식의 예는 다음과 같다.[24)]

가. 성희롱은 사소한 문제이다.

---

23) 교육인적자원부, 성희롱 등 남녀차별 방지를 위한 유의사항.

24) 장성자, “성희롱 없는 사회, 건강한 사회를 위하여”, 「대학교육」 제107호, 한국대학교육협의회, 2000, pp. 14-15.

나. 성적인 농담, 가벼운 접촉은 오히려 직장 생활의 활력소가 된다.

다. 성희롱 의도는 없으며, 친밀감의 표현이다.

라. 직장에서의 성희롱은 무시해 버리면 그만이다.

마. 성희롱은 여성의 과다한 신체노출로 인한 성적충동이다.

3.4 교육영역에서의 성희롱 관련 판례

3.4.1 한국의 판례

공직자의 성희롱 내지 성추행이 처음으로 사회문제가 된 것은 지난 1986년 7월 '부천경찰서 성 고문 사건'이다. 이 사건은 성희롱·성추행이라는 개념조차 명확하지 않았던 시절, 국민적인 충격을 주었던 사건이다. 이 사건이 시국사건 피의자에게 공권력이 가한 성폭력이었다는 점에서 특별한 위치를 차지한다면, S대학 조교 사건은 성희롱 문제를 법적 측면에서 본격적으로 다루게 된 계기가 된 사건이었다. 대학의 사건이긴 하지만 성희롱의 판단기준을 제시한 대법원의 동 사건을 살펴본다.

3.4.1.1 S대학 조교 성희롱 사건

사건개요 및 판결: S대학 실험실 여성 조교 갑은 1992년 5월부터 1993년 8월까지 엔엘암기기 실험시 담당 남자 교수 을로부터 의도적인 신체접촉과 몇 차례 껴안는 자세를 취했거나 원치 않는 데이트를 집요하게 요구했고, 이에 불응하자 조교 재임용에서 탈락했다고 을 교수와 총장을 상대로 손해배상청구소송을 제기했다.

1994년 서울민사지방법원은 고용과 근로에서 성차별을 한 위법한 행위를 인정하여 원고가 입은 정신적 손해에 대하여 3천만 원을 배상하라고 판결하였다. 그러나 서울 고등법원은 원고가 명시적으로 거부의사를 표시하지 않았고, 교수의 신체적 접촉 등에 관한 증거불충분을 이유로 원고패소 판결하였다.

1998년 대법원은 다음과 같은 이유로 원고승소 판결을 내렸다. 지휘감독관계에 있는 피고의 언동은 분명히 성적인 동기와 의도를 가진 것이며, 성적인 언동이 집요하고 계속적인 까닭에 사회통념상 일상생활에서 허용되는 단순한 농담 또는 호의적이고 권유적인 것으로 볼 수 없다. 원고로 하여금 성적 굴욕감이나 혐오감을 느끼게 한 이러한 인격권에 대한 침해행위는 선량한 사회풍속 또는 사회질서에 반하는 위법한 행위로 정신적 고통을 입었음이 경험칙상 명백하다. S대학 총장에 대한 책임은 사무집행과 관련이 없으며, 성희롱 행위가 은밀히 진행되어 이를 알았거나 알 수 있었다고 볼 수 없어 고용계약상의 보호 의무를 다하지 아니한 책임을 지울 수는 없다.

판결요지: 성희롱에 관한 기준을 제시한 대법원의 판결요지를 아래에 살펴본다.

> 성적 표현행위의 위법성 여부는, 쌍방 당사자의 연령이나 관계, 행위가 행해진 장소 및 상황, 성적 동기나 의도의 유무, 행위에 대한 상대방의 명시적 또는 추정적인 반응의 내용, 행위의 내용 및 정도, 행위가 일회적 또는 단기간의 것인지 아니면 계속적인 것인지 여부 등의 구체적 사정을 종합하여, 그것이 사회공동체의 건전한 상식과 관행에 비추어 볼 때 용인될 수 있는 정도의 것인지 여부 즉 선량한 풍속 또는 사회질서에 위반되는 것인지 여부에 따라 결정되어야 하고, 상대방의 성적 표현행위로 인하여 인격권의 침해를 당한 자가 정신적 고통을 입는다는 것은 경험칙상 명백하다.
>
> 피해자가 엔엠알기기 담당 유급조교로서 정식 임용되기 전후 2, 3개월 동안, 가해자가 기기의 조작 방법을 지도하는 과정에서 피해자의 어깨, 등, 손 등을 가해자의 손이나 팔로 무수히 접촉하였고, 복도 등에서 피해자와 마주칠 때면 피해자의 등에 손을 대거나 어깨를 잡았고, 실험실에서 "요즘 누가 시골 처녀처럼 이렇게 머리를 땋고 다니느냐"고 말하면서 피해자의 머리를 만지기도 하였으며, 피해자가 정식 임용된 후에는 단둘이서 입방식을 하자고 제의하기도 하고, 교수연구실에서 피해자를 심부름 기타 명목으로 수시로 불러들여 위아래로 훑어보면서 몸매를 감상하는 듯한 태도를 취하여 피해자가 불쾌하고 곤혹스러운 느낌을 가졌다면, 화학과 교수 겸 엔엠알기기의 총책임자로서 사실상 피해자에 대하여 지휘·감독관계에 있는 가해자의 위와 같은 언동은 분명한 성적인 동기와 의도를 가진 것으로 보여지고, 그러한 성적인 언동은 비록 일정 기간 동안에 한하는 것이지만 그 기간 동안만큼은 집요하고 계속적인 까닭에 사회통념상 일상생활에서 허용되는 단순한 농담 또는 호의적이고 권유적인 언동

으로 볼 수 없고, 오히려 피해자로 하여금 성적 굴욕감이나 혐오감을 느끼게 하는 것으로서 피해자의 인격권을 침해한 것이며, 이러한 침해행위는 선량한 풍속 또는 사회질서에 위반하는 위법한 행위이고, 이로써 피해자가 정신적으로 고통을 입었음은 경험칙상 명백하다.

이른바 성희롱의 위법성의 문제는 종전에는 법적 문제로 노출되지 아니한 채 묵인되거나 당사자 간에 해결되었던 것이나 앞으로는 빈번히 문제될 소지가 많다는 점에서는 새로운 유형의 불법행위이기는 하나, 이를 논함에 있어서는 이를 일반 불법행위의 한 유형으로 파악하여 행위의 위법성 여부에 따라 불법행위의 성부를 가리면 족한 것이지, 불법행위를 구성하는 성희롱을 고용관계에 한정하여, 조건적 성희롱과 환경형 성희롱으로 구분하고, 특히 환경형의 성희롱의 경우, 그 성희롱의 태양이 중대하고 철저한 정도에 이르러야 하며, 불법행위가 성립하기 위하여서는 가해자의 성적 언동 자체가 피해자의 업무수행을 부당히 간섭하고 적대적 굴욕적 근무환경을 조성함으로써 실제상 피해자가 업무능력을 저해당하였다거나 정신적인 안정에 중대한 영향을 입을 것을 요건으로 하는 것이므로 불법행위에 기한 손해배상을 청구하는 피해자로서는 가해자의 성희롱으로 말미암아 단순한 분노, 슬픔, 울화, 놀람을 초과하는 정신적 고통을 받았다는 점을 주장·입증하여야 한다는 견해는 이를 채택할 수 없다. 또한 피해자가 가해자의 성희롱을 거부하였다는 이유로 보복적으로 해고를 당하였든지·아니면 근로환경에 부당한 간섭을 당하였다든지 하는 사정은 위자료를 산정하는 데에 참작사유가 되는 것에 불과할 뿐 불법행위의 성립 여부를 좌우하는 요소는 아니다.

「민법」 제756조에 규정된 사용자 책임의 요건인 '사무집행에 관하여'라는 뜻은 피용자의 불법행위가 외형상 객관적으로 사용자의 사업 활동 내지 사무집행 행위 또는 그와 관련된 것이라고 보여질 때에는 행위자의 주관적 사정을 고려함이 없이 이를 사무집행에 관하여 한 행위로 본다는 것이고, 외형상 객관적으로 사용자의 사무집행에 관련된 것인지의 여부는 피용자의 본래 직무와 불법행위와의 관련 정도 및 사용자에게 손해 발생에 대한 위험 창출과 방지조치 결여의 책임이 어느 정도 있는지를 고려하여 판단하여야 한다.

고용관계 또는 근로관계는 이른바 계속적 채권관계로서 인적 신뢰관계를 기초로 하는 것이므로, 고용계약에 있어 피용자가 신의칙상 성실하게 노무를 제공할 의무를 부담함에 대하여, 사용자로서는 피용자에 대한 보수지급의무 외에도 피용자의 인격을 존중하고 보호하며 피용자가 그 의무를 이행하는 데 있어서 손해를 받지 아니하도록 필요한 조치를 강구하고 피용자의 생명, 건강, 풍기 등에 관한 보호시설을 하는 등 쾌적한 근로환경을 제공함으로써 피용자를 보호하고 부조할 의무를 부담하는 것은 당연한 것이지만, 어느 피용자의 다른 피용자에 대한 성희롱 행위가 그의 사무집행과는 아무런 관련이 없을 뿐만 아니라, 가해자의 성희롱 행위가 은밀하고 개인적으로 이루어지고 피해자로서도 이를 공개하지 아니하여 사용자로서는 이를 알거나 알 수 있었다고 보여지지도 아니하다면, 이러한 경우에서까지 사용자가 피해자에 대하여 고용계약상의 보호 의무를 다하지 아니하였다고 할 수는 없다.[25)]

판결의 의미와 문제점: 이러한 대법원 판결은 우리나라의 잘못된 직장 내 성희롱 풍토를 바꾸어 놓는 계기가 되었으며 다음과 같은 의미를 가진다. 고등법원이 갑 조교가 '명시적으로 거부'하지 않은 점도 성희롱이 성립하지 않는 이유라고 보고 있는 데 반해, 대법원은 성적 표현행위의 위법성 여부는 '행위에 대한 상대방의 명시적 또는 추정적 반응의 내용'까지 고려하여 판단하여야 한다고 하여 반드시 명백하게 거부할 필요는 없다는 입장을 취하였다. 또 대법원은 신체접촉뿐 아니라 언어적, 시각적 성희롱까지도 인정하고 있어 성희롱에 해당하는 영역을 확장하였다.

이와 같은 의의에도 불구하고 대법원의 판결은 성희롱에 관한 다음의 몇 가지 점에서 과제를 남기고 있다. 우선, 성희롱의 성립요건을 구체적으로 제시하지 않으므로, 다른 유사사건의 지침이 되는 판례가 되기 어렵다. 1심과 2심에서 치열한 공방이 있었고 1심과 2심 판결에서는 서로 다른 성희롱 요건이 등장하였다. 대법원은 단지 '어떤 성적 표현행위의 위법성 여부는 쌍방 당사자의 연령이나 관계 등의 구체적 사정을 종합하여 그것이 사회 공동체의 건전한 상식과 관행에 비추어 볼 때 용인될 수 있는 정도의 것인지 여부, 즉 선량한 풍속 또는 사회질서에 위반되는 것인지 여부에 따라 결정되어야 할 것이라고 하는 지극히 일반적인 기준에서 판단하고 있다. 또한, 사회적으로 용납될 수 없는 성희롱의 정도(수인 한도)에 대한 구체적인 언급이 없는 점이다. 그리고 성희롱에

25) 대판 1998. 2. 10, 95다39533.

서 누가 입증책임을 지는지를 명확히 밝히고 있지 않다.

마지막 지적으로 정부와 S대 총장에 대한 손해배상 청구를 전혀 받아들이지 않았다. 대법원은 사용자인 정부와 S대학에게 배상책임이 인정되기 위해서는 을 교수가 행한 성적 행동이 민법 제756조의 사용자 책임요건인 '사무집행에 관하여'에 해당하여야 하는데 그렇다고 볼 수 없다는 이유에서 손해배상 청구를 받아들이지 않았다. 그러나 대학이 성희롱 가능성을 예측할 수 있었고 그러한 위험에 대한 아무런 예방조치가 없었다는 점에서 손해배상 책임을 물을 수도 있었을 것이다. S대학 조교 사건은 성희롱 문제가 사회적 문제로 대두되고 관련법이 제정되는 계기가 되었다. 이 사건은 직장 내 성희롱에 대한 최초의 고소 사건이었으며, 고용 관계에서의 성희롱의 문제를 이슈화시킨 사건으로서 갖는 의의가 크다 하겠다.

3.4.1.2 회식사건

초등학교 교감 갑은 3학년 교사 전체 회식에 교장과 함께 참석하였다. 교감은 회식에 참석하였던 여교사 3인에게 2회에 걸쳐 교장에게 술을 따르라는 취지의 말을 하며 특히 을 여교사를 지목하여, "을 선생은 교장선생님께 필히 따르지"라고 말하였다. 교장은 교감의 이러한 행위를 제지하지 아니하고 묵시적으로 동조하였다.

남녀차별개선위원회는 교감의 행위를 성희롱으로 인정하고 성희롱 예방교육을 실시할 것을 권고하였으나, 교감은 이 결정을 수용할 수 없다고 하여 성희롱 결정처분취소를 요구하는 행정소송을 제기하였다. 을 여교사는 특히 자기가 지목된 것에 대하여 불쾌감을 느꼈다고 한다. 을 여교사를 제외한 다른 여자교사들은 불쾌하게 생각을 하였으나 그로 인하여 성적인 굴욕감 또는 혐오감을 느끼지는 않았다고 진술하고 있다.

서울행정법원은 이 사건의 당시 상황, 성적 동기 또는 의도의 유무 등 구체적 사정을 종합하여 보면 이 사건 언행이 우리 사회공동체의 건전한 상식과 관행에 비추어 볼 때 용인될 수 없는 선량한 풍속 내지 사회질서에 위반되는 것이라고 보기 어렵다고 판단하여 「남녀차별 금지 및 구제에 관한 법률」에서 금지하고 있는 성희롱이라고 볼 수 없다고 판결하였다.[26]

26) 서울행정법원 2004. 2. 11, 2003구합23387.

3.4.2 미국의 판례

초·중등학교에서의 성희롱에 관련된 미국의 최근 판례를 살펴본다. 하나는 학생에 대한 교사의 성희롱이 성립한 경우에 어떤 조건하에서 교육구가 손해배상책임을 지는가의 문제이고, 다른 한 사례는 학생끼리의 성희롱 사건에서 학교 당국의 배상책임 문제이다.

3.4.2.1 겝서(Gebser)사건[27]

사건개요: 원고 아리다 겝서는 1991년 텍사스주 라고비스타(Largo Vista) 교육구의 중학교 8학년이었다. 왈드로프(Waldrop) 교사가 주도하는 고등학교 독서 토론반에 가입하였고, 고등학교에 진학하여 왈드로프 교사의 강의를 1년간 수강하였는데 강의중 학생들에게, 특히 겝서에게 성적으로 암시적인 부적절한 말을 하였다. 결국 왈드로프는 수업시간에 겝서와 둘이서 남아 신체적 접촉을 하였고, 책을 돌려준다는 이유로 겝서의 집을 방문하여 키스와 애무도 하였으며 성관계를 갖게 되었다. 그러한 관계는 상당기간 계속되었다. 겝서는 왈드로프의 행위가 부적절하다고 생각하였지만 어떻게 대응하여야 하는지 잘 몰라 학교 당국에 왈드로프와의 관계를 보고하지 않았다. 1993년에 경찰이 왈드로프가 겝서와 성관계에 있는 것을 발견하고 왈드로프를 체포하였는바, 교육구는 그를 해고하고 교사자격증을 취소하였다. 겝서 학부모는 왈드로프와 교육구를 상대로 손해배상청구소송을 하였다.

법적 쟁점 및 판결: 이 사건의 법적 쟁점은 교육구도 성차별금지법에[28] 근거하여 손해배상 책임을 지는가이다. 텍사스 연방지방법원과 연방고등법원은 교육구의 배상책임을 인정하지 않았다. 미국 연방대법원은 교육구가 교사의 비행(성희롱)에 관하여 사실상의 통지(actual notice)를 받고, 고의적으로 무관심(deliberately indifferent)한 경우가 아니면 교육구는 배상책임이 없다고 판결하였다.

판결이유 및 문제점: 이 사건에서 원고는 교육구가 가해자인 교사의 감독

27) Gebser v. Largo Vista Independent School District, 524 U.S. 274, 1998.

28) Title Ⅸ of the Education Amendment of 1972 는 미국에서 연방정부의 재정보조를 받는 교육기관의 교육프로그램이나 학교활동에서 성별을 이유로 어느 누구도 배제하지 않는다는 규정이다.

자이며 교사의 비행이 통지된 것으로 해석될 수 있다는 이유로 손해배상을 청구한 것이다. 그러나 다른 학부모에 의하여 왈드로프가 수업 중 부절절한 발언을 했다는 보고가 교장에게 있었을 뿐인데 이것만으로는 교장이 왈드로프가 학생과 성관계에 있다는 것을 짐작하기에는 충분하지 않다고 보았다.

교사의 성희롱이 학생에게 상당한 고통을 주는 것은 말할 나위도 없지만, 이 사건의 쟁점은 재정보조를 받는 교육기관의 성차별을 금지한 법률에 근거한 손해배상은 교사 비행에 대한 사실상의 통지를 받고 교육구가 무관심하지 않은 한, 교육구에 배상책임을 물을 수가 없다는 것이다. 원고는 교육구가 성희롱 금지에 관한 효율적인 정책과 구제절차를 수립하여 학생들에게 알리지 않았음을 주장하였으나, 그러한 사실만으로 동 법률에 의한 '성차별'이 되는 것은 아니라고 판결하였다.

이 판례는 교사의 성희롱에 관하여 교육구가 손해배상 책임을 지는 경우는 사실상의 비행 통지를 받고 고의적으로 무관심을 보인 경우로 한정하고 있다. 그러나 피해자의 구제를 위하여서는 사실상의 비행 통지보다 비행이 통지된 것으로 볼 수 있고 교육구가 적절한 조치를 게을리 한 경우로 해석하여야 할 것이다.

3.4.2.2 데이비스(Davis)사건[29]

사건개요: 원고 데이비스의 딸 라손다(LaSonda)는 조지아주 허바드 공립초등학교 5학년 학생이었다. 그녀는 1992년에 같은 반의 G학생으로부터 성적 괴롭힘을 받아 왔다. G학생은 라손다의 유방과 음부를 만지기도 하고 "너와 함께 침대에서 자고 싶다"는 말까지 하였다. 이러한 괴롭힘은 3개월간 계속되었고 그 때마다 라손다는 자기 엄마와 담임선생에게 이 사실을 보고하였다. 라손다의 아빠인 데이비스는 담임선생을 만났고 담임선생은 교장 궤리(Query)도 이 사실을 알고 있다고 하였으나 어떤 징계도 하지 않았다. 마침내 G학생은 성폭행으로 기소되었고, 데이비스는 딸이 몇 달 동안 성적 괴롭힘을 당하여 성적이 떨어졌고 자살메모까지 발견하였다고 교육구에 손해배상을 청구하였다.

법적 쟁점 및 판결: 이 사건의 쟁점은 연방정부의 재정보조를 받는 교육기관이 어떤 경우에 학생들끼리의 성희롱에 관하여 민사상의 손해배상 책임을 지

29) Davis v. Monroe Board of Education, 526 U.S. 629, 1999.

는가이다. 지방법원과 연방고등법원은 교육기관에서의 성차별금지법은 학생들끼리의 성희롱에는 적용되지 않는다는 이유로 원고의 주장을 받아들이지 않았다. 그러나 미연방대법원은 아주 제한된 특별한 경우에는 동 법률이 교사가 아닌 학생의 경우에도 적용될 수 있다고 원고 승소판결을 하였다.

판결이유 및 문제점: 연방대법원은 학생간의 성희롱이 학교 내에서 일어났고, 그 학생에 대하여 실질적인 통제권(substantial control)을 행사할 수 있었을 경우에는 그러한 행위에 대하여 적절히 조치하지 않으면 손해배상 책임을 교육구가 져야 한다고 판결하였다. 이 사건의 경우 성희롱이 학교 내에서 일과시간중에 발생하였고, 가해자에 대하여 학교가 징계권을 갖는 등 실질적인 통제권을 갖고 있으며, 여러 번의 성희롱 보고에도 적절한 조치를 취하지 않았기 때문에 손해배상 책임을 져야 한다는 것이다. 학교가 한 것은 라손다의 요청으로 자리를 옮겨준 정도였다. 교육위원회는 학교 동료에 의한 성희롱시 어떻게 대응하여야 하는지에 관하여 아무런 정책 수립도 없었다.

이러한 판결에 대하여 동 법률의 근본목적이 연방정부의 재정지원 수혜기관이 자금을 차별적 방법으로 쓰는 것을 금지하는 것이므로 학생에 의한 성희롱에 대하여 민사상의 손해배상 근거가 될 수 없다는 이견도 제시되었다.

미국대학여성협회가 1993년에 조사한 한 설문에 의하면 여학생의 85%, 남학생의 76%가 원하지 않는 성희롱을 경험하였으며, 31%의 여학생과 18%의 남학생이 그러한 경험을 자주 하였다고 대답하였다. 13%의 여학생과 9%의 남학생은 키스 이상의 성적 행위를 강요받았다고 하였다. 이러한 상황에서 어떻게 학교가 성희롱 예방에 관하여 적절한 조치를 할 수 있으며, 데이비스사건처럼 교육구가 학생들의 성희롱에 관하여 손해배상 책임을 져야 하는가의 문제도 제기되었다.[30)]

한국의 경우 「여성발전기본법」 제3조 제4호에 의하면 성희롱의 주체가 공공기관의 종사자, 사용자 및 근로자로 명시되어 있어 교육기관에서의 성희롱금지는 교직원 및 기타 교육기관 종사자에 의한 교육생 및 교육응시자만 적용될 뿐 학생간의 성희롱에는 적용되지 않는다.[31)] 그러나 데이비스사건에서와 같

30) David L. Kirp and Others, *Educational Policy and the Law,* 4th ed., West, 2002, p. 617.

31) 국회 환경노동위 소속 방용석 의원(국민회의)의 서면질의에 대한 정부(국무총리)의 답변 내용임. www.stopsh.pe.kr/SCHOOL/

이 학교 당국이 성희롱 사실을 알고 적절한 조치를 게을리 한 경우에는 민법상(제756조)의 감독자 책임을 질 수가 있다 하겠다.

3.5 결　어

성(性)은 인간의 본능에 관련되는 어려운 문제이므로 법령으로 다루는 데는 한계가 있다. 특히 성폭력이 아닌 성희롱의 경우에는 오랜 사회적 관습이었기에 법령으로 쉽게 해결될 문제는 아닌 것이다. 그러나 성희롱은 인간의 존엄과 가치에 반하며 여성을 목적가치로 대하지 아니하고 수단시하는 한국 사회의 악습이 아닐 수 없다.

S대 조교 사건을 계기로 성희롱에 대한 사회적 인식이 크게 변화하고 있다고 볼 수 있지만, 법적 접근 이전에 교육을 통한 인간 상호간의 존중풍토가 선행되어야 한다. 특히, 성 역할에 대한 고정관념을 버리고 여성을 대등한 하나의 인격체로 대하는 변화가 근본적 과제라 하겠다. 이러한 과제는 교육정책의 주된 과제가 아닐 수 없다.

이러한 근본적인 변화를 바라며 우선 성희롱에 대한 법적 구제장치가 마련되었다고 볼 수 있다. 성희롱에 관한 법체계에서 가장 강조하는 것이 성희롱의 예방대책이라고 할 수 있다. 특히 관리자가 관심을 갖고 성희롱 예방지침을 만들고 예방교육에 최선을 다하여야 한다. 또한 상담원의 전문성과 적극적인 활동이 중요시된다.

성희롱에서 법적으로 가장 쟁점이 되는 것은 성희롱의 개념과 관련하여 어떤 행위가 성희롱에 해당되는가의 판단이다. 먼저 성적 언동의 성격과 그 행위가 일어나게 된 배경 등 모든 상황과 기록을 전체적으로 고려하여 개별적으로 결정하여야 한다. 좁게는 명백히 반대의사표시를 하였는데도 반복해서 계속하는 경우이고, 넓게는 피해자의 주관적인 성적 수치심을 인정하는 것이다. 그 중간 입장이 S대 조교 사건에서 대법원이 사용한 기준이다. 즉, 사회공동체의 건전한 상식과 관행에 비추어볼 때 용인될 수 있는 정도의 것인지, 선량한 풍속 또는 사회질서에 위반되는지 여부라 하겠다.

상대방이 원치 않는 행위가 반복되는 경우 성희롱 성립이 쉽게 인정된다. 그러나 성희롱은 반드시 반복적이거나 계속적일 필요는 없으며, 성희롱 행위자의 의도나 동기가 아니라 피해자의 관점을 기초로 하여 일반인이 보기에 문제된 행위가 원했던 것인지 아닌지에 대한 판단을 한다. 물론 양 당사자가 원하고 상호 합의가 된 성적 관계나 교제는 성희롱이라고 볼 수 없다. 다만 합의가 있었지만 업무와의 연관성에서 어쩔 수 없는 동의로 판단되는 경우에는 성희롱이 성립될 수 있다.

성희롱이 설립된 경우에 사용자 및 감독자의 배상책임도 자주 다투어진다. 이는 「민법」 제756조의 사용자, 감독자의 책임과 관련되는 문제이다. 성희롱 금지에 관련한 많은 법령에서 규정하고 있는 성희롱에 관한 예방조치는 물론 신고가 있는 경우에는 관리자가 적절한 조치를 취하도록 하고 있다. 미국의 겝서 사건에서도 알 수 있듯이 성희롱에 관한 사실상의 통지가 있는 경우 관리자가 적절한 조치를 게을리 하면 배상 책임을 지게 될 수 있다.

학교에서의 성희롱은 학생에 대한 교직원의 성희롱뿐만 아니라 학생끼리의 성희롱도 자주 발생한다. 미국의 겝서사건에서 알 수 있듯이 학교 당국은 학생에 대하여 실질적인 통제권을 행사하고 있으므로 학생끼리의 성희롱을 예방하고, 사고 신고시 적시에 적절한 조치를 취해야 한다. 성희롱은 학생의 학업과 감정 그리고 건전한 육체적 발달에 중요한 영향을 미치므로 성희롱을 예방 치료하는 것은 학생들의 안전한 학습 환경 조성에 필수적으로 요청된다.

성희롱 문제가 제기될 경우 교사나 교육 행정가들의 건전한 상식적 행동이 매우 중요하다. 성희롱 문제가 제기되면 다른 비행사건과 마찬가지로 즉각적이고 효율적인 조치를 하여 재발을 막고 예방조치를 하여야 한다. 그러나 성희롱 단계가 아닌 사소한 장난에 과잉 조치할 필요는 없다. 학교 당국은 학생들의 나이와 성숙도를 고려하여 대응하여야 한다. 그리고 성희롱을 포함한 성차별 문제를 다룰 효율적인 상담절차를 마련하여 학생들에게 알려야 한다.

요컨대 성희롱 내지 남녀차별 문제는 공동생활에서 이성간의 상호존중을 확립하려는 중요한 과제라 할 수 있다. 한국에서의 여성에 대한 성 고정관념과 사회적 편견들이 법적 제동장치를 계기로 점차 해소되길 바라며, 교육영역에서 그 주도적 역할이 이루어져야 한다.

[토론 주제]

1. 인사행정영역이 어떤 영역보다 법적 다툼이 많은 이유는 무엇인가? 한국 사회의 뜨거운 쟁점이었던 교원의 정년단축에 관한 헌법재판소의 결정에 동의하는가? 이 판례의 문제점은 무엇인가?
2. 교원채용에서 어떤 방법으로 남성 우대조치를 할 수 있는가? 사범대 출신, 제대군인 등에게 가산점을 줄 수 있는가? 가산점을 줄 경우 어떤 점에 유의하여야 하는가?
3. 노동조합은 왜 인정되는가? 어떻게 노사합의를 이끌어 낼 수 있는가? 한국의 교원노동조합 내지 교원단체는 어떤 역할을 하고 있는가? 교원노조법의 주요 쟁점은 무엇인가?
4. 성희롱에 관한 대법원의 기준은 무엇인가? 어떤 점에 문제가 있는가? 미국의 경우와는 어떻게 다른가?

제 13 장

교육시설·재정 및 정보관리의 법적 측면

모든 조직이 조직목표의 달성을 위하여 시설·재정 및 정보의 뒷받침을 필요로 한다. 본 장에서는 첫째, 학교의 시설·설비기준을 살펴보고, 시설과 관련하여 학교보건법에서 규정하고 있는 학교의 환경규정을 판례와 함께 언급한다. 둘째, 교육재정의 주요재원을 살펴보고 교육재정의 관리도 다룬다. 셋째, 교육정보화의 개념과 과제 특히 「공공기관의 정보공개에 관한 법률」과 「공공기관의 개인정보 보호에 관한 법률」의 내용을 소개한다. 교육정보화에 따른 가상교육 문제도 언급한다.

1. 학교시설 · 재정 관리와 법

1.1 학교시설 · 환경과 법

1.1.1 시설·설비 기준

학교시설은 학교에서 교육을 원활히 수행할 수 있도록 하는 기반이 된다. 초·중등 학교시설의 상대적인 낙후가 심각하여 학교시설의 개선이 시급한 정책적 과제이다. 「교육기본법」에서 "학교 및 사회교육시설의 설립·경영자는 법령이 정하는 바에 의하여 교육을 위한 시설·설비·재정 및 교원 등을 확보하고 이를 운영·관리한다"고 규정되어 있다(동법 제16조 제2항). 또 초·중등교육법에서도 학교를 설립하고자 하는 자는 시설·설비 등 대통령령이 정하는 설립기준을 갖추어야 한다고 규정하고 있다(동법 제4조 제1항). 「초·중등교육법」에서는 학교교육에 지장이 없는 범위 안에서 학교시설을 개방하여 모든 국민이 이용할 수 있게 하고 있다(동법 제11조).

유치원, 초등학교, 중학교, 고등학교, 이에 준하는 각종학교의 설립·운영에 필요한 시설기준을 규정한 대통령령은 「고등학교 이하 각급 학교 설립·운영 규정」이다. 동 규정에 따르면 각급 학교의 교사(교실, 도서실 등 교수·학습활동에 직·간접으로 필요한 시설물)는 교수·학습과 보건위생에 적합하여야 하며 동규정 별표 1의 기준 면적을 충족하여야 한다(동 규정 제3조).[1] 교사용 대지의 기준면적은 건축관련 법령의 건폐율 및 용적률에 관한 규정에 따라 산출한 면적으로 한다(동 규정 제4조). 각급 학교의 옥외 체육장은 동 규정 별표 2에서 정한 일정 기준 면적에 해당되어야 하며,[2] 배수가 잘 되거나 배수시설을 갖춘 곳에 위치하여야 한다(동 규정 제5조).

각급 학교에는 학과 또는 교과별로 필요한 도서·기계·기구 등의 교구를

1) 고등학교 이하 각급 학교 설립 운영 규정(별표 1): 교사의 기준면적(단위: ㎡)

학 교		학생수별 기준면적		
유 치 원		40명 이하	41명 이상	
		5N	80+3N	
초등학교·공민학교 및 이에 준하는 각종 학교		240명 이하	241명 이상 960명 이하	961명 이상
		7N	720+4N	1,680+3N
중학교·고등공민학교·기술학교 및 이에 준하는 각종 학교		120명 이하	121명이상 720명 이하	721명 이상
		14N	1,080+5N	1,800+4N
고등학교·고등기술학교 및 이에 준하는 각종 학교	계열별	120명 이하	121명 이상 720명 이하	721명 이상
	인문계열	14N	960+6N	1,680+5N
	실업계열		720+8N	2,160+6N
	예·체능계열		480+10N	1,920+8N

* N은 각급 학교의 전학년의 학생정원을 말한다.

2) 고등학교 이하 각급 학교 설립·운영 규정(별표 2): 체육장의 기준면적(단위: ㎡)

학 교	학생수별 기준면적		
유 치 원	40명 이하	41명 이상	
	160	120+N	
초등학교·공민학교 및 이에 준하는 각종 학교	600명 이하	601명 이상 1,800명 이하	1,801명 이상
	3,000	1,800+2N	3,600+N
중학교·고등공민학교·기술학교 및 이에 준하는 각종 학교	600명 이하	601명 이상 1,800명 이하	1,801명 이상
	4,200	3,000+2N	4,800+N
고등학교·고등기술학교 및 이에 준하는 각종 학교	600명 이하	601명 이상 1,800명 이하	1,801명 이상
	4,800	3,600+2N	5,400+N

* N은 각급 학교의 전학년의 학생정원을 말한다.

갖추어야 한다. 교구의 종목 및 기준은 시·도 교육감이 정하여 고시한다(동 규정 제8조). 실업계 고등학교는 당해 학교의 교육과정에 필요한 실험·실습시설 및 설비를 갖추어야 한다(동 규정 제9조). 각급 학교에는 급수시설을 두어야 하며, 수질검사결과 위생상 무해하다고 판명된 것이어야 한다. 또 온수를 공급할 수 있는 시설을 갖추어야 한다(동 규정 제10조).

학교시설에서 법적으로 중요시되는 것은 시설의 안전성 문제이다. 통상 갖추어야 할 안전성을 결여하게 되면 이로 인한 학교사고 시 학교에게 손해배상 책임이 있음을 이미 제7장 교육영역에서의 권리구제에서 언급하였다.

「학교보건법」에서 학교의 장은 학생의 안전사고를 예방하기 위하여 학교의 시설·장비의 점검 및 개선, 학생에 대한 안전교육의 실시 기타 필요한 조치를 하도록 하고 있다(동법 제112조). 학생의 교육안전을 위하여 스쿨 존(어린이 보호구역)을 설립하여 학교반경 100-200미터 이내에 과속 방지 턱을 설치하고 속도를 제한하는 등 차량의 학교접근을 최대한 막아야 한다. 최근 주차공간의 부족으로 초등학교 운동장에 공공주차장을 건설하려는 것은 안이한 발상이다.

1.1.2 학교환경과 위생

최근에는 환경의 심각한 오염 때문에 학생 및 교직원의 보건관리와 환경위생정화가 학교행정에서 중요시된다. 「학교보건법」에서 학교의 설립·경영자는 일정한 보건실을 설치하고 학교 보건에 필요한 시설 및 도구를 갖추도록 규정하고 있다(동법 제3조). 학교의 장은 교사(校舍) 안에서의 환기·채광·조명·온습도의 조정, 상하수도·화장실의 설치 및 관리, 오염공기·폐기물·소음·미진의 예방 및 처리 등 환경위생과 식기·식품·음료수의 관리 등 식품위생을 적절히 유지·관리하도록 하고 있다(동법 제4조).

학교의 보건·위생 및 학습 환경을 보호하기 위하여 교육감은 대통령령이 정하는 바에 따라 학교경계선으로부터 200미터 이내에(학교출입문으로부터 50미터 이내는 절대정화구역임) 학교환경위생정화구역을 설정하여야 한다. 동 구역 안에서는 다음의 행위 및 시설을 하여서는 아니 된다.

1. 대기환경보전법 및 수질환경보전법에 의한 배출허용기준 또는 소음·진동규제법에 의한 규제기준을 초과하여 학습과 학교보건위생에 지장을 주는 행위 및 시설, 2. 극장, 총포화약류의 제조장 및 저장소, 고압가스·천연가스·액화

석유가스 제조소 및 저장소, 3. 도축장, 화장장, 4. 폐기물 수집 장소, 5. 폐기물 처리시설·폐수종말처리시설·축산폐수배출시설·축산폐수처리시설 및 분뇨처리 시설, 6. 가축의 사체처리장 및 동물의 가죽을 가공·처리하는 시설, 7. 전염병원, 전염병격리병사, 8. 전염병요양소, 진료소, 9. 가축시장, 10. 주로 주류를 판매하면서 손님이 노래를 부르는 행위가 허용되는 영업 및 위와 같은 행위 이외에 유흥종사자를 두거나 유흥시설을 설치할 수 있고 손님이 춤을 추는 행위가 허용되는 영업, 11. 호텔, 여관, 여인숙, 12. 당구장(초·중등교육법 제2조 제1호의 규정에 의한 유치원 및 고등교육법 제2조 각 호의 규정에 의한 학교의 학교환경위생정화구역의 경우를 제외한다), 13. 사행 행위장 및 경마장, 14. 기타 제1호 내지 제13호와 유사한 행위 및 시설과 미풍양속을 해하는 행위 및 시설로서 대통령령으로 정하는 행위 및 시설.

이 중 제 2, 4, 8, 10-14조의 경우는 상대적 금지로 학교환경위생정화위원회의 심의를 거쳐 학습과 학교보건 위생에 나쁜 영향을 주지 않는다고 인정하는 행위 및 시설은 제외된다(학교보건법 제6조).

1.1.3 학교환경과 위생에 관련된 판례

학교환경과 관련하여 일산 러브호텔사건이 사회적으로 많은 관심을 일으킨 바 있다. 학교환경과 관련된 판례들을 몇 가지 살펴본다.

1.1.3.1 **당구장**

헌법재판소에서도 학교 환경위생정화구역 안에 당구장 설치를 금지한 구 「학교보건법」 제6조 제1항 제13호 및 동법 시행령 제4조의[3] 위헌성 여부가 심사된 바 있다. 간단히 사건의 내용을 살펴본다.

대학 근처에서 당구장 영업을 하려는 청구인들이 절대정화구역 안에 위치하므로 영업허가 신청을 거부당했다. 청구이유는 첫째, 이미 헌법재판소에서 당구장 출입문에 18세 미만 자에 대한 출입금지 표시를 하게 한 구「체육시설의

3) 구학교보건법 제6조 제1항 13. "사행 행위장, 당구장, 경마장"이라고 규정되었고 동법 시행령 제4조는 "법 제6조 제1항 단서에서 대통령령으로 정하는 구역이라 함은 제3조 제1항의 규정에 의한 상대정화구역(고등학교 이하학교의 정화구역 안에서 법 제6조 제1항 제13호의 당구장 시설을 하는 경우에는 절대정화구역을 포함한 전 정화구역)을 말한다"라고 규정되었다.

설치·이동에 관한 법률시행규칙」 제5조가 위헌이라고 판결한 바 있으며 당구장도 건전한 체육시설이다. 둘째, 고등학교 이하 학교에서는 절대정화구역의 경우까지 학교환경위생정화위원회의 심의를 거쳐 당구장시설을 허용하면서 대학의 절대정화구역 안에서는 절대적으로 금지하고 있는 것은 평등권에 반한다.

교육부는 당구장은 청소년 유해환경으로서의 성격을 갖고 있어 교육상 규제가 필요하고, 청소년 출입의 규제가 아니라 학교와 당구장의 거리를 엄격히 유지하는 것이며, 직업선택의 자유는 헌법 제37조 제2항에 의한 법률유보로 폭넓은 제한이 가능하다고 주장하였다. 헌법재판소의 구체적인 심판내용은 다음과 같다.

> 학교환경위생정화구역은 유치원부터 대학에 이르기까지 교육의 목적과 과정, 학생의 연령이나 신체·지능의 발달정도에 상당한 차이가 있는 여러 종류의 학교에 설정되므로, 이 구역 안에서의 당구장시설 제한으로 인한 기본권침해 여부의 판단도 당구장과의 관련성이나 당구장이 학교교육에 미치는 영향에 따라 학교의 종류별로 각기 판단되어야 한다.
>
> 대학, 교육대학, 사범대학, 전문대학, 기타 이와 유사한 교육기관의 학생들은 변별력과 의지력을 갖춘 성인이어서 당구장을 어떻게 활용할 것인지는 이들의 자율적 판단과 책임에 맡길 일이고, 학교주변의 당구장시설 제한과 같은 타율적 규제를 가하는 것은 대학교육의 목적에도 어긋나고 대학교육의 능률화에도 도움이 되지 않으므로, 위 각 대학 및 이와 유사한 교육기관의 학교환경위생정화구역 안에서 당구장시설을 하지 못하도록 기본권을 제한하는 것은 교육목적의 능률화라는 입법목적의 달성을 위하여 필요하고 적정한 방법이라고 할 수 없어 기본권제한의 한계를 벗어난 것이다.
>
> 유치원 주변에 당구장시설을 허용한다고 하여도 이로 인하여 유치원생이 학습을 소홀히 하거나 교육적으로 나쁜 영향을 받을 위험성이 있다고 보기 어려우므로, 유치원 및 이와 유사한 교육기관의 학교환경위생정화구역 안에서 당구장시설을 하지 못하도록 기본권을 제한하는 것은 입법목적의 달성을 위하여 필요하고도 적정한 방법이라고 할 수 없어 역시 기본권제한의 한계를 벗어난 것이다.
>
> 초등학교, 중학교, 고등학교 기타 이와 유사한 교육기관의 학생들은 아직

> 변별력 및 의지력이 미약하여 당구의 오락성에 빠져 학습을 소홀히 하고 당구장의 유해환경으로부터 나쁜 영향을 받을 위험성이 크므로 이들을 이러한 위험으로부터 보호할 필요가 있는바, 이를 위하여 위 각 학교 경계선으로부터 200미터 이내에 설정되는 학교환경위생정화구역 내에서의 당구장시설을 제한하면서 예외적으로 학습과 학교보건위생에 나쁜 영향을 주지 않는다고 인정하는 경우에 한하여 당구장시설을 허용하도록 하는 것은 기본권제한의 입법목적, 기본권제한의 정도, 입법목적 달성의 효과 등에 비추어 필요한 정도를 넘어 과도하게 직업(행사)의 자유를 침해하는 것이라 할 수 없다.[4]

1.1.3.2 노래연습장

학교보건법상의 학교환경위생정화구역 안에서 노래연습장의 시설·영업을 금지하는 것이 헌법상의 직업선택의 자유 및 행복추구권을 침해하는지, 또 기존 시설을 이전 또는 폐쇄하도록 규정한 것이 신뢰보호의 원칙에 위반되는지에 관한 위헌확인소송에서 헌법재판소는 다음과 같이 판결하였다.

> 이 사건 시행령 조항은 학교보건법 소정의 학교환경위생정화구역 안에서 노래연습장 시설을 못하게 하여 노래연습장으로 인하여 청소년 학생이 학습을 소홀히 하는 것을 막고 노래연습장의 유해환경으로부터 학생들을 차단, 보호하여 학교교육의 능률화를 기하려는 것으로서 그 입법목적이 정당하고, 학교경계선으로부터 200미터 이내의 학교환경위생정화구역 안에서만 노래연습장 시설을 금지하는 데 불과하므로 기본권 제한의 정도가 그다지 크지 아니한 데 비하여, 학생들이 자주 출입하고 학교에서 바라보이는 학교환경위생정화구역 안에서 노래연습장 시설을 금지하면, 변별력과 의지력이 미약한 초·중등교육법상 각 학교(같은 법 제2조 제1호의 유치원은 제외한다)의 학생들을 노래연습장이 갖는 오락적인 유혹으로부터 차단하는 효과가 상당히 크다고 할 것이고, 학교보건법 제6조 제1항 단서, 같은 법 시행령 제4조에 의하여 학교환경위생정화위원회의 심의를 거쳐 학습과 학교보건위생에 나쁜 영향을 주지 않는다고 인정하는 경우에는 위 학교환경위생정화구역 중 상대정화구역 안에서의 노래연습장 시설은 허용되므로, 이 사건 시행령에 의한 직업행사 자유의 제한은 그 입법목적

4) 헌재 1997. 3. 27, 94헌마196·225, 97헌마83(병합).

달성을 위하여 필요한 정도를 넘어 과도하게 제한하는 것이라고 할 수 없다. 따라서 이 사건 시행령조항은 직업선택의 자유와 행복추구권으로부터 파생되는 일반적 행동자유권을 침해한 것으로 볼 수 없다.

이 사건 시행령 조항은, 그 시행일 이후 위 각 학교의 학교환경위생정화구역 안에서 노래연습장 시설을 설치하여 영업하는 것을 금지하면서 시행당시의 기존시설은 이를 이전하거나 폐쇄하도록 경과조치를 한 것으로, 장래에 향하여 노래연습장의 시설 영업에 관하여 규제를 한 것이지 그 시행일 이전의 노래연습장의 시설·영업에 관하여 규율한 것이 아니므로, 헌법 제13조 제2항이 금지한 소급입법에 의한 재산권 박탈이라고 할 수 없고, 또한 이 사건 시행령조항의 위와 같은 규정내용이 헌법 제23조 제3항의 재산권의 수용 사용 또는 제한에 해당한다고 볼 수도 없다.

이 사건 시행령조항은, 위와 같은 청소년 학생의 보호라는 공익상의 필요에 의하여 학교환경위생정화구역 안에서의 노래연습장의 시설 영업을 금지하고서 이미 설치된 노래연습장시설을 폐쇄 또는 이전하도록 하면서 경제적 손실을 최소화할 수 있도록 1998. 12. 31.까지 약 5년간의 유예기간을 주는 한편 1994. 8. 31.까지 교육감 등의 인정을 받아 계속 영업을 할 수 있도록 경과조치를 하여, 청구인들의 법적 안정성과 신뢰보호를 위하여 상당한 배려를 하고 있으므로, 법적 안정성과 신뢰보호의 원칙에 어긋난다고 할 수 없다.

노래연습장은, 미풍양속을 해할 우려가 있고 청소년 학생의 학습에 나쁜 영향을 줄 위험이 있는 시설에 해당하므로, 이 사건 시행령 제4조의2 제5호가 법 제6조 제1항 제14호의 위임에 따라 노래연습장을 학교환경위생정화구역 안에서의 금지시설로 규정하면서 부칙 제2항이 기존시설에 대하여 경과조치를 규정한 것은 헌법 제75조의 포괄위임금지원칙에 위반된다고 할 수 없다.[5)]

1.1.3.3 단란주점

대법원도 아래와 같이 학교환경위생정화구역 내에 단란주점의 금지해제신청을 거부한 처분이 적법하다고 판결한 바 있다.

학교의 보건관리와 환경위생정화를 통하여 학교교육의 능률화를 기함을 목

5) 헌재 1999. 7. 22, 98헌마480·486.

적으로 하는 학교보건법의 입법 취지 등에 비추어 볼 때, 학교환경위생정화구역 중 상대정화구역 내에 위치한 당해 건물에 관하여 단란주점에 관한 금지해제신청을 거부한 처분이 평등권을 침해한다고 볼 수 없고, 또한 지방자치단체 교육청 교육장의 거부처분이 헌법에 합치하는 학교보건법이 정하는 범위 내에서 행하여진 이상 그로 인하여 헌법이 보장하는 직업선택의 자유나 재산권을 침해하였다고 볼 수 없다.

단란주점허가 신청자가 금지해제를 신청한 단란주점의 영업행위가 학교보건법 제6조 제1항 단서 소정의 '학습과 학교보건위생에 나쁜 영향을 주지 않는다'는 요건에 해당하지 아니하여 그에 대한 거부처분이 적법하다.[6]

1.2 교육재정관리와 법

교육에 필요한 안정적인 재원을 확보·관리하는 것은 교육의 자주성 확립과 효과적인 교육목적 달성을 위하여 매우 중요한 과제이다. 「교육기본법」에서 "국가 및 지방자치단체는 교육재정을 안정적으로 확보하기 위하여 필요한 시책을 수립·실시하여야 한다"고 규정하고 있다. 교육재정의 안정적 확보를 위한 제도로 지방교육재정교부금을 법률로 정하도록 하고 있다(동법 제7조).

교육인적자원부가 발표한 2008년도 교육예산안은 35조 4,866억원으로 '07년 31조 2,841억원보다 13.4% 4조 2,025억원이 증가하였다.[7] 이는 정부 예산 규모 182.8조원의 19.4% 수준이다. 예산 외에 교육부 소관 기금 운용액 3조 2,386억원과 교육환경개선을 위한 민간자본투자액(build transfer lease) 1조 7,564억원을 합하면 2008년도 교육에 투자되는 총재정 규모는 40조 4,816억원 규모이다.

교육부 예산 중 지방교육재정교부금은 법 개정으로 제도개선이 첫 적용되는 2008년에는 내국세가 19.4%에서 20%로 확대되며, 내국세 추계 133조원의 20%인 26조 6,000억원과 교육세 4조 1,063억원, 기타 정산분을 합한 30조 5,936억원으로 전년도 26조 9,112억원보다 13.7%, 즉 3조 6,825억원이 증가되는 재원은 노후화장실, 급식실 등 시설환경개선에 5,000억원, 학교운영 및 교육

---

6) 대판 1998. 3. 27, 97누19540.

7) 교육인적자원부, 2008년도 교육예산안 보도자료, 2007. 9. 21.

과정내실화를 위하여 교육과정운영비로 7,000억원을 지원하고, 지방채 규모 2조원 중 7,700억원을 상환하여 재정건전화를 유도하게 한다. 또한 국가사업으로 시행하던 유아교육비 무상지원, 방과후 학교 지원, 농산어촌 교육여건 개선사업, 특수교육지원, 깨끗한 학교 만들기 사업 등은 지방사업으로 이양하여 추진하게 된다.

교육부는 공신력 있는 영어능력 평가 체계를 구축하기 위하여 영어능력 평가기구 설립과 영어능력 평가시험 개발·운영을 지원하기 위하여 예산 28억원을 반영하고, 제주영어교육도시 지원을 위하여 센터운영방안을 연구하며, 우리나라 사교육 실태와 인식에 대한 정확한 분석·조사를 위하여 통계청과 합동으로 사교육 실태도 표집조사할 계획이다.

고등교육재정 1조원을 추가 확보하여 고등교육관련 예산을 3조 7,000억원에서 4조 7,000억원으로 확대한다. 그 지출내용은 세계수준의 연구중심 대학 10개교를 집중 육성하고 우수인력양성 대학교육 역량 강화사업에 2,300억원을 지원한다. 대학생과 학부모의 부담을 경감하기 위하여 학자금·장학금 지원을 대폭 확대하며, 학습결손학생 보충학습을 지원하기 위하여 4,932억원을 배정한다. 지역균형발전을 위하여 지방대학생 장학금, 지방대학과 국가출연연구소 간 연계 지원 및 특성화 지원사업 신규 추진 사업에 955억원을 지원한다.

국가인적자원을 계획적으로 개발·공급할 수 있는 체제를 구축하는 데 143억원을 지원하고, 대학을 평생학습기관으로 육성하며 평생학습체제 구축을 위하여 89억원을 배정한다. 그리고 국제교육협력을 강화하기 위하여 외국유학생 유치, 외국인교수 초빙 확대, 정부초청 외국인장학생 확대에 221억원을 배정한다.

1.2.1 교육재정법제의 체계

교육재정법제는 크게 지방교육재정법제, 고등교육재정법제, 사학재정법제로 구분할 수 있다. 지방재정교육법제는 교육재원확보에 관한 법제로 「교육기본법」, 「지방교육재정교부금법」, 「지방교육자치에 관한 법률」, 「학교용지확보 등에 관한 특례법」과 그 시행령, 「교육세법」·「지방세법」과 그 시행령, 「시·군 및 자치구의 교육경비보조에 관한 규정」, 「학교수업료 및 입학금에 관한 규칙」 등이 있다. 교육재원배분에 관한 법제로 「지방교육재정 교부금법」과 그 시행령 및 시행규칙이 있으며, 교육재정운영에 관한 법제에는 「초·중등교육법」과 그 시행령, 「지방교육자치에 관한 법률」과 그 시행령, 「시·도 교육비특별회계 재무·회계규칙」(교육규칙), 「시·도 공립학교 회계규칙」(교육규칙) 등이 있다. 「학교발전기금의 조성·운영 및 회계 관리에 관한 규칙」은 교육재원확보에 관한 법제이면서 교육재정운영에 관한 법제다.

고등교육재정법제에는 「고등교육법」과 「학교수업료 및 입학금에 관한 규칙」이 있다. 사학재정법제중 사학재원 확보에 관한 법제에는 「사립학교법」, 「사립학교 보조와 원조에 관한 건」, 「고등학교이하 각급 학교 설립·운영규정」과 「대학설립·운영규정」, 「학교수업료 및 입학금에 관한 규칙」 등이 있으며, 사학재정 운영에 관한 법제로는 「사학기관재무·회계규칙」과 「사학기관재무·회계규칙에 대한 특례규칙」이 있다. 「학교발전기금의 조성·운용 및 회계 관리에 관한 규칙」은 지방교육재정법제이면서 동시에 사학재원확보에 관한 법제와 사학재정운영에 관한 법제다.[8)]

1.2.2 교육재정의 주요재원

교육·학예에 관한 경비는 ① 교육에 관한 특별부과금·수수료·사용료, ② 지방교육재정교부금(이하 교부금), ③ 당해 지방자치단체의 일반회계로부터의 전입금, ④ 기타 교육·학예에 속하는 수입(지방교육자치에 관한 법률 제36조)으로 충당된다.

의무교육에 종사하는 교원의 보수와 기타 의무교육에 관련되는 경비는 지방교육재정교부금법이 정하는 바에 의하여 국가가 부담한다. 의무교육 외의 교육에 관련되는 경비는 지방교육재정교부금법이 정하는 바에 의하여 국가와 지방자치단체 및 학부모 등이 부담한다(지방교육자치에 관한 법률 제37조).

「지방교육재정교부금법」에 따르면 교부금은 당해 연도 내국세 총액의 1000분의 194에 해당하는 금액과 교육세법에 의한 교육세 세입전액으로 구성된다. 교부금은 보통교부금과 특별교부금으로 나누는데 특별교부금은 내국세 총액의 1000분의 194의 100분의 4이다(동법 제3조).

보통교부금은 교육인적자원부장관이 기준재정수입액이 기준재정수요액에

8) 송기창, "교육재정법제의 연구 성과와 과제", 「교육법학 연구 20년의 성과와 과제」 대한교육법학회 창립 20주년기념 전국교육법학자대회 자료집(2006. 9), p. 446.

미달하는 경우에 그 미달액을 기준으로 하여 교부한다. 기준재정수입액은 교부금을 제외한 양여금, 일반회계 전입금 등 교육·학예에 관한 모든 수입예상액이다.

기준재정수요액은 각 측정단위의 수치를 그 단위비용에 곱하여 얻는 금액의 합계이다. 측정단위는 전년도 4월 1일 현재 각급 학교 학생 수×학교급별 교육비 차이도 계수이다(지방교육재정 교부금법 제6조, 제7조, 동법 시행규칙 제2조). 기준재정수요액은 경상재정수요액과 사업재정수요액으로 구분한다. 경상재정수요액은 인건비, 기관운영비, 학교운영비로 구분하여 산정하고, 사업재정수요액은 고등학교 이하 각급 학교의 신증축사업비, 교육정보화사업비 등으로 구분하여 산정한다.

특별교부금은 교육인적자원부장관이 1. 「지방재정법」 제58조의 규정에 의하여 전국에 걸쳐 시행하는 교육관련 국가시책사업으로 따로 재정지원계획을 수립하여 지원하여야 할 특별한 재정수요가 있는 때(특별교부금 재원의 100분의 60에 해당하는 금액), 2. 기준재정수요액의 산정방법으로 포착할 수 없는 특별한 지역교육현안수요가 있는 때(특별교부금 재원의 100분의 30에 해당하는 금액), 3. 보통교부금의 산정기일 후에 발생한 재해로 인하여 특별한 재정수요가 있거나 재정수입의 감소가 있는 때(특별교부금 재원의 100분의 10에 해당하는 금액) 지급한다(지방교육 재정교부금법 제5조의2).

시·도의 교육·학예에 소요되는 경비는 당해 지방자치단체의 교육비특별회계에서 부담하되, 의무교육에 관련되는 경비는 교육비특별회계의 재원 중 교부금과 제2항의 규정에 의한 일반회계로부터의 전입금으로 충당하고, 의무교육외의 교육에 관련되는 경비는 교육비특별회계의 재원 중 교부금, 제2항의 규정에 의한 일반회계로부터의 전입금, 수업료 및 입학금 등으로 충당한다(동법 제11조 제1항).

공립학교의 설치·운영 및 교육환경개선을 위하여 시·도는 다음의 금액을 각각 매 회계연도 일반회계예산에 계상하여 교육비특별회계로 전출하여야 한다. 추가경정예산에 의하여 증감이 있는 경우에도 또한 같다(동법 제11조 제2항).

1. 「지방세법」 제260조의3의 규정에 의한 지방교육세에 해당하는 금액
2. 담배소비세의 100분의 45에 해당하는 금액(도를 제외한다)
3. 서울특별시는 특별시세 총액의 100분의 10, 광역시 및 경기도는 광역시

세 또는 도세 총액의 100분의 5에 해당하는 금액, 그 밖의 도 및 특별자치도는 도세 또는 특별자치도세 총액의 1천분의 36에 해당하는 금액.

특별부과금은 특별한 재정수요가 있을 때에 당해 시, 도의 조례가 정하는 바에 따라 부과·징수하며, 필요경비의 총액을 초과하여 부과할 수 없다(지방교육자치에 관한 법 제44조).

「초·중등교육법」 및 「고등교육법」은 학교의 설립·경영자는 수업료 기타 납부금을 받을 수 있도록 규정하였고(초·중등교육법 제10조, 고등교육법 제11조), 교육인적자원부령인 「학교수업료 및 입학금에 관한 규칙」에서 징수금액 결정자, 면제·감면, 징수방법, 징수기일, 수업료의 반환 등을 자세히 규정하고 있다.

1.2.3 교육재정의 관리

교육감은 매 회계 연도마다 교육인적자원부장관이 시달하는 예산편성기본지침에 의하여 예산안을 편성하여 회계연도개시 70일 전까지 교육위원회에 제출하여야 한다. 교육감은 교육위원회에서 의결된 예산안을 회계연도개시 50일 전까지 시·도의회에 제출하여야 한다. 교육감은 예산안을 제출한 후 부득이한 사유로 인하여 그 내용의 일부를 수정하고자 할 때에는 수정예산안을 작성하여 당해 교육위원회 또는 시·도의회에 다시 제출할 수 있다(지방교육자치에 관한 법률 제42조).

교육위원회는 예산안을 회계연도개시 60일 전까지 심의·의결하여야 한다. 교육위원회는 교육감의 동의 없이 지출예산 각 항의 금액을 증액하거나 새 비목을 설치할 수 없다(지방교육자치에 관한 법률 제43조). 시, 도의 교육·학예에 관한 경비를 따로 경리하기 위하여 당해 지방자치단체에 교육비특별회계를 둔다.

1.2.4 단위학교의 회계 관리

단위학교에서도 재정의 자주성을 높이고 재정 관리의 투명성을 확보하기 위하여 2000년 1월부터 국·공립의 초등학교·중학교·고등학교 및 특수학교에 학교회계를 설치하도록 하고 있다. 학교회계는 다음 각 호의 수입을 세입으로 한다.

1. 국가의 일반회계 또는 지방자치단체의 교육비특별회계로부터의 전입금,

2. 학교운영지원비, 3. 학교발전기금으로부터의 전입금, 4. 수업료 기타 납부금 및 학교운영지원비 외에 학교운영위원회의 심의를 거쳐 학부모가 부담하는 경비, 5. 국가 또는 지방자치단체의 보조금 및 지원금, 6. 사용료 및 수수료, 7. 이월금, 8. 기타 수입.

학교회계는 학교운영 및 학교시설의 설치 등을 위하여 필요한 일체의 경비를 세출로 한다. 학교회계는 예측할 수 없는 예산 외의 지출 또는 이월초과 지출에 충당하기 위하여 예비비로서 상당한 금액을 세출예산에 계상할 수 있다(초·중등교육법 제30조의2).

국·공립의 초등학교·중학교·고등학교 및 특수학교의 학교회계 회계 연도는 3월 1일에 시작하여 2월 말일에 종료한다. 학교의 장은 회계 연도마다 학교회계 세입세출예산안을 편성하여 회계 연도 개시 30일 전까지 학교운영위원회에 제출하여야 하며, 학교운영위원회는 회계 연도 개시 5일 전까지 심의하여야 한다. 학교의 장은 예산안이 회계 연도가 개시될 때까지 확정되지 아니한 때에는 다음 각 호의 경비를 전년도 예산에 준하여 집행할 수 있다. 이 경우 전년도 예산에 준하여 집행된 예산은 당해 연도의 예산이 확정되면 그 확정된 예산에 의하여 집행된 것으로 본다. 1. 교직원 등의 인건비, 2. 학교교육에 직접 사용되는 교육비, 3. 학교시설의 유지관리비, 4. 법령상 지급의무가 있는 경비, 5. 이미 예산으로 확정된 경비.

학교의 장은 회계 연도마다 결산서를 작성하여 회계 연도 종료 후 2월 이내에 학교운영위원회에 제출하여야 한다(초·중등교육법 제30조의3).

1.2.5 교육재정법 관련 판례

1.2.5.1 **의무교육재정 부담과 관련된 권한쟁의 심판**[9)]

정부는 중학교 무상 의무교육이 확대됨에 따라 중학교 교원에 대한 봉급전입금을 2002년부터 2004년까지 지방자치단체의 일반회계에서 부담하도록 「지방교육교부금법」을 개정하였다. 아울러 의무교육 경비는 국가가 부담한다고 규정되어 있던 「지방교육자치에 관한 법률」 제39조 제1항을 의무교육경비는 국가와 지방자치단체가 부담한다는 개정안을 제출하였다.

9) 헌재 2005. 12. 22, 2005헌라3.

이에 2004년 11월 서울특별시는 정부를 상대로 이러한 개정 법안은 의무교육 경비의 국가부담을 규정하고 있는 헌법 제31조 제3항 등에 위반되므로 정부의 개정 법안이 무효라는 확인을 구하는 권한쟁의심판을 신청하였다.

헌법재판소는 「헌법」 제31조 제2항과 제3항으로부터 직접 의무교육경비를 중앙정부로서의 국가가 부담하여야 한다는 결론은 도출되지 않으며, 공적부담을 어떻게 구성할 것인지에 대해서는 중립적이라고 판단하였다. 입법자는 중앙정부와 지방정부의 재정상황, 의무교육의 수준 등을 감안하여 결정할 수 있는 정책적 판단 및 선택권이 인정된다는 이유로 심판청구는 기각되었다.

1.2.5.2 **국립대학 재정지원에 대한 위헌확인 헌법소원**[10)]

사립대학 재학생 2명과 사립대학 교수 1명은 국가가 국립대학에 대하여 사립대학에 대한 것보다 월등히 많은 재정지원을 하므로 차별을 받고 있다고 헌법소원을 청구하였다. 국립대학과 사립대학간의 실질적 차이가 없는 데도 불구하고 국립대학에 월등히 많은 재정지원을 하여 사립대학은 상대적으로 부실화되어 학생들이 좋은 교육서비스를 받지 못하고 차별대우를 받으므로 「헌법」 제31조의 교육의 기회균등, 「헌법」 제11조의 평등권, 「헌법」 제123조의 지역간의 균형발전원칙에 위배된다고 주장했다. 헌법재판소는 자기관련성이 없어 부적법하다고 각하하였다.

1.2.5.3 **「학교용지확보에 관한 특례법」 위헌제청**[11)]

인천광역시는 「학교용지확보에 관한 특례법 시행령」 제5조의2 규정에 따라 분양계약자 모두에게 학교용지부담금을 부과하였다. 갑 등은 부과금 부과처분의 취소를 구하는 소송을 제기하며, 위헌법률심판제청을 신청하였다.

헌법재판소는 공동주택을 분양받은 자에게 학교용지확보를 위한 부담금을 부과·징수할 수 있다는 부분은 헌법에 위반된다고 판시하였다. 적어도 의무교육에 관한 한 일반재정이 부담금과 같은 별도의 재정수단을 동원하여 특정한 집단으로부터 그 비용을 추가로 징수하여 충당하는 것은 의무교육의 무상성을 선언한 헌법에 반한다고 판단하였다. 수분양자들의 구체적 사정을 고려하지 않

---

10) 헌재 2003. 6. 26, 2002헌마312.

11) 헌재 2005. 3. 30, 2003헌가20.

은 채 모두를 일괄적으로 동일한 의무자집단에 포함시켜 부담금을 부과하는 것은 합리적 근거가 없는 차별에 해당한다고 판결하였다.

2. 정보관리와 법

2.1 교육정보화와 학교교육의 변화

오늘날 우리는 정보화 사회에 살고 있다. 정보화 사회에서는 돈(재정) 못지않게 정보의 관리가 조직목표 달성을 위하여 중요하다. 모든 나라가 교육의 질을 향상시키고 교육의 효과를 극대화시키기 위하여 교육의 정보화 정책을 적극 추진하고 있다.

'교육정보화'란 정보화 사회에서 국민 교육체제의 변화를 일컫는 말로서 교육의 내용, 방법, 대상 등에 대한 총체적인 변화를 의미하며 정보통신 기술을 기반으로 하여 누구나, 언제, 어디서나 원하는 교육을 받을 수 있는 열린 교육사회, 평생학습사회, 이른바 새로운 교육복지사회(Edutopia) 건설이 교육정보화의 비전이다. 교육정보화는 교육정보화를 위한 하드웨어의 보급, 교육전산망의 정비 등 교육정보화 기반 구축뿐만 아니라 교육정보 자료 개발 보급, 정보기술 활용교육, 관련제도 및 조직의 정비 등을 통해 교육정보화의 효율성을 높이는 것이 주요과제이다.

교육인적자원부도 2001년 교육정보화촉진 시행계획을 통하여 업무 개선 및 행정정보화 종합계획을 수립하고, 프로그램 개발을 통하여 교육행정업무를 재구조화하며, 각종 교육 통계지표 및 교육 자료의 표준화를 추진하고, 초·중등학교 종합정보관리시스템을 운영하여 교원의 업무 부담을 경감하고 행정의 투명성과 생산성을 높여 대 국민 서비스의 내실화를 추진하고 있다.

교육정보화는 정보의 수요자가 동시에 정보의 생산자로서 역할을 할 수 있도록 인간상의 변화를 가져왔고, 교수학습방법에서도 기존의 교사주도형에서 학생중심의 토론방법으로 변화시켰다. 초고속 인터넷서비스 활용으로 교육과정의 탄력적 운영이 가능하게 되었고, 교직원과 학생 및 학부모와의 의사소통에 다양한 매체를 이용하게 되었다. 디지털기반의 교육행정 업무처리를 가능하게

하였다.[12)]

교육정보화의 빠른 진전과정에서 발생하는 법적 문제로 알 권리와 프라이버시의 침해문제, 그리고 소프트웨어의 법적 보호문제가 있다. 이들 문제에 관하여 간단히 살펴본다.

2.2 정보화 사회에서 알 권리와 사생활의 보호

2.2.1 알 권리와 정보의 공개

정보화 사회에서 중요한 것은 정보를 국민들이 알 수 있어야 하며 정보의 독점을 방지하고 정보의 균등한 이용이 보장되어야 한다. 알 권리는 자기실현의 확보와 사회적 판단 형성에의 참가를 위하여 필요할 뿐 아니라, 정치적 측면에서 올바른 정치적 판단과 행정적 측면에서 행정전문가의 재량권 남용을 억제하기 위하여도 필요하다. 알 권리는 경제·사회적 측면에서는 국민생활의 손익문제와 직결되며, 교육·문화적 측면에서는 지식팽창을 통한 학문의 조화로운 발전을 위하여 필요하다.

알 권리는 이미 언급되었듯이 표현의 자유 내용에 내재된 개념으로 볼 수 있으나, 정보를 알지 못할 경우에는 지식부족은 물론, 소외감까지 갖게 되어 행복한 생활을 할 수 없으므로 행복추구권 내지 인간의 존엄과 가치에 관련되는 포괄적 권리이다. 알 권리는 소극적 측면에서는 일반적으로 입수할 수 있는 정보를 국가의 방해 없이 자유롭게 얻을 수 있는 정보획득의 자유이고, 적극적 측면에서는 국가나 사회에 대하여 정보를 공개해 달라고 요청할 수 있는 정보공개 청구권과 자기정보의 열람·복사 내지 정정 요구권도 포함한다. 언론매체가 발전한 오늘날의 알 권리는 방송·방영(放映)·신문·통신 등의 편성에 접근·참여할 권리이며, 반론권(反論權) 내지 정정 보도 청구권의 보장이기도 하다.

국민의 알 권리를 확보하기 위하여서는 우리나라에서도 현재 실시하고 있는「공공기관의 정보공개에 관한 법률」이 정착되어야 한다. 정보공개법에 의하면 정보를 공개하여야 하는 공공기관은 국가, 지방자치단체, 정부투자기관, 각

---

12) 정순원, "교육정보화의 연구 성과와 과제",「교육법학 연구 20년의 성과와 과제」대한교육법학회 창립 20주년기념 전국교육법학자대회 자료집(2006. 9), pp. 401-404.

급 학교, 특별법에 의하여 설립된 특수법인 등이다. 따라서 교육인적자원부장관, 교육감, 학교장에게 정보를 청구할 수 있다.

공개대상정보는 공공기관이 직무상 작성 또는 취득하여 관리하고 있는 기록물로서, 문서 외에도 도면, 사진, 필름, 테이프, 슬라이드, 컴퓨터 디스크 등이다. 다만 직무수행과 관련이 없는 잡지 등의 일반자료와 일반인에게 자유로이 제공하기 위한 정보는 제외된다. 공공기관의 각종정보는 공개가 원칙이다(동법 제3조). 다만 다음과 같은 일정한 정보는 공개하지 않을 수 있다(동법 제7조 제1항).

① 다른 법령에 의하여 비공개로 규정된 사항
② 공개될 경우 국가안전보장·국방·통일·외교관계 등 국가의 중대한 이익을 해할 우려가 인정되는 정보
③ 공개될 경우 공공의 안전과 이익을 현저히 해할 우려가 인정되는 정보
④ 진행중인 재판에 관련된 정보와 범죄의 예방, 수사 등에 관한 사항으로 공개될 경우 그 직무수행을 현저히 곤란케 하거나 공정한 재판을 받을 권리를 침해한다고 인정할 상당한 이유가 있는 정보
⑤ 감사·시험·입찰계약·인사관리 또는 내무검토과정에 있는 사항으로 공개될 경우 업무의 공정한 수행이나 연구·개발에 현저한 지장을 초래한다고 인정되는 정보
⑥ 특정인을 식별할 수 있는 개인에 관한 정보, 다만, 법령으로 열람이 규정되었거나, 공표를 목적으로 공공기관이 작성·취득하였거나, 공개하는 것이 공익 또는 개인의 권리구제를 위하여 필요한 경우에는 제외된다.
⑦ 법인·단체 또는 개인의 영업상 비밀에 관한 사항으로 공개될 경우 정당한 이익을 현저히 해할 우려가 인정되는 정보. 다만, 사업 활동에 의하여 발생되는 위해, 또는 위법·부당한 사업 활동으로부터 사람의 생명·신체 또는 건강을 보호가 필요한 경우와
⑧ 공개될 경우 부동산 투기·매점매석 등으로 특정인에게 이익 또는 불이익을 줄 수 있다고 인정되는 정보

비공개대상인 예외사항이 지나치게 포괄적이고 많은 문제가 있다. 정보공개법의 활용을 위하여 정보공개대상기관이 공개할 정보의 리스트를 작성·비치하여 일반국민에게 적극 홍보되어야 한다.

2.2.2 사생활의 보호

정보화 사회에서는 개인회사나 은행 그리고 정부의 전산망에 개인에 관한 여러 가지 정보를 입력하고 있다. 이와 같이 입력된 개인의 정보가 타인에게 유출되는 것은 사생활 침해는 물론 범죄에까지 이용될 수 있다. 우리 「헌법」은 제17조에서 "모든 국민은 사생활의 비밀과 자유를 침해받지 아니한다"고 사생활의 비밀과 자유의 불가침을 보장하고 있다. 전산망에 축적되어 있는 개인자료를 함부로 공개하는 것은 「헌법」 제17조에 위반이 된다.

개인정보의 보호를 위하여 미국에서는 1974년에 「사생활보호법」(Privacy Act)을, 독일에서는 1977년에 「연방정보보호법」을, 그리고 일본에서는 1988년에 「행정기관이 보유하는 전자계산기처리와 관련된 개인정보에 관한 법률」을 제정하였다. 우리나라는 1994년 1월에 「공공기관의 개인정보보호에 관한 법률」을 공포하여 1995년 1월부터 시행하고 있다.

「개인정보보호법」은 공공기관이 컴퓨터에 의하여 개인정보를 취급할 때 준수할 사항을 규정함으로써 공공업무의 적정한 수행을 도모함과 아울러 국민의 권리를 보호하기 위하여 제정하였다. 여기에서 "개인정보"란 개인에 관한 정보로서 당해 정보에 포함되어 있는 성명·주민등록번호 등의 사항에 의하여 당해 개인을 식별할 수 있는 정보를 말한다(동법 제2조 제2항).

중앙행정기관의 장은 소관업무를 수행하기 위하여 필요한 범위 안에서 개인 정보파일을 보유할 수 있으나 개인정보 파일의 명칭, 보유목적, 개인 파일에 기록되는 개인 및 항목의 범위, 열람예정시기, 열람이 제한되는 처리정보의 범위와 사유 등을 총무처 장관에게 사전 통보하여야 한다(동법 제6조 제1항). 통보를 받은 행정자치부 장관은 통보받은 사항을 연 1회 이상 관보에 게재하여 공고하여야 하며, 개인정보 파일대장을 작성하여 일반인이 열람할 수 있도록 하여야 한다(동법 제7조, 제8조).

개인의 정보보호를 위한 총무처장관에 대한 사전 통보는 다음과 같은 공공업무의 경우에는, 업무의 원활한 수행을 위하여 적용되지 아니한다. 1. 국가의 안전 및 외교상의 비밀 기타 국가의 중대한 이익에 관한 사항, 2. 범죄의 수사·조세범칙조사·관세범칙조사에 관한 사항, 3. 1년 이내에 삭제되는 처리정보, 4. 보유기관의 내부적 업무처리만 위하여 사용되는 정보, 5. 대통령령이 정하는 일정한 수(數) 이내의 정보주체를 대상으로 하는 정보, 6. 기타 이에 준하는 개인정보 파일로서 대통령령이 정하는 사항(동법 제6조).

개인정보 파일의 보유기관은 보유목적 외의 목적으로 처리정보를 이용하거나 다른 기관에 정보를 제공하여서는 아니 된다. 다만, 다음의 경우에는 보유목적 외의 목적으로 처리정보를 이용하거나 다른 기관에 제공할 수 있다. 1. 정보주체의 동의가 있거나 정보주체에게 제공하는 경우, 2. 다른 법률에서 정하는 소관업무를 수행하기 위하여 당해 처리정보를 이용할 상당한 이유가 있는 경우, 3. 조약이행을 위하여 외국정부 또는 국제기구에 제공되는 경우, 4. 통계작성 및 학술연구 등의 목적을 위한 경우로 특정개인을 식별할 수 없는 형태로 제공하는 경우, 5. 정보주체 외의 자에게 제공하는 것이 명백히 정보주체의 이익이 된다고 인정되는 경우, 6. 범죄의 수사와 공소의 제기 및 유지에 필요한 경우, 7. 법원의 재판업무 수행을 위하여 필요한 경우, 8. 기타 대통령령이 정하는 특별한 사유가 있는 경우(동법 제10조). 이러한 8개의 예외조항은 너무 광범위하고 2·5·8의 경우에는 너무 추상적인 표현으로 개인정보 파일의 남용을 용이하게 하므로 위헌의 문제가 있다.

동법은 정보주체로 하여금 개인정보 파일에 대하여 서면으로 처리정보의 열람과 정정(訂正)을 청구할 수 있도록 하였고(동법 제12조, 제14조), 정정 청구에 대하여 이익을 침해받은 자는 행정심판을 청구할 수 있도록 하였다(동법 제15조). 처리정보의 열람은 일정한 업무로서 당해 업무의 수행에 중대한 지장을 초래하는 경우, 개인의 생명·신체를 해할 우려가 있거나 개인의 재산과 기타의 이익을 부당히 침해할 우려가 있는 경우, 처리정보를 열람한 후 1년이 경과하지 아니하였으며 당해 처리정보의 내용에 변동이 없는 경우에는 제한된다(동법 제13조).

2.2.3 교육영역에서의 교육정보화 관련법제와 쟁점

2.2.3.1 관련법제

교육정보화법이란 교육법체계 속에서 일부 조문을 통해 그 지위를 확보해 나가고 있는바, 「교육기본법」 제23조가 대표적인 교육정보화법의 법적 근거이다. 즉, "국가 및 지방자치단체는 정보화교육 및 정보통신매체를 이용한 교육의 지원과 교육정보산업의 육성 등 교육의 정보화에 관하여 필요한 시책을 수립·실시하여야" 하며(동법 제23조), "국가 및 지방자치단체는 학교 및 교육행정기관의 업무를 전자적으로 처리할 수 있도록 필요한 시책을 강구하여야 한다"(동법 제23조의2)고 규정하고 있다.

「교육기본법」 제23조와 제23조의2에 규정된 국가와 지방자치단체의 교육정보화에 대한 네 가지 의무는 정보화교육, 정보통신매체를 이용한 교육의 지원, 교육행정정보화, 그리고 교육정보산업육성이다. 정보화교육은 교과과정 및 교과서에 정보통신기술교육을 실시하는 것이며, 교원의 정보소양과 정보 활용능력을 향상시키기 위한 다양한 교육정보화 연수를 실시하는 것이다. 정보화교육은 양질의 교육과 교수학습 방법의 혁신을 가져온다. 정보통신매체를 이용한 교육의 지원은 교육용 컨텐츠 개발·확보·보급·활용과 학교시설 및 설비의 인터넷 환경조성이다.

교육행정정보화는 그동안 학생생활기록과 건강기록을 수기문서로 작성·관리하던 것을 통합형 시스템인 교육행정정보시스템(NEIS: National Education Information System)으로 관리하는 것이다. 2003년에 개통된 교육정보시스템은 시·도교육청에 데이터베이스를 구축하고, 모든 행정교육기관 및 초·중·고 학교를 인터넷으로 연결하여 교육·학사·인사·회계 등 전체 27개 단위업무를 전자적으로 연결 처리하는 시스템을 말한다. 2005년에는 학생들의 권익침해를 예방하기 위하여 교육정보시스템 27개 영역에서 교무·학사, 입학, 보건의 3개 영역은 분리하여 독립된 시스템을 구축하였다. 그리고 「교육기본법」 제23조, 「초·중등교육법」 제25조, 제30조의4 내지 7, 「학교보건법」 제7조에서 학생의 교육정보수집과 교육정보시스템 구축·운영에 관한 사항을 규정하였다.

교육인적자원부는 2006년 9월부터 서비스를 시작한 "내 자녀 바로알기" 나이스(NEIS) 학부모서비스를 하고 있다. 나이스 학부모서비스는 초·중·고등학교 및 특수학교의 학부모들이 자녀의 학교생활기록, 성적, 출결, 학교교육과정, 학교생활, 가정통신문, 진로/상담자료 등의 정보를 인터넷을 통하여 열람할 수 있을 뿐만 아니라 선생님과 온라인으로 상담도 할 수 있는 서비스이다. 제공되는 정보는 학교정보 9종으로 학교기본정보, 교육과정, 학사일정, 급식식단표, 가정통신문이다. 학생정보 16종은 학교생활기록부 ,학습안내, 학교생활, 성적(고사별 정·오답표, 성적통지표, 표준점수분석표, 성적변화표), 진로/상담자료, 건강기록부이다. 그리고 선생님과의 상담인 학부모상담관리 1종이다. 나이스 학부모서비스가 확대 개편되면서 학부모와 교사간 양방향 의사소통이 가능한 온라인 상담 기능과 교사가 학부모에게 학생 개개인 또는 전체에 대해 교사의 의견을 전달할 수 있는 가정통신문 기능이 추가되었다.

「교육기본법」 제23조의3 제2항에는 학생의 교육정보수집의 원칙으로 법률이 특별히 규정하고 있는 경우 이외에 학생의 교육정보는 당해 학생 혹은 학부모의 동의하에 제3자에게 제공할 수 있다고 하여 제3자에 대한 무단정보제공을 금지하고 있다. 법률이 특별히 규정하고 있는 경우란 「초·중등교육법」 제30조의6에 따라 상급학교의 학생선발, 범죄의 수사, 통계작성, 학술연구 등이다. 마지막으로, 교육정보산업육성은 품질인증, 정품 소프트웨어 구매사업 등이다.

2.2.3.2 쟁점: 정보공개와 사생활 보호

교육영역에서는 학생의 올바른 성장과 발달을 도모하기 위하여 학생에 관한 다양한 정보들이 요구된다. 예컨대 가정환경조사서, 입학과 졸업관련정보, 출석관리, 수행평가 및 성적자료, 행동발달 상황자료, 상담내용, 클럽활동 등이다. 이러한 많은 학생의 개인 정보들이 교육정보화가 추진됨에 따라 쉽게 외부에 부당히 유출되거나 잘못된 평가 내지 기록으로 진학이나 취업에 불이익을 받을 수 있게 되었다.

교육영역에서의 알 권리는 교육정책에 관한 중요회의와 예산의 공개 그리고 학생들의 성적평가 및 추천서에 대한 열람문제가 있다. 특히 추천서와 관련하여 대학생들에게 자주 문제되는 열람 요구권은 교수의 비밀보장 요구권과 상충되는 어려운 문제이다. 또 하나의 쟁점은 반체제 인사 등에 대한 초청 강연이다. 수업분위기 방해를 막기 위한 학교당국의 승인거부와 학생의 알 권리 간에 갈등이 생긴다. 교육영역에서의 정보공개는 공사수주나 급식회사의 선정과정, 교재선정 등에서의 리베이트 수수관행에 제동을 걸 수 있을 것이다.

일본에서는 퇴학·유급자 현황에 대한 집계결과의 공개에 관한 다툼이 있었다. 퇴학·유급자 현황은 개인에 대한 정보이지만 특정인을 식별할 수 있는 개인의 정보가 아니므로 공개대상정보로 판결하였다. 법원은 다수의 퇴학자나 유급자가 있는 것은 무시할 수 없는 사회문제로 교육청은 근본적 해결노력을 해야지 비공개로 소극적 대응을 하는 것은 현상을 호도(糊塗)하는 것으로 허락

할 수 없다고 정보공개의 적극적 의미를 강조하였다.[13)]

학생의 개인정보와 관련하여 문제가 되는 법적 쟁점은 정보열람권, 학교의 개인정보 파일의 내용, 사용 용도의 제한 등이다. 개인정보보호법에서 학교에서의 성적평가, 입학자의 선발업무 등의 경우 당해 업무수행에 중대한 지장을 초래하는 경우에는 처리정보의 열람을 제한할 수 있다고 열람의 예외 규정을 두고 있다(동법 제13조). 평가 내용에 관한 다툼이 아니고 단순한 열람으로 정보입력상의 오류는 확인할 필요가 있으므로, 입시 등 개인의 성적을 열람할 수 있어야 할 것이다.

「개인정보보호법」에서 공공기관은 소관업무를 수행하기 위하여 필요한 범위 안에서 개인정보 파일을 보유할 수 있다고 규정하고 있는바(동법 제5조), 학교가 필요로 하는 정보가 어느 범위까지인지 구체적인 지침이 없으나 학생의 생년월일, 예방 접종 여부, 건강상태, 비상시연락처 등은 필수적 정보가 되겠다. 학교의 재량으로 지능검사 내지 성격검사결과를 보유할 수도 있겠다.[14)] 수집된 학생의 정보의 사용처는 교육목적에 국한하고 그 외의 용도로 사용되는 경우에는 미국의 경우처럼 학부모의 동의를 받도록 엄격히 제한하여야 한다.

2.2.4 관련 판례

2.2.4.1 정보공개청구권의 인정사례

대법원은 수사기록에 대한 정보공개 청구권을 다음과 같은 이유로 인정하였다.

> 국민의 알 권리, 특히 국가 정보에의 접근의 권리는 우리 헌법상 기본적으로 표현의 자유와 관련하여 인정되는 것으로, 그 권리의 내용에는 자신의 권익보호와 직접 관련이 있는 정보의 공개를 청구할 수 있는 이른바 개별적 정보공개청구권이 포함되고, 이러한 개별적 정보공개청구권에 대하여는 「공공기관의 정보공개에 관한 법률」이 1998. 1. 1. 시행될 때까지 그 제한에 관한 일반 법규

13) 후쿠오카 지방재판소, 1990. 3. 14; 하승수·김진, 「교사의 권리·학생의 인권」, 사계절, 1999, pp. 138-139 재인용.

14) 한승희, “정보사회에서의 학생의 프라이버시권”, 「교육행정학연구」 19권 제1호, 2001, p. 131.

가 없었던 것이나, 그렇다고 하더라도 특히 수사기록에 대한 정보공개청구권의 행사는 때에 따라 국가의 안전보장, 질서유지 및 공공복리라는 국가·사회적 법익뿐만 아니라 당해 형사사건에 직접·간접으로 관계를 가지고 있는 피의자나 참고인 등의 명예와 인격, 사생활의 비밀 또는 생명·신체의 안전과 평온 등의 기본권의 보장과 충돌되는 경우가 있을 수 있으므로, 그 행사는 이러한 국가·사회적 법익이나 타인의 기본권과 상호 조화될 수 있는 범위 내에서 정당성을 가지나, 구체적인 경우에 수사기록에 대한 정보공개청구권의 행사가 위와 같은 범위를 벗어난 것이라고 하여 그 공개를 거부하기 위하여서는 그 대상이 된 수사기록의 내용을 구체적으로 확인·검토하여 그 어느 부분이 어떠한 법익 또는 기본권과 충돌되는지를 주장·입증하여야만 할 것이고, 그에 이르지 아니한 채 수사기록 전부에 대하여 개괄적인 사유만을 들어 그 공개를 거부하는 것은 허용되지 아니한다.

종결된 수사기록에 대한 고소인의 열람·등사 청구에 대하여 그 내용을 이루는 각각의 수사기록에 대한 거부의 구체적 사유를 밝히지 아니한 채 고소인이 제출한 서류 이외의 내용에 대한 열람·등사를 거부한 것은 고소인의 알 권리를 침해하였다.[15]

2.2.4.2 정보공개청구권의 배척사례

사생활의 비밀과 자유를 침해할 우려가 있는 경우 또는 지나친 행정부담을 주는 경우 다음 판례에서와 같이 정보공개 청구권이 배척된다.

재개발사업에 관한 이해관계인이 공개를 청구한 자료 중 일부는 개인의 인적사항, 재산에 관한 내용이 포함되어 있어서 공개될 경우에는 타인의 사생활의 비밀과 자유를 침해할 우려가 있으며, 그 자료의 분량이 합계 9,029매에 달하기 때문에 이를 공개하기 위하여서는 행정업무에 상당한 지장을 초래할 가능성이 있고, 그 자료의 공개로 공익이 실현된다고 볼 수도 없다는 이유로, 재개발사업에 관한 정보공개청구를 배척한다.[16]

15) 대판 1999. 9. 21, 98두3426.
16) 대판 1997. 5. 23, 96누2439.

2.2.4.3 교육정보시스템 인정 판례

헌법재판소는 교육정보시스템을 통한 개인정보의 수집에 대한 헌법소원사건에서 학생의 교육정보를 수집·보관·관리하는 것은 교육목적에 비추어볼 때, 개인정보자기결정권을 침해하는 것은 아니라고 판결하였다.[17)]

2.2.4.4 학교급식 이용통제를 위한 학생 지문정보인식시스템 활용의 위헌성

국가인권위원회는 학생 지문정보인식시스템 활용을 다음과 같은 이유로 학생들의 인격권 및 사생활의 비밀과 자유를 침해하고 적법절차 원칙에 위배된다고 결정하였다. 첫째, 학부모의 동의를 받지 않았다. 둘째, 법률적 근거가 없다. 셋째, 위탁급식업체가 관리하고 있어 수집된 정보의 목적 외 활용이 가능하며, 직원에게 개인정보에 대한 과도한 통제권한을 부여하고 있다. 넷째, 효율적인 식당운영·관리라는 공익목적이 지문정보 같은 민감한 생체정보를 요구하여 학생들의 정보자기결정권을 제한할 만큼 중대하다고 생각하기 어렵다.[18)]

2.3 소프트웨어 및 저작권의 보호

2.3.1 「컴퓨터프로그램 보호법」

컴퓨터의 급속한 보급은 컴퓨터 하드웨어를 작동시키는 명령의 집합이라고 정의할 수 있는 소프트웨어(software)에 대한 법적 보호가 요청된다. 우리나라에서는 1986년에 「컴퓨터프로그램 보호법」을 제정하였다. 동법은 컴퓨터 프로그램 저작물의 저작자의 권리를 보호하고 프로그램의 공정한 이용을 도모하여 프로그램 관련 산업과 기술을 진흥함으로써 국민경제의 건전한 발전에 이바지함을 목적으로 한다.

동법의 주된 내용은 지적 소유권에 속하는 컴퓨터 프로그램의 저작권 보호이다. 프로그램 저작자는 프로그램을 공포하거나 공표하지 아니할 것을 결정할 권리를 갖는다. 저작자가 공표하지 아니한 프로그램을 양도, 대여 또는 사용허

17) 헌재 2005. 7. 21, 2003헌마282.
18) 손희권, "학교급식 이용 통제를 위한 학생 지문정보인식시스템 활용의 위헌성", 「교육법학연구」 제17권 2호, 2005, p. 76.

락의 특약을 한 경우에는 그 상대방에게 프로그램의 공표를 동의한 것으로 본다(동법 제9조). 프로그램 저작자는 프로그램을 복제·개장·번역·배포 및 발행할 권리를 가지며, 동 저작권은 프로그램이 창작된 때로부터 50년간 존속한다.

그러나 다음과 같은 경우에는 그 목적상 필요한 범위 안에서 공표된 프로그램을 복제 또는 배포할 수 있다. 다만, 프로그램의 종류·용도, 프로그램에서 복제된 부분이 차지하는 비중 및 복제의 부수 등에 비추어 프로그램저작권자의 이익을 부당하게 해하는 경우에는 그러하지 아니하다. 1. 재판 또는 수사를 위하여 복제하는 경우, 2. 「초·중등교육법」, 「고등교육법」에 의한 학교 및 다른 법률의 규정에 의하여 설립된 교육기관에서 교육을 담당하는 자가 수업과정에 제공할 목적으로 복제 또는 배포하는 경우, 3. 「초·중등교육법」에 의한 학교 및 이에 준하는 학교의 교육목적을 위한 필요한 교과용 도서에 게재하기 위하여 복제하는 경우, 4. 가정과 같은 한정된 장소에서 개인적인 목적(영리를 목적으로 하는 경우를 제외)으로 복제하는 경우, 5. 「초·중등교육법」, 「고등교육법」에 의한 학교 및 이에 준하는 학교의 입학시험 그 밖의 학식 및 기능에 관한 시험 또는 검정을 목적(영리를 목적으로 하는 경우 제외)으로 복제 또는 배포하는 경우, 6. 프로그램의 기초를 이루는 아이디어 및 원리를 확인하기 위하여 프로그램의 기능을 조사·연구·시험 목적으로 복제하는 경우(동법 제12조).

프로그램 저작권자는 고의 또는 과실로 그의 권리를 침해한 자에 대하여 손해배상을 청구할 수 있음은 물론이다. 저작권 침해자가 침해행위에 의하여 얻은 이익 액은 저작권자가 입은 손해액으로 추정되며 저작권 피침해자는 동 손해 액 이외에 그 권리의 행사로 통상 얻을 수 있는 금액에 상당하는 금액을 손해액으로 배상을 청구할 수 있다(동법 제27조). 학교 영역에서 컴퓨터의 사용이 급증함에 따라 소프트웨어의 법적 보호가 중요시된다. 컴퓨터 프로그램 법에서는 일정한 범위 내에서 수업과정에 제공되는 복사사용을 허용하고 있다.

2.3.2 교육관련 저작권법 규정과 판례

저작권의 권리가 보호되고 저작물을 공정히 이용하는 것은 문화향상 발전에 기초가 된다. 여기에 관한 기본법이 「저작권법」이다. 교육관련 저작권법의 규정을 살펴보고, 이 저작권법에 의하여 보호되는 저작물의 요건과 관련 대법원의 판례를 소개한다.

2.3.2.1 저작권법의 교육관련 규정

다음에 해당하는 것은 「저작권법」의 보호를 받지 못한다(저작권법 제7조).

1. 헌법·법률·조약·명령·조례 및 규칙, 2. 국가 또는 지방자치단체의 고시·공고·훈령 그 밖에 이와 유사한 것, 3. 법원의 판결·결정·명령 및 심판이나 행정심판절차 그 밖에 이와 유사한 절차에 의한 의결·결정 등, 4. 국가 또는 지방자치단체가 작성한 것으로서 제1호 내지 제3호에 규정된 것의 편집물 또는 번역물, 5. 사실의 전달에 불과한 시사보도.

저작물은 다음과 같은 학교교육 목적 등에는 이용될 수 있다(동법 제23조).

① 고등학교 및 이에 준하는 학교 이하의 학교의 교육 목적상 필요한 교과용도서에는 공표된 저작물을 게재할 수 있다. ② 특별법에 의하여 설립되었거나 「초·중등교육법」 또는 「고등교육법」에 따른 교육기관 또는 국가나 지방자치단체가 운영하는 교육기관은 그 수업목적상 필요하다고 인정되는 경우에는 공표된 저작물의 일부분을 복제·공연·방송 또는 전송할 수 있다. 다만, 저작물의 성질이나 그 이용의 목적 및 형태 등에 비추어 저작물의 전부를 이용하는 것이 부득이한 경우에는 전부를 이용할 수 있다. ③ 제2항의 규정에 따른 교육기관에서 교육을 받는 자는 수업목적상 필요하다고 인정되는 경우에는 제2항의 범위 내에서 공표된 저작물을 복제하거나 전송할 수 있다. ④ 제1항 및 제2항의 규정에 따라 저작물을 이용하고자 하는 자는 문화관광부장관이 정하여 고시하는 기준에 의한 보상금을 당해 저작 재산권자에게 지급하여야 한다. 다만, 고등학교 및 이에 준하는 학교 이하의 학교에서 제2항의 규정에 따른 복제·공연·방송 또는 전송을 하는 경우에는 보상금을 지급하지 아니한다.

학교의 입학시험 그 밖의 학식 및 기능에 관한 시험 또는 검증을 위하여 필요한 경우에는 그 목적을 위하여 정당한 범위 안에서 공표된 저작물을 복제할 수 있다. 다만 영리를 목적으로 하는 경우에는 그러하지 아니하다(동법 제29조). 이 절의 규정에 의하여 저작물을 이용하는 자는 그 출처를 명시하여야 한다(동법 제34조).

2.3.2.2 관련 판례

대법원은 대입본고사 입시문제가 저작권법상 보호되는 저작물이라고 다음과 같이 판결하였다.

저작권법에 의하여 보호되는 저작물은 문화, 학술 또는 예술의 범위에 속하는 창작물이어야 하는바, 여기에서 창작물이라 함은 저자 자신의 작품으로서 남의 것을 베낀 것이 아니라는 것과 최소한도의 창작성이 있다는 것을 의미하고, 따라서 작품의 수준이 높아야 할 필요는 없지만 저작권법에 의한 보호를 받을 가치가 있는 정도의 최소한의 창작성은 요구되므로, 단편적인 어구나 계약서의 양식 등과 같이 누가 하더라도 같거나 비슷할 수밖에 없는 성질의 것은 최소한도의 창작성을 인정받기가 쉽지 않다 할 것이다. 또한 작품 안에 들어 있는 추상적인 아이디어의 내용이나 과학적인 원리, 역사적인 사실들은 이를 저자가 창작한 것이라 할 수 없으므로, 저작권은 추상적인 아이디어의 내용 그 자체에는 미치지 아니하고 그 내용을 나타내는 구체적인 표현에만 미친다.

대입 본고사 입시문제가 역사적인 사실이나 자연과학적인 원리에 대한 인식의 정도나 외국어의 해독능력 등을 묻는 것이고, 또 교과서, 참고서 기타 교재의 일정한 부분을 발췌하거나 변형하여 구성된 측면이 있다고 하더라도, 출제위원들이 우수한 인재를 선발하기 위하여 정신적인 노력과 고심 끝에 남의 것을 베끼지 아니하고 문제를 출제하였고 그 출제한 문제의 질문의 표현이나 제시된 여러 개의 답안의 표현에 최소한도의 창작성이 인정된다면, 이를 저작권법에 의하여 보호되는 저작물로 보는 데 아무런 지장이 없다.

저작권법 제25조는 공표된 저작물은 보도·비평·교육·연구 등을 위하여서는 정당한 범위 안에서 공정한 관행에 합치되게 이를 인용할 수 있다고 규정하고 있는바, 정당한 범위 안에서 공정한 관행에 합치되게 인용한 것인가의 여부는 인용의 목적, 저작물의 성질, 인용된 내용과 분량, 피인용 저작물을 수록한 방법과 형태, 독자의 일반적 관념, 원저작물에 대한 수요를 대체하는지 여부 등을 종합적으로 고려하여 판단하여야 할 것이고, 이 경우 반드시 비영리적인 이용이어야만 교육을 위한 것으로 인정될 수 있는 것은 아니라 할 것이지만, 영리적인 교육목적을 위한 이용은 비영리적 교육목적을 위한 이용의 경우에 비하여 자유이용이 허용되는 범위가 상당히 좁아진다.[19]

19) 대판 1997. 11. 25, 97도2277.

2.4 교육정보화와 가상교육

최근의 정보화 영향으로 학교중심의 우리나라 교육제도가 새로운 변화를 맞고 있다. 가상교육(virtual education)이라든가 가상대학(virtual university)이 그러한 변화의 대표적 예이다. '가상교육'이라고 하는 것은, 그 표면적 형태는 기존의 교육 즉 학생들이 어떤 특정 장소에 모여 일정한 교사에게 수업을 듣는 그러한 모습은 갖추어지지 않아서 교육 같지는 않지만, 여러 경로의 네트워크를 통하여 다양한 교수학습 자료와 매체를 활용하여 가르치는 사람과 상호작용이 가능하여 기존의 교육방식과 거의 같은 그리하여 사실상 혹은 실질적으로는 기존의 교육과 같은 역할을 하는 교육이라고 정의할 수 있다.

가상교육의 개념을 이와 같이 정의하면, 방송통신교육, 인터넷을 활용하는 교육, 졸업학력인정을 위한 시험제, 독학에 의한 학위취득제, 개방대학제도, 시간제 등록생제 등은 가상교육을 위해서 활용되는 제도들로 볼 수 있다. 이 제도들은 각각 독자적인 목표가 있다기보다는 가상교육체제를 구축하고 운영하기 위해서 활용되어야 할 수단적 위치에 서게 된다. 기존 학교들과는 달리 가상교육은 방송과 통신, 인터넷 등 네트워크, 그리고 나아가 기존학교의 교수요원까지도 총합적으로 동원하여 운영되는 교육체제이다.

교육정보화 추세가 빠르게 진행되면서 가상교육제도가 점차 확산된다 하겠다. 가상교육이 기존학교제도와 같은 수준 또는 그 이상의 질적 수준을 가져올 수 있느냐의 과제가 있지만, 가상교육제도에 대한 교육법령의 적절한 규제 내지 지원도 따라야 할 것이다. 가상교육은 제17장에서 다루는 평생교육 주제와도 긴밀히 연결된다.

[토론 주제]

1. 학교환경은 왜 중요한가? 교통안전, 운동장, 조명, 실험실, 교무실, 책걸상, 체육시설, 도서실, 냉난방, 환풍, 주변 환경 등에서 가장 취약한 부분은 무엇인가?
2. 「학교보건법」 제4조는 "학교의 장은 교육인적자원부령이 정하는 바에

따라 교사 안에서의 환기 · 채광 · 조명 · 온습도의 조절, 상하수도 · 화장실의 설치 및 관리, 오염공기 · 폐기물 · 소음 · 휘발성유기화합물 · 세균 · 분진 등의 예방 및 처리 등 환경위생과 식기 · 식품 · 음료수의 관리 등 식품위생을 적절히 유지 · 관리하여야 한다"고 규정하고 있다. 그리고 「학교보건법시행규칙」 제3조의3 제1항에서 "학교의 장은 법 제4조의 규정에 의한 교사 안에서의 환경위생을 유지 · 관리하기 위하여 소속 '직원' 중에서 환경위생에 관한 업무를 관리하는 자를 지정하여야 한다"고 되어 있다. 많은 학교에서 환경위생관리자가 직원이 아닌 교원이 대부분 강제로 지정되어 수업에 부담을 주므로 이에 대한 시정요구를 하였으나 교육부에서는 동법 시행령을 개정하여 소속 '직원'을 소속 '교직원'으로 개정하였다(2007. 3. 27). 종전의 학교보건법시행규칙상의 '직원'의 개념에 '교원'이 포함되는지에 관하여 다음과 같은 상반된 견해가 제시되었다.

교육인적자원부와 법제처의 유권해석 : 「학교보건법시행규칙」 제3조의3 제1항에서 규정한 소속직원이란 학생을 제외한 학교의 구성원, 즉 교사, 행정직원 등을 모두 포함하는 개념으로 보아야 한다. 그 이유는 소속직원(所屬職員)의 사전적 의미가 "어떤 기관이나 조직에 딸린 사람이 그 직장에서 일정한 직무를 맡아보는 사람"이므로, 학교의 장을 제외한 모든 소속 교원과 행정직원 등을 포함하는 의미로 해석하여야 한다.

한국교총연합회 자문 변호사 해석 : 「학교보건법」의 해석에 있어서 「초 · 중등교육법」이 기준이 된다 할 것이다. 「초 · 중등교육법」상 교원과 직원을 명확히 구분하여 규정하고 있는 이상, 기타 법률을 해석함에 있어서도 교원과 직원을 구분하여야 하고 함부로 이 범위를 확대할 수 없다. 「학교보건법시행규칙」 제3조의3 제1항의 '소속직원'이란 학교운영에 필요한 행정직원 등을 의미하며 교원이 포함될 수 없다. 교원은 학생의 교육을 목적으로, 직원은 학교의 행정사무와 기타 사무의 수행을 목적으로 하므로 학교 내에서 수행하는 업무가 구분된다 할 것이다. 「학교보건법시행규칙」 제3조 제3항의 '환경위생의 유지 관리'란 주로 환경위생 시설의 유지 · 보수를 의미하는 것으로 이는 교육이 아닌 기타 사무에 포함되므로 위 규칙의 입법취지상으로도 이는 직원의 업무범위에 포함된다.

상반된 두 입장 중 어느 쪽 의견이 더 타당한가? 후자의 입장이라면 개정된 「학교보건법시행규칙」 제3조의3이 「헌법」 제31조(교육을 받을 권리, 교육의 자주성과 전문성)에 위반된다고 헌법소원을 제기할 수 있는가?

3. 2006년 6월 수도권일대의 30여개 중고등학교의 학생 2천8백명이 집단식중독 증세를 보였다. 이들 학생들은 대형급식업체들이 공급한 점심을 먹었다. 병원치료를 받은 갑양은 C회사를 상대로 일백만원의 손해배상청구를 하였다. C회사는 관련기준을 준수하였고 현재의 기술수준으로는 노로바이러스의 감염을 예방하는 것이 불가능하므로 법적 책임이 없다고 주장하였다. 서울서부지방법원은 C회사측이 갑양에게 일십만원을 지급하라고 원고일부 승소판결을 하였다. C회사측이 제공한 깻잎무침이 노로바이러스에 오염된 것으로 추정되고 다른 감염원인을 찾을 수 없는 만큼 급식업체가 책임을 져야 한다는 논거였다. C회사측에게 과실책임을 넓게 인정한 이유는 무엇인가?
4. 노래방, 당구장, 게임방은 과연 학생들에게 유해한 시설인가?
5. 교육재정의 재원은 어떻게 충당되는가? 중앙정부와 지방자치단체, 학부모, 사립학교 경우 학교법인간의 재원 부담은 어떻게 분담하는 것이 바람직한가? 담배세나 복권수입으로 교육비를 충당하는 것은 바람직한가?
6. 교육정보화의 쟁점인 정보공개의 필요성과 개인 사생활 보호간의 갈등문제를 법적으로 어떻게 해결하고 있으며, 그 한계는 무엇인가? 학교현장에서 어떤 문제들이 제기되고 있는가? 급식 이용시 지문정보인식시스템 활용의 법적 문제점은 무엇인가?
7. 저작권의 보호는 왜 중요한가? 학교에서 저작권이 잘 보호되고 있는가?
8. 가상교육이 확대되면 미래에 학교는 없어질까?

제 14 장

학사정책 및 교육평가의 법적 측면

학생을 입학시켜 교과과정에 따라 질 높은 교육을 하고 일정한 자격을 갖춘 자를 졸업시키는 학사관리는 교육정책에서 가장 중요한 분야라 할 수 있다. 본 장에서는 첫째, 입학 및 졸업관리, 그리고 교육과정 및 교과서 선정의 주요 쟁점들을 법적 측면에서 살펴본다. 둘째, 학사관리를 중심으로 한 학교 내지 교육행정기관에 대한 평가는 교육의 질 향상과 사회적 책무성 확보에서 매우 중요하므로 교육 평가의 법적 근거 내지 내용도 간단히 언급한다.

셋째, 학사과정에서 관심을 가져야 할 분야가 특수교육대상자에 대한 배려이다. 특수교육 대상자에 대한 법적 보호 장치를 살펴본다. 장애아동은 물론 학습부진아 내지 수업을 제대로 못 따라오는 학생들에 대한 특별한 보호가 절실하다. 개인의 인권보호 측면에서도 중요하지만 학교환경의 안전성 확보와 건강한 사회를 만들기 위한 공동 노력이 시급한 분야이다. 장애아동 보호는 미국의 경우 오랫동안 많은 판례를 통하여 잘 확립되었다. 학습부진아에 대한 보호도 최근에 미국 연방정부 차원에서 정책적으로 추진되고 있다. 이들 내용들을 살펴본다.

1. 학사관리의 법적 측면

학사관리란 학교에서 학생을 선발하여 교과과정에 따라 이들을 교육·지도하고 공정한 성적관리로 일정한 자격을 갖춘 자를 졸업시키는 일련의 과정이라고 정의할 수 있다. 따라서 학사관리의 주된 내용은 학생의 선발과 지도, 그리고 교육과정의 편성 및 운영이다. 특히 교육과정의 편성 및 운영은 학사관리의 기본내용으로 좁은 의미에서의 학사관리라고 할 수 있다. 좁은 의미의 학사관리는 선발된 대학생에게 무엇을 가르칠 것인가를 결정하는 교육과정의 편성과 어떻게 가르칠 것인가의 교수방법으로 구성된다. “누구에게 무엇을 어떻게 가르치는가?”에 관한 학사관리는 교육행정의 중심적 과정이며 교육의 질 향상에 가장 핵심적 요소가 된다.

아래에 입학과 졸업에 관한 법규정과 판례를 간단히 살펴보고 학사관리의 핵심내용인 교과과정 및 교과서선정에 관하여 중점적으로 분석한다. 학교의 기본적인 조직 목표는 무엇을 가르치느냐에 있지만, 학생에 대한 생활지도도 중요하다. 여기에 관하여서는 이미 제9장 학생의 주요 기본권과 생활지도에서 다루어졌으므로 이곳에서는 생략한다.

1.1 입학 및 졸업관리

「교육기본법」에서 6년의 초등교육과 3년의 중등교육은 의무교육으로 하고 있다(동법 제8조). 의무교육의 경우에는 취학아동의 보호자에게 아동이 만 6세가 된 날의 다음날부터 만 12세가 되는 날이 속하는 학년 말까지 초등학교에 취학시킬 의무가 있다. 그리고 초등학교를 졸업한 학년의 다음 학년 초부터 만 15세가 되는 날이 속하는 학년 말까지 그 자녀를 중학교에 취학시켜야 한다(초·중등교육법 제12조). 고등학교의 입학은 중학교를 졸업한 자 또는 법령에 의하여 이와 동등한 학력이 있다고 인정되는 자에게 입학자격이 있으며, 입학방법 및 절차에 관하여는 「초·중등교육법시행령」에서 상세히 규정하고 있다.

학교의 장은 학생의 교육과정의 이수정도 등을 평가하여 학생의 각 학년과정의 수료 또는 졸업을 인정한다. 각 학년과정의 수료에 필요한 출석일수는 법정 수업일수(초·중등학교 220일 이상)의 3분의 2 이상이다. 학교의 장은 당해 학교의 교육과정을 이수하였다고 인정하는 자에게 졸업장을 수여한다(초·중등교육법 제50조).

대학의 경우에는 학칙에서 정하는 과정을 이수한 자에게 학사학위를 수여한다(고등교육법 제35조). 학사학위 취득을 위한 졸업요건에 사회적 책임을 다하기 위하여 학업 또는 외국어나 전산능력 등의 능력인증제를 도입하는 대학이 생기는바, 그러한 졸업요건의 적법성이 다투어지기도 한다.

1.2 관련 판례

입학 및 졸업관련 판례는 주로 대학입시 관련 사건이 많다.

1.2.1 대학입시 기본계획의 법적 성질

대학입학시험과 관련된 교육개혁위원회의 '신교육체제 수립을 위한 교육개혁방안'의 법적 성질과 교육인적자원부 장관이 매년 발표하는 대학입시기본계획의 법적 성질에 관한 헌법재판소 및 대법원의 판결을 소개한다.

교육부장관이 매년 발표하는 대학입시기본계획은 교육법 제84조에 규정된 교육부장관의 공·사립대학에 대한 지휘·감독권의 행사로서, 그 내용에 따라 법령의 범위 내에서 대학입시제도의 내용을 구체화하거나 보충하는 행정규칙의 성질인 것도 있고, 대학입시제도에 관한 국가의 기본방침을 천명하는 행정계획의 성질을 가지고 있는 것도 있다.

교육부장관이 발표한 1996학년도 대학입시기본계획 중 전국의 대학에 대하여 대학별고사에서 국·영·수 위주의 필답고사 실시에 신중을 기하여 줄 것을 권고하는 부분은, 법령의 위임을 받아 그 내용을 구체화하거나 법령의 구체적인 내용을 보충하는 것으로 볼 수 없어 청구인들의 기본권을 침해하는 공권력의 행사에 해당한다고 할 수 없다.

교육개혁위원회가 발표한 신교육체제 수립을 위한 교육개혁방안은, 대통령의 자문기관인 동 위원회가 대통령에게 교육개혁방안의 하나로 대학입학시험에 관하여 보고한 내용을 발표한 것에 불과하므로 이것이 청구인들의 기본권을 직접 침해하는 공권력의 행사라고 볼 수 없다.[1)]

종합생활기록부(학교생활기록부)에 절대평가와 상대평가를 병행·활용하도록 한 교육부장관지침이 교육개혁위원회의 교육개혁방안에 따라 절대평가가 이루어질 것으로 믿고 특수 목적고에 입학한 학생들의 신뢰이익을 침해하는지에 관하여 헌법재판소는 다음과 같이 소극적인 판결을 하였다.

1) 헌재 1997. 7. 16, 97헌마70

청구인들이 이른바 특수 목적고등학교인 K고등학교에 입학하기 위하여 원서를 제출할 당시 시행되었던 종합생활기록부 제도는 처음부터 절대평가와 상대평가를 예정하고 있었고, 대학입학전형에 있어서 학생부를 절대평가 방법으로 활용할 것인가 상대평가 방법으로 활용할 것인가 등 그 반영방법도 대학의 자율에 일임되어 있었다. 따라서 그 이후 공표된 이 사건 제도 개선보완 시행지침은 1999학년도까지 대입 전형자료로 절대평가와 상대평가를 병행하도록 하고 다만 종전 종합생활기록부제도의 문제점을 보완하기 위하여 과목별 석차의 기록방법 등 세부적인 사항을 개선, 변경한 데 불과하므로 이로 인하여 청구인들의 헌법상 보호할 가치가 있는 신뢰가 침해되었다고 볼 수 없다.

[재판관 조승형의 반대의견]

학생부제도의 원래 취지는 학생의 학교생활에 대한 평가기능이나 대학입학전형에서의 활용기능 등에 비추어 절대평가제도였으나 이 사건 제도개선 보완 시행지침에 의하여 절대평가원칙에서 절대평가와 상대평가 병행원칙으로 변경되었다. 따라서 변경되기 전의 학생부제도의 원래 취지를 믿고 특수 목적고에 입학원서를 제출한 청구인들의 학교 선택에 대한 신뢰는 보호되어야 한다.2)

대학입시기본계획내의 내신 성적 산정지침이 항고소송의 대상인 행정처분성을 갖는지 여부에 관하여 대법원은 다음과 같이 판결하였다.

항고소송의 대상이 되는 행정처분은 행정청의 공법상의 행위로서 특정사항에 대하여 법률에 의하여 권리를 설정하고 의무를 명하며, 기타 법률상 효과를 발생케 하는 등 국민의 권리의무에 직접관계가 있는 행위이어야 하고, 그 자체로서 국민의 구체적인 권리의무에 직접적인 변동을 초래케 하는 것이 아닌 일반적, 추상적인 법령 또는 내부적 내규 및 내부적 사업계획에 불과한 것 등은 그 대상이 될 수 없다.

교육부장관이 내신 성적 산정기준의 통일을 기하기 위해 대학입시기본계획의 내용에서 내신 성적 산정기준에 관한 시행지침을 마련하여 시·도 교육감에서 통보한 것은 행정조직 내부에서 내신 성적 평가에 관한 내부적 심사기준을

2) 헌재 1997. 7. 16, 97헌마38.

시달한 것에 불과하며, 각 고등학교에서 위 지침에 일률적으로 기속되어 내신 성적을 산정할 수밖에 없고 또 대학에서도 이를 그대로 내신 성적으로 인정하여 입학생을 선발할 수밖에 없는 관계로 장차 일부 수험생들이 위 지침으로 인해 어떤 불이익을 입을 개연성이 없지는 아니하나, 그러한 사정만으로서 위 지침에 의하여 곧바로 개별적이고 구체적인 권리의 침해를 받은 것으로는 도저히 인정할 수 없으므로, 그것만으로는 현실적으로 특정인의 구체적인 권리의무에 직접적으로 변동을 초래케 하는 것은 아니라 할 것이어서 내신 성적 산정지침을 항고소송의 대상이 되는 행정처분으로 볼 수 없다.[3]

1.2.2 입학사정 및 특별전형에 관한 판례

입학시험에서 교육기관의 입학사정권의 법적 성질은 재량행위이나, 대학원 입학시험에서 학칙과 입학시험요강에서 전혀 규정하지 않다가 채점이 끝난 후 대학원 위원회가 새로운 사정규정을 적용하여 불합격한 행위는 재량권의 한계를 벗어난 것이라고 대법원은 다음과 같이 판결하였다.

입학지원자의 선발시험에 있어서 합격·불합격 판정 또는 입학 자격, 선발 방법 등은 해당 교육기관이 관계 법령이나 학칙 등의 범위 내에서 교육목적을 달성하기 위하여 필요한 인격, 자질, 학력, 지식 등을 종합 고려하여 자유로이 정할 수 있는 재량행위라 할 것이나 그것이 현저하게 재량권을 일탈 내지 남용한 것이라면 위법하다.

입학시험에 있어 면접고사 및 연구계획서 평가표에서 보는 바와 같이 이미 객관성을 담보하기 위하여 평가 영역을 구체적으로 세분하고 있고 배점 영역도 특정하고 있으며, 또한 채점이 그 평가점수 영역 범위 내에서 이루어진 이상 학칙과 입학시험요강 등에는 전혀 규정하지 않았다가 채점이 모두 끝난 시점에서 비로소 대학원위원회가 횟수에 제한 없이 적용하기로 한 트림(trim) 규정을 적용한 결과 사전 입시전형요강에 의하면 합격하게 되어 있는 수험자에 대하여 불합격 처분을 한 것은 입학 사정의 재량을 현저하게 일탈 내지 남용한 것이라고 한 사례이다.[4]

---

3) 대판 1994. 9. 10, 94두33.
4) 대판 1997. 7. 22, 97다3200.

외교관 자녀 등의 특별전형에 관한 대학교 총장의 처분에 위법성을 다투는 소송에서 대법원은 다음과 같은 판결을 하였다.

어떤 행정처분이 재량권의 남용이나 일탈에 해당하는 경우에는 그 재량권이 구속재량이거나 자유재량이거나를 막론하고 사법심사의 대상이 된다고 할 것인바, 외교관 자녀 등의 입학고사 특별전형이 교육법 제111조의2, 동법 시행령 제71조의2 제4항에 의하여 대학교 총장이 정하는 방법에 의하도록 그 재량에 위임되어 있더라도 위 특별전형에 관한 대학교 총장의 처분이 재량권을 남용한 위법한 처분이라고 다투는 사건은 행정소송의 대상이 된다.

교육법시행령 제72조, 서울대학교학칙 제37조 제1항 소정의 학생의 입학시기에 관한 규정이나 대학학생 정원령 제2조 소정의 입학정원에 관한 규정은 학사운영 등 교육행정을 원활하게 수행하기 위한 행정상의 필요에 의하여 정해 놓은 것으로서 어느 학년도의 합격자는 반드시 당해 연도에만 입학하여야 한다고 볼 수 없으므로 원고들이 불합격처분의 취소를 구하는 이 사건 소송계속 중 당해 연도의 입학시기가 지났더라도 당해 연도의 합격자로 인정되면 다음 연도의 입학 시기에 입학할 수도 있다고 할 것이고, 피고의 위법한 처분이 있게 됨에 따라 당연히 합격하였어야 할 원고들이 불합격 처리되고 불합격되었어야 할 자들이 합격한 결과가 되었다면 원고들은 입학정원에 들어가는 자들이라고 하지 않을 수 없다고 할 것이므로 원고들로서는 피고의 불합격처분의 적법 여부를 다툴 만한 법률상의 이익이 있다고 할 것이다.

자유재량에 있어서도 그 범위의 넓고 좁은 차이는 있더라도 법령의 규정뿐만 아니라 관습법 또는 일반적 조리에 의한 일정한 한계가 있는 것으로서 위 한계를 벗어난 재량권의 행사는 위법하다고 하지 않을 수 없으므로, 대학교 총장인 피고가 해외 근무자들의 자녀를 대상으로 한 교육법시행령 제71조의2 제4항 소정의 특별전형에서 외교관, 공무원의 자녀에 대하여만 획일적으로 과목별 실제취득점수에 20%의 가산점을 부여하여 합격사정을 함으로써 실제 취득점수에 의하면 충분히 합격할 수 있는 원고들에 대하여 불합격처분을 하였다면 위법하다.[5)]

5) 대판 1990. 8. 28, 89누8255.

1.2.3 기타의 판례

대학의 사례이지만 입학 및 졸업과 관련되는 기타의 판례 몇 가지를 아래에 소개한다. 학교법인이 무자격자에 대한 편입학 허가 등의 무효행위를 취소한 경우 신의칙(信義則) 내지 신뢰의 원칙에 반하는지의 여부에 관하여 대법원은 다음과 같이 판결하였다.

> 학생에 대한 학교의 편·입학 허가, 대학교 졸업 인정, 대학원 입학, 공업석사학위 수여 등이 그 자격요건을 규정한 교육법 제111조, 제112조, 제115조에 위반되어 무효라면 이와 같은 당연 무효의 행위를 학교법인이 취소하는 것은 그 편·입학 허가 등의 행위가 처음부터 무효이었음을 당사자에게 통지하여 확인시켜 주는 것에 지나지 않으므로 여기에 신의칙 내지 신뢰의 원칙을 적용할 수 없고 그러한 뜻의 취소권은 시효로 인하여 소멸하지도 않으며 그와 같은 자격요건에 관한 흠은 학교법인이나 학생 또는 일반인들에 의하여 치유되거나 정당한 것으로 추인될 수 있는 성질의 것도 아니다.
>
> 교육법 제1조, 제108조 및 제74조 등에 의하면 대학교수에게는 항상 누구에게나 사표가 될 품성과 자질은 물론 대학생에게 지도적 자격을 도야시켜야 할 고도의 윤리성도 함께 갖출 것을 요구하고 있으므로 오랫동안 교수직에 있었다거나 학술적인 공헌이 크더라도 학력을 속여 편·입학 허가 등을 받았다면 그 취소가 신의칙에 위반된다고 할 수 없고, 당사자로서도 그것이 위법하게 이루어진 것임을 알고 있어 언젠가는 취소될 것도 예상하고 있었을 터이므로 학교법인이 미리 그와 같은 흠을 발견하지 못하였다거나 오랜 시간이 흐른 후 취소에 이르렀음을 탓하여 신뢰의 이익을 원용할 수도 없다.[6]

법정출석일수 미달로 인하여 유급 및 제적처분을 받은 자가 부정행위로 진급하여 사실상 전 과정을 이수한 경우 졸업생자격 취득 여부에 관하여 다음과 같이 판결하였다.

> 결석일수가 법정 수업일수의 4분의1을 초과한 전문학교 학생이 유급 처분된 후 재수등록을 하지 않아서 제적처분을 당하였다면, 비록 그 후 동학교 입·

6) 대판 1982. 12. 14, 81다269.

> 퇴학 담당자의 부정한 행위에 의해서 상급학년에 진급되어 그 과정을 이수하였다 하더라도, 징계권자인 학교장이 위 제적처분을 적법이 취소하였다거나 상급학년 등록사실을 알고도 묵인하여서 학업을 이수한 것이 아닌 한, 학칙 상 요구되는 소정의 전 학년 과정을 수료하였다고 볼 수 없어 졸업생의 자격 또는 신분을 취득했다고 할 수 없다.[7)]

S대학 동양학부 재학생 갑이 이 학교 학칙에서 졸업요건으로 규정하고 있는 토익(TOEIC) 550점(97입학생부터 600점) 이상을 얻지 못하여 학사학위를 얻지 못하였고, 대학원에 합격하였으나 취소되었다. 갑은 유교철학이 전공인데 영어 등의 외국어시험을 졸업요건으로 요구하는 학칙은 부당하다고 제소하였다. 그러나 서울지방법원은 유학전공자라고 하여 외국어를 습득할 필요가 없다고 단언할 수 없으며, 대학은 자치권을 바탕으로 입학이나 졸업에 관한 사항을 자율적으로 정할 수 있으므로 동 학칙이 무효라고 할 수 없다고 판결하였다.[8)]

사립대학이 학생들로 하여금 일정한 내용의 종교교육을 받을 것을 졸업요건으로 하는 학칙을 제정할 수 있는지에 관하여 대법원은 다음과 같이 판결하였다.

> 사립학교는 국·공립학교와는 달리 종교의 자유의 내용으로서 종교교육 내지는 종교선전을 할 수 있고, 학교는 인적·물적 시설을 포함한 교육시설로써 학생들에게 교육을 실시하는 것을 본질로 하며, 특히 대학은 헌법상 자치권이 부여되어 있으므로 사립대학은 교육시설의 질서를 유지하고 재학관계를 명확히 하기 위하여 법률상 금지된 것이 아니면 학사관리, 입학 및 졸업에 관한 사항이나 학교시설의 이용에 관한 사항 등을 학칙 등으로 제정할 수 있으며, 또한 구 교육법시행령 제55조는 학칙을 학교의 설립인가신청에 필요한 서류의 하나로 규정하고, 제56조 제1항은 학칙에서 기재하여야 할 사항으로 '교과와 수업일수에 관한 사항', '고사(또는 시험)와 과정수료에 관한 사항', '입학·편 입학·퇴학·전학·휴학·수료·졸업과 상벌에 관한 사항' 등을 규정하고 있으므로, 사립대학은 종교교육 내지 종교선전을 위하여 학생들의 신앙을 가지지 않을 자

7) 대판 1982. 12. 14, 81다269.

8) 서울지방법원 민사부, 2000. 8. 22, 2000가합10227. 동 판례의 분석에 관한 자세한 내용은 조석훈, "졸업인증제의 법적논리", 「교육행정학연구」 제19권 1호, 2001 참고.

유를 침해하지 않는 범위 내에서 학생들로 하여금 일정한 내용의 종교교육을 받을 것을 졸업요건으로 하는 학칙을 제정할 수 있다.[9)]

1.3 교육과정 및 교과서 선정

1.3.1 교육과정

학교는 교육 과정을 운영하여야 한다. 교육인적자원부 장관은 교육 과정의 기준과 내용에 관한 기본적인 사항을 정하며, 교육감은 교육인적자원부 장관이 정한 교육 과정의 범위 안에서 지역의 실정에 적합한 기준과 내용을 정할 수 있다. 학교의 교과는 대통령령으로 정한다(초·중등교육법 제23조).

교육과정이란 초·중등학교의 교육 목적과 교육 목표를 달성하기 위하여 「초·중등교육법」 제23조 제2항에 의거하여 교육인적자원부 장관이 문서로 결정·고시한 교육 내용에 관한 전국 공통의 일반적인 기준을 말한다. 이 기준에는 초·중등학교에서 편성·운영하여야 할 학교 교육과정의 목표, 내용, 방법과 운영, 평가에 관한 국가 수준의 기준 및 기본 지침이 제시되어 있다.

교육인적자원부는 교육과정의 필요성을 다음과 같이 제시하고 있다.

가. 공통적, 일반적, 표준적인 교육내용 기준 설정의 국가 책임
나. 동일한 질과 수준의 보통 교육 보장의 기회 균등 실현
다. 교육 내용의 학교 급별 체계성, 일관성 유지
라. 국민 교육의 일정 수준의 유지, 관리
마. 학교 교육의 정치적, 종교적인 중립성 확보
바. 교육 목적과 교육 목표 달성의 책임 체제 확립

교육인적자원부가 교육과정을 정할 때 추구하는 목표는 다음과 같다.

가. 국가 수준의 공통성과 지역, 학교, 개인 수준의 다양성을 동시에 추구하는 교육과정
나. 학습자의 자율성과 창의성을 신장하기 위한 학생 중심의 교육 과정
다. 교육청과 학교, 교원·학생·학부모가 함께 실현해 가는 교육 과정

9) 대판 1998. 11. 10, 96다37268.

라. 학교 교육 체제를 교육 과정 중심으로 개선하기 위한 교육 과정

「교육인적자원부 고시」 1997-15호인 제7차 교육과정은 학생중심 교육과정, 고등학교의 경우 선택중심 교육과정, 수준별 교육과정, 능력중심의 교육내용, 지역 및 학교의 재량확대 등을 특징으로 하고 있다.

교육인적자원부의 제7차 교육과정은 바람직한 변화를 보이고 있으나 아직도 교육내용과 관련한 대부분을 규정하고 있어, 지역이나 학교수준의 재량권은 학습 자료나 학습방법에서 재량권을 행사할 뿐 그 내용에 있어서는 역할이 거의 없다 할 수 있다. 제8차 교육과정은 2009년에 초등학생 1·2학년, 중고등학생 1학년, 2010년에 초등학생 3·4학년, 중고등학생 2학년, 2011년에 초등학생 5·6, 중고등학생 3학년에 적용된다.

교육과정은 교육내용과 직결되므로 그 실질적인 내용을 국가가 전적으로 주도하는 것은 헌법상의 교육의 자주성·전문성·중립성원리에 반하며, 교사 및 학부모의 교육권과 상충되는 문제가 있다 하겠다. 한편 초·중등학교의 경우 교육과정의 목표에서 제시된 것과 같이 전국의 표준적이고 공통적인 기준도 필요한 것이 인정된다. 이 문제는 결국 교육과정의 결정과정에서의 국가개입의 한계문제인바, 국가는 필요하고 상당한 범위 내에서 대강적인 기준만을 정하고, 시도 및 지역교육청과 일선학교수준에 구체적 내용은 위임하여야 할 사항이다. 교육인적자원부도 이러한 방향을 천명하고 점진적인 변화를 모색하는 것으로 보인다.

또 교육과정 결정과정에 전문인의 참여가 중요한바, 교육인적자원부에 교육과정심의회를 설치하도록 되어 있다. 동 심의회는 교과별 위원회, 학교별 위원회, 운영위원회로 구분되어 교육과정에 관한 사항을 조사·심의한다(교육과정심의회 규정 제2조, 제3조).

1.3.2 교과서 선정

1.3.2.1 **법령의 근거 및 교과서 검정의 법적 성질**

교육과정이 일반적이고 함축적인 개념위주의 내용이라면 교과서는 교육과정에 제시된 내용을 명시적으로 구체화하여 실천하는 중요수단이라 할 수 있

다. 「초·중등교육법」에서는 학교에서 사용하는 교과용도서는 국가가 저작권을 가지고 있거나(국정교과서), 교육인적자원부장관이 검정 또는 인정한 교과용 도서를(검·인정 교과서) 사용하여야 한다고 규정하고 있다(동법 제29조). 교과용도서의 범위·저작·검정·인정·발행·공급·선정 및 가격사정에 관하여서는 대통령령으로 정하도록 되어 있는바, 「교과용 도서에 관한 규정」이 있다.

「교과용 도서에 관한 규정」에 따르면 교육인적자원부가 저작권을 가진 교과서를 1종 교과서라 하고, 교육인적자원부 장관의 검정을 받은 교과서를 2종 교과서라 한다. 학교의 장은 1종 교과서가 있는 때에는 이를 사용하여야 하고, 1종 도서가 없는 때에는 2종 도서를 선정 사용하여야 한다. 2종 도서를 선정할 때에는 당해 학교의 학교운영위원회의 심의를 거쳐야 한다. 또 교육장과 고등학교의 장은 교과서나 지도서가 없거나, 이를 사용하기 곤란하거나 보충할 필요가 있다고 판단되는 경우에 학기 시작 6월 전까지 교육인적자원부장관에게 인정도서의 인정을 신청하여야 하며 교과용도서 심의회의 심의를 거쳐 결정한다(동 규정 제2조, 제3조, 제23조).

교과서의 국정 또는 검인정의 법적 성질에 관하여 헌법재판소는 특허로 보고 있다. 교과서의 국정 또는 검인정은 인간의 자연적 자유의 제한에 관한 해제인 허가의 성질을 갖는다기보다는 교과서라는 특수한 지위를 부여하거나 인정하는 제도이므로 형성적 행위로서 '특허'의 성질을 갖는 것으로 보아야 한다.[10]

1.3.2.2 관련 판례

교과용 도서에 관한 국정제와 검인정제도가 헌법상의 교육의 자주성·전문성·중립성원리와 출판의 자유, 학문과 예술의 자유 등에 반하지 않는가의 문제가 있다. 1969년의 서울고법판결은 교과용도서의 검인정제도가 학교의 교과서로서의 적합성 여부를 판단하는 것이지, 검인정 받지 못한 도서의 출판자체를 금지하는 것이 아니므로 검인정의 합헌성을 인정한 바 있다.[11]

대법원은 교과용 도서검정의 불합격처분 무효 확인 소송에서 다음과 같이 판결한 바 있다.

---

10) 헌재 1992. 11. 12, 89헌마88.

11) 서울고법 1969. 3. 6, 68구129·131.

교과용 도서를 검정함에 있어서 그 저술된 내용이 교육에 적합한지 여부를 심사할 수 있고 그 심사사항이 원칙적으로 오기, 오식 기타 객관적으로 명백한 잘못, 제본 기타 기술적 사항에 그쳐야 하는 것은 아니라고 할 것이므로, 2종 도서에 속하는 교과서의 2차 심사결과 수정지시를 함에 있어 오기, 오식 기타 객관적으로 명백한 잘못이나 기술적 사항에 관하여 지적하지 아니하고 그 저술된 내용중에 고등학생의 교육용으로는 부적당하다고 인정하는 사항의 수정을 명하였다고 하더라도 그것이 헌법에 위배된다고 할 수 없다고 판결하였다.

교과서의 2차 심사의 심사사항을 정한 구 교과용 도서에 관한 규정 제16조 제3항은 같은 규정 제25조 내지 제27조가 교육부장관은 2종 도서를 발행한 후에도 필요에 따라 저작자에게 수정 또는 개편을 명할 수 있다고 규정하고 있음에 비추어 2차 심사의 범위를 일응 정한 것일 뿐 효력규정은 아니라고 할 것이므로, 교육부장관이 2차 심사에 있어 위 규정 제16조 제3항에 따르지 아니하고 위 규정상 1차 심사사항으로 되어 있는 부분까지 심사하였다고 하더라도 그것이 행정처분의 무효사유인 중대하고 명백한 하자에는 해당하지 않음이 명백하다.[12)]

대법원은 중·고등학교 교과서 검정의 판단기준 내지 심사범위에 관하여 다음과 같이 판결하였다.

교과서 검정이 고도의 학술상, 교육상의 전문적인 판단을 요한다는 특성에 비추어 보면, 교과용 도서를 검정함에 있어서 법령과 심사기준에 따라서 심사위원회의 심사를 거치고, 또 검정상 판단이 사실적 기초가 없다거나 사회 통념상 현저히 부당하다는 등 현저히 재량권의 범위를 일탈한 것이 아닌 이상 그 검정을 위법하다고 할 수 없다.[13)]

문교부장관이 시행하는 검정은 그 책을 교과용 도서로 쓰게 할 것인가 아닌가를 정하는 것일 뿐 그 책을 출판하는 것을 막는 것은 아니나 현행 교육제도 하에서의 중·고등학교 교과용 도서를 검정함에 있어서 심사는 원칙적으로 오기, 오식 기타 객관적으로 명백한 잘못, 제본 기타 기술적 사항에만 그쳐야 하는 것은 아니고, 그 저술한 내용이 교육에 적합한 여부까지를 심사할 수 있

12) 대판 1992. 5. 12, 91누1813.
13) 대판 1992. 4. 24, 91누6634.

다고 하여야 한다.[14)]

1992년 헌법재판소는 국정교과서의 위헌성 여부를 다루었다. 여기에 관한 자세한 내용은 제5장 교육당사자의 교육권에서 다루어졌다. 이 밖에도 「초·중등교육법」 및 동법 시행령에서도 학교의 교과, 학기, 학년제, 수업일수, 조기졸업, 학생의 성적평가 및 학교생활기록부 관리 등에 관하여 자세한 규정을 두고 있다(동법 제23조-제28조, 동법 시행령 제43조-제54조).

2. 교육평가의 법적 측면

2.1 교육평가의 중요성과 법적 근거 및 기준

학사관리가 제대로 되고 있는지, 학교정책 내지 행정이 민주적이고 효율적으로 교육목표를 달성하고 있는지, 체계적이고 정기적으로 평가와 감독을 받을 필요가 있다. 오랫동안 학교체제는 폐쇄적으로 운영되어 외부에 의한 평가는 장학평가 정도였다. 그러나 경쟁과 개방화를 특징으로 하는 오늘날에는 학교도 개방되고 교육의 특성상 어려움은 있지만 가능한 범위에서는 평가를 받아야 교육의 질적 향상과 사회적 책무성을 다 하게 된다.

「초·중등교육법」에서는 교육인적자원부장관이 학교에 재학중인 학생의 학업성취도를 측정하기 위하여 평가를 실시할 수 있도록 하였고, 또 교육행정의 효율적 수행을 위하여 필요한 경우에는 지방자치단체의 교육·과학·기술·체육 기타 학예에 관한 사무를 관장하는 지방교육행정기관과 학교에 대하여 평가를 실시할 수 있도록 규정하고 있다(동법 제9조).

지방교육행정기관에 대한 평가(기관평가)는 시·도 교육청과 하급교육행정기관을 대상으로 하며, 학교에 대한 평가(학교평가)는 국·공·사립의 초등학교·중학교·고등학교 및 특수학교를 대상으로 한다(초·중등교육법 시행령 제11조).

기관평가 및 학교평가에서 채택하고 있는 평가의 큰 기준은 다음 다섯 가지이다.

---

14) 대판 1988. 11. 8, 86누618.

1. 예산의 편성 및 운영
2. 학교 및 교육기관의 설치·운영
3. 교육과정 편성·운영 및 교수·학습방법
4. 교직원의 인사관리 및 후생복지
5. 기타 교육인적자원부 장관이 필요하다고 인정하는 사항(초·중등교육법시행령 제12조)

교육인적자원부장관은 매 학년도 개시 전까지 기관평가 및 학교평가에 대한 기본계획을 수립하고 이를 공표하여야 한다. 또 평가방법은 서면평가·현장평가 및 종합평가에 의하되, 설문조사·관계자면담 등 다양한 방법을 사용하고 학생 및 학부모 등의 반응을 조사하고 그 결과를 평가에 반영하여야 한다. 또 평가결과는 원칙적으로 공개하여야 한다. 교육인적자원부장관은 평가의 효율적 실시를 위하여 평가위원회를 구성·운영할 수 있다(초·중등교육법 제13조).

교육기관 평가의 문제점은 피평가 기관들이 평가기준만 형식적으로 충족하려고 단기에 무리한 준비를 하는 경향이 있다. 더 본질적인 문제점은 교육 내용에 관한 평가의 한계이다. 그 밖에 평가위원회의 평가의 공정성, 평가기준의 타당성, 평가결과의 활용 등의 문제가 있다.

현재의 학교평가 관련규정은 상당히 미흡하다고 지적된다. 그 보안과제로 학교평가 권한을 교육감이나 민간 독립기구에 위임 내지 위탁하는 규정을 신설하는 것, 교육행정의 효율적 수행을 넘어 교육의 질 향상으로 학교평가의 목적을 재규정하는 것, 학교평가실시의 강행규정화하는 것, 학업성취도 평가와 학교평가의 관계에 관한 규정을 보완하는 것이 제시되고 있다. 그 밖에도 학부모의 평가단 참여안, 평가위원의 전문성 신장방안, 평가과정에서 학생 및 교사의 인권과 교육권 존중조항을 설치하는 방안, 평가결과 공개방안, 학교평가의 활용방안, 단위학교의 자율권 확대방안 등이 검토되어야 한다.[15)]

교육기관에 대한 평가는 위와 같은 어려움이 많이 있다. 그러나 시행착오를 겪으면서 교육의 질 향상에 기여할 수 있는 것도 사실이다. 공정한 평가를 통하여 선의의 경쟁을 유발시키고 국민들에게 적절한 교육이 이루어지고 있다는 확신을 줄 수 있는 장치가 되어야 겠다.

15) 정수현, "학교평가 관련 교육법규의 타당성과 보완과제", 「교육법학연구」 제17권 1호, 2005, p. 27.

대학교의 경우에는 대학평가인정제도가 있다. 대학평가 인정제(accredition)는 어떤 대학이나 특정 프로그램이 일정수준의 교육의 질을 충족하였거나 그 이상이라는 승인을 말한다. 한국의 경우 1982년부터 한국대학교육협의회에서 대학기관평가와 학과평가제를 하였고 1994년부터 대학종합평가제를 시행하고 있다.[16)]

2.2 평가의 법적 근거 및 판례

초·중등학교 학업성적평가 및 관리와 직접 관련되는 법령은 「초·중등교육법」 제9조이다. 교육인적자원부장관은 학교에 재학중인 학생의 학업성취도를 측정하기 위하여 평가를 실시할 수 있도록 하였고, 교육행정의 효율적 수행을 위하여 지방교육행정기관과 학교에 대하여 평가를 실시할 수 있도록 하였다(동법 제9조).

2006년부터 시범학교의 교원들에게 시행되고 있는 교원의 능력개발에 대한 평가도 초중등교육법에 근거 조항을 두어 법제화하여 2008년부터 전면 실시할 계획이다. 교원능력개발평가(교원평가)에 관한 교육인적자원부의 입법예고안에 따르면 교육인적자원부 및 교육감은 초·중·고교 교원의 능력개발을 지원하기 위해 상급자 및 동료, 학생, 학부모의 참여로 실시되는 교원능력개발평가를 실시할 수 있도록 하였다.

학교의 장은 학생의 학업성취도 및 인성 등을 종합적으로 관찰·평가하여 학생지도 및 상급학교의 학생선발에 활용할 수 있는 다음 각호의 자료를 교육인적자원부령이 정하는 기준에 따라 작성·관리하여야 한다. 1. 인적사항, 2. 학적사항, 3. 출결상황, 4. 자격증 및 인증취득상황, 5. 교과학습발달상황, 6. 행동특성 및 종합의견, 7. 그 밖에 교육목적에 필요한 범위 안에서 교육인적자원부령이 정하는 사항.

학교의 장은 이러한 자료를 교육정보시스템으로 작성·관리하여야 하며, 소속 학생이 전출하는 때에는 전입하는 학교의 장에게 이관하여야 한다(동법 제25조). 학교의 장은 이러한 자료를 교육정보시스템으로 작성·관리하여야 하며, 소

16) 대학평가인정제에 관한 자세한 내용은 표시열, 「민주주의 정착과 대학의 개혁」, 고려대학교 출판부, 1996, pp. 242-256 참고.

속 학생이 전출하는 때에는 전입하는 학교의 장에게 이관하여야 한다(동법 제25조). 그 밖의 관련법령에 교육인적자원부 훈령 제616호인 초등학교·중학교·고등학교 생활기록부 전산처리 및 관리지침이 있고, 각 시·도교육청 초·중·고등학교별 학업성적관리 시행지침, 그리고 각 학교의 학업성적관리규정이 있다.[17)]

입학시험은 물론이고 재학중 자주 겪어야 하는 각종 시험은 당사자 학생들에게 매우 중요하다. 따라서 시험과 그 평가는 타당성과 공정성이 유지되어야 한다. 시험과 평가를 둘러싼 학생들의 불만이 법정으로까지 다투어지는 경우는 많지 않다. 그런 경우에도 법원은 교사의 전문성을 인정하여 명백한 재량권의 남용이 아니면 통상 교사의 재량권으로 인정한다. 시험출제와 관련된 사례를 살펴본다.

중학교 교장 갑은 중학교 입학시험 선발고사에서 사선지택일형 문제 중 한 문항의 경우 4개의 보기 중 3개를 정답 처리하였다. 그러나 대법원은 오답을 정답으로 처리한 경우와 달리, 3개를 모두 정답처리 한 것은 졸렬한 출제라는 비난은 들을지언정 재량권의 한계를 벗어난 위법한 처사라고는 볼 수 없다고 판결하였다.[18)]

고등학교 교사 갑은 1994년에 2학년 정치·경제과목의 중간고사 문제를 출제하였다. 25문항 중 22문항을 1993년도 출제문제와 동일하거나 유사하게 출제하여 재시험을 시행하였다. 성실의무 위반으로 교육감으로부터 견책처분을 받은 갑은 교원징계재심위원회에 재심을 청구하였다. 갑은 정치·경제과목의 특성과 출제범위의 제한 등을 이유로 들어 항변하였다. 재심위원회는 고의로 한 행위가 아니라도 출제교사로서 직무를 태만히 한 것으로 국가공무원법상의 성실의무와 복종 의무를 위반한 것이라 결정하였다.[19)]

---

17) 박재윤, "초·중등학교 학업성적평가 관련법규의 문제점에 관한 연구", 「교육법학연구」 제14권 2호, 2002, pp. 1-26.

18) 대판 1968. 7. 16, 68누53.

19) 교원징계재심위원회사건 94-190.

3. 특수교육

3.1 한국의 특수교육법의 주요내용과 절차

장애(障碍, disability)가 있는 사람(장애아동)과 장애의 유무와 관계없이 특수교육이 요구되는 사람(특수아동)을 특수교육대상자라 한다. 특수교육대상자는 우리 사회의 소외된 소수의 약자이다. 그동안 이들의 교육권은 제대로 보호받지 못하고, 기본적인 문제들이 정책으로 의제화되지 못했으며 사회적 무관심 내지 냉대 속에서 가족 내에서 조용히 감내한 실정이다.

구 교육법에서는 학령아동임에도 불구하고 불구(不具), 폐질(廢疾)자, 병약자를 취학의무의 면제나 유예의 사유로 인정하는(동법 제98조) 소극적 입장이었다. 이러한 취학 의무면제조항은 악용되어 오히려 장애아동을 학교교육의 사각지대로 놓이게 하였다. 이러한 문제를 해결하기 위하여, 1977년 12월 31일「특수교육진흥법」이 제정되어 1979년 1월 1일부터 시행되었다. 그 결과 전국의 공·사립 특수학교가 설립되었고 초등학교에서 특수학급도 신설되었다. 동 법률은 1994년에 전면 개정되었는바 그 주요내용은 다음과 같다.

「특수교육진흥법」이 규정하고 있는 '특수교육대상자'는 동법 제10조 규정에 의하여 시각장애, 청각장애, 정신지체, 지체부자유, 정신장애, 언어장애, 학습장애가 있는 사람 중 특수교육을 필요로 하는 사람으로 진단·평가된 사람을 말한다(동법 제1조, 제2조, 제10조). 동법은 특수교육을 필요로 하는 사람에게 국가 및 지방자치단체가 적절하고 고른 교육기회를 제공하고, 교육방법 및 여건을 개선하여 자주적인 생활능력을 기르게 함으로써 그들의 생활안정과 사회참여에 기여하기 위하여 제정되었다(동법 제1조).

국가 및 지방자치단체는 특수교육을 진흥하기 위하여 특수교육 종합계획의 수립, 생활기능의 회복을 위한 치료교육 연구, 특수교육 대상자의 취학지도, 특수교육의 내용 및 방법의 연구·개선, 특수학교 교원의 양성 및 연수, 특수교육기관의 설치·운영 및 특수교육을 위한 시설·설비의 확충·정비, 특수교육에 필요한 교재·교구의 연구·개발 및 보급, 특수교육 대상자에 대한 직업교육대책의 강구 등의 업무를 추진하여야 한다. 국가 및 지방자치단체는 위의 업무를 수행하는 데 드는 경비를 예산의 범위 안에서 우선적으로 지급하여야 한다(동법 제3조). 사립의 특수교육기관에 대하여 그 운영비·시설비·실험학습비·직업보도비 및 교원의 봉급 기타 특수교육에 필요한 경비를 예산의 범위 안에서 보조하여야 한다(동법 제6조).

「특수교육진흥법」은 특수교육대상자도 헌법상의 교육을 받을 권리를 상당 부분 공적으로 보장하였고 특수교육대상자의 정의를 명료화하였다. 또한 통합교육과 순회교육, 개별화교육 등 새로운 제도를 도입하였으며, 특수교육대상자의 특별한 교육 수혜율을 증가시켰다.[20] 「특수교육진흥법」은 헌법 제31조와 「교육기본법」 제18조에 근거하며, 「장애인복지법」 제18조(교육)규정과 「장애인고용촉진 및 직업재활법」 제9조(직업지도)도 간접적으로 관련된다.

특수교육 대상학생의 정의와 특수교육 대상학생의 선정을 위한 진단 절차에 관하여서는 생략한다.[21]

3.2 미국의 장애아교육법의 내용과 주요쟁점[22]

3.2.1 관련 법령(IDEIA)

장애인(disabled people)에 대한 차별이 인권차원에서 보호되고 있는 것이 세계적 추세이다. 우리는 누구나 장애인이 될 수 있기 때문이다. 장애인은 능력부족으로 태어나는 경우도 있지만, 대부분의 경우는 질병, 사고, 노령화 등으로 후천적인 경우가 많다. 미국 연방의회는 1990년에 ADA(The Americans with Disabilities Act)를 제정하여 공, 사 모든 경제조직에서 장애인이지만 능력 있는 자를 장애인이란 이유로 고용 과정에서 차별하는 것을 금지하고 있다. 장애인이란 생애활동을 중대하게 제한하는 육체적·정신적 손상을 가진 자로 그러한 손상기록을 가졌거나 그러한 손상으로 인정되는 자이다.

20) 한현민, "한국 특수교육법 연구 20년의 성과와 과제", 「교육법학연구 20년의 성과와 과제」 대한교육법학회 창립 20주년기념 전국교육법학자대회 자료집(2006. 9), p. 233.

21) 특수교육 대상학생의 선정절차에 관한 자세한 내용은 한현민, 상게논문, p. 242 참고.

22) 표시열, "미국교육법 연구의 최근 동향과 쟁점", 「교육법학연구」 제18권 제2호, 2006, pp. 190-193.

특히 교육 분야에서는 장애인에 대한 보호 장치가 일찍부터 마련되었다.[23] 1990년에 명칭이 변경된 IDEA(the Individuals with Disabilities Education Act)는 모든 장애 아동은 교육을 받아야 하며, 최소한의 제한이 이루어지고, 아동의 필요에 맞는 개별화된 적절한 교육을 부모의 경제적 부담 없이 시켜야 하며, 이러한 내용에 대한 절차적 보장을 하도록 하였다.[24] 이 법은 1972년의 밀스(Mills) 판결[25]에서 모든 장애아동은 공적으로 지원되는 적절한 교육을 받아야 되므로 이들을 교육과정에서 배제한 주 법률은 무효임을 선언한 내용을 입법적으로 수용한 것이다.

3.2.2 IDEIA의 주요내용

명칭이 바뀐 2004년 IDEIA(the Individuals with Disabilities Education Improvement Act of 2004)는 개별교육프로그램(IEP : Individualized Education Program), 또는 자유로운 적절한 공교육(FAPE : a free appropriate public education)을 보장하고 있다.[26]

IDEIA에 따르면 장애아(disability)란 3세에서 21세 나이로 ① 정신적 저능아, 청력 장애자, 언어 장애인, 장님을 포함한 시력장애자, 중대한 정서 불안자, 자폐증아동, 정형수술장애자, 뇌 손상자, 기타 건강 손상자, 또는 특별 분야 학습 장애자, ② 그리고 특별 교육이나 관련 서비스가 필요한 자이다.[27]

동법은 장애자는 가장 덜 제한적인(the least restrictive) 환경에서 교육되어야 한다고 규정하고 있는바,[28] 이는 장애학생도 가능한 한 일반 비장애 학생들과 함께 교육받아야 한다는 의미이다. 연방고등법원에서는 "가장 덜 제한적인 환경"의 적절성 여부를 결정할 때 정규반에 배치한 경우의 교육적 또는 비학문

23) The Rehabilitation Act of 1973, Section 504는 연방재정지원을 받는 어떤 기관도 장애인을 차별하지 못하도록 규정하였다. 1975년에 EAHCA(the Education for All Handicapped Children Act, Public Law 94-142)를 제정하였다.

24) Richard F. Daugherty, *Special Education: A Summary of Legal Requirements, Terms, and Trends,* Bergin & Garvey, Connecticut 2001, p. 6.

25) Mills v. Board of Education of District of Columbia, 334 F. Supp., 1257, 1972.

26) 동법은 학습부진아극복법(No Child Left Behind Act)과 연결하여 학습장애자를 구별하는 새로운 기준을 포함하였고, 그 밖에 학부모의 개념 확대, 문서 작업의 축소, 개별 교육 프로그램 문구의 수정, 청문요구의 제한 등의 변경이 있었다.

27) 20 U.S.C. S. 1401(3)(A).

28) 20 U.S.C. S. 1412(a)(5).

적 혜택, 교사나 타 학생에게 미치는 영향, 경제적 비용을 고려하였다.[29] 요컨대 장애인 분리 반은 학교 당국이 정규반 배치에 최선을 다했으나 실패한 경우나, 정규반 배치가 불가능하다는 확실한 증거가 있는 경우에만 가능하다.[30]

IDEIA에서 규정하고 있는 장애학생에게 제공되는 '적절한' 교육이 무엇을 의미하는지 명확하지 않아 다툼이 자주 생긴다. 로리(Rowley)사건에서[31] 하급심은 적절한 교육이란 비장애학생 동료의 수준과 같은 정도의 학업을 성취하도록 하는 것으로 수화 통역자의 요청을 받아들여야 한다고 판결하였다. 그러나 연방대법원은 적절한 교육이란 동법이 정한 절차에 따라 약간의 교육적 혜택을 주는 것으로 해석하여 최소기준을 제시하였다. 그러나 많은 주에서 이러한 최소기준을 상회하는 법률규정을 두고 있으며 타법원에서도 교육적 혜택은 '사소한' 혜택이 아니라 의미 있는(meaningful or appreciate) 혜택이어야 한다고 확대 적용하고 있다.[32]

학교 관료가 적절한 절차를 밟았는지, 적정한 교육프로그램을 개발하였는지, 필요한 교육적 서비스를 제공하였는지에 관하여 분쟁이 생긴 경우 학부모나 교육적 대표는 이들 분쟁 주제에 관하여 행정적 조사와 적법절차상의 청문을 요구할 수 있도록 하고 있다. 이러한 행정적 구제절차를 다한 후에는 법원에 소송을 제기할 수 있는데, 법원에서는 선행된 행정적 기록을 검토하고 당사자의 요청에 의한 추가증가를 검토하게 된다.

추가증거의 범위에 관하여 명확한 기준이 없으므로 법원의 재량사항으로 본다. 그러나 IDEIA의 세 가지 목적, 즉 아동교육에 대한 학부모의 참여, 학교 관료의 효율적인 분쟁해결, 아동의 적절한 교육수혜를 생각하여 추가증거의 범위를 제한하여 신속한 처리가 필요하다. 추가증거의 수용범위를 제한하지 않을 경우 소송이 장기화되고 결국 해당 아동의 교육적 이해에 도움이 되지 않기 때문이다.[33]

---

29) Danniel v. State Board of Education, 874 F. 2d 1036(5th Cir.), 1989.

30) Charles J. Russo, Ralph D. Mawdsley, *Education Law,* Law Journal Press, 2006, pp. 5-21.

31) Board of Education of Hendick Hudson Central School v. Rowley, 458 U.S. 176, 1982.

32) Board of Education of East Windsor School District v. Diamond, 808 F. 2d 987(3rd Cir.), 1986.

33) Susan G. Clark, "Judical Review and the Admission of Additional Evidence under the

3.2.3 IDEIA의 쟁점(개별교육프로그램의 적절성에 대한 거증책임 논쟁)

IDEIA는 장애학생과 그 학부모에게 적법절차 보호 장치로 청문절차를 보장하고 있다. 청문절차는 준사법적 절차로 변호사의 출석과 반대심문을 포함한다. 그러나 동법은 청문과정에서 거증책임에 관하여 정하고 있지 않아 연방 고등법원에서 그 의견이 나누어져 있다. 즉 제 2, 3, 7, 8, 9, 그리고 워싱턴 특별구 고등법원은 거증책임이 교육위원회에 있다고 판결하고 있으며, 반면에 제 5, 6, 10 고등법원은 문제를 제기한 학부모들이 거증책임을 진다는 입장을 표시하고 있다.

이와 같이 연방고등법원간의 상반된 입장이 표명된 가운데 위스트(Weast) 사건을 미국연방대법원에서 심리하기로 하였다. 동 사건은[34] 학습장애, 언어장애, 건강장애 학생이 7학년까지 사립학교에 다니면서 소규모 반에 배치받았지만 제대로 성공하지 못하자, 학부모가 특별 교육을 요청하였으나 학교 당국은 학부모가 반대하고 있는 소규모 반에서의 개별교육프로그램(IEP)교육을 결정하자 적법절차상의 청문을 요청하였다. 행정재판관은 개별교육프로그램이 부적절하다는 것을 학부모가 거증하도록 하였고, 학부모의 거증을 불충분하다고 판결하였다. 연방법원은 개별교육프로그램의 거증책임이 교육위원회에 있다고 사건을 되돌려 보냈고, 행정재판관은 번복하여 학교 측의 개별교육프로그램이 부적절하다고 판결하였다.

교육위원회의 항고로 제4연방고등법원은 2 : 1의 결정으로 교육위원회의 주장에 동의하여 거증책임이 실정법에서 명시적으로 규정하고 있지 않으면 원칙적으로 소송을 제기한 학부모에게 있다고 결정하였다. 제4연방고등법원은 IDEA를 제정한 의회의 입법 목적은 장애학생을 위한 교육프로그램 업무가 지역학교당국에 위임되어 있으므로, 개별교육프로그램에 문제가 있다는 주장은 학부모가 거증해야 한다는 입장을 표시하였다. 소수의견은 학부모보다 학교당국이 축적된 관련 지식을 갖고 있으며 다양한 교육적 대안들을 행사할 수 있으므로 교육위원회가 거증책임을 져야 한다고 하였다.[35] 결국 이 사건은 미국연

IDEIA: An Universal Mixture of Discretion and Deference", *West's Education Law Reporter,* Vol. 201, 2005, p. 842.

34) Weast v. Schaffer, 377 F. 3d 449[190 *Ed. Law Rep.* 56](4th Cir.), 2004.

35) Allan G. Osborne, Charles J. Russo, "The Burden of Proof in Special Education Hearings: Schaffer v. Weast", *West's Educational Law Reporter,* Vol. 200, 2005, pp.

방대법원에서 심리하기로 하여 그 귀추가 주목된다.

4. 학습부진아에 대한 지원 대책과 책임

장애인은 아니지만 학습곤란을 경험하는 학습부진아에 대한 적극적인 대책이 시급하다. 한국 정부도 최근에 교육양극화 극복방안으로 문제의 심각성을 인식하고 대책을 세우고 있으나, 미국의 경우에는 연방정부가 매우 적극적으로 대응하고 있다.

4.1 교육양극화에 대한 정부정책

교육인적자원부는 저소득층 자녀의 학습결손과 학력미달을 최소화하기 위해 생애초기부터 이들의 교육을 국가가 책임지고 보장하겠다고 밝혔다. 이를 위해 2007년에 취학 전 만 3-5세에 대한 유아교육비 지원 대상 소득계층을 도시근로자 가구평균소득의 100% 수준까지 확대한다. 또 생애 기본학습능력 현황진단과 보장을 위해 기초학력미달의 원인분석을 위한 실태조사를 실시하고 기본학습능력 보장을 위한 정책을 발표할 계획이다. 낙후지역 및 소외지역에 대한 교육안전망도 강화된다. 앞으로 480억 원을 투입하여 전국 88개 모든 군에 1개 이상의 우수 고등학교를 집중 육성하고, 교장 초빙제 실시, 학생선발·교육과정 운영 등 자율권을 대폭 확대하여 '농어촌 자율학교'로 지정·운영할 방침이다.[36)]

4.2 학업부진(maleducation)에 대한 책임

「초·중등교육법」 제28조는 "국가 및 지방자치단체는 학습부진 또는 성격장애 등의 사유로 정상적인 학교생활을 하기 어려운 학생 및 학업을 중단한 학생들을 위하여 대통령령이 정하는 바에 의하여 수업일수 및 교육과정의 신축적

1-12.

36) 교육인적자원부 2007 업무보고.

운영 등 교육상 필요한 시책을 강구하여야 한다"고 규정하고 있다. 「초·중등교육법 시행령」 제54조에서 "학습부진아에 대한 판별, 체험학습, 위탁교육 등의 방법을 실시하도록" 규정하고 있다. 이러한 규정을 근거로 정상적으로 학교에 다닌 학습부진아가 학교나 교사를 상대로 불법행위에 의한 손해배상책임을 추궁할 수 있는가의 문제가 있다.

미국의 경우 고등학교를 졸업한 갑이 초등학교 5학년 수준의 읽기 능력밖에 없다고 기초능력 부족에 대한 손해배상을 청구하였다. 갑은 학교에서 기초능력부문에 대한 적절한 수업, 지도, 상담 등을 제공하지 않았다고 주장하였다. 그러나 캘리포니아 고등법원은 교사의 태만과 학습부진이라는 손해간의 인과관계가 명확하지 않고, 학습부진은 학교활동 이외의 수많은 다른 요인에 의하여 결정된다고 갑의 주장을 받아들이지 않았다.[37)]

우리나라의 경우 학습부진아의 직접적인 손해배상책임 사례는 없으나 유사한 사례로 고등학교 교사들이 학교법인에 예·결산 공개, 인사위원회 구성, 단계협약안 실시 등을 요구하며 학생들과 시위를 하고 일정기간 가정학습기간으로 정하여 수업을 거부한 사례가 있다. 고등학교 3학년 학생들과 학부모들은 수업거부로 인하여 고등학교 3학년 학생들이 수업을 받지 못하고 평온한 환경에서 학습을 할 수 없게 되는 등 수학권이 침해되었고, 더 낮은 대학교로 진학하게 되었다고 손해배상을 청구하였다.

서울고등법원은 피고들의 수업거부로 학생들이 기대보다 낮은 대학교로밖에 진학할 수 없었음을 인정하기에는 진술만으로 부족하다고 판결하였다. 다만 수업거부 등 불법적인 방법은 인정되어 원고들의 수업권과 교육권 침해에 대한 일부 손해배상을 인정하였다.[38)]

---

37) Peter v. San Francisco Unified School District, Court of Appeal of California. 131 Cal. Rptr. 854.

38) 서울고법 2005. 3. 30, 2003나42834(대법원 계류중 2005다25298).

4.3 미국 학습부진아지원법(NCLB)의 주요내용과 법적 쟁점[39)]

4.3.1 NCLB의 주요내용 및 4대 원칙

부시 대통령은 2002년 1월 8일에 학습부진아지원법(NCLB : No Child Left Behind Act of 2001)에 서명하였다. 동법은 주정부에 전년 대비 약 25%의 재정 지원증가를 내용으로 하는 역사적인 교육 관련법이다. 이러한 재정지원을 하는 반면에 연방정부는 주정부와 학교 자치단체 내지 공립학교에 매우 유능한 교사들이 충원·교육되어야 하며, 모든 학생들이 2013-14학년도까지는 읽기와 수학에서 높은 수준의 학업성취기준을 충족시켜야 하는 등의 강제적 의무를 이행하여야 한다.

NCLB의 목적은 모든 학생들이 안전한 학교 환경에서 잘 준비된 교사로부터 수업을 받아 학습목표를 달성하는 것을 확실하게 하는 것이다. 동법은 12년 내에 100% 모든 학생이 일정한 테스트에 통과할 수 있도록 하며, 특히 장애인은 물론 인종, 경제 등의 차이로 인한 성적이 낮은 수준의 학생들과 유리한 조건의 학생들과의 학력차이를 좁힐 것을 요구하고 있다.[40)]

NCLB의 4대 원칙은 다음과 같다.[41)] 첫째, 학업성취 결과에 대한 책임 원칙(accountability for results)으로 공립학교 모든 학생들은 학업성취도를 높여야 하며 특히 학업성취가 낮은 학교를 개선한다. 이를 위해, 주정부와 자치교육구는 개별학생들의 학업성취도를 매년 체크하여 학부모에게 통지하여야 한다. 동법의 재정지원을 받기 위해서는 주정부는 학업성취를 위한 측정기준의 개발 등 세부 계획을 연방정부에 제출하여야 한다.

둘째, 연구에 기초한 교육(research based instruction) 원칙으로 교육은 과학적 연구로 효과성이 증명된 교육 프로그램에 의하여 이루어져야 한다.

셋째, 연방재정지원금에 대한 신축적인 운영(local control and flexibility) 원칙으로 재정 지원금의 지출에 관하여 학교 자치구나 주정부가 많은 재량권을 갖는다.

---

39) 표시열, 전게논문, pp. 193-196.

40) Mitchell L. Yell, Erik Drasgow, *No Child Left Behind: A Guide for Professions,* Person Education, Inc., 2005, pp. 1-5.

41) *Ibid.,* pp. 13-19.

넷째, 학부모의 선택(parental options) 원칙으로 낮은 학업성취를 보이는 학생의 학부모는 학업성취가 높아지지 않으면 학업성취도가 더 높은 동일 학군 내 타 학교에 전학시킬 수가 있다. 3년 동안 목표달성을 실패할 경우에는 보충교육서비스나 방과 후 교육 서비스를 받을 자격이 생긴다. 만약 학생이 폭력 범죄의 피해자라면 학부모는 안전한 타 학교에 전학시킬 수 있다.

4.3.2 NCLB의 쟁점(위헌성)[42)]

NCLB의 가장 큰 현실적 문제점은 교육에 관한 연방정부에로의 권한 집중화 우려이다. IDEA와 NCLB는 연방정부가 막강한 재정지원을 조건으로 교육에 관한 고유권한을 갖고 있는 주정부나 지역자치 교육구를 크게 위협하고 있다. 교육에 관한 연방정부에의 집중화된 의사결정은 명백히 관료적일 수밖에 없고 규정 준수 등 감사대비에 많은 비용이 따르는 문서화 작업을 수반하게 된다. 연방의회에 집중화된 IDEA와 NCLB 요구사항은 결국 주정부와 지역자치 교육구에 의한 창의력과 실험적 경험을 질식시키지 않을까 하는 우려가 크다.

IDEA와 NCLB는 연방의회가 약속한 만큼의 재정지원을 하지 못하고 있는데, 그 부족분은 결국 주정부나 지역 자치정부가 부담하게 된다. 그럴 경우 주정부나 지역 자치정부는 학급당 학생 수 감축 등 자기고유의 교육 목표에 쓸 예산을 대부분 IDEA나 NCLB에 쓰게 된다. IDEA는 소요예산의 40%를 연방정부가 부담하기로 되었으나 지난 30여 년간 약 8%, 1997년에 17% 정도밖에 지원을 하지 않았다.[43)] 주정부의 엄청난 NCLB 관련 비용 때문에 현실적으로 많은 학교들이 동법에서 요구하는 연간 목표달성(AYP : adequate yearly prog-

---

42) Ronald D. Wenkart, "An Essay: Unfunded Federal Mandates : The No Child Left Behind Act and the Individuals with Disabilities Education Act", *West's Educational Law Reporter,* Vol. 202, Nos. 1-2, 2006, pp. 461-474의 요약임. NCLB의 법적 문제점에 관한 기타 논문에는 William Dolan, NCLB's Faith-based Initiative Provision and the Establishment Clause, Journal of Law & Education, Vol. 33, no. 1, pp. 1-20; George J. Peterson, and Michelle D. Young, "The NCLB and Its Influence for Current and Future District Leaders", *Journal of Law & Education,* Vol. 33, no. 3, pp. 343-361 등이 있다.

43) NCLB의 경우도 Ohio주 같은 경우 소요예산이 연 1억5천만 달러인데, 연방정부는 연 4천 4백만 달러만 지원하였다. Driscoll, Levin and Fleeter, "Projected Costs of Implementing the Federal No Child Left Behind Act in Ohio"(Dec. 12. 2003), *West's Educational Law Reporter,* Vol. 202, 2006, p. 464.

ress)에 실패하고 있다.[44)]

IDEA와 NCLB의 쟁점이 되고 있는 법적 문제점은 이들 법률이 주정부나 지방자치 교육구에 요구하고 있는 조건들이 지나친 규제로 위헌성이 있느냐 여부이다. 미 연방의회는 연방헌법의 지출조항(Spending, Art I, §8, d1.)에 근거하여 IDEA와 NCLB를 입법화하였다. 연방대법원은 버틀러(Butler)사건에서 지출조항에 의한 재정지원시 연방정부의 자금지출에 관하여 '조건'(condition)을 붙일 수 있다고 판결한 바 있다.[45)]

1987년에 돌리(Dole) 판결에서 연방의회가 고속도로 건설 비용을 주정부에 지원해 주면서 음주연령을 21세 이상으로 하도록 조건을 붙였다. 연방대법원 다수의견은 이러한 조건을 합리적이라고 합헌 결정하였고, 지출권한은 일반복지를 위하여 추구되어야 하며, 주정부가 참여의 결과를 분명히 인지하고 선택권을 행사하여야 한다고 판결하였다.

그러나 이 사건에서 오크너(O'Connor) 대법관은 소수의견으로 연방재정지원시 붙이는 조건은 연방프로그램의 목적에 합리적으로 관련되는 경우에만 가능하여야지, 일반복지라는 넓은 개념을 쓰면 막강한 재정력을 가진 연방의회가 주의 고유권한을 침해하게 된다는 주장을 하였다. 이런 기준에서, 음주연령 21세 이상 조건은 고속도로 건설과 충분히 연결되지 않는다는 반대의견을 제시하였다. 오크너 대법관은 재정지원에 따라 '조건'(condition)은 지원금의 사용방법에 관한 것이며 이 범위를 넘는 것은 '규제'(regulation)에 해당된다고 조건과 규제를 구별하였다. 조건은 연방헌법에 열거된 연방의회의 권한 밖까지 행사할 수 있지만, 규제는 연방헌법에 열거된 권한 내에서만 행사할 수 있다는 주장을 하였다.

오크너의 이러한 기준을 NCLB에 적용한다면 NCLB는 조건이라기보다는, 헌법에서 허용하고 있지 않은 규제에 해당하여 위헌성을 갖게 된다. NCLB의 많은 조항들은 연방재정지원을 받는 학교에만 적용되지만, '높은 수준의 자격' 있는 교사 충족과 학업성취 기준 및 평가계획 같은 것은 재정지원을 받지 않는

44) NCLB 관련 비용에는 NCLB 계획수립, NCLB요구 조건에 맞는 자격 있는 교사 충족, 연구보고서 작성, 학부모 통지 등이다. 미네소타주의 경우 주 공립학교의 약 80%가 NCLB요구의 AYP에 실패하고 있다. *Office of the Legislative Auditor, State of Minnesota Report* No. 04-04(Mar. 2004).

45) United States v. Butler. 297 U.S. 1, 1936.

모든 학교에도 적용되는 주정부의 책무로 되어 있다. 주정부는 개별학생에 대한 연간 목표달성(AYP)을 점검하여야 하는데 NCLB 자금을 받지 않는 학교의 학생도 모두 포함하여야 한다.

앞으로 연방대법원의 다수가 오크너의 이러한 기준에 동의하여 돌리(Dole) 사건에서보다 더 광범위한 규제를 하고 있는 NCLB를 위헌판결할지는 앞으로 두고 볼 일이다. 그러한 판결이 있을 때까지는 연방정부와 주정부간의 힘의 균형에서 급격히 연방정부쪽으로 기울 것이다.

[토론 주제]

1. 학사관리는 교육정책 중 가장 중요하다. 학사관리의 목표는 무엇이며, 어떻게 그 목표를 달성할 수 있는가? 교육과정 입안 및 실시 그리고 교과서 선정과정에서 교사의 교육의 자유와 학생 수요자의 요구가 어떻게 반영되어야 하는가?
2. 학사정책에서 법적으로 중요한 가치는 공정성 확보 내지 절차적 정의의 실현인바, 어떻게 구현할 수 있는가? 시험출제 및 평가가 재량행위지만 그 한계는 어디까지인가?
3. 학교 현장에서 특수교육대상자(장애인과 학습부진아)에 대한 어떤 특별한 조치들이 이루어지고 있는가?
4. 학습부진아에 대한 미국의 NCLB가 우리에게 주는 시사점은 무엇이며, 어떻게 응용할 수 있는가?

제 5 부

교육법관련 기타의 주제

제5부는 교육법관련 기타의 주제로 사립학교의 법적 쟁점들을 살펴보고, 고등교육기관인 한국대학의 당면과제들에 관하여 법적 분석을 한다. 그리고 평생교육과 최근의 정책이슈인 국가인적자원개발에 관하여 개관하여 본다.

우리나라에서 사립학교의 비중과 역할은 매우 크다. 사립학교의 특성을 살펴보고 사립학교법의 주요쟁점과 관련판례들을 이해하는 것은 교육법의 이해에 필수적으로 요청된다. 대학의 발전은 국가경쟁력의 핵심요소이다. 초·중등학교와 분리 규율되고 있는 대학의 특성을 이해하고 한국대학의 자율성 확립을 위한 과제들과 최근의 주요 쟁점들을 법적 시각에서 검토할 필요가 있다. 21세기 지식기반사회에서는 물적 자원보다 인적 자원이 더 중요하다. 인적 자원 개발은 평생교육을 통하여 이루어진다. 최근에 강조되고 있는 평생교육과 국가인적자원개발에 관하여 그 체계와 정책추진 내용들을 파악해 본다.

제15장 사립학교와 법 / 제16장 대학과 법 / 제17장 평생교육과 법

학문의 요람(민주주의의 정착과 대학의 개혁 표지)

제 15 장

사립학교와 법

본 장에서는 자주성과 공공성이라는 양면의 성격을 가진 사립학교의 특성과 법적 성격을 지적하고, 사립학교법의 체계와 내용을 살펴본다. 개정된 「사립학교법」의 쟁점이 무엇이며, 「사립학교법」에 관련된 헌법재판소 및 대법원의 주요 판례 동향을 소개한다.

1. 사립학교의 현황과 특성

1.1 사립학교의 현황

한국의 경우 사립학교는 독립운동과 국가발전에 크게 기여한 오랜 역사를 갖고 있으며, 최근의 국·공립학교 증가에도 불구하고 특히 고등교육기관의 경우에는 사학의 비중이 매우 크다. 고등교육기관 전체 중 사학이 차지하는 비율은 학교 수에 있어서 약 80%, 전체 학생 수에 있어서 약 70%, 교원 수에 있어서 약 77%나 된다.[1)] 이렇게 중요한 위치에 있는 사립학교의 개념, 법적 지위 및 법적 성격 등을 살펴본다.

「초·중등교육법」 제3조와 「고등교육법」 제3조에서 국가가 설립·경영하는 학교를 국립학교, 지방자치단체가 설립·경영하는 학교를 공립학교, 법인 또는 사인이 설립·경영하는 학교를 사립학교로 구분하고 있다. 초·중등학교는 성년에 달하지 않은 학생들을 대상으로 하므로 대학과는 성격에 차이가 있다. 따라

1) 사립학교법 연구회, 「사립학교법의 현황과 개정과제」, 1998, p. 43.

서 국·공립의 초·중등학교를 「초·중등교육법」에서 다루고 국·공립대학을 「고등교육법」에서 분리하여 다루듯이 「사립학교법」도 초·중등학교와 대학을 분리하여 규정하는 것이 더 논리적인데 현재는 함께 다루고 있다.[2)]

헌법에는 사립학교에 대한 직접적인 규정이 없다. 그러나 헌법상의 교육에 관한 규정은 사립학교 제도와 밀접히 관련된다. 「헌법」 제31조의 교육의 자주성·전문성·정치적 중립성 보장은 사립학교에도 적용되는 것이며, 동조 제6항의 교육제도 법률주의를 근거로 「사립학교법」이 제정된 것이라고 할 수 있다.

특히 사립대학의 경우에는 「헌법」 제22조의 학문의 자유와 「헌법」 제31조 제4항의 대학의 자치 규정이 적용된다. 학문의 자유 내지 대학의 자치는 대외적 자율성과 대내적 자치를 통하여 대학에서의 학문연구나 학술활동을 실효성 있게 보장하기 위한 제도이므로 사립대학에도 적용된다. 대학의 자치와 국가의 감독관계에 있어서 국공립대학과는 달리 사립대학의 경우 특히 그 범위가 문제가 된다. 사학의 경우에는 설립 및 경영에 수반하여 인가 또는 승인과 같은 행정작용이 최소한의 교육의 질적 수준을 위하여 요구되는바, 그 한도 내에서 국가적 감독을 받는다 하겠다. 또 국가로부터 재정지원을 받는 경우에는 그 한도 내에서 재정 감사도 받게 된다.[3)]

1.2 사립학교의 특성과 존재이유

교육은 원래 국가로부터 강제되지 않은 개인의 자유로운 생활영역이었다. 따라서 개인이나 법인에 의하여 설립되는 사립학교는 자주성을 기본적인 특성으로 한다. 사학의 자주성은 사학설치의 자유와 사학 경영 내지 교육의 자유를 주된 내용으로 한다.

그러나 근대 국가의 출현 이후 증대되는 교육 수요에 대응하고 교육의 기회균등을 확대하기 위하여 국가가 점차 교육을 운영하게 되었으며, 사적으로 운영하던 사립학교도 점차 국가의 지원 내지 감독을 받게 되었다. 사적 영역의 사립학교가 규모가 커지고 가용 자원의 한계로 국가의 지원을 받게 되며, 또 교

---

2) 이 경우 "사립학교"는 사립 초·중·고등학교를 의미하고 "사립대학"은 사립의 전문대학, 개방대학, 대학 등을 의미한다.

3) 이시우, "사립학교법의 개정과 법인이사회의 위상", 「한국교육법연구」 제3집, 1998, p. 36.

육을 통한 가치와 규범 형성이라는 교육의 공공성 증대로 사립학교도 "공공성"을 강하게 갖게 되었다. 사립학교의 공공성은 국가차원에서 교육에 대한 책무성의 표시로 사립학교도 국·공립학교와 동일한 교육기관이고 그로 인하여 교육법에 의하여 일정한 제한을 받아야 한다는 의미이다.

특히 사립대학의 경우 경영의 자유에는 헌법상의 학문의 자유와 관련하여 일정한 한계가 있다. 즉 대학의 경영은 일종의 학문관리이므로 사립대학 재단이나 설립자는 무제한적인 지배권을 갖는 것이 아니다. 구성원들의 헌법적으로 보장된 자유스러운 학문적 활동이 침해되거나 부당히 제한되어서는 아니 된다.[4)]

요컨대, 사립학교의 특성은 '자주성'과 '공공성'이라는 양면의 성격을 갖고 있는 것이다. 한국의 사립학교법 제1조에서도 사학의 자주성을 확보하고 공공성을 함양함으로써 사립학교의 건전한 발달을 도모함을 그 목적으로 한다고 규정하고 있다. 후술하는 사립학교법의 개정을 둘러싼 많은 쟁점들도 이러한 사학의 양면성에 기인한다고 볼 수 있다.

교육의 공공성이 강조되면서 사립학교와 국·공립학교의 차별화가 점차 약화되어지고 있다. 그러나 사학의 본질은 사적주체에 의하여 자유롭게 설치·경영되고, 자기책임 하에 교육이 이루어지며, 부모와 아동에 의한 자유로운 선택에 있다. 이러한 사학의 존재이유는 국·공립학교에서 쉽게 기대할 수 없는 개성 있는 교육을 제공하는 데 있다. 법적인 관점에서는 국가의 학교독점을 부정하고 교육의 자유를 보장하며 학부모와 아동의 학교선택권과 개성 있는 사학의 교육을 받을 권리를 보장하는 것이다. 사학이 존재하고 있는가, 어느 정도의 자유가 보장되며, 어느 정도의 교육상 독자성을 가질 수 있는가 하는 것은 민주주의 성숙도의 한 측정지표라 할 수 있다.

헌법재판소도 사학의 중요성 내지 존재이유를 다음과 같이 인정하고 있다.

> 현대국가에서는 교육의 공공성이 한층 강조되고 국·공립의 교육제도가 확대되는 경향이 있지만, 자유민주주의 사회는 다양한 가치관과 능력을 가진 사람들의 창의적이고 자발적인 노력이 모여 균형과 조화를 이루는 것을 주요한 특징으로 하므로 교육의 자주성·다양성·창의성은 매우 주요한 과제이다. 일반적으로 국·공립학교는 보편적인 교육이념과 교육의 기회균등 원칙에 따라 표

4) 상게논문, p. 40.

준화된 교육을 실시하여야 할 책무가 있으므로 학교 나름의 특성을 개발·배양하는 데 본질적인 한계가 있다. 이에 반하여, 사립학교는 그 설립자의 특별한 설립이념을 구현하거나 독자적인 교육방침에 따라 개성 있는 교육을 실시할 수 있을 뿐만 아니라 공공의 이익을 위한 재산출연을 통하여 정부의 공교육실시를 위한 재정적 투자능력의 한계를 자발적으로 보완해 주는 역할을 담당한다. 이와 같은 사립학교가 그 물적·인적시설을 운영함에 있어서 어느 정도 자율성을 확보해 주어야 하는 것이 상당하고 또 바람직하다고 할 수 있다.[5]

2. 사립학교의 법적 성격과 헌법재판소의 판례

2.1 사립학교의 법적 성격에 관한 제 견해[6]

사립학교에 관한 직접적인 헌법규정은 없다.[7] 사립학교와 관련되는 헌법적 근거는 교육을 받을 권리를 보장하고 있는 「헌법」 제31조 제1항과, 교육의 자주성 전문성 정치적 중립성을 보장하고 있는 「헌법」 제31조 제4항 및 교육제도 법정주의를 규정하고 있는 「헌법」 제31조 제6항, 그리고 인간의 존엄과 가치 및 행복추구권을 규정한 「헌법」 제10조와 국민의 자유와 권리는 헌법에 열거되지 아니한 이유로 경시되지 아니한다는 「헌법」 제37조 제1항이라 할 수 있다. 사립대학의 경우에는 제31조 제4항에 명시된 대학의 자율성과 제22조 제1항의 학문의 자유가 추가된다. 초중등학교는 학생들이 성년에 달하지 않은 관계로 학부모의 교육권 관점에서 학부모의 참여가 강조되며, 대학은 학문의 자유가 특히 보장되는 특성이 있으므로 양쪽을 분리하여 다룰 필요가 있다.[8]

---

5) 헌재 1991. 7. 22, 89헌가106.

6) 표시열, "개정사립학교법의 헌법적 주요쟁점", 「교육법학연구」 제18권, 2006, pp. 179-185.

7) 「초·중등교육법」에 따르면 국가가 설립·경영하는 학교를 국립학교, 지방자치단체가 설립·경영하는 학교를 공립학교, 법인 또는 사인이 설립·경영하는 학교를 사립학교라 한다(동법 제3조). 「고등교육법」에서는 "학교법인이 설립·경영하는 학교"로 정의하고 있다(동법 제3조). 사립학교법에서는 학교법인이 아니면 초·중·고등학교, 대학, 산업대학, 전문대학, 기술대학 또는 이에 준하는 각종학교를 설치·경영할 수 없다고 규정하고 있다(동법 제3조 제2항).

8) 이시우, "사립학교법개정의 헌법적 제문제", 「헌법학연구」 제11권 제1호, 2005, pp. 179-221.

학교법인이 설립·경영하는 학교가 사립학교인데 사립학교의 본질 내지 법적 성격을 어떻게 보느냐에 따라 사립학교에 대한 국가관여의 한계와 개정「사립학교법」의 쟁점사항들에 대한 평가가 달라질 것이다. 서로 강조점이 다른 몇 가지 견해를 요약하면 다음과 같다.

2.1.1 사법상의 재단법인으로 사적 자치를 강조하는 견해

사립학교는 사학의 자유에 기초하여 사인이 세운 재단법인이다. 따라서 사립학교관련 법의 내용은 재단목적을 실현하려는 기본권 주체의 권익을 위한 사법(私法)의 본질에 반할 수 없으며, 사립학교의 교직원은 학교법인과 고용관계에 있는 사인으로 그 임용권이 학교법인(이사장)에게 있다.

사학의 자유를 향유하는 사립학교를 설립하여 경영하는 주체는 학교법인이다. 이 사립학교의 학교법인은 법률상 국가가 아닌 사인으로서 기본적으로 민법상 재단법인으로서의 성격과 본질을 갖는다.[9] 이와 같이 사립학교를 설립·운영하는 주체인 학교법인이 법적으로 사법상 재단법인인 성격을 가지며, 나아가 학교법인이 운영하는 사립학교는 공립과 다른 성격을 가진다. 현실에 있어서 사학법인이 국가 또는 지방자치단체로부터 일정한 보조를 받는다든지 또한 그 관할관청으로부터 일정한 지휘·감독을 받는다 하더라도, 그것이 곧 사립학교의 학교법인이 본질적으로 갖고 있는 사인으로서의 재단법인인 성격을 공법인화하는 정도에까지 이르게 한다면, 결과적으로 사인인 재단법인의 물적 설비 내지 학교운영권 등의 사적 재산권을 보상 없이 수용하는 정도가 되어, 재산권을 보장한 헌법 제23조에 반하는 위헌이 될 것이다.[10]

2.1.2 학교법인보다 '사립학교'[11]의 공교육 주체성을 강조하는 견해

학교법인은 재단법인과 성격이 다르다. 비영리 재단법인의 경우에는 감독

9) 사립학교법 제9조, 제13조, 제27조 등은 사립학교법에 규정되지 아니한 많은 사항들에 대하여 민법의 재단법인의 규정을 준용하도록 한다. 나아가, 사립학교법 부칙 제2조 제1항 단서는 사립학교를 운영하는 민법상의 재단법인은 모두 학교법인으로 전환하도록 강제하지만, 이것이 가능하지 않는 경우에는 학교법인으로서의 전환을 면제하지만, 이들 재단법인에 대해서도 사립학교법상의 학교법인에 관한 규정을 준용하도록 하고 있다.

10) 강경근, "개정사학법의 법률적 문제점",「선진 사학 교육체제 모색을 위한 세미나 자료」, 2006. 2. 2.

11) 법인이사회가 제외된 교원단 내지 교수단 중심의 학교를 의미함

청의 최소한의 감독권을 제외하면 누구를 이사로 선임하든, 무슨 사업을 하든 비영리성만 맞으면 사적 자치에 맡긴다. 그러나 학교법인은 일반적인 비영리 재단법인과 다르다. 그것은 학교교육의 보편적 실현이라는 교육의 공공성으로 인하여 학교에 자주성(국가권력 내지 재단으로부터의 자유로운 교육) 내지 교육자치를 인정하여야 하기 때문이다.

헌법이나 교육기본법은 '사립학교법인'이 아닌 '사립학교'가 교육의 담당자이며 공교육 주체임을 상정하고 있다. 「교육기본법」은 제12조에서 학습자의 기본적 인권을, 제13조는 보호자의 권리와 책임을, 제14조는 교원의 전문성 존중을 규정하고 있다. 학교법인은 교육담당자들의 권리를 존중하여야 한다. 그렇기 때문에 경영이란 개념은 교육담당자들의 학교운영을 지원해 주는 기능에 한정되어야 하는 것이다.[12)]

이러한 입장에서는 「사립학교법」 제1조에서[13)] 규정하고 있는 자주성과 공공성의 개념을 다음과 같이 이해한다. 즉 사립학교의 특수성이란 국공립과 대비되는 개념으로 설립주체가 사인 내지 사법인이라는 것이다. 사립학교의 자주성이란 개념은 사립학교 설립자의 자율적 운영권이 아니라, 「헌법」 제31조 제4항의 교육의 자주성과 「교육기본법」 제5조의 교육의 자주성과 같은 의미이다.[14)] 이는 교육의 본질로부터 나오는 교육의 자유와 독립(국가권력 또는 재단)을 의미하며, 이를 위해 교직의 자율성과 교육의 자치가 요구된다. 사립학교의 공공성이란 국가개입의 근거로 이해하기보다는 교육내용의 사회적 합의 도출을 통한 교육의 보편성의 실현이라고 본다. 공공성은 교육에 내포된 개념으로 재확인적인 표현이다.[15)]

---

12) 임재홍, "사립학교법의 문제점과 개정방향", 「열린우리당 사립학교법 개정에 대한 토론회」, 2004. 9. 4 자료.

13) 사립학교법 제1조: 이 법은 사립학교의 특수성에 비추어 그 자주성을 확보하고 공공성을 앙양함으로써 사립학교의 건전한 발달을 도모함을 목적으로 한다.

14) 사립학교의 자주성을 법인이사회와 교원단이 포함된 사립학교의 국가 등에 대한 자주성의 의미와 법인이사회를 제외한 교원단의 국가와 법인이사회에 대한 자주성이라는 두 가지 의미가 있다는 주장도 있다. 법인이사회가 사립학교의 자주성을 사립학교법인만의 자주성으로 파악하여 일방적으로 사립학교를 지배하려고 할 경우 교원단을 중심으로 한 학교 측과 마찰을 갖게 된다. 일부 사립학교법인이 규칙제정권, 인사 및 재정에 관한 권한을 독점하고 기타 구성원의 참여를 부인함으로써 사학 부조리와 재단분규를 유발하고 있는 것이 이러한 예이다. 권형준, "사립학교법 개정방향에 관한 제언", 「헌법학연구」 제11권 제1호, 2005, pp. 165-166.

15) 임재홍, 전게논문, pp. 16-22.

2.1.3 국공립학교와 동등한 가치를 갖는다는 특허기업 성격을 강조하는 견해

사립학교는 설립인가를 받고 졸업이나 성적 등이 국공립학교의 그것들과 동등한 가치가 있는 것으로 승인되는 특허기업으로서의 성질을 가진다. 국가의 사립학교에 대한 인가나 승인행위는 사립학교를 국가의 교육체계내로 끌어들이는 작용을 하게 되며, 그러한 승인을 통하여 사립학교에 공적인 임무를 수여하는 효과가 있는 것이다.[16] 인가받은 사립학교는 지위에 있어 사법상의 주체일지라도 기능적으로 공익실현을 위한 공적주체로 편입되는 효과가 있는 것이다.

2.1.4 학교의 자치기관 내지 자치적 사단(社團)성을 강조하는 견해

학교는 영조물인 동시에 자치기관 혹은 자치적 사단으로서의 성격을 동시에 갖는다.[17] 현행 「초·중등교육법」과 「사립학교법」은 학교의 자치기관 성격을 반영하는 데 소홀하였으나, 「헌법」 제31조 제4항과 교육기본법 제5조는 학교 참여 법제화의 근거가 된다.[18] 대학의 경우에는 「헌법」 제22조 제1항의 학문이 자유 보장과 「헌법」 제31조 제4항의 대학의 자율성 보장 규정으로 대학의 자치가 제도적으로 보장된다 하겠다. 문화국가적 도약을 위하여서는 문화 창조의 중심지인 대학이 제 기능을 다하여야 하는바, 한국대학은 문화 창조의 산파 역할을 제대로 수행하지 못하고 있다. 대학이 학술연구기관으로 고도의 선진학문을 개발하고, 인재양성기관으로 우수한 인재를 배출하려면 자유로운 연구와

---

16) 이시우, 전게논문, pp. 179-221.

17) 대부분의 행정법학자들은 자치권은 공법인으로서의 지방자치단체나 영조물공공단체에 인정되며, 공법인이 아닌 학교는 국가나 지방자치단체의 지도감독권 및 학교설립자의 방침에 따라야 하는 하급행정기관으로 보고 있다. 학교는 자치권이 아니라 독립성 내지 자기책임 의미의 자유재량영역을 법령에 의하여 보장받고 있을 뿐이라고 한다. 그러나 최근에는 법인이 아니더라도 그 기능에 자치가 요구되면 기능적 자치로 인정하는 추세로 이행하고 있다. 이기우, "교육 자치와 학교자치 및 지방교육행정제도에 대한 법적 검토", 「한국교육법연구」 제4·5집, 1999, pp. 37-68.

18) 헌법 제31조 제4항: 교육의 자주성·전문성·정치적 중립성 및 대학의 자율성은 법률이 정하는 바에 의하여 보장된다. 교육기본법 제5조제1항: 국가 및 지방자치단체는 교육의 자주성 및 전문성을 보장하여야 하며, 지방의 실정에 맞는 교육의 실시를 위한 정책을 수립·실시하여야 한다. 제2항: 학교운영의 자율성은 존중되며, 교직원, 학생, 학부모 및 지역주민 등은 법령이 정하는 바에 의하여 학교운영에 참여할 수 있다. 허종렬, "학교참여 법리와 사립학교법 개정방안", 「헌법학연구」 제11권 제1호, 2005, pp. 253-291.

교육기반이 형성 보장되어야 한다. 그 핵심이 바로 대학의 자치이다.19)

헌법상의 사학의 자유는 사학법인의 설립 및 경영의 자유를 의미하기도 하고, 학교교육 당사자들의 일정한 학교자치에의 참여의 의미도 있으므로 이 두 개념이 충돌할 경우 조정원리로 보유기능의 연결이론이 주장된다. 즉, 교육, 인사, 재정, 조직 등에서 학교법인이 갖고 있는 경영권의 본질적인 부분들이 단절되지 않고 간접적으로라도 연결 작동하는 경우에는 헌법상의 사학의 자유에 대한 침해라고 보기 어렵다. 예컨대 교원인사위원회나 예산결산위원회에 사학법인에서 임면권을 가진 보직교원이 참석한다면 간접적이나마 경영권의 본질적인 기능이 단절되지 않고 연결되었기에 위헌이 아니라는 것이다.20)

2.2 특수성과 공공성에 관한 헌법재판소 입장

사립학교의 특수성과 공공성에 관한 헌법재판소의 판례를 몇 개 살펴본다. 많은 사례에서 사학의 특수성 내지 자주성을 강조하느냐 아니면 공공성을 더 강조하느냐에 따라 사립학교를 공립학교와 다르게 또는 같게 취급하고 있다.21)

2.2.1 사학의 특수성(국·공립학교와의 이질성)을 강조한 판례

국·공립학교와는 달리 사립학교의 경우에 학교운영위원회의 설치를 임의적인 사항으로 규정하고 있는 구 「지방교육자치에 관한 법률」 제44조의2 제2항이 학부모의 교육 참여권과 평등권을 침해하는 것인지의 여부에 관하여 헌법재판소는 다음과 같이 판단하였다.

> 사립학교에도 국·공립학교처럼 의무적으로 운영위원회를 두도록 할 것인지, 아니면 임의단체인 기존의 육성회 등으로 하여금 유사한 역할을 계속할 수 있게 하고 법률에서 규정된 운영위원회를 재량사항으로 하여 그 구성을 유도할 것인지의 여부는 입법자의 입법형성영역인 정책문제에 속하고, 그 재량의 한계

19) 김선택, "대학자치의 헌법적 보장과 구체화 방안", 「헌법학연구」 제11권 제1호, 2005, pp. 223-224.

20) 이시우, 전게논문, pp. 201-212.

21) 허종렬, "헌법상 사립학교의 자유와 헌법재판의 동향", 「교육법학연구」, 2000, pp. 290-304 요약한 것임.

를 현저하게 벗어나지 않는 한 헌법위반으로 단정할 것은 아니다. 청구인이 위 조항으로 인하여 사립학교의 운영위원회에 참여하지 못하였다고 할지라도 그로 인하여 교육 참여권이 침해되었다고 볼 수 없다. 입법자가 국·공립학교와는 달리 사립학교를 설치·경영하는 학교법인 등이 당해 학교에 운영위원회를 둘 것인지의 여부를 스스로 결정할 수 있도록 한 것은 사립학교의 특수성과 자주성을 존중하는 데 그 목적이 있으므로 결국 위 조항이 국·공립학교의 학부모에 비하여 사립학교의 학부모를 차별 취급한 것은 합리적이고 정당한 사유가 있어 평등권을 침해한 것이 아니다.[22]

헌법재판소는 「사립학교법」 제53조의2 제2항과 제53조의2 제3항이 대학 교원을 기간제로 임용하도록 한 것,[23] 「사립학교법」 제58조 제1항 제2호가 직권면직을 하는 경우에도 징계절차를 준용하지 않도록 한 것,[24] 「사립학교법」 제53조 제1항이 학교장의 임면에 교수들의 관여권을 보장하지 않은 것[25] 등에 대한 결정의 예에서 보듯이, 임용 등에 있어 사립학교 교원의 국·공립학교 교원과의 이질성을 인정하고 있음을 알 수 있다.

헌법재판소는 이러한 판단의 근거로서 사립학교 교원은 국·공립학교 교원과 신분관계에 있어서 본질적인 차이가 있어 모든 경우에 동일하게 대우하여야 하는 것이 아니므로 국·공립학교 교원과 직권면직이나 징계의 사유와 절차를 달리한다고 하더라도 이는 입법 정책적 재량사항에 불과하고 사립학교 교원에게 국·공립학교 교원보다 부당하게 불리한 차별대우를 하여 평등권을 침해하였다고 할 수 없다는 것이다.[26]

2.2.2 사학의 공공성(국·공립학교와의 동질성)을 강조한 판례

사립학교 교원들의 노동기본권 행사를 금지하고 있는 「사립학교법」 제55조, 제58조 제1항 제4호에 대한 위헌심판에서 헌법재판소는 다음과 같은 판결을 통하여 사학의 공공성 내지 국·공립학교와의 동질성을 강조하고 있다.

---

22) 헌재 1999. 3. 25, 97헌마130.
23) 헌재 1998. 7. 16, 96헌바33·66·68; 97헌바2·34·80; 98헌바39(병합).
24) 헌재 1997. 12. 24, 95헌바29; 97헌바6(병합).
25) 헌재 1997. 7. 16, 96헌바51.
26) 헌재 1997. 12. 24, 95헌바29; 97헌바6(병합).

그러나 사립학교가 공교육의 일익을 담당한다는 점에서 국·공립학교와 본질적인 차이가 있을 수 없기 때문에 공적인 학교제도를 보장하여야 할 책무를 진 국가가 일정한 범위 안에서 사립학교의 운영을 감독·통제할 권한과 책임을 지는 것 또한 당연하다 할 것이다.

교육법 제83조는 그 설립·경영의 주체에 따라 국·공립학교와 사립학교를 구별하고 있으나, 같은 법 제7조는 "모든 학교는 국가의 공기로서 법령이 정하는 기준에 의하여 설립되어야 하며, 동등한 학교의 수료자 또는 졸업자는 국립·공립 또는 사립의 구별이 없이 동등한 자격을 가진다"고 규정하고 있다. 또한 교육법 제73조는 국·공·사립학교를 묻지 아니하고 "각 학교에서 원아, 학생을 직접 지도 교육하는 자"를 교원으로 정의하고, 같은 법 제79조는 교원의 종별과 자격에 관하여 국·공립학교와 사립학교를 동등하게 규정하고 있다.

현행 교육법제에 따르면 교육의 내적 조건인 교육목적·교육과정·교과서 등에 있어서 국·공립학교와 사립학교 사이에 차이가 없고, 교육의 외적 조건인 인적·물적 조건 정비에 있어서도 차별을 두고 있지 않다.[27)]

1991년의 「사립학교법」 제55조 및 제58조 제1항 제4호에 관한 위헌심판에서도 헌법재판소는 다음과 같이 사립학교 교원의 국·공립학교 교원과의 동질성을 강조하고 있다.

한편 사립학교 교원의 근무관계에 관한 구체적인 규정내용을 살펴보면 사립학교 교원도 교육공무원과 마찬가지로 법정근무조건을 누리고, 법률에 의한 신분보장과 사회보장을 받고 있다(사립학교법 제56조 내지 제60조의2, 사립학교교원연금법 참조). 사립학교법은 사립학교 교원에 대하여 교육공무원과는 그 임용권자가 서로 다르기 때문에 임용절차에 관한 규정만을 달리할 뿐(제53조, 제53조의2), 그 밖의 자격요건(제52조)·복무(제55조)·연수의무·신분보장 및 사회보장(제56조 내지 제60조의3) 등에 있어서 교육공무원과 동일하게 처우하고 있다. 또한 사립학교 교원은 교육공무원과 마찬가지로 불체포 특권을 가진다(사립학교법 제60조). 사립학교교원연금법은 공립학교 교원과 동일하게 사립학교 교원에게 그 직무로 인한 질병·부상 및 재해에 대한 단기급여와 퇴직·폐질 및

27) 헌재 1991. 7. 22, 89헌가106.

사망에 대한 장기급여를 지급하도록 하고, 급여 기타 위 법을 운영하기 위하여 소요되는 비용의 일부를 국가가 부담하도록 하여 그 운영기금의 확충을 도모하고 있으며, 그 급여의 절차 및 내용에 관한 주요부분은 공무원연금법을 준용하도록 하여 실질적으로 교육공무원과 동일한 수준의 급여를 보장하고 있다.[28)]

요컨대 사립학교는 과거에 한국의 발전에 큰 기여를 하였는바, 그 중요성은 현재도 마찬가지다. 획일화된 현 교육풍토에서 다양하고 특성 있는 교육을 사립학교에 더 기대할 수 있기 때문이다. 사립학교의 가장 큰 법적 문제는 공·사법 분류체계에서 사립학교의 지위가 사법적 성격과 공법적 성격을 함께 갖고 있는 점이다. 여기에 관하여 헌법재판소도 명쾌한 기준을 제시하지 못하고 위에서 본 것과 같이 어느 경우에는 사학의 특수성 내지 사학의 사법적 성격을 강조하고, 어느 경우에는 사학의 공공성 내지 공법적 성격을 강조하고 있다.

사립학교의 자율성과 공공성이 조화되는 운영의 묘를 터득할 수밖에 없는 실정이다. 국가나 지방자치단체의 사립학교에 대한 규제가 교육기능의 중요성 때문에 불가피하지만 꼭 필요한 최소한의 규제만 하여야 하며, 상응하는 지원·원조체제를 강화하는 것도 시급한 과제라 하겠다.

3. 사립학교법의 체계와 내용

사립학교법제의 연혁도 오래되어 대한제국 정부의 「사립학교령」(1908)을 효시로 일제시대의 「사립학교칙령」(1911)을 거쳐 대한민국 정부수립 후 「사립학교법」(1963) 및 동법 시행령(1969)이 제정되어 지금까지 운영되고 있다. 현행 「사립학교법」의 주요내용을 살펴본다.

3.1 총 칙

「사립학교법」은 6장 74개조로 구성되어 있다. 제2장 학교법인과 제4장 교

28) 헌재 1991. 7. 22, 89헌가106. 동일한 성격의 사건에 대한 최근의 헌법재판소의 결정례로서는 헌재 1999. 6. 24, 97헌바61.

원에 관한 규정이 핵심적 내용이다. 제1장은 총칙으로 이 법의 목적(제1조), 용어 정의(제2조), 학교법인만이 설립할 수 있는 학교(제3조), 관할청(제4조)을 규정하고 있다. 사립학교법의 목적은 자주성의 확보와 공공성의 앙양이며(제1조), 관할청은 초·중·고등학교의 경우는 교육감의 지휘·감독을 대학·전문대학 등은 교육인적자원부 장관의 지휘·감독을 받도록 되어 있다(제4조).

3.2 학교법인

제2장은 학교설립의 주체인 학교법인에 관한 규정으로 통칙(제1절), 설립(제2절), 기관(제3절), 재산과 회계(제4절), 해산과 합병(제5절), 지원과 감독(제6절)으로 구성되어 있다. 학교법인은 사립학교에 필요한 일정기준의 시설·설비와 재산을 갖추어야 하며(제5조), 사립학교의 교육에 지장이 없는 범위 안에서 수익사업을 할 수 있다(제6조). 학교법인을 설립하고자 하는 자는 일정한 재산을 출연하고 일정사항을 기재한 정관을 작성하여 교육인적자원부 장관의 허가를 받아야 한다(제10조).

학교법인에는 기관으로 7인 이상의 이사와 2인 이상의 감사를 둔다(제14조). 학교법인은 이사정수의 4분의 1에 해당하는 이사(개방이사)를 개방이사추천위원회에서 2배수 추천한 인사 중에서 선임하여야 한다. 개방이사추천위원회 대학평의원회 또는 「초·중등교육법」 제31조에 따른 학교운영위원회에 두고 그 조직과 운영 및 구성은 정관으로 정하되, 위원정수는 5인 이상 홀수로 하고 대학평의원회 또는 학교운영위원회에서 추천위원회위원의 2분의 1을 추천하도록 한다. 다만, 대통령령으로 정하는 종교지도자 양성만을 목적으로 하는 대학 및 대학원 설치·경영 학교법인의 경우에는 당해 종교단체에서 2분의 1을 추천한다(동법 제14조).

이사회는 예산·결산, 정관의 변경, 임원의 임면, 학교의 장 및 교원의 임면에 관한 사항, 학교경영에 관한 중요사항 등을 심의·의결한다(제16조). 이사회 구성에 있어 친족관계에 있는 자가 정수의 4분의 1을 초과하여서는 아니되며, 이사 중 적어도 3분의 1 이상은 교육경험이 3년 이상 있는 자이어야 한다(제21조).

관할청은 다음 각 호의 어느 하나에 해당되는 경우에는 이해관계인의 청구 또는 직권으로 조정위원회의 심의를 거쳐 임시이사를 선임하여야 한다(제25조).

1. 학교법인이 이사의 결원보충을 하지 아니하여 학교법인의 정상적 운영이 어렵다고 판단될 때, 2. 학교법인의 임원취임 승인을 취소한 때, 3. 임시이사를 해임한 때.

관할청은 임시이사의 선임사유가 해소되었다고 인정한 때에는 조정위원회의 심의를 거쳐 지체 없이 임시이사를 해임하고 이사를 선임하여야 한다. 임시이사가 선임된 학교법인은 매년 1회 이상 조정위원회에 정상화 추진실적을 보고하여야 한다(제25조의3).

임시이사의 선임과 해임 및 임시이사가 선임된 학교법인의 정상화 등에 관한 중요 사항을 하기 위하여 교육인적자원부장관 소속으로 사학분쟁조정위원회(이하 "조정위원회"라 한다)를 두며, 다음사항을 심의한다(제24조의2). 1. 임시이사의 선임에 관한 사항, 2. 임시이사의 해임에 관한 사항, 3. 임시이사가 선임된 학교법인의 정상화 추진에 관한 사항, 4. 그 밖에 관할청이 조정위원회에 심의를 요청한 사항.

조정위원회는 대통령이 추천하는 자 3인, 국회의장이 추천하는 자 3인, 대법원장이 추천하는 자 5인으로 구성하며, 임기는 2년으로 하고 1차에 한하여 중임할 수 있다(제24조의3).

대학교육기관에 다음 각 호의 사항을 심의하게 하기 위하여 대학평의원회를 둔다. 다만, 제3호 및 제4호는 자문사항으로 한다(제26조의2).

1. 대학의 발전계획에 관한 사항
2. 학칙의 제정 또는 개정에 관한 사항
3. 대학헌장의 제정 또는 개정에 관한 사항
4. 대학교육과정의 운영에 관한 사항
5. 추천위원회의 위원의 추천에 관한 사항
6. 그 밖에 교육에 관한 중요 사항으로서 정관으로 정하는 사항

학교법인이 그 기본재산을 양도·증여·교환 또는 용도 변경하거나 담보에 제공하고자 할 때 등에는 관할청의 허가를 받아야 한다(제28조). 학교법인의 회계는 학교에 속하는 회계(교비회계와 부속병원회계)와 법인의 업무에 속하는 회계(일반업무회계와 수익사업회계)로 구분하고 수업료 및 기타 납입금은 교비회계의

수입으로 하여 별도계좌로 관리한다(제29조). 학교법인은 예산, 결산을 관할청에 제출하여야 하며 재산목록 등을 설치하여야 한다(제31조, 제32조).

학교법인은 정관에서 정한 해산사유가 발생할 때, 목적의 달성이 불가능할 때, 다른 학교법인과 합병할 때, 파산될 때, 그리고 목적달성이 불가능한 때와 다른 학교법인과 합병하는 이유로 해산하는 경우에는 이사 정수의 3분의 2 이상의 동의와 교육인적자원부 장관의 인가가 필요하다(제34조의2, 제36조의2).

교육인적자원부장관의 해산명령이 있을 때에도 학교법인은 해산된다(제34조 제1항5). 교육인적자원부장관의 해산명령은 설립허가 조건에 위반하여 다른 방법으로 감독의 목적을 달성할 수 없거나, 시정지시 후 6개월이 경과하여도 이에 응하지 않는 경우 또는 목적의 달성이 불가능할 때 인정되며 청문의 절차를 실시하여야 한다(제47조, 제47조의2). 국가 또는 지방자치단체는 교육의 진흥상 필요하다고 인정할 때에는 사립학교 교육의 지원을 위하여 대통령령 또는 지방자치단체의 조례가 정하는 바에 따라 보조금을 교부하거나 기타의 지원을 할 수 있다(제43조).

3.3 사립학교 경영자

제3장은 학교법인이 아닌 사립학교경영자에 관한 규정인바, 사립학교경영자 중 민법에 의한 재단법인은 조직을 변경하여 학교법인이 될 수 있도록 하였다(제50조).

3.4 사립학교교원

제4장은 사립학교 교원에 관한 규정으로 자격·임면(任免)·복무(제1절), 신분보장 및 사회보장(제2절), 징계(제3절)로 구성되어 있다. 사립학교 교원의 자격은 국·공립학교의 교원자격규정을 적용한다(제52조). 교원의 임면은 학교장의 제청으로 이사회 의결을 거쳐 학교법인 및 사립학교경영자가 행한다. 대학교원의 경우는 임면권을 정관이 정하는 바에 따라 총장·학장에게 위임할 수 있다. 대학의 경우 정관이 정하는 바에 따라 기간을 정하여 또는 계약조건을 정하여

임면할 수 있다. 이 경우 임용기간이 종료되면 임면권자는 교원인사위원회의 심의를 거쳐 재임용여부를 결정하여야 한다(제53조의2). 교원인사위원회의 조직과 기능 등은 정관으로 정한다(제53조의3).

관할청은 학교의 장이 입학·수업·졸업에 관한 권한행사시 교육관계법령의 위반 등의 경우에 해임을 임면권자에게 요구할 수 있다(제54조의2). 임면권자는 특정교과를 한시적으로 담당할 교원이 필요하거나 후임자의 보충이 불가피한 때에는 기간제 교원을 임용할 수 있다(제54조의4). 교원의 복무에 관하여서는 국·공립학교의 교원에 관한 규정을 준용한다(제55조).

교원은 형의 선고·징계처분 또는 사립학교법이 정하는 사유에 의하지 아니하고는 본인의 의사에 반하여 휴직 또는 면직 등 불리한 처분을 받지 아니한다. 다만, 학급·학과의 개폐에 의하여 폐직이나 감원이 될 때에는 그러하지 아니하다(제56조). 또, 사립학교 교원은 현행범인의 경우를 제외하고는 소속 학교장의 동의 없이 학원 안에서 체포되지 아니한다(제60조).

사립학교의 교원이 다음 각호의 1에 해당할 때에는 교원징계위원회의 동의를 얻어 당해 교원의 임면권자는 이를 면직시킬 수 있다(제58조).

1. 신체 또는 정신상의 장애로 1년 이상 직무를 감당하지 못할 만한 지장이 있을 때
2. 근무성적이 극히 불량한 때
3. 정부를 파괴함을 목적으로 하는 단체에 가입하고 이를 방조한 때
4. 정치운동을 하거나 집단적으로 수업을 거부하거나 또는 어느 정당을 지지 또는 반대하기 위하여 학생을 지도·선동한 때
5. 인사기록에 있어서 부정한 채점·기재를 하거나 허위의 증명이나 진술을 한 때

사립학교의 교원이 다음 각호의 1에 해당할 때에는 당해 교원의 임면권자는 직위를 부여하지 아니할 수 있다(제58조의2).

1. 직무수행능력이 부족하거나 근무성적이 극히 불량한 자, 또는 교원으로서 근무태도가 심히 불성실한 자
2. 징계의결이 요구중인 자
3. 형사사건으로 기소된 자(약식명령이 청구된 자는 제외한다)

사립학교의 교원이 다음 각호의 1에 해당하는 사유로 휴직을 원하는 경우

에는 당해 교원의 임면권자는 휴직을 명할 수 있다. 다만, 제1호 내지 제4호 및 제11호의 경우에는 본인의 의사에 불구하고 휴직을 명하여야 하고, 제7호의 경우에는 본인이 원하는 경우 휴직을 명하여야 한다(제59조).

1. 신체·정신상의 장애로 장기요양을 요할 때
2. 병역법에 의한 병역의 복무를 위하여 징집 또는 소집된 때
3. 천재·지변 또는 전시·사변이나 기타의 사유로 인하여 생사 또는 소재가 불명하게 된 때
4. 기타 법률의 규정에 의한 의무를 수행하기 위하여 직무를 이탈하게 된 때
5. 학위취득을 목적으로 해외유학을 하거나 외국에서 1년 이상 연구 또는 연수하게 된 때
6. 국제기구·외국기관 또는 재외국민교육기관에 고용된 때
7. 자녀(휴직신청당시 1세 미만인 자녀에 한한다)를 양육하기 위하여 필요하거나 여교원이 임신 또는 출산하게 된 때
8. 교육인적자원부장관이 지정하는 국내의 연구기관이나 교육기관 등에서 연수하게 된 때
9. 사고 또는 질병 등으로 장기간의 요양을 요하는 부모, 배우자, 자녀 또는 배우자의 부모의 간호를 위하여 필요한 때
10. 배우자가 국외근무를 하게 되거나 제5호에 해당하게 된 때
11. 「교원의 노동조합 설립 및 운영 등에 관한 법률」 제5조의 규정에 의하여 노동조합 전임자로 종사하게 된 때
12. 기타 정관이 정하는 사유가 있는 때

교원 및 사무직원이 질병·부상·폐질·퇴직·사망 또는 재해를 입었을 때에는 본인이나 그 유족에게 법률이 정하는 바에 따라 적절한 급여를 지급한다(제60조의2).

사립학교의 교원이 다음 각호의 1에 해당하는 때에는 당해 교원의 임면권자는 징계의결의 요구를 하여야 하고, 징계의결의 결과에 따라 징계처분을 하여야 한다(제61조).

1. 이 법과 기타 교육관계법령에 위반하여 교원의 본분에 배치되는 행위를 한 때

2. 직무상의 의무에 위반하거나 직무를 태만히 한 때

3. 직무의 내외를 불문하고 교원으로서의 품위를 손상하는 행위를 한 때

징계는 파면·해임·정직·감봉·견책으로 한다. 정직은 1월 이상 3월 이하의 기간으로 하고, 정직처분을 받은 자는 그 기간 중 신분은 보유하나 직무에 종사하지 못하며 보수의 3분의 2를 감한다. 감봉은 1월 이상 3월 이하의 기간, 보수의 3분의 1을 감한다. 견책은 전과에 대하여 훈계하고 회개하게 한다. 징계양정에 관하여서는 「교육공무원 징계양정 등에 관한 규칙」 제2조에 근거한 별표기준에 따른다. 별표기준은 제10장에서 이미 다루었다.

사립학교의 교원의 징계사건을 심의·의결하기 위하여 그 임면권자의 구분에 따라 학교법인·사립학교경영자 및 당해 학교에 교원징계위원회를 둔다. 다만, 사립유치원 교원의 징계사건은 교육공무원법 제50조의 규정에 의하여 설치되는 교육공무원징계위원회에서 심의·의결한다(제62조). 교원징계위원회는 5인 이상 9인 이하의 위원으로 구성하되, 그 위원은 당해 학교의 교원 또는 학교법인의 이사 중에서 당해 학교법인 또는 사립학교경영자가 임명한다. 다만, 학교법인인 경우에는 당해 학교법인의 이사인 위원의 수가 전체위원의 2분의 1을 초과할 수 없다. 다만, 학교법인인 경우에는 당해 학교법인의 이사인 위원의 수가 전체위원의 2분의 1을 초과할 수 없다.

징계 의결 요구권자는 징계대상자에게 징계사유를 기록한 설명서를 송부하여야 하며, 징계위원회는 징계의결을 하기 전에 본인의 진술을 들어야 한다(제64조의2, 제65조).

3.5 보칙 및 벌칙

제5장은 보칙으로 관할청이 사립학교의 교육에 관하여 조사·보고를 할 수 있으며(제70조), 학교법인이 필요한 사무기구와 사무직원을 둘 수 있도록 하였다(제70조의2). 제6장은 벌칙으로 학교법인의 이사장이나 사립학교경영자 또는 대학교육기관의 장이 사립학교법의 일정조항을 위반했을 때의 벌칙과(제73조, 제73조의2), 학교법인의 이사장·감사 또는 청산인이나 사립학교경영자에 부과되는 과태료의 사유에 관한 규정이다(제74조).

3.6 2007년 개정 「사립학교법」의 주요 특징

2007년 7월에 개정된 「사립학교법」의 주요 특징 다음과 같다.[29)]

첫째, 개방이사추천위원회 제도의 도입이다. 현행법에서 대학평의원회 또는 학교운영위원회에서 2배수 추천한 인사 중 개방이사로 선임하도록 한 규정에 대하여 종교계와 사학 측에서 건학이념 구현 기반 훼손 등의 우려를 표명함에 따라 학교운영위원회 또는 대학평의원회에 개방이사추천위원회를 두고, 위원 정수를 5인 이상 홀수로 하고, 대학평의원회 또는 학교운영위원회에서 1/2을 추천하도록 하였다. 특히, 종교지도자 양성만을 목적으로 설립된 대학법인에 대해서는 당해 종단에서 추천위원회의 위원 1/2을 추천하도록 함으로써 사학운영의 투명성을 담보하고자 도입된 개방이사제도의 취지를 유지하면서, 동시에 사학과 종교계의 우려를 불식하였다.

둘째, 관할청에의 권한집중을 해소하기 위하여 임시이사의 선임, 해임 및 임시이사 선임법인의 정상화 방안 등을 심의하기 위하여 사학분쟁조정위원회를 설치하도록 하였다. 사학분쟁조정위원회는 대통령이 3인, 국회의장이 3인, 대법원장이 5인을 추천하여 구성하며, 위원장은 대법원장이 추천한 인사 중 호선하도록 하였으며, 관할청은 심의 결과에 따르도록 하였다. 또한 임시이사 선임요건을 강화하기 위하여 임원의 법령 위반 '방조' 등을 임원 취임승인 취소 사유에서 삭제하였다.

셋째, 대학평의원회의 일부 기능을 자문사항으로 조정하였다. 대학평의원회는 대학교육에 관한 중요사항을 심의하기 위하여 도입되었지만, 그동안 학교법인의 사학 운영권을 침해할 수 있다는 사학 측의 주장이 제기됨에 따라 대학평의원회의 기능 중 대학의 건학이념과 관련된 대학 헌장의 제정 또는 개정, 대학 교육과정의 운영에 관한 사항은 자문 사항으로 변경하여 사학 운영의 자율성을 확대하였다.

넷째, 이사장의 겸직 제한과 학교장 중임 제한의 완화이다. 현행법에서는 이사장은 타 학교법인의 이사장과 학교장을 겸직하지 못하도록 하고, 학교장의 경우 임기를 4년 이내로 하되 1회만 중임할 수 있도록 하여 사학 비리 발생 가능성을 사전에 차단하고자 하였다. 그러나 이사장이 아닌 이사인 경우 학교장

29) 교육인적자원부, 개정사립학교법 보도자료, 2007. 7. 4.

을 겸직할 수 있다는 점과 사학 구조조정의 필요성 등을 고려할 때 그 실효성은 적으면서 개인의 기본권을 침해한다는 논란이 있어 왔고, 국·공립대학의 장의 경우에는 중임제한 규정이 없고, 유치원의 경우 개인이 생계형으로 운영하고 있는 현실 등을 감안하여 개정법에서는 이사장이 타 학교법인의 이사장 또는 학교장을 겸직할 수 있도록 하였고, 유치원장 및 대학의 장에 대해서는 중임제한을 폐지하였다. 또한, 학교경영 능력이 있는 이사장 친족의 경우 이사정수 2/3 찬성과 관할청의 승인을 받으면 학교장에 임명될 수 있도록 하였다.

다섯째, 임시이사의 임기를 3년을 초과할 수 없도록 하였다. 현행법에서는 임시이사는 선임 사유가 해소될 때까지 재임하도록 하였으나, 개정법에서는 선임일로부터 3년을 초과할 수 없도록 규정함으로써 임시이사 체제의 장기화에 대한 우려를 불식하고자 하였다. 또한 임시이사의 선임 방법 등의 변경으로 2006. 7. 1. 이후 선임된 임시이사의 임기가 2008. 6. 30.까지로 규정됨에 따라 기존 임시이사 법인이 조속히 정이사체제로 전환할 수 있도록 지도할 예정이다.

이와 같은 개정 사립학교법의 주요 개정 내용을 요약하면 다음 〈표 15-1〉과 같다.

〈표 15-1〉 개정 「사립학교법」의 주요 개정 내용(교육인적자원부 보도자료)

내 용	개 정 전	개 정 후
•개방이사의 수	•이사정수의 1/4 이상	•이사정수의 1/4 (소숫점 이하는 절상)
•개방이사 선임	•학운위/평의원회에서 2배수 추천	•개방이사추천위원회에서 2배수 추천 * 위원은 홀수로 구성하되, 학운위/평의원회에서 1/2을 추천(종교사학은 종단에서 1/2 추천)
•임원취임승인취소요건 완화	•법령 위반 '방조'의 경우도 임원취임승인취소 대상	•'방조'의 경우는 제외
•이사장 겸직제한 완화	•타법인의 이사장이나 학교장도 겸직 불가	•타법인의 이사장이나 학교장 겸직 가능
•사학분쟁조정위원회 설치	< 신 설 >	•임시이사 선임, 해임 및 정상화 심의 •심의결과 관할청 기속 •위원은 대통령 3인, 국회의장 3인, 대법원장 5인 추천으로 구성 •위원장은 대법원장 추천인사 중 호선

•임시이사 선임 요건	•임원취소된 경우	•임원취소된 경우라도 잔여이사로 정상적 이사회 운영이 가능한 경우 제외
•임시이사 임기	•선임사유 해소시까지	•선임사유 해소시까지(임기는 3년 이내) * 재임중인 임시이사 임기는 '08.6.30까지로 함
•임시이사 법인 운영비	•교비에서 지원 가능	•국고에서 지원 가능
•임시이사 법인 정상화	•정이사는 관할청에서 선임하되, 재산출연자 학교발전 기여자 의견 청취	•정이사는 관할청에서 선임하되 사학분쟁조정위원회의 심의를 거침
•대학평의원회	•교육에 관한 주요사항 심의	•대학 현장 및 교육과정 운영은 자문
•학교장 임기	•4년 이내, 1회에 한하여 중임	•4년 이내, 중임가능 초중등 학교장은 1회 중임
•이사장 친족의 학교장 임명 제한	•이사장 친족 학교장 임명 불가	•이사 2/3 찬성과 관할청 승인시 가능

4. 「사립학교법」의 주요쟁점과 사학 관련 헌법재판소의 기타 판례

4.1 「사립학교법」의 주요쟁점

「사립학교법」과 관련된 주요쟁점은 다음과 같다.

첫째, 사립학교의 최고의사결정기구인 법인이사회의 구성에 관하여 자주 다툼이 있어 왔다. 사립학교법 제16조 제1항에서 사립학교의 경영에 관한 중요사항, 학교의 장 및 교원의 임면 등에 관한 중요 정책결정이 모두 법인이사회의 심의·의결 사항이므로 법인 이사회가 실질적인 최고의사결정기구이다.

법인 이사회의 자의적 운영을 막기 위하여 이사장은 학교의 장을 겸직할 수 없도록 하였고, 이사 상호간에 친족관계에 있는 자가 3분의 1을 초과하지 못하도록 하고 있다. 그러나 아직도 친족이사수가 과다하게 허용되어 있고 법인이사회의 구성에 개방성이 부족하다. 학부모, 졸업생, 외부 인사들이 참여할 수 있는 제도적 장치가 보완되어야 한다. 또 당해 학교 교원의 이사직 겸직을 금지한 것도 대학의 경우 재단과 교수진의 조화를 위하여 재고할 필요가 있다.[30]

둘째, 사립학교의 장 및 교원의 임면은 법인이사회의 심의·의결사항이다. 대학교육기관은 정관이 정하는 바에 따라 총·학장에게 위임할 수 있도록 되어 있다. 특히 학교의 장인 총·학장 임면과 교원의 임면 과정에 구성원들의 의견이 반영되는 참여의 규정이 없는 대학의 경우, 총·학장과 교원의 임면 과정에서 재단, 총장, 교수 간에 많은 분쟁이 야기되고 있다. 대학 구성원의 대학 자치에 관한 참여권을 정관의 의무적 기재사항으로 하는 등 어떤 형태로든 교수의 참여가 필요하다.

셋째, 교육에 관한 중요사항을 심의하기 위하여 대학평의원회를 둘 수 있으며, 그 조직 및 운영에 관하여서는 정관으로 정하도록 되어 있다. 원래 대학평의원회는 대학 외부인사의 참여로 대학의 사회적 책임성을 제고시키기 위하여 국·공립대학에 두도록 하였다. 총장의 자문기구 성격을 벗어나지 못하였고 현 고등교육법에서는 규정자체가 없어졌다. 사립대학에서 보통 교무위원회가 대학의 중요한 사항을 심의하는데 대학평의원회와는 성격이 다르다. 대학평의원회는 외부인사의 참여가 특징이며, 그 설치나 운영이 학칙이 아닌 정관으로 정하도록 되어 있다.

넷째, 법인의 사립학교에 대한 투자는 사학운영에 있어 중요한 요소이다. 그러나 사립학교법에서는 사학재단의 수입 사업이나 재산관리에 관한 관청의 감독권만 규정하고 있지, 출연된 재원에 대한 관리나 증식 등을 위한 조항은 거의 없는 실정이다. 영·미에서 수탁자 위원회가 재산관리와 증식을 중심업무로 하고 있는 제도를 참고할 만하다.[31]

이 밖에도, 학교운영위원회의 기능을 현행 자문기구에서 심의기구로 하고, 초·중등학교에서는 교사회를, 대학에서는 교수회를 법정화하여야 한다는 등의 주장이 있다.

30) 사립학교법연구회, 「사립학교법의 현황과 개정과제」, 1998, p. 51.
31) 상게서, p. 63.

4.2 「사립학교법」 관련 주요판례

「사립학교법」상의 주요쟁점에 관련되는 판례들을 아래에 살펴본다.

4.2.1 법인의 운영에 관련된 판례

학교법인 설립허가 신청에 대한 불허가처분의 성격에 관한 대법원의 판례를 살펴본다.

민법은 제31조에서 "법인은 법률의 규정에 의함이 아니면 성립하지 못한다"고 규정하여 법인의 자유설립을 부정하고 있고, 제32조에서 "학술, 종교, 자선, 기예, 사교 기타 영리 아닌 사업을 목적으로 하는 사단 또는 재단은 주무관청의 허가를 얻어 이를 법인으로 할 수 있다"고 규정하여 비영리법인의 설립에 관하여 허가주의를 채용하고 있으며, 현행 법령상 비영리법인의 설립허가에 관한 구체적인 기준이 정하여져 있지 아니하므로, 비영리법인의 설립허가를 할 것인지 여부는 주무관청의 정책적 판단에 따른 재량에 맡겨져 있다. 따라서 주무관청의 법인설립 불허가처분에 사실의 기초를 결여하였다든지 또는 사회관념상 현저하게 타당성을 잃었다는 등의 사유가 있지 아니하고, 주무관청이 그와 같은 결론에 이르게 된 판단과정에 일응 합리성이 있음을 부정할 수 없는 경우에는, 다른 특별한 사정이 없는 한 그 불허가처분에 재량권을 일탈·남용한 위법이 있다고 할 수 없다.[32)]

민사소송법 제714조 제2항의 임시의 지위를 정하는 가처분은 권리관계에 다툼이 있는 경우에 권리자가 당하는 위험을 제거하거나 방지하기 위한 잠정적이고 임시적인 조치로서 그 분쟁의 종국적인 판단을 받을 때까지 잠정적으로 법적 평화를 유지하기 위한 비상수단에 불과한 것으로, 가처분결정에 의하여 학교법인의 이사의 직무를 대행하는 자를 선임한 경우에 그 직무 대행자는 단지 피대행자의 직무를 대행할 수 있는 임시의 지위에 놓여 있음에 불과하므로 학교법인을 종전과 같이 그대로 유지하면서 관리하는 한도 내의 학교법인의 통상업무에 속하는 사무만을 행할 수 있다고 하여야 할 것이고, 그 가처분결정에 다른 정함이 있는 경우 외에는 학교법인의 근간인 이사회의 구성자체를 변경하

---

32) 대판 1996. 9. 10, 95누18437.

는 것과 같은 학교법인의 통상업무에 속하지 아니한 행위를 하는 것은 이러한 가처분의 본질에 반한다고 하여야 할 것이다.

원래의 이사들로 구성된 이사회에서 사임하거나 임기가 만료된 이사들의 후임 이사를 선임할 수 있다는 이유로 이사 직무대행자가 이사회에 참여하여 피대행자 자신의 후임 이사를 직접 선임할 수 있도록 허용하는 것은 분쟁의 내용이 된 권리관계 자체를 직무 대행자들 스스로 소멸시키는 결과를 초래하여 당초의 가처분결정에서 정하여진 임시의 지위를 변경하는 결과를 가져올 뿐만 아니라, 가처분에 의하여 이사의 직무집행을 정지당한 자가 사임하여 퇴임한 경우에는 가처분의 대상인 분쟁의 권리관계는 이미 소멸하여 당해 가처분을 더 이상 유지할 필요가 없게 되는 것이고, 이러한 사유는 사정변경에 의한 가처분의 취소사유에 해당하는 것임에도 불구하고, 이러한 상태에서 형식상으로만 잔존하고 있는 가처분의 효력에 기하여 이사 직무대행자가 피대행자의 후임 이사를 선임하는 이사회 결의에 참가할 수 있다고 보게 되면 이것은 원래의 가처분 목적에도 정면으로 반하게 되는 것이라고 아니할 수 없다.

사립학교법 제20조 제2항의 규정 및 학교법인의 정관에 의한 이사에 대한 감독청의 취임승인은 학교법인의 이사선임행위를 보충하여 그 법률상의 효력을 완성케 하는 보충적 행정행위로서, 성질상 그 기본행위를 떠나 승인처분 그 자체만으로는 법률상 아무런 효력도 발생할 수 없는 것이므로, 기본행위인 학교법인의 이사 선임행위가 불성립 또는 무효인 경우에는 비록 그에 대한 감독청의 취임승인이 있었다 하여도 이로써 무효인 그 선임행위가 유효한 것으로 될 수는 없다.[33)]

4.2.2 법인의 재산관리에 관련된 판례

사립학교의 경우 재산관리에 관한 분쟁이 상당히 많으나 생략하고, 이곳에서는 학교법인이 의무를 부담하고자 할 때에는 관할청의 허가를 받아야 하는 「사립학교법」 제28조 제1항의 규정이 사립학교 운영의 자유를 침해하는지, 나아가 거래의 상대방의 재산권 내지 거래의 안전을 침해하는지에 관한 헌법재판소의 판결만 살펴본다. 헌법재판소는 이 두 가지 쟁점에 대하여 다음과 같이 소극적 입장을 취하였다.

---

33) 대판 1995. 4. 14, 94다12371.

이 사건 법률조항이 학교법인으로 하여금 의무의 부담을 하고자 할 때 관할청의 허가를 받도록 하고 있어 사립학교 운영에 관한 자유를 제한하고 있다 하더라도, 이는 공공복리를 위하여 필요한 권리를 제한한 경우에 해당하는 것이며, 일정액 미만의 넓은 범위에서 허가를 받지 않도록 예외를 두고 있고 시행 상 일반적인 학교운영과 관련된 통상적인 의무부담은 허가에서 제외하고 있으며 일정액 이상이라도 허가를 받아 자유롭게 처리할 수 있는 점 등을 보면 합리적인 입법한계를 일탈하였거나 기본권의 본질적인 부분을 침해하였다고 볼 수 없다.

이 사건 법률조항에 의하면 사립학교 법인의 자율적인 경제활동이 제약되며 거래의 상대방은 경우에 따라 거래행위가 무효로 됨으로써 예측할 수 없는 경제적 손실을 입게 되므로 재산권에 대한 중대한 제한이 됨을 부인할 수는 없으나, 학교법인과 관련된 각종 재산권의 행사는 학교법인이 설립한 학교의 학생 및 교직원 그리고 학부모 다수의 생활에 큰 영향을 미치는 것으로서 공동체의 이익과 밀접하게 연관되어 있으므로, 입법자가 이 사건 법률조항의 입법을 위하여 거래의 안전이나 거래의 상대방의 재산권보다 학교재정의 건전화에 대한 공익적 요구를 더욱 중요한 가치로 선택한 것은 합리적인 근거가 없는 자의적인 침해라고 볼 수 없어 헌법 제23조에 위반된다고 할 수 없다.

[권성은 재판관의 반대의견]

수익사업과의 관계에서 학교법인의 기본재산이나 학교교육에 직접 사용되는 재산 그리고 수업료 등의 수입에 대한 보호는 거의 완벽에 가까울 정도로 되어 있어 이에 덧붙여 학교법인의 수익사업과 관련된 의무부담행위에 대하여 관할청의 허가를 받도록 하는 것은 학교법인의 보호라는 목표달성을 위하여 실질적으로 별로 도움이 되지 못하므로 이 사건 법률조항은 학교법인의 수익사업에 관한 영업의 자유를 침해한다. 또한 이 사건 법률조항에 의하여 얻는 이익보다는 그로 인하여 사립학교 운영의 자유와 자주성 및 효율성이 침해됨으로써 입게 되는 피해 내지 부작용이 더욱 크다. 게다가 학교법인의 이익과 그 거래의 무효 때문에 상대방 및 거래의 안전이 침해됨으로써 자유로운 시장경제의 질서가 교란되는 피해까지를 합하여 비교, 형량할 때에 후자보다도 전자의 이익이 더 크고 더 중요하다고는 보기 어렵다. 따라서 이 사건 법률조항은 합리

적인 이유 없이 자유와 창의가 보장되어야 할 시장경제의 질서를 교란하는 것이 되어 위헌이다.[34]

4.2.3 학교장, 교원의 임면(任免) 및 신분보장에 관한 주요판례

「사립학교법」서 법적으로 자주 쟁점이 되는 주제는 앞에서 소개한 법인이사회의 운영 및 재산관리문제이며 또 하나는 학교장 및 교원의 임면에 관련되는 사항이다. 각급 학교의 장은 학교법인 또는 사립학교경영자가 임면하도록 되어 있고(사립학교법 제53조), 교원은 학교법인 또는 사립학교 경영자가 임면하되 당해 학교의 장의 제청이 있어야 한다. 대학의 경우에는 교원의 임면권을 총·학장에게 위임할 수 있으며, 정관이 정하는 바에 따라 기간을 정하여 임면할 수 있다(동법 제53조의2).

국공립대학의 총장 선임은 대학의 장의 추천을 받아 교육부장관의 제청으로 대통령이 임면하나(1996. 12. 30. 개정 이전의 교육공무원법 제24조 제1항), 실제로는 구 교육법 제117조에서 두도록 한 교수평의회가 추천한 자만을 총장으로 임용하는 것이 확립된 관습이다. 그러나 사립대학의 경우에는 구「사립학교법」제53조에 따라 사립학교 교수들은 총장선임에 아무런 법적 권한이 없고 학교법인의 이사회만이 권한을 갖고 있는바, 이는 사립 대학교 교수를 국공립대학교 교수에 비하여 합리적인 이유 없이 차별하고 있으며 교수의 학문의 자유, 대학의 자치권을 침해하는 위헌적인 규정이라는 위헌소원이 있었다. 헌법재판소는 다음과 같은 이유로 상기의 위헌 소원을 각하결정하였다.

> 헌법재판소의 심리 중에 위 총장의 임기가 만료되어 새로운 총장이 선임된 경우 위 총장선임결의 무효 확인을 구하는 부분의 청구는 결국 현재의 권리관계 내지 법률관계가 아닌 과거의 권리관계 내지 법률관계의 확인을 구하는 것으로 되어 확인의 소로서 권리보호의 요건을 결여하게 되었고, 따라서 위 법률조항의 위헌여부에 따라 당해 사건에서의 재판의 결론이나 주문에 어떠한 영향을 줄 수 없게 되었을 뿐만 아니라 그 재판의 내용과 효력에 관한 법률적 의미가 달라지는 경우에도 해당하지 아니하게 되었다. 그러므로 위 법률조항의 위헌여부는 더 이상 당해 사건에 있어서 재판의 전제가 되지 아니한다.

34) 헌재 2001. 1. 18, 99헌바63.

[재판관 조승형의 반대의견]

위헌주장의 근거로 들고 있는 교수의 학문의 자유와 대학의 자치권 및 사립대학교수의 평등권은 그 어느 것이나 중요하며 사립학교법 제53조 제1항의 위헌여부에 대한 헌법적 해명은 그 어느 경우보다 중요하다고 할 것이다. 그러나 이에 대하여 우리 재판소는 한 번도 헌법적으로 해명한 바가 없었고, 한편으로는 위 법 조항으로 인한 사립대학 교수들의 위 기본권들의 침해가 반복될 위험성이 전혀 없다고는 보이지 아니한다. 따라서 객관적인 헌법질서의 유지 수호를 위하여서도, 구체적 규범통제의 이상을 실현하기 위하여서도 심판의 필요성이 인정되므로 본 안 판단을 하여야 한다.[35)]

사립대학교원의 기간임용제를 규정하고 있는 구 「사립학교법」 제53조의2 제3항이 헌법상의 교원지위 법정주의에 위반하는가의 다툼이 있어 왔다. 여기에 관하여서는 이미 10장에서 다루어졌다.

사립학교법의 인사에 관한 쟁점 중 하나는 교원징계재심위원회(현재의 교원소청심사위원회)의 법적 성격과 동 위원회의 결정에 대한 행정소송의 제한문제이다.

「교원지위향상을 위한 특별법」 제7조 제1항, 제9조 제1항, 제10조 제2항은 교육부에 교원징계재심위원회를 설치하여 국·공립학교 교원과 마찬가지로 사립학교 교원의 경우에도 징계처분 등에 대하여 불복이 있을 때에는 동 재심위원회에 재심을 청구할 수 있도록 하고, 동 재심위원회의 결정은 처분권자를 기속하도록 하고 있는바, 재심위원회의 재심은 사립학교 및 그 교원이나 국·공립학교 및 그 교원은 국가의 공교육을 담당한다는 점에서 본질적으로 차이가 없음을 전제로, 국가가 국·공립학교의 경우와 같이 사립학교의 징계처분 등에 대하여 균형 있게 감독을 하고 교원의 신분보장을 해 주기 위하여 특별히 마련한 행정심판에 유사한 구제절차이므로, 사립학교 교원에 대한 재심결정은 일반적인 행정처분이 아니라 감독자인 국가의 감독대상자인 학교법인 등에 대한 감독권 행사로서의 처분으로서 행정심판의 재결에 유사한 것이다.

감독권 행사인 재심결정에 대하여 감독대상자인 학교법인 등이 불복, 행정

35) 헌재 1997. 7. 16, 96헌바51.

소송을 할 수 있도록 허용할 것인지 여부는 교육제도와 교원의 지위를 어떻게 정할 것인가에 관한 문제로서 입법정책에 속하는 사항이라고 할 것인바, 위 특별법 제10조 제3항에서 재심위원회의 재심결정에 대하여 재심청구를 한 교원만 행정소송을 제기할 수 있을 뿐, 징계처분권자인 학교법인 또는 사립학교 경영자는 이를 제기할 수 없도록 하였다 하더라도 이는 사립학교 교원의 신분보장을 위한 것으로서 합리적 이유가 있으므로 평등원칙에 위배된다고 할 수 없고, 재심결정은 일반 행정처분과 달리 행정심판의 재결에 유사한 감독권 행사로서의 처분이므로 학교법인 등이 재심결정에 대하여 불복할 수 없도록 제한하였다 하여 재판청구권 등을 보장한 헌법규정에 위반되지 아니한다.

[재판관 김용준, 신창언, 이영모, 한대현의 반대의견]

재심위원회의 구성과 재심절차에 비추어 볼 때, 국·공립학교 교원의 경우에는 징계처분 등 원래의 처분 자체가 행정처분이고 재심위원회의 결정은 행정심판의 재결에 해당되는 데 반하여, 사립학교 교원에 대한 징계처분은 성질상 민사소송의 대상이고 재심위원회의 결정은 행정심판의 재결이 아닌 행정청의 처분에 해당하므로 재심위원회의 결정 그 자체가 행정소송의 대상이 된다.

사립학교 교원에 대한 재심위원회의 결정은 행정처분이고, 사법인(私法人)인 학교법인과 교원과의 법률관계는 사법적 관계이지 공법상의 권력관계로 볼 수 없으므로 재심위원회의 결정에 대하여 학교법인이 불복할 수 없도록 한 것은 재판청구권을 보장한 헌법 제27조, 행정처분에 대한 재판권을 법원에 부여한 헌법 제101조 등에 정면으로 반하고, 재판청구권은 자연인과 법인을 차별취급할 성질의 권리가 아닌데도 재심결정에 대하여 교원만이 행정소송을 할 수 있고 상대방인 학교법인은 이를 할 수 없게끔 제한하고 있으나, 학교법인이 국가공교육을 담당한다는 사정만으로 그러한 제한을 하는 것은 정당성과 합리성이 결여된 것이므로 평등권 위반이 된다.[36)]

그 밖에도 헌법재판소는 구「사립학교법」 제58조의2 제1항 단서규정이 형사사건으로 기소된 교원에 대하여 '필요적'으로 직위해제처분을 하도록 규정한 것은 「헌법」 제5조의 직업선택의 자유와 「헌법」 제27조 제4항의 무죄추정의

36) 헌재 1997. 7. 16, 96헌바51.

원칙, 「헌법」 제37조 제2항의 비례의 원칙에 위반한다고 판결하였다. 다만 형사사건으로 기소된 자들에게 직위를 부여하지 아니할 수 있다는 규정은 형사사건의 성질, 예컨대 중범인지, 고의범인지 등에 따라 가처분적으로 미리 교직에서 배제하는 것은 위헌이 아니라고 결정하였다.[37)]

4.2.4 「사립학교법」의 쟁점: 개방이사제(동법 제14조 3항)[38)]

개정전 「사립학교법」의 쟁점은 개방이사제의 위헌여부였다. 2007년 7월에 추천방법 등에 변화가 있지만 기본적으로 모든 사립학교에 개방이사제를 도입하는 것이 위헌인가 하는 문제는 여전히 남아 있다. 쟁점의 논거를 살펴본다.

가. 개정 내용

이사 정수의 4분의 1 이상을 개방이사추천위원회에서 2배수 추천하는 인사 중에서 선임한다. 개방이사추천위원회는 대학평의원회 또는 학교운영위원회에서 2분의 1을 추천한다.

나. 위헌 주장

① 사립학교는 사재를 학교법인에 기부하여 학교법인이 그 재산으로 설립·경영하는 학교이다. 그래서 사립학교의 재산은 설립자 개인의 사유재산도 아니고 사회 공공의 재산도 아닌 학교법인의 사유재산이 되는 것이고, 따라서 「헌법」 제10조, 제23조, 제119조 제1항에 의하여 보장되는 것이다. 그런데, 이 개정 「사립학교법」상의 이른바 개방형 이사제도는 사학을 사회에 공여된 공공의 재산으로 보면서 그 사학 경영의 투명성을 빌미로 그리고 사학의 공익적 측면을 지나치게 강조한 나머지 학교법인의 공공법인화 내지 사회화를 시도하려는 것으로서 학교법인 내지 학교법인 설립자의 헌법상 보장된 재산권 내지 일반적 행동자유권 그리고 직업의 자유 등의 기본권을 침해함은 물론 자유민주주의 및 자유시장경제 등의 헌법의 기본원리를 훼손하고 있다.

특히 이사정수의 4분의 1 이상을 개방이사추천위원회(학교운영위원회 또는 대학평의원회에서 2분의 1 추천)가 2배수 추천하는 인사 중에서 선임하도록 함으로써, 이사선임권을 필연적으로 특정의 학교법인과 법적으로 "직접 관련성"을 갖지 못하는 인사들로 그 구성원이 되는 학교운영위원회나 대학평의원회에 부

37) 헌재 1998. 7. 16, 95헌바19·26·30·42·61; 96헌마75(병합).

38) 표시열, 전게논문, pp. 185-201.

여함으로써, 이사선임권이 사학의 권리·의무의 주체로서 대내외적인 법적, 재정적 책임을 지는 학교법인에게 부여된 고유한 권한이라는 점을 잊고 있다.

② 학교법인의 최초 이사를 설립자가 직접 임명하고, 이들로 구성된 이사회에서 연속성을 가지고 결원된 후임 이사를 임명하는 것은 설립자의 건학정신의 실현을 인적으로 보장하기 위한 최소한의 장치임에도 불구하고, 임용권자인 법인과 고용관계에 있는 피용자들을 필수적인 구성원으로 하는 학교운영위원회나 대학평의원회를 통하여 이사를 선임하도록 하는 것은 학교운영권을 내용으로 하는 학교법인의 재산권 내지 경영권의 본질적 내용을 침해하는 것이다.

③ 공익목적으로 운영되는 병원이나 복지기관 등 사법인의 경우에도 이사선임권을 구성원들에게 이양한 예가 없다. 그럼에도 불구하고 사인이 설립한 재단법인인 학교법인의 경우에만 이와 같은 이른바 개방형이사를 강제하는 것은 학교법인에 대한 합리적 근거 없는 차별로서 이는 결국 "같은 것은 같게 다른 것은 다르게" 취급함으로써 달성되는 배분적 정의에 입각한 상대적 평등을 규정한 헌법 제11조 제1항의 평등권을 침해하는 것이다.

④ 사립학교 설립자가 사립학교를 자유롭게 설립·운영할 자유는 헌법 제10조에서 보장하는 행복추구권의 한 내용을 이루는 일반적 행동자유권과 모든 국민의 능력에 따라 균등하게 교육을 받을 권리를 규정하고 있는 「헌법」 제31조 제1항 그리고 교육의 자주성·전문성·정치적 중립성 및 대학의 자율성을 규정하고 있는 헌법 제31조 제3항에 의하여 인정되는 기본권의 하나이다.[39)]

그런 점에서 개정 사립학교법이 이른바 개방형이사제도는 교육의 공공성, 투명성이라는 목적을 달성하기 위한다는 명분으로 학교법인의 지배구조 결정권의 제한 내지 박탈 등 학교법인에 대한 과잉개입을 가능하도록 한 것은 교육기본권과 그 제도적 보장 장치인 교육의 자주성과 정치적 중립성 및 대학의 자율성을 침해하는 것이다.

다. 입법 취지 및 반론

사학법 제정 이후 현재까지 설립자 중심의 이사회가 운영되어 왔으나 친·인척 중심의 폐쇄적 운영이 현재까지도 많고, 학교설립 후 법인의 재정기여도가 매우 저조하며, 임원간의 분쟁, 인사 및 회계 비리도 많이 발생하여 개인·집단의 영향력에 좌우되지 않는 투명한 사학경영시스템 구축이 필요하다. 이사정

39) 헌재 2001. 11. 29, 2000헌마278; 2001. 1. 18, 99헌바63.

수의 4분의 1을 2배수로 추천을 받아 이사회가 선임하므로 법인에 최종 선택의 재량이 있고, 선임방법과 절차를 법률에서 정하지 않고 대통령령과 정관에 정하도록 하여 건학이념 구현에 장애가 없도록 한다.

학교법인은 설립과 동시에 독립적 인격체로서 공공성을 가지게 되므로 설립자의 사유재산성은 소멸되고, 개방이사제도 도입으로 출연재산의 변동을 가져오는 것은 아니다.

피고용인의 이사회 참여는 입법정책의 문제이지 사유재산권인 경영권의 침해가 될 수 없다. 법인 이사회의 의결정족수가 정수의 과반수 이상의 다수결 제도이므로 소수가 법인운영을 좌우할 수 없다. 교육의 자주성 및 대학의 자율성은 「헌법」 제31조 제4항의 규정에 따라 법률이 정하는 바에 의하여 보장받으므로 법률로써 이를 제한할 수 있다.

라. 쟁점과 법적 판단

핵심 쟁점은 학교구성원 추천에 의한 이사선임은 학교법인 기본권의 내용인 이사선임권을 본질적으로 침해하는 과잉 입법으로 「헌법」 제37조 제2항의 위반이냐 여부이다. 다음과 같은 많은 사항들이 법적 판단에서 검토되어야 할 것이다.

첫째, 개방이사제의 위헌여부는 사립학교의 본질을 재단으로 보고 설립자의 자율적 경영권을 강조하는 입장, 학교의 공공성을 강조하는 입장, 교육주체의 자치 내지 참여를 강조하는 입장에 따라 다른 결론이 나오는가?

둘째, 이사는 학교법인과 직접 관련되는 사람만으로 구성하여야 건학이념을 계승 발전시킬 수 있는 것인가? 개방이사추천위원회에서 이사를 추천할 경우 어떤 장단점이 있는가? 경영권의 본질적인 부분들이 단절되지 않는다면 '보유기능의 연결' 이론을 주장할 수도 있지 않은가? 이사의 연속을 위한 후임자 임면권에 대한 경영권 제한이라는 주장에 대하여 직업수행(종사)의 자유는 직업결정의 자유보다 상대적으로 넓은 법률상의 규제가 가능하다는 기준[40]을 적용할 수 있는가?

셋째, 이사정수의 4분의 1을 추천하는 것인데 학교법인의 재산권 및 경영권에 대한 '본질적인' 침해 또는 지배구조의 박탈 내지 중대한 제한이라 할 수 있는가? 재산권행사의 대상이 되는 객체가 지닌 사회적인 연관성과 사회적 기

40) 헌재 1993. 5. 13, 92헌마80.

능이 크면 클수록 입법자에게 보다 광범위한 제한이 정당화된다는[41] 기준이 적용될 수 있는가? 4분의 1 추천으로 사학은 물론 종교교육에 국가가 관여한다든지 사학의 건학 이념 내지 종교교육 건학이념을 현실적으로 방해할 수 있을까?

넷째, 과잉금지 원칙이론에 비추어 개방이사제를 도입한 입법목적(투명한 사학경영 시스템구축)은 정당한가? 일부 사립학교의 부정과 비리를 막기 위한 것이 직접적인 목적이었다면 현행법에서 허용하고 있는 시정명령, 학교장 해임요구, 임원의 취임승인 취소 및 임시이사 선임, 고발 조치 등의 지도·감독권으로 해결할 수 있지 않은가? 투명한 사학시스템 구축을 위하여 개방이사제가 적절한 수단인가? 수단의 적절성이 인정된다 하더라도 국가가 법률로 모든 사립학교에 강요하는 것은 과잉금지 원칙에 반하지 않는가?

다섯째, 다른 공익목적의 사법인은 이사 선임(추천)권이 구성원에 없으나 학교법인에게만 그러한 권한을 인정하는 것은 평등권 원리에 반하지 않는가? 개방이사 도입은 교육공동체간의 새로운 갈등을 야기하고, 이사회 내부운영과정에서 불신과 견제로 비효율성을 가져온다면 법적으로 허용하여야 하는가?

4.2.5 사립학교의 임시이사 선임에 관한 판례 : K대학 임시이사 선임 건[42]

4.2.5.1 임시이사 선임 배경

학교법인 K학원은 1964년 설립허가를 받아 K대학과 전자공고, 2개의 중학교, 초등학교, 유치원을 운영하고 있다. 1997년 이사 7인 중 4인이 사망하거나 임기가 만료되어 후임이사를 선임하여야 이사회가 구성되는데 설립자 가족간의 분쟁으로 새로운 이사진을 구성하지 못하고 파행적인 운영을 하였다. 교육인적자원부는 1997년 「사립학교법」 제25조에[43] 의거하여 7인의 임시이사를 선임하였고, 그 후 몇 차례 임시이사의 변경이 있었으며 2004년에 7명의 임시이사가 새로 선임되었다. 설립자의 차남은 「사립학교법」 제25조의2 제3항, "임시이사는 제1항의 규정에 의한 사유가 해소될 때까지 재임한다. 이 경우 그 사

41) 헌재 1998. 12. 24, 89헌마214.

42) 대판 2005. 4. 18, 2005마53.

43) 사립학교법 제25조(임시이사의 선임) ① 교육인적자원부장관은 학교법인 이사의 결원보충을 하지 아니한 경우에 이로 인하여 당해 학교법인의 목적을 달성할 수 없거나 손해가 생길 염려가 있다고 인정한 때에는 이해관계인의 청구 또는 직권에 의하여 임시이사를 선임하여야 한다.

유가 장기간 계속되는 경우에도 그 재임기간은 2년 이내로 하되, 1차에 한하여 연임할 수 있다"라는 규정을 근거로 임시이사체제가 4년을 넘겼으므로 서울행정법원에 임시이사 선임처분 취소소송을, 서울북부지방법원에 민법 제63조에 의한 임시이사의 선임을 구하는 민사소송을 제기하였다.

4.2.5.2 지방법원과 고등법원의 결정

서울북부지방법원에서 동 사건은 기각되고,[44] 서울행정법원에서도 원고의 청구가 기각되자[45] 원고는 서울고등법원에 항소하였다. 서울고등법원은 「사립학교법」 제25조 제3항의 입법취지를 근거로[46] "재임기간 2년과 1차 연임"은 임시이사 개개인의 임기제한이 아니라 교육인적자원부장관이 임시이사 선임을 할 수 있는 기간 자체를 제한한 것(최대 4년)으로 해석하여 원심을 파기하고 신청인의 신청을 인용하였다. 서울고등법원은 정상적인 이사체제의 환원노력을 인정하여 이사장과 P이사 등 3인을, 원고 측이 추천한 K이사 등 3인을 민법상의 새로운 임시이사로 선임하는 결정을 하였다.[47]

4.2.5.3 대법원의 결정

대법원은 「사립학교법」 제25조 제1항의 사유로 선임된 임시이사의 권한과 의무는 정식이사와 동일하다고 지적하며, 다만 동법 제25조 제2항에 따라 조속한 시일 안에 임시이사의 선임사유가 해소될 수 있도록 노력할 의무를 진다고 판결하였다. 대법원은 '재임기간 2년, 1차 연임'(동법 제25조 제3항)의 해석에 관하여 입법취지가 임시이사체제의 장기화를 막기 위한 것이라는 이유만으로 동 조항을 임시이사체제 존속기간으로 보기는 어렵다고 판단하고 원심을 파기하였다.[48]

---

44) 서울북부지법 2004. 3. 10, 2004비합1.

45) 서울행정법원 2004. 10. 5, 2004구합11374.

46) 사립학교법 제25조 제13항의 입법취지는 임시이사체제가 장기화하는 것을 제도적으로 방지하기 위한 것으로 보았다.

47) 서울고법 2004. 12. 30, 2004라224.

48) 대판 2005. 4. 18, 2005마53.

4.2.5.4 판결의 의미

생각건대 임시이사제도는 잠정적 조치이므로 빠른 시일 안에 정이사체제로 복귀되어야 한다. 그러나 현실적으로 해당 학교법인 설립자 및 대학구성원들의 적극적인 협조가 없으면 임시이사의 선임사유가 장기간 동안 해소되지 않는 경우가 많다. 2007년에 개정된 사립학교법에서는 임시이사의 임기를 3년으로 하였고 사학분쟁조정위원회에서 선임, 해임, 파견대학 정상화문제를 심의하도록 하고 있다.

임시이사가 파견된 대학의 구체적인 현실을 모르는 서울고등법원의 결정에 따라 교육인적자원부가 추천한 임시이사와 설립자가 추천한 임시이사가 공존하며 갈등을 겪기도 하였고, 대법원의 결정으로 이사회 구성이 몇 달 만에 원래대로 바뀌는 촌극이 벌어지기도 하였다. 생각건대 교육영역에서의 갈등이 법적 분쟁으로 가면 시간과 비용이 많이 들고 사후관계도 악화되므로 바람직하지 않다. 평상시 행정의 중요성을 인식하고 원만한 행정처리가 법적 분쟁의 예방책이라 할 수 있다.

[토론 주제]

1. 헌법재판소는 사립학교의 특수성 내지 자주성과 공공성에 관하여 명확한 기준을 제시하고 있는가? 양자를 어떻게 조화시킬 수 있는가? 사립학교와 국·공립학교는 본질적인 차이가 있는가?
2. 개정 사립학교법의 쟁점이 되고 있는 개방이사제 도입의 찬성과 반대의 법적 논거는 무엇이며, 어떤 법적 문제점이 있는가?
3. 임시이사의 임기에 관한 서울고등법원과 대법원의 판단이 다른 것은 무엇 때문이며, 어떤 것이 더 합목적성을 갖고 있는가? 사립학교의 가장 큰 문제점은 무엇인가?
4. 1993년부터 학내분규로 임시이사체제로 운영되어온 S학원 이사회는 2003년 12월 임시이사들이 정식이사를 선임하였다. 임시이사 이전의 정식이사였던 구이사들은 이사회 결의가 무효라고 소송을 제기하였다. 대법원 다수의견(8명)은 임시이사들이 일방적으로 정식이사를 선임하는

것은 본질적으로 학교법인의 지배구조를 변경하여 사학의 공립화를 초래할 수 있다고 원고 승소 판결을 하였다. 그러나 5명의 대법관은 임시이사들도 정식이사와 동일한 권한을 갖으며 정식이사 선임은 무효로 볼 수 없다는 의견을 제시하였다(대판 2007. 5. 17, 2006다19054). 대법원 다수의견과 소수의견의 논거는 무엇이며, 어느 쪽 의견이 타당한가?

제 16 장

대학과 법

본 장에서는 첫째로 대학의 특성인 대학의 자치와 학문의 자유를 체계적으로 분석한다. 둘째로 한국대학의 여러 당면 과제 중 가장 시급히 개선할 것은 대학 자치와 관련되는 대학의사결정 체제라 할 수 있다 한국 대학이사결정체제의 문제점과 개선방안을 살펴본다. 셋째로 기타 대학정책의 과제로 국립대 법인화, 대학평가 관련법률, 그리고 대학정보 공시제 관련 특례법을 언급한다.

1. 「고등교육법」의 체계와 주요내용

「고등교육법」의 체계와 내용에 관하여서는 제4장 교육법의 개념과 주요내용에서 다루어졌으므로 이곳에서는 생략한다.

2. 대학의 자율성 확립에 관한 주제

대학의 특성은 자율성 확립에 있다. 대학의 자치와 학문의 자유가 대학의 자율성 확립에 관한 핵심적 주제이다.

2.1 대학의 자치

2.1.1 대학자치의 개념과 헌법적 근거

자치의 사전적 개념은 자기 일을 스스로 처리하는 것이다. 자치의 법적인 개념은 사회적으로 중요한 기능을 단체 또는 사단의 성질을 갖는 특별한 통일체가 자신의 책임 하에 유지하는 것이라 할 수 있다. 국가 내에 또 다른 국가들의 성립 같은 현상들을 막기 위하여 법률의 범주 내에서만 보장되며, 국가의 감독과 보호·조성기능이 수반된다. 그리고 구성원들의 적절한 참여권이 보장된다.[1] 헌법에서는 제31조 제4항에서 "대학의 자율성은 법률이 정하는 바에 의하여 보장된다"고 규정하고 있다.

대학의 자치란 국가나 외부로부터 간섭이나 지시에 귀속됨이 없이 대학이 자신의 고유한 기관을 통하여 자신의 책임 하에 대학의 임무를 유지·달성할 수 있는 자유를 의미한다. 이러한 대학자치의 헌법적 근거는 「헌법」 제31조 제4항의 교육의 자주성 원리 및 대학의 자율성 보장과 「헌법」 제22조 제1항의 학문의 자유라 하겠다.[2]

2.1.2 대학자치의 내용과 한계

대학은 국가사회와 구별되는 연구 및 교육적 가치가 지배하는 생활영역이다. 이러한 특별한 기능을 유지하기 위하여 대학은 필요한 규칙 제정권을 갖는다.[3] 「고등교육법」 제6조 제1항에서 "학교의 장은 법령의 범위 안에서 학교규

1) 자치 내지 자율성은 국가와 단체 사이의 관계를 나타내는 개념으로 고유한 법제정을 할 수 있는 자치입법권을 갖는데, 자치행정은 지시로부터 자유로운 집행을 뜻하므로 자치개념에 포함되는 개념이다. 그러나 자치입법권도 권력 분립적 관점에서는 행정을 의미하므로 위와 같은 구분이 옳지 않다는 지적도 있다. 이시우, "대학의 자치와 대학구성원의 참여권", 한국공법학회 제65회 학술대회자료집, 1996, pp. 32-34.

2) 대학자치의 헌법적 근거는 대학의 역사적 발전과정에 비추어볼 때 헌법 제22조 제1항의 학문의 자유에 있다는 주장, 헌법 제31조 제4항에 있다는 주장, 헌법 제22조 제1항은 자유권적 기본권으로 소극적 방어권이며 대학의 자치를 내포하고 있고 제31조 제4항은 대학의 자율성 확보를 위해 필요한 국가적 지원과 급부의 보장을 담고 있는 것이라는 견해가 있다 (이시우, 상게논문, p. 31).

3) 전광석, "고등교육법의 문제점과 향후과제 : 대학자치의 관점에서", 「한국교육법연구」 제4집, 1998, p. 76.

칙을 제정 또는 개정할 수 있다"고 규정하고 있다.

대학의 자치는 대학의 자치행정을 본질적 내용으로 한다. 대학의 자치행정은 대학의 인사, 재정·시설, 학사, 질서유지가 포함된다. 대학의 인사에서 쟁점이 되고 있는 것은 기간재임용이다. 교원의 신분보장도 필요하지만 자격검증도 필요하므로 재임용에 관한「교육공무원법」제10조 제3항이나「사립학교법」제53조의2 규정자체가 위헌이라고 말할 수는 없으나 남용의 우려가 있다. 법원 및 헌법재판소에서는 재임용을 재량행위로 보고 있다. 대학교육은 기능이 동일한 자간의 상호협조를 필요로 하므로 기간제 임용에는 대학교원이 영향을 줄 수 있는 절차와, 효율적인 사전적 권리구제 장치의 마련이 필요하다.[4)]

대학의 재정·시설운영에 있어서도 자율권이 보장되어 있으나, 국가 및 지방자치단체의 적극적인 재정지원이 필요하다(고등교육법 제7조 제1항). 국가가 재정지원을 할 때 그 기준이 교육 및 연구의 능력이라는 헌법적 관점이 존중되어야 하며, 재정지원에 따른 감시도 지원 시 제시된 정책방향의 준수 여부이어야지 구체적 사용방법 등은 대학의 자율성으로 존중되어야 한다.

대학의 학사행정인 연구 및 교육은 대학의 고유기능이므로 이 분야에 대한 국가의 개입은 엄격히 통제되어야 한다.「고등교육법시행령」제28조 제2항에서 모집단위를 복수의 학과 또는 학부별로 하도록 규정하고 있는 것은 학생의 전공 선택의 폭을 넓혀 주는 장점이 있으나 대학조직에 근본적이고 획일적인 변화를 가하는바, 이것은 대학자치의 핵심적인 보호영역인 연구 및 교육영역에 대한 침해로 학문의 자유에 반할 수 있으며, 고등교육법이 위임한 사항도 아니므로 위임입법의 한계를 일탈한 규정이라는 지적에 유의할 필요가 있다.[5)]

1982년 대법원은 모집인원에 미달하는 경우에도 수학능력이 부족한 학생은 입학을 허락하지 않을 수 있다고 대학의 자치를 인정하였다.[6)] 헌법재판소도 교육과정상 고등학교 선택과목으로 채택되어 있는 일본어를 대학별 고사의 선택과목에서 제외한 것을 적법한 대학의 자율권 행사로 판결한 바 있다.[7)]

대학은 연구 및 교육목적을 저해하는 행위에 대하여서는 대학자체가 결정한 기준에 따라 질서유지를 위한 조치를 취할 권한이 있다. 주로 학생 징계문제

4) 상게논문, p. 79.
5) 상게논문, p. 80.
6) 대판 1982. 7. 27, 81누398.
7) 헌재 1992. 10. 1, 92헌마68·76병합.

이며 통상 학칙에 기재된다. 「교육기본법」 제12조 제3항에서 학생에게 질서유지 의무를 명시하고 있다.

대학의 자치는 일정한 한계가 있다. 첫째, 대학의 자치는 학문의 자유와 국민의 교육권을 실현하는 수단으로 행사되어야 한다. 「교육기본법」 제12조에서도 교육내용·방법 등은 학습자의 인격을 존중하고 개성을 중시하여 학습자의 능력이 최대한으로 발휘되도록 강구되어야 한다고 규정하고 있다.

둘째, 국가는 대학의 목적인 연구 및 교육기능이 헌법이념에 충실하게 법령의 범위 안에서 이루어지고 있는가를 감독할 수 있다. 고등교육법도 제5조에서 학교는 교육인적자원부장관의 지도·감독을 받도록 규정하고 있다. 그러나 국가의 감독이 연구 및 교육 과정에 대한 교육적인 기준, 즉 합목적성을 국가가 스스로 정립하고 적용하는 형태의 감독은 허용되지 않는다. 또 국가는 감독상의 여러 가지 제재조치를 취하는 경우에는 법적 근거가 필요하고, 과잉금지 원칙이 적용되어야 하며, 제재과정에 대학의 의견 개진장치가 필요하다. 학교폐쇄명령의 경우 청문절차를 두고 있으나(고등교육법 제62조), 폐쇄명령의 사유가 너무 포괄적인 문제가 있다.[8)]

2.1.3 대학의 법적 성격과 구성원의 참여권

국·공립대학의 법적 성격은 국가의 영조물 시설이며 공법상의 사단이라 할 수 있다. 공법상의 영조물은 이용자를 가지고 있는 데 반하여, 공법상의 사단은 구성원을 가지고 있다. 공법상의 사단의 성격에서 구성원의 참여권이 도출된다. 고등교육법이 대학의 법적 성격에 대하여 명시적 규정을 하고 있지 않으며, 공법상의 사단의 성격에 관한 법적 근거도 불명확하다. 「고등교육법」은 제4조에서 학칙의 기재사항을 학생회 등 자치활동(제10호)과 대학평의원회 및 교수회가 있는 경우 그에 관한 사항(제16호)으로 하고 있다. 그러나 이 규정만으로 대학을 사단법인으로 해석하는 근거로는 부족하다.[9)]

사립대학의 법적 성격은 일반적으로 특허기업(광의의 공기업)으로 본다. 사립대학의 재학관계는 원칙적으로 사법관계이지만 학위 수여권 같은 국가의 수권에 의한 관계는 공법관계로 본다.

8) 전광석, 전게논문, p. 84.
9) 상게논문, p. 66.

사립학교 법인을 순수한 목적재단의 성격과 사단의 성격이 혼합된 특수법인으로 주장하는 견해도 있다. 사립학교법이 재단으로서의 성격을 분명히 하고 있으며 사단으로서의 성격도 간접적으로 인정하고 있다. 예컨대 「사립학교법」 제26조의 2에서 교육에 관한 중요사항을 심의하기 위하여 대학 평의원회를 둘 수 있도록 규정하고 있고, 그 조직 및 운영에 필요한 사항은 법인의 정관으로 정하도록 하고 있다.[10] 사립대학의 인가 또는 승인 시 국가는 최소한의 교육수준 유지를 요구하고, 국·공립대학에서와 같은 수준의 유사한 구성원의 참여권을 정관으로 정하도록 하여야 한다.[11]

국·공립대학과 사립대학은 그 본질적 목적과 활동에 있어 실질적인 차이가 없으므로 국·공립과 사립의 구분 없이 재학관계가 사법상의 계약관계라는 견해도 있다. 이러한 입장에서는 학생은 입학함과 동시에 포괄적으로 대학이 일방적으로 정한 학칙에 기속된다고 한다. 그러나 이러한 주장은 학교당국에 포괄적인 재량을 주어 학생의 기본권을 침해 내지 축소시킬 수가 있다.

재학관계를 계약관계로 보더라도 대학이 제공하는 교육서비스와 동등한 등록금을 받을 것을 조건으로 계약을 맺는, '등가성의 원리'가 적용되지 않는 특수성이 있다는 주장도 유의할 필요가 있다. 재학계약은 학생과 협력하여 국민의 교육을 받을 권리를 실현하는 것을 목적으로 한다.[12]

「고등교육법」은 학생의 자치활동을 보장하고 그 조직 및 운영에 관한 사항을 학칙으로 하도록 규정하고 있으나(동법 제12조), 대학 교원의 참여 등 내부관계에 관하여서는 명확한 규정이 없다. 「고등교육법시행령」에서 대학평의원회와 교수회를 임의적인 기관으로 예정하고 있을 뿐이다(동시행령 제4조 제16호, 사립학교법 제26조의2). 연구와 교육의 중심적 지위에 있는 교수의 참여를 위하여 교수회를 법정기구로 규정하여야 할 것이다.

---

10) 상게논문, p. 88.

11) 이시우, 전게논문, p. 51.

12) 수도권 인구분산정책에 따라 한 대학이 일부캠퍼스를 지방으로 옮기자, 옮기기 전에 재학하던 학생들이 재학계약위반으로 손해배상을 청구한 사건에서 법원은 일반 사회관념상 재량권을 한계를 넘지 않는 한 대학당국의 행정조치에 학생들이 따르기로 하는 약정이 재학계약에 묵시적으로 포함되어 있다고 해석하였다(서울지법 남부지원 1989. 5. 17, 89가합3407). 그러나 이러한 해석보다는 재학계약의 비등가성 원칙에서 그 근거를 찾는 견해도 있다. 조석훈, "대학의 자치와 학생의 권리", 「교육법학연구」 제10호, 1998, p. 117.

2.2 학문의 자유[13)]

2.2.1 학문의 자유의 개념과 주체

우리나라 헌법은 모든 국민에게 학문과 예술의 자유를 보장하고 있다(헌법 제22조 2항). 학문이라 함은 자연과 사회의 변화나 발전에 관한 법칙 또는 진리를 탐구하고 인식하는 행위이며, 학문의 자유는 학문적 활동에 관하여 공권력에 의한 간섭이나 방해를 받지 아니하는 자유를 의미한다.[14)] 학문의 자유는 교수들이 사상과 그 표현에 대하여 행정적·정치적·이념적 제한을 받지 않는 자유로운 상태에 있어야 대학이 사회에 기여할 수 있다는 믿음에 근거한다.

학문의 자유는 그리스 시대의 지식 추구의 자유에 기원하며 유럽대학에서 교수집단의 자주성 개념으로 널리 전파되었다. 특히 19세기 독일 대학에서는 강학(講學)의 자유로서 교수들이 연구뿐 아니라 수업시간에 토의할 의제의 선택까지도 자유로운 폭넓은 학문의 자유를 향유하였다.

미국에서의 학문의 자유도 독일의 강학의 자유에 기원한다. 그러나 독일의 강학의 자유는 교수에게 강의 주제 선정의 자유 등 넓은 재량권을 주었지만, 미국에서는 대학당국이 강의 주제에 대한 일반적 지침을 규정하기도 한다. 한편 독일의 강학의 자유는 수업시간에만 교수를 보호했는데, 미국에서는 연방헌법의 표현의 자유 원리로써 학교에서는 물론 학교 밖에서도 자유로운 표현행위를 보장하고 있다.

학문의 자유의 주체는 「헌법」 제22조 제1항에서 규정하고 있듯이, 학문적 활동을 하고 있거나 하기를 원하는 모든 국민이지만 주로 대학의 교수들이었다. 초·중·고교 교사들의 수업의 자유도 학문의 자유 차원에서 보호되는가 하는 문제가 있다. 우리나라 헌법재판소에서는 초·중등 교사들의 수업의 자유는 대학에서의 교수의 자유에 비하여 더욱 가중된 제한을 받는다고 판결하였다. 곧 초·중등 교사는 자신의 연구결과에 대하여 스스로 확신을 갖고 있다고 하더라도 그것을 학회에서 보고하거나 학술지에 기고하거나 스스로 책자를 발행하는 것은 별론으로 하고, 수업의 자율을 내세워 함부로 학생들에게 여과 없이 전

13) 표시열, "정보화사회와 학문의 자유", 「교육법학연구」 제7호, pp. 101-115.

14) 권영성, 「헌법학원론」, 법문사, 2000, p. 470.

파할 수는 없다고 할 것이다. 나아가 자유민주적 기본질서를 침해할 수 없음은 물론, 사회 상규나 윤리 도덕을 일탈할 수 있으며 가치 편향적이거나 반도덕적인 내용의 교육은 할 수 없다.[15)]

2.2.2 학문의 자유의 내용

학문의 자유는 연구의 자유와 강학의 자유를 내용으로 한다. 연구의 자유라 함은 사색·독서·조사·실험 등에 의하여 진리를 탐구하는 행위의 자유이다. 우리나라 대법원은, 학문의 연구는 기존의 사상 및 가치에 대하여 의문을 제기하고 비판을 가함으로써 이를 개선하거나 새로운 것을 창조하려는 노력이므로 연구 자료가 사회에서 현재 받아들여지고 있는 기존의 사상 및 가치체계와 상반되거나 저촉된다고 하여도 용인되어야 할 것이라고 판결하고 있다.[16)]

강학의 자유는 대학이나 고등교육기관에 종사하는 자가 강의실에서 자유로이 교수하거나 강의하는 자유로서 강학의 내용이나 방법론 또는 학술적 견해의 표명을 보장하는 것이다.

학문의 자유는 넓은 의미에서 연구결과 발표의 자유, 학문 발표를 위한 집회·결사의 자유도 포함된다. 연구 결과 발표의 자유는 연구 결과를 학술지나 저서를 통하여 외부에 발표하는 자유이다. 연구결과의 발표는 문화의 발전에 공헌하므로 전면적 보장이 요구되나 사회적 전파성 때문에 최소한의 제한이 따른다. 학문을 공동으로 연구하거나 발표하기 위한 집회·결사의 자유도 일반적인 집회·결사의 자유보다 고도로 보장된다.

2.2.3 학문의 자유의 범위와 책임

학문의 자유가 인정되는 범위는 앞에서 지적되었듯이, 주로 강의 내용이나 방법이다. 그러나 대학교수가 강의시간 이외의 학교활동 영역에서 어느 정도 학문의 자유를 주장할 수 있는가도 학문의 자유의 범위에 관련된 중요 과제이다. 학교정책을 비난했거나 학교의 문제점을 동료교수나 학생에게 이야기했다는 이유로 교수를 해고하는 경우가 있다. 이런 문제는 강의 중의 활동과 동일시되지는 않지만 보복 차원에서 해고된 경우 표현의 자유에 반하는 것으로 볼 수 있다.

---

15) 헌재 1992. 11. 12, 89헌마88.

16) 대판 1982. 5. 25, 82도716.

교수의 학교 밖 활동 영역도 학문의 자유로서 보호될 수 있는가도 쟁점이다. 특히, 교수가 자기 전공분야가 아닌 주제에 대해 사회적 논쟁을 야기시킬 경우에 학문의 자유가 적용되는가의 문제가 있다. 자기 전공영역을 넘는 모험에 관해서는 학문의 자유와 관련이 없다고 쉽게 단정할 수 없다. 역사적으로 많은 지식인들이 자기 전공영역이 아닌 분야에서 지식 발전에 공헌하였음을 상기하면 교수들로 하여금 관심영역을 넓히고 전공과 다른 새로운 문제에 자기 지식을 응용하는 것을 오히려 권장해야 한다. 대학이 학문의 자유 범위를 전공에 국한시키는 것은 어리석은 짓이다.[17)]

교수의 학교 밖 활동과 관련되는 더 곤란한 문제는 단순한 표현행위가 아니고 양심에 의한 어떤 사회적 행위를 취할 경우, 학교당국이 학문의 자유로서 보호하여야 되는가의 문제이다. 언론은 전달되어야 의미가 있고, 전달에는 대개 어떤 행위가 필요하므로 타인의 합법적인 이익을 부당히 침해하지 않는 한 그러한 행위는 보호받을 가치가 있다. 그러한 양심 행위는 실정법에 위반되는 경우가 많다. 이럴 때 대학은 관련 교수의 행위에 대해 섣불리 판단하지 말고 정상적인 학교 이익을 보호하는 행위만 하는 것이 현명하다. 대학이 교수의 정치적 소신 문제를 판단하는 것을 막자는 것이 학문의 자유의 직접적인 배경이기 때문이다. 그러한 판단은 사법당국이 할 일이다.

1980년대 이후 새로운 형태의 학문의 자유로서 주장되는 것은 학교당국의 학교 정보의 비밀 보호이다. 예컨대 교수의 승진심사위원회에서 한 투표에 관한 정보를 승진 대상자가 요구할 수 있는가 하는 문제가 있다. 공정성 확보를 위한 정보의 공개 이익과 대학의 학문의 자유 또는 투표의 비밀보장 이익이 비교·형량되어야 할 어려운 과제가 된다.

교수의 학문의 자유는 신분보장을 통해서 더욱 뒷받침된다. 교수가 학문의 자유를 행사했다고 받게 되는 부당한 해고 등 신분상의 위협을 사전에 막자는 것이 미국의 정년보장(tenure)제도이다. 영구적 신분보장은 교묘한 이념적 탄압으로부터 교수 개인의 부당한 해고를 막아 연구 및 강학의 자유를 보장할 뿐만 아니라 경제적인 안정감도 주어 지적 자유를 실현하게 한다. 영구적 신분보장도 정당한 사유와 심한 재정적 압박이 있는 경우에는 종지된다. '정당

17) Derek Bok, *Beyond the Ivory Tower: Social Responsibilities of the Modern University,* Cambridge: Harvard University Press, 1982, pp. 27-29.

한 사유'나 '재정적 압박'이 있는 경우에도 미국의 경우에는 적법절차의 보장을 받고 있다.

우리나라의 경우에는 교수 재임용 제도가 1975년 실시된 바 있으나 정치적으로 악용되어 이 제도가 폐지되었고, 기간 임용제를 형식적으로 두고 있을 뿐이다. 일정기간만 되면 자동적으로 승진하는 현행 관례는 교수의 연구 독려를 위하여 지양되어야 하며 논문의 엄격한 심사를 통하여 기간 임용제를 실질적으로 운영하는 변화가 있어야 한다.

학문의 자유는 자유로운 정신활동을 고취하기 위한 것으로 내재적인 책임이 따른다. 예컨대 연구자는 타당하고 신뢰성 있는 연구방법을 선택하여야 하며, 연구 결과의 보고는 정확하여야 한다. 강의를 할 때도 개방된 시각을 갖고 다양한 견해를 제시하여야 하며 강의 주제와 목표에서 빗나가지 않고 체계적 논쟁을 야기하며 학생에 대한 개인적 편견을 갖지 말아야 한다. 수업시간에 자유로운 의사표시가 보장되어 누구라도 토론에 참여할 수 있고 두려움 없이 교수와 의견을 달리할 수 있는 분위기가 필요하다.

교수가 시민으로서 하는 표현행위는 학교당국으로부터 규제를 받으면 안 되지만, 교수의 사회적 지위에서 오는 특별한 책임이 있다. 곧 전문가로서의 교수는 늘 정확하고 적절한 자제력을 지니고서 다른 사람의 견해를 존중하고 자기는 소속대학의 대변인이 아님을 밝혀야 한다.

이러한 교수의 책임들이 오늘날 대학에서 위협을 받고 있는데, 그 이유는 대학의 많은 재정 부담을 기업과 정부에 의존하기 때문이다. 기업에서 연구자금을 받을 때는 물론, 사회과학 분야에서 정부의 후원을 받는 경우에도 편견 없는 연구에 위협을 받게 된다. 왜냐하면 교수에게도 일반인과 마찬가지로 정부 정책에 참여하고 싶은 욕망이 있기 때문이다. 정부 정책에 참여할수록 교수도 자기들의 영향력이 줄어들까 두려워 정부 입장에 대한 이견이나 비판을 삼가고 점차 현실주의자로 된다.

금전의 유혹과 정부정책에의 참여 욕구가 대학의 모든 연구에 다 미치는 것은 아니지만, 많은 분야의 교수들이 돈과 행정 참여에의 야심에서 연구하게 되는 것도 무시할 수 없는 현실이다. 이런 현상은 심하게 말하면, 대학의 자주성이 사라지고 학문의 자유는 빈껍데기가 되어 간다고 할 수 있다. 우리나라도 최근에 급속한 산업 발전의 결과 교수들에 대한 기업과 정부의 연구비 지원이 크게 늘고 있다. 공정한 연구로 학문의 자유가 오용되지 않을 제도적 장치가 필요하다.

3. 대학 자치를 위한 의사결정체제의 개편방안[18)]

대학의 특징인 대학 자치를 확립하는 데 중요한 역할을 하는 것이 열린 의사결정체제라고 할 수 있다. 대학의 의사결정체제의 원리를 지적하고 한국대학 의사결정체제의 문제점 및 개선방안을 아래에 제시해 본다.

3.1 개방체제

최근 한국 사회는 모든 분야에서 개혁을 추진하고 있다. 이제 교육 분야, 특히 대학도 외부세계와 단절되어 오직 진리만 추구하던 '상아탑'적 전통에만 안주할 수 없게 되었다. 대학도 환경의 변화에 능동적으로 대처하여 조직체계와 그 운영에 있어 개방성을 추진하여야 한다.

오늘날의 대부분 사회조직은 외부환경과 긴밀히 연결되어 있는 개방체제이다. 체제(system)란 여러 개의 부분들이 상호작용을 통하여 하나의 목표를 달성하기 위한 조직을 의미한다. 체제에는 외부환경의 큰 영향 없이 살아갈 수 있는 폐쇄체제가 있고, 그 생존이 외부환경에 크게 의존되어 있는 개방체제가 있다. 개방체제는 환경과의 끊임없는 동적인 순환과정을 하며 그러한 과정을 통하여 자력강화를 할 수 있다. 개방체제는 하위체제에 권한을 위임하고 하위체제간의 연결 고리를 중요시하며, 하위체제 활동을 통합할 수 있는 체제 전체규모의 정보망을 통해 의사소통을 한다.

개방체제에서는 갈등을 창조적 관리를 통해 긍정적인 변화요인으로 본다. 개방체제는 조직이 무엇을 하여야 하는가보다 조직이 어떻게 움직이고 있는가에 관심을 더 갖는다. 개방체제는 환경과의 동적 순환과정에서 문제가 발생하면 자체규제를 통하여 새로운 균형 상태를 유지한다. 오늘날의 대학도 개방체제가 되어 가고 있다. 대학의 개방체제는 의사결정체제에 있어서 폐쇄가 아닌 열린 체제를 특징으로 한다.

---

18) 표시열, "대학의 열린 의사결정 체제", 「대학의 이상과 미래」, 역민사, 1998, pp. 181-200.

3.2 대학의 의사결정체제와 그 원리

우리나라 대학의 일반적인 의사결정기구는 대학평의원회 내지 재단이사회, 총장, 교무위원회 내지 학·처장회의, 단과대학 학장, 그리고 교수회 내지 교수협의회로 구성된다. 국·공립대학의 경우에는 대학평의원회, 사립대학의 경우에는 재단이사회가 법령상으로는 최고정책결정기구이며, 이들 기구의 정책결정을 집행하거나 위임사항을 결정하는 실질적인 기구는 총장이다.

그동안 국·공립대학의 경우에는 대학평의원회가 유명무실하였고 교육인적자원부가 총장을 통하여 상당한 영향력을 행사하였으며, 대부분의 사립대학의 경우에는 재단이사회가 주도적 정책결정권을 행사하였다고 할 수 있다. 총장은 일반적으로 교무위원회나 학·처장회의의 심의를 통하여 의사결정을 한다. 학장 내지 단과대학교수회는 그동안 제 기능을 하지 못하였으나 행정업무의 복잡화로 분권화를 통한 단과대학 학장 및 단과대학 교수회의 권한강화가 필요하다.

대학의 의사결정체제는 다양하게 존재하여야 한다. 대학의 규모, 여건, 목적 등이 다르므로 대학의 의사결정체제 유형도 다양하게 존재하는 것이 당연하다. 그러나 대학 내 의사결정체제에는 기본적으로 총의 기구 또는 그 대의기구가 필요하며, 집행과정에서 민주성과 효율성 그리고 책임성 원리가 구현되어야 한다. 그리고 개방성 및 전문성 원리도 고려되어야 한다.

의사결정체제는 기본적으로 구성원들의 의사를 반영할 수 있는 전체구성원의 모임을 필요로 한다. 대학의 경우, 주된 기능을 담당하고 있는 교수들의 모임인 전체교수회 내지 단과대학 교수회가 필요하다. 규모가 큰 전체교수회는 실질적으로 중요 안건을 심의·의결할 수 없으므로 그 대의기관인 대학평의원회 또는 교수평의원회를 필요로 한다.

행정의 집행과정에서 가장 중요한 것은 민주성과 투명성을 확보하는 것이다. 총장의 행정집행에 민주성과 투명성을 확보하기 위하여 교무위원회 또는 학장회의가 실질적으로 토론하고 심의하는 기구가 되어야 한다. 단과대학에의 권한 위임인 분권화도 대학의 사정에 따라서는 행정의 민주성 내지 효율성을 위하여 필요하다. 민주행정의 기본 장치는 행정집행에 대한 적절한 견제원리의 도입이다. 교수회나 교무위원회보다 교수협의회, 학생회, 직원노조가 오히려 견제 역할을 하여 왔다.

오늘날의 대학은 사회의 현실적 요구를 외면할 수 없게 되었다. 대학의 사회적 봉사기능이 강조되는 추세이다. 대학, 특히 국립대학은 국가의 전체적 계획과 더불어 지역적 요구도 충족시킬 수 있어야 한다. 그러기 위해서는 의사결정체제 자체가 개방적이어야 한다. 미국의 대학이사회나, 일본의 대학운영자문회의가 개방성을 잘 반영하고 있는 예이다. 우리나라 대학도 사립대학의 경우에는 재단이사회의 구성에 다양한 외부인사의 참여가 필요하고, 국·공립대학의 경우에는 대학평의회 등이 필요하다.

고등교육기관은 지식의 첨단을 개척하는 곳이기 때문에 교육과정과 같은 특정영역에 있어서는 교수진의 전문적 판단이 우선적으로 존중되어야 한다. 일반 행정 영역과는 달리 교육과 밀접하게 관련되는 영역에 있어서는 교수평의원회 같은 교수 대표기관이 의사결정에 결정적 영향력을 행사할 수 있어야 한다. 대학에 설치된 각종 위원회에서 교수들의 전문성을 반영하여야 한다.

3.3 대학 의사결정체제의 문제점과 개선 방향

한국 대학 의사결정체제의 주요 문제점을 요약하면 첫째로, 대학, 특히 국·공립대학의 경우 정부의 과도한 관여·간섭이고, 둘째로 의사결정기구의 폐쇄성이다. 셋째는 집행기구인 총장의 권한 확대와 총장직선제의 부작용이며, 넷째로 대학의 의사결정 과정에 적절한 견제장치가 제 역할을 못한 점이다. 우리나라 대학 특히 국·공립대학의 의사결정체제에 관한 현실적인 운영현황과 문제점을 종합적으로 고려해 보고, 외국의 예를 참고로 하여 다음과 같은 개선 방향을 제의한다.

3.3.1 대학자치 원리의 실현 : 정부관여의 최소화

우리나라 대학들, 특히 국·공립대학의 가장 큰 문제는 정부와의 관계에서 어느 정도 자주성을 확보하고, 정부 관여의 범위를 어떤 기준에서 정립 운영하는가에 있다. 독립성 있는 고등교육정책위원회 같은 상위조직을 통하여 대학에 대한 일관성 있는 정책이 실현되어야 하고, 행정부의 대학관여는 최소화되어야 한다.

정부관여의 범위에 관하여서는 독일의 기준을 응용하는 것이 타당하다. 즉,

연구와 교수영역은 대학의 자치영역이므로 정부관여는 법적 위반사항의 경우에만 허용하고, 인적·물적 자원을 제공하는 국가행정영역에서는 법적 기준 이외에 정책기준에 따른 감독도 허용한다.

정부가 검토하고 있는 대학의 책임운영기관화도 장기적으로 바람직하다고 생각된다. 책임운영기관화의 주요내용은 다음과 같다. 교육인적자원부는 정부의 간섭과 규제를 최소화하고 대학의 자율성과 독립성을 보장하여 총장에게 재정 및 인사에 있어서 종합적인 책임과 권한을 부여하고, 대학운영의 목표를 설정하고 이에 따른 성과를 관리함으로써 동일한 재정지출로 더 높은 교육 및 연구 성과의 실현을 유도한다는 목적에서 중기과제로서 국립대학의 책임운영 기관화를 제시하였다. 세부 내용은 총장선출방법을 초빙제로 전환하고, 대학운영에 관한 발전계획을 제출받아 총장을 임명하여, 조직·인사·재정·영역에 있어서 대학운영의 자율권과 독립성을 강화한다는 것이다.

3.3.2 교수회의 법정화(法定化)

총회 성격의 전체교수회와 단과대 교수회를 두도록 법정화한다. 대학의 구성원에는 교수·직원·학생이 있으나 대학의 중심기능이 연구와 교육이므로 연구와 교육의 주체인 교수가 대학의사결정기구의 핵심적 지위에 있다 할 수 있다. 따라서 교수회가 공식적인 의사결정기구로 자리 매김할 수 있도록 법제화할 필요가 있다.

총장선출 방식의 결정 등은 교수회에서 결정하도록 하고, 학사 등에 관한 사항의 결정은 총장중심의 중앙집권적 의사결정 및 집행을 단과대학 중심의 분권화체제로 변화시킨다. 이를 위하여 교수회를 법정화하고 단과대교수회에서는 학칙변경 발의, 학부·학과의 설치·폐지에 관한 건의, 교과과정, 입학 및 졸업, 학생지도 등의 업무를 심의 또는 의결하게 된다.

전체교수회는 대규모의 종합대학에서는 실질적인 학사행정의 심의가 불가능하므로 신설되는 교수평의원회나 단과대학교수회에서 실질적 의사결정 역할을 하게 될 것이다. 전체교수회는 대규모 종합대학에서는 총장을 직선할 수 있는 권한을 가질 수 있으나 상징적 존재에 지나지 않는다. 그러나 소규모대학에서는 전체교수회가 실질적 역할을 하게 될 것이다.

3.3.3 대학평의원회의 설치

빠른 환경의 변화에 적극 대응하기 위하여 대학의사결정체제도 개방성을 반영하여야 하는바, 다양한 외부인사의 참여가 필요하다. 특히, 국립대학이 대도시 지역별로 분포되어 있는 것에서도 알 수 있듯이 국립대학은 그 속성상 지역의 발전과 지역에서 요구하는 인적 자원의 배출이라는 중요한 기능을 갖고 있다. 따라서 대학발전계획을 수립하는 등 대학운영에 있어서 지역인사의 의견과 지역사회의 요구를 반영할 필요가 있다.

대학평의원회는 대학의 발전계획, 기금마련 등의 대학재정, 교수회의의 위임사항 등을 중점적으로 심의 또는 의결한다. 대학평의원회의 구성은 대학의 자율에 맡긴다. 대학평의원회는 교수회의 대의기관 성격도 있지만 대외인사(해외저명인사, 지역인사, 재정후원자, 학부모대표, 동창대표 등)도 상당수 참여하는 대학의 개방적 운영을 위한 장치이다. 대학평의원회의 주요권한은 대학발전계획, 대학 재정계획, 기타 교수회의 위임사항 등을 심의 또는 의결한다.

규모가 큰 종합대학에서는 대학평의원회 대신에 교수평의원회와 대학운영자문회로 구분 설치할 수 있게 한다. 교수평의원회는 교수회의 대의기관으로 (단과대학) 교수회에서 중진교수중심으로 일정 수를 선정하여 구성하며, 그 주요권한은 학사행정에 관한 주요사항을 심의 또는 의결한다. 대학운영자문회(또는 대학이사회)는 재정후원자 등 사회저명인사로 구성한다. 동창대표, 학부모대표, 보직자, 학생대표, 직원대표도 참여할 수 있다. 대학운영자문회는 대학 발전계획 및 대학재정계획을 주로 심의·의결한다. 대학의 사정에 따라서는 교수평의원회 또는 대학운영자문회를 선택하여 하나만 설치·운영하게 할 수도 있다.

2007년 7월 27일 개정된 「사립학교법」에서 대학의 발전계획, 학칙의 재·개정, 대학헌정의 재·개정, 대학교육과정의 운영, 추천위원회의 위원의 선출에 관하여 심의하기 위하여 대학평의원회를 두도록 하였다. 대학헌장과 교육과정의 운영에 관한 사항은 자문사항이다(사립학교법 제26조의2).

3.3.4 총장의 선임방안 개선

총장 및 학장은 대학 집행기구의 핵심이다. 특히 총장의 역할이 대학발전에서 매우 중요하다. 유능한 총장선임을 위하여 대학 스스로 최선의 노력을 다하여야 한다. 총장에게는 지도자, 창조자, 조정자, 관리자, 전통의 계승자, 설득자, 교육자로서의 다양한 역할이 기대된다. 총장의 구체적인 임무로의 목표설정, 투자 및 배분의 우선순위 결정, 대학조직구조의 재편성, 효과적인 참모진의 조직, 대학재정의 확보와 배분, 당면한 과제의 해결, 이사회·교수·학생·동창·외부기관 같은 관련 집단과의 원활한 교류를 들 수 있다.

우리나라 총장직선제가 갖고 있는 부작용을 극복하기 위한 몇 가지 정책방향을 제시해 보면 다음과 같다. 첫째, 우리나라 대학들은 대학의 목표와 특성화 방안을 구체화하고 그러한 목표수행에 적절한 총장을 선임하여야 한다. 대학총장의 자질로 학문적 지도자, 재정관리자, 창의적 개혁자 등을 요구하지만, 총장이 만능일 필요는 없다. 대학의 유형별 특성, 구성원의 요구 등에 따라 강조되는 총장의 자격이 다양할 필요가 있다.

둘째, 대학구성원의 다양한 의견이 수렴되어야 한다. 현재의 총장직선제는 주로 교수만의 참여이지만 동창회 대표, 직원 및 학생 대표도 적은 비율이더라도 참여시키는 것이 바람직하다. 학생의 경우 전문성이 부족하고 총장이 학생의 인기에 지나친 관심을 갖게 되는 우려도 있지만 이 문제는 일본의 경우처럼 일정 비율의 학생신임을 못 얻는 경우 후보에서 제외하는 제척(除斥) 제도를 응용할 만하다.

셋째, 총장선출 방법을 국가가 법령으로 획일화할 필요는 없을 것 같다. 대학의 전통과 규모, 성격 등에 따라 대학 스스로 선출 방법을 규정하고 공정한 선거를 하는 것이 중요하다. 직선제이든 간선제이든 현행 법령을 구태여 개정할 필요가 없다고 본다. 「공무원임용령」 제12조의3에서 규정하고 있는 바와 같이 대학의 장 임용을 위한 추천위원회를 구성하고 동 추천위원회가 직접 선출하든지, 교원의 합의된 의사 즉 교수직선제로 하든지 그 결정을 대학 자치에 맡긴 현행 법령이 타당하다고 생각된다. 교수직선제의 부작용이 심각하면 대학 스스로 개선할 수 있는 자치능력이 있어야 한다. 대학 간의 치열한 경쟁에서 내부 갈등이 얼마나 큰 불이익인지 스스로 경험하는 것도 성장의 한 과정으로 생각할 수 있다.

넷째, 미국이나 유럽식의 총장간선제가 성공하기 위해서는 총장 1인에게 권한이 집중된 현행 대학행정의 민주화 내지 분권화가 필요하다. 특히, 유럽 대학의 경우 총장 한 사람이나 혹은 교수집단에 의하여 대학이 좌지우지되는 것은 아니다. 단과대학이나 교육연구단위 등에서 많은 권한을 가지고 있고, 실제 연구 활동에는 교수 개인들의 재량권이 많이 있다. 대학행정의 운영에 학생, 교직원들이 참여할 수 있는 각종 대의기구 등 통로가 보장되어 있다. 따라서 대학총장을 간선으로 선출하더라도 커다란 불만이 없이 운영되고 있다.

다섯째, 국·공립대학의 운영과 정부의 관계에서 정부는 총장선임에 관여하지 않는 것이 바람직하며, 간선제인 경우 위원회에 부분적으로 참여하는 경우에도 대학총장 선임권이라는 대학의 자치권을 침해하지 않는 범위이어야 한다. 국·공립대학은 정부가 총장을 최종 인준하게 되는데, 선임과정의 적법성에 관한 인정이어야 한다.

여섯째, 사립대학의 경우 재단의 부당한 전횡이 많은 경우에는 교수협의회의 직선제가 아직 필요하다. 그러나 이 경우에도 학교정관에 교수협의회의 총장후보선출 권한을 명시하여야 할 것이다. 지금처럼 법령에 근거 없이 사실적인 힘의 행사는 대학에서 지양되어야 할 사항이다. 특히 사립대학의 경우에는 대학의 자치를 최대한 존중하여 다양한 총장선임 방법을 인정할 필요가 있다.

마지막으로 총장후보를 특히 사립대학의 경우에는 대학 내 교수로 국한할 필요가 없다. 개방사회에서 유능한 총장을 널리 공개하여 선임하여야 한다. 또 총장의 자격을 박사학위 있는 교수로 제한할 필요도 없다. 실무 경험이 많은 전문인도 총장후보로 응시할 수 있도록 대학체제가 개방체제로 변화되어야 한다.

요컨대 대학이 발전하는 데 가장 중요한 요소 중 하나가 총장의 리더십이라 할 수 있다. 자기 대학의 목표를 가장 잘 수행할 수 있는 유능한 총장을 선임하는 것이 대학 발전의 관건이다. 정부의 간섭 이전에 대학구성원 스스로 편협한 이해관계를 떠나 가장 합리적인 총장선임 방법을 모색하는 것은 대학 자치의 기초라 할 수 있다. 제도의 잦은 변경보다 운영의 묘가 더 중요하다고 생각된다.

3.3.5 학장의 선임방안 개선 등

학장의 선출제도는 대학 내 파벌 등 부작용이 심각하므로 총장이 임명하되 단과대학 교수회의의 인준 동의를 받도록 한다. 이 밖에도 집행과정의 민주성 내지 투명성을 확보하기 위하여 교무회의 또는 학장회의가 실질적으로 중요정책을 심의할 수 있도록 회의 안건의 사전통지 등 세부적 지침을 권장한다. 또 각종 전문 위원회에 해당 분야의 교수들이 적극 참여토록 하고, 각종 위원회의 영역별 기능도 중복이 되지 않도록 재조정한다.

3.4 조직구성원의 참여와 행정과정의 공개

3.4.1 교수, 대학생, 직원의 참여

행정과정에서의 참여는 민주행정의 기본요소이다. 이해관계인의 직접적인 참여는 소외감을 어느 정도 극복할 수 있고 참여경험을 통하여 정치적 능력을 향상시킬 수 있다. 참여는 이해관계인의 민감한 눈으로 새로운 아이디어도 개발하며 의사결정이 공정하다는 확신을 주어 행정부서의 결정에 협력을 쉽게 유도할 수 있다. 대학행정에서의 참여주체는 교수, 학생, 직원 등이다.

오늘날 교수들이 대학행정에 참여하는 주제는 학생지도, 입학, 학위조건 이외에도 교수의 자격 및 승진심사, 강의평가, 교과과정 등과 같은 교육정책 전반에 해당된다. 교수의 이러한 중요 교육정책의 참여는 행정적 제한으로부터 자유로운 학문영역을 확보한다는 점에서 교수의 학문의 자유와 대학의 자주성을 제도적으로 뒷받침하는 것이다.

교수의 행정참여는 권한행사에서 대학이사회와의 갈등을 야기한다. 이런 갈등은 미국의 경우에는 오랜 전통으로 해결된다. 즉, 대학이사회가 대학운영 및 교육 프로그램에 법적 권한과 최종적인 책임을 지고 있지만 전반적인 정책에만 관여하고 세부적인 시행방법은 교육전문가인 교수들에게 맡긴다. 대학이사들은 교육 분야의 전문가가 아니므로 자기 지식에 근거하여 정책을 판단하지 말고 전문가가 제공하는 자료에 기초하여 정책결정을 하도록 하라고 권고를 받고 있다. 대학의 중요정책은 대학이사회, 총장, 그리고 교수들이 협력을 통하여 공동책임을 지는 것이다.

교수의 행정참여 방법은 대학이사회의 구성원이 되는 것, 총장·부총장·학장·학과장과 같은 행정가가 되는 것, 그리고 교수회 및 각종 위원회에 참여하는 것으로 이루어진다. 교수가 행정가가 되는 경우, 교수와 행정가는 외부기관의 압력이 있을 때에는 공동 이해관계를 갖는 동료가 되지만, 대학의 목표 및 권력구조에 대한 인식에 있어서는 이들 간에 갈등이 야기된다. 또한 교수가 행정가 역할을 하는 것은 행정가로의 전문적 지식이 없는 아마추어 수준이며 자기 본 영역인 연구와 강의에 더 관심을 갖고 행정가로서의 역할은 일시적 봉사라고 생각하는 소극성을 갖는 문제가 있다. 미국에서는 이러한 문제를 해결하기 위하여 해당분야의 박사학위 소지자를 대학행정의 보직자로 임명하는 경향이 있다.

많은 대학에서 교수들이 교수협의회를 구성하여 대학행정의 견제장치 역할을 하여 왔다. 대학행정의 유일한 견제장치라 할 수 있는 교수협의회를 조직하여 운영하는 것으로 인해 교수신분상의 피해가 생기도록 방치해서는 안 된다. 대학 내의 건전한 토론문화와 의사소통 채널로서 자생적으로 발생하는 교수협의회의 활동을 억제하거나 탄압하는 행위는 바람직하지 못하다. 교수협의회는 사실상 오랫동안 총장의 선임과 교수의 권익 증진에 많은 활동을 하였고 정부도 그러한 활동을 인정하여 왔으므로 교수협의회의 순기능이 보호되어야 한다. 교수협의회의 구체적인 구성방법 및 견제 권한은 교수와 대학의 자율적 결정영역이다.

학생들은 교과과정 편성이나 교수의 임면과 평가에 관한 권한 행사를 요구하기도 하였다. 교과과정이나 교수의 임면을 포함한 학생의 대학 견제는 중세 볼로나(Bologna)대학에서도 시도했으나 너무 시간이 낭비되어 결국 포기하고 시 정부에 맡겼다가, 시 정부 역시 대학운영의 어려움을 깨닫고 대학이사회에 맡겼다고 한다. 미국에서도 학생들의 이러한 요구는 일반적 현상이 아니다.

대학도 하나의 체제로서 제 기능을 하려면 역할의 분담이 있는 것이다. 주제를 잘 모르는 학생이 무엇을 가르칠 것인가를 타당하게 판단할 수가 없는 것이다. 대학이 학생에 의해서가 아니라 교수에 의하여 운영되어야 하는 이유로 배우고 가르친다는 역할분담 이외에도 학생은 교수에 비하여 일시적으로 머문다는 점도 지적된다. 그러나 학생들도 자주 학교운영에 관한 옳은 비평을 하기도 하고, 교과과정의 부적절성을 지적하기도 한다. 따라서 교수나 학교행정가는 학생들의 책임 있는 의견을 잘 들어야 하며, 비평적인 학생의견을 대표할 수 있는 집단의 형성을 방해하기보다 협조해야 된다.

생각건대 대학은 학생이 당연히 관심을 가져야 할 문제에 대해서는 의견을 표명할 수 있도록 커뮤니케이션 통로를 넓혀야 하지만, 기본적인 학문적 정책 또는 대학의 장기적인 목표를 결정하는 책임을 학부 학생에게 위임하는 것은 적절하지 않다. 이와 같은 결정에는 많은 학문적 지식이나 오랜 세월의 경험과 원숙한 판단력이 필요하기 때문이다. 최근에는 학생들이 자기발전, 좋은 직장선택에 주된 관심을 갖고 있다. 그러나 학생들의 교육정책에의 직접적인 참여요구가 없어도 대학들은 대학행정의 초점을 학생의 잠재력을 성장·발전시키는 '학생을 위한 행정'에 두어야 하는 것은 당연하다. 학생회 대표와 직원노조 대표는 근로조건, 학생의 권리 같은 직접적인 이해관계 있는 분야에서는 대학의 공식적 의사결정기구에 참석·발언할 수 있는 제한된 참여가 보장되어야 한다.

3.4.2 행정과정의 공개

정치와 행정과정의 공개는 민주주의의 기본요소이다. 민주주의는 구성원의 참여를 기본내용으로 하는데, 참여의 의미가 있으려면 충분한 관련정보를 알아야 하기 때문이다. 또한 민주주의는 시민의 통제를 수반하는데 통제를 하려면, 통제대상자가 무엇을 하고 있는지를 알 필요가 있다.

행정국가화의 경향으로 정부가 많은 정보를 독점하고 있으며, 우리나라의 오랜 비밀주의 관행은 민주주의 원리를 크게 위협하고 있다. 정부뿐 아니라 대학행정에서도 행정가는 늘 비밀의 유혹을 받는다. 왜냐하면 비밀은 이해관계인이나 외부 압력집단과 상의하지 않고 자신이 원하는 정책을 결정할 수 있으며, 자기들의 실수를 감추어 주어 책임도 면하게 하기 때문이다.

행정과정의 공개는 정보와 공적 기록에 대한 자유로운 접근뿐 아니라, 공적 회의를 일반시민에게 공개할 것을 내용으로 하고 있다. 1976년에 미국정부는 행정절차법의 수정안으로 「회의공개법」(Sunshine Act)을 제정하여 중요 공공정책이 결정되는 공적 회의에 햇빛이 비치도록 하였다. 회의의 개방은 정부 프로그램에 대하여 시민이 잘 알 수 있고, 공무원으로 하여금 양질의 공무를 수행하게 하며, 정부정책에 대한 토론을 야기시키고, 정부조치에 대한 시민의 신뢰를 높이는 긍정적 효과가 있다. 정부 측에서는 회의공개법이 시간과 돈의 낭비를 초래한다고 반대하지만, 그 정도의 불이익은 정부 정책결정을 공개적으로 하여 민주적 책임을 확보하는 이점에 비하면 사소한 대가(代價)에 지나지 않는다. 공개회의에서는 문제점이 일찍 가시화되어 견제되므로 예측하지 못한 사후의 큰 문제점을 사전에 예방하게 되고, 결국 정부비용도 줄이는 셈이다.

우리나라도 「행정절차법」과 「공공기관의 정보공개에 관한 법률」이 제정되어 1998년 1월부터 시행되고 있다. 예산의 공개는 물론 대학 최고의사결정기구의 중요 결정사항들은 공개되어야 한다. 공개란 행정을 떳떳하게 해주고 구성원과 시민으로부터 신뢰를 얻는 민주주의의 기본요소이기 때문이다.

요컨대 대학의 최고 정책결정기구인 대학평의원회 내지 재단이사회의 구성과 기능 그리고 집행기관인 총장의 선출과정 및 리더십에 대하여 개방성이 강조되고 행정의 운영에 구성원의 참여와 공개가 보장되는 것은 대학행정의 민주성을 확립하는 필수적 요소이다.

4. 대학의 인사, 시설 · 재정, 정보 그리고 학사관리의 법적 측면

대학의 인사, 시설·재정 및 정보, 학사관리 등의 법적 쟁점에 관하여서는 제15장 사립학교와 법 등에서 부분적으로 언급되었으므로 이곳에서는 생략한다.[19]

5. 기타 대학정책의 중요 과제

5.1 국립대학의 법인화

5.1.1 국립대학 법인화의 개념, 목적, 문제점

대학의 구조개혁과 관련하여 정부는 국립대학의 법인화를 정책적으로 추진하고 있다. 국립대에 자율성을 높여 세계 수준의 대학으로 발전시키겠다는 목적으로 「국립대학 법인의 설립·운영에 관한 특별법」이 국무회의에서 심의·의결됐으며 입법예고되어 있다. 정부는 2009년부터 전국 54개 국·공립대학을 특수법인으로 전환할 방침이다.

국립대학의 법인화란 개별 국립대학이 각기 법률상 권리·의무의 주체가 되어 대학을 국가의 행정조직에서 분리시켜 독자적이고 자율적인 운영체제로 전환

19) 여기에 관한 자세한 내용은 표시열, 「민주주의의 정착과 대학의 개혁」, 고려대 출판부, 1996, 참조.

하는 것을 의미한다. 정부는 재단법인 형태로 국립대학 법인화를 추진하는바, 이 경우 이사회가 대학의 최고의사결정기구가 된다. 이사를 비상임 학외 인사로만 구성할 것인지 학내 구성원을 포함하여 구성할 것인지가 쟁점이 되고 있다.

국립대학이 법인으로 전환되면 국립대학 교직원의 신분도 비공무원으로 바뀌는바, 채용 및 근무형태에서 자율성을 높일 수 있는 장점도 있지만 신분보장이 약화되는 문제가 있다. 국립대학의 법인화를 통한 자율적 운영체계를 확립하는 데 중요한 것은 국립대학의 예산결정 및 재정 관리의 분권화라고 할 수 있다. 국립대학의 예산회계제도가 국가회계로부터 분리되어 독자적인 예산회계제도가 되는데, 이 경우 국가의 재정지원을 어떤 조건으로 어느 정도 유지할 수 있느냐가 핵심적인 문제로 남는다.[20]

5.1.2 「국립대학 법인의 설립·운영에 관한 특별법안」의 주요내용(입법예고)[21]

「국립대학 법인의 설립·운영에 관한 특별법」(안)의 제정이유는 국립대학이 정부조직으로서 경직성을 벗어나 자율과 책무를 담보할 수 있도록 대학의 자율결정에 의한 특수법인화를 추진하기 위한 제도적 장치를 마련하려는 것이다. 동법의 주요내용은 다음과 같다.

국립대학법인의 자율성과 책임성을 제고하여 국립대학의 발전을 도모하는 것이 목적이다. 총·학장이 법인을 대표하며 대학운영에 대한 최종적인 책임을 진다. 총·학장은 총·학장 추천위원회에서 2인 내지 3인의 후보자를 선출하여 이사회에 선임요청하고, 이사회가 1인을 선임한다. 총·학장의 임기는 4년으로 하며, 연임할 수 있다.

국립대학법인의 운영에 관한 중요사항을 심의·의결하기 위한 이사회를 설치·운영하는바, 이사회는 위원장 1인을 포함하여 15인 이내로 구성한다. 이사의 임기는 4년 이내의 범위에서 정관으로 정하고, 국립대학법인의 재산상황과 회계를 감사하기 위해 2인의 감사를 두되 1인은 공인회계사 자격이 있는 자로 한다.

국립대학법인의 교육연구 및 재무경영에 관한 주요사항을 심의하기 위해

20) 이경운, "고등교육법의 연구동향과 과제", 「교육법연구 20년의 성과와 과제」 전국교육 법학자대회 자료집(2006. 9), pp. 312-313.

21) 교육인적자원부 공고 제2007-36호. http://www.moe.go.kr/

각각 교육연구위원회 및 재무경영협의회를 설치·운영하며, 국립대학법인의 회계구조를 법인회계로 일원화하고, 회계연도를 3월 1일부터 다음해 2월 말일까지로 한다. 정부의 예산은 품목별 예산 형태가 아닌 예산총액을 출연금으로 지원하여 대학의 예산편성·사용 등에 자율권을 부여한다.

국립대학법인 설립 당시 국립 또는 공립대학 소관의 국유재산, 공유재산 및 그 물품을 당해 국립대학법인에 무상으로 양여하고, 국립대학법인은 교육·연구 활동에 지장이 없는 범위 내에서 수익사업을 할 수 있다. 국립대학법인의 안정적인 재정지원을 위해 매년 출연금을 지원하며, 기초학문은 지원·육성한다. 법인전환 이후에도 기존 교직원의 고용승계를 보장하며, 국립대학법인의 교직원에 대한 연금은 사립학교교직원연금법의 적용을 받도록 한다.

5.2 대학평가의 문제

5.2.1 대학평가의 목적과 문제점

대학의 경쟁력을 높이기 위하여 대학평가가 불가피하다. 시행되고 있는 각종 대학평가의 문제점이 대두되어 평가의 질과 공정성을 높이기 위한 정책이 추진되고 있다. 고등교육평가원의 설립이 추진되고 있으며 관련 법체계의 정비도 입법예고되어 있다.

한국대학협의회가 주관하는 대학종합평가인정제는 1주기 때에는 전반적인 대학교육의 여건을 일정 수준 이상으로 끌어올리고 학사운영을 포함한 대학경영의 사회적 책무성을 재고하는 데 목적이 있었다. 2주기 평가에서는 사회적 요구의 반영과 대학교육 전반에 질 향상 및 내실화를 통한 국제적 수준으로의 도약을 목적으로 시행하고 있다. 한국대학교육협의회가 주관하는 학문분야 평가는 해당 학문분야의 질 향상을 유도하며 변별력 있는 대학평가를 통하여 각 대학의 상대적 수준을 알아보는 정보를 공개하는 것을 목적으로 하고 있다.[22] 그러나 이러한 평가들이 형식화되고, 신뢰성을 제대로 확립하지 못하여 그 개선이 시급한 과제이다.

22) 이현청 외, "아·태지역 평가기구간 협력방안에 관한 연구", 한국대학교육협의회, 2005, pp. 24-25.

대학평가의 일반적인 문제점은 첫째, 일반시민의 요구인 대학의 질 향상보다 전문가끼리 서로 봐주기의 폐단이다. 둘째, 평가의 기준이 대학의 목표달성이나 학생들의 성취도 같은 결과의 평가보다 계량적인 숫자를 더 강조한다. 셋째, 정부로부터 완전히 독립되고 신뢰성 있는 평가위원회의 구성이 쉽지 않다. 넷째, 개별대학들이 평가기준을 형식적으로 충족하려고 단기에 무리한 준비를 하는 경향이 있다. 다섯째, 평가지표에서 법적 측면에서 중요시하는 형평성 내지 헌법상의 기본권 보장 등이 제시되지 않고 있다. 마지막으로 평가결과에 따른 차별적 재정지원은 대학 간의 차이를 더욱 심화시킬 수 있다.[23]

대학평가의 개선방향으로 제기되는 것은 고등교육의 주기적 질(質) 관리와 수월성 제고 목적의 인정평가의 경우는 인정여부 판정과 더불어 전체 학문분야 발전을 위한 컨설팅에 유사한 방식으로 평가가 되어야 한다. 반면에 재정지원 평가는 사업평가로서 평가항목을 줄이고 평가지표도 대폭 조정하여 사업제안서와 기존의 실적, 인프라 구축상황 등을 심사하여 국가고등교육정책을 유도할 수 있도록 해야 한다.[24] 평가의 공정성 확보를 위하여 객관적인 제3위원회나 조직기관이 필요하고, 평가관련 중요사항에 대한 입법화가 요청된다.

5.2.2 「고등교육 평가에 관한 법률」(입법예고)[25]

「고등교육 평가에 관한 법률」이 입법예고되어 있다. 동법의 목적은 첫째, 대학의 교육·연구 수준의 향상과 고등교육의 국제경쟁력 향상을 위해 대학에 대한 평가의 법적 근거를 마련한다. 둘째, 고등교육 평가의 중립성과 전문성 확보를 위해 국가나 대학으로부터 독립된 고등교육평가원을 설립·운영하는 데 필요한 내용을 규정한다.

「고등교육 평가에 관한 법률」 주요내용은 다음과 같다.

국가와 지방자치단체는 고등교육에 대한 평가를 통해 고등교육의 질 제고를 위한 시책을 수립한다. 고등교육 평가의 독립적·전문적 수행을 위해 법인으로 한국고등교육평가원을 설립한다. 평가원은 대학의 교육·연구여건을 평가하고 이를 인증하는 역할을 담당한다.

---

23) 표시열, 전게서, pp. 246-247.

24) 김병주, "대학평가의 법적 문제: 입법론", 「교육법학연구」 제17권 1호, 2005, p. 31.

25) http://www.kedi.re.kr/

평가원은 대학의 신청이 있는 경우 대학에 대한 기관평가, 개별 학문분야에 대한 평가, 정부가 위탁한 재정지원 사업에 대한 평가, 외부 평가전문기관에 대한 평가·인증 등의 업무를 수행한다. 평가원은 경제·사회단체, 대학총학장협의체, 정부 등의 추천을 받아 12인 이내의 이사회를 설치하며, 평가에 대한 전문적 판단을 위해 평가원에 대학평가위원회를 둔다.

평가원의 운영재원은 정부예산의 범위 안에서 평가원의 설립·운영에 소요되는 경비를 출연할 수 있도록 한다. 평가원 및 평가원이 인증한 평가전문기관은 대학 및 공공기관 등에 대하여 평가 수행에 필요한 자료의 제공을 요청할 수 있도록 한다. 대학이 평가결과에 이의가 있는 경우 이를 조정할 수 있는 장치를 마련한다.

5.3 「대학정보 공시제 관련 특례법」[26)]

정부는 대학간의 경쟁촉진을 통한 대학 경쟁력 제고를 위하여 대학정보 공시제를 추진하고 있다. 대학정보공시제의 근거가 되는 「교육관련 기관의 정보공개에 관한 특례법」이 제정('07. 5. 25)되었고, '07년 하반기부터 전국 10개 대학 및 전문대학 등을 시범대학으로 지정하여 대학정보 공시제 시범운영을 실시한다.

「대학정보 공시제 관련 특례법」의 주요내용은 다음과 같다.

대학의 장은 교육·연구에 관한 주요 정보를 매년 1회 이상 공시하고, 공시정보를 교육인적자원부장관에게 제출한다. 교육인적자원부장관은 국민의 편의를 위하여 필요한 경우 대학의 공시정보를 학교의 종류별·지역별 등으로 분류하여 공개할 수 있으며, 정보공시에 필요한 양식을 마련·보급하고, 공시정보를 수집·관리한다. 대학의 장이 정보를 공개하지 아니하거나 허위로 공개할 시 시정 또는 변경을 명해야 하고, 명령위반 기관에게 행·재정상 제재 부과가 가능하다.

교육인적자원부는 원활한 시범운영을 위해 한국교육개발원을 시범운영 전담기관으로 지정하여 시범운영 전반을 관리·지원하도록 하고, 시범운영 대학을 선도대학으로 적극 홍보하여 정보 공시제에 대한 인식을 확산할 계획이다.

대학정보공시의 세부항목(안)은 다음 표와 같다.

---

26) http://www.moe.go.kr/

〈표 16-1〉 대학정보공시 세부항목(안)

구 분	세 부 항 목(안)
1. 학교규칙 등 학교운영에 관한 규정	학교규칙, 학교규칙외 제규정, 학교헌장
2. 교육과정 편성 및 운영 등에 관한 사항	학과(부)별 교육과정 편성 및 학점, 학과(부)별 학점·평가 기준, 평가결과
3. 학생의 선발방법 및 일정에 관한 사항	대학 입학, 편입학전형시행계획, 모집요강(학과(부)별 입학정원 포함)
4. 충원율, 재학생수 등 학생현황에 관한 사항	입학정원 현황, 입학자·지원자 현황, 학생 충원율, 신입생 충원율, 재적학생수(재학생수, 휴학생수), 외국인 학생수, 편입생수, 장학금 수혜 현황, 학생 1인당 장학금, 학비감면자 수
5. 졸업 후 진학 및 취업현황 등 학생의 진로에 관한 사항	졸업률, 진학률, 전체 취업률, 정규직 취업률, 전공일치도
6. 전임교원 현황에 관한 사항	전체 교원현황(학과(부)별, 직급별), 전임교원 1인당 학생수, 교원 확보율, 외국인 교원 현황, 전임교원 직급별 주당 평균수업시수, 비전인교원 현황
7. 전임교원의 연구성과에 관한 사항	국내외 학술지 게재 논문수, 교수 1인당 SCI 논문 발표 현황, 저역서 실적, 연구비 수혜실적, 연구과제수, 특허출원 및 등록 현황
8. 예·결산 내역 등 학교 및 법인의 회계에 관한 사항	예·결산 현황, 국립대 일반회계 현황, 국립대 기성회회계 현황, 사립대 법인회계 현황, 사립대 교비회계 현황, 국공사립대 산학협력단회계, 발전기금회계, 기부금 현황, 등록금 현황, 등록금 환원율
9. 「고등교육법」 제60조부터 제62조까지의 시정명령 등에 관한 사항	시정명령 사유 및 내역(제60조), 휴업 및 휴교명령 사유 및 내역(제61조), 학교등의 폐쇄 사유 및 내역(제62조)
10. 학교의 발전계획 및 특성화 계획	학교 발전계획, 특성화 계획
11. 교원의 연구·학생에 대한 교육 및 산학협력 현황	학술회의 개최 및 참석 현황, 교수 1인당 연구비, 전임교원 강의담당 비율, 학생 1인당 실험실습비, 학생 1인당 교육비 산업체연계 교육과정 개설 현황, 기업부담 연구비, 기술이전 수입, 교수업적 평가시 산학협력 활동 반영 비율
12. 도서관 및 연구에 대한 지원 현황	연구시설 설치 현황, 지원시설 설치 현황, 부속시설 설치 현황, 도서관 장서 현황(학생 1인당 장서수), 도서관 직원수, 도서관 좌석수(좌석당 학생수), 도서관 이용 현황, 도서관 예산, 학생 1인당 자료구입비
13. 그 밖에 교육여건 및 학교운영상태 등에 관한 사항	사립대학 정관 및 제규정, 사립대학 법인의 지배구조, 토지현황, 건물현황, 실험실습기자재 보유 현황, 교육기본시설 면적, 교육기본시설 확보율, 수익용기본재산 현황, 수익용기본재산 내역, 수익사업체 현황, 전체 직원현황(정규직, 비정규직), 직원 1인당 학생수, 기숙사 수용 현황, 수요자(학생 등)만족도 조사 결과

[토론 주제]

1. 고등교육법의 주요 쟁점 주제는 무엇인가?
2. 대학의 자율성은 어떻게 확보하며, 학문의 자유의 보장 범위는 어디까지 인정되는가?
3. 한국 대학의 의사결정체제의 문제점과 개선방안은 무엇인가?
4. 대학의 개혁(구조조정, 국립대 법인화, 특성화 등)이 성공하기 위한 조건은 무엇인가?
5. 대학평가의 효율성과 공정성을 확립하기 위한 방안은 무엇인가?
6. 평가인증(accreditation)을 받지 못한 미국의 대학에서 취득한 석·박사 학위는 한국의 대학에서 교수 신규채용시 채용조건인 석·박사 학위에 해당되는가? 평가인증 받지 못한 학위로 채용된 경우 해당교수를 징계할 수 있는가?
7. 대학정보공시제의 장단점은 무엇이며, 성공적으로 확립되기 위한 조건은 무엇인가?

제 17 장

평생교육과 법

본 장에서는 평생교육의 중요성과 헌법규정을 언급하고, 평생교육법의 내용을 간략히 살펴본다. 평생교육의 실효성을 확보하기 위한 평생교육의 평가인정제도 학점인정제를 중심으로 언급한다. 학원의 설립·운영에 관한 법률에서의 과외금지조치와 관련된 헌법재판소의 판례를 분석한다. 국가인적자원개발 정책과 「인적자원개발기본법」의 주요 내용에 관하여서도 살펴본다.

1. 평생교육의 개념과 법적 근거

정보화와 국제화를 특징으로 하는 21세기를 지식기반사회라고 한다. 지식기반사회에서는 지식이 가장 중요한 자원이 되며, 개인은 물론 국가의 생존과 발전의 열쇠가 된다. 이러한 미래사회의 국가경쟁력은 교육받은 노동력에 의하여 결정된다. 따라서 인간은 평생 동안에 자유롭게 학습활동을 영위할 권리를 보장받고 국가로부터 제도적 지원을 받아야 한다. 인간은 자각적으로 사물을 학습함으로써 성장·발달하는 존재이므로 평생교육에 관한 국가적 뒷받침이 요청된다.

이러한 평생교육의 중요성 때문에 한국 헌법은 1980년 헌법 개정시 국가의 평생교육 진흥의무 규정을 두었다. 즉, "국가는 평생교육을 진흥하여야" 하며 (헌법 제31조 제5항) "학교교육 및 평생교육을 포함한 교육제도와 그 운영, 교육재정 및 교원의 지위에 관한 기본적인 사항은 법률로 정하도록" 규정되어 있다(헌법 제31조 제6항).

1980년 헌법에서 국가에 평생교육진흥의무를 신설한 것은 위와 같은 논거 이외에 당시 학교교육을 둘러싼 내적, 외적 변화에 적극적으로 대처하기 위한 방안이다. 즉 학교교육의 제한과 과열과외에 대한 보완책이 필요하였고 산업발전에 부응하는 인력수급이 필요했으며 청소년 비행이 증가하여 청소년 선도의 필요성이 생겼고 부녀자, 노인들에 대한 적응교육이 필요하였기 때문이다.[1)]

교육기본법상의 평생교육관련조항은 다음과 같다. 「교육기본법」 제10조(사회교육) : ① 국민의 평생교육을 위한 모든 형태의 사회교육은 장려되어야 한다. ② 사회교육의 이수는 법령이 정하는 바에 의하여 그에 상응하는 학교교육의 이수로 인정될 수 있다. ③ 사회교육시설의 종류와 설립·경영 등 사회교육에 관한 기본적인 사항은 따로 법률로 정한다.

「교육기본법」은 학교교육과 사회교육을 포괄하는 교육에 관한 기본적인 사항을 규정하는 모든 교육관계법의 기본법이므로 「교육기본법」 제10조 상의 평생교육은 광의로 학교교육과 사회교육이 포함된 것으로 해석한다.[2)] 그러나 「평생교육법」에서는 평생교육을 학교교육을 제외한 모든 형태의 조직적 교육활동으로 정의하고 있다(동법 제2조 제1호). 생각건대 평생 교육이란 광의로는 학교교육을 포함할 수 있으나, 「헌법」 제31조의 해석상 그리고 「평생교육법」 제2조의 규정에 근거하여 학교교육을 제외한 사회교육개념으로 보아야 한다.

평생교육이란 '학교교육을 제외한 모든 형태의 조직적인 교육활동'을 의미하기 때문에(평생교육법 제2조) 관련 법률이 매우 많고 소관부처도 다양하다. 「평생교육법」이 평생교육에 관한 기본법적인 성격을 갖고 있다. 그 밖의 중요 평생교육관계법으로 교육인적자원부 소관의 「학원의 설립·운영에 관한 법률」, 「독학에 의한 학위취득에 관한 법률」, 문화관광부 소관의 「도서관 및 독서진흥법」, 「청소년기본법」, 노동부소관의 「근로자직업훈련촉진법」, 보건복지부소관의 「사회복지사업법」, 「노인복지법」, 「아동복지법」 등이 있다.

---

1) 권두승, "평생교육 관계법의 주요과제", 「교육법학연구」 제11호, 1999, p. 66.
2) 허종렬, "교육기본법, 인적자원개발기본법, 평생교육법의 상호관계", 한국교육학회 춘계학술대회 자료집(2007. 5), p. 7.

2. 「평생교육법」의 내용과 판례

2.1 「사회교육법」

1980년 「헌법」에서 국가의 평생교육진흥의무를 신설한 후 1982년 최초로 「사회교육법」이 제정되었다. 사회교육법은 모든 국민에게 평생을 통한 사회교육의 기회를 부여하여 국민의 자질을 향상하게 함으로써 국가사회의 발전에 기여함을 목적으로 하고 있다(동법 제1조).

사회교육법은 1980년 당시 군사독재체제에 비판적인 노동야학과 같은 교육활동을 제도권 내에 편입시켜 어느 정도 순치시키려는 정치적 의도도 있었다. 그러나 사회교육법은 최초로 평생교육의 진흥과 그 필요성을 국가차원에서 인정하고, 국민의 학습권을 정규 학교교육 이외의 차원으로까지 확대함으로써 공교육으로서의 평생교육의 위치를 법적, 제도적으로 확립한 의미가 있다.

사회교육법은 일정규모 이상의 평생교육단체, 평생교육시설 또는 사업장에 '사회교육전문요원'을 두도록 함으로써 평생교육운영의 전문성을 신장시키는 계기가 되었다. 또 학교와 대학의 평생교육 활동참여를 규정함으로써 평생교육활동을 활성화하는 데 크게 기여하였다.

사회교육법의 이러한 의의에도 불구하고 학교교육 중심의 교육법의 하위 법처럼 인식되었고 각종 평생교육기관의 학습 이수결과에 대한 평가·인정제도가 마련되지 못함으로써 개방적 교육체제로 나아가는 데는 한계가 있었다.[3)]

2.2 평생교육법의 제정취지와 주요내용

문민정부가 추진한 1995년의 교육개혁 방안에서 60여 개의 사회교육 관계 법령을 조정·통괄할 수 있는 모법으로서의 「평생학습법안」을 마련하였고, 심의 과정에서 「사회교육법」을 전면 개정하여 1999년 「평생교육법」형태로 제정되었

3) 상게논문, pp 76-77

고 2001년 1월 29일 개정되었다.

2.2.1 「평생교육법」의 제정취지

「평생교육법」의 제정취지는 다음과 같다.[4)]

첫째, 「교육기본법」, 「초·중등교육법」, 「고등교육법」, 그리고 「평생교육법」으로 이어지는 교육관계법의 기본체제 구축이다.

둘째, 21세기 지식기반사회를 주도하는 신교육체제의 열린 교육, 평생학습사회를 건설하는 데 필요한 평생학습기회의 확대이다. 정보통신매체를 통한 원격교육 확대, 평생교육정보센터 및 평생 학습관의 운영 등 다양한 평생교육 제도를 마련하고 폭넓은 교육과정으로 학습자중심의 학습기회를 제공한다.

셋째, 평생교육과정 이수자에게 학점, 학력인정, 각종자격시험 및 승진·승급기회부여, 유급학습휴가 및 학습비지원 등 금전적·비금전적 보상을 통해 평생학습 의욕을 증진시킨다.

넷째, 성인의 경험학습인정, 사내검정 인정, 문화생 학력인정, 기술자격 학점인정 등을 통해 형식적 학력 위주에서 실질적 학력위주의 사회로 변화시키기 위한 제도를 만든다. 평생교육법과 학점인정 등에 관한 법률에 의거 취득한 학점 및 학력으로 대학의 편입학 기회가 부여되었다.

다섯째, 지역사회학교, 평생교육원, 사업장 및 언론기관 부설 평생교육시설 등 다양한 평생교육기관을 통하여 성인의 교육기회를 확대하고, 학점은행제, 사내대학 양성화, 원격대학 등 다양한 학력인정제도를 통해 고등교육수준으로 국민의 능력향상에 중점을 둔다.

여섯째, 국가 및 지방자치단체는 평생교육기관의 학습비 보조·평생교육기관의 네트워크 구축 등 평생교육기관에 행·재정지원을 강화한다. 또 민간사업을 통해 프로그램 개발 및 인력개발 사업을 한다.

2.2.2 「평생교육법」의 주요내용과 과제

「평생교육법」은 5장 32개조로 구성되었다. 제1장은 총칙, 제2장은 국가 및 지방자치단체의 임무, 제3장은 평생교육사, 제4장은 평생교육시설, 제5장은 보칙으로 되어 있다.

4) 교육부, 평생학습법 제정시안과 배경설명 자료, 1998.

제1장 총칙에서는 평생교육법의 목적(제1조)과 평생교육의 용어의 정의, 그리고 평생교육의 이념 등을 규정하고 있다. 평생교육이란 학교교육을 제외한 모든 형태의 조직적인 교육활동을 의미한다(제2조). 평생교육의 이념은 모든 국민에게 평생교육의 기회를 균등히 보장하는 것이다. 평생교육은 학습자의 자유로운 참여와 자발적인 학습을 기초로 이루어지며, 평생교육을 이수한 자에게는 그에 상응한 사회적 대우를 부여하여야 한다. 또 평생교육이 정치적·개인적 편견의 선전을 위한 방편으로 이용되어서는 아니 된다(제4조).

평생교육의 교육과정·방법·시간 등을 실시하는 자는 학습자의 필요와 실용성을 존중하여야 하며(제5조), 공공시설을 본래의 용도에 지장이 없는 범위 안에서 이용할 수 있다(제6조). 국가·지방자치단체 기타 공공기관의 장 또는 각종 사업의 경영자는 소속 직원의 평생학습기회를 확대하기 위하여 유급 또는 무급의 학습휴가를 실시하거나 도서비·교육비·연구비 등 학습비를 지원할 수 있다(제7조).

제2장은 국가 및 지방자치단체의 임무 규정이다. 국가 및 지방자치단체는 평생교육시설의 설치, 평생교육사의 양성, 평생프로그램의 개발 및 평생교육기관에 대한 경비보조 등의 방법으로 모든 국민에게 평생학습의 기회가 부여될 수 있도록 노력하여야 한다고 규정하고 있다(제9조). 국가 및 지방자치단체는 평생교육 진흥에 필요한 경비를 보조할 수 있으며, 학습자에 대한 직접지원을 원칙으로 한다(제11조). 국가 및 지방자치단체는 평생교육단체 또는 평생교육시설 설치자의 요청이 있을 때에는 평생교육활동을 지도·지원할 수 있으며, 평생교육 종사자의 능력향상을 위한 연수를 할 수 있다(제12조).

국가 및 지방자치단체는 각급 학교, 민간단체, 기업 등과 연계하여 교육의 정보화와 관련 평생교육과정 개발에 노력하여야 하며(제15조), 인적자원의 효율적인 활용을 위하여 강사에 관한 정보를 제공·관리하는 제도를 운영할 수 있고 개인적 학습경험을 종합적으로 집중 관리하는 제도를 도입·운영할 수 있다(제16조).

평생교육의 효율적인 실시를 위한 협의·조정 등을 위하여 교육감 소속 하에 평생교육협의회를 두며(제10조), 교육인적자원부장관은 평생교육에 관한 연구, 종사자에 관한 연수, 평생교육에 관한 정보의 수집·제공 등 평생교육센터의 기능을 하여야 하며, 교육감은 관할 구역 안에서 평생 학습관을 운영하여야 한다(제13조). 교육인적자원부장관 및 교육감은 평생교육단체 또는 평생교육시설을 지정하여 평생학습관의 기능과, 평생교육의 정보제공, 평생학습의 상담 등을 수행하는 지역평생교육정보센터를 운영할 수 있다(제14조).

제3장은 평생교육사 규정인바, 교육인적자원부장관은 대학에서 평생교육관련 과목을 일정 학점이상 이수한 자 또는 평생교육법에 의한 평생교육사 양성기관에서 소정의 과정을 이수한 자에게 평생교육사의 자격을 부여한다. 평생교육사는 평생교육의 기획·진행·분석·평가 및 교수업무를 수행한다(제17조). 평생교육단체 및 평생교육시설에서는 대통령령이 정하는 기준에 따라 평생교육사를 배치하여야 한다(제19조).

제4장은 평생교육시설에 관한 규정이다. 학교형태의 평생교육시설을 설치·운영하고자 하는 자는 대통령령이 정하는 시설·설비를 갖추어 교육감에게 등록하여야 한다(제20조). 평생교육법은 사내대학형태와 원격대학형태의 평생교육시설을 인정하고 있다.

특히 「평생교육법」은 기업체내에 설치·운영되어 학력·학위와는 관계없이 과기부에서 과학기술 응시자격만 부여하던 사내대학에 대하여 일정규모 이상인 경우 교육인적자원부장관의 인가를 받아 전문대학 또는 대학졸업자와 동등한 학력·학위가 인정되는 평생교육시설로 할 수 있도록 하였다(동법 제21조). 또 누구든지 정보통신매체를 이용하여 특정 또는 불특정 다수인에게 원격교육을 실시하거나 다양한 정보를 제공하는 등의 평생교육을 할 수 있도록 하고 있다. 그리고 교육부 장관의 인가를 받아 전문대학 또는 대학졸업자와 동등한 학력·학위가 인정되는 원격대학 형태의 평생교육시설을 설치할 수 있도록 하였다(동법 제22조).

「평생교육법」 제22조는 "누구든지 정보통신매체를 이용하여 특정 또는 불특정 다수인에게 원격교육을 실시하거나 다양한 정보를 제공하는 등의 평생교육을 실시할 수 있다"고 규정하여 '원격대학' 형태의 평생교육시설이라는 개념을 사용하고 있다. 광의의 원격대학은 사이버대학이나 가상대학 혹은 방송통신대학 등 제 유형의 대학들을 모두 포괄한다. 협의의 원격대학은 사이버 혹은 가상대학과 같은 개념이다. 원격대학형태의 평생교육시설을 규정한 「평생교육법」 제22조는 원격대학이 대학인지 시설인지 불분명하고 원격대학의 자율성을 제한하고 있다. 또한 원격대학의 법적성격에 대해서도 영리사업인가 비영리사업

인가 하는 점에서 감독기관과 인식의 차이가 있다.[5]

「평생교육법」이 더욱 활성화되기 위해서는 평생교육 관련시설이 지역단위별로 확충되고 지원을 위한 재원확보가 필요하다. 또 지역중심의 학습공동체 형성을 위하여 지역거점 시설인 학교에서의 평생교육이 활성화되어야 한다. 특히 대학차원에서 직장인의 재교육 같은 평생교육진흥을 적극적으로 추진해야 한다. 그리고 직장인과 공무원이 근무시간에 학원 등 교육기관에 다니면서 컴퓨터나 어학을 배우되 이로 인해 임금상의 차별을 받지 않는 학습휴가제가 적극 시행되어야 한다.

이 밖에도 일정규모 이상의 사업장의 경영자는 당해 사업장의 고객 등을 대상으로 하는 평생교육시설을 설치·운영할 수 있으며(제28조), 시민사회단체 또는 언론단체도 부설 평생교육시설을 설치·운영할 수 있다(제24조, 제26조). 각급 학교의 장도 학교의 교육환경을 고려하여 그 특성에 맞는 평생교육을 실시·운영할 수 있다(제25조). 또 지식정보의 제공과 교육훈련을 통한 인력개발을 주된 내용으로 하는 지식·인력개발 사업을 경영하는 자도 평생교육시설을 설치·운영할 수 있다(제27조).

제5장은 보칙으로 학점들의 인정과 과태료 부과 규정이다. 평생교육과정을 이수한 자는 학점인정 등에 관한 법률이 정하는 바에 따라 학점 또는 학력을 인정받을 수 있다(제28조). 평생교육시설의 설치자가 부정한 방법으로 인가를 받거나 등록한 경우 등에는 운영의 정지, 인가 또는 등록을 취소할 수 있으며(제29조), 허위 자료 제출 또는 신고 태만 등의 경우에는 500만 원 이하의 과태료에 처한다(제32조).

2.3 평생교육법 관련 판례

「평생교육법」 제20조 제2항은 학력인정 평생교육시설이 설치자에게 교사 및 교지를 소유할 의무를 부과하고 있다. 그 입법취지는 교육시설의 부실 또는 교육환경의 불안정을 방지하고 학습자들의 학습권을 지속적으로 안전하게 보호하는 데 있다. 학력인정시설의 설치자로 하여금 교사 및 교지에 대한 소유의무

5) 허종렬, "원격대학 관련 법령 정비 방안", 「교육법학연구」 제14권 제2호, 2002, pp. 274-290.

를 부과하는 것은 이러한 입법목적을 달성하기 위한 적절한 방법으로 이 사건의 소유요건규정은 과잉금지원칙에 위배하여 직업선택의 자유를 제한한다고 볼 수 없다.

학력인정시설이 지정기준을 대통령령에 위임하고 있는 「평생교육법」 제20조 제2항 및 제3항도 포괄위임 입법 금지원칙에 위배되지 아니한다. 왜냐하면 학력인정시설이 지정기준과 관련하여 「초·중·등교육법」 및 「사립학교법」에 의하여 설립되는 중·고등학교의 준하는 설립운영 기준이 적용될 것임이 충분히 예측될 수 있기 때문이다. 교지 및 교사를 임대하여 학력인정시설을 지정받은 설치자가 변경신청을 한 경우에도 종전의 시설기준(임대)을 적용하지 아니하고, 소유하도록 한 것은 신뢰보호원칙에 위반되지 않음으로 그러한 경과규정을 두지 않은 부진정 입법부작위가 헌법에 위반된다고 할 수 없다.[6)]

3. 평생교육의 평가인정체제

학생교육이 실효성 있게 추진되기 위하여서는 다양한 평생교육시설에 의한 교육과 학습경험이 국가로부터 공정히 평가받아 학교교육기관과 연계되어야 한다. 이를 위하여 1997년에 제정된 「학점인정 등에 관한 법률」에서 학점은행제를 채택하고 있다.

학점은행제는 평생학습체제 실현을 위한 제도적 기반으로서 학교교육은 물론 다종다양한 사회교육의 학습의 결과를 사회적으로 공정하게 평가인정하고 이들 교육의 결과를 학교교육과 사회교육 간에 상호인정하며, 이들이 상호 유기적으로 연계를 맺도록 함으로써 개개인의 학습력을 극대화할 수 있도록 하자는 제도이다. 개인의 학습경험은 학점화되어 한국교육개발원에 등록할 수 있고, 이러한 학점들이 누적되면 대학졸업학력 또는 전문대학졸업학력을 인정받고, 학사학위 또는 전문학사학위를 취득할 수 있게 된다.

적령기에 고등교육의 기회를 갖지 못한 직장인, 대학을 다니다가 중퇴 또는 포기한 뒤 계속 교육을 받고자 하는 사람, 대학졸업장은 없지만 자격취득 등을 통해 전문실력을 갖추고 있는 직장인, 이미 학위를 갖고 있지만, 새로운 분

6) 헌재 2004. 8. 26, 2003헌마337.

야의 전공을 사회교육을 통해 공부하고자 하는 사람, 독학사의 단계별 시험에 합격한 뒤, 학점은행제에 의해 학위를 받고자 하는 사람이 혜택을 받게 된다. 평가인정된 사회교육시설 및 직업훈련기관의 학습과정 이수, 국가기술자격증 취득, 독학사의 각 단계별 시험합격, 대학에서 시간제로 등록하여 교과목 이수에 대하여 학점이 인정된다.

학력인정의 기준은 고등학교 졸업 학력을 이미 가진 사람일 것, 대학졸업 학력은 140학점 이상, 전문대학 졸업 학력은 80학점 이상을 인정받을 것, 인정받은 학점들이 표준교육과정상의 전공별 교양 및 전공과목 이수기준에 적합할 것이다.7)

평생교육체제의 학점 및 학력인정과 관련된 제도로 독학학위제도가 있다. 「독학에 의한 학위취득에 관한 법률」이 1990년에 제정되어 경제적·시간적 제약으로 대학에 진학하지 못한 자도 다양한 교육기관과 매체를 통하여 학습한 후 국립교육평가원에서 시행하는 시험을 단계적으로 통과하면 학사학위를 취득할 수 있는 제도이다.

또 능력중심의 사회로 전환하기 위하여 직업교육의 강화와 자격제도의 활성화가 필요한바, 1997년에 「직업교육훈련촉진법」과 「자격기본법」이 제정·공포되었다. 「직업교육훈련법」은 직업교육과 직업훈련을 연계·운영한다. 「자격기본법」은 자격인정을 위한 평가방법, 자격에 부여되는 효과, 자격유지·갱신을 위한 교육 등을 규정하고 있다. 자격제도와 평생교육체제가 연계해 나갈 수 있는 방안모색이 필요하다.

정부는 1997년 12월에 직업교육훈련정책 및 자격제도의 연구·개발, 직업교육훈련프로그램의 개발·보급 등의 업무를 효율적으로 수행하여 직업교육의 활성화 및 국민의 직업능력향상을 위하여 한국직업능력개발원을 설립하였다(직업능력개발원법 제1조).

4. 학원의 설립·운영에 관련된 판례

다수인에게 30일 이상의 교습과정에 따라 지식·기술·예능을 교습하거나,

7) http://www.moe.go.kr

30일 이상 학습장소로 제공하는 시설이 학원이다. 이러한 학원은 평생교육을 위한 중요 교육시설이므로 일정한 시설·설비의 기준과 교육환경 및 위생시설을 준수하여야 한다. 이러한 사설 강습소의 정상적 운영과 질적 향상을 도모하기 위하여 사설 강습소의 설립 및 감독에 관한 사항을 규정한 것이 1961년의 「사설강습소에 관한 법률」이고, 1984년에 전문 개정되어 「학원의 설립운영 및 과외교습소에 관한 법률」로 존재한다. 동 법률과 관련된 판례를 살펴보자.

4.1 과외학습 금지의 위헌성 시비

「학원의 설립·운영 및 과외교습에 관한 법률」은 우리사회에 심각한 폐해를 야기시키고 있는 과외교습을 금지시키는 규정을 두었다. 동 법률 제3조(과외학습)에서 "누구든지 과외학습을 하여서는 아니 된다"고 과외를 전면 금지시키고 다만 학원 또는 교습소에서의 기술·예능 등을 교습하는 경우, 학원에서 고등학교 또는 대학 등에의 입학을 위한 교습을 하는 경우, 대학에 재적중인 학생이 교습하는 경우에만 예외로 인정하고 있다. 음악대학 교수 등 전문 음악인들이 어린이들에게 음악과외교습을 하다가 적발되어 동법 제22조(벌칙)에 따라 벌과금을 부여받은바, 동법 제3조의 위헌심사를 헌법재판소에 청구하였다. 청구인들은 동 조항이 헌법상의 학문과 예술의 자유, 교육을 받을 권리, 직업선택의 자유, 행복추구권을 침해하며, 과외교습 제한 방법이 헌법 제37조 제2항의 과잉금지 원칙에 위반되며, 나아가 헌법상 기본권의 본질적 내용을 침해하였다고 주장하였다.

교육인적자원부장관은 학교교육이 아닌 재가교육의 일종인 과외교습을 받을 권리는 교육을 받을 권리에 포함되지 않으며, 과외수업은 다음과 같은 많은 피해를 야기한다고 주장하였다. 과외는 자주적 학습태도를 결여하고 의존적 성격을 형성하게 한다. 과도한 과외수업은 개인의 건전한 신체적 정서적 성장을 기대할 수 없게 한다. 지나친 경쟁의식으로 공동체 의식을 기를 수 없게 하고, 학교교육 소홀로 학교교육이 황폐화된다. 또 동 법률 제3조의 제한은 고액의 개연성이 강하고 사회문제를 일으킬 소지가 큰 일반인에 한정되고, 예외도 인정되어 기본권을 지나치게 제한한 것이 아니다.

헌법재판소는 「학원의 설립·운영 및 과외교습에 관한 법률」 제3조와 벌과금 규정인 제22조 제1항 제1호는 헌법에 위반된다고 위헌 판결을 하였다. 위헌 판결의 이유는 다음과 같다.

> 헌법에 명문규정이 없더라도 부모의 자녀에 대한 교육권은 모든 인간이 누리는 양도할 수 없는 불가침의 인권이다. 한편 국가도 헌법 제31조 제6항에 의하여 모든 학교제도의 조직·운영·감독에 관한 포괄적인 권한을 갖는다. 따라서 학교교육 내에서는 국가의 교육권한이 헌법적으로 인정되어 부모의 교육권과 함께 자녀의 교육권을 담당하지만, 학교 밖에 교육영역에서는 원칙적으로 부모의 교육권이 우위를 차지한다.
>
> 헌법 제31조의 "능력에 따라 균등한 교육을 받을 권리"는 국가로 하여금 적극적으로 사인간의 출발에서의 불평등을 완화해야 할 의무를 지우나, 학교교육 밖에서의 사적인 교육영역까지 균등하게 이루어지도록 개인이 별도로 교육을 받는 행위를 국가가 금지·제한할 수 있도록 근거를 부여한 수권규범이 아니다.
>
> 동법 제3조는 기본권 침해의 최소성, 법익의 균형성을 갖추지 못하여 비례의 원칙에 위반되어 국민의 자녀교육권, 인격의 자유로운 발현권, 직업선택의 자유를 침해하는 위헌규정이다. 고액과외 교습을 금지하는 것 자체가 위헌이라는 것이 아니라, 고액과외교습을 억제하기 위한 방법의 선택이 잘못되어 위험성이 없는 과외교습까지도 광범위하게 금지되어 과도하게 기본권을 침해한다. 입법목적과 수단의 적합성은 인정하되 기본권 침해 시 준수해야 할 비례의 원칙에 반한다.

헌법재판소는 과외금지의 동법 제3조의 입법목적과 수단의 적합성은 인정하였지만, 수단의 최소 침해성 내지 법익의 균형성 유지에서 문제가 있음을 다음과 같이 지적하였다.

> 사교육의 영역에 관한 한, 우리 사회가 불행하게도 이미 자정능력이나 자기조절능력을 현저히 상실했고, 이로 말미암아 국가가 부득이 개입하지 않을 수 없는 실정이므로, 위와 같이 사회가 자율성을 상실한 예외적인 상황에서는

고액과외교습을 방지하여 사교육에서의 과열경쟁으로 인한 학부모의 경제적 부담을 덜어주고 나아가 국민이 되도록 균등한 정도의 사교육을 받도록 하려는 법 제3조의 입법목적은 입법자가 '잠정적으로' 추구할 수 있는 정당한 공익이라고 하겠다.

수단의 적합성의 관점에서 보더라도 법 제3조가 학원·교습소·대학(원)생에 의한 과외교습을 허용하면서 그 밖에 고액과외교습의 가능성이 있는 개인적인 과외교습을 광범위하게 금지하는 규제수단을 택하였고, 이러한 수단이 위 입법목적의 달성에 어느 정도 기여한다는 점은 의문의 여지가 없다. 따라서 수단으로서의 적합성도 인정된다 하겠다.

법 제3조는 원칙적으로 허용되고 기본권으로 보장되는 행위에 대하여 원칙적으로 금지하고 예외적으로 허용하는 방식의 '원칙과 예외'가 전도된 규율형식을 취하였고, 그 내용상으로도 규제의 편의성만을 강조하여 입법목적달성의 측면에서 보더라도 금지범위에 포함시킬 불가피성이 없는 행위의 유형을 광범위하게 포함시키고 있다는 점에서, 입법자가 선택한 규제수단은 입법목적의 달성을 위한 최소한의 불가피한 수단이라고 볼 수 없다.

법 제3조와 같은 형태의 사교육에 대한 규율은, 사적인 교육의 영역에서 부모와 자녀의 기본권에 대한 중대한 침해라는 개인적인 차원을 넘어서 국가를 문화적으로 빈곤하게 만들며, 국가 간의 경쟁에서 살아남기 힘든 오늘날의 무한경쟁시대에서 문화의 빈곤은 궁극적으로는 사회적·경제적인 후진성으로 이어질 수밖에 없다. 따라서 법 제3조가 실현하려는 입법목적의 실현효과에 대하여 의문의 여지가 있고, 반면에 법 제3조에 의하여 발생하는 기본권제한의 효과 및 문화국가실현에 대한 불리한 효과가 현저하므로, 법 제3조는 제한을 통하여 얻는 공익적 성과와 제한이 초래하는 효과가 합리적인 비례관계를 현저하게 일탈하여 법익의 균형성을 갖추지 못하고 있다.

[이영모 재판관의 반대의견]

즉 과외교습은 학교교육에 종속된 보충교육으로서 학교교육의 공공성을 침해하는 경우 국가는 학교교육의 정상화를 위하여 재량적으로 이를 규제할 수 있고, 그 규제입법의 위헌심사기준은 입법형성의 합리성이다.

이 사건 법률조항은 국가와 학부모의 공동과제인 자녀의 학교교육과 학부모가 결정하는 사교육의 한 부분인 과외교습과의 조화를 꾀하기 위한 입법으로서 합리성을 벗어난 것으로 인정되지 아니한다. 이 사건 법률조항이 원칙적인 금지와 예외적인 허용이라는 규율형식을 취하고 있으나, 실질적으로 이 법에서 허용되는 과외교습은 학습이 부진한 학생들로 하여금 이를 보충하는 데 모자람이 없는 한편, 사회적 폐해의 소지가 현저하고 부작용이 보다 높은 개인의 과외교습에 한하여 금지되고 있을 뿐이다.

따라서 이 사건 법률조항은 입법목적의 정당성 및 수단의 합리성을 갖춘 입법으로서 과외 교습자와 학부모, 학습자의 기본권의 본질적인 내용을 침해하는 것이 아니므로 합헌이다.[8)]

한대현 재판관과 정경식 재판관은 위헌결정에 찬성하면서도 우리 현실에 비추어 단순위헌결정으로 당장 그 효력을 상실시킬 것이 아니라 새로운 입법이 이루어질 때까지 잠정 적용하는 헌법 불합치 결정을 하자는 의견을 제시하였다.

헌법재판소의 위헌 논거는 과열 과외로 인한 사회적 병폐를 막기 위한 선의의 입법취지는 이해가 되지만, 과외교습의 원칙적 금지와 예외적 인정은 지나친 기본권 침해의 소지가 크다는 것이다. 반대로 일정한 경우에만 과외교습을 제한하는 입법방식을 취하였다면 위헌판결이 내려지지 않았을 것이다. 교육정책 수립에 있어 법적 판단 내지 헌법적 지식이 얼마나 중요한가를 일깨우는 유익한 판례라 하겠다.

4.2 학원설립의 등록의무에 관련된 판례

「학원의 설립·운영 및 과외교습에 관한 법률」 제6조는 학원을 설립·운영하고자 하는 자는 일정시설·설비를 갖추어 대통령령이 정하는 바에 따라 교육감에게 등록하도록 하였고, 동법 제22조에서 등록하지 아니한 자에게 1년 이하의 징역 또는 300만 원 이하의 벌금에 처하도록 규정하고 있다.

이러한 제한규정과 관련하여 청구인 갑은 주부들을 대상으로 기초적인 글읽기 교육을 하는 비영리단체인데, 이러한 단체에까지 등록제도로 규제하면 헌법 제10조의 행복추구권과 제31조의 교육을 받을 권리를 침해하는 것이라는

---

8) 헌재 2000. 4. 27, 98헌가16; 98헌가429(병합).

위헌소원이 있었다.[9] 헌법재판소는 학원 등록제도의 합헌성을 다음과 같이 판결하였다.

> 학원의 등록제도는 국민의 교육을 받을 권리를 실질적으로 보장하기 위하여 교육제도와 시설을 일정한 수준으로 유지시키고 이를 위하여 국가가 적절한 지도, 감독을 하기 위한 목적을 지닌 제도라고 할 수 있으므로 공공복리를 위한 입법목적을 가지고 있는 것이고, 학원의 등록제도는 위와 같은 입법목적을 달성하기 위한 효과적인 방법이라고 할 수 있다. 그리고 법에서 정하는 학원의 설립요건은 지나치게 엄격하다고 볼 수 없으며, 벌칙규정인 제22조 제1항 제2호의 법정형이 과도한 것이라고 할 수도 없다. 그러므로 이 사건 법률조항들이 헌법에 위배하여 국민의 행복추구권, 직업선택의 자유를 침해한다고 볼 수 없다.
>
> 사회교육단체인 경우 사회교육시설을 설치하려면 관련 시설·설비를 갖추어 관할 시도교육위원회에 등록하여야 하고, 학원의 설립·운영에 관한 법률상의 학원에 해당하는 경우에는 등록예외조항에 해당하지 않는 한 주무관청에 등록하거나 인가를 얻어야 한다.[10] 무도교습학원을 설립·운영하고자 하는 자는 풍속영업의 규제에 관한 법률에 의하여 관할 경찰서장에게 신고하고, 「학원의 설립·운영 및 과외교습에 관한 법률」 제5조에 따른 등록도 하여야 한다.[11]

5. 평생교육과 국가인적자원개발

5.1 국가인적자원개발기본계획의 주요내용

인적자원개발에 관한 정부의 구체적 계획인 국가인적자원개발기본계획을 살펴본다.[12]

---

9) 헌재 2001. 2. 22, 99헌바93.
10) 헌재 2001. 2. 22, 99헌바93.
11) 헌재 1997. 5. 16, 97누3163.
12) 대한민국정부, 국가인적자원개발기본계획, 2001. 12.

5.1.1 계획수립의 배경과 인적자원체제의 현황

21세기는 지식기반사회로 국가 경쟁력의 원천이 제한된 물적 자원에서 무한한 지식의 힘으로 변화한다. 정부는 세계 경제·사회 환경의 변화, 우리 경제의 발전단계와 전망, 인구 및 사회구조의 변화 등을 총체적으로 고려하여, 교육과 연구개발, 직업훈련, 고용, 복지, 산업 등 관련부문을 포괄하는 범정부 차원의 종합계획 수립이 필요하다.

인적자원개발의 배경이 되는 세 가지 경제 사회의 변화는 지식기반경제로의 변화, 사회·문화 패러다임의 전환, 그리고 노동시장의 변화와 평생학습 수요의 증대이다. 우리나라 인적자원의 현황을 보면 양성·공급 면에서 의무교육의 확대, 고등교육의 대중화로 고학력 인적자원의 양적 공급 기반은 대체로 양호하나 지역산업 및 문화와 연계된 대학별 특성화가 부족하고, 기업·대학·연구기관 등 지식창출 기관을 유기적으로 연계하는 제도적 장치가 미흡하고, 각 기관 간 교류와 협력이 미진하다고 볼 수 있다.

인적자원의 배분·활용 면에서 인력수급 전망, 직업 정보, 자격 제도 등 교육·훈련과 노동시장을 연계하는 기본적 정보 인프라가 미발달하였고, 인문·사회분야의 고급지식을 기반으로 하는 지식기반산업 분야의 인력수요가 특히 취약하다. 특히, 공학분야·과학기술분야 등 특정분야에서 여성 인적자원의 개발과 활용이 부족하며, 성인단계의 계속교육 참여비율이 매우 낮고, 재교육·훈련 프로그램이 미발달되었다.

인적자원 인프라를 보면, 국민의 정보화 기초능력과 하드웨어 인프라는 세계적으로 우수하나 콘텐츠 개발의 중요성에 대한 인식이나 이를 위한 정책적 지원은 부족한 실정이다. 또한 지식의 창출 및 유통, 거래 등과 관련된 법·제도가 여전히 과거의 공급자 중심, 규제 중심 체제를 유지하고 있으며 인적자원의 개발 및 활용에 대한 국가 차원의 종합적이고 전략적인 비전이 부족하다.

5.1.2 국가인적자원개발의 정책영역과 과제

국가인적자원개발을 위한 정책영역은 전 국민 기초역량 강화, 성장을 위한 지식과 인력개발, 국가 인적자원 활용 및 관리의 선진화, 국가 인적자원 인프라 구축인바, 각 영역별 추진과제들을 간략히 살펴본다.

첫째, 전 국민의 역량강화를 위하여 국민 기초교육 보장과 초·중등 교육체제의 자율화를 강화한다. 특히, 외국어, 정보화 능력 등 기초능력 분야에서 학력 미달자가 생기지 않도록 국가의 지원체제를 확립하며, 학교 중도탈락자를 위한 대안학교의 설립과 대안교육 프로그램을 확대하고, 단위학교의 자율과 책임을 획기적으로 확대하여 학교와 교사의 자율적 혁신능력을 강화한다. 단위학교 중심으로 교육시스템을 개편하고, 학교와 지역사회의 협력체제를 구축한다.

또한 진취적·창의적 청소년 문화를 육성하며, 평생 직업능력 개발체제를 구축한다. 이를 위하여 초·중등학교 단계부터 기초 직업능력 교육을 강화하며, 실업계 고등학교의 직업교육체제를 산업계 수요에 부응하도록 혁신하고, '성인대상 직업교육과정'을 전문대학 및 대학에 확대·설치하고, 사이버 직업교육을 활성화한다. 또한 학교 밖의 다양한 학습경험을 공인해 주는 학점은행제의 운영을 내실화하는 등이다.

사회적 취약계층의 능력개발을 지원하기 위하여 저소득층을 위한 자활 직업훈련 및 고용촉진 훈련을 확대하고, 청소년 실업자를 기능 인력으로 육성하기 위한 직업훈련을 강화한다. 장애인에 대한 교육기회를 확대하고, 특수교육과 직업훈련, 취업을 연계하는 부처간 협력체제를 강화한다. 그리고 고령자·노인의 평생학습 및 봉사활동에 대한 지원을 강화하고, 고용촉진을 위한 제도를 정비한다. 그 밖에도, 사회적 신뢰구축과 민주 시민의식 정립을 위하여 국민 기초교육 단계부터 자율과 책임, 공정한 경쟁과 협력에 대한 학습을 강화함으로써 시민 공동체 의식을 강화한다.

둘째, 성장을 위한 지식과 인력개발을 위하여 창조적 역량과 특별한 재능을 갖춘 우수인재를 조기에 발굴하여 체계적으로 육성하며, 세계 최고의 신기술 개발을 주도할 고급인력의 양성·활용체제를 구축한다. 그리고 해외 우수 인력의 유치·활용을 확대하고, 국제적 수준의 공동연구 사업을 전략적으로 추진한다. 특히, 새로운 성장 동력으로서 대학의 역할과 기능을 혁신하여 세계적 수준의 연구중심 대학을 육성하고 대학별 특성화를 유도하기 위한 제도적 기반을 조성한다. 또한, 서비스 산업 고도화를 위한 인적자원을 확충하며, 한국적 정체성과 창의성을 바탕으로 문화·예술 활동을 주도할 인적자원을 육성하여 21세기 문화선진국 진입의 토대를 마련한다.

셋째, 국가 인적자원 활용 및 관리의 선진화를 위하여 공공분야 인적자원의 전문성을 제고하고, 민간부문의 인적자원개발·활용을 선진화한다. 그리고 여성 인적자원의 활용도를 제고하기 위하여 비정규직을 포함한 재직 여성 근로자의 직업능력개발 기회를 확대하고, 전업주부의 능력개발 및 취업을 지원하기 위한 여건을 조성하며, 여학생에 대한 진로·직업교육을 보다 강화하고, 다양한 분야로 여성 인적자원의 진출을 유도한다.

넷째, 국가 인적자원 인프라 구축을 위하여 인적자원 평가·관리 및 정보 인프라를 강화하고, 지적재산권의 보호 등을 통하여 지식 유통·관리체제를 정비한다. 인적자원 정책역량을 강화하기 위하여 인적자원개발에 관한 연구를 활성화하고, 이 분야에 대한 대학 강좌 및 학회·학술활동을 지원한다.

5.1.3 국가인적자원개발 2차 기본계획

국가인적자원개발 2차 기본계획(2006-2010)이 지속적 성장을 위한 국가 발전전략 모색, 고급 서비스 인력 양성 체제 혁신, 사회 수요에 부응하지 못하는 대학교육 혁신, 다양하고 유연한 학제 개편, 지속적인 능력개발 지원으로 노동생산성 향상 및 소득 불균형 해소, 고용 창출 및 여성 인력 활용 증대, 인력수급 불균형 해소를 목표로 수립되었다. 국가 인적자원개발 기본계획이 추구하는 정책의 구체적인 성과지표는 〈표 17-1〉과 같다.

〈표 17-1〉 국가인적자원개발 2차 기본계획 주요 성과지표[13)]

주요 성과 지표	'00	'06	'10
• 국가 성장을 주도할 핵심인력의 양성			
- 세계 200위권내 국내 대학수	-	3개	10개
- SCI 논문순위	16위	13위	10위
- 세계 수준의 경영전문대학원 육성	-	-	10개
- 대학교육 경쟁 요구 부합도	43위/47	52위/60	20위권
- 영재교육 대상	-	0.9%	1%
- 국내 외국인 유학생 유치(백명)	116	225	500
• 국민의 기본능력 함양 및 평생 학습능력개발			
- 인적자본(국민평균 교육연수)	10.6년	11.9년	13.5년
- 초등학교 학급당 학생수	35.8명	32.9명	30명
- 국제학업성취도(PISA)	수학2위	수학3위	수학1위
- 평생학습 참여율	17.2%	21.6%	30%

13) 국가인적자원개발 종합전산망(http://www.nhrd.net/)

- 평생학습 도시 - 인적자원개발 우수기관(기업, 공공기관) 인증 - 민간기업의 노동비용 중 교육훈련비 비중	3개 - 1.4%	33개 10개 1.5%	100개 500개 2%
• 인적자원 활용 제고 및 교육 · 문화 복지 확충 - 여성 경제활동 참가율(15세 이상) - 만 5세아 교육 · 보육 지원(%) - 장애인 고용 비율 - 교육복지투자 우선 지역 - 방과후 학교 도입	 48.8% 4.5% 1.01% - -	 50.1% 28.7% 1.18% 15개 48교	 55% 80% 2% 100개 전면실시

5.2 인적자원개발기본법과 국가인적자원위원회

5.2.1 인적자원개발기본법의 주요내용

위에서 살펴본 국가인적자원개발기본계획은 그 내용과 범위가 매우 광범위하여 실제로 구체화될지 확실하지는 않지만, 평생교육을 포함한 중요한 교육정책추진 방향을 제시하고 있다.

정부도 동 계획의 추진을 위하여 인적자원의 개발 및 활용과 관련된 관련부처와 민간기관의 폭넓은 참여와 협력을 토대로 정책을 수립하며, 다른 기관의 참여가 필요한 정책과제는 과제별 정책 네트워크를 구축하고 이를 총괄·조정할 과제별 책임관을 지정하도록 되어 있다. 또 정책의 수립과 시행과정에 지방자치단체의 참여도 확대하고 중앙정부와 정책 파트너십을 구축하며, 국가인적자원위원회를 통해 정책의 추진상황을 지속적으로 점검하도록 하고 있다.

2002년 법률 제06713호로 「인적자원개발기본법」이 제정되었다. 본문 13조 부칙 2개항으로 구성된 인적자원개발기본법은 그 목적이 인적자원개발정책의 수립·총괄·조정 등 필요한 사항을 규정하여 국민의 삶의 질을 향상시키고 국가경쟁력을 강화하는 것이다(동법 제1조). 인적자원개발은 국가 및 지방자치단체가 인적자원을 양성·배분 및 협동하기 위하여 행하는 제반활동을 말하며(동법 제2조), 국가와 지방은 종합적·지역적 특성을 고려한 인적자원개발계획을 5년 주기로 수립하여야 한다(동법 제4조, 제5조).

21세기 지식기반사회에서는 물적자원보다 인적자원이 개인과 국가의 경쟁력에 있어서 더 중요하다. 2000년 교육부를 교육인적자원부로 명칭을 바꿔

부총리급으로 격상시켜 국가인적자원개발(NHRD: National Human Resource Development)을 총괄케 하고 있다. 나아가 정부차원에서 주요 인적자원개발정책을 조정하고 인적자원개발과 관련된 예산의 효율적인 운영 등에 관한 사항을 심의하기 위하여 「국가인적자원위원회」를 설치하였다.

「국가인적자원위원회」는 위원장인 대통령과 부위원장인 교육인적자원부장관을 포함한 30인 이내의 위원으로 구성되는바(인적자원개발 기본법 제7조 제4항), 위원은 대통령령이 정하는 관계 중앙행정기관의 장 및 이에 준하는 기관의 장,[14] 인적자원개발에 관한 전문지식 및 경험이 풍부한 자 중 위원장이 위촉하는 자, 「과학기술기본법」 제9조 제4항 제2호에 따른 국가과학기술위원회의 위원 중 위원장이 위촉하는 자가 된다(동법 동조 제5항). 그 주요기능은 ① 인적자원개발기본계획의 수립·변경 및 추진실적 등에 관한 사항, ② 분야별 인적자원개발계획과 정책의 기획·조정 및 평가에 관한 사항,[15] ③ 인적자원개발과 관련된 예산 등의 투자 확대방안에 관한 사항, ④ 매년도 정부가 추진하는 인적자원개발사업의 조정·평가 및 이와 관련된 예산의 효율적 운영에 관한 사항 등이다(동법 동조 제2항).

5.2.2 교육과 인적자원개발의 상호관계

종래의 교육정책이 주로 교육제도의 균형에 주안점을 두었다면 인적자원개발기본법제정을 계기로 새로운 교육정책은 인적자원의 양성, 배분, 활용에 초점을 두도록 되어 있다. 교육학계에서는 교육정책이 지나치게 경제적 관점에서만 접근한다는 비판이 있다. 인적자원 개발의 개념정의와 관련하여 기존의 교육정책과 인적자원의 개발정책간의 상호관계가 애매하다는 문제가 제기되고 있다.

---

14) "대통령령이 정하는 관계 중앙행정기관의 장 및 이에 준하는 기관의 장"이란 재정경제부장관·과학기술부장관·국방부장관·행정자치부장관·문화관광부장관·산업자원부장관·정보통신부장관·보건복지부장관·노동부장관·여성가족부장관·기획예산처장관·중앙인사위원회 위원장·국무조정실장·국정홍보처장·국가청소년위원회 위원장을 말한다(동법 시행령 제5조 제1항).

15) 이에 해당하는 개별 분야에는 다음과 같은 것들이 있다. 가. 첨단분야의 인적자원개발, 나. 법률·의료·경영 등 전문서비스 분야의 인적자원개발, 다. 여성 인적자원개발, 라. 직업교육 및 직업훈련 정책, 마. 산학협력 활성화, 바. 군 인적자원개발, 사. 국가 및 지방자치단체 등 공공부문의 인력활용, 아. 장애인, 고령자 및 준고령자 등 취약계층의 인적자원개발, 자. 지역인적자원개발, 차. 그 밖에 대통령령이 정하는 사항.

「인적자원개발기본법」 제2조는 '인적자원' 및 '인적자원개발'의 의미를 다음과 같이 정의하고 있다. '인적자원'이라 함은 국민 개개인, 사회 및 국가의 발전에 필요한 지식, 기술, 태도 등 인간이 지니는 능력과 품성을 말한다. '인적자원개발'이라 함은 국가, 지방자치단체, 교육기관, 기업 등이 인적자원을 양성, 배분, 활용하고 이와 관련되는 사회적 규범과 네트워크를 형성하기 위하여 행하는 제반 활동을 말한다.16)

인적 자원개발을 위한 활동이나 교육활동이 모두 다양한 형태의 학습을 통하여 새로운 지식과 기술을 습득하며 바람직한 가치와 태도의 함양을 추구하기 때문에 내용과 형식에서 큰 차이가 있다고 할 수 없으나 다음과 같은 차이가 지적된다. 첫째, 추구하는 궁극적인 목표에 있어서 교육은 인격의 완성과 자아실현 같은 정신적 가치이나, 인적자원의 개발은 경제성장 같은 물질적 가치와 사회전체의 번영을 우선시한다. 둘째, 활동목표의 기술에 있어 교육이 추구하는 것은 추상적이고 질적인데, 인적자원의 개발이 추구하는 것은 구체적이고 양적인 개념이다. 셋째, 교육은 개개인의 인격형성에 주된 관심을 두어 학습자나 교육자의 관점이고, 인적자원개발은 전체차원에서 인적자원의 총량을 늘리는 데 관심을 갖는 인력을 쓰고자 하는 기업이나 국가의 관점이다. 따라서 교육과 인적자원개발은 서로 다른 가치와 지향점을 가지고 있을 뿐 어느 것이 다른 것을 포함하는 관계로 보기는 어렵다.

인적자원개발정책은 인적자원의 형성과 배분, 활용의 효율성이라는 관점에서 평가되고 조정될 것이므로 자유교육전통에서 실용적인 교육으로의 전환이라는 의미를 가지고 있다. 그러나 교육 정책에서 교육의 한 특성은 본질적 가치추구문제는 여전히 남아 있고 교육정책에서 효율성 추구가 능사가 아님을 유의하여야 한다.17)

16) 이종태, "'교육'과 '인적자원개발'개념의 상호관계와 정책적 시사점에 관한 고찰", 한국교육학회 춘계학술대회 발표자료(2007. 5), pp. 1-2.

17) 상게논문, pp. 6-9.

6. 직업교육훈련 관련 법률의 체제

6.1 평생교육과 직업교육훈련

국가인적자원개발기본계획 중 평생교육과 특별히 관련되는 것은 직업 교육훈련과 일의 연계라 할 수 있다. 구체적 과제는 직업교육훈련분야의 학력과 자격의 연계, 직업교육훈련과 산업체간 연계, 그리고 직업·진로에 관한 정보 유통이다. 교육인적자원부 담당의 학력과 노동부 담당의 자격 간에 연계가 잘 안되었으나, 1997년 자격기본법에 따라 민간자격을 활성화시키는 정책이 추진되고 있으며 학점은행제 틀 속에서 국가기술자격에 대하여 일정학점을 인정하고 있다.

직업교육훈련과 산업체간 연계를 위하여서는 정부 부처 간의 충분한 협의와 조정을 거친 인력수요전망이 중요하다. 노동부는 신지식·기술 인력의 양성, 평생 직업능력 개발체제 구축, 실업자 직업훈련 내실화 정책을 추진하고 있다. 직업·진로 정보 유통을 위하여 교육인적자원부는 직업능력개발원의 진로정보센터 운영과 한국교육학술정보원의 에듀넷(Edunet) 운영을 하고 있다. 노동부도 작업망(Work-net)을 통한 직업진로 정보제공과 인적자원 개발망(HRD-net) 재구축 사업을 추진하고 있다.[18] 아래에 직업교육훈련의 개념 및 기관, 그리고 법률 체계 및 개선방안을 간략히 살펴본다.[19]

6.2 직업교육훈련의 개념 및 기관

6.2.1 직업교육훈련 관련 용어의 정의

직업교육훈련과 관련되는 유사용어들이 많다. 혼용되어 쓰이기도 하지만 다음과 같이 정리할 수 있겠다. '직업교육'(교육기본법 제21조)은 모든 국민이 학

18) 김재웅, "국가인적자원개발을 위한 정부부처 및 집단간 조정과 협력", 「국가인적자원개발을 위한 인프라 구축」, 한국교육행정학회 학술대회자료, 2001, pp. 96-97.

19) 교육인적자원부, 직업교육훈련법령의 체계분석, 요약임.

교교육과 사회교육을 통하여 직업에 대한 소양과 능력의 계발을 위한 교육이다. '직업교육훈련'이라 함은 「산업교육진흥법」 및 「근로자직업훈련촉진법」 기타의 다른 법령에 의하여 학생 및 근로자 등에게 취업 또는 직무수행에 필요한 지식·기술 및 태도를 습득·향상시키기 위하여 실시하는 직업교육 및 훈련을 말한다(직업교육훈련촉진법 제2조).

'산업교육'(산업교육진흥법 제2조 제1호)은 고등기술학교, 실업계 고등학교, 실업계 학과 또는 과정을 설치한 일반계 고등학교, 전문대학, 개방대학 또는 대학이 학생에 대하여 농업·수산업·해운업·공업 ·상업 기타의 산업에 종사하는데 필요한 지식·기술 및 태도를 습득시키기 위한 교육이다. '직업훈련'(근로자직업훈련 촉진법 제2조 제1호) 또는 '직업능력개발훈련'이라 함은 근로자에게 직업에 필요한 직무수행능력을 습득·향상하게 하기 위하여 실시하는 훈련이라 할 수 있다.

교육기본법에 의한 직업교육의 개념 영역이 가장 넓고, 「직업교육훈련촉진법」에 의한 직업교육훈련은 「산업교육진흥법」의 산업교육과 「근로자직업훈련촉진법」의 직업능력개발훈련이 포함된다고 본다(표 17-2 참조).

〈표 17-2〉 직업교육훈련 관련용어의 비교(교육인적자원부 자료)

구 분	근거법	교육기관	대 상	목 적
직업교육	교육기본법	학교교육과 사회교육	모든 국민	능력과 소양교육
직업교육 훈련	직업교육훈련 촉진법	직업교육기관 / 직업 훈련기관	학생 및 근로자 등	능력(지식, 기술, 태도)

6.2.2 직업교육훈련기관의 종류

우선 직업교육훈련의 담당기관이 다양하게 존재하는바, 간략히 비교하여보면 다음과 같다. '산업교육기관'(산업교육진흥법 제2조 제2호)은 산업교육을 실시하는 학교(고등기술학교, 실업계 고등학교, 실업계 학과 또는 과정을 설치한 일반계 고등학교, 전문대학, 개방대학 또는 대학)이다.

'직업능력개발훈련시설' 또는 '직업훈련기관'이라 함은 직업능력개발훈련을 실시하기 위하여 설치된 직업훈련원·직업전문학교 등의 시설과 직업능력개발훈련교사를 양성하기 위하여 설치된 시설이다. '직업교육훈련기관'(직업교육훈련촉진법 제2조 제2호)은 산업교육진흥법 및 근로자직업훈련촉진법 기타의 다른 법령에 의하여 학생 및 근로자 등에게 취업 또는 직무수행에 필요한 지식·기술 및 태도를 습득·향상시키기 위하여 실시하는 직업교육 및 훈련을 말하는 직업교육훈련을 실시하는 기관 또는 시설로 이 법에 의해서 비로소 평생교육법에 의한 사내대학과 고등교육법에 의한 기술대학이 직업교육기관에 포함되게 되었다.

「평생교육법」 제2조 제2호와 제3호에 의하면 '평생교육단체'라 함은 평생교육을 주된 목적으로 하는 법인·단체를, '평생교육시설'이라 함은 「평생교육법」에 의하여 인가·등록·신고된 시설과 학원 등 다른 법령에 의한 시설로서 평생교육을 주된 목적으로 하는 시설을 말한다.

고등교육기관 중 노동부장관이 지정한 학교(B영역)는 산업교육기관이면서 동시에 직업훈련기관일 수 있으며, 직업교육훈련기관은 산업교육기관(A+B영역), 직업훈련기관(B+C영역), 그리고 기타 학원 등(D영역)을 모두 포함하며, 평생교육기관은 정규교육기관을 제외한(A+B영역), 나머지 영역(C+D+E)을 말한다(그림 17-1 참조).

〈그림 17-1〉 직업교육훈련 관련기관의 비교(교육인적자원부 자료)

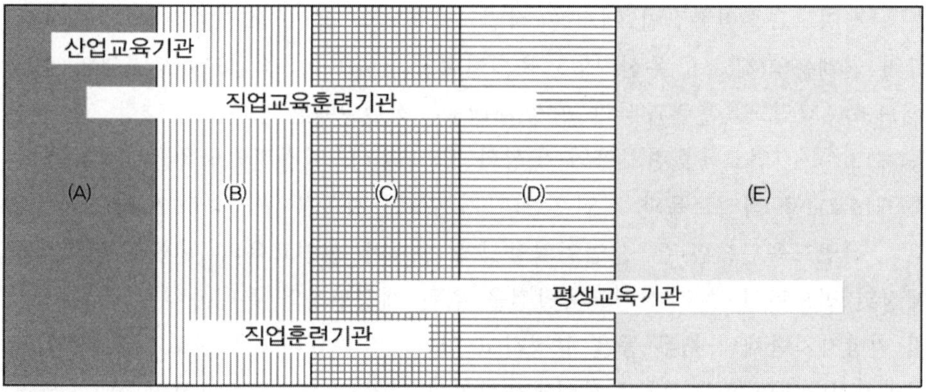

6.3 직업교육훈련 법률의 체계와 문제점

6.3.1 직업교육훈련 법률의 체계

「교육기본법」은 학교교육뿐만 아니라 사회교육 등 모든 교육의 기본적인 방향을 제시하고 있는바, 동법 제3장(교육의 진흥)은 교육활동을 대상·목적별로 구분하고 각각의 진흥책임을 국가 및 지방자치단체에 부여하고 있다. 동법 제3장 제21조에서 직업교육의 진흥을 규정하고 있는바,[20] 「교육기본법」 제21조를 수행하기 위해 제정된 법률이 「직업교육훈련촉진법」과 「산업교육진흥법」이라고 할 수 있다.

「직업교육훈련촉진법」은 직업교육과 직업훈련의 연계(정부부처간, 정부·지방간, 직업교육훈련기관간, 산학간 등) 및 시장경쟁을 위해 제정된 촉진법으로 해석할 수도 있으나, 동법은 직업교육과 직업훈련의 일반법 또는 산업교육진흥법과 근로자직업훈련촉진법의 상위법으로서 성격을 내포하고 있다고 해석하는 것이 보다 타당하다. 이는 「직업교육훈련촉진법」에 의한 직업교육훈련의 정의가 매우 포괄적이고, 이미 「산업교육진흥법」과 「근로자직업훈련촉진법」에 의한 산업교육과 직업능력개발을 포함하고 있기 때문이다.

「직업교육훈련촉진법」에서는 직업교육훈련의 용어(제2조), 직업교육훈련기관의 연계운영(제5조), 우선직업교육훈련대상자(제10조), 직업교육훈련생의 선발(제11조), 직업교육훈련과정의 편성(제12조), 직업교육훈련교원의 양성 및 연수 등(제13조), 직업교육훈련기관의 특성화 등(제14조), 원격직업교육훈련체제의 구축(제15조) 등 직업교육과 직업훈련의 기본적인 사항을 규정하고 있다.

「산업교육진흥법」은 산업인력양성에 필요한 산업교육의 진흥을 목적으로 제정된 법으로서 주로 산업교육발전을 위한 재정투자와 우대조치 그리고 국가 및 지방자치단체의 책무 등을 규정하고 있다. 그 주요내용은 진로지도, 국가 및 지방자치단체의 의무, 단기 산업교육시설의 설치·운영, 특별과정의 설치·운영, 산업자문 등, 실험·실습시설의 확보, 실험·실습비에 관한 특별 배려, 산업교원

20) 교육기본법 제21조(직업교육) : 국가 및 지방자치단체는 모든 국민이 학교교육과 사회교육을 통하여 직업에 대한 소양과 능력의 계발을 위한 교육을 받을 수 있도록 하기 위하여 필요한 시책을 수립·실시하여야 한다.

의 자격·정원 및 대우, 신기기의 공급, 산업교육심의회의 설치, 실험·실습시설 설치비와 운영비의 부담 등, 사립학교에 대한 시설비 등의 보조, 교육과정 및 교과용도서, 장학금의 지급, 학원의 학습자에 대한 보조 등이다.

그 밖에 직업교육의 한 축으로 학원이 있는바, 학원을 규율하는 법은 「학원의 설립·운영 및 과외교습에 관한 법률」이다. 동법의 제정 목적은 앞에서 지적한 바와 같이 학원의 설립 및 운영에 관한 사항을 규정하여 학원의 건전한 발전을 도모함으로써 평생교육의 진흥에 이바지함에 있다. 학원의 교습과정(동법 시행령 제7조의2)은 직업기술 분야, 국제실무분야, 인문·사회분야, 경영실무분야, 예능분야, 입시·검정 및 보충학습, 독서실분야로 구분되고 있다. 산업교육진흥법과 학원의 설립·운영 및 과외교습에 관한 법률의 규율대상이 서로 상이하여 두 법률의 연계가 전혀 이루어지지 못하고 있다.

시내대학형태의 평생교육시설을 규정하고 있는 「평생교육법」 역시 직업교육 관련 법령에 포함할 수 있다. 「고등교육법」도 직업교육과 관련되는바, 동법은 대표적인 직업교육기관인 전문대학과 산업대학 그리고 기술대학에 대한 설치·육성에 관한 규정을 두고 있다. 「고등교육법」과 「산업교육진흥법」의 관계는 서로 대등한 관계에 있는 법으로서 「고등교육법」이 주로 시장진입과 관련된 사항을 주로 규정하고 있다면, 「산업교육진흥법」은 직업교육기관 지원에 관한 규정을 담고 있다.

직업훈련은 노동부의 주된 업무인 고용 정책과 긴밀히 관련되어 있다. 「고용정책기본법」은 정부조직법에 의거 노동부의 기본업무인 직업안정, 직업훈련, 실업대책, 고용보험을 달성하기 위하여 고용에 관한 정책을 종합적으로 수립·시행하기 위하여 필요한 사항을 정한 법률이다. 동법 제3장(직업능력의 개발 등)에서 고용정책의 하나로서 직업훈련에 관한 사항을 규정하고 있고, 제4장에서 근로자 등의 고용촉진의 지원 등을 위해 직업능력개발의 필요성을 강조하고 있다.

「고용정책기본법」 제3장 제11조(직업능력개발체제의 확립)를 구체화하기 위하여 「근로자직업훈련 촉진법」이 제정되었다고 볼 수 있고, 제14조(직업능력평가제도의 개선)를 구체화하기 위해 「국가기술자격법」이 제정되었다고 볼 수 있다.

6.3.2 직업교육훈련 관련 법률체계의 문제점과 개선방향

직업교육훈련 관련 법률체계의 문제점과 개선방향을 간단히 언급하면 다음과 같다.

첫째, 직업교육훈련 관련법, 특히 직업교육 관련 법령간의 관계가 모호하고 직업교육 관련 규정들이 산발적으로 규정되어 있어 체계적인 이해가 어렵다. 따라서 평생 직업교육 활동을 규율하는 제반 법령들의 체계적 정비에 대한 근본적인 검토가 요구된다.

예를 들면 평생교육법을 사회교육의 기본법과 일반법적 성격을 갖도록 하기 위해서는 「학원의 설립·운영 및 과외교습에 관한 법률」이 평생교육법에 근거를 두어야 한다. 또한 평생교육법과 직업훈련 관련 법령간의 관계에 대해서도 검토가 필요가 있는바, 특히 직업훈련이 비록 평생교육의 영역에 포함된다고 하더라도 직업훈련을 이수한 자나 평생교육을 이수한 자의 이수기록의 인정이나 호환성에 대해서는 검토의 여지가 있다.

둘째, 현재 직업교육훈련 관련 법률에서 사용하고 있는 개념 정의가 명확하지 않은 한계가 있다. 「교육기본법」에 의한 직업교육의 범주 내에 산업교육과 직업훈련이 포함되므로 「교육기본법」을 토대로 직업교육과 평생교육 관련 법령의 정비가 이루어져야 한다. 구체적으로는 「산업교육진흥법」에 의한 산업교육, 「직업교육훈련촉진법」에 의한 직업교육훈련, 「근로자직업훈련촉진법」에 의한 직업훈련, 「평생교육법」에 의한 평생교육 개념 정의를 보다 분명히 할 필요가 있다. 직업교육, 직업훈련 등의 용어 정의를 토대로 직업교육기관, 직업훈련기관, 평생교육기관 등의 개념도 새롭게 정의하여야 할 것이다.

그 밖에도, 지금처럼 기관 중심의 규제방식이 적합한지에 대한 근본적 검토가 요구된다. 직업교육훈련 프로그램(과정) 중심의 규제를 보다 전향적으로 검토할 필요가 있다. 직업훈련의 경우 정부보조시장에 참여하기 위해서는 과정 인·지정을 받도록 하고 있듯이, 직업교육시장에서도 동일한 방식의 규제를 도입할 필요가 있다.

[토론 주제]

1. 평생교육은 왜 중요하며, 평생교육법상의 주요쟁점은 무엇인가?
2. 과외금지에 관한 헌법재판소의 판례를 최근의 과잉된 과외현상, 그리고 공교육 정상화 문제와 관련하여 비판적으로 다툴 수 있는가?
3. 국가인적자원개발기본법의 쟁점은 무엇인가?
4. 직업교육의 법적 체계는 어떻게 구성되었으며, 어떤 문제점이 있는가?

참 고 문 헌

○ 국내문헌

강경근, "개정사학법의 법률적 문제점", 「선진 사학 교육체제 모색을 위한 세미나 자료」, 2006. 2.

강인수 외, "교원징계 및 교원소청심사제도에 관한 연구", 「교육법학연구」 제18권 1, 대한교육법학회, 2006.

강인수 외, 「교육과 법」, 서울: 신우사, 2000.

강인수, 「교육법 연구」, 서울: 문음사, 1989.

강인수, "학생·부모의 교육권에 관한 연구—한·일·미의 교육판례를 중심으로—", 고려대학교 박사학위논문, 1986.

강호봉외 5인(법무법인 청목), 헌법소원심판청구서, 2007. 3. 20.

권두승, "평생교육 관계법의 주요과제", 「교육법학연구」 제11호, 대한교육법학회, 1999.

권영성, 「헌법학원론」, 서울: 법문사, 2007.

권영성, 「헌법학원론」, 서울: 법문사, 2006.

권영성, 「헌법학원론」, 서울: 법문사, 2000.

권영성·신우철, 「헌법학연습」, 서울: 법문사, 1998.

권형준, "사립학교법 개정방향에 관한 제언", 「헌법학연구」 제11권 제1호, 한국헌법학회, 2005.

고려대학교, 「성희롱·성폭력 예방지침서」, 2001.

고 전, "한국의 교육법학 20년 연구 동향과 과제", 「교육법학 연구 20년의 성과와 과제」 대한교육법학회 창립 20주년 기념 전국교육법학자대회 자료집, 2006.

고 전, "교원의 신분보장과 정년제 연구", 「교육법학연구」 제10호, 대한교육법학회, 1998.

고 전, "한국의 교육법 연구동향 연구", 「교육법학연구」 제9호, 대한교육법학회, 1997.

고 전, "교사의 법적 지위에 관한 연구", 연세대학교 박사학위논문, 1996.

교육부, 평생교육법·평생교육법시행령·평생교육법시행규칙 해설자료, 2000.

교육부, 「지식기반사회, 인적자원이 핵심입니다」, 내부자료, 2000.

교육부, 「교육부 교직단체 교섭 및 합의 관련자료」, 2000.

교육부, 「평생학습법 제정시안과 배경설명자료」, 1998.

교육부, 「학교운영위원회 운영의 실제」, 서울: 을지문화사, 1996.

교육부, 「교육법 개편방안」, 공청회자료, 1996.

교육부, 「헌법재판소 판례집」, 1992.

교육부, 「대법원 교육판례집」, 1992.

교육인적자원부, 개정사립학교법 보도자료(2007. 7. 4).

교육인적자원부, 미래교육 비전과 전략2030, 2007.

교육인적자원부, 2007 업무보고.

교육인적자원부 교원소청심사위원회, 교원소청위원회결정문집 14(2005), 15(2006).

교육인적자원부, 헌법재판소교육판례집 제1집(1992), 제2집(2000), 제3집(2004).

교육인적자원부, 대법원교육판례집 제1집(1992), 제2집(2000), 제3집(2004).

교육인적자원부 교원징계재심위원회, 교원징계위원회결정문집 13(2004), 14(2005), 15(2006).

교육인적자원부 , 직업교육훈련법령 체계분석, 내부자료, 2001.

김 구, 「백범일지」, 서울: 백범김구선생기념사업회, 1971.

김낙운, 「교육법해설」, 서울: 하서출판사, 1986.

김남진, 「행정법Ⅰ」, 서울: 법문사, 1995.

김남진, 「행정법Ⅱ」, 서울: 법문사, 1995.

김병주, "대학평가의 법적 문제: 입법론", 「교육법학연구」 제17권 1호, 대한교육법학회, 2005.

김삼랑, "두발자유화 무엇이 문제인가?", 「새교육」 제12월호, 한국교육신문사, 2000.

김석준, 「뉴거버넌스연구」, 서울: 대영문화사, 2000.

김선택, "대학자치의 헌법적 보장과 구체화 방안", 「헌법학연구」 제11권 제1호, 한국헌법학회, 2005.

김선택, 「헌법사례연습」, 서울: 법문사, 2000.

김성기, "초·중등교육법 연구 20년의 성과와 과제", 「교육법학 연구 20년의 성과와 과제」 대한교육법학회 창립 20주년 기념 전국교육법학자대회 자료집, 2006.

김성기, "학생체벌에 관한 교사재량권의 근거와 한계", 서울대학교 석사학위논문, 1994.

김성열, "학교분쟁의 해결전략 : 교육공동체 관점", 「교육행정연구」 제19권 제3호, 한국교육행정학회, 2001.

김일수, "교사의 학생 체벌권과 정당화 사유", 「판례연구」 제3집, 고려대학교 법학연구소, 1984.

김재웅, "국가인적자원개발을 위한 정부부처 및 집단 간 조정과 협력", 「국가인적자원발을 위한 인프라 구축」, 한국교육행정학회 학술대회자료, 2001.

김준호 외, 「청소년 폭력예방을 위한 종합대책 연구」, 서울: 노원청소년수련관, 1988.

김창수, 「교육판례해설」, 서울: 교학사, 1981.

김철수, 「헌법학개론」, 서울: 박영사, 1999.

김태기, 직업교육훈련촉진법, 자격기본법 및 직업능력개발원의 설립에 관한 연구, 교육부, 1996.

김혜선, "체벌의 정당성여부에 관한 연구", 성신여자대학교 박사학위논문, 1994.

김호진 편, 「지식혁명시대의 교육과 대학」, 서울: 박영사, 2001.

노기호, "일본교육법학계의 최근 연구동향", 「교육법학연구 20년의 성과와 과제」 대한교육법학회 창립 20주년 기념 전국교육법학자대회 자료집, 2006.

노기호, "교원의 교육권에 관한 연구", 한양대학교 박사학위논문, 1998.

노종희, "지방교육자치제 운영의 개선방안", 교육인적자원정책위원회, 지방교육행정체계 개편방안 정책토론회 자료집, 2002.

대한교육법학회, 「교육법정비를 위한 기초연구」, 1994.

대한민국정부, 「국가인적자원개발기본계획」, 2001.

라인홀트 치펠리우스, 김형배 역, 「법학방법론」, 서울: 삼영사, 1986.

령목경부, "법령을 통한 조선식민지지배 : 식민지 통치법에 의한 민족교육과 독립사상의 탄압", 고려대학교 박사학위논문, 1988.

박영도,. 입법과정의 이론과 실제, 한국법제연구원, 1994.

박인현, "교원양성교육과 교육법", 「교육주체의 법적 지위와 교육법」, 대한교육법학회 토론회 자료, 2001.

박재윤, "초·중등학교 학업성적평가 관련법규의 문제점에 관한 연구", 「교육법학연구」 제14권 2호, 대한교육법학회, 2002.

박재윤, 교육법강의 자료, 2002.

박재윤, 「사학운영의 공공성 제고방안연구-공익이사제 도입방안을 중심으로」, 한국교육개발원, 수탁연구 CR 99-31, 1999.

박재윤, 「한국교육법편람」, 서울: 대한문화, 1999.

박재윤, "학생징계제도와 운영실태", 「교육법학연구」 제9호, 대한교육법학회, 1997.

사립학교법 연구위원회, 「사립학교법의 현황과 개정과제」, 1998.

서원우, "대학에서의 학생의 법적 지위에 관한 연구", 「서울대법학논집」 제31권 1·2호, 1990.

서정화, "교원처우 및 근무여건", 한국교육행정학회 제116차 학술세미나자료, 2000.

성낙인, 「헌법학」, 서울: 법문사, 2007.

손희권, "학교급식 이용 통제를 위한 학생 지문정보인식시스템 활용의 위헌성", 「교육법학연구」 제17권 2호, 대한교육법학회, 2005.

송기창, "교육재정법제의 연구 성과와 과제", 「교육법학 연구 20년의 성과와 과제」 대한교육법학회 창립 20주년 기념 전국교육법학자대회 자료집, 2006.

신현직, "교육의 자주성, 전문성, 정치적 중립성의 법칙", 「교육법학연구」 제11호, 1999.

신현직, "교육기본권의 개념과 법적성격", 「고시계」 통권 463호, 1995.

심재우, "환경윤리와 책임의 원칙", 고대법대소식 제23호, 2001. 7.

심재우, "인간존엄의 법리와 국가윤리", 「현대사회와 전통윤리」, 서울: 고려대학교 민족문제연구소, 1986.

안규철, 「교육법제 연구―한국·미국·일본의 교육법제―」, 서울: 대한문화, 1999.

안기성, "교육의 전문성과 자주성에 관한 교육법 해석학", 「교육법학연구」 제7호, 대한교육법학회, 1995.

안기성, "교육법의 변천과정과 그 장래", 「교육법학연구」 제9호, 대한교육법학회, 1988.

안기성, 「교육법학연구」, 서울: 고려대학교출판부, 1989.

오준근, 21C 지식기반사회를 대비한 과학기술기본법의 제정방안, 한국법제연구원, 1999.

원영상, "교원징계재심제도의 운영 및 발전에 관한 연구", 동국대 박사학위논문, 1995.

윤정일 외, 「교직단체의 위상정립에 관한 연구」, 서울대학교 사범대학, 1989.

이경운, "고등교육법의 연구동향과 과제", 「교육법학 연구 20년의 성과와 과제」 대한교육법학회 창립 20주년 기념 전국교육법학자대회 자료집, 2006.

이기우, "지역주민과 지방교육행정체계", 이주호 편, 「지방교육자치에관한법률개정안공청회자료집」, 2006.

이기우, "교육 자치와 학교자치 및 지방교육행정제도에 대한 법적 검토", 「한국교육법연구」 제4집, 한국교육법학회, 1999.

이기우, "지방교육자치제도의 개선방향", 「사회와 교육」 제24집, 한국사회과학교육학회, 1997.

이상윤, "교원의 노동기본권 보장의 범위와 한계", 「교육법학연구」 제12호, 대한교육법학회, 2000.

이수광, "두발자유화주장과 지금 이곳의 학교현실", 「새교육」 제12월호, 한국교육신문사, 2000.

이시우, "사립학교법개정의 헌법적 제문제", 「헌법학연구」 제11권 제1호, 한국헌법학회, 2005.

이시우, "사립학교법의 개정과 법인이사회의 위상", 「한국교육법연구」, 한국교육법학회, 1998.

이시우, "대학의 자치와 대학구성원의 참여권", 한국공법학회 제65회 학술대회 자료집, 1996.

이영진, "종교의 자유와 실정법규위반", 「고시계」 통권 442호, 1993.

이일주, "유아교육법 연구 20년의 성과와 과제", 「교육법학 연구 20년의 성과와 과제」 대한교육법학회 창립 20주년 기념 전국교육법학자대회 자료집, 2006.

이종근, "한국의 교육헌법연구 20년의 성과와 과제", 「교육법학 연구 20년의 성과와 과제」 대한교육법학회 창립 20주년 기념 전국교육법학자대회 자료집, 2006.

이종태, "'교육'과 '인적자원개발'개념의 상호관계와 정책적 시사점에 관한 고찰", 한국교육학회 춘계학술대회 발표자료, 2007. 5.

이철수, "노동기본권과 교원단체론", 「교육현실과 교육법적 대응」, 한국교육법학회 연차 학술대회 자료, 1998.

이현청 외, "아·태지역 평가기구 간 협력방안에 관한 연구", 한국대학교육협의회, 2005.

임재홍, "사립학교법의 문제점과 개정방향", 「열린우리당 사립학교법 개정에 대한 토론회 자료」, 2004. 9.

장경학, 「법률춘향전」, 서울: 을유문고, 1986.

장성자, "성희롱없는 사회, 건강한 사회를 위하여", 「대학교육」 제107호, 한국대학교육협의회, 2000.

전광석, "고등교육법의 문제점과 향후과제 : 대학자치의 관점에서", 「한국교육법연구」, 한국교육법학회, 1998.

전국교사협의회, 「교육판례」, 서울: 미래사, 1988.

정덕삼, "학생두발문제에 대한 제언", 「새교육」 제12월호, 한국교육신문사, 2000.

정수현, "학교평가 관련 교육법규의 타당성과 보완과제", 「교육법학연구」 제17권 1호, 대한교육법학회, 2005.

정순원, "교육정보화의 성구성과와 과제", 「교육법학 연구 20년의 성과와 과제」 대한교육법학회 창립 20주년 기념 전국교육법학자대회 자료집, 2006.

정일용, "학교안전사고에 대한 교원의 법적 책임 고찰", 서울대학교 석사학위논문, 1999.

정종섭, 「헌법학원론」, 서울: 박영사, 2006.

정태수, 「아동의 권리협약— 청소년의 권리」, 서울: 예지각, 1991.

조동섭, "교육거버넌스 : 지방정부의 권한과 역할", 「한국의 거버넌스와 권한 배분」 한국교육행정학회 143차 학술대회, 2007.

조병훈, "21세기 한국교육의 원칙과 방향", 한국교육법학 학술대회 자료집, 1999.

조석훈·김용, 「학교와 교육법」, 서울: 교육과학사, 2007.

조석훈, "졸업인증제의 법적 논리", 「교육행정학연구」 제19권 1호, 한국교육행정학회, 2001.

조석훈, "대학의 자치와 학생의 권리", 「교육법학연구」 제10호, 대한교육법학회, 1998.

조석훈, "학생징계의 특성분석", 서울대학교 박사학위논문, 1996.

조한혜정, "청소년은 얼마만큼 자율적인가?", 한국청소년학회 청소년 인권개선을 위한 대토론회 자료, 1999.

천정웅, "청소년인권, UN국제기구의 발전노력과 주요국 동향", 한국청소년학회 청소년 인권개선을 위한 대토론회 자료, 1999.

최종고, 「법학통론」, 서울: 박영사, 2005.

최종고, 「법상징학이란 무엇인가?」, 서울: 아카넷, 2000.

최종고, 「법학통론」, 서울: 박영사, 1994.

표시열, "교육정책에 관한 사법부의 권한과 주요결정", 「한국교육행정학보」 제25권 제2호, 한국교육행정학회, 2007.

표시열, "미국 교육법연구의 최근 동향과 과제", 「교육법학 연구 20년의 성과와 과제」 대한교육법학회 창립 20주년 기념 전국교육법학자대회 자료집, 2006.

표시열, "21세기 교사의 법적 사회적 지위", 「한국교사교육」 제17권 제1호, 한국교사교육학회, 2000.

표시열, "학생의 기본권과 두발·복장의 규제정책", 「교육법연구」 제12권, 대한교육법학회, 2000.

표시열, "대학총장 선임방안에 관한 국제비교연구", 「고등교육연구」 제11권, 한국고등교육연구회, 2000.

표시열, "행정학과 공법의 가교를 위한 실천적 과제", 「한국행정연구」 제8권 제1호, 한국행정연구원, 1999.

표시열, "대학의 열린 의사결정 체제", 「대학의 이상과 미래」, 서울: 역민사, 1998.

표시열, "교육분쟁조정 등에 관한 특별법안의 주요 내용과 쟁점", 「한국교육법연구」 제3집, 한국교육법학회, 1997.

표시열, 「민주주의 정착과 대학의 개혁」, 서울: 고려대학교 출판부, 1996.

표시열, "한국의 민주주의와 법문화: 동서양의 법문화 비교시각에서", 「한국의 도전과 선택」, 서울: 나남출판사, 1996.

표시열, "학교의 민주화와 학생, 학부모의 권리", 「교육법학연구」 제7호, 대한교육법학회, 1995.

표시열, "교육의 정치적, 종교적 중립성", 「안암법학」 제3집, 고려대학교 안암법학회, 1995.

표시열, “정보화 사회와 학문의 자유”, 「교육법학연구」 제15권 제1호, 대한교육법학회, 1995.

표시열, “학교영역에서의 불법행위 책임에 관한 연구”, 「교육법학연구」 제28권 제14호, 대한교육법학회, 1994.

표시열, “행정의 효율성 편향에 대한 헌법상의 제한”, 「한국행정학보」, 한국행정학회, 1994.

표시열, “교사의 노동3권 제한에 관한 연구”, 「한일법학연구」 제5권 제1호, 한일법학연구회, 1993.

표시열, “교육의 기회균등에 관한 연구: 미국대법원의 중요판례분석을 중심으로”, 「공법이론의 현대적 과제」, 서울: 박영사, 1991.

표시열, “학생의 표현의 자유에 관한 연구: 표현의 자유의 역사적 발전과정을 중심으로”, 「교육법학연구」 창간호, 대한교육법학회, 1988.

표시열, “미국연방대법원의 판례분석을 통해 본 적법절차(due process of law)의 내용”, 「정식논집」 제6집, 고려대학교 정상대학, 1988.

하승수·김진, 「교사의 권리·학생의 인권」, 서울: 사계절, 1999.

하윤수, “현행교육법상 교육주체 개념을 둘러싼 교육권의 재검토”, 「교육법학연구」 제12호, 대한교육법학회, 2000.

하윤수, “학교안전사고의 법적책임과 교권보호”, 「교육법학연구」 제9호, 대한교육법학회, 1998.

학교교육바로세우기 실천연대, 「교육문제인식의 세대차 설문분석 결과」, 2000.

한경주, 「교육법 강의」, 서울: 법문사, 1983.

한국교원단체총연합회, 「2006년도 교권회복 및 교직상담 활동실적」, 2007.

한국교원단체총연합회, 「사학의 운영실태 및 개선방안연구」, 2000.

한국교원단체총연합회, 「교원의 학생 생활지도 실태 및 개선방안」, 1999.

한국교원단체총연합회, 「교원단체의 기능 활성화 방안 연구」, 1998.

한국교원단체총연합회, 「학교운영위원회 운영실태 조사연구」, 정책연구 제91집, 1998.

한국교원단체총연합회, 「교원단체의 설립 및 단체교섭에 관한 법률— 법률안과 해설」, 1998.

한국교원단체총연합회, 「학교운영위원회 운영실태 조사연구」, 정책연구 제91집, 1998.

한국교원단체총연합회, 「교육자치제 운영실태 및 개선방안」, 정책연구 제58집, 1992.

한국교육개발원, 「학생의 인권에 관한 연구」, 연구보고 RR 99-12, 1999.

한국교육행정학회, 「교육법론」, 서울: 도서출판 하우, 1995.

한승희, “정보사회에서의 학생의 프라이버시권”, 「교육행정학연구」 제19권 제1호, 한국

교육행정학회, 2001.

한승희, "고등교육단계의 HRD를 중심으로", 「지식기반사회의 국가 인적자원개발 방향과 과제」, 한국직업능력개발원 제2차 KRIVET HRD 정책포럼자료, 1999.

한승희, "한·미 학교안전사고 판례연구", 「교육법학연구」 제11호, 대한교육법학회, 1999.

한현민, "한국 특수교육법 연구 20년의 성과와 과제", 「교육법학 연구 20년의 성과와 과제」 대한교육법학회 창립 20주년 기념 전국교육법학자대회 자료집, 2006.

허재욱, 「교육법신론」, 서울: 형설출판사, 1999.

허종렬, "교육기본법, 인적자원개발기본법, 평생교육법의 상호관계", 한국교육학회 춘계 학술대회 자료집, 2007.5.

허종렬, "학교참여 법리와 사립학교법 개정방안", 「헌법학연구」 제11권 제1호, 한국헌법학회, 2005.

허종렬, "원격대학 관련 법령 정비 방안", 「교육법학연구」 제14권 2호, 대한교육법학회, 2002.

허종렬, "헌법상 사립학교의 자유와 헌법재판의 동향", 「교육법학연구」, 대한교육법학회, 2000.

허종렬, "교원노조법제화의 내용과 향후 발전과제", 한국노동연구원 세미나 자료, 1999.

허종렬, "교육의 전문성과 교원의 양성·자격·임용에 관한 법령의 문제점", 「교육법정주의의 원칙과 현실」, 한국교육법학회 학술세미나자료, 1999.

허종렬, "지방교육자치에관한법률개정법률안의 쟁점과 대안", 「한국교육법연구」, 한국교육법학회, 1997.

허종렬, "교육에 관한 국가의 권한과 그 한계— 독일기본법상 교육권에 관한 학설과 판례를 중심으로", 성균관대학교 박사학위논문 1993,

홍정선, "지방자치단체의 교육자치와 국가의 행정적 감독", 「고시계」 통권 463호, 1995.

황준성, "교육조리론에 관한 일고찰", 「교육법학연구」 제11호, 대한교육법학회, 1999.

황홍규, "학생사고·학교폭력과 교원의 법적책임", 「교육주체의 법적지위와 교육법」, 대한교육법학회 토론회 자료, 2001.

황홍규, "교육기본법상 학습권도입의 배경 및 의의", 「교육법학연구」 제12호, 2000.

○외국문헌

Alexander, Kern and M. David Alexander, *American Public School Law*, 3rd ed. St. Paul: West Publishing Co., 1992.

Allsopp, Bruce, *Social Responsibility and the Responsible Society*, Boston: Oriel Press, 1984.

Bennett, John B., Elaine H. El-Khaws, Robert M. O'nell, "Self Regulation within Postsecondary Education", *Contemporary Issues In Higher Education: Self-regulation and the Ethical Roles of the Academy*, New York: Macmillian Publishing Company, 1985.

Bodenheimer, Edgar, *Jurisprudence: The Philosophy and Method of Law*, Cambridge: Harvard University, 1974.

Bogue, E. Grady and Robert L. Saunders, *The Evidence for Quality: Strengthening the Tests of Academic and Administrative Effectiveness*, San Francisco: Jossey-Bass Publishers, 1992.

Bok, Derek, *Beyond the Ivory Tower : Social Responsibilities of the Modern University*, Cambridge: Harvard University Press, 1982.

Clark, Susan G., "Judical Review and the Admission of Additional Evidence under the IDEIA: An Universal Mixture of Discretion and Deference", *West's Education Law Reporter*, Vol. 201, 2005.

Conn, Kathlen, "Bullying, Harassment, and Student Threats: Are Schools of the Court Working Together?", *West's Education Law Reporter*, Vol. 203, no. 1, 2005.

Cooper, Terry L., *The Responsible Administrator : An Approach to Ethics for the Administrative Role*, New York: Kennikat Press, 1982.

Dahl, Robert A., *A Preface to Democratic Theory*, Chicago: University of Chicago Press, 1956.

Daugherty, Richard F., *Special Education: A Summary of Legal Requirements, Terms, and Trends*, Bergin & Garvey, Connecticut 2001.

Dewey J., *Democracy and Education : An Introduction to the Philosophy of Education*, New York: McMillian, 1916.

Dolan, William, "NCLB's Faith-based Initiative Provision and the Establishment Clause", *Journal of Law & Education*, Vol. 33, no. 1, 2005.

Dresang, Dennis and Paul Stuiber, "Sexual Harassment : Challenges for the Future", Carolyn Ban and Norma Riccucci ed., *Public Personnel Management*, New York: Longman, 1991.

Driscoll, Levin and Fleeter, "Projected Costs of Implementing the Federal No Child Left Behind Act in Ohio"(Dec. 2003), *West's Educational Law Reporter*, Vol. 202, 2006.

Dye, Thomas R., *Understanding Public Policy*, Englewood Cliffs: Prentice-Hall Inc., 1984.

Emerson, Thomas, *Toward a General Theory of the First Amendment*, New York: Random House, 1966.

Fairweather, James S., "Education: The Forgotten Element in Industry-Universities Relationship", *The Review of Higher Education*, Vol. 14, no. 1, 1990.

Fisher, Louis and David Schimmel, *The Rights of Students of Teacher*, New York: Harper & Row, 1982.

French, Peter A., *Ethics in Government*, Engelwood Cliffs: Prentis-Hall Inc., 1983.

Glendon, Mary Ann, Michael W. Gordon, and Christopher Osakwe, *Comparative Legal Traditions*, St. Paul: West, 1982.

Halevy, Eva Etzioni, *Bureaucracy and Democracy: A Political Dilemma*, London: Routlege & Kegan Paul, 1983.

Hendrichson Robert M., The First Amendment, Academic Freedom, Aceess to Promotion and Tenure Files, *Educational Law Reporter*, 1981.

Kearney, Richard C., *Labor Relation in the Public Sector*, 3rd ed., New York: Marcel Dekker, 2001.

Krip, David L., "Proceduralism and Bureaucracy: Due Process in the School Setting", *Stanford Law Review*, Vol. 28, 1976.

Kirp, David L. and Others, *Educational Policy of the Law*, 4th ed., Berkeley: McCutehan Publishing Co., 2002.

Lacey, Michael J. and K. Haakonsen ed., *A Culture of Right*, New York: Cambridge.

Lee, Young S., *Public Personnel Administration and Constitutional Values*, Westport: Guorum Books, 1992.

Lentz, Mary A., *Lentz School Security*, Cleveland, Ohio, 2006.

Levy, L., *Emergence of a Free Society*, New York: Oxford University, 1985.

Mackinnon, Catherine, *Sexual Harassment of Working Women: A Case of Sex Discrimination*, New Haren: Yale University Press, 1979.

Madsen, Peter and Jay M. Shafritzs, ed., *Essentials of Government Ethics*, New York: Meridian, 1992.

Mill, John Start, and Jay M. Shafritzs, eds., *On Liberty*, Indianapolis: Bobbs-Merril Educational Publishing, 1956.

Naisbitt, John, *Megatrends: Ten New Directions Transforming Our Lives*, New York: The University of Georgia Press, 1982.

Neier, Aryeh, *Only Judgement: the Limits of Litigation in Social Change*,

Wesleyan University Press, 1982.

Nonet, Phillippe and Phillip Selznick, *Law and Society in Transition: Toward Responsive Law*, New York: Harper of Row Publishers, 1978.

Osborne, Allan G. Charles J. Russo, "The Burden of Proof in Special Education Hearings: Schaffer v. Weast", *West's Educational Law Reporter*, Vol. 200, 2005.

Perry, Zirkel A. and Sheilad D. Vance, "Educational Law Course Offering In Law School", *Journal of Law and Education*, Vol. 33, no. 3, 2004.

Peterson, George J. and Michelle D. Young, "The NCLB and Its Influence for Current and Future District Leaders", *Journal of Law & Education*, Vol. 33, no. 3, 2005.

Reuter, E. Edmund, "Academic Freedom as a Mutual Obligation of Institution and Teacher", *West Education Law Reporter*, Vol. 52, 1989.

Rippa, Alexander, *Education in a Free Society: An American History*, New York: Longman, 1984.

Rohr, John A., *Ethics for Bureaucrats: An Essay on Law and Values*, New York: Marcell Dekker, 1989.

Rohr, John A., *To Run A Constitution : The Legitimacy of the Administrative State*, Lawrence: University of Kansas, 1986.

Rosenbloom, Daivid H., *Public Administration: Understanding Management Politics and Law in the Public Sector*, New York: McGraw-Hill, 1989.

Russo, Charles J., Ralph D. Mawdsley, *Education Law*, Law Journal Press, 2006.

Scott, Barbara Ann, *Crisis Management in American Higher Education*, New York: Praeger, Publishers, 1983.

Shils, Edward, *The Academic Ethic*, Chicago: University of Chicago Press, 1987.

Smith, Christopher E., *Courts and Public Policy*, Nelson-Hall Publishers, 1991.

Stahl, O. Glenn, *Public Personnel Administration*, New York: Harper & Row 1986.

Tawney, R. H., *Equality*, London: Unwin Books, 1931.

Vasquez, John A., *Classics of International Relations*, New Jersey: Prentice-Hall, Inc., 1986.

Waldo, Dwight, *The Administrative State*, 2nd ed., New York: Holmes and Meiser, 1984.

Warren, Kenneth F., *Administrative Law in the Political System*, 2nd ed., New York: West Publishing Co., 1988.

Warwick, Donald P., "The Ethics of Administrative Discretion", Joel L. Fleishman, Lance Liebman, & Mark A. Moore eds., *Public Duties of Government*

Officials, Cambridge: Harvard University Press, 1981.

Wenkart, Ronald D., "An Essay: Unfunded Federal Mandates: The No Child Left Behind Act and the Individuals with Disabilities Education Act", *West's Educational Law Reporter*, Vol. 202, nos. 1-2, 2006.

Yell, Mitchell L. Erik Drasgow, *No Child Left Behind: A Guide for Professions*, Person Education, Inc., 2005.

Yung, Kenneth E., Charles M. Chambers, H. R. Kells, and Associates, *Understand Accredition*, San Francisco: JosseyBass Publishers, Dye, 1983.

○ 웹사이트

국가인적자원개발 종합전산망(http://www.nhrd.net/)

교육인적자원부(http://www.moe.go.kr)

교육인적자원부 공고 제2007-36호.(http://www.moe.go.kr/)

대법원(http://www.scourt.go.kr/main/Main.work)

법제처 (http://www.moleg.go.kr)

헌법재판소(http://www.ccourt.go.kr)

헌법재판소(http://www.ccourt.go.kr/home/main/xml/month_list.jsp)

한국교육개발원 (http://www.kedi.re.kr/)

[부 록]

교육기본법

[일부개정 2007. 12. 21 법률 제8705호]

제1장 총칙 〈개정 2007. 12. 21〉

제1조 (목적) 이 법은 교육에 관한 국민의 권리 · 의무 및 국가 · 지방자치단체의 책임을 정하고 교육제도와 그 운영에 관한 기본적 사항을 규정함을 목적으로 한다.
[전문개정 2007. 12. 21]

제2조 (교육이념) 교육은 홍익인간(弘益人間)의 이념 아래 모든 국민으로 하여금 인격을 도야(陶冶)하고 자주적 생활능력과 민주시민으로서 필요한 자질을 갖추게 함으로써 인간다운 삶을 영위하게 하고 민주국가의 발전과 인류공영(人類共榮)의 이상을 실현하는 데에 이바지하게 함을 목적으로 한다.
[전문개정 2007. 12. 21]

제3조 (학습권) 모든 국민은 평생에 걸쳐 학습하고, 능력과 적성에 따라 교육 받을 권리를 가진다.
[전문개정 2007. 12. 21]

제4조 (교육의 기회균등) ① 모든 국민은 성별, 종교, 신념, 인종, 사회적 신분, 경제적 지위 또는 신체적 조건 등을 이유로 교육에서 차별을 받지 아니한다.
② 국가와 지방자치단체는 학습자가 평등하게 교육을 받을 수 있도록 지역 간의 교원 수급 등 교육 여건 격차를 최소화하는 시책을 마련하여 시행하여야 한다.
[전문개정 2007. 12. 21]

제5조 (교육의 자주성 등) ① 국가와 지방자치단체는 교육의 자주성과 전문성을 보장하여야 하며, 지역 실정에 맞는 교육을 실시하기 위한 시책을 수립 · 실시하여야 한다.
② 학교운영의 자율성은 존중되며, 교직원 · 학생 · 학부모 및 지역주민 등은 법령으로 정하는 바에 따라 학교운영에 참여할 수 있다.
[전문개정 2007. 12. 21]

제6조 (교육의 중립성) ① 교육은 교육 본래의 목적에 따라 그 기능을 다하도록 운영되어야 하며, 정치적 · 파당적 또는 개인적 편견을 전파하기 위한 방편으로 이용되어서는 아니 된다.
② 국가와 지방자치단체가 설립한 학교에서는 특정한 종교를 위한 종교교육을 하여서는 아니 된다.
[전문개정 2007. 12. 21]

제7조 (교육재정) ① 국가와 지방자치단체는 교육재정을 안정적으로 확보하기 위하여 필요한 시책을 수립 · 실시하여야 한다.
② 교육재정을 안정적으로 확보하기 위하여 지방교육재정교부금 등에 관하여 필요한 사항은 따로 법률로 정한다.
[전문개정 2007. 12. 21]

제8조 (의무교육) ① 의무교육은 6년의 초등교육과 3년의 중등교육으로 한다.
② 모든 국민은 제1항에 따른 의무교육을 받을 권리를 가진다.
[전문개정 2007. 12. 21]

제9조 (학교교육) ① 유아교육 · 초등교육 · 중등교육 및 고등교육을 하기 위하

여 학교를 둔다.

② 학교는 공공성을 가지며, 학생의 교육 외에 학술 및 문화적 전통의 유지·발전과 주민의 평생교육을 위하여 노력하여야 한다.

③ 학교교육은 학생의 창의력 계발 및 인성(人性) 함양을 포함한 전인적(全人的) 교육을 중시하여 이루어져야 한다.

④ 학교의 종류와 학교의 설립·경영 등 학교교육에 관한 기본적인 사항은 따로 법률로 정한다.

[전문개정 2007. 12. 21]

제10조 (사회교육) ① 국민의 평생교육을 위한 모든 형태의 사회교육은 장려되어야 한다.

② 사회교육의 이수(履修)는 법령으로 정하는 바에 따라 그에 상응하는 학교교육의 이수로 인정될 수 있다.

③ 사회교육시설의 종류와 설립·경영 등 사회교육에 관한 기본적인 사항은 따로 법률로 정한다.

[전문개정 2007. 12. 21]

제11조 (학교 등의 설립) ① 국가와 지방자치단체는 학교와 사회교육시설을 설립·경영한다.

② 법인이나 사인(私人)은 법률로 정하는 바에 따라 학교와 사회교육시설을 설립·경영할 수 있다.

[전문개정 2007. 12. 21]

제2장 교육당사자 〈개정 2007. 12. 21〉

제12조 (학습자) ① 학생을 포함한 학습자의 기본적 인권은 학교교육 또는 사회교육의 과정에서 존중되고 보호된다.

② 교육내용·교육방법·교재 및 교육시설은 학습자의 인격을 존중하고 개성을 중시하여 학습자의 능력이 최대한으로 발휘될 수 있도록 마련되어야 한다.

③ 학생은 학습자로서의 윤리의식을 확립하고, 학교의 규칙을 준수하여야 하며, 교원의 교육·연구활동을 방해하거나 학내의 질서를 문란하게 하여서는 아니 된다.

[전문개정 2007. 12. 21]

제13조 (보호자) ① 부모 등 보호자는 보호하는 자녀 또는 아동이 바른 인성을 가지고 건강하게 성장하도록 교육할 권리와 책임을 가진다.

② 부모 등 보호자는 보호하는 자녀 또는 아동의 교육에 관하여 학교에 의견을 제시할 수 있으며, 학교는 그 의견을 존중하여야 한다.

[전문개정 2007. 12. 21]

제14조 (교원) ① 학교교육에서 교원(教員)의 전문성은 존중되며, 교원의 경제적·사회적 지위는 우대되고 그 신분은 보장된다.

② 교원은 교육자로서 갖추어야 할 품성과 자질을 향상시키기 위하여 노력하여야 한다.

③ 교원은 교육자로서의 윤리의식을 확립하고, 이를 바탕으로 학생에게 학습윤리를 지도하고 지식을 습득하게 하며, 학생 개개인의 적성을 계발할 수 있도록 노력하여야 한다.

④ 교원은 특정한 정당이나 정파를 지지하거나 반대하기 위하여 학생을 지도하거나 선동하여서는 아니 된다.

⑤ 교원은 법률로 정하는 바에 따라 다른 공직에 취임할 수 있다.

⑥ 교원의 임용·복무·보수 및 연금 등에 관하여 필요한 사항은 따로 법률로 정한다.

[전문개정 2007. 12. 21]

제15조 (교원단체) ① 교원은 상호 협동하여 교육의 진흥과 문화의 창달에 노력하며, 교원의 경제적·사회적 지위를 향상시키기 위하여 각 지방자치단체와 중앙

에 교원단체를 조직할 수 있다.
② 제1항에 따른 교원단체의 조직에 필요한 사항은 대통령령으로 정한다.
[전문개정 2007. 12. 21]

제16조 (학교 등의 설립자 · 경영자) ① 학교와 사회교육시설의 설립자 · 경영자는 법령으로 정하는 바에 따라 교육을 위한 시설 · 설비 · 재정 및 교원 등을 확보하고 운용 · 관리한다.
② 학교의 장 및 사회교육시설의 설립자 · 경영자는 법령으로 정하는 바에 따라 학습자를 선정하여 교육하고 학습자의 학습성과 등 교육의 과정을 기록하여 관리한다.
③ 학교와 사회교육시설의 교육내용은 학습자에게 미리 공개되어야 한다.

제17조 (국가 및 지방자치단체) 국가와 지방자치단체는 학교와 사회교육시설을 지도 · 감독한다.
[전문개정 2007. 12. 21]

제 3 장 교육의 진흥 〈개정 2007.12.21〉

제17조의2 (남녀평등교육의 증진) ① 국가와 지방자치단체는 남녀평등정신을 보다 적극적으로 실현할 수 있는 시책을 수립 · 실시하여야 한다.
② 국가 및 지방자치단체와 제16조에 따른 학교 및 사회교육시설의 설립자 · 경영자는 교육을 할 때 합리적인 이유 없이 성별에 따라 참여나 혜택을 제한하거나 배제하는 등의 차별을 하여서는 아니 된다.
③ 제1항에 따른 시책에는 체육 · 과학기술 등 여성의 활동이 취약한 분야를 중점 육성할 수 있는 교육적 방안이 포함되어야 한다.
④ 학교교육에서 남녀평등을 증진하기 위한 학교교육과정의 기준과 내용 등 대통령령으로 정하는 사항에 관한 교육인적자원부장관의 자문에 응하기 위하여 남녀평등교육심의회를 둔다.
⑤ 제4항에 따른 남녀평등교육심의회 위원의 자격 · 구성 · 운영 등에 필요한 사항은 대통령령으로 정한다.
[전문개정 2007. 12. 21]

제17조의3 (학습윤리의 확립) 국가와 지방자치단체는 모든 국민이 학업 · 연구 · 시험 등 교육의 모든 과정에 요구되는 윤리의식을 확립할 수 있도록 필요한 시책을 수립 · 실시하여야 한다.
[전문개정 2007. 12. 21]

제17조의4 (건전한 성의식 함양) ① 국가와 지방자치단체는 학생의 존엄한 성(性)을 보호하고 학생에게 성에 대한 선량한 정서를 함양시킬 수 있도록 필요한 시책을 수립 · 실시하여야 한다.
② 제1항에 따른 시책에는 학생 개인의 존엄과 인격이 존중될 수 있는 교육적 방안과 남녀의 성 특성을 고려한 교육 · 편의시설 마련 방안이 포함되어야 한다.
[전문개정 2007. 12. 21]

제18조 (특수교육) 국가와 지방자치단체는 신체적 · 정신적 · 지적 장애 등으로 특별한 교육적 배려가 필요한 자를 위한 학교를 설립 · 경영하여야 하며, 이들의 교육을 지원하기 위하여 필요한 시책을 수립 · 실시하여야 한다.
[전문개정 2007. 12. 21]

제19조 (영재교육) 국가와 지방자치단체는 학문 · 예술 또는 체육 등의 분야에서 재능이 특히 뛰어난 자의 교육에 필요한 시책을 수립 · 실시하여야 한다.
[전문개정 2007. 12. 21]

제20조 (유아교육) 국가와 지방자치단체는 유아교육을 진흥하기 위하여 필요한 시책을 수립 · 실시하여야 한다.
[전문개정 2007. 12. 21]

제21조 (직업교육) 국가와 지방자치단체는

모든 국민이 학교교육과 사회교육을 통하여 직업에 대한 소양과 능력을 계발하기 위한 교육을 받을 수 있도록 필요한 시책을 수립·실시하여야 한다.
[전문개정 2007. 12. 21]

제22조 (과학·기술교육) 국가와 지방자치단체는 과학·기술교육을 진흥하기 위하여 필요한 시책을 수립·실시하여야 한다.
[전문개정 2007. 12. 21]

제22조의2 (학교체육) 국가와 지방자치단체는 학생의 체력 증진과 체육활동 장려에 필요한 시책을 수립·실시하여야 한다.
[전문개정 2007. 12. 21]

제23조 (교육의 정보화) 국가와 지방자치단체는 정보화교육 및 정보통신매체를 이용한 교육을 지원하고 교육정보산업을 육성하는 등 교육의 정보화에 필요한 시책을 수립·실시하여야 한다.
[전문개정 2007. 12. 21]

제23조의2 (학교 및 교육행정기관 업무의 전자화) 국가와 지방자치단체는 학교 및 교육행정기관의 업무를 전자적으로 처리할 수 있도록 필요한 시책을 마련하여야 한다.
[전문개정 2007. 12. 21]

제23조의3 (학생정보의 보호원칙) ① 학교생활기록 등의 학생정보는 교육적 목적으로 수집·처리·이용 및 관리되어야 한다.
② 부모 등 보호자는 자녀 등 피보호자에 대한 제1항의 학생정보를 제공받을 권리를 가진다.
③ 제1항에 따른 학생정보는 법률로 정하는 경우 외에는 해당 학생(학생이 미성년자인 경우에는 학생 및 학생의 부모 등 보호자)의 동의 없이 제3자에게 제공되어서는 아니 된다.
[전문개정 2007. 12. 21]

제24조 (학술문화의 진흥) 국가와 지방자치단체는 학술문화를 연구·진흥하기 위하여 학술문화시설 설치 및 연구비 지원 등의 시책을 수립·실시하여야 한다.
[전문개정 2007. 12. 21]

제25조 (사립학교의 육성) 국가와 지방자치단체는 사립학교를 지원·육성하여야 하며, 사립학교의 다양하고 특성있는 설립목적이 존중되도록 하여야 한다.
[전문개정 2007. 12. 21]

제26조 (평가 및 인증제도) ① 국가는 국민의 학습성과 등이 공정하게 평가되어 사회적으로 통용될 수 있도록 학력평가와 능력인증에 관한 제도를 수립·실시할 수 있다.
② 제1항에 따른 평가 및 인증제도는 학교의 교육과정 등 교육제도와 상호 연계되어야 한다.
[전문개정 2007. 12. 21]

제26조의2 (교육 관련 정보의 공개) ① 국가와 지방자치단체는 국민의 알 권리와 학습권을 보장하기 위하여 그 보유·관리하는 교육 관련 정보를 공개하여야 한다.
② 제1항에 따른 교육 관련 정보의 공개에 관한 기본적인 사항은 따로 법률로 정한다.
[전문개정 2007. 12. 21]

제27조 (보건 및 복지의 증진) 국가와 지방자치단체는 학생과 교직원의 건강 및 복지를 증진하기 위하여 필요한 시책을 수립·실시하여야 한다.
[전문개정 2007. 12. 21]

제28조 (장학제도 등) ① 국가와 지방자치단체는 경제적 이유로 교육받기 곤란한 자를 위한 장학제도(奬學制度)와 학비보조제도 등을 수립·실시하여야 한다.
② 국가는 다음 각 호의 자에게 학비나 그 밖에 필요한 경비의 전부 또는 일부를 보조할 수 있다.

1. 교원양성교육을 받는 자
2. 국가가 특히 필요로 하는 분야를 국내외에서 전공하거나 연구하는 자

③ 제1항 및 제2항에 따른 장학금 및 학비보조금 등의 지급 방법 및 절차, 지급받을 자의 자격 및 의무 등에 관하여 필요한 사항은 대통령령으로 정한다.
[전문개정 2007. 12. 21]

제29조 (국제교육) ① 국가는 국민이 국제사회의 일원으로서 갖추어야 할 소양과 능력을 기를 수 있도록 국제화교육에 노력하여야 한다.
② 국가는 외국에 거주하는 동포에게 필요한 학교교육 또는 사회교육을 실시하기 위하여 필요한 시책을 마련하여야 한다.
③ 국가는 학문연구를 진흥하기 위하여 국외유학에 관한 시책을 마련하여야 하며, 국외에서 이루어지는 우리나라에 대한 이해와 우리 문화의 정체성 확립을 위한 교육·연구활동을 지원하여야 한다.
④ 국가는 외국정부 및 국제기구 등과의 교육협력에 필요한 시책을 마련하여야 한다.
[전문개정 2007. 12. 21]

附則 〈제5437호, 1997. 12. 13〉

第1條 (施行日) 이 法은 1998年 3月 1日부터 施行한다.

第2條 (다른 法律의 廢止) 教育法은 이를 廢止한다.

第3條 (다른 法律의 改正) ①教員地位向上을위한特別法중 다음과 같이 改正한다.
第8條第1項第5號를 다음과 같이 한다.
5. 教育基本法 第15條第1項의 規定에 의하여 中央에 組織된 教員團體에서 추천하는 者
第11條第1項중 "教育法 第80條의 規定에 의한 教育會"를 "教育基本法 第15條第1項의 規定에 의한 教員團體"로 한다.
第13條第1項중 "教育會"를 "教員團體"로 한다.
② 都農複合形態의市設置에따른行政特例등에관한法律중 다음과 같이 改正한다.
第9條중 "教育法 第8條의2의 規定에 의하여"를 "教育基本法 第8條第1項의 規定에 의하여"로 한다.

第4條 (다른 法令과의 관계) 이 法 施行당시 다른 法令에서 종전의 教育法 또는 그 規定 을 인용한 경우에는 이 法중 그에 해당하는 規定이 있는 때에는 종전의 教育法 또는 그 規定에 갈음하여 이 法 또는 이 法의 해당條項을 인용한 것으로 본다.

부칙 〈제6214호, 2000. 1. 28〉

이 法은 公布후 6月이 경과한 날부터 施行한다.

부칙(정부조직법) 〈제6400호, 2001. 1. 29〉

제1조 (시행일) 이 법은 공포한 날부터 시행한다. 〈단서 생략〉

제2조 생략

제3조 (다른 법률의 개정) ①내지 ⑦생략
⑧교육기본법중 다음과 같이 개정한다.
제17조의2제3항중 "教育部長官"을 "教育人的資源部長官"으로 한다.
⑨내지 〈79〉생략

제4조 생략

부칙 〈제6738호, 2002. 12. 5〉

이 법은 공포한 날부터 시행한다.

부칙 〈제7071호, 2004. 1. 20〉

이 법은 공포한 날부터 시행한다.

부칙(지방교육양여금법폐지법률) 〈제7253호, 2004. 12. 30〉

제1조 (시행일) 이 법은 2005년 1월 1일부

터 시행한다.

제2조 (다른 법률의 개정) ①敎育基本法중 다음과 같이 개정한다.

제7조제2항중 "地方敎育財政交付金 및 地方敎育讓與金"을 "지방교육재정교부금"으로 한다.

② 생략

부칙 〈제7399호, 2005. 3. 24〉

이 법은 공포한 날부터 시행한다.

부칙 〈제7685호, 2005. 11. 8〉

이 법은 공포한 날부터 시행한다.

부칙 〈제8415호, 2007. 5. 11〉

이 법은 공포 후 3개월이 경과한 날부터 시행한다.

부칙 〈제8543호, 2007. 7. 27〉

이 법은 공포한 날부터 시행한다.

부칙 〈제8705호, 2007. 12. 21〉

이 법은 공포한 날부터 시행한다.

[부 록]

초·중등교육법

[일부개정 2007. 12. 14 법률 제8676호]
시행일 2008. 3. 1.

第1章 總 則

第1條 (目的) 이 法은 敎育基本法 第9條의 規定에 따라 초·중등교육에 관한 사항을 정함을 目的으로 한다. 〈개정 2004. 1. 29〉

第2條 (學校의 종류) 초·중등교육을 실시하기 위하여 다음 各號의 學校를 둔다. 〈개정 2004. 1. 29〉

1. 삭제 〈2004. 1. 29〉
2. 初等學校·公民學校
3. 中學校·高等公民學校
4. 高等學校·高等技術學校
5. 特殊學校
6. 各種學校

第3條 (國·公·私立學校의 구분) 第2條 各號의 學校(이하 "學校"라 한다)는 國家가 設立·경영하는 國立學校, 地方自治團體가 設立·경영하는 公立學校(設立主體에 따라 市立學校·道立學校로 구분할 수 있다), 法人 또는 私人이 設立·경영하는 私立學校로 구분한다.

第4條 (學校의 設立등) ① 學校를 設立하고자 하는 者는 施設·設備등 大統領令이 정하는 設立基準을 갖추어야 한다.

② 私立學校를 設立하고자 하는 者는 特別市·廣域市 또는 道 敎育監(이하 "敎育監"이라 한다)의 認可를 받아야 한다.

③ 私立學校를 設立·경영하는 者가 學校를 廢止하거나 大統領令이 정하는 중요사항을 변경하고자 하는 경우에는 敎育監의 認可를 받아야 한다.

第5條 (學校의 竝設) 초등학교·中學校 및 高等學校는 地域의 實情에 따라 상호 竝設할 수 있다. 〈개정 2004. 1. 29〉

第6條 (指導·監督) 國立學校는 敎育人的資源部長官의 指導·監督을 받으며, 公·私立學校는 敎育監의 指導·監督을 받는다 〈개정 2001. 1. 29〉

第7條 (奬學指導) 敎育人的資源部長官 및 敎育監은 學校에 대하여 敎育課程運營 및 敎授·學習方法등에 대한 奬學指導를 실시할 수 있다. 〈개정 2001. 1. 29〉

第8條 (學校規則) ① 學校의 長(學校를 設立하는 경우에는 당해 學校를 設立하고자 하는 者를 말한다)은 法令의 범위안에서 指導·監督機關(國立學校인 경우에는 敎育人的資源部長官, 公·私立學校인 경우에는 敎育監을 말한다. 이하 "管轄廳"이라 한다)의 認可를 받아 學校規則(이하 "學則"이라 한다)을 制定할 수 있다. 〈개정 2001. 1. 29〉

② 學則의 기재사항 및 制定節次등에 관하여 필요한 사항은 大統領令으로 정한다.

第9條 (評價) ① 敎育人的資源部長官은 學校에 在學중인 學生의 學業成就度를 測定하기 위한 評價를 실시할 수 있다. 〈개정 2001. 1. 29〉

② 敎育人的資源部長官은 敎育行政의 효율적 수행을 위하여 필요한 경우에는 地方自治團體의 敎育·科學·技術·體育 기타 學藝에 관한 事務를 管掌하는 地方

教育行政機關과 學校에 대하여 評價를 실시할 수 있다. 〈개정 2001. 1. 29〉

③ 第2項의 規定에 의한 評價의 대상·기준 및 節次와 評價結果의 公開등에 관하여 필요한 사항은 大統領令으로 정한다.

④ 評價對象機關의 長은 특별한 사유가 있는 경우를 제외하고는 第1項 및 第2項의 規定에 의한 評價에 응하여야 한다.

第10條 (授業料등) ① 學校의 設立·經營者는 授業料 기타 納付金을 받을 수 있다.

② 제1항의 규정에 따른 수업료 기타 納付金의 徵收등에 관하여 필요한 사항은 국립학교에 있어서는 교육인적자원부령으로 정하고, 공립 및 사립학교에 있어서는 특별시·광역시 또는 도(이하 "시·도"라 한다)의 조례로 정한다. 이 경우 국민의 교육을 받을 권리를 본질적으로 침해하는 내용을 정하여서는 아니 된다. 〈개정 2001. 1. 29, 2005. 3. 24, 2007. 1. 3〉

第11條 (學校施設등의 이용) 모든 國民은 學校敎育에 지장이 없는 범위안에서 국립학교의 경우에는 학교의 장이, 공립 및 사립학교의 경우에는 시·도의 교육규칙이 정하는 바에 의하여 學校施設등을 이용할 수 있다. 〈개정 2001. 1. 29, 2005. 3. 24〉

第 2 章 義務敎育

第12條 (義務敎育) ① 國家는 敎育基本法 第8條第1項의 規定에 의한 義務敎育을 실시하여야 하며, 이를 위한 施設의 확보등 필요한 措置를 강구하여야 한다.

② 地方自治團體는 그 管轄區域안의 義務敎育對象者 全員을 就學시키는데 필요한 初等學校 및 中學校와 初等學校 및 中學校의 課程을 敎育하는 特殊學校를 設立·경영하여야 한다.

③ 地方自治團體는 地方自治團體가 設立한 初等學校·中學校 및 特殊學校에 그 管轄區域안의 義務敎育對象者 全員을 就學시키는 것이 곤란한 경우에는 인접한 地方自治團體와 協議하여 合同으로 初等學校·中學校 또는 特殊學校를 設立·경영하거나, 인접한 地方自治團體나 國立 또는 私立의 初等學校·中學校 또는 特殊學校에 委託하여 義務敎育對象者의 일부에 대한 敎育을 실시할 수 있다.

④ 國·公立學校의 設立·經營者 및 第3項의 規定에 의하여 義務敎育對象者를 委託받은 私立學校의 設立·經營者는 義務敎育을 받는 者에 대하여 授業料를 받을 수 없다.

第13條 (就學義務) ① 모든 國民은 그가 보호하는 子女 또는 아동이 만 6세가 된 날이 속하는 해의 다음 해 3월 1일부터 만 12세(第27條의 規定에 의하여 早期進級 또는 早期卒業을 하는 者의 경우에는 滿 12歲에서 해당 연수(年數)를 뺀 연령을 말하고, 출석일수의 부족 등으로 인하여 진급 또는 졸업하지 못한 자의 경우에는 해당 연수를 더한 연령을 말한다)가 되는 날이 속하는 해의 다음 해 2월 말까지 그 子女 또는 아동을 初等學校에 就學시켜야 한다. 〈개정 2002. 8. 26, 2007. 8. 3〉

② 제1항에도 불구하고 자녀 또는 아동의 보호자는 만 5세가 된 날이 속하는 해의 다음 해 또는 만 7세가 된 날이 속하는 해의 다음 해에 그 자녀 또는 아동을 입학시킬 수 있다. 이 경우 만 5세가 된 날이 속하는 해의 다음 해에 입학한 자녀 또는 아동을 보호하는 자는 그 자녀 또는 아동이 만 11세, 만 7세가 된 날이 속하는 해의 다음 해에 입학한 자녀 또는 아동을 보호하는 자는 그 자녀 또는 아동이 만 13세[제27조에 따라 조기진급 또는 조기졸업을 하는 자의 경우에는 만 11세

또는 만 13세에서 해당 연수(年數)를 뺀 연령을 말하고, 출석일수의 부족 등으로 인하여 진급 또는 졸업하지 못한 자의 경우에는 해당 연수를 더한 연령을 말한다]가 되는 날이 속하는 해의 다음 해 2월 말까지 그 자녀 또는 아동을 초등학교에 취학시켜야 한다. 〈개정 2007. 8. 3〉

③ 모든 國民은 그가 보호하는 子女 또는 아동이 初等學校를 卒業한 學年의 다음 學年初부터 滿15歲(第2項의 規定에 의하여 만 5세가 된 날이 속하는 해의 다음 해에 입학한 자의 경우에는 만 14세를 말하고, 만 7세가 된 날이 속하는 해의 다음 해에 입학한 자의 경우에는 만 16세를 말하며, 第27條의 規定에 의하여 早期進級 또는 早期卒業을 하는 者의 경우에는 해당 연수(年數)를 뺀 연령을 말하고, 출석일수의 부족 등으로 인하여 진급 또는 졸업하지 못한 자의 경우에는 해당 연수를 더한 연령을 말한다)가 되는 날이 속하는 해의 다음 해 2월 말까지 그 子女 또는 아동을 中學校에 就學시켜야 한다. 〈개정 2002. 8. 26, 2007. 8. 3〉

④ 第1項 내지 第3項의 規定에 의한 就學義務의 履行 및 督勵등에 관하여 필요한 사항은 大統領令으로 정한다.

第14條 (就學義務의 免除등) ① 질병 · 발육상태 등 부득이한 사유로 인하여 취학이 불가능한 의무교육대상자에 대하여는 대통령령으로 정하는 바에 따라 제13조에 따른 취학의무를 면제하거나 유예할 수 있다. 〈개정 2007. 12. 14〉

② 제1항의 규정에 의하여 취학의무를 면제 또는 유예받은 자가 다시 취학하고자 하는 경우에는 대통령령이 정하는 바에 의하여 학습능력을 평가한 후 학년을 정하여 취학하게 할 수 있다. 이 경우 다시 취학하는 자의 학년이 취학의무를 면제 또는 유예받지 아니하고 계속 취학하였을 때의 학년과 차이가 있는 경우에는 제13조의 규정에 의한 연령에 그 해당 연수를 더한다. 〈신설 2002. 8. 26〉

第15條 (雇傭者의 義務) 義務教育對象者를 雇傭하는 者는 그 雇傭으로 인하여 당해 義務教育對象者가 義務教育을 받는 것을 방해하여서는 아니된다.

第16條 (親權者등에 대한 보조) 國家 및 地方自治團體는 義務教育對象者의 親權者 또는 後見人이 經濟的 사유로 義務教育對象者를 就學시키기 곤란할 때에는 教育費를 보조할 수 있다.

第 3 章 學生과 教職員

第 1 節 學　生

第17條 (學生自治活動) 學生의 自治活動은 勸奬 · 보호되며, 그 組織 및 운영에 관한 기본적인 사항은 學則으로 정한다.

第18條 (學生의 懲戒) ① 學校의 長은 教育상 필요한 때에는 法令 및 學則이 정하는 바에 의하여 學生을 懲戒하거나 기타의 방법으로 指導할 수 있다. 다만, 義務教育過程에 있는 學生을 退學시킬 수 없다.

② 學校의 長은 學生을 懲戒하고자 하는 경우 해당 學生 또는 學父母에게 意見陳述의 기회를 부여하는 등 적정한 節次를 거쳐야 한다.

제18조의2 (재심청구) ① 제18조제1항에 따른 징계처분 중 퇴학조치에 대하여 이의가 있는 학생 또는 그 보호자는 그 조치를 받은 날부터 15일 이내 또는 그 조치가 있음을 안 날부터 10일 이내에 제18조의3에 따른 시 · 도학생징계조정위원회에 그 재심을 청구할 수 있다.

② 제18조의3에 따른 시 · 도학생징계조정위원회는 제1항에 따른 재심청구를 받은 때에는 30일 이내에 이를 심사 · 결정하여 청구인에게 통보하여야 한다.

③ 제2항의 심사결정에 이의가 있는 청

구인은 그 통보를 받은 날부터 60일 이내에 행정심판을 제기할 수 있다.

④ 제1항에 따른 재심청구, 제2항에 따른 심사 절차와 결정 통보 등에 필요한 사항은 대통령령으로 정한다.

[본조신설 2007. 12. 14]

제18조의3 (시·도학생징계조정위원회의 설치) ① 제18조의2제1항에 따른 재심청구를 심사·결정하기 위하여 교육감 소속으로 시·도학생징계조정위원회(이하 "징계조정위원회"라 한다)를 둔다.

② 징계조정위원회의 조직·운영 등에 필요한 사항은 대통령령으로 정한다.

[본조신설 2007. 12. 14]

제18조의4 (학생의 인권보장) 학교의 설립자·경영자와 학교의 장은 「헌법」과 국제인권조약에 명시된 학생의 인권을 보장하여야 한다.

[본조신설 2007. 12. 14]

第2節　敎職員

第19條 (敎職員의 구분) ① 學校에 두는 敎員은 다음 各號와 같다. 〈개정 1999. 8. 31〉

1. 삭제 〈2004. 1. 29〉
2. 初等學校·中學校·高等學校·公民學校·高等公民學校·高等技術學校 및 特殊學校에는 校長·校監 및 敎師를 둔다. 다만, 學生數 100名이하인 學校 또는 學級數 5學級이하인 學校중 大統領令으로 정하는 일정규모이하의 學校에는 校監을 두지 아니할 수 있다.
3. 各種學校에는 第1號 및 第2號의 規定에 준하여 필요한 敎員을 둔다.

② 學校에는 敎員외에 學校運營에 필요한 行政職員등 職員을 둔다.

③ 學校에 두는 敎員과 職員(이하 "敎職員"이라 한다)의 定員·配置基準등에 관하여 필요한 사항은 大統領令으로 정한다.

제19조의2 (전문상담교사의 배치 등) ① 학교에 전문상담교사를 두거나 시·도교육행정기관에 교육공무원법 제22조의2의 규정에 의하여 전문상담순회교사를 둔다.

② 제1항의 순회교사의 정원·배치기준 등에 관하여 필요한 사항은 대통령령으로 정한다.

[본조신설 2004. 1. 20]

第20條 (敎職員의 임무) ① 교장은 교무를 統轄하고, 소속 敎職員을 指導·監督하며, 학생을 敎育한다. 〈개정 2004. 1. 29〉

② 교감은 교장을 보좌하여 교무를 관리하고 학생을 敎育하며, 교장이 부득이한 사유로 職務를 수행할 수 없는 때에는 그 職務를 代行한다. 다만, 교감을 두지 아니하는 학교의 경우에는 교장이 미리 지명한 敎師가 그 職務를 代行한다. 〈개정 1999. 8. 31, 2004. 1. 29〉

③ 敎師는 法令이 정하는 바에 따라 학생을 敎育한다. 〈개정 2004. 1. 29〉

④ 行政職員등 職員은 교장의 命을 받아 學校의 行政事務와 기타의 事務를 담당한다. 〈개정 2004. 1. 29〉

第21條 (敎員의 資格) ① 교장 및 교감은 別表 1의 資格基準에 해당하는 者로서 大統領令이 정하는 바에 의하여 敎育人的資源部長官이 檢定·수여하는 資格證을 받은 者이어야 한다. 〈개정 2001. 1. 29, 2004. 1. 29〉

② 敎師는 正敎師(1級·2級)·準敎師·전문상담교사(1급·2급)·사서교사(1급·2급)·실기교사·보건교사(1급·2급) 및 영양교사(1급·2급)로 나누되, 別表 2의 資格基準에 해당하는 者로서 大統領令이 정하는 바에 의하여 敎育人的資源部長官이 檢定·수여하는 資格證을 받은 者이어야 한다. 〈개정 2001. 1. 29, 2002. 8. 26, 2003. 7. 25, 2004. 1. 20〉

③ 第1項 및 第2項의 規定에 의한 敎員

資格의 檢定에 관한 사항을 審議하기 위하여 教育人的資源部長官소속하에 教員資格檢定委員會를 둔다. 〈개정 2001. 1. 29〉

④ 第3項의 規定에 의한 教員資格檢定委員會의 組織·權限 및 운영과 教員의 資格檢定에 관하여 필요한 사항은 大統領令으로 정한다.

第22條 (産學兼任教師등) ① 學校에는 教育課程運營상 필요한 경우에 第19條第1項의 規定에 의한 教員외에 産學兼任教師·名譽教師 또는 講師등을 두어 학생의 教育을 담당하게 할 수 있다. 〈개정 2004. 1. 29〉

② 第1項의 規定에 의하여 學校에 두는 産學兼任教師등의 종류·資格基準 및 任用등에 관하여 필요한 사항은 大統領令으로 정한다.

第4章 學 校

第1節 通 則

第23條 (教育課程등) ① 學校는 教育課程을 운영하여야 한다.

② 教育人的資源部長官은 第1項의 規定에 의한 教育課程의 기준과 내용에 관한 기본적인 사항을 정하며, 教育監은 教育人的資源部長官이 정한 教育課程의 범위안에서 地域의 實情에 적합한 기준과 내용을 정할 수 있다. 〈개정 2001. 1. 29〉

③ 學校의 教科는 大統領令으로 정한다.

第24條 (授業등) ① 學校의 學年度는 3月 1日부터 시작하여 다음해 2月末日까지로 한다.

② 授業은 晝間·全日制로 함을 원칙으로 한다. 다만, 法令 또는 學則이 정하는 바에 의하여 夜間授業·季節授業·時間授業 또는 放送·通信에 의한 授業등을 할 수 있다.

③ 學校의 學期·授業日數·學級編成 및 休業日과 班의 編成·운영 기타 授業에 관하여 필요한 사항은 大統領令으로 정한다.

제25조 (학교생활기록) ① 학교의 장은 학생의 학업성취도 및 인성 등을 종합적으로 관찰·평가하여 학생지도 및 상급학교(「고등교육법」 제2조 각호의 규정에 의한 학교를 포함한다. 이하 같다)의 학생선발에 활용할 수 있는 다음 각호의 자료를 교육인적자원부령이 정하는 기준에 따라 작성·관리하여야 한다.

1. 인적사항
2. 학적사항
3. 출결상황
4. 자격증 및 인증취득상황
5. 교과학습발달상황
6. 행동특성 및 종합의견
7. 그 밖에 교육목적에 필요한 범위 안에서 교육인적자원부령이 정하는 사항

② 학교의 장은 제1항의 규정에 의한 자료를 제30조의4의 규정에 의한 교육정보시스템으로 작성·관리하여야 한다.

③ 학교의 장은 소속 학교의 학생이 전출하는 때에는 제1항의 규정에 의한 자료를 전입하는 학교의 장에게 이관하여야 한다.

[전문개정 2005. 3. 24]

第26條 (學年制) ① 學生의 進級 또는 卒業은 學年制에 의한다.

② 第1項의 規定에 불구하고 學校의 長은 管轄廳의 승인을 얻어 學年制외의 制度를 採擇할 수 있다.

第27條 (早期進級 및 早期卒業등) ① 初等學校·中學校·高等學校 및 이에 준하는 各種學校의 長은 才能이 우수한 者에 대하여 第23條·第24條·第26條·第39條·第42條 및 第46條의 規定에 불구하고 授業年限의 단축(수업상의 特例를 포함한다)에 의하여 早期進級 또는 早期卒

業을 할 수 있도록 하거나 上級學校 早期入學을 위한 資格을 부여할 수 있다.

② 第1項의 規定에 의하여 上級學校로의 早期入學을 위한 資格을 부여받아 上級學校에 入學한 경우에는 早期卒業한 것으로 본다.

③ 第1項 및 第2項의 規定에 의한 才能이 우수한 者의 선정과 早期進級, 早期卒業 및 上級學校 早期入學資格의 부여등에 관하여 필요한 사항은 大統領令으로 정한다.

第28條 (學習不振兒등에 대한 敎育) 國家 및 地方自治團體는 學習不振 또는 性格障碍등의 사유로 정상적인 學校生活을 하기 어려운 學生 및 學業을 중단한 學生들을 위하여 大統領令이 정하는 바에 의하여 授業日數 및 敎育課程의 伸縮的 운영등 敎育상 필요한 施策을 강구하여야 한다.

第29條 (敎科用圖書의 사용) ① 學校에서는 國家가 著作權을 가지고 있거나 敎育人的資源部長官이 檢定 또는 인정한 敎科用圖書를 사용하여야 한다. 〈개정 2001. 1. 29〉

② 敎科用圖書의 범위·著作·檢定·인정·발행·供給·선정 및 價格査定에 관하여 필요한 사항은 大統領令으로 정한다.

第30條 (初·中·高等學校의 統合·운영) ① 學校의 設立·經營者는 효율적인 學校運營을 위하여 필요한 경우 地域의 實情에 따라 初等學校 및 中學校, 中學校 및 高等學校 또는 初等學校·中學校 및 高等學校의 施設·設備 및 敎員등을 統合하여 운영할 수 있다.

② 第1項의 規定에 의하여 統合·운영하는 學校의 施設·設備基準 및 敎員配置基準등에 관하여 필요한 사항은 大統領令으로 정한다.

第30條의2 (學校會計의 設置) ① 國·公立의 初等學校·中學校·高等學校 및 特殊學校에 學校會計를 設置한다.

② 學校會計는 다음 各號의 收入을 歲入으로 한다. 〈개정 2005. 3. 24〉

1. 國家의 一般會計 또는 地方自治團體의 敎育費特別會計로부터의 轉入金
2. 第32條第7號의 學校運營支援費
3. 第33條의 學校發展基金으로부터의 轉入金
4. 第10條의 規定에 의한 授業料 기타 납부금 및 學校運營支援費외에 學校運營委員會의 審議를 거쳐 學父母가 부담하는 經費
5. 國家 또는 地方自治團體의 보조금 및 지원금
6. 사용료 및 手數料
7. 移越金
8. 물품매각대금
9. 기타 收入

③ 學校會計는 學校運營 및 學校施設의 設置등을 위하여 필요한 일체의 經費를 歲出로 한다.

④ 學校會計는 豫測할 수 없는 豫算외의 支出 또는 豫算超過支出에 충당하기 위하여 豫備費로서 상당한 금액을 歲出豫算에 計上할 수 있다.

⑤ 學校會計의 設置에 관하여 필요한 사항은 국립학교의 경우에는 교육인적자원부령으로, 공립학교의 경우에는 시·도의 교육규칙으로 정한다. 〈개정 2001. 1. 29, 2005. 3. 24〉

[본조신설 2000. 1. 28]

第30條의3 (學校會計의 운영) ① 學校會計의 會計年度는 매년 3月 1日에 시작하여 다음해 2月 末日에 종료한다.

② 學校의 長은 會計年度마다 學校會計歲入歲出豫算案을 編成하여 會計年度 開始 30日전까지 第31條의 規定에 의한 學校運營委員會에 제출하여야 한다.

③ 學校運營委員會는 學校會計歲入歲出豫算案을 會計年度 開始 5日전까지 審議

하여야 한다.

④ 學校의 長은 第3項의 規定에 의한 豫算案이 새로운 會計年度가 開始될 때까지 확정되지 아니한 때에는 다음 各號의 經費를 前年度 豫算에 준하여 執行할 수 있다. 이 경우 前年度 豫算에 준하여 執行된 豫算은 당해年度의 豫算이 확정되면 그 확정된 豫算에 의하여 執行된 것으로 본다.

1. 敎職員등의 人件費
2. 學校敎育에 직접 사용되는 敎育費
3. 學校施設의 유지관리비
4. 法令上 支給義務가 있는 經費
5. 이미 豫算으로 확정된 經費

⑤ 學校의 長은 會計年度마다 決算書를 작성하여 會計年度 종료후 2月이내에 學校運營委員會에 제출하여야 한다.

⑥ 學校會計의 운영에 관하여 필요한 사항은 국립학교의 경우에는 교육인적자원부령으로, 공립학교의 경우에는 시 · 도의 교육규칙으로 정한다. 〈개정 2001. 1. 29, 2005. 3. 24〉

[본조신설 2000. 1. 28]

제30조의4 (교육정보시스템의 구축 · 운영 등) ① 교육인적자원부장관 및 교육감은 학교 및 교육행정기관의 업무를 전자적으로 처리할 수 있도록 교육정보시스템(이하 "정보시스템"이라 한다)을 구축 · 운영할 수 있다.

② 교육인적자원부장관 및 교육감은 정보시스템의 운영 및 지원을 위하여 정보시스템운영센터를 설치 · 운영하거나 정보시스템의 효율적 운영을 위하여 필요하다고 인정되는 경우 정보시스템의 운영 및 지원업무를 교육의 정보화를 지원하는 법인 또는 기관에게 위탁할 수 있다.

③ 제1항의 규정에 의한 정보시스템의 구축 · 운영 · 접속방법 및 제2항의 규정에 의한 정보시스템운영센터의 설치 · 운영 등에 관하여 필요한 사항은 교육인적자원부령으로 정한다.

[본조신설 2005. 3. 24]

제30조의5 (정보시스템에 의한 업무처리) ① 교육인적자원부장관 및 교육감은 소관업무의 전부 또는 일부를 정보시스템을 이용하여 처리하여야 한다.

② 학교의 장은 제25조제2항의 규정에 의한 학교생활기록 및 「학교보건법」 제7조의3제2항의 규정에 의한 건강검사기록을 정보시스템을 이용하여 처리하는 외에 소관업무의 전부 또는 일부를 정보시스템을 이용하여 처리하여야 한다.

[본조신설 2005. 3. 24]

제30조의6 (학생 관련 자료제공의 제한) ① 학교의 장은 제25조의 규정에 의한 학교생활기록 및 「학교보건법」 제7조의3의 규정에 의한 건강검사에 관한 자료를 당해 학생(학생이 미성년자인 경우에는 학생 및 학생의 부모 등 보호자)의 동의 없이 제3자에게 제공하여서는 아니된다. 다만, 다음 각호의 어느 하나에 해당하는 경우에는 그러하지 아니하다.

1. 학교에 대한 감독 · 감사의 권한을 가진 행정기관이 그 업무를 처리하기 위하여 필요한 경우
2. 제25조의 규정에 의한 학교생활기록을 상급학교의 학생선발에 이용하기 위하여 제공하는 경우
3. 통계작성 및 학술연구 등의 목적을 위한 경우로서 특정 개인을 식별할 수 없는 형태로 제공하는 경우
4. 범죄의 수사와 공소의 제기 및 유지에 필요한 경우
5. 법원의 재판업무수행을 위하여 필요한 경우
6. 그 밖에 관계법률의 규정에 의하여 제공하는 경우

② 학교의 장은 제1항 단서의 규정에 의하여 자료를 제3자에게 제공하는 때에는 당해 자료를 제공받은 자에 대하여 사용

목적·사용방법 그 밖에 필요한 사항에 대하여 제한을 하거나 당해 자료의 안전성 확보를 위하여 필요한 조치를 강구하도록 요청할 수 있다.

③ 제1항의 규정에 의하여 자료를 제공받은 자는 그 본래의 목적 외의 용도로 이를 이용하여서는 아니된다.

[본조신설 2005. 3. 24]

제30조의7 (정보시스템에 의한 업무처리 등에 대한 지도·감독) 교육인적자원부장관 및 교육감은 필요하다고 인정하는 때에는 제30조의5의 규정에 의한 업무처리 및 제30조의6의 규정에 의한 자료제공 또는 이용에 관한 사항을 지도·감독할 수 있다.

[본조신설 2005. 3. 24]

第２節　學校運營委員會

第31條 (學校運營委員會의 設置) ① 學校運營의 自律性을 높이고 地域의 實情과 特性에 맞는 多樣한 敎育을 創意的으로 실시할 수 있도록 하기 위하여 國·公立 및 私立의 初等學校·中學校·高等學校 및 特殊學校에 學校運營委員會를 구성·운영하여야 한다. 〈개정 1999. 8. 31〉

② 國·公立學校에 두는 學校運營委員會는 당해 學校의 敎員代表·學父母代表 및 地域社會 人士로 구성한다. 〈개정 1999. 8. 31〉

③ 國·公立 및 私立學校에 두는 學校運營委員會의 委員定數는 5人이상 15人이내의 범위안에서 學校의 규모 등을 고려하여 大統領令으로 정한다. 〈개정 1999. 8. 31〉

제31조의2 (결격사유) ① 국가공무원법 제33조 각호의 1에 해당하는 자는 학교운영위원회의 위원으로 선출될 수 없다.

② 학교운영위원회의 위원이 국가공무원법 제33조 각호의 1에 해당할 때에는 당연히 퇴직한다.

[본조신설 2002. 8. 26]

第32條 (機能) ① 國·公立學校에 두는 學校運營委員會는 다음 各號의 사항을 審議한다. 〈개정 2005. 3. 24〉

1. 學校憲章 및 學則의 制定 또는 改正에 관한 사항
2. 學校의 豫算案 및 決算에 관한 사항
3. 學校敎育課程의 운영방법에 관한 사항
4. 敎科用圖書 및 敎育資料의 선정에 관한 사항
5. 正規學習時間 종료후 또는 放學期間중의 敎育活動 및 修鍊活動에 관한 사항
6. 敎育公務員法 第31條第2項의 規定에 의한 招聘敎員의 추천에 관한 사항
7. 學校運營支援費의 造成·運用 및 사용에 관한 사항
8. 學校給食에 관한 사항
9. 大學入學 特別銓衡중 學校長 추천에 관한 사항
10. 學校運動部의 구성·운영에 관한 사항
11. 學校運營에 대한 提案 및 建議 사항
12. 기타 大統領令, 시·도의 條例로 정하는 사항

② 私立學校의 長은 第1項 各號의 사항(第6號의 사항은 제외한다)에 대하여 學校運營委員會의 諮問을 거쳐야 한다. 다만, 제1호의 사항에 대하여는 學校法人의 요청이 있는 경우에 한한다. 〈개정 2005. 12. 29〉

③ 國·公立 및 私立學校에 두는 學校運營委員會는 學校發展基金의 造成·運用 및 사용에 관한 사항에 대하여 審議·議決한다.

[전문개정 1999. 8. 31]

第33條 (學校發展基金) ① 第31條의 規定에 의한 學校運營委員會는 學校發展基金을 造成할 수 있다.

② 第1項의 規定에 의한 學校發展基金의 造成 및 운용방법등에 관하여 필요한 사항은 大統領令으로 정한다.

第34條 (學校運營委員會의 구성 · 운영) ① 第31條의 規定에 의한 學校運營委員會중 國立學校에 두는 學校運營委員會의 구성 · 운영에 관하여 필요한 사항은 大統領令으로 정하고, 公立學校에 두는 學校運營委員會의 구성 · 운영에 관하여 필요한 사항은 大統領令이 정하는 범위안에서 市 · 道의 條例로 정한다.

② 私立學校에 두는 學校運營委員會의 委員構成에 관한 사항은 大統領令으로 정하고, 기타 운영에 관하여 필요한 사항은 定款으로 정한다. 〈개정 1999. 8. 31〉

제34조의2 (학교운영위원회 위원의 연수 등) ① 교육감은 학교운영위원회 위원의 자질과 직무수행능력의 향상을 위한 연수를 실시할 수 있다.

② 교육감은 제1항에 따른 연수를 연수기관 또는 민간기관에 위탁하여 실시할 수 있다.

③ 교육감은 제2항에 따라 연수를 위탁받은 기관에 대하여 행정적 · 재정적 지원을 할 수 있다.

④ 그 밖에 필요한 사항은 대통령령으로 정한다.

[본조신설 2007. 12. 14]

제3절(제35조 내지 제37조) 삭제 〈2004. 1. 29〉

第35條 삭제 〈2004. 1. 29〉

第36條 삭제 〈2004. 1. 29〉

第37條 삭제 〈2004. 1. 29〉

第 4 節 初等學校 · 公民學校

第38條 (目的) 初等學校는 國民生活에 필요한 기초적인 初等教育을 하는 것을 目的으로 한다.

第39條 (授業年限) 初等學校의 授業年限은 6年으로 한다.

第40條 (公民學校) ① 公民學校는 初等教育을 받지 못하고 就學年齡을 초과한 者에 대하여 國民生活에 필요한 教育을 하는 것을 目的으로 한다.

② 公民學校의 授業年限은 3年으로 한다.

③ 校舍 · 마을회관 · 工場 또는 事業場 기타 校舍로 사용가능한 建物은 公民學校의 校舍로 사용할 수 있다.

第 5 節 中學校 · 高等公民學校

第41條 (目的) 中學校는 初等學校에서 받은 教育의 기초위에 中等教育을 하는 것을 目的으로 한다.

第42條 (授業年限) 中學校의 授業年限은 3年으로 한다.

第43條 (入學資格등) ① 中學校에 入學할 수 있는 者는 初等學校를 卒業한 者 또는 法令에 의하여 이와 동등이상의 學力이 있다고 인정된 者로 한다.

② 中學校의 入學方法과 節次에 관하여 필요한 사항은 大統領令으로 정한다.

第44條 (高等公民學校) ① 高等公民學校는 中學校課程의 教育을 받지 못하고 就學年齡을 초과한 者 또는 一般 成人에게 國民生活에 필요한 中等教育 및 職業教育을 하는 것을 目的으로 한다.

② 高等公民學校의 授業年限은 1年 내지 3年으로 한다.

③ 高等公民學校에 入學할 수 있는 者는 初等學校 또는 公民學校를 卒業한 者 또는 法令에 의하여 이와 동등이상의 學力이 있다고 인정된 者로 한다.

第 6 節 高等學校 · 高等技術學校

第45條 (目的) 高等學校는 中學校에서 받은 教育의 기초위에 中等教育 및 기초적인 專門教育을 하는 것을 目的으로 한다.

第46條 (授業年限) 高等學校의 授業年限은

3年으로 한다. 다만, 第49條의 規定에 의한 時間制 및 通信制課程의 授業年限은 4年으로 한다.

第47條 (入學資格등) ① 高等學校에 入學할 수 있는 者는 中學校를 卒業한 者 또는 法令에 의하여 이와 동등이상의 學力이 있다고 인정된 者로 한다.

② 高等學校의 入學方法 및 節次에 관하여 필요한 사항은 大統領令으로 정한다.

第48條 (學科등) ① 高等學校에 學科를 둘 수 있다.

② 高等學校의 教科 및 教育課程은 學生이 개인적 필요·適性 및 能力에 따라 進路를 選擇할 수 있도록 정하여져야 한다.

第49條 (課程) ① 高等學校에 管轄廳의 認可를 받아 全日制의 課程외에 時間制 또는 通信制의 課程을 둘 수 있다.

② 高等學校課程의 設置에 관하여 필요한 사항은 大統領令으로 정한다.

第50條 (分校) 高等學校의 設立·經營者는 특별한 필요가 있는 경우에는 管轄廳의 認可를 받아 分校를 設置할 수 있다.

第51條 (放送通信高等學校) ① 高等學校에 放送通信高等學校를 附設할 수 있다.

② 放送通信高等學校의 設置·教育方法·授業年限 기타 그 운영에 관하여 필요한 사항은 大統領令으로 정한다.

第52條 (勤勞青少年을 위한 特別學級등) ① 産業體에 근무하는 青少年에 대한 中學校 및 高等學校課程의 教育을 위하여 産業體에 인접한 中學校 및 高等學校에 夜間授業을 주로 하는 特別學級을 둘 수 있다.

② 하나의 산업체에 근무하는 근로자 중 입학희망자수가 매년 2학급 이상의 학급편성인원이 될 것으로 예상되는 산업체는 당해 산업체에서 근무하는 청소년에 대한 교육을 위하여 중학교 또는 고등학교(이하 "산업체부설 중·고등학교"라 한다)를 설립·경영할 수 있다. 〈개정 2005. 3. 24〉

③ 2 이상의 산업체에 근무하는 근로자 중 입학희망자수의 합계가 매년 2학급 이상의 학급편성인원이 될 것으로 예상되는 경우에는 제2항의 규정에 불구하고 공동으로 하나의 산업체부설 중·고등학교를 설립·경영할 수 있다. 〈신설 2005. 3. 24〉

④ 제1항 내지 제3항의 規定에 의한 特別學級 및 産業體附設 中·高等學校의 設立基準 및 入學方法 등에 관하여 필요한 사항은 시·도의 조례로 정한다. 〈개정 2005. 3. 24〉

⑤ 제1항 내지 제3항의 規定에 의한 特別學級 또는 産業體附設 中·高等學校에 在學하는 青少年을 雇傭하는 産業體의 經營者는 시·도의 조례가 정하는 바에 의하여 그 教育費의 일부를 부담하여야 한다. 〈개정 2005. 3. 24〉

⑥ 지방자치단체는 시·도의 조례가 정하는 바에 의하여 제1항 내지 제3항의 規定에 의한 特別學級 또는 産業體附設 中·高等學校에 在學하는 學生의 教育費 중 일부를 부담할 수 있다. 〈개정 2005. 3. 24〉

第53條 (就學義務 및 방해행위의 금지) ① 産業體의 經營者는 그가 雇傭하는 青少年이 제52조의 規定에 의한 特別學級 또는 産業體附設 中·高等學校에 入學을 원하는 경우에는 당해 青少年을 就學시켜야 한다. 〈개정 2007. 8. 3〉

② 産業體의 經營者는 그가 雇傭하는 青少年이 제52조의 規定에 의한 特別學級 또는 産業體附設 中·高等學校에 入學하는 때에는 당해 學生의 登校 및 授業에 지장을 주는 행위를 하여서는 아니된다. 〈개정 2007. 8. 3〉

第54條 (高等技術學校) ① 高等技術學校는 國民生活에 직접 필요한 職業技術教育을 하는 것을 目的으로 한다.

② 高等技術學校의 授業年限은 1年 내지 3年으로 한다.

③ 高等技術學校에 入學할 수 있는 者는 中學校 또는 高等公民學校(3年制)를 卒業한 者나 法令에 의하여 이와 동등이상의 學力이 있다고 인정된 者로 한다.

④ 高等技術學校에는 高等學校를 卒業한 者 또는 法令에 의하여 이와 동등이상의 學力이 있다고 인정된 者에게 특수한 專門技術教育을 하기 위하여 授業年限이 1年이상인 專攻科를 둘 수 있다.

⑤ 工場 또는 事業場을 設置 · 경영하는 者는 高等技術學校를 設立 · 경영할 수 있다.

第7節 特殊學校등

第55條 (特殊學校) 特殊學校는 身體的 · 精神的 · 知的 障碍등으로 인하여 特殊教育을 필요로 하는 者에게 초등학교 · 中學校 또는 高等學校에 준하는 教育과 實生活에 필요한 知識 · 技能 및 社會適應 教育을 하는 것을 目的으로 한다. 〈개정 2004. 1. 29〉

第56條 (專攻科의 設置) 高等學校課程을 設置한 特殊學校에 당해 課程의 卒業者(高等學校의 特殊學級 卒業者를 포함한다)에게 專門技術教育을 하기 위하여 授業年限이 1年이상인 專攻科를 둘 수 있다.

第57條 (特殊學級) 高等學校이하의 各級學校에 管轄廳의 認可를 받아 特殊教育을 필요로 하는 學生을 위한 特殊學級을 둘 수 있다.

第58條 (學力의 인정) 特殊學校 또는 特殊學級에서 初等學校 · 中學校 또는 高等學校課程에 相應하는 教育課程을 履修한 者는 그에 相應하는 學校를 卒業한 者와 동등한 學力이 있는 것으로 본다.

第59條 (統合教育) 國家 및 地方自治團體는 特殊教育을 필요로 하는 者가 초등학교 · 中學校 및 高等學校와 이에 준하는 各種學校에서 教育을 받고자 하는 경우에는 별도의 入學節次, 教育課程등을 마련하는 등 統合教育의 실시에 필요한 施策을 강구하여야 한다. 〈개정 2004. 1. 29〉

第8節 各種學校

第60條 (各種學校) ① 各種學校라 함은 제2조제2호 내지 第5號의 1의 學校와 유사한 教育機關을 말한다. 〈개정 2004. 1. 29〉

② 各種學校는 제2조제2호 내지 第5號의 學校와 유사한 명칭을 사용할 수 없다. 〈개정 2004. 1. 29〉

③ 各種學校의 授業年限 · 입학자격 · 학력인정 기타 그 운영에 관하여 필요한 사항은 教育人的資源部令으로 정한다. 〈개정 2001. 1. 29, 2001. 4. 7〉

제60조의2 (외국인학교) ① 국내에 체류중인 외국인의 자녀와 외국에서 일정기간 거주하고 귀국한 내국인중 대통령령이 정하는 자에 대한 교육을 위하여 설립된 학교로서 제60조제1항에 해당하는 학교(이하 "외국인학교"라 한다)에 대하여는 제7조 · 제9조 · 제11조 내지 제16조 · 제21조 · 제23조 내지 제26조 · 제28조 · 제29조 · 제30조의2 · 제30조의3 · 제31조 내지 제34조의 규정을 적용하지 아니한다.

② 외국인학교는 유치원 · 초등학교 · 중학교 · 고등학교의 과정을 통합하여 운영할 수 있다.

③ 외국인학교의 설립기준 · 교육과정 · 수업연한 · 학력인정 그 밖에 설립 · 운영에 관하여 필요한 사항은 대통령령으로 정한다.

[본조신설 2001. 4. 7]

제60조의3 (대안학교) ① 학업을 중단하거나 개인적 특성에 맞는 교육을 받고자 하

는 학생을 대상으로 현장 실습 등 체험위주의 교육, 인성위주의 교육 또는 개인의 소질·적성 개발위주의 교육 등 다양한 교육을 실시하는 학교로서 제60조제1항에 해당하는 학교(이하 "대안학교"라 한다)에 대하여는 제21조제1항, 제23조제2항·제3항, 제24조 내지 제26조, 제29조 및 제30조의4 내지 제30조의7의 규정을 적용하지 아니한다.
② 대안학교는 초등학교·중학교·고등학교의 과정을 통합하여 운영할 수 있다.
③ 대안학교의 설립기준·교육과정·수업연한·학력인정 그 밖에 설립·운영에 관하여 필요한 사항은 대통령령으로 정한다.
[본조신설 2005. 3. 24]

第5章 補則 및 罰則

第61條 (學校 및 敎育課程 운영의 特例) ① 學校敎育制度를 포함한 敎育制度의 개선과 발전을 위하여 특히 필요하다고 인정되는 경우에는 大統領令이 정하는 바에 의하여 第21條第1項·第24條第1項·第26條第1項·第29條第1項·第31條·第39條·第42條 및 第46條의 規定을 限時的으로 적용하지 아니하는 學校 또는 敎育課程을 운영할 수 있다.
② 第1項의 規定에 의하여 운영되는 學校 또는 敎育課程에 참여하는 敎員 및 學生등은 이로 인하여 不利益을 받지 아니한다.

第62條 (權限의 위임) 이 法에 의한 敎育人的資源部長官의 權限은 그 일부를 大統領令이 정하는 바에 의하여 敎育監에게 위임할 수 있다. 〈개정 2001. 1. 29〉

第63條 (是正 또는 變更命令) ① 管轄廳은 學校가 施設·設備·授業·學事 및 기타 사항에 관하여 敎育關係法令 또는 이에 의한 命令이나 學則을 위반한 경우에는 學校의 設立·經營者 또는 學校의 長에게 期間을 정하여 그 是正 또는 변경을 명할 수 있다.
② 管轄廳은 第1項의 規定에 의한 是正 또는 變更命令을 받은 者가 정당한 사유없이 지정된 기간내에 이를 이행하지 아니한 경우에는 大統領令이 정하는 바에 의하여 그 위반행위를 取消 또는 정지하거나 당해 學校의 學生定員의 감축, 學級·學科의 감축·廢止 또는 學生募集의 정지등의 措置를 할 수 있다.

第64條 (休業 및 休校命令) ① 管轄廳은 災害등의 긴급한 사유로 正常授業이 불가능하다고 인정하는 경우에는 學校의 長에게 休業을 명할 수 있다.
② 第1項의 規定에 의한 命令을 받은 學校의 長은 지체없이 休業을 하여야 한다.
③ 管轄廳은 學校의 長이 第1項의 規定에 의한 命令에 불구하고 休業을 하지 아니하거나 특별히 긴급한 사유가 있는 경우에는 休校處分을 할 수 있다.
④ 第1項 및 第2項의 規定에 의하여 休業된 學校는 休業期間중 授業과 學生의 登校가 정지되며, 第3項의 規定에 의하여 休校된 學校는 休校期間중 단순한 管理業務를 제외하고는 學校의 모든 機能이 정지된다.

第65條 (學校등의 閉鎖) ① 管轄廳은 學校가 다음 各號의 1에 해당하여 정상적인 學事運營이 불가능한 경우에는 學校의 閉鎖를 명할 수 있다.
1. 學校의 長 또는 設立·經營者가 故意 또는 重過失로 이 法 또는 이 法에 의한 命令을 위반한 경우
2. 學校의 長 또는 設立·經營者가 이 法 또는 기타 敎育關係法令에 의한 管轄廳의 命令을 數回에 걸쳐 위반한 경우
3. 休暇期間을 제외하고 계속하여 3月이상 授業을 하지 아니한 경우

② 管轄廳은 第4條第2項의 規定에 의한 學校設立認可 또는 第49條의 規定에 의한 分校設置認可를 받지 아니하고 學校의 명칭을 사용하거나 學生을 모집하여 施設을 사실상 學校의 形態로 운영하는 者에 대하여 그가 設置·운영하는 施設의 閉鎖를 명할 수 있다.

第66條 (聽聞) 管轄廳은 第65條의 規定에 의하여 學校 또는 施設의 閉鎖를 명하고자 하는 경우에는 聽聞을 실시하여야 한다.

第67條 (罰則) ① 다음 各號의 1에 해당하는 者는 3年이하의 懲役 또는 2千萬원이하의 罰金에 處한다. 〈개정 2005.3.24〉

1. 第4條第2項의 規定에 의한 學校設立認可 또는 第50條이 規定에 의한 分校設置認可를 받지 아니하고 學校의 명칭을 사용하거나 學生을 모집하여 施設을 사실상 學校의 形態로 운영한 者
2. 第4條第3項의 規定에 위반하여 廢止認可 또는 變更認可를 받지 아니한 者
3. 허위 기타 부정한 방법으로 第4條第2項 또는 第4條第3項의 規定에 의한 學校의 設立認可·廢止認可 또는 變更認可를 받거나 第50條의 規定에 의한 分校設置認可를 받은 者
4. 제30조의6제1항 또는 제3항의 규정을 위반하여 동의권자의 동의없이 제3자에게 학생 관련 자료를 제공하거나 제공받은 자료를 그 본래의 목적외의 용도로 이용한 자

② 다음 各號의 1에 해당하는 者는 1年이하의 懲役 또는 500萬원이하의 罰金에 處한다.

1. 第63條第1項의 規定에 의한 命令을 위반한 者
2. 第65條第1項의 規定에 의한 命令을 위반한 者

第68條 (過怠料) ① 다음 各號의 1에 해당하는 者는 100萬원이하의 過怠料에 處한다.

1. 第13條第4項의 規定에 의한 義務履行의 督勵를 받고 이를 이행하지 아니한 者
2. 第15條의 規定에 위반하여 義務敎育對象者의 義務敎育을 방해한 者
3. 第53條의 規定에 위반하여 學生을 就學시키지 아니하거나 登校 및 授業에 지장을 주는 행위를 한 者

② 第1項의 規定에 의한 過怠料는 大統領令이 정하는 바에 의하여 당해 敎育監이 부과·徵收한다.

③ 第2項의 規定에 의한 過怠料處分에 불복이 있는 者는 그 처분의 告知를 받은 날부터 60日 이내에 敎育監에게 異議를 제기할 수 있다.

④ 第2項의 規定에 의한 過怠料의 처분을 받은 者가 第3項의 規定에 의하여 異議를 제기한 때에는 敎育監은 지체없이 管轄法院에 그 사실을 통보하여야 하며, 그 통보를 받은 管轄法院은 非訟事件節次法에 의한 過怠料의 裁判을 한다.

⑤ 第3項의 規定에 의한 기간내에 異議를 제기하지 아니하고 過怠料를 납부하지 아니한 경우에는 地方稅滯納處分의 例에 의하여 이를 徵收한다.

附則 〈제5438호, 1997. 12. 13〉

第1條 (施行日) 이 法은 1998年 3月 1日부터 施行한다.

第2條 (學校에 관한 經過措置) 이 法 施行당시 종전의 敎育法에 의한 幼稚園·初等學校·中學校·高等學校·高等技術學校·公民學校·高等公民學校 및 特殊學校와 이에 준하는 各種學校는 각각 이 法에 의하여 設立된 것으로 본다.

第3條 (學校規則에 관한 經過措置) 이 法 施行당시 高等學校이하 各級學校의 學校規則은 이 法에 의한 學校規則으로 본다.

第4條 (卒業者에 관한 經過措置) 이 法 施

行당시 종전의 敎育法에 의하여 幼稚園·初等學校·中學校·高等學校·高等技術學校·公民學校·高等公民學校 및 特殊學校와 이에 준하는 各種學校를 졸업한 者는 각각 이 法에 의한 幼稚園·初等學校·中學校·高等學校·高等技術學校·公民學校·高等公民學校 및 特殊學校와 이에 준하는 各種學校를 졸업한 者로 본다.

第5條 (技術學校 卒業者에 관한 經過措置) 이 法 施行당시 종전의 敎育法에 의한 技術學校를 卒業한 者의 資格에 관하여는 종전의 規定에 의한다.

第6條 (學力認定에 관한 經過措置) 이 法 施行당시 종전의 敎育法 第81條 各號의 學校중 高等學校이하 各級學校를 卒業한 者와 동등이상의 學力이 있다고 인정된 者는 각각 이 法에 의하여 그 學力이 있다고 인정된 者로 본다.

第7條 (學校運營委員會에 관한 經過措置) 이 法 施行당시 종전의 地方敎育自治에 관한法律에 의하여 國·公·私立의 初等學校·中學校·高等學校 및 特殊學校에 구성된 學校運營委員會는 각각 이 法에 의하여 구성된 것으로 본다.

第8條 (敎員資格에 관한 經過措置) 이 法 施行당시 종전의 敎育法에 의한 敎師資格證과 校長·校監·園長 및 園監資格證을 가지고 있는 者는 각각 이 法에 의한 해당 資格證을 가지고 있는 것으로 본다.

第9條 (技術學校 校長 또는 校監資格에 관한 經過措置) 이 法 施行당시 종전의 敎育法에 의한 技術學校 校長 또는 校監資格證을 가지고 있는 者는 이 法에 의한 高等技術學校 校長 또는 校監資格證을 가지고 있는 것으로 본다.

第10條 (敎導敎師資格에 관한 經過措置) 이 法 施行당시 敎導敎師資格證을 가지고 있는 者는 이 法에 의한 專門相談敎師資格證을 가지고 있는 것으로 본다.

第11條 (罰則에 관한 經過措置) 이 法 施行당시의 행위에 대한 罰則의 적용에 있어서는 종전의 敎育法에 의한다.

第12條 (早期入學資格 賦與者에 관한 적용례) 第27條第2項의 規定은 이 法 施行당시 종전의 敎育法에 의하여 上級學校로의 早期入學을 위한 資格을 부여받아 上級學校에 入學한 者에 대하여도 이를 적용한다.

第13條 (다른 法律의 改正) ①私立學校法중 다음과 같이 改正한다. 第54條第3項중 "敎育法 第77條의 缺格事由에 해당하거나 이 法에"를 "이 法에"로 한다.

第57條중 "敎育法 第77條第1號 또는 第2號"를 "國家公務員法 第33條第1項 各號의 1"로 한다.

② 學校給食法중 다음과 같이 改正한다. 第10條第2項중 "地方敎育自治에관한法律 第44條의2의 規定"을 "初·中等敎育法 第31條의 規定"으로 한다.

第14條 (다른 法令과의 관계) 이 法 施行당시 다른 法令에서 종전의 敎育法 또는 그 規定을 인용한 경우에는 이 法중 그에 해당하는 規定이 있는 때에는 종전의 敎育法 또는 그 規定에 갈음하여 이 法 또는 이 法의 해당 條項을 인용한 것으로 본다.

附則 〈제6007호, 1999. 8. 31〉

이 法은 2000年 3月 1日부터 施行한다.

부칙 〈제6209호, 2000. 1. 28〉

① (施行日) 이 法은 公布한 날부터 施行한다. 다만, 第30條의2 및 第30條의3의 改正規定은 2001年 1月 1日부터 施行한다.

② (中等學校 正敎師1級 資格에 관한 적용례) 別表 2의 中等學校 正敎師(1級)資格에 관한 改正規定은 敎育大學院 및 敎育部長官이 지정하는 大學院 敎育科의 2001年度 新入生부터 적용한다.

③ (養護敎師2級 資格에 관한 적용례) 別表 2의 養護敎師(2級)資格에 관한 改正規定은 2002年度 大學 新入生부터 적용한다.

부칙(정부조직법) 〈제6400호, 2001. 1. 29〉

제1조 (시행일) 이 법은 공포한 날부터 시행한다. 〈단서 생략〉

제2조 생략

제3조 (다른 법률의 개정) ①내지 〈27〉생략

〈28〉초 · 중등교육법중 다음과 같이 개정한다.

제6조, 제7조, 제8조제1항, 제9조제1항 제2항, 제21조제1항 내지 제3항, 제23조제2항, 제25조, 제29조제1항 및 제62조중 "敎育部長官"을 각각 "敎育人的資源部長官"으로 한다.

제10조제2항, 제11조, 제30조의2제5항, 제30조의3제6항 및 제60조제3항중 "敎育部令"을 각각 "敎育人的資源部令"으로 한다.

〈29〉내지 〈79〉생략

제4조 생략

부칙 〈제6462호, 2001. 4. 7〉

① (시행일) 이 법은 공포한 날부터 시행한다.

② 삭제 〈2002. 8. 26〉

부칙 〈제6714호, 2002. 8. 26〉

제1조 (시행일) 이 법은 공포한 날부터 시행한다.

제2조 (양호교사 자격에 관한 경과조치) 이 법 시행당시 종전의 규정에 의한 양호교사 자격증을 가지고 있는 자는 이 법에 의한 보건교사 자격증을 가지고 있는 것으로 본다.

제3조 (학교운영위원회 위원의 결격사유에 관한 적용례) 제31조의2의 개정규정은 이 법 시행후 최초로 선출되는 학교운영위원회 위원부터 적용한다.

제4조 (특수학교 정교사 2급 자격에 관한 적용례) 별표 2의 특수학교 정교사(2급) 자격에 관한 개정규정(교육대학원 및 교육인적자원부장관이 지정하는 대학원에서 특수교육을 전공하고 석사학위를 받은 자에 관한 사항에 한한다)은 교육대학원 및 교육인적자원부장관이 지정하는 대학원의 2003학년도 입학자부터 적용한다.

제5조 (다른 법령과의 관계) 이 법 시행당시 다른 법령에서 초 · 중등교육법의 양호교사를 인용한 경우에는 보건교사를 인용하는 것으로 본다.

부칙 〈제6934호, 2003. 7. 25〉

이 법은 2006년 1월 1일부터 시행한다. 〈개정 2004. 1. 20〉

부칙 〈제7068호,2004. 1. 20〉

제1조 (시행일) 이 법은 공포한 날부터 시행한다.

제2조 (경과조치) ① 이 법 시행 당시 전문상담교사 자격증을 가지고 있는 자는 제21조제2항 및 별표 2의 개정규정에 의하여 전문상담교사(1급) 자격증을 가지고 있는 것으로 본다.

② 이 법 시행 당시 사서교사 자격증을 가지고 있는 자는 제21조제2항 및 별표 2의 개정규정에 의하여 사서교사(2급) 자격증을 가지고 있는 것으로 본다.

제3조 (자격기준에 관한 특례) 별표 2의 영양교사(2급)란 제2호의 개정규정을 적용함에 있어서 학교급식법 제5조의 규정에 따라 설치된 학교급식시설에서 3년 이상 학교급식을 전담한 교직원(교육청이나 직속기관의 식품위생직을 포함한다)중 학사학위소지자에 대하여는 1년 이상의, 전문학사학위소지자에 대하여는 2년 이

상의 영양교육과정을 이수한 경우 교사 자격기준을 충족한 것으로 본다.

부칙(유아교육법) 〈제7120호, 2004. 1. 29〉

제1조 (시행일) 이 법은 공포후 1년이 경과한 날부터 시행한다.

제2조 내지 제7조 생략

제8조 (다른 법률의 개정) ①초·중등교육법중 다음과 같이 개정한다.

제1조중 "幼兒敎育 및 初·中等敎育"을 "초·중등교육"으로 한다.

제2조 각호외의 부분중 "幼兒敎育 및 初·中等敎育"을 "초·중등교육"으로 하고, 동조제1호를 삭제한다.

제5조중 "幼稚園·初等學校"를 "초등학교"로 한다.

제19조제1항제1호를 삭제한다.

제20조제1항중 "校長 또는 園長"을 "교장"으로, "校務 또는 園務"를 "교무"로, "學生 또는 園兒를"을 "학생을"로 한다.

제20조제2항중 "校監 또는 園監"을 각각 "교감"으로, "校長 또는 園長"을 각각 "교장"으로, "校務 또는 園務"를 "교무"로, "學生 또는 園兒를"을 "학생을"로, "學校 또는 幼稚園"을 "學校"로 한다.

제20조제3항중 "學生 또는 園兒를"을 "학생을"로 하고, 동조제4항중 "校長 또는 園長"을 "교장"으로 한다.

제21조제1항중 "校長·園長·校監 및 園監"을 "교장 및 교감"으로 한다.

제22조제1항중 "學生 또는 園兒"를 "학생"으로 한다.

제4장제3절(제35조 내지 제37조)을 삭제한다.

제55조 및 제59조중 "幼稚園·初等學校"를 각각 "초등학교"로 한다.

제60조제1항 및 제2항중 "第2條第1號"를 각각 "제2조제2호"로 한다.

별표 1의 제목 "校長·校監·園長·園監資格基準(第21條第1項관련)"을 "교장·교감자격기준(제21조제1항 관련)"으로 하고, 동표의 자격란중 "校長(園長)"을 "교장"으로 하며, 동표의 교장의 유치원란을 삭제한다.

별표 1의 자격란중 "校監(園監)"을 "교감"으로 하고, 동표의 교감의 유치원란을 삭제하며, 동표의 비고란 제2호를 다음과 같이 한다.

2. 교장·교감·교육장·장학관·장학사·교육연구관·교육연구사 및 유아교육법의 규정에 의한 원장·원감의 경력연수는 교육경력연수로 볼 수 있다.

별표 2의 정교사(1급)의 유치원란을 삭제하고, 동표의 정교사(2급)의 유치원란을 삭제하며, 동표의 준교사의 유치원란을 삭제하고, 동표의 사서교사·실기교사·보건교사(1급)·보건교사(2급)·영양교사(1급)·영양교사(2급)란의 학교별란의 "유치원"을 삭제하며, 동표의 비고란 제2호를 다음과 같이 한다.

2. 교장·교감·교육장·장학관·장학사·교육연구관·교육연구사 및 유아교육법의 규정에 의한 원장·원감의 경력연수는 교육경력연수로 볼 수 있다.

②내지 ⑪생략

제9조 생략

부칙 〈제7398호, 2005. 3. 24〉

제1조 (시행일) 이 법은 공포 후 6월이 경과한 날부터 시행한다. 다만, 제30조의2·제30조의3 및 제32조의 개정규정은 공포한 날부터 시행하고, 제30조의5제2항의 개정규정 중 "「학교보건법」 제7조의3제2항의 규정에 의한 건강검사기록"부분과 제30조의6제1항 각호외의 부분의 개정규정 중 "「학교보건법」 제7조의3의 규정에 의한 건강검사에 관한 자

료"부분은 2006년 1월 1일부터 시행하며, 제60조의3의 개정규정은 공포 후 1년이 경과한 날부터 시행한다.

제2조 (수업료 그 밖의 납부금의 징수 등에 관한 경과조치) 수업료 그 밖의 납부금의 징수 등에 관하여는 제10조의 개정규정에 의한 시 · 도의 조례가 제정되기 전까지는 종전의 규정에 의한다.

제3조 (학교시설 등의 이용에 관한 경과조치) 학교시설 등의 이용에 관하여는 제11조의 개정규정에 의한 시 · 도의 교육규칙이 제정되기 전까지는 종전의 규정에 의한다.

제4조 (공립학교의 학교회계의 설치 · 운영에 관한 경과조치) 공립학교의 학교회계의 설치 · 운영에 관하여는 제30조의2제5항 및 제30조의3제6항의 개정규정에 의한 시 · 도의 교육규칙이 제정되기 전까지는 종전의 규정에 의한다.

제5조 (근로청소년을 위한 특별학급 등의 설립기준 등에 관한 경과조치) 제52조제1항 및 제2항의 규정에 의한 특별학급 및 산업체부설 중 · 고등학교에 대한 설립기준, 입학방법, 산업체의 경영자 · 국가 또는 지방자치단체의 교육비부담에 관한 사항은 제52조제4항 내지 제6항의 개정규정에 의한 시 · 도의 조례가 제정되기 전까지는 종전의 규정에 의한다.

부칙 〈제7701호, 2005. 12. 7〉

이 법은 공포한 날부터 시행한다.

부칙(사립학교법) 〈제7802호, 2005. 12. 29〉

제1조 (시행일) 이 법은 2006년 7월 1일부터 시행한다. 〈단서 생략〉

제2조 내지 제6조 생략

제7조 (다른 법률의 개정) 초 · 중등교육법 일부를 다음과 같이 개정한다.

제32조제2항 단서중 "第1號 · 第2號"를 "제1호"로 한다.

부칙 〈제8165호, 2007. 1. 3〉

이 법은 공포한 날부터 시행한다.

부칙 〈제8577호, 2007. 8. 3〉

이 법은 공포한 날부터 시행한다. 다만, 제13조제1항부터 제3항까지의 개정규정은 2008년 3월 1일부터 시행한다.

부칙 〈제8675호, 2007. 12. 14〉

이 법은 2008년 3월 1일부터 시행한다.

부칙(평생교육법) 〈제8676호, 2007. 12. 14〉

제1조 (시행일) 이 법은 공포 후 2개월이 경과한 날부터 시행한다. 〈단서 생략〉

제2조부터 제4조까지 생략

제5조 (고등기술학교 전공과를 평생교육시설로 전환하는데 따른 적용례 및 경과조치) ① 제31조제4항은 이 법 시행 당시 「초 · 중등교육법」 제54조제4항에 따라 전공과를 설치 · 운영하는 고등기술학교에 한하여 적용한다.

② 생략

제6조부터 제14조까지 생략

제15조 (다른 법률의 개정) ① 및 ② 생략

③ 초 · 중등교육법 일부를 다음과 같이 한다.

별표 2 교사자격기준의 실기교사란 제1호 중 "卒業한 者"를 "졸업한 자 또는 「평생교육법」 제31조제4항에 따른 전문대학학력인정 평생교육시설의 교사자격 관련과를 졸업한 자"로 한다.

④ 생략

제16조 생략

별표1 교장 · 교감자격기준[제21조제1항관련]

별표2 교사자격기준[제21조제2항관련]

판 례 색 인

○ 국내판례

○ 외국판례

일본판례

사 항 색 인

[ㅊ]

저자약력

표 시열(表 時烈)

고려대학교 법과대학
서울대학교 행정대학원(행정학석사)
미국 University of Iowa 국비유학(비교법석사, 교육학석사, Ph.D. 교육행정법 전공)
미국 University of Califonia, Berkeley 방문학자
교육인적자원부 교육개혁 평가위원
대학교육협의회 발간 「대학교육」 편집위원
고려대학교 경상대학 학장, 행정대학원 원장
고려대학교 부총장(서창캠퍼스 총괄)
대학교육법학회 회장
국무총리산하 인문사회연구회 평가위원
대통령자문 교육혁신위원회 고등교육분과 자문위원
학교법인 광운학원 임시이사
현 학교법인 김포학원 임시이사
현 한국교육신문 논설위원
현 법무부 법교육강사
현 고려대학교 공공행정학부 교수

주요 저서 및 논문

민주주의의 정착과 대학의 개혁(고려대학교출판부, 1996)
교육법론(하우, 1995, 공저)
행정학의 주요이론(법문사, 1995, 공저)
교육정책에 관한 사법부의 권한과 주요결정(교육행정연구, 2007)
미국교육법 연구의 최근동향과 쟁점(교육법연구, 2006)
개정사립학교법의 헌법적 주요쟁점(교육법연구, 2006)
행정부의 정책결정 주도에 따른 사법부의 역할변화와 그 한계(헌법학연구, 2005)
21세기 교사의 법적·사회적 지위(한국교사교육, 2000)
학생의 기본권과 두발·복장의 규제정책(교육법연구, 2000)
대학총장 선임방안에 관한 국제비교연구(고등교육연구, 2000)
행정학과 공법의 가교를 위한 실천적 과제(한국행정연구, 1999)
교육분쟁조정 등에 관한 특별법안의 주요 내용과 쟁점(한국교육법연구, 1997)
학교의 민주화와 학생·학부모의 권리(교육법학연구, 1995)
Students' Constitutional Rights and Responsibilities: A Comparative Study of America and Korean Legal Culture with Implications for Korean Political Development(Ph.D. Dissertation, University of Iowa, 1986)

개 정 판

교육법 — 이론 · 정책 · 판례 —

2002年 8月 10日 初版發行
2008年 1月 20日 改訂版印刷
2008年 1月 30日 改訂版發行

著 者 表 時 烈

發行人 安 鍾 萬

發行處 博 英 社

서울特別市 鍾路區 平洞 13-31番地

電話 (733)6771 FAX (736)4818

登錄 1952. 11. 18. 제1-171호(倫)

www.pakyoungsa.co.kr e-mail: pys@pakyoungsa.co.kr

定 價 30,000원 ISBN 978-89-10-51485-5